국역 매산선생문집 1

정중기 지음
이지락 옮김

한국국학진흥원

역자소개

이지락 李址洛

| 경력 |

경북대학교 한문학과 박사과정 수료
한동대학교 외래교수(現)
한국국학진흥원 객원연구원(現)

| 역서 |

『문월당선생문집』(공역)
『이계선생문집』
『무첨재선생문집』
『매헌선생문집』

| 논문 |

「회재 선생의 사상과 시 세계」

14 영남선현문집 국역총서

국역 매산선생문집 1

인쇄 2014년 10월 21일
발행 2014년 10월 31일

발행인 이용두
발행처 한국국학진흥원
기획 한국국학진흥원 연구부 고전국역팀

저자 정중기
번역 이지락
해제 이지락
교열 김능하
교정 남재주·이기훈

주소 경북 안동시 도산면 퇴계로 1997
전화번호 054-851-0700·0743
팩시밀리 054-851-0754
Homepage http://www.koreastudy.or.kr
E-mail master@koreastudy.or.kr
출판등록 2002년 3월 18일

편집·제작 도서출판 성심
전화번호 054-857-8051
팩시밀리 054-841-8051

ISBN 978-89-6178-208-1 94810
ISBN 978-89-6178-098-8 (세트)

정가 40,000원

본 도서는 경상북도 영남선현문집 번역사업비의 지원으로 발간되었습니다.

‖ 일러두기 ‖

1. 이 번역본은 『매산선생문집』(원집 목판본, 속집 석판본[12권 6책])을 저본으로 하였다.

2. 한글 전용을 원칙으로 하였지만, 한자가 필요하다고 판단될 경우에 한자를 병기하였다.
   단, 같은 단어가 인접해서 두 번 이상 나오는 경우에는 뒤의 한자를 생략하였다.

3. 운문의 경우 오른쪽에 원문을 부기하고, 번역에서는 한자를 생략하였다.

4. 각주의 한자 표기는 괄호쓰기를 원칙으로 하였지만, 경우에 따라서 원문을 그대로 노출하기도 하였다.

5. 한자 가운데 한글과 음이 다른 표현은 대괄호[ ]로 표기하였다.

6. 관직명을 표기할 때, 한글은 관직에 따라 띄어 쓰고 한문은 붙였다. 예) 이조 판서吏曹判書

7. 원문에 결락된 글자는 '□'로 표기하였다.

8. 본서의 원문은 말미에 영인으로 수록하였다.

9. 본서에서 사용된 부호와 그 의미는 다음과 같다.
   - 『 』 : 책명
   - 「 」 : 편명, 작품명
   - " " : 인용문이나 대화체
   - ' ' : 강조 표현이나 간접 인용문
   - [ ] : 한자와 음이 다른 한글 또는 표현
   - · : 병렬형 단어의 중간 표시
   - …… : 중간 생략문

목차

매산선생문집 제2권

시詩

매산선생문집 제3권

소疏

서書

매산선생문집 제4권

서書

매산선생문집 제5권

서書

매산선생문집 제6권

잡저雜著

서序

기記

매산선생문집
梅山先生文集

해제

▸ 이지락

| 해제 |

『매산선생문집』 해제

이지락*

1. 들어가는 말

본 번역서는 18세기 영남 관료 문인으로 살다간 매산梅山 정중기鄭重器(1685~1757)의 문집 『매산선생문집梅山先生文集』(이하 『문집』이라 함)을 번역한 것이다. 번역 대본은 12권 6책의 초간본을 근거로, 약 200년이 지나 1967년에 만든 중간본이다.

매산은 영남이 당쟁의 소용돌이에서 밀려나 조정에서 입지를 잃은 이후 정치적 배려의 대상이 되어버린 시기를 살았다. 영남의 선비로서 관료가 되어 영남의 입지를 다지기 위하여 노력하였던 매산의 치열한 삶과는 달리, 학계에서 연구가 거의 이루어지지 않은 것이 현실이다. 본 『문집』의 번역이 매산 연구의 단초가 되어 관료로서 학자로서 매산의 위상이 재정립되어지는 계기가 되었으면 하는 바람이다.

본 해제는 『문집』의 내용을 바탕으로 먼저 매산의 생애, 학문의 연원, 『문집』 초간본과 중간본의 간행 경위, 그리고 『문집』의 내용을 살피고, 『문집』의 가치를 규명하려고 한다.

다만 해제라는 글의 성격에 따라 매산의 저술에 대한 깊은 성찰과 매산 학문의 대체를

* 한국국학진흥원 객원연구원

파악하기 위한 비교 연구는 하지 못하였다. 본 번역이 경상도 중부 지역 문화의 계승에서 어떠한 의미를 가지는지와 이후 후배들에게 어떠한 영향을 미쳤는가 하는 다각도의 연구 활동 근거가 되었으면 하는 바람을 다시 한 번 가져본다.

2. 생애

정중기의 자는 도옹道翁이고, 호는 간소艮巢 또는 매산梅山이며, 본관은 영일迎日이다. 1685년에 태어나 1757년 일흔셋의 나이로 세상을 떠났다. 간소는 1726년 매곡梅谷에 작은 집을 새로 엮었는데, 간방艮方의 산을 등지고 있어서 그렇게 호를 지었으며, 매산은 영천永川의 안산案山인 모자산母子山에서 남쪽으로 뻗은 산줄기로, 만년에 오록서당梧麓書堂을 지어 학문을 닦았던 곳이다.

매산의 일생은 사건을 중심으로 크게 네 시기로 구분할 수 있다.

첫 번째 시기는 소과에 입격하기 이전의 청년기이다. 어려서 가정에서 부친 함계涵溪 정석달鄭碩達 (1660~1720)에게 글을 익히고, 훈수塤叟 정만양鄭萬陽(1664~1730)·지수篪叟 정규양鄭葵陽(1667~1732) 두 선생에게 학문을 익혔다. 17세에 갈암葛庵 이현일李玄逸(1627~1704)을 찾아가 할아버지 호군공護軍公 정시심鄭時諶(1641~1665) 선조의 묘갈문을 받아왔으며, 21세에 하당荷塘 권두인權斗寅(1643 ~1719)을 찾아가 호수湖叟 정세아鄭世雅(1535 ~1612) 선조의 행장을 요청하였다. 20세에 부인 김씨를 아내로 맞이하였고, 31세에 생원회시生員會試에 입격하였다.

두 번째 시기는 대과에 급제하기 이전의 장년기이다. 35세에 어머니 권씨 부인이 운명하였고, 36세에 부친 함계공이 세상을 떠났다. 42세에 매곡梅谷에 별장을 지어 독서와 사색을 즐겼으며, 43세에 대과에 장원으로 급제하였다.

세 번째 시기는 결성 현감에서 물러날 때까지의 사환기이다. 벼슬 생활을 하며 매산은 문중과 영남을 대변하였다. 문중을 대변하여, 47세에 승문원 부정자에 재직하며 임진왜란에 의병으로 참여하여 공을 세운 호수 정세아와 백암柏巖 정의번鄭宜藩(1560~1592) 두 선조의 추증을 상언上言하여 윤허를 받았다. 영남을 대변하여, 49세에 이인좌李麟佐(1695~1728)의 난이 영남 사람들과는 무관한 일이라고 연명으로 상소하였다. 또 전라도사 겸 해운 판관에 재직하며 순찰사 조현명趙顯命(1690~1752)에게 존재存齋 이휘일李徽逸(1619~1672)·갈암 이현일 두 현인의 사실을 논하기도 하였다.

네 번째 시기는 결성 현감에서 물러난 58세 이후의 노년기이다. 69세 사헌부 지평, 70세에 이조 좌랑, 72세 형조 참의에 임명되었으나 번번이 사직소를 올렸다. 매산은 노년기에 평소 품고 있었던 학문적인 관심사를 바탕으로 저술 활동을 하였다. 그리고 선대의 이력을 밝히는 묘갈을 세우는 일에도 온 정력을 다하였다.

매산은 일흔셋 일생 동안 잠시도 자신의 의지를 벗어나는 길을 걷지 않았다.

3. 학문 연원

매산이 유년기를 보낸 선원仙源은 영천의 동쪽에 위치하여 위로는 안동, 옆으로는 기계 입암立巖, 아래로는 경주와 인접하여 있다. 이러한 지리적 여건은 선원에 유학적 분위기가 일어나는 하나의 배경이 된다. 또 매산의 외가가 경주의 안동 권씨(권점權墊)이며, 고모가가 경주의 여강 이씨(이덕기李德祺, 1670~1723)이며, 처가가 안동 천전川前의 의성 김씨(김방겸金邦謙)라는 것도 당시 선원의 분위기를 읽을 단서이다.

선원에서 태어난 매산은 6세에 『동몽선습童蒙先習』을, 8세에 『소학小學』을, 9세에 사서를, 10세에 『십구사략十九史略』을 읽었다. 읽는 도중에 이해되지 않는 곳이 있으면 넘어가지 않고 그때마다 어른에게 나아가 질정을 받았다고 한다. 매산은 집안에서 부친 함계 정석달의 지도하에 선비로서의 기본 소양을 다졌던 것이다.

함계는 집안 숙항의 삼귀당三歸堂 정시영鄭時永(1624~1688)과 학암鶴巖 정시연鄭時衍(1632~1687)에게 배웠다. 사서를 비롯한 유학 서적을 탐독하였으며, 특히 『퇴계선생문집』을 읽고서 자신의 공부가 잘못되었음을 깨닫고 정좌靜坐와 구방심求放心의 공부에 힘을 쏟았다. 선원을 중심으로 병와甁窩 이형상李衡祥(1653~1733)·고산孤山 이유장李惟樟(1625

~1701) 등 여러 명현들과 학문을 교류하였다. 41세에 금양錦陽으로 가서 갈암 이현일을 뵙고 제자의 예를 행한 다음, 나흘 동안 머무르며 의문을 질정 받고 물러나온 적도 있었다.

어려서 함계에게 가르침을 받아 학문의 기본을 다진 매산은 11세의 어린 나이로 당시 보현산普賢山 자락에 은거하여 위기爲己의 학문에 매진하던 훈수 정만양·지수 정규양을 찾았다. 그리고 지수에게 『시전詩傳』을 배우며 유학의 길로 들어섰다. 당시의 학문 성취 정도는 전해지지 않지만, 16세에 지은 「무극이태극부無極而太極賦」를 본 병와 이형상의 "내가 사람을 많이 보았지만 이렇게 조숙한 아이는 본 적이 없다."라는 칭찬에서 그 정도를 가늠해 볼 수 있다.

43세의 늦은 나이로 과거에 급제한 뒤 고향으로 돌아와, 호수 정세아의 사당에 참배하는 날, 지수가 지은 시에 차운한 작품이 있다.

전당의 뛰어난 가르침 참된 가학이니	鱣堂妙訓眞家學
원하네 또 종신토록 공경히 지키기를	願且終身敬守之 1)

매산의 학문 연원을 가학家學에만 묶어 두는 것은 무리가 있다. 매산 학문의 근원이 되는 함계나 훈수 정만양·지수 정규양이 갈암 이현일의 제자라는 점에서 그의 학문연원이 영남 학맥의 큰 줄기 속에 있다고 할 수 있다. 그리고 매산 자신도 젊은 시절 갈암 이현일·하당 권두인·적암適庵 김태중金台重(1649~1711) 등 당대 영남의 거유들을 만나 의문을 질정 받았을 뿐만 아니라, 조현명·박문수朴文秀·오광운吳光運 등 기호지방의 여러 인사들과도 폭넓게 교유하였다. 나아가 훈수와 지수 사후에는 영천 지역의 학문적 구심 역할을

1) 「급제하여 돌아와 호수공의 사당에 공경히 참배하는 날 종족들이 다 모였는데, 훈수 선생이 먼저 율시 한 수를 선창하고 지수 선생이 화답하여, 삼가 그 시의 운에 이어 짓다.[榮歸之日 祗拜湖叟公廟庭 宗族畢集 塤叟先唱一律 篪叟和之 謹繼其韻]」

하였으며 120여 명의 문인을 배출하였다. 그러나 매산이 시에서 이미 언급하였듯이, 매산의 학문 연원의 중심에는 선원과 횡계를 근거로 하는 영일 정씨 가문의 가학이 있음도 부인할 수 없다.

4. 『문집』의 간행 경위

매산은 39세에 아버지 함계의 유고를 정리하였으며, 50세에 횡계에서 문인들과 함께 『훈지유집塤篪遺集』을 편집하였다. 이러한 문집 편집의 경험은 매산에게 후학의 손에 의한 문집 편집의 어려움을 알게 하였을 것이다. 그러기에 기록으로 남아 있지 않지만, 매산은 자신의 글을 평소 차근차근 정리를 해두었던 것으로 여겨진다. 『문집』 체제의 특징 중에 하나인 저작 시기에 따라 유작이 정확히 정리되어 있다는 것이 이러한 가정을 뒷받침해준다. 그 작품이 어느 시기에 저작되었는가 하는 문제는 그 작품을 제대로 이해하는 중요한 단서이다.

매산 사후 3년이 되는 1760년에 제자들이 모여 선생을 위한 계를 조직하고는 『오록동사안梧麓同社案』을 만들었다. 1775년에 당시의 거유 대산大山 이상정李象靖(1711~1781)에게 매산의 행장을 받았다. 1790년 대산이 교열을 하고 금대錦帶 이가환李家煥(1741~1801)에게 문집의 서문을, 입재立齋 정종로鄭宗魯(1738~1816)에게 문집의 발문을 받아 12권 6책의 문집을 엮었다. 이렇듯 『문집』은 사후 33년 만에 신속히 당시 대유들의 손을 거쳐 이루어졌다. 이는 당시 선원 일대에 살았던 정씨 문중의 역량을 알 수 있는 근거가 되기에 충분하다.

당시로는 적지 않은 일흔셋이라는 나이와 형조 참의까지 지낸 관록에다가 매산의 뛰어난 저작 능력은 많은 사람과의 교유는 물론이고 이런저런 글의 부탁도 많이 받았을 것이다. 그러므로 사후에 바로 간행되어진 문집에 선생의 글을 다 담을 수 없었다. 후손과 제자들은 빠른 시간 안에 빠진 글들을 모아 중간본을 내고 싶었을 것이다.

하지만 『문집』은 간행 이후 1705년에 갈암 이현일의 영전에 올린 제문의

간사한 소인들 옆길로 득세하고 明夷左入
사특한 무리들 안에서 성내었습니다 邪流內嬰

라는 내용이 문제가 되어 파판破板의 환란을 겪었다. 『낙육재서책목록樂育齋書册目錄』 1807년조에 "매산집 6책은 미동尾洞 김판서金判書 대감주大監主가 재임할 때 분부하여 다 태워버렸다." 고 나온다. 이는 당시 경상감영慶尙監營의 낙육재에 거주하던 서유西儒(노론老論)가 문제를 제기하여 소판燒板한 것이다. 정치적 문제로 낙육재에 거재居齋하던 노론, 남인 간의 갈등을 보여주는 단서이다.2)

이후 노론의 정치적 지배가 계속되는 동안 목판을 다시 만들지 못하다가, 정화식鄭華植을 중심으로 중간重刊을 논의하여 8권의 원집原集과 2권의 속집續集, 그리고 연보年譜와 부록附錄 각 1권을 담아 12권 6책의 『문집』을 중간重刊했는데, 이때 매산의 글 중에 초판에 넣지 못한 내용을 추입追入한 것으로 보인다. 정화식의 지識가 지어진 해는 1967년이다.

5. 『문집』의 내용

권1과 권2에는 시가 실려 있다.

문집에 실려 있는 시는 총 230수이나, 실용적인 성격이 강한 만시 53수를 제외하면 177수의 시를 남겼다고 할 수 있다. 매산은 관료 문인답게 다양한 주제의 시를 남겼다. 자신의 의지를 다지는 내용, 친구간의 우정을 나누는 내용, 관료로서 치국의 포부를 담은 작품, 위선 사업에 대한 간절함을 담은 작품 등이 있다.

---

2) 장인진, 「경상감영 낙육재의 교육과 문화 소통」, 『대구지방의 퇴계학파』, 2011, 104쪽.

도가 우리 몸에 있어 본래 평탄하니　　道在吾身本坦平
실로 고원하진 않아도 행하긴 어렵네　　實非高遠最難行3)

19세의 젊은 나이로 훈수 정만양·지수 정규양 형제에게 수학하던 중에 유학의 도가 무엇인지 고민하며 지은 작품이다. 생활 철학으로 정리되어지는 유학의 도는 형이상학形而上學만을 추구하는 것이 아니라 형이하학形而下學의 현실의 사건도 중시한다. 이는 여러 경전 속에서 찾을 수 있는 사실이다. 하지만 이를 나름대로 정리하고 평탄함이 도리어 행하기 어렵다는 사실을 인지하며 스스로를 단속하고 있음에서 어린 매산의 학문자세를 알 수 있다.

매산은 31세에 생원 회시會試에서 3등으로 입격을 하였으나, 입신양명에 뜻이 없어 위기지학爲己之學에 힘을 쏟았다. 하지만 43세 되던 해에 주변의 권유를 뿌리칠 수 없어 대과에 응시하여, 증광동당시增廣東堂試에서 장원하고 회시에서 또 장원을 하였다.

원래 얻고 잃음은 모두가 운명이기에　　元來得喪無非命
어느덧 마음속에서 생각이 아득해지네　　便覺胸中意像迢4)

주변의 강권으로 과거에 응시하기 위해 서울에 올라갔으나 영욕이 마음 밖에 있었던 매산에게는 대과가 집착의 대상이 아니었다. 과거 보기 한 해 전에 매산은 이미 선원仙源의 옛 별장에서 10리 정도 떨어진 매곡梅谷에 간소재艮巢齋를 짓고 경전을 좌우에 배치하고 종일 단정히 앉아 고개 숙여 읽고 우러러 사색하며, 날마다 문하의 제자들과 함께 강학하고 연구를 게을리하지 않았다. 그래서 부질없는 영욕은 더욱 아득한 생각 속으로 묻히게 되었던 것이다.

---

3) 「선생의 '평' 자 운에 경건히 차운하다. 절구 2수[敬次師門平字韻 二絕]」
4) 「과거 시험에 응시하려고 가다가 한강에 이르러 우연히 읊다.[將赴公車 行至漢江偶吟]」

과거에 급제한 이후 승문원 권지부정자로 관료 생활을 시작하였다.

강호에서도 스스로 충심을 지녔는데	江湖猶自抱葵忱
당직을 열흘 서며 사모의 정 더 깊어졌네	禁直經旬戀更深[5]

선비는 산림이나 조정이나 자신이 어디에 자리하고 있던지 백성으로서의 도리를 다하여야 한다. 매산도 급제 이후 영천에 머물던 중 이인좌가 난을 일으켜 궁궐을 범하려 하며 영남을 어지럽히자, 의병장이 된 지수 정규양을 따라 자신은 참모가 되어 역도들의 토벌을 모의하였다. 하지만 관군이 이미 토벌하였다는 소식을 듣고 해산하였다. 현실 정치에 직접 참여하기 이전에도 이렇듯 자신의 책무를 다하려고 실천하였던 매산은 임금을 가까이서 모시며 나라에 대한 충성을 좀 더 구체적으로 정리하였기에, 사모의 정은 더욱 깊어졌던 것이다.

47세에 사관史官을 맡아 어가를 따라 남단南壇에서 비를 기원하고, 장릉長陵 천장遷葬 때 복제服制가 어떠해야 하는지를 금탄金灘의 하곡霞谷 정제두鄭齊斗(1649~1736)에게 가서 묻고 변제일變除日 이전에 복명復命하기 위하여 배를 타고 서둘러 돌아왔다.

쌍쌍이 나는 백조와 만났다 헤어지고	雙雙白鳥逢還失
점점이 서 있는 청산은 보였다 사라지네	點點青山看忽移[6]

종제와 막내아우에게 보낸 편지의 "나는 초9일 입시入侍하였을 때 능陵을 옮길 때 입는 복색服色의 한 조목에 대한 논의가 일치하지 않았기 때문에 대략 진달한 일이 있었네."에서 드러나듯이 매산은 조정에서도 예에 대한 논의가 있으면 발언권이 주어질 정도로

---

5) 「승문원에서 당직을 서며 삼가 증행시의 이전 운을 따라 지어서 상사 족부에게 올리다.[槐院直中謹步贈行前韻 呈上舍族父]」
6) 「금탄에서 배를 타고 여강에 이르러 우연히 읊다.[自金灘乘舟 至驪江偶吟]」

인정을 받았다. 그래서 문례관問禮官이 되어 금탄까지 내려가 복제에 대하여 물은 뒤 배를 타고 돌아오는 중이었다. 예정대로라면 임무를 마칠 수 있기에 그제야 주변의 사물이 눈에 들어오고, 배 주변을 스쳐가는 경물에 의하여 시적 감흥이 일어났기에 백조와 청산이 시 속으로 들어와 있다.

49세 때 전라 도사 겸 해운 판관에 재직하다가, 50세에 춘추관 기주관을 겸하였다. 직무 수행 중 7월에 집으로 내려왔다가 임기가 다 되어서 사직소를 올렸다.

몇 해나 풍진에 길이 잡혀 있었던가	幾歲風塵長局束
시내의 안개와 달 유유자적 넉넉하네	半溪烟月足優遊 7)

매산이 지은 종형宗兄 송안松岸 정중록鄭重祿(1678~1732)의 행장을 살펴보면, 부친 함계가 송안의 교육에 대하여 송안의 아버지 정석명鄭碩明(1651~1712)과 의논하는 내용이 나온다.

> 이 아이는 천품이 매우 뛰어나니, 사장詞章에 얽매인 선비로 만들 것이 아니라, 모름지기 당세의 훌륭한 사우師友에게 맡겨서 박학博學하고 다문多聞한 선비로 만들어야 합니다.

이것이 매산 집안에 전해오는 가학이다. 위기지학을 가정에서 들을 수 있었기에 매산에게 있어 벼슬길은 즐겁기보다는 얽매이는 것이었다. 그래서 자연으로 물러나 유유자적한 삶을 살고 싶었던 것이다.

『춘추사전春秋四傳』을 구하여 읽어보며 고달픈 직무와 번거로운 인간관계로 인하여 차분한 연구를 할 수 없음을 자탄하며, 지수 정규양에게 "독서는 본래 산림에서나 하는

---

7) 「7월 11일 집에 와서 즉시 사직소를 올렸는데, 8월 18일 비로소 체직되었다는 소식을 듣고 드디어 시를 지어 회포를 읊다.[七月十一日 到家卽呈辭狀 八月十八日 始聞遞職之報 遂作詩詠懷]」

일이지, 풍진 속에서는 힘써야 할 일이 아닌 줄을 비로소 알았습니다."라고 소회하는 모습에서 매산의 순수 학문에 대한 간절한 열정을 느끼게 된다.

매산 일생의 중요한 목표 중의 하나가 위선爲先 사업이다. 51세에 임고서원의 원장을 맡아 포은圃隱 정몽주鄭夢周(1337~1392) 선조의 영정을 고쳐 모사하고 다시 환안還安하였다.

> 누가 알리요 한 폭의 채색 종이에 　 誰知一幅丹靑上
> 의형은 그려도 충정은 담지 못함을 　 只寫儀形未寫衷[8)]

기울어져 가는 고려에 충절의 의리를 다하였던 포은은 영천에 사는 영일 정씨 일문의 가장 큰 자랑이었다. 매산의 6대조이자 퇴계 문하에서 글을 익힌 노촌魯村 정윤량鄭允良(1515~1580)은 백운동서원白雲洞書院이 세워지자, 우항촌愚巷村에 포은의 효자비가 남아 있음을 근거로 포은을 모시는 서원의 건립을 의논하였다.

> 문충공文忠公께서는 실로 우리 동방의 부자이십니다. 조정에서 이미 안 문성安文成의 묘우를 허락하였는데, 만약 문충공의 서원을 세우지 않는다면 이는 우리들의 부끄러움입니다.

이러한 자긍심은 후손에게 계속 이어진다. 낡아버린 영정을 새로 모사하여 환안하였지만, 후손으로서는 포은의 충정을 다 담지 못하여 아쉽기만 하다.

벼슬에서 물러나 고향에서 후손의 도리와 학문에 대한 열정을 실천하던 중에, 57세라는 적지 않은 나이로 봉정대부 병조 좌랑에 임명되어 다시 서울 생활을 시작하였다.

---

8) 「임고서원에서 포은 선생의 영정을 고쳐 모사하고 날을 잡아 환안하니, 사림이 다 모였다. 상사 족부가 율시 한 수를 읊기에, 드디어 그 시에 차운하다.[臨皐書院 改摹圃隱先生遺像 卜日還安 士林畢集上舍族父爲詠一律 遂次其韻]」

늙어서 풍진이 나의 즐거움 아니니 皓首紅塵非我樂
벼슬을 던지고 꽃핀 봄을 찾아가야지 逝將投紱趁花春[9)]

매산에게 세상의 영욕은 삶의 목표 속에 들어 있지 않았다. 그러기에 다시 시작한 궁궐의 생활은 즐겁지가 않았다. 그래도 예문각藝文閣에 보관되어 있는 책들을 마음대로 볼 수 있어서 매산 나름의 즐거움은 있었다. 그래서 매산은 공무를 보는 여가에 독서를 하며 자신을 독려하였다. 당시 동료가 매산의 독서하는 것을 농담삼아 "예문관을 그대의 독서실로 만들지 마시오."라고까지 하였다. 이듬해 매산은 바람대로 벼슬에서 사직하고 고향으로 돌아왔다.

평소 마음은 도우의 풀을 좋아했는데 素心自喜陶牛草
뜬생각으로 어찌 위학의 수레 추구하랴 浮念寧求衛鶴軒[10)]

매산의 평소 바람은 자연에 머물며 거경궁리居敬窮理의 삶을 사는 것이었다. 세상의 명예는 매산에게 있어 그저 뜬구름 같은 것이었다. 더구나 당시의 기준으로 적지 않은 62세의 나이는 세상의 영욕을 더욱 무의미하게 만들었다. 그렇다 하여 정체형停滯形의 삶을 살자는 것은 아니었다. 학문적 의문의 자기 해소를 추구하는 진행형進行形의 삶을 끊임없이 추구하였다. 진행형의 삶은 진솔하다. 그러기에 분수에 넘치는 총애는 추구할 이유가 없었다.

20년을 경영하여 매곡에 지은 산수정山水亭은 매산의 학문적 열정을 보여준다.

상을 보아 인지의 오묘함을 엿보고 觀象敢窺仁智妙
헌함 열어 산수의 맑음을 유독 사랑하네 開軒偏愛峙流清[11)]

9)「최신중 임이 멀리서 절구 두 수를 부쳐와 차운하여 사례하다.[崔信仲 恁 遠寄二絕 次韻以謝]」
10)「족제 명중이 보내온 시에 차운하다. 2수[次族弟明仲見贈韻 二首]」

"물에 있어서 그 맑은 것만을 보고 두루 흘러 막힘없이 쓰이는 이치를 탐구하지 않는다면 무엇으로 물을 좋아한다고 하겠으며, 산에 있어 그 우뚝한 것만을 쳐다보고 중후하여 옮겨지지 않는 덕을 체득하지 않는다면 무엇으로 산을 좋아한다고 하겠는가? 반드시 격물格物의 공부에 힘을 다해서 두루 관통하여 거경居敬하는 방법에 뜻을 집중하여 소신이 확고해진 연후에야 인仁과 지智의 본체를 엿보고 산수의 이치를 말할 수 있을 것이다."라는 언급을 보면, 매산이 자연을 통하여 무엇을 이루고 싶었는지 알 수 있다. 궁리의 열정이 간절하였기에 매산은 유독 산수(자연)을 사랑할 수밖에 없었던 것이다.

권3에는 매산이 올린 소와 편지가 실려 있다.

상소문으로 매산이 현실에서 이루고 싶어 하였던 일이 무엇이었는지 알 수 있다. 먼저 후손으로서의 도리를 다하려고 하였다. 임진왜란이라는 사회적 혼란을 외면하지 않고 적극적으로 참여하여 영천이나 경주의 전투에서 큰 공을 세우고도 공을 타인에게 넘겨서 황산도 찰방만의 포상을 받았던 호수 정세아 선조와 아버지를 모시고 경주 전투에 참여하여 포위된 아버지를 구하고 자신은 목숨을 잃은 백암 정의번의 추증을 요청하는 소를 올려 윤허를 받았다.

그리고 영남 사림 출신의 관료로서 책무를 다하려고 하였다. 이인좌의 난에 일부 영남 사람들이 동조하고 난 이후 조정에서는 늘 영남을 의심의 눈초리로 바라보았다. 당시 관료 생활 중이던 매산은 조정에 팽배한 불신을 제거하기 위하여 동료들과 연명의 소를 올렸다. 특히 1753년 사헌부 지평을 사직하며 대리청정 중인 왕세자[正祖]에게 올린 글에서 매산의 정치사상의 한 단면을 볼 수 있다. 국론이 분열된 지 200년이나 지나 탕평蕩平의 정치가 필요한 시기에, '유정惟精' '유일惟一'의 자세로 얻은 직관력으로 정해진 체體가 없이 때에 따라 적절함을 달리하는 '중中'의 위치를 정확히 파악하여 잡는 것이 정치의 기본이라고 역설하였다.

---

11) 「산수정(山水亭)」.

형을 잃어 상심하고 있는 지수 정규양에게 올린 편지에는 선생의 상심을 풀려고 노력하는 제자의 세심한 배려가 남아 있다. 부인의 종기에 대한 염려, 고향으로 내려갈 차비마저 없는 자신의 처지, 흉년에 살아가는 일에 대한 염려 등등은 지수가 스스로 자신의 존재 이유를 찾도록 만들기에 충분하였다.

그리고 관료를 지낸 명망가에게 호수와 백암 선조의 묘지문 등을 부탁하는 편지와 집안 어른들에게 문중의 일을 의논하는 편지 등이 있다. 특히 1742년 정 진사에게 보낸 편지에서 "인재를 기르는 방도는 반드시 호연지기를 먼저 길러야 합니다. 이를테면 무작舞勺과 무상舞象 등의 절주節奏는 모두 혈기를 움직여 흔드는 방도입니다. 바라건대, 그를 충분히 놀고 휴식하도록 하여 빨리 키우고 싶어 하는 폐해를 면하도록 하시는 것이 어떠하겠습니까?"라고 하여 인재 육성의 방법을 제시하였다.

권4에는 매산이 주고받은 편지가 실려 있다. 편지는 매산의 관심사가 무엇인지 자세히 보여준다. 『심경질의心經質疑』와 『주서질의朱書質疑』에 대한 비방을 변론하기 위하여 여러 판본을 교감한 이후 선본을 도산서원에 보관하는 일, 훈수·지수의 사후에 이루어지는 위선 사업을 주도하는 일, 세상을 먼저 떠난 아들과 며느리의 행적을 기록으로 남기는 일, 상례常禮를 근거로 변례變禮에 대하여 변론하는 일 등등 다양한 모습이 담겨 있다.

특히 64세에 명고鳴皐 정간鄭幹(1692~1757)에게 답한 편지에서 "근래에 『주서절요朱書節要』를 보고 있는데, 한 번씩 읽을 때마다 취미가 무궁해짐을 더 느끼니, 지난날 대충 한 번 훑어볼 때와는 다릅니다."라고 하여 학문에 대한 끊임없는 열정을 담고 있어 후학의 귀감이 되기에 충분하다.

명고 정간은 매산보다 7년 어린 족숙으로 매산의 도반이라 하기에 충분한 인물이다. 48세부터 시작한 편지는 운명하던 해까지 이어져 28통이 남아 있다. 벼슬을 하던 중에 주고받은 편지는 벼슬살이 중에 일어나는 일들에 대한 대처 방안들을 논의하는 정도에 그쳤으나, 노년으로 갈수록 변례變禮에 대한 의문을 서로 변론하며 확정지어 가고 있다. 이는 영남 관료 학자의 변화하는 관심사를 살펴보기에 충분한 편지라고 여겨진다.

60세 이후의 편지는 족친 또는 동료 간의 그리움이나 후배들의 질문에 대한 예설이 대부분을 차지하고 있다. 이태화李台華의 질문에 답하는 모습에서 그 예를 볼 수 있다.

> 대상을 물려서 지냈다면 담제 또한 한 달을 넘겨서 자리를 마련하고 지내야 합니까? 더러 "물려서 지냈다면 담제는 지내지 못한다."고 합니다. 이는 바로 담제 지내는 달에 일이 있기 때문에 담제를 지내지 못하였다면 물려지내는 일이 없어서이기 때문입니까?
>
> 『주자가례』 담제조에 "초상이 나서부터 담제를 지내는 날까지 윤달은 계산하지 않는다."고 하였습니다. 27개월째가 비록 두 해 뒤의 유월踰月이기는 하나 대상을 지냅니다. 다만 유월에 바로 담제를 지내야 하는 것은 27개월을 기준으로 한 것입니다. 더구나 날을 잡아 지내는 대상이 두 해째 되는 달에 있음에 이겠습니까. 시기를 놓치면 담제를 지내지 않는다는 설은 담제를 지낸 달에 대상을 지내는 것을 지적하여 말하였을 뿐입니다.

어쩔 수 없는 재난을 만나 지내야 하는 대상을 물려지냈다면, 이어 지내는 담제는 어떻게 해야 하는지가 이태화의 관심사였다. 이에 매산은 『주자가례』의 예문을 들어 담제를 지내야 한다는 주장을 펴고 있다. 이렇듯 후배의 질문에 꼼꼼히 변설을 해 주었기에, 당시 주변의 후배 학자들은 변례에 대한 의문이 생기면 매산에게 물었던 것으로 여겨진다.

매산은 후배의 질문이 자신의 학문 증진에 많은 도움을 준다는 사실을 알고 있었다. 그러기에 65세의 나이로 후배 이홍리李弘离(1701~1778)에게 답하는 편지에서 이렇게 말하였다.

> 책상에 앉아 책을 펼칠 때마다 날로 둔하고 막힌 사람이 되어 가는 것을 느낍니다. 만약 좌우께서 때때로 편지를 보내어 논의하여 준다면 게으름을 깨우치고 어리석음을 일깨워주는 효험이 어떠하겠습니까? 마땅히 손에 못이 박히고 입에 거품을 물 지경이 되도록 살펴보겠습니다.

먼저 나이가 들어 집중력이 떨어지는 자신의 처지를 가감 없이 밝히고, 물음이 자신의 어리석음을 깨어나도록 해주기에 함부로 답하지 않을 것이니, 의문이 생기면 언제든

지 물어 달라고 후배를 독려하고 있다. 노년에도 진행형의 삶의 자세를 놓지 않으려는 매산의 열정은 학자의 귀감이 되기에 충분하다. 다만 학문적 동반자가 부족한 매산의 소회도 아울러 느낄 수 있는 부분이다.

3, 4권의 편지가 학자로서 관료로서 책임감을 느낄 수 있는 내용이 많았다면, 5권에는 집안 식구들과 사적으로 주고받은 편지가 많이 실려 있다. 그래서 매산의 관료로서 학자로서 경직된 모습보다는 아버지로서 형으로서 식구들의 안위를 염려하는 다정한 모습을 많이 보여준다.

집안의 아우 정윤문鄭允文이 재난을 피하여 강의 남쪽으로 이주하려고 하자 "자네를 위하여 임시변통으로 생각한 것이라면 괜찮거니와, 실로 자손을 위한 오래고 먼 계책은 아니네. 이 고장 안의 헐한 곳을 찾아 터를 잡고, 여러 종반들을 데리고 가서 함께 한 촌락을 만들어 굳건히 하는 것이 낫네."라며, 다른 곳에 터를 잡으라고 꼼꼼히 챙겨주는 형의 심정을 그대로 보여준다.

또 막내아우 정중보鄭重簠(1696~1763)에게 보내는 편지에

> 다만 우리 집의 내환內患이 아직 완전히 회복되지 않았고, 또 다리 통증과 다른 증세가 있다 하니, 멀리서 놀라고 염려한 나머지 이번 길을 대책 없이 나선 것이 깊이 후회되네. 근래에는 병의 차도가 어떠한가?

라고 하여, 부인의 안부를 꼼꼼히 묻고 있다. 당시 매산은 승정원 가주서로서 서울에 머물고 있어 쉽게 휴가를 얻을 수 없는 처지였기에, 더욱 부인의 병을 안타까워하며 조정에 올라온 것마저 후회하고 있다.

1746년 사위 신황申熿에게 경제에 대한 문제를 진술하게 당부하고 있는 모습에서 매산의 실사實事의 안목을 엿볼 수 있다.

> 가난은 선비의 상도常道이나 먹고 입는 데 필요한 재물이 조금은 있고 난 연후에 불의不義한 데에 빠지지 않을 수 있네. 이렇게 하는 방도는 오직 절약을 실천하며 농사에 힘을 쏟는 데 있을 뿐이니, 천만 유의하여 장부가 스스로 먹을거리를 마련하지 못하는 근심은 면하도록 하는 것이 어떠하겠는가?

농경 사회에서 가난은 다반사였다. 맹자가 대장부大丈夫의 정의를 내리며 '빈천이 의지를 옮기지 못하며'라는 항목을 넣은 이후 선비의 주요한 덕목 중 하나가 가난이라는 현실을 자신의 의지로 극복 정리하는 것이었다. 하지만 사람의 의지는 저마다 다르다. 그러기에 사람은 쉽게 불의不義한 자리에 빠질 수 있는 것이다. 매산은 무조건적인 가난의 극복보다는 자신의 의지를 만들어갈 수 있는 환경을 스스로 만들어야 의지가 가난을 넘을 수 있다고 사위에게 주문하고 있다.

권6에는 매산의 저술들을 모았다.

설說 중에 한 편은 대상을 지내고 난 뒤 달을 넘겨 27개월 만에 담제를 지내는가? 아니면 달을 넘기지 않고 25개월 만에 지내는가 하는 문제를 여러 경전이나 예학가들의 설을 인용하여 27개월로 확정지었다. 다른 한 편은 상주가 언제 평상시처럼 술과 고기를 먹는가 하는 문제를 『예기』에서 달리 기술하고 있다는 것에서 출발하여, 담제를 지내고 난 이후에야 술과 고기를 먹을 수 있다고 확정지었다.

"임시로 따 모아 글을 지은 이들과는 견줄 바가 아닌"12) 『근사록』에 대한 대책문도 들어 있다. 31세 생원 회시에 입격한 이후 오래도록 과거에 응시하지 않았던 매산은 43세가 되던 해에 여러 부형들의 강권에 못 이겨 증광동당시增廣東堂試에 참여하여 장원을 하고 그해 3월에 열린 회시會試에서 다시 장원을 하였다. 「『근사록』에 대한 대책문」은 이때 제출한 답안지이다. '이치를 밝혀 마음을 바르게[明理正心]' 하는 일을 근간으로 지은 5천 여 자의 책문이다. 문제를 보고 마치 도도히 흐르는 강물의 근원이 있는 것처럼 써내려 가니, 당시 시관이나 참여자들이 모두 극찬을 하였다고 한다.

서序는 매산의 저서에 대한 저술 의도를 명확히 알게 해 준다. 주자의 편지 중에서 학자에게 더욱 절실한 부분을 가린 『주자서절요』의 "은미한 말과 오묘한 뜻이 대부분 숨어 있어서 밝히기 어려운 데다가 끌어다 비유하고 증거로 댄 것이 더러 잡서雜書나

12) 이가환이 『문집』 서문에서 평가한 글이다.

방언方言에서 나와 한 순간에 이해할 수 없는" 단점을 보완하기 위하여 『주자서절요집해朱子書節要集解』를 지었다. 주자가 초년에 편찬한 이후 말년에 수정·보완을 거치지 못하였던 『주자가례』는 처음부터 세밀한 부분에 문제를 안고 있었다. 이러한 문제를 매산의 부친 함계와 선생 훈수·지수도 인지하였기에 보완의 노력을 하였으며, 이러한 문제의식의 계승은 "편장篇章이 그 자례를 찾아 갈리어 찢어지는 폐단이 없어졌으며, 의문儀文도 그 절목을 다하여 빠뜨리는 실수가 없는" 『가례집요家禮輯要』를 저술하도록 만들었다.

매산의 학문 중에서 빠뜨릴 수 없는 것이 예학禮學이다. 그의 서간문에는 특히 변례變禮에 대한 문답이 많다. 18세기 영천 지역에서 예학 담론이 대단히 활발하였는데, 그가 지은 『가례집요』는 부친 정석달과 스승 정만양·정규양의 원고를 바탕으로 하고, 영천 지역에서 선배들이 확립해 놓았던 예서까지 종합하여 절충한 책이다. 이는 동유東儒 제가諸家의 학설을 종합하여 지역마다 특징있는 『가례』 주석서가 산출되던 분위기에서 나온 것이다.

권7에는 매산이 지은 축문, 제문, 뇌문, 묘지문 등이 실려 있다.

가묘에 올리는 고유문에서 매산이 시대의 변화에 긍정적이며 적극적으로 대처하는 모습이 드러난다.

이제 「잡기」 부제 때의	今欲倣雜記祔祭時
존자에게 일이 있으면	有事尊者
비자에게 미칠 수 있다는 뜻대로	可以及卑之義
부군의 제삿날에는	府君諱日
배위를 함께 차리고	並設配位
부인의 제삿날에는	夫人諱日
단지 한 위만 차리는 것을	只設一位
영구한 법식으로 정하려고 합니다	定爲永久之式

이제껏 제사는 『주자가례』를 따라 돌아가신 그 분만을 모시고 지냈다. 하지만 후손된 입장에서 미안한 일이 아니냐는 의견이 일어나자, 『예기』의 내용을 근거로 과감히 고치고 이를 사당에 고하였다. 여기서 매산이 변례에 대한 학설을 결정하면서 고수하였던

'후한 쪽을 따른다'는 입장도 함께 느껴진다.

> 이제는 그만이네. 저승길이 영원히 막혔으니, 남은 경전은 누구와 함께 강명하겠으며 지극한 이치는 누구와 함께 논변하겠는가? 산수를 연주하던 거문고 줄을 이제는 끊을 것이니, 나도 모르게 침문寢門에서 통곡을 하게 되네.

제산霽山 김성탁金聖鐸[13](1684~1747)의 영위에 올린 제문이다. 매산의 여러 글 속에는 절차탁마한 벗에 대한 갈망이 담겨 있다. 자신의 학문적인 영역을 이해하고 토론할 수 있는 친구가 늘 진행형의 삶을 살고 싶어 하였던 매산에게는 간절히 필요하였다. 지난 일을 가정할 수는 없지만, 만약 매산이 제산과 같이 의지를 깨워주는 동반자를 늘 가까이 할 수 있었다면, 우리는 매산의 학문의 전모를 더 많이 엿보는 기회를 얻었을 것이다.

묘지명은 문중의 선대의 것이 많이 있다. 1753년 족질 정일규에게 보낸 편지[14]의

> 비석에 글씨 쓰는 일을 살펴보기 위하여 초9일에 하천夏泉에 들어가 백교伯教를 시켜 그 전면에 글씨를 쓴 뒤 벌써 새기는 일을 시작하였는데, 아직 글자가 깨지는 걱정은 없으니, 이는 다행스러운 일이네.

라는 언급에서도 알 수 있듯이 매산은 노년의 많은 시간을 선대의 위선 사업에 보냈다. 선대에서 하지 못하였던 위선 사업을 자신의 대에 마무리 지으려고 노력한 것이다.

권8에는 사람들의 부탁을 받고 지은 묘갈명과 행장이 실려 있다.

권9에는 처음 문집을 정리하며 누락된 시, 편지, 잡저, 발문, 축문, 제문 등이 실려 있다.

권10에는 「선부군사실기先府君事實記」와 「지수선생행장초기篪叟先生行狀草記」가 실려 있다.

권11에는 매산의 연보가 실려 있다.

---

13) 매산의 처종질(妻從姪)이다.
14) 『문집』 권5 참조.

권12에는 사후 매산의 죽음을 애도하는 글과 매산의 이력을 밝히는 글이 실려 있다. 당시 영남 유림을 대변하였던 매산의 사후에 지어진 만사와 제문에는 매산이 영남학맥에서 차지한 비중을 알게 하는 대목이 보인다.

조수의趙守誼는

유학이 한강과 여헌 뒤로 황폐해진 때에	斯道榛蕪寒旅後
공께서 회재와 도산의 학통을 보완하였네	惟公羽翼晦陶餘

라고 하였고, 조광국曺光國은

창설과 눌은 두 현인의 도학이 닫혔고	蒼訥兩賢道帙閉
고재와 밀암 두 노인의 법문이 쇠락했네	顧密二老法門凋

라고 하였다. 언급된 회재 이언적李彦迪(1491~1553), 퇴계 이황李滉(1501~1570), 한강 정구鄭逑(1543~1620), 여헌 장현광張顯光(1554~1637), 창설 권두경權斗經, 고재 이만李槾(1669~1734), 눌은 이광정李光庭(1674~1756), 밀암 이재李栽(1657~1730) 등은 매산 이전 영남의 대표 학자들이다. 매산의 후배들은 매산에게 당대 영남 대표 인물의 자리를 주저 없이 인정하였던 것이다.

이외에도 행장, 묘갈명, 묘지명, 기타 선생의 선양 사업에 쓰인 글들이 실려 있다.

6. 『문집』의 가치

우리는 『문집』에서 희망과 절망의 시기를 만나 영남 관료 사림의 대처 자세를 알 수 있다. 당파의 구분 없이 모든 사람을 등용하여 정치적 안정을 꾀하려는 영조의 탕평정치는 정치의 주도권을 빼앗긴 영남의 사림들에게 희망을 주었다. 그래서 사헌부 지평을 사직하며 탕평蕩平의 정치는 '유정惟精' '유일惟一'의 자세로 얻은 직관력으로 정해진 체體가 없이 때에 따라 적절함을 달리하는 '중中'의 위치를 정확히 파악하여 잡는 것이 중요하다고 역설하였다. 과격한 소론이었던 이인좌가 영조의 즉위로 소론이 정치에서 배제되자 일부 남인과 공모하여 밀풍군密豊君 탄坦을 추대하여 난을 일으켰다. 당시 일부 남인의 동조는 절망을 주었다. 집권자들은 이 일을 계기로 남인에게 의심의 눈초리를 보냈으며, 절망에 좌절할 수 없었기에 매산은 영남 사림을 무함하는 권업權𢞬(1669~1738)의 말에 분명한 처분을 내려 온 도민의 분하고 원통한 심정을 풀어줄 것을 연명의 상소로 간청하였다. 또 흥해 사림을 대신하여 존재存齋 이휘일李徽逸(1619~1672)을 배향하고 있는 인산서원의 훼철의 부당함도 상소하였다.

또한 『문집』에서 영남 학맥의 중심에 서서 그 가치를 유지하기 위하여 진행형의 삶을 살았던 학자의 모습을 알 수 있다. 매산의 학문적 의지는 『문집』의 곳곳에 남아 있다. 사장에 얽매인 선비를 만들어서는 안 된다고 생각하였던 부친 함계 정석달은 매산에게 위기지학을 강조하였으며 이는 매산의 학문적 의지가 되었다. 매산의 의지는 강하였기에 지수 정규양에게 관료 생활 중에 독서는 본래 산림에서나 하는 일이지, 풍진 속에서는 힘써야 할 일이 아니라고 소회를 말하였다. 하지만 의지의 표현인 독서는 매산의 삶 속에서 멈춘 적이 없었다. 그래서 조정에서는 예문각을 자주 찾았으며, 물러나서는 후배의 질문에 손에 못이 박히고 입에 거품을 물 정도로 여러 예서를 살펴보겠다고 말하였다.

함계 정석달은 시대 변화에 따라 차이가 생기는 의장 절목儀章節目을 극복하기 위한 주석서 『가례혹문家禮或問』을 지었으며, 현전하지는 않지만 매산의 선생 훈수 정만양은 사계 김장생의 『가례집람家禮輯覽』과 지산 조호익의 『가례고증家禮考證』의 단점을 보완하기 위하여 『가례차록家禮箚錄』을 지었다. 이에 매산 또한 선생들의 글을 살펴보고 편장의 차례가 갈라지는 폐단과 의문의 절목을 빠뜨리는 실수를 보완하여 『가례집요家禮輯要』를 저술하였다. 『가례집요』는 어느 한 예설에 매여 밝히는 일을 목적으로 하지 않고 기존 주석서를 종합하여 절충하고 있으며, 이 같은 열린 학문 자세는 통섭의 학문이 필요한 21세기에도 필요하다고 여겨진다.

가계도

1세	정습명鄭襲明				
7세	정 림鄭林 (版圖判書)				
8세	정인수鄭仁壽	정인언鄭仁彦			
9세		정광후鄭光厚 (1344~1416)			
13세		정이휘鄭以輝			
14세	정차순鄭次諄	정차성鄭次誠	정차해鄭次諧	정차성鄭次誠	정차근鄭次謹
15세	정윤량鄭允良 (1515~1580)				
16세	정세아鄭世雅 (1535~1612)				
17세	정의번鄭宜藩 (1560~1592)				
18세	정호례鄭好禮 (1604~1672)				
19세	정시상鄭時相	정시고鄭時僑	정시심鄭時諶 (1641~1665)	정시걸鄭時傑	정시진鄭時振
20세	정석달鄭碩達 (1660~1720)				
21세	정중기鄭重器 (1685~1757)				

매산선생문집

梅山先生文集

서

매산선생문집서梅山先生文集序

고어古語에 '과거科擧가 사람을 옭아맨다.'는 말이 있는데, 아! 어찌 그러하겠는가. 근대 간소 선생艮巢先生[1] 정공鄭公과 같은 분은 비록 과거에 급제하여 조정에 나아간 분이더라도, 사람들은 마치 폐백으로 초빙된 경우와 같이 보았다. 대개 공의 집안은 대대로 영남에서 살았고 지방은 추로지향鄒魯之鄕이라 불렸으며, 또 아버지는 함계공涵溪公[2]이고 선생은 훈수塤叟[3]·지수篪叟[4] 두 분이었다.

학문 세계는 한결같이 경학經學을 주종으로 삼고 정자程子와 주자朱子의 글로 보충하여 성대히 당세의 순유醇儒가 되었다. 과거에 응시해서는 『근사록近思錄』의 내용으로 대책문對策文을 지어 장원을 하였는데, 평소 익힌 학문으로 지은 것이어서 임시로 따 모아 글을 지은 이들과는 견줄 바가 아니었다. 처음 조정에 올라서는 낮은 관직으로서 나라의 예법을 제정하는 일에 참여하였고, 암읍巖邑[5]의 수령으로 나가서는 예전 방도로써 향약

---

1) 간소 선생(艮巢先生) : 간소는 매산이 1726년 매곡(梅谷)에 지은 농막의 이름이다.
2) 함계공(涵溪公) : 함계는 매산의 아버지 정석달(鄭碩達, 1660~1720)의 호이다. 자는 가행(可行), 본관은 영일(迎日)이다. 평생 성리학 연구에 전념하였다. 저서로는 『가례혹문(家禮或問)』이 있다.
3) 훈수(塤叟) : 정만양(鄭萬陽, 1664~1730)의 호이다. 자는 경순(景醇), 본관은 영일이다. 갈암 이현일의 문인으로 학파를 초월하여 학문의 진수를 탐구하였다. 1728년 이인좌(李麟佐)의 난에 의병을 모았다가, 관군이 토평하였다는 소식을 듣고 해산하였다. 저서로는 『훈지집(壎篪集)』이 있다.
4) 지수(篪叟) : 정규양(鄭葵陽, 1667~1732)의 호이다. 자는 숙향(叔向), 본관은 영일이다. 훈수 정만양의 아우로서 일생을 학문 탐구에 바쳤다. 한평생 형과 같이 지냈다. 저서로는 『훈지집』이 있다.
5) 암읍(巖邑) : 지형이 험하고 인심이 거칠어 다스리기 어려운 고을을 말한다. 춘추 시대 정(鄭)나라 장공(莊公)이 그의 아우 태숙단(太叔段)을 제(制)에 봉하니, 신하가 "제는 암읍입니다. 괵숙이 죽을 것이니 다른 고을로 명하소서.[制 巖邑 虢叔死焉 佗邑唯命]"라고 한 데서 온 말이다.(『春秋左氏傳』「隱公」元年)

鄕約을 시행하였다.

조짐은 경륜을 펼치기에 충분하였는데도 끝내 펼치지 못하자 물러나 한가로이 지내니, 덕성은 날로 더 높아지고 명망은 날로 더 올라가고 저술은 날로 더 많아졌다. 지금 전해지는 『매산집梅山集』 12권은 모두 광대하고 풍부하며 순연히 한결같이 바른 궤도에 들었으니, 세상에 전해져서 모범이 되기에 충분하다.

대개 현달한 자는 선을 세상과 함께 하고 곤궁한 자는 선을 홀로 즐긴다. 공은 곤궁과 현달의 사이에 자리하였으나 오직 우리 조정에 있을 적에 일을 자세히 계획하고 논설로 증험하여 믿음직하게 입증하는 것이 있었다. 그러므로 물러나 야인野人이 되었을 적에 사람들이 모두 갈망하고 탄식하며 끝까지 쓰이지 못한 것을 애석히 여겼다. 비유하자면, 좋은 옥 덩이가 갈라져 이미 광채가 드러났는데도 소자繅藉[6]에 올라 종묘에 바쳐지지 못한 것과 같으니, 운명이자 또한 시운이다.

공께서 후학을 버리고 세상을 떠난 지 40년이 되어 공의 손자 하간夏澗[7]씨가 아버지의 명을 받들어, 나에게 공의 유집 서문을 지을 것을 명하기에, 내가 받아서 증명하여 말하였다.

“군자의 학문은 먼저 힘쓸 바를 아는 것이다. 사람에게 예보다 더 중한 것이 없는데, 『가례집요家禮輯要』가 완성되자 학자들이 간직하고 따를 바가 있게 되었다. 배움은 『주서절요朱書節要』보다 더 간절한 것이 없는데, 『주서절요집해朱書節要集解』가 나오자 주서의 은미한 뜻과 퇴계 문하의 강록講錄이 더 분명해졌다. 종사宗社를 위하는 지극한 계책으로는 세자를 도와 인도하는 일보다 더 앞서는 것이 없는데, 계유년(1753) 상서上書에서 ‘정밀히 살피고 전일이 지켜서 그 중中을 잡는다.’는 가르침을 반복하여 좋은 말과 원대한 계책으로 만세를 위하여 태평성대를 열 뜻이 있었다. 공의 글을 읽는 자가 반드시

---

6) 소자(繅藉) : 옥을 올려놓는 깔개를 말한다.
7) 정하간(鄭夏澗, ?~?) : 호는 사경헌(四景軒), 본관은 영일이다. 배우기를 좋아하고 효를 힘써 실천하였다. 저서로는 『사경헌집』이 있다.

이것으로 유추하여 본다면 생각이 절반은 넘어설 것이다."

금상今上(정조) 20년 병진년(1796) 봄 정월 어느 날
자헌대부資憲大夫 공조 판서工曹判書 여흥驪興 이가환李家煥[8])이 목욕재계한 뒤 절하고 짓다.

8) 이가환(李家煥, 1741~1801) : 자는 성조(廷藻), 호는 금내(錦帶), 본관은 여주이다. 1777년 문과에 급제, 비인 현감·대사성·형조 판서 등을 지냈다. 서학(西學)을 믿어 순교하였다. 저서로는 『시문초(詩文艸)』·『금대시문초(錦帶詩文艸)』·『동패락송속집(東稗洛誦續集)』·『기전고(箕田考)』·『금대전책(錦帶殿策)』 등이 있다.

매산선생문집
梅山先生文集

제1권

매산선생문집 제1권

시詩

한가한 속에 일을 쓰다[閑中書事] 경진년(1700)

정원 숲은 적적하고 초당은 휑한데　園林寂寂草堂虛
두어 칸 서가에 만권의 책이 꽂혔네　數疊丌頭萬卷書
창 너머 날 저물어도 사람 오지 않아　囱外日長人不到
느긋이 책을 치우고 낚시질을 하네　閒抽素帙任蒐漁

선생의 '평' 자 운에 경건히 차운하다. 절구 2수[敬次師門平字韻 二絶] 계미년(1703)

도가 우리 몸에 있어 본래 평탄하니　道在吾身本坦平
실로 고원하진 않아도 행하긴 어렵네　實非高遠最難行
발을 붙여서 편안한 곳을 찾는다면　箚跟若得尋安地
백척간두 걸어가도 절로 기울지 않으리　步進竿頭自不傾

우리 도는 분명하여 하나로 다 통하니[1]　吾道瞭然一貫平
인생이 언제인들 따라 행하지 않았으랴　人生何日不由行
행할 적마다 각각 마땅한 곳 있으니　行行各有當行地
조금이라도 어긋나면 그만 기울어지리　纔繆毫釐便側傾

한훤당[2] 김선생의 「독소학」 시에 삼가 차운하다[謹次寒暄堂金先生讀小學韻]

물 뿌리고 쓰는 일 분명 이치의 기틀이라　灑掃分明是理機
잠시만 경건하지 않아도 곧 그릇되어지네　斯須不敬便歸非
어린이 기르는 공부 하찮다 말하지 말라　莫言蒙養工夫小
뿌리 북돋우면 잎은 정말 무성하여지네　培得根來葉正肥

을유년(1705) 8월 22일 밤 꿈에 '수취단전염어인' 한 구절을 얻어서 드디어 보충하여 절구 한 수를 짓다[乙酉八月二十二日夜夢 得須就丹田厭飫仁一句 遂補成一絕]

하늘이 우리에게 모자람 없이 주었는데　天賦吾人自不貧
어찌 백년 세월을 헛되이 보내겠는가　豈曾虛了百年身
신명께서 어젯밤 간절히 경계하기를　神明昨夜丁寧戒
부디 단전에 인을 넉넉히 채워라하셨네　須就丹田厭飫仁

---

1) 우리……통하니 : 한 가지의 이치가 수많은 일을 꿰뚫고 있는 것을 말한다. 공자가 증자(曾子)에게 "삼아! 우리 도는 하나의 이치가 수많은 일을 꿰뚫고 있다.[參乎 吾道 一以貫之]"라고 한 데서 유래한다. (『論語』「里仁」)

2) 한훤당(寒暄堂) : 김굉필(金宏弼, 1454~1504)의 호이다. 자는 대유(大猷), 본관은 서흥(瑞興)이다. 1480년 생원시에 입격하였다. 1494년 유일(遺逸)로 천거되어 주부(主簿)·형조 좌랑 등을 지냈다. 1498년 무오사화 때 평안도 희천에 유배되고, 1504년 갑자사화 때 극형을 당하였다. 시호는 문경(文敬)이다. 저서로는 『한훤당집』이 있다.

이경중 지번을 애도하는 만시[輓李敬仲 之燔] 정해년(1707)

그대는 보지 못했나 서경[3]의 두 아들	君不見徐卿之子
태어나자 소를 잡을[4] 듯 뛰어났으며	生絶奇食牛
호기가 하늘의 기린 같은 아이였음을	豪氣天麟兒
또 보지 못했나 마씨[5]의 다섯 아들	又不見馬氏之兒
그 집안에 걸맞게 용모 수려하여	稱其家眉眼
그림 속 봄 난초의 새싹과 같았음을	如畵春蘭芽
비록 바탕 있으나 그리기로 망치면[6]	雖然有素蔑繪事
끝내는 한갓 번화자가 되어 버리네	畢竟徒是繁華子
우리 형은 가학 전하는 집안에 태어나	吾兄早生詩禮門
눈과 달 같은 흉금에서 정신 일으켰네	雪月襟抱波精神
신안 주씨 같은 할아버지 계셨고	有祖新安朱
적계 호씨[7] 같은 아버지 계셨으니	有父籍溪胡
여태까지 묘한 자질 바로잡지 않아	從來妙質自不揉
더구나 또 이목이 훈도된 지 오래임에랴	況又耳目薰陶久

3) 서경(徐卿): 경(卿)은 존칭이고, 그의 이름은 자세하지 않으나, 두보(杜甫) 당시의 서천 병마사(西川兵馬使) 서지도(徐知道)로 추측하기도 한다. 두보가 일찍이 「서경이자가(徐卿二子歌)」를 지어서 그의 두 아들을 매우 칭찬하였다.

4) 소를 잡을[食牛]: '식우'는 상대 자식의 걸출한 모습을 칭찬하는 말이다. 호랑이나 표범 새끼는 아직 털빛깔이 선명하게 되기도 전에 소를 잡아먹을 것 같은 기상[食牛之氣]을 보인다는 말에서 유래한다.(『尸子』)

5) 마씨(馬氏): 삼국 시대(三國時代) 촉(蜀)의 마씨(馬氏) 집안에 다섯 형제가 모두 재명(才名)이 있었다고 전해진다.(『三國志』「蜀書·馬良傳」)

6) 바탕이……망치면: 좋은 바탕이 있음에도 문식(文飾)을 가하여 망치는 것을 말한다. 자하의 물음에 공자가 "그림 그리는 일은 흰 비단을 마련하는 것 보다 뒤에 한다.[繪事後素]"라고 한 데서 유래한다.(『論語』「八佾」)

7) 신안(新安)……호씨(胡氏): 집안의 어른들이 주희(朱熹, 1130~1200)와 호헌(胡憲, ?~1162) 같이 훌륭한 분이었음을 말한다. 다만 이지번의 집안 어른들의 행적과 이들의 연관성은 이 제문만으로는 알 수 없다.

온화하게 진퇴하고 신중히 대답하며	雍容進退謹唯諾
어린 나이에 이미 근본 엿보려 하였네	蒙年已欲窺坏樸
들어오면 효도하고 나가면 공손하며	入則孝出則恭
부지런하기를 미치지 못한 듯하니	孜孜如不逮
충신과 독경이었네	而忠信篤敬
바로 형이 즐겨하던 것을	乃兄之肉菜
저 세속의 무리들이 어지럽히랴	彼俗子兮紛紛乎
무리지어 문장의 아름다움 겨루는 일	群居競葩藻
일찍이 썩은 풀보다 못하게 여겼네	視之曾不如腐草
창가에 단정히 앉아 마냥 설경[8]하며	淸囱端坐恣舌耕
곧추 천고의 도로 평생을 기약하였네	直將千古期平生
그대 하고 싶은 바를 물으니	問君何所欲
바다의 진주와 곤산의 옥이라서	碧海明珠崑山玉
앞길이 만리이고 또 만리라고 하였네	前程萬里復萬里
사람들 "이 사람이 세업을 전승하니	人曰斯人傳世美
향란처럼 무성해져 봄을 만나리라" 하였네	馨蘭猗猗得春麗
어찌 생각했으랴 밤바람에 꺾일 줄을	豈意中宵風折之
계해년에 태어나[9] 정해년에 떠났네[10]	璋於癸亥纊丁亥

8) 설경(舌耕) : 혀를 놀려 생계를 삼는다는 뜻으로, 후대에는 부지런히 독서하거나 강학하는 것을 말한다. 한(漢)나라 가규(賈逵)가 입으로 경문을 외워서 가르치자, 학생들이 원근을 가리지 않고 몰려드는 바람에 곡식이 창고에 가득하였다. 어떤 사람이 그것을 보고 가규는 힘으로 경작하는 것이 아니라, 혀로 경작을 한다고 말한 고사에서 유래한다.(『拾遺記』)

9) 태어나[璋] : '장'은 농장(弄璋)의 준말로, 사내아이의 태어남을 말한다. "이에 남자를 낳아서, 평상 위에 재우고, 긴 치마를 입히며, 구슬을 갖고 놀게 함에, 우는 소리가 우렁차니, 붉은 슬갑이 휘황찬란하여, 실가를 두고 군왕이 되리로다.[乃生男子 載寢之牀 載衣之裳 載弄之璋 其泣喤喤 朱芾斯皇 室家君王]"에서 유래한다.(『詩經』「小雅·斯干」)

10) 떠났네[纊] : '광'은 촉광(屬纊)의 준말로, 사람의 죽음을 확인하기 위하여 코에 솜을 대는 것을 말한다.

무산 열두 봉우리의 겨우 갑절의 나이이니	巫峽層峯才一倍
하늘은 무슨 마음으로 형을 내었을까	天生兄果何意乎
화락한 목소리와 모습 이제는 없네	豈弟音容今也無
길 가는 사람도 듣고서 눈물 흘리는데	行人聞之且揮涕
더구나 나와는 좋은 친구임에랴	矧我金蘭契
상여가 이미 관을 싣고 장지로 향하니	輪車旣載向九原
애도가로 도우려한들 무슨 말을 하겠는가	欲助紼謳將何言
그대 신선술을 배운 사람 아닌데	君非學仙流
어찌 장수하고 싶으면서 긴 휴식 싫어했나	豈欲長存厭長休
자안[11]의 신세도 꿈 같이 아득하고	子安身世夢寂寥
백도[12] 무덤의 풀도 바람에 쓸쓸하네	伯道墳草風蕭蕭
더구나 아련[13]들과 다시 무덤 나란하고	況是阿連更聯柩
어머님 그 곁에서 통곡함을 차마보겠는가	忍看北堂號其右
우리 형이 죽어서도 지각이 있다면	吾兄死有知也
응당 지하에서 남몰래 눈물 흘리리	應泉下潛涕洟
아! 아!	噫吁戱
고금의 원통한 혼백 어이 혼자만이겠는가	古今寃魄豈獨爾
바른 중을 받은 이는 모두 요절하니	受之端中皆夭死
선을 쌓아 남긴 복 더는 믿지 못하네	積善餘慶更無憑
희이[14]와 무양[15]도	希夷巫陽

11) 자안(子安) : 전설 속의 신선을 말한다.

12) 백도(伯道) : 후손 없이 세상을 떠난 진(晉)나라 하동 태수(河東太守) 등유(鄧攸)의 자이다. 석늑(石勒)의 난에 아들을 버리고 조카를 살렸다. 그 뒤로 끝내 후사를 얻지 못하여 사람들이 탄식하며 "하늘이 무지해서 백도에게 아들이 없게 하였다.[皇天無知 使伯道無兒]"라고 한 데서 유래한다.(『晉書』「鄧攸傳」) 이지번이 아들 없이 일찍 세상을 떠났음을 말한다.

13) 아련(阿連) : '아'는 친근한 표현이며, '연'은 사영운(謝靈運)의 종제(從弟) 사혜련(謝惠連)을 말한다.

14) 희이(希夷) : 외물(外物)의 영향을 받지 않는 공허 적막하고 현묘한 경지를 말한다. "보려 해도 보이지

또한 캐물을 수 없네	亦不得究
그 징험 이미 그만이니	其徵已焉哉
해로곡[16] 또한 부르지 못하네	薤露曲且莫揚
머리 들어 물어도 하늘은 푸르기만 하네	擧頭問天天蒼蒼

화산 기행花山紀行 무자년(1708)

무자년 가을 구월	黃鼠秋九月
좋은 날은 경진일	吉日維庚辰
내가 멀리 여행하려고	鄭子將遠遊
영천에서 출발하였네	肇發永之濱
부모님께 아뢰고 나서니	春庭拜告出
두 하인 길을 뒤 따랐네	兩僕隨行塵
강산에 맑은 가을이 물들어	溪山媚淸秋
붉은 단풍잎 어지러이 날렸네	錦葉紅紛繽
재 넘으며 횡계를 바라보고	踰嶺望橫溪
말을 세워 선생께 고별하였네	駐馬辭丈席
서쪽 신령의 경계로 접어들어	西踏新寧界

않으니 이라고 하며, 들으려 해도 들리지 않으니 희라고 한다.[視之不見 名曰夷 聽之不聞 名曰希]"에서 유래한다.(『道德經』)

15) 무양(巫陽) : 신무(神巫)의 이름으로, 일반적으로 저승사자를 말한다. 상제가 무양에게 자신을 보좌할 혼백(魂魄)을 찾아오도록 시킨 일에서 유래한다.(『楚辭』「招魂」)

16) 해로곡(薤露曲) : 부추 위에 맺힌 이슬처럼 덧없이 지는 인생을 슬퍼하는 곡으로, 초상 때 부르던 만가이다. 제왕(齊王) 전횡(田橫)의 죽음을 슬퍼하며 부른 만가의 "부추 위에 맺힌 이슬 어이 쉽게 마르나. 이슬은 말라도 내일이면 다시 내리지만, 사람은 죽어 한 번 가면 언제나 돌아오려나.[薤上朝露何易晞 露晞明朝更復落 人死一去何時歸]"에서 유래한다.(『古今注』「音樂」)

바위틈 길을 겨우 빠져나왔네	細穿巖穴隙
노현은 어찌 이리 높은가	盧峴何太高
형세가 청둥오리 겨드랑이 같네	勢作青鳧腋
천천히 말 몰아 모거에 당도하니	徐驅止毛渠
푸른 산 어느덧 석양빛 물들었네	青山倏已夕
아침에 화목 길로 올라	朝登花木路
저물녘 송제역에 들렀네	晚過松蹄郵
겹겹이 산봉우리들 솟고	重重聳群岳
굽이굽이 맑은 시내 흐르네	曲曲鳴清流
이비님께서 지난날 말을 멈추고	家君昔停駕
시를 지어 좋은 유람 노래하셨네	作詩歌勝遊
어느 해 작은 집을 지어서	何年起小築
책 안고 와 유유자적하려나	抱書來優遊
기이한 바위 길가에 닿았으니	奇巖迄路畔
옛사람이 묘한 필적 남겼네	故人畱妙墨
어루만지며 한참 서있자니	摩挲久竚立
어슴푸레 안색을 뵙는 듯하였네	怳若眞顏色
정오에 묵계 근처에서 쉬는데	午憩墨溪傍
김옥[17]을 모시는 사당이 있어	有社祀金玉
아름다운 영향 나약한 자 일깨우고	徽響足起懦
빼어난 풍경 눈길 잡을 만하였네	勝賞能奪目
날 저물어 금소錦韶에 들러서	日暮過錦水
눈물 훔치며 속절없이 서성거렸네	攬涕空徊徨
갈암[18]께서 강석을 버리시니	葛翁棄皐比

17) 김옥(金玉) : 보백당(寶白堂) 김계행(金係行, 1431~1517)과 응계(凝溪) 옥고(玉沽, 1382~1436)를 말한다.

아름다운 모습 이제는 아득하여졌네　懿範今茫茫
천년을 이은 퇴도[19] 선생의 가르침　千載退陶敎
공이 아니었다면 황당해졌으리니　匪公幾荒唐
유허지를 어찌 차마 지나치겠는가　遺墟豈忍過
바른 학문을 잊기가 어렵네　正學難可忘
황혼 무렵 임하에 도착하니　黃昏到臨河
처가에 예전 친구 많이 모였네　甥館多舊要
희미한 등불 한쪽 벽만 비추는 밤　殘燈半壁夜
청안[20]으로 애오라지 서로 비추었네　靑眼聊相照
좋은 시절 또 중양절이라　佳辰屬重陽
고운 풍경 시의 소재가 되어주어　美景供詩料
도연명의 꽃[21]은 곁두리될 만해도　陶花縱可餐
유몽득의 고[22]는 비웃을 만하네　劉糕還堪笑

---

18) 갈암(葛庵) : 이현일(李玄逸, 1627~1704)의 호이다. 자는 익승(翼昇), 본관은 재령(載寧)이다. 초시(初試)에 입격한 이후 출사를 단념하고 나가지 않았다. 1678년 이후 공조 정랑·병조 참판·이조 판서 등을 지냈다. 시호는 문경(文敬)이다. 저서로는 『갈암집』·『홍범연의(洪範衍義)』·『어제단수도설발휘(御製舟水圖說發揮)』·『돈전수어(惇典粹語)』·『율곡사칠서변(栗谷四七書辨)』·『수주관규록(愁州管窺錄)』·『충절록(忠節錄)』·『영모록(永慕錄)』·『신편팔진도설(新編八陣圖說)』·『존주록(尊周錄)』 등이 있다.

19) 퇴도(退陶) : 이황(李滉, 1501~1570)의 호이다. 자는 경호(景浩), 본관은 진성(眞城)이다. 1534년 문과에 급제, 대사성·예조 판서·대제학 등을 지냈다. 주자학을 집대성한 대유학자로 영남학파의 영수였다. 시호는 문순(文純)이다. 저서로는 『퇴계집』·『성학십도(聖學十圖)』·『주자서절요(朱子書節要)』·『자성록(自省錄)』·『계몽전의(啓蒙傳疑)』·『심경후론(心經後論)』·『활인심방(活人心方)』·『예안향약(禮安鄕約)』 등이 있다.

20) 청안(靑眼) : 마음이 서로 통하는 벗을 반가운 얼굴로 맞이하는 것을 말한다. 진(晉)나라 완적(阮籍)은 세속의 법도에 구애받지 않고 지내면서 속사(俗士)를 대할 적에는 백안으로 대하고, 고사(高士)를 대할 적에는 청안(靑眼)으로 대하였다는 고사에서 유래한다.(『晉書』「阮籍傳」)

21) 도연명의 꽃[陶花] : 국화를 말한다. 도연명이 한번은 중구절(重九節)에 술이 없어서 울 밑의 국화꽃만 한 움큼 따서 쥐고 서 있었는데, 멀리 흰옷 입은 사람이 와서 바라보니, 바로 군수(郡守) 왕홍(王弘)이 술을 보낸 것이었다는 고사에서 유래한다.(『南史』「隱逸列傳」)

22) 유몽득의 고[劉糕] : 유몽득(劉夢得)이 일찍이 9월 9일시를 지으면서 '고(糕)' 자를 쓰려고 하다가 생각해

때때로 맑은 눈으로 바라보며　時時展淸眺
하나하나 지난 자취 찾아보았네　歷歷尋往躅
점수는 육출을 통하지 않았고　佔叟困六出
약옹은 구곡을 읊조렸네[23)]　藥翁詠九曲
더구나 또 표은[24)]의 풍도　矧又瓢老風
세월 지나도 갓 씻은 듯함에랴　隔世如新浴
절은 예전에 누가 지었나　浮圖古誰設
낡은 도량에 지금도 잘만 하였네　弊廨今猶宿
가는 수레 북쪽으로 길을 잡으니　行軒更北指
낙모[25)]한 지 사흘[26)]이 지났네　落帽後三蓂
우연히 좋은 고을로 들어서니　偶然入仙洲
빼어난 누각 하늘로 솟아있었네　傑閣干青冥
예전의 장군댁[27)]이　昔年將軍宅
오늘은 간의정[28)]이 되었네　今時諫議亭
주인이 예우를 다하며　主人致禮貌

보니 육경(六經) 중에는 그 글자가 없었으므로 걷어치우고 쓰지 않았다는 고사에서 유래한다.(『邵氏聞見錄』) 적절한 시어를 찾아 시를 짓는 것을 말한다.

23) 점수(佔叟)는……읊조렸네: 무엇을 말하는지 정확히 알 수 없다.

24) 표은(瓢隱): 김시온(金是榲, 1598~1669)의 호이다. 자는 이승(以承), 본관은 의성(義城)이다. 병자호란 이후 출사를 단념하고 대명절의를 지키며 은거하였다. 독서에 전념하여 제자백가 및 경학에 통달하였다. 숭정처사(崇禎處士)로 불렸다. 저서로는 『표은집』이 있다.

25) 낙모(落帽): 유쾌하게 취하여 흥겨운 술자리를 말한다. 진(晉)나라 맹가(孟嘉)가 중구일(重九日)에 환온(桓溫)이 베푼 용산(龍山)의 주연(酒宴)에 참석했다가 술에 흠뻑 취한 나머지 바람에 모자가 날아가는 것도 깨닫지 못했다는 고사에서 유래한다.(『世說新語』「識鑑」)

26) 사흘[三蓂]: '명'은 상서로운 풀인 명협(蓂莢)이다. 매달 1일부터 15일까지는 잎이 하루에 하나씩 피고 15일 이후로는 잎이 하루에 하나씩 지며, 작은 달에는 마지막 한 잎이 시들기만 하고 떨이지지는 않는다고 전해진다.(『竹書紀年』)

27) 장군댁(將軍宅): 고려 염흥방(廉興邦, ?~1388) 장군의 집이다.

28) 간의정(諫議亭): 김창석(金昌錫, 1652~1720)의 정자이다.

뒷날의 기약 간곡하였네	後期申丁寧
둔파는 친한 벗이었기에	遯坡有蘭契
나를 보고 옷자락 날리며 달려왔네	見我轉衣裳
수레 멈추고 머물지 못하여	投轄不能畱
머리 들어 서로 자주 바라보았네	擧頭頻相望
길이 도동 아래를 벗어나자	路出道洞下
적막한 우사[29] 쓸쓸하였네	寂寂禹祠凉
역학을 전한 공 내 어찌 소홀히 대하랴	易學吾豈忽
예를 갖추어 끼친 명성을 흠모하였네	一式欽遺芳
서쪽으로 낙동강 둑을 따라가다	西遵洛水墳
밤이 되어 도목촌에 들어섰네	夜投桃木村
도목촌에 사는 배씨 어른께서	村有裵氏老
나를 머물라하고 담소는 더 정다웠네	館余談愈溫
"지난날 두 문중의 어른께서	曰昔兩世祖
나란히 진사과에 입격[30]하였다네"	同聯鴈塔巾
또 더러 인척의 의리도 말하여	亦或講戚誼
한낮이 되도록 머뭇거렸네	日午猶逡巡
걸음이 석양교를 넘어서	行度夕陽橋
다시 맑은 강을 건넜네	再亂淸江水
선성이 갑자기 눈에 들어와	宣城忽入望
궐리[31]와의 거리를 알았네	闕里知遠邇

29) 우사(禹祠) : 역동(易東) 우탁(禹倬, 1263~1342)을 모시고 있는 사우를 말한다.

30) 진사과에 입격(鴈塔) : '안탑'은 중국의 과거 시험에 입격한 것을 말한다. 당(唐)나라 때 진사과에 입격한 사람들이 자은사(慈恩寺)의 대안탑(大雁塔) 아래에다 이름을 기록해 넣은 고사에서 유래한다.(『唐摭言』「慈恩寺題名游賞賦詠雜記」)

31) 궐리(闕里) : 중국 산동성(山東省) 곡부현(曲阜縣)에 있는 공자의 고리(故里)인데, 이 시에서는 퇴계 이황

오랜 위엄에 날 저문 줄 잊고　遲威忘日暮
산천의 아름다움만 느꼈네　但覺山川美
침침한 부라촌의 나무　暝暝浮羅樹
가물가물한 의인 마을이었네　隱隱宜仁里
멀리 보이는 곡구암　遙瞻谷口巖
날아서 강 속의 달을 갈랐네　飛割江中月
문과 담장이 빽빽이 우뚝하고　門牆鬱岧嶢
단청한 편액 문설주 사이에 걸렸네　粉額楣間設
머뭇거리며 경모의 마음 일으키니　躊躇起敬慕
하남의 눈 속[32]인가 하였네　疑立河南雪
서늘한 재사에서 팔베개하고 누워　寒齋臥曲肱
밤새도록 맑은 꿈을 꾸었네　畢宵孤夢潔
새벽에 일어나 의관을 차리고　晨興振衣巾
공경히 상덕사에 배알하였네　祗謁尙德祠
선생께서는 북쪽에 앉아 계시고　先生坐北壁
월천[33]은 동남쪽에서 모시고 있네　月老侍巽楣
평생토록 얼마나 우러렀던가　平生幾仰止
오늘 다행히도 이곳에 올랐네　今日幸登斯

의 고향을 말한다.

32) 하남의 눈 속[河南雪] : '하남설'은 스승에게 나아가 배우는 것을 말한다. 송(宋)나라 유조(游酢)와 양시(楊時)가 처음 정이(程頤)를 뵈었는데, 정이가 눈을 감고 오랫동안 명상에 잠겨 있었다. 두 사람은 스승을 공경한 나머지 물러간다고 말씀드릴 수가 없어 그대로 모시고 있다가 스승의 나가라는 명을 듣고 나오니, 문밖에 눈이 한 자나 쌓여 있었다는 고사에서 유래한다.(『朱子語類』)

33) 월천(月川) : 조목(趙穆, 1524~1606)의 호이다. 자는 사경(士敬), 본관은 횡성(橫城)이다. 1552년 생원시에 입격하였으나 대과를 포기하고 위기지학(爲己之學)에 전념하였다. 벼슬을 사양하다가, 1594년 군자감 주부(軍資監主簿)로 잠시 재직하였다. 만년까지 후진 양성에 힘을 쏟았다. 저서로는 『월천집』이 있다.

엄숙히 향불을 피워 올리니	肅然炷鑪香
마치 봄바람[34]에 훈습한 듯하였네	怳襲春風姿
아! 성명의 도 심오한데	嗟哉性命秘
선생께서 태양 같이 밝히셨네	先生闡如日
남기신 말씀 세상에 전해져서	遺言落人間
사람[35]들이 금수 됨을 면하였네	橫目免烏鶻
어떻게 백년도 되지 않았는데	如何不百年
이설이 일어나 심하게 다투나	異說爭盪潏
원해보네 궤석 아래로 나아가	願從几席下
한 번 사단칠정에 대해 질정하기를	一質四與七
가르침 적막해져 계승하기 어려우니	嘉誨闃難承
옛 자취를 내가 찾아야 되겠네	舊蹟吾當尋
당시 어떤 구성의 객이	時有龜城客
나를 위하여 먼저 올라갔네	爲我先登臨
서당은 적막하여 사람 없고	書堂寂無人
절우사는 마냥 연기에 잠겨 있었네	節社烟空沈
자리와 지팡이만은 그대로이기에	簟杖獨宛爾
어루만지며 옷깃으로 눈물 훔쳤네	撫玩增霑襟
잠시 뒤 농운정사에 올랐다가	俄登隴雲舍
드디어 천연대로 향하였네	遂向天淵臺

34) 봄바람[春風] : '춘풍'은 스승을 말한다. 주공섬(朱公掞)이 여주(汝州)에 가서 명도(明道) 정호(程顥)를 뵙고 돌아와서는 사람들에게 "내가 한 달 동안이나 봄바람 속에 앉아 있었다.[某在春風中坐了一箇月]"고 한 데서 온 말이다.(『近思錄』)

35) 사람[橫目] : '횡목'은 눈이 가로로 찢어진 사람을 말한다. "선생님은 횡목의 백성에게 뜻이 없습니까? 성인의 정치를 듣고자 합니다.[夫子無意於橫目之民乎 願聞聖治]"고 한 데서 온 말이다.(『莊子』「天地」)

높은 하늘은 푸르고 드넓으며　崢嶸碧宇闊
맑은 소는 밝은 거울처럼 환하였네　澹湛明鏡開
비약[36]의 묘리 캐묻고 싶으면　欲究飛躍妙
반드시 이곳으로 와야 하겠네　須向此中來
풍광이 넓어 다함이 없기에　風光浩無極
굽어 올려보며 오래 배회하였네　俯仰長徘徊
멀리 애일당이 보여서　遙瞻愛日堂
걸음걸음 강을 따라 갔었네　步步遵江灣
농암은 만장이나 우뚝하고　聾巖起萬丈
분강서원이 그 아래에 있었네　汾院在其足
새하얗게 귀밑머리 센 노인　皤皤雪鬢翁
의젓이 한 폭 명주에 그려져 있었네　凜然綃一幅
고상한 풍도 참 공경할 만하여　高風諒可畏
일어나 절하며 엄숙을 다하였네　起拜聊致肅
천사에 누님의 집이 있는데　川砂有姊家
누님 떠났으나 아이가 있어서　姊沒兒猶在
말을 몰아 다시 물길 거슬러 오르다　驅驪更泝流
오전에 깊은 광뢰를 건넜네　午渡廣瀨漼
자형께서 나의 손을 잡으니　姊夫握余手
기쁨이 배나 더하였네　喜氣加一倍
서글피 우리 누님 생각하며　愀然念吾姊
목이 메여 그리움 가누기 어려웠네　鳴咽情難宰

36) 비약(飛躍) : 하늘에 솔개가 날고 연못에 물고기가 뛰는 것으로, 현상에 나타나는 모습은 다르지만 그 속에 하나의 원리가 관통하고 있음을 말한다. "솔개 날아 하늘에 이르고, 고기는 못에서 뛰네.[鳶飛戾天 魚躍于淵]"라고 한 데서 유래한다.(『詩經』「大雅·旱麓」)

여러 벗들 더 강건하여	諸朋更斤斤
나를 끌고 여기저기 구경시켰네	挈我恣勝觀
북쪽을 오르니 단사협이 있고	北登有砂峽
남쪽을 바라보니 월란정이 있었네	南望有月瀾
나에게 자하곡을 자랑하고	誇余紫霞谷
나에게 청량산을 가리켜주었네	指余清凉山
돌아와 밤 등불 걸고서	歸來揭夜燈
담론이 더욱 무르익었네	談討仍爛漫
다음날 새벽에 길을 나서니	翌曉理征鞭
말머리에 햇무리 붉게 깔렸네	馬首蒸霞絳
퇴계를 지나 온계에 닿으니	退溪接溫溪
모두가 안연의 거리였네	總是顔之巷
유택이 지금도 있어	遺宅至今存
순후한 풍속 아직 남아 있었네	淳風猶未降
옛 사람의 마음을 생각하니	緬懷古人心
아직도 나의 못남 치료할 수 있겠네	尚可醫吾戇
구름 속의 용두산은	龍嶺入雲際
위아래 더욱 깨끗하였네	上下愈飄灑
영남의 예순 고을이	嶠南六十郡
눈 아래로 내려다보였네	眼底風斯下
다 올라 다시 점점 낮아지더니	登盡復漸低
계곡에는 맑은 물 그냥 쏟아졌네	磵谷自清瀉
가다가다 한 현을 바라보니	行行望一縣
바로 내성 들판이라 말하였네	云是乃城野
밤에 유곡촌에서 자고	夜泊酉谷村
아침에 하당[37] 어른을 찾아뵈었네	朝謁荷塘老
하당 어른 기상이 고결하여	荷塘氣高潔
바라보니 상산사호[38]와 같았네	望若商山皓

문장은 소동파의 경지에 들어	文章入蘇室
지으면 사람들 다투어 보배라 하였네	一唾人爭寶
나 역시 가장[39]을 지고 와서	我亦負家乘
고인의 초고 얻기를 원하였네	願得古人草
지제가 나를 서쪽으로 이끄니	庭蘭引我西
서쪽에 청암정이 있었네	西有青巖亭
맑은 연못 푸르게 사면을 두르고	淸池碧四環
돌다리가 한 가닥 걸쳐 있었네	石橋橫一莖
퇴계의 시와 미수[40]의 전서	陶詩與眉篆
좌우에서 문미와 기둥을 빛내었네	左右輝楣楹
이곳이 이 사람을 얻으니	斯地得斯人
조물주 애정이 있는 듯하였네	造物若有情
창설재[41]께서는 저물어서야 돌아가고	蒼翁暮始歸
초 깎으며 밤새워 이야기하였네	剪燭談徹夜
두 곳에서 실로 급제하였으니	兩許實聯芳

---

37) 하당(荷塘) : 권두인(權斗寅, 1643~1719)의 호이다. 자는 춘경(春卿), 본관은 안동이다. 1677년 진사시에 입격한 뒤, 권해(權瑎)의 천거로 효릉 참봉(孝陵參奉)·공조 정랑 등을 지냈다. 저서로는 『하당집』이 있다.

38) 상산사호[商山皓] : 진(秦)나라 말기에 전란을 피해 상산(商山)에 들어가 은거하였던 흰 수염의 네 노인을 말한다. 상산사호는 동원공(東園公)·기리계(綺里季)·하황공(夏黃公)·녹리선생(甪里先生)이다.(『史記』「留侯世家」)

39) 가장[家乘] : 호수(湖叟) 정세아(鄭世雅, 1535~1612)의 가장이다.

40) 미수(眉叟) : 허목(許穆, 1595~1682)의 호이다. 자는 문보(文父), 본관은 양천(陽川)이다. 1660년 경연(經筵)에 출입하였고, 다시 장령이 되었다. 이후 이조 판서를 거쳐 우의정에 오르니, 유일(遺逸)로서 삼공(三公)에 올랐다. 시호는 문정(文正)이다. 저서로는 『동사(東事)』·『방국왕조례(邦國王朝禮)』·『경설(經說)』·『경례유찬(經禮類纂)』·『미수기언(眉叟記言)』 등이 있다.

41) 창설재(蒼雪齋) : 권두경(權斗經, 1654~1725)의 호이다. 자는 천장(天章), 본관은 안동이다. 1710년 문과에 급제, 사간원 정언·홍문관 부수찬 등을 지냈다. 저서로는 『창설재집』·『도산언행통록(陶山言行通錄)』·『계문제자록(溪門諸子錄)』 등이 있다.

지망이 견줄 곳이 없었네　　地望無相亞
더구나 또 『계문록』에　　況又溪門錄
자세히 실려서 겹치지 않음에랴　　纖悉非疊架
기쁘게도 좋은 향기 퍼지니　　欣然襲蘭臭
비린이 온통 벌써 변화되었네　　鄙吝都已化
늦게 석천동을 나서서　　晩出石泉洞
말 달려 삼계서원으로 향하였네　　馳向三溪院
아! 충정[42]공께서는　　嗟嗟忠定公
만고토록 강직한 분이라 칭송받았네　　萬古稱鐵面
맑은 풍도 비록 이미 멀어졌어도　　淸風縱已遠
남은 은택 아직도 볼 수 있었네　　餘澤尙可見
훌륭한 법도 가정에 넘치고　　懿範溢家庭
곧은 행실 아랫사람에게도 있었네　　貞行在隷賤
돌아오자 동네 선비 모여드니　　回來里彦集
한 명 한 명 금옥 같은 선비였네　　箇箇金玉士
담론은 천고의 세월 가르고　　談論劈千古
출입은 경전과 역사서였네　　出入經若史
벗들과 자리하는[43] 즐거움 깊지만　　伐木樂雖深
고향 생각[44] 멈추지 않았네　　望雲思未已

---

42) 충정(忠定) : 권벌(權橃, 1478~1548)의 시호이다. 자는 중허(仲虛), 호는 충재(冲齋), 본관은 안동이다. 1507년 문과에 급제, 사헌부 지평·예조 참판·우찬성 등을 지냈다. 1547년 양재역벽서사건에 연루되어 구례에 유배된 후 삭주로 이배되어 배소에서 세상을 떠났다. 저서로는 『충재집』이 있다.

43) 벗들과 자리하는[伐木] : '벌목'은 벗들과 연회를 베풀며 노래한 시이다. "나무 베는 소리 쟁쟁하고, 새 울음은 앵앵하도다. 새들이 우니, 벗을 찾는 소리로다.[伐木丁丁 鳥鳴嚶嚶 嚶其鳴桑 求其友聲]"라고 한 데서 온 말이다.(『詩經』「小雅·伐木」)

44) 고향 생각[望雲] : '망운'은 고향의 어버이를 그리워하는 것을 말한다. 두보(杜甫)의 「객당(客堂)」에 "끝까지 구름 쳐다보는 늙은 말이요, 북쪽에 뜻을 둔 남쪽 기러기 심정이네.[老馬終望雲 南雁意在北]"라고

이튿날 아침 작별의 말 고하고 厥明告別語
돌아오는 길 더 꾸불꾸불하였네 歸路更邐迤
사흘 만에 천전에 이르니 三宿至川前
청계[45]공 가문의 명성이 성대하였네 青老家聲大
뜰 앞에서 다섯 형제 태어나 庭前挺五常
학봉[46]께서 덕업이 가장 높았네 鶴翁德業最
훌륭한 손자로 대표[47]공 있어 賢孫有大瓢
우뚝한 절개 변함없이 향기로웠네 奇節終古馤
뛰어난 명사 어이 이리 많은가 名俊一何多
사람들 서산[48] 채씨 집안에 견주었네 人擬西山蔡
지금도 예전 집 있는 마을에 至今舊宅里
후손들 남긴 아름다움 잇고 있었네 來雲襲餘芬
문채 나는 두 학사와 彬彬兩學士
맑고 환한 초빙 받은 군자[49] 皎皎一聘君
지나는 길에 잠시 한번 찾으니 歷路暫一叩
예우가 퍽이나 은근하였네 禮遇頗慇懃

한 데서 온 말이다.

45) 청계(靑溪): 김진(金璡, 1500~1580)의 호이다. 자는 형중(瑩仲), 본관은 의성이다. 1525년 생원시에 입격하였으나 출사를 단념하고 귀향하였다. 임하의 부암 곁에 서당을 짓고 후학을 훈육하니, 고장에 면학의 기풍을 일으켰다. 일고가 『연방세고(聯芳世稿)』에 수록되어 있다.

46) 학봉(鶴峰): 김성일(金誠一, 1538~1593)의 호이다. 자는 사순(士純), 본관은 의성이다. 1568년 문과에 급제, 사가독서한 이후 부제학·순찰사 등을 지냈다. 시호는 문충(文忠)이다. 저서로는 『학봉집』·『상례고증(喪禮考證)』·『해사록(海槎錄)』 등이 있다.

47) 대표(大瓢): 김시온(金是榲, 1598~1669)을 말한다.

48) 서산(西山): 채원정(蔡元定, 1135~1198)의 호이다. 자는 계통(季通)이고, 복건성(福建省) 건양인(建陽人)이다. 어려서 부친 채발(蔡發)에게 정자의 학문을 배웠으며, 뒤에 주희에게 찾이가 수학하여 그의 이학(理學) 사상을 계승·발전시킨 주요 인물로 평가된다. 시호는 문절(文節)이다. 저서로는 『홍범해(洪範解)』·『팔진도설(八陣圖說)』 등이 있다.

49) 문채……군자: 당시 천전리에 살았던 두 분이나, 이 기행시로는 자세히 알 수 없다.

바빠서 할 말 다 못하고	悤悤說未盡
임하 물가로 와서 잤네	來宿河之濱
아침에 일어나 추월에 이르니	朝起詣秋月
밀암[50]께서 머물던 곳이었네	密菴於焉息
빼어난 자품에 힘까지 쏟아	英資兼積力
가학의 연원을 맑게 하였네	家學淵源湜
낙당과 삭당[51]처럼 서로 삐걱대니	洛朔互傾軋
훌륭한 이들이 형극에 버려졌네	圭璋委荊棘
몸은 궁하여도 뜻 바꾸지 않으니	身窮志不改
굳은 절개 참 법 받을 만하였네	苦節良可式
이틀 동안 강과 산을 넘어	兩日越川原
예전 집 근처에까지 왔네	來泊古窩傍
훈수 지수 두 선생께서 함께 하여	塤篪共聯榻
책이 책상 가득 쌓여 있었네	簡編積滿牀
학자들이 번갈아 와 배우니	學者迭來從
밤낮으로 책 읽는 소리 넘쳐났었네	晝夜絃誦洋
물소리 들리고 산 그림자 깔려	水聲山影裡
강론하는 즐거움 끝이 없었네	講討樂未央
새벽녘 하직하고 훌쩍 물러나	大昕忽辭退
함계의 집에서 양친께 인사 올렸네	反面涵溪舍

50) 밀암(密菴) : 이재(李栽, 1657~1730)의 호이다. 자는 유재(幼材), 본관은 재령(載寧)이다. 생전에 부친 이현일을 지극 정성으로 모시면서 학문을 연구하며, 누차 조정에 천거되었으나 나아가지 않았다. 만년에 임하 금소에 묻혀 독서궁리로 소요자적하며 후진 양성에 힘을 쏟았다. 저서로는 『밀암집』·『금수기문(錦水記聞)』·『홍범연의(洪範衍義)』·『안증전서(顔曾全書)』·『주서집현(朱書集覽)』·『주서강록간보(朱書講錄刊補)』 등이 있다.

51) 낙당과 삭당[洛朔] : '낙삭'은 송 철종(宋哲宗) 무렵의 경쟁 관계에 있던 당파이다. '낙'은 정이(程頤)·주광정(朱光庭) 등의 낙당(洛黨)을, '삭'은 유지(劉贄)·유안세(劉安世) 등의 삭당(朔黨)을 말한다.

두 분께서 다행히 강녕하시고 雙闈幸康寧
온 식구들 다 반갑게 맞아주었네 渾室皆欣迓
하인들도 어깨를 잠시 쉬고 僕夫乍息肩
말들은 벌써 멍에를 벗었네 征馬已稅駕
나 또한 서실로 들어와 余亦入書室
책상을 마주하니 퍽 한가롭네 對案頗清暇
더듬어 생각하니 지나온 곳 많아 麤思遊歷富
문득 마음이 원대해짐을 느끼네 頓覺心期遠
철인들의 명승지 유람한 자취 哲人名勝迹
모두 두 눈에 완연히 남아있네 都在雙眸宛
예전 길 날로 띠 풀에 막히니 古蹊日塞茅
지금 사람 중에 누가 빗장을 풀까 今人誰發鍵
굽어 올려보며 부질없는 탄식에 俛仰空嘆息
하늘 어둑어둑 가을 날 저물어 가네 天陰秋日晩

고산서당에서 여러 벗들의 시에 차운하다[高山書堂次諸益韻] 기축년(1709)

적막한 빈산에 밤이 찾아와 寂寞空山夜
유유히 소정에 기대어보네 悠然倚小亭
바람 많고 시내소리 시끄러운데 風多喧磵語
구름 갈라져 산봉우리 드러나네 雲破露峰形
조각달 삼경에 더 환하고 片月三更白
외로운 등잔 한 점 반짝이네 孤燈一點青
여러 편의 담론 함께 마치고 數篇談共罷
크게 읊조리며 안 뜰을 거니네 高詠步中庭

빗속에 두견화 한 가지가 먼저 피었는데, 최겸지 달제가 절구 한 수를 읊어 보여주어서 드디어 그 시에 차운하다[雨中杜鵑花一枝先開 崔兼之 達濟 吟一絶以示 遂次其韻]

한 가지에 봄빛이 가장 먼저 찾아오니	一枝春色最先來
바위 살구 시내 복숭 남몰래 시기하네	巖杏溪桃暗欲猜
이제부터 산신령에게 좋은 일 많아서	自是山靈多好事
짐짓 가는 비 뿌려 사람 앞에 꽃 피우겠네	故催微雨向人開

국탄 상인의 시에 차운하다[次國坦上人韻]

국탄國坦이 유학과 불교의 도가 같다고 하였기 때문에 말하였다.

우리 도는 해와 같이 밝아서	吾道明如日
구담[52]을 이단이라 논척하였네	瞿曇鼓異端
불법은 공허에 그림자처럼 매달리고	法從空影繫
불심은 죽어서 찬 재가 되어버렸네	心作死灰寒
얼음과 숯이 어이 함께 하랴	氷炭何相並
향기와 악취 절로 관여하지 않네	薰蕕自不干
원컨대 그대 배운 것 버리고	願君捐舊學
부디 성인의 학문 따르시오	須向聖門攀

52) 구담(瞿曇) : 석가모니(釋迦牟尼)의 성(姓)인 'gautama'의 음역(音譯)으로, 불교를 말한다.

오천서원[53]의 묘우를 배알하고 바로 청림 옛터를 방문하여 배회하다 서글퍼서, 삼가 시조 지주사공 시에 차운하여 감회를 부치다[烏川書院展廟 仍訪青林舊址 徘徊感悵 伏次始祖知奏事公韻 以寓懷]

청림에 새벽 해 붉게 오르자 青林曉日紅
예전 유허지를 찾아왔네 來訪古墟中
이슬은 이끼 적시우고 露濕莓苔地
연기는 쑥 명아주 덮었네 烟沈蓬藋叢
이어온 집[54] 몇 대인지 알고 肯堂知幾代
남겨진 묘우 고풍이 그려지네 遺廟想高風
더구나 또 집안 명성 크고 况又家聲大
훌륭한 후손 포은[55] 선생 있음에랴 賢孫有圃翁

금산의 종인 집에서 교도 선조가 남긴 절구 한 수를 얻어서, 삼가 그 시의 운에 이어 짓다[金山宗人家 得教導先祖遺詩一絶 謹繼其韻]

아망은 다투어 통덕랑 문중을 추대하고 雅望爭推通德門
치유[56]를 연 자리 뛰어난 인재가 많았네 緇帷闢處俊髦紛

---

53) 오천서원(烏川書院) : 고려 시대의 문신 정습명(鄭襲明, ?~1151)과 포은 정몽주(鄭夢周, 1337~1392)의 위패를 봉안하고 있는 서원이다. 경북 포항시 남구 오천읍 원리에 소재한다.

54) 이어온 집[肯堂] : '긍당'은 자손이 선대의 유업을 잘 계승하는 것을 말한다. "만약 아버지가 집을 지으려 작정하여 이미 그 규모를 정했으면 그 아들이 기꺼이 당기를 마련하지 않으면서 하물며 기꺼이 집을 지으랴.[若考作室 旣底法 厥子乃弗肯堂 矧肯構]"에서 온 말이다.(『書經』「大誥」)

55) 포은(圃隱) : 정몽주(鄭夢周, 1337~1392)의 호이다. 자는 달가(達可), 본관은 영일이다. 1360년 문과에 급제, 예문관 수찬·우사의대부(右司議大夫)·예문관 대제학 등을 지냈다. 이성계일파의 역성혁명을 반대하다가 조영규(趙英珪) 등의 습격을 받아 세상을 떠났다. 저서로는 『포은집』이 있다.

당년에 지은 훌륭한 시 모두 없어졌는데　當年寶唾都漫滅
매우 다행히도 오늘아침 이 글을 보네　何幸今朝見此文

십대 동안 벼슬 이어온 오랜 명문가　簪纓十世舊名門
가학을 가정에 전하여 급제자 많네　詩敎傳庭森桂紛
이때부터 묵장[57]을 여러 대 드리워　從此墨莊垂累世
남은 후손들 여전히 경문을 암송하네　孱孫猶解誦經文

환귀리에서[還歸里] 경인년(1710)

모자산 운주산의 후손 서로 송영하는　母裔雲孫互送迎
– 모자산母子山[58]과 운주산雲住山의 지류에 서로 모여지내며 보내고 맞이하였다. –
십리 너른 들판에 한 시내 질러 흐르네　平郊十里一川橫
자양현에 속하였던 시장은 바뀌지 않고　紫陽縣屬廛無改
– 구리내究里乃는 예전 자양현紫陽縣이고 환귀시還歸市가 바로 현시縣市이다. –
단혈의 상서로운 전통 절 이름에 남아있네　丹穴祥傳寺有名
– 풍설風說에 전해온다. 봉황새가 오방梧坊에 집을 짓고는 죽실竹實을 군郡의 남쪽 대 숲에서 채취하여 환귀리의 뒷산으로 돌아와 쉬었기 때문에 이름 하였다. 예전에는 절이 있었는데, 지금은 마을 이름이 되었다. –
평본촌의 정려는 양 효자를 알게 하고　坪楔尚知楊孝子
– 현감縣監 양배楊培[59] 공이 평본촌坪本村에 살았는데, 효행이 있어 조정에서 정려를 세웠다. –

---

56) 치유(緇帷) : 고인(高人)과 현사(賢士)가 강학하는 곳에 둘러친 검은 장막을 말한다. 공자(孔子)가 천하를 주유하면서 검은 장막을 치고 강학한 일에서 비롯되었다.
57) 묵장(墨莊) : 먹을 일구는 전장(田庄)이라는 뜻으로, 학문을 업으로 삼는 곳을 말한다.
58) 모자산(母子山) : 영천시 화북면 정각리에 위치한 보현산(普賢山)의 다른 이름이다.
59) 양배(楊培, ?~?) : 본관은 청주이다. 동래병마사(東萊兵馬使)를 지냈다. 3년 동안 시묘를 사니, 후에 정려를 받았다.

우항의 비각은 모두 정 선생을 우러르네 巷碑咸仰鄭先生
– 우항愚巷은 바로 포은 선생이 태어난 곳인데, 지금도 비각이 있다. –
한 지역의 문학과 행실 지금도 성대하니 一區文行今猶盛
삼백년 동안 훌륭한 분 몇 명이었던가 三百年來幾箇英

경주에서 옛날을 회상하며[東都懷古]

계림에 잎이 지니 월성이 황폐해져 鷄林搖落月城荒
서라벌의 번영 한바탕 꿈이 되었네 徐伐繁華夢一場
천년을 이은 나라의 부는 초나라 같고 國富千年同楚郢
세 성이 서로 맡음[60]은 당우[61]를 본받았네 家官三姓效虞唐
슬픈 바람은 쓸쓸히 장군총에 불고 悲風蕭瑟將軍墓
시든 풀은 흩어져 학사의 장원에 자라네 老草離披學士莊
산수는 지금까지 예전 그대로이지만 山水卽今都似舊
묵은 자취 찾으려 해도 더 아득하네 欲尋陳迹更蒼茫

봄날 우연히 읊다[春日偶吟]

어젯밤 봄바람에 가는 비 내리더니 昨夜東風小雨零

60) 세……맡음: 신라(新羅)가 고대국가의 모습을 갖추기 이전에 박(朴)·석(石)·김(金)이 번갈아가며 왕위를 이은 것을 말한다.
61) 당우(唐虞): '당'은 요임금이 세운 나라이고, '우'는 순임금이 세운 나라이다. 능력 있는 이를 가려 왕위를 물려주었던 시대이다.

온갖 산봉우리 골짜기 일시에 푸르네	千峰萬壑一時青
용면[62]도 진면목은 그려내지 못하니	龍眠不得摹眞面
비로소 천지 조화옹의 영험을 믿겠네	始信乾坤造化靈

상사 이이직 경중[63]을 애도하는 만시[輓李上舍以直 敬中]

문성의 정기 어젯밤 갑자기 흐려지더니	文星昨夜忽虧精
놀랍게도 우리 형이 떠났다[64]고 하네	驚却吾兄已九京
명성은 낙양의 재자 가의[65] 같았고	聲譽洛陽才子賈
전형은 이수의 구가 정씨[66] 같았네	典刑伊上舊家程
천년 자라날 좋은 나무 하루아침에 시드니	千秋玉樹眞朝暮
한 줄기 연꽃[67]으로 경중을 어이 따지랴	一朶蓮花豈重輕
늙어 아이 없는 데다 수명 다시 짧으니	有老無兒年更短
설천도 오열하며 슬픈 감정 품고 흐르네	雪川嗚咽下哀情

62) 용면(龍眠) : 송나라 때의 문인화가인 이공린(李公麟, 1049~1106)을 말한다. 이공린이 벼슬을 그만두고 용면산(龍眠山)에 들어가 지내며 용면거사(龍眠居士)라 자호하였다.

63) 이경중(李敬中, 1679~?) : 자는 이직(以直), 본관은 여주이다. 1710년 생원시에 입격하였다. 효성과 우애가 지극하고, 학문을 일찍 이루니, 갈암 이현일이 기특하게 여겼다.

64) 떠났다[九京] : '구경'은 솟아있는 무덤을 말한다. "구경에 계시는 선대부를 따르려 한다.[以從先大夫於九京]"에서 온 말이다.(『禮記』「檀弓下」)

65) 가의(賈誼) : 전한(前漢) 문제(文帝) 때의 문신이다. 20여 세의 나이에 재주와 학문이 높아서 문제(文帝)가 등용을 하였으나, 대신들의 질투를 받아 외방으로 나갔다가 30이 겨우 넘은 나이에 죽었다.

66) 이수(伊水)의 구가(舊家) 정씨(程氏) : 이수 가의 오래된 정씨 집안으로, 성리학의 태두 정자(程子)를 말한다.

67) 한 줄기 연꽃 : 이경중이 생원시에 입격한 것을 말한다.

최선건 입기를 애도하는 만시[輓崔善建 立基] 무술년(1718)

지난날 육의정[68]을 올라	昔登六宜亭
시옹[69]의 자취를 떠올렸네	緬懷詩翁躅
훌륭한 후손께서 남긴 아름다움 이어	賢孫趾餘美
산수의 풍미 충분하였네	湖林風味足
거침없어 문단을 휘젓고	佚宕文墨場
호방하여 얽매임을 잊어버렸네	恢曠忘局束
굳은 사귐은 명승지 자주 찾고	石交多名勝
좋은 계절에는 동이 술이 맑았네	令節樽酒綠
머리 돌려보니 말세의 무리들	回首末路輩
기만하고 음험하여 한갓 무능하였네	巧險徒碌碌
어찌하여 사명부[70]에 들 사람이	云胡司命簿
젊어서 귀록[71]에 이름 올렸나	未老登鬼錄
원근의 사람들 다 아까워하는데	遐邇共嗟惜
인척의 의리 도타운 저임에랴	况我婣誼篤
슬픔과 기쁨이 칼날 되어서	悲悰化寸鐵
나의 한 굽이 간장을 가르네	割我腸一曲

68) 육의정(六宜亭) : 육의당(六宜堂) 최계종(崔繼宗, 1570~1647)이 광해군 11년(1619)에 세운 별장 이름이다.

69) 시옹(詩翁) : 누구를 말하는지 정확히 알 수 없다.

70) 사명부(司命簿) : 감사 이상의 고위 관직에 오름을 말한다.

71) 귀록(鬼錄) : 음계(陰界)에서 죽은 사람들의 이름을 명부에 기록하는 것으로, 저승 명부를 말한다.

우거하는 집에서 감회가 있어[寓次有感] 계묘년(1723)

선조께서 어느 해 영천에 입향하였나　　吾祖何年入永川
생각해보니 판도 선조부터인가 싶네　　思來疑自版圖先
— 포은공파圃隱公派와 우리 전공공파典工公派가 모두 영천에 거주하고 있으니, 판도공版圖公 이후부터 살게 되었을 것이다. —
공조공께서 남긴 기업 전촌에 있고　　工曹基業在錢野
— 소판서공小判書公께서 살던 터가 군의 남쪽 전촌錢村에 있다. —
교도공 가문의 명성 대전을 흔들었네　　教導家聲振大田
노항의 현가[72]소리 겨우 사대가 지나고　　魯巷絃歌纔四葉
— 충순공忠順公께서 대전리大田里에서 노항魯巷으로 이거하였다. —
선원의 청백은 또 삼대 째 전하여 왔네　　仙源清白又三傳
— 증조부 현감공縣監公께서 선원仙源에 처음 자리 잡았다. —
지금에 지낼 곳 없는 객 되고 보니　　如今便作無巢客
어느 강산에 다시 인연이 있을까　　何處江山更有緣

선대의 묘도음[先世墓道吟]

먼 팔대조 산소는 자세하지 않지만　　八代墳塋遠莫詳
지금까지도 영천에서 수호하고 있네　　只今猶保永州鄉
공조공의 원래 터는 증손의 오른쪽　　工曹元基曾孫右
이씨의 묘소는 맏아들의 곁에 있네　　李氏唐丘冢子傍

---

72) 현가(絃歌) : 충순공(忠順公)의 이거로 인하여 유학이 크게 진작 되었음을 말한다. 자유(子游)가 무성의 읍재(邑宰)가 되어 백성들에게 예악을 가르쳤으므로, 곳곳마다 현가의 소리를 들을 수 있었다는 고사에서 유래한다.(『論語』「陽貨」)

귀동은 생원의 장수댁이요　龜洞生員長水宅
용산은 충순 다섯 공의 세장지이네　龍山忠順五公藏
우리 할아버지 아버지 묘소를 나누어　惟吾祖父分雙兆
위쪽 운주봉 아래쪽 쇄방에 계시네　上在雲峯下鎖坊

고모부 이덕기[73] 공을 애도하는 만시[輓姑夫李公 德祺]

회재[74] 선생 집안에 고매한 분 있어　晦翁庭裡有高人
단아한 모습 맑은 포부 매우 뛰어났네　雅標淸襟逈出倫
문장은 반악과 육기보다 더 훌륭하고　文墨賸推潘陸友
규모는 정자와 주자처럼 되려 하였네　規模要作洛閩臣
아! 고운 옥이 부질없이 무시당하더니[75]　堪嗟美玉空三刖
어찌 생각했나 긴 수가 쉰에 그칠 줄을　那意遐籌只五旬
백록원 안의 마냥 유람하던 곳에　白鹿院中遊衍地
당경[76]의 남은 의범 먼지가 되었네　唐卿餘範却成塵

---

73) 이덕기(李德祺, 1670~1723) : 자는 미중(眉仲), 본관은 여강(驪江)이다.

74) 회재(晦齋) : 이언적(李彦迪, 1491~1553)의 호이다. 자는 복고(復古), 본관은 여강이다. 1514년 문과에 급제, 이조 정랑·형조 판서·좌찬성 등을 지냈다. 시호는 문원(文元)이다. 저서로는 『회재집』·『구인록(求仁錄)』·『대학장구보유(大學章句補遺)』·『중용구경연의(中庸九經衍義)』·『봉선잡의(奉先雜儀)』 등이 있다.

75) 무시당하더니[三刖] : '삼월'은 인정받지 못하고 발꿈치를 잘린 일을 말한다. 초(楚)나라 화씨가 박옥(璞玉)을 여왕(厲王)에게 바쳤는데 돌로 오인당하여 왼쪽 발꿈치를 잘렸으며, 무왕(武王)에게 또 박옥을 바쳤지만 돌로 오인당하여 오른쪽 발꿈치를 잘린 고사에서 유래한다.(『韓非子』「和氏」)

76) 백록원(白鹿院)……당경(唐卿) : 백록원은 주자의 백록서원으로, 여기서는 옥산서원을 말하며, 당경은 송나라 황감(黃鑑)의 자로, 여기서는 이덕기를 말하는 것으로 여겨진다. 다만 자세하지는 않다.

매곡의 우사에서[梅谷寓舍]

겹겹한 산을 작은 시내가 감아 돌며	重巒環擁小溪回
산골짝 만들어 그 속을 매곡이라 부르네	有谷其間號是梅
단혈은 비었어도 그 나무 그대로이고	丹穴巢空猶舊樹

－골 안에 오방梧坊이 있는데, 시속에는 오동나무에 봉황의 집이 있었다고 전해진다.－

황당[77]은 사람 떠나 누대만이 황폐하네	黃堂人去但荒臺

－임진년(1592) 전란에 군郡의 군수가 이곳에 와 머무르며 늘 석대 위에 앉아서 정사를 펼쳤다. 또 작은 성을 촌 안에 쌓아 적을 막았는데, 지금까지 유지遺址가 남아 있다.－

바위 숲 의지한 산촌 아지랑이 늘 피고	村依巖藪長生靄
수레 끊긴 길에는 이끼가 절반 덮었네	路絶輪蹄半掩苔
빌린 집에서 네 번 낙엽을 보았는데	僦屋四經霜葉落
어찌하면 곡구의 자진[78]을 오게 할까	何如谷口子眞來

한가로운 중에 흥겨워서[閒中謾興] 갑진년(1724)

시냇가의 오두막집은 단지처럼 작아도	溪邊矮屋小如缸
위로 겹친 뫼 대하고 아래에 돌다리 있네	上對層巒下石矼
구름은 물소리 담아 새벽 벼루에 맺히고	雲帶水聲晨滴硯
달빛은 숲 나무에 흔들려 밤 창 엿보네	月搖林影夜窺囱
책상 위에 있는 벗은 천권의 책이요	案中有友書千卷
문 밖에 사람 없이 백로 한 쌍 나네	門外無人鷺一雙

77) 황당(黃堂) : 군수가 업무를 보던 관청을 말한다.
78) 곡구의 자진[谷口子眞] : 서한 시대에 곡구(谷口)에 은거한 정자진(鄭子眞)이다. 여기서는 자신과 같은 생각을 가지고 있는 사람을 말한다.

약술이 한가로운 객을 취하게 만드니　藥醥解敎閒客醉
때때로 좋은 시구 뽑아 장강[79]에 부치네　時抽傑句付長杠

삼가 옥간정[80] 시에 차운하다[伏次玉磵亭韻]

개인 달 같은 마음 진세를 멀리 벗으니　光霽胸襟逈出塵
별천지의 안개와 달은 좋은 인연이라네　別區烟月有佳因
책 속에서 천여 년을 거슬러 오르고　書中沿泝千餘世
몸소 하루 종일 우리들 깨우쳐 주셨네　身上提撕十二辰
자취는 상산의 여유 있는 객[81]과 같고　跡似商山肥遯客
마음은 기수에서 돌아오는 사람[82] 같았네　心如沂水詠歸人
소미성이 어젯밤 상서로운 빛 내뿜어　少微昨夜祥輝動
자형화[83]를 비추니 온 나무 봄기운이네　來照荊花滿樹春

79) 장강(長杠) : 장대 같은 큰 붓으로, 웅건한 문장력을 비유한다. 구양수(歐陽脩)의 「여산고(廬山高)」의 “장부의 장절은 그대만한 이 드물지만, 아! 내가 말하고자 하나 장대 같은 큰 붓을 어떻게 얻으랴?[丈夫壯節似君少 嗟我欲說 安得巨筆如長杠]”에서 온 말이다.
80) 옥간정(玉磵亭) : 훈수(壎叟) 정만양(鄭萬陽)과 지수(篪叟) 정규양(鄭葵陽)이 제자를 육성하기 위하여 숙종 42년(1716)에 세운 정자이다. 경북 영천시 화북면 횡계리 439-3번지에 위치하고 있다.
81) 상산(商山)의……객 : 진말(秦末) 한초(漢初)에 상산에 은거하여 자적의 삶을 즐겼던 상산사호를 말한다.
82) 기수(沂水)에서……사람 : 천리와 하나 되는 자세를 말한다. 공자(孔子)의 물음에 증점(曾點)이 “늦은 봄 봄옷이 만들어지거든 관자 5~6인, 동자 6~7인과 기수에서 목욕하고 무우에서 바람을 쐬고 시를 읊으면서 돌아오겠습니다.[暮春者 春服旣成 冠者五六人 童子六七人 浴乎沂 風乎舞雩 詠而歸]”고 대답한 데서 유래한다.(『論語』 「先進」)
83) 자형화[荊花] : 형제를 말한다. 남조(南朝) 양(梁)나라 때 전진(田眞) 삼형제가 재산을 나누며 마지막으로 자형화(紫荊花)를 갈라 가지려 하니 자형화가 곧 시들었다. 삼형제가 이에 뉘우치고 다시 재산을 합하니, 자형화가 다시 무성하게 자랐다는 고사에서 온 말이다.(『績齊諧記』 「紫樹」) 옥간정을 정만양과 정규양 형제가 지어서 언급한 것이다.

상사 신사범 중모[84]를 애도하는 만시[輓申上舍士範 重模]

강남의 인물 중에 우리 형이 최고	江南人物最吾兄
예사로운 상사공이 아니었네	不是尋常上舍生
풍도는 이미 선비들의 바람을 얻고	風範已收章甫望
문장은 문단의 주장이 될 만하였네	文華能主藝園盟
아쉬워라 과거에는 끝내 운이 없었고	堪嗟桂籍終無分
생각했나 어머님이 갑자기 실명[85]할 줄을	那意春闈遽失明
십년 전 한날 입격[86]하여 기뻐하였기에	十許年前同日喜
오늘 저녁 추억하니 눈물이 갓끈 적시네	追思今夕倍沾纓

귀촌 족부 석현[87]의 오회당[88] 시에 삼가 차운하다[謹次龜村族父 碩玄 五懷堂韻]

넘치는 참 즐거움 형제[89]에게 있어	至樂融融在孔懷
때때로 호탕하게 형해를 벗어나네[90]	有時豪宕外形骸

---

84) 신중모(申重模, 1683~?) : 자는 사범(士範), 본관은 아주(鵝州)이다. 1715년 생원시에 입격하였다.

85) 실명(失明) : 자식의 죽음을 말한다. 자하(子夏)가 아들의 죽음을 슬퍼한 나머지 눈이 멀게 된 일에서 유래한다.(『史記』「仲尼弟子列傳」)

86) 입격 : 신중모와 매산이 1715년 생원시에 함께 입격한 사실을 말하는 것으로 여겨진다.

87) 정석현(鄭碩玄, 1656~1730) : 자는 지원(志遠), 호는 오회당(五懷堂), 본관은 영일이다. 벼슬을 하지 않고 유유자적하는 선비의 삶을 즐겼다. 저서로는 『오회당유고』가 있다.

88) 오회당(五懷堂) : 정석현(鄭碩玄)이 사당 문 밖에 따로 집 한 채를 지어 오회당이라 이름하고 형제 5인이 모여 즐겼다. 이후 정석현을 추모하기 위하여 1727년 관찰사 권대규(權大規)의 후원으로 도내의 인사들이 지금의 모습으로 건립하였다. 경북 영천시 자양면 성곡리 산78에 소재한다.

89) 형제[孔懷] : '공회'는 서로를 몹시 걱정하는 것으로, 형제간의 정을 말한다. "죽음의 두려움으로, 형제가 몹시 걱정해주네.[死喪之威 兄弟孔懷]"에서 온 말이다.(『詩經』「小雅·常棣」)

90) 형해(形骸)를 벗어나네 : 물질에서 벗어나 만상(萬象)의 궁극적인 존재를 비물질적 정신적 생명적인

한 줄 기러기 떼 가을 하늘에 날고	一行鴈序秋空闊
다섯 가지 자형화 늙어도 아름답네	五朶花晩景佳
남극노인성[91] 어젯밤에 비추더니	南極老人前夜照
서원[92]의 연회를 이 당에서 함께 하네	西園芳宴此堂偕
가법은 삼휴[93]의 가르침 잘 지키니	家猷克守三休教
화기가 집에 가득하여 영원히 변함없으리	和氣盈門永不乖

이민중[94] 어른을 애도하는 만시[輓李丈 敏中] 을사년(1725)

해동이 다 체인묘를 우러러 보는데	海東咸仰體仁祠
고향의 후손 행동도 뛰어났었네	闕里遺孫行亦奇
이유산[95]의 장서는 참된 생계이고	二酉藝編眞活計
봄날의 난초 같은 아름다운 풍모였네	三春蘭樹好風儀
금마문[96]에 현량책 아뢰지 못하였는데	金門未奏賢良策

것으로 생각하는 것을 말한다.

91) 남극노인성[南極老人] : 사람의 수명을 관장하는 별자리를 말한다.

92) 서원(西園) : 송나라 때 소식(蘇軾)·황정견(黃庭堅)·진관(秦觀)·조무구(晁无咎) 등 여러 사람들이 서원(西園)에서 연회를 열어 놀았다고 전한다.

93) 삼휴(三休) : 세 가지 쉬어야 하는 것을 말한다. 사공도(司空圖)가 중조산(中條山) 왕관곡(王官谷)에 삼휴정(三休亭)을 짓고 지은 『휴휴정기(休休亭記)』의 "첫째는 재주를 헤아려 보니 쉬는 것이 마땅하고, 둘째는 분수를 헤아려 보니 쉬는 것이 마땅하고, 셋째는 귀 먹고 노망났으니 쉬는 것이 마땅하다.[蓋量其才一宜休 揣其分二宜休 耄且聵三宜休]"에서 유래한다.

94) 이민중(李敏中, 1669~1724) : 자는 사행(士行), 호는 효우당(孝友堂), 본관은 여강(驪江)이다.

95) 이유산[二酉] : '이유'는 중국 호남성(湖南省)에 있는 대유(大酉)·소유(小酉) 두 산을 말한다. 이 산의 동혈(洞穴)에는 고서(古書)가 많이 소장되어 있었다고 전해진다. 여기서는 그 집안에 서책이 많음을 설명하기 위하여 가져왔다.

96) 금마문[金馬] : 한 무제(漢武帝)가 대완(大宛)의 말을 얻고 그 기념으로 동상을 만들어 노반문(魯班門)

무덤에는 부질없이 처사비가 세워졌네　野隧空題處士碑
선대의 교분을 이제 와 차마 말하랴　先契如今那忍說
한 곡의 피리소리 사람을 슬프게 하네　一聲鄰篴使人悲

창설 권두경 어른을 애도하는 만시[輓蒼雪權丈 斗經]

징사가 도리어 학사의 신세 되니　徵士飜爲學士身
충재의 후손이며 갈암의 문인이었네　冲翁賢裔葛門人
천품은 삼광[97]의 정기를 넉넉히 얻었고　天資賸得三光粹
명망은 오절[98]의 문채로 추대 받았네　地望爭推五絶彬
한 고을 다스리며 자애를 남겼고　百里撫摩遺愛在
두 조정에서 규간하며 긴 소장 올렸네　兩朝規諫大疏陳
아쉽구나 평소 포부 끝내 펴지 못한 것이　堪嗟素蘊終無展
창헌에 도리어 먼지 덮임을 차마 보겠는가　忍見蒼軒却掩塵

지평 손덕승[99] 어른을 애도하는 만시[輓孫持平丈 德升]

인품이 초연하여 말직에 머물렀어도　人品超然末路間

밖에 세우고 그 문을 금마문이라 불렀다. 여기서는 조정을 말한다.

97) 삼광(三光) : 해와 별과 달을 말한다.

98) 오절(五絶) : 오언(五言) 절구시를 말한다.

99) 손덕승(孫德升, 1659~1725) : 자는 현수(玄叟), 호는 매호(梅湖), 본관은 경주이다. 1684년 문과에 급제, 김천 찰방(金泉察訪)·사헌부 지평 등을 지냈다. 만년에는 향리에서 성리학을 깊이 연구하였다. 저서로는 『매호집』이 있다.

기개는 빼어나고 모습은 아름다웠네 英豪氣概好容顔
대궐에서 일찍이 중흥부를 지어 바쳤고 龍墀早獻中興賦
사헌부에서 곧바로 어사 반열에 올랐네 烏府旋登御史班
상해100)의 풍파 천리만큼이나 넓어서 桑海風波千里闊
매호의 연월로 반평생 한가로이 보냈네 梅湖烟月半生閒
이제는 옛 정자 공연히 쓸쓸해져서 如今舊榭空寥落
영원히 친지의 눈물 뿌리도록 만드네 長使親知涕淚潸

봄날 그냥 읊다[春日謾吟] 병오년(1726)

청려장 짚고 가다 쉬니 돌길 비탈지고 藜杖行休石逕斜
동천의 고운 풍경 시야가 화사해지네 洞天佳景望中奢
시냇가 어리는 그림자 천년 고목이요 溪邊影轉千年樹
언덕 위 날리는 향기 삼월의 꽃이네 岸上香浮三月花
멱 감는 한가로운 백구 눈보다 희고 浴水閒鷗明勝雪
숲에 깔리는 가벼운 안개 얇은 깁 같네 繞林輕靄薄如紗
외로이 지내 찾아오는 친구는 없어도 索居無與同芳躅
때로 들 노인 만나 무람없이 자랑하네 時遇田翁謾自誇

100) 상해(桑海) : 상전벽해(桑田碧海)의 준말로, 변화무쌍한 세상을 말한다.

간소에서[艮巢]

작은 집을 새로 엮었는데, 간방艮方의 산을 등지고 있어서 이름을 간소라고 하였다.

동천은 그윽이 깊고 돌 시내는 맑아서 洞天幽邃石溪清
간방 지고 바위 깨어 두어 칸 집 지었네 負艮開巖架數楹
황조가 와 머무니 택선을 알겠고 黃鳥止來知擇善
– 내체內體는 팔괘八卦의 간괘艮卦이니 그침이 되고, 황조가 머물 줄 아니 바로 선을 밝히는 일이다. –
청산이 함께 하니 존성을 입증하네 青山兼處驗存誠
– 중간重艮이 간배艮背이니, 사특함을 막아 성실함을 보존한다. 존성存誠이 바로 몸을 성실히 하는 일이다.–
일의 종시가 정해져서 공이 더욱 넓고 物成終始功逾普
– 내체內體이다. –
때가 진퇴에 맞아서 도가 바로 밝아지네 時協行藏道乃明
– 중괘重卦이다. –
성인께서 관찰과 음미의 경계를 남기니 古聖旣垂觀玩戒
이곳에 머물며 이 이름대로 해야 하리 棲遲要不墮斯名

병애 조선장[101] 선생을 애도하는 만시[輓曺屛厓先生 善長]

선고께서 공에게 일찍 마음을 허락하여 先子於公早許心
함께 경학을 닦으며 산림에 은거하였네 共修經學晦山林
고아한 정취 우뚝하니 천길 절벽이요 高情屹若千尋壁
훌륭한 행실 정갈하니 백련금이었네 懿行精如百鍊金

101) 조선장(曺善長, 1661~1726) : 자는 인백(仁伯), 호는 병애(屛厓), 본관은 창녕(昌寧)이다. 출사에 마음을 접고 향리에서 학문 활동에 전념하였다. 저서로는 『병애집』이 있다.

뿌리가 영지에 닿아 향기 멀리 퍼지고	根接紫芝靈馥遠
물결이 바다까지 흘러 근원이 깊었네	波連丹海的源深
이제부터 남은 이들 누구를 따를까요	從今後死將焉仰
병애를 바라보니 눈물 옷깃에 흥건하네	回首屛厓涕滿襟

하천재사에서 삼가 진사 족부 석림[102]의 시에 차운하다[夏泉齋舍 謹次進士族父 碩臨 韻]

재사가 불타고 나서 오래지나 중건하니	曾火墳菴久再營
오늘 아침에야 다행히 두어 칸 집 보네	今朝幸見數楹成
산소 계시는 골짜기 나무꾼도 멀리하니	松楸一壑樵蘇遠
천추토록 서리 내리면 묘사를 지내겠네	霜露千秋鼎俎明
승려들이 보호하여주니 절집과도 같고	贍護煩緇同婺舍
끼친 은덕 추억하니 견영[103]과도 같네	追思貽後等甄塋
장방의 근실한 효행 모범이 될 만하니	長房勤孝堪爲則
후손들이 각자 정성 다하기만을 바라네	惟願諸孫各盡誠

영천의 일곱 승경을 읊다[永州七勝吟]

남으로 뻗은 모자산을 두 강이 두르고	母山南走二川回

102) 정석림(鄭碩臨, 1669~1739) : 자는 여대(汝大), 호는 월송재(月松齋), 본관은 영일이다. 1721년 진사시에 입격하였다. 저서로는 『월송재집』이 있다.

103) 견영(甄塋) : 견제(甄濟)의 무덤으로, 절의를 말한다. 견제가 안녹산(安祿山)의 일에 반대하여 절의를 지킨 일에서 유래한다.(『唐書』 권94)

하늘이 만든 명주에 큰 누각 서 있네　天作名州傑閣開
수없이 솟은 산봉우리에 남기 비치고　岫聳千頭嵐翠映
십리 너른 들판에서 벼 향기 날아오네　田平十里稻香來
소옹 난간을 의지하니 바람이 붓 놀리고　騷翁倚檻風驚筆
귀객 자리에 앉으니 달이 잔에 가득하네　貴客當筵月滿杯
옥피리 소리 잦아들자 사람마저 사라져　玉笛聲殘人不見
노을 속에 높이 올라 다시 머뭇거리네　登臨斜日更遲徊

— **이상은 명원루**明遠樓. 포은 선생의 시운을 썼다. —

우뚝이 솟은 높은 누대 백 척 남짓　突兀高臺百尺餘
앞으로 향리 굽어보고 뒤에는 재사이네　前臨鄕里後墳廬
여러 층의 물가 바위는 낚시질 알맞고　數層磯伏宜投釣
한편의 맑은 못 물고기가 놀 만하네　一面潭清可玩魚
백이숙제 같은 지조 지주처럼 우뚝하고　蕨老首陽砥柱屹
정자 같이 밝은 도 요귀가 제거되었네　奎明洛水鬼妖除
고향 산의 멋진 곳 지금도 남아 있어　故山佳處今猶在
인사 우러러보니 나를 깨워 일으키네　瞻仰仁祠覺起余

— 명도明道 선생이 고을의 수령이 되자, 석불石佛이 빛을 거둔 일과 포은이 불가의 학설을 논척한 일을 가리킨다. —

— **이상은 조옹대**釣翁臺. 선생의 「회음으로 가는 배 안에서[淮陰舟中]」[104] 시에 '고향 마을에 멋진 곳 많다네.[故里多佳處]'라는 구절이 있기 때문에 그 운을 썼다. —

집 지으며 노리지 않았는데 승경을 찾아　卜築非眈選勝遊
즐거이 서책 들고 장수[105]를 의탁하네　好携墳典託藏修

---

104) 회음으로……안에서 : 『포은집』에는 「배로 회음을 출발하여 보응현을 향하며[舟發淮陰 向寶應縣]」로 되어 있다.

기암은 우뚝이 서서 물길을 굽어보고	奇巖卓立臨流屹
첩령은 겹겹이 가려서 세상 떠나 그윽하네	疊嶺重遮隔世幽
죽월과 송풍은 우아한 흥취를 제공하고	竹月松風供雅趣
연어와 운학은 한가로운 짝이 되네	淵魚雲鶴作閒儔
지금 휴로가 심은 단 앞의 나무만은	秖今休老壇前樹
찬 안개에 오래 잠겨 온 종일 시름겹네	長帶寒烟盡日愁

– **이상은 일제당**日躋堂. 여헌旅軒[106] 장선생張先生의 「제목 없이[無題]」 시운을 썼다. –

산협에 지내며 세상 번거로움 사절하니	棲峽要辭世累搖
마차가 앞 다리를 지난 적이 없었네	輪蹏曾不過前橋
맑은 못에 도화 비치니 노을 색 붉고	潭淸桃映紅霞色
깊은 골짝에 영지 나니 자옥의 싹이네	洞邃芝抽紫玉苗
물 쫓는 들 백구는 왔다 훌쩍 가버리고	逐水野鷗來忽去
숲 너머 절집 풍경 소리 가깝다 멀어지네	隔林禪磬近還遙
어부의 노래 메아리쳐 귀에 차는 듯하니	櫂歌逸響如盈耳
당년에 넉넉히 먹었던 도미가 생각나네	猶想當年道味饒

– **이상은 망회정**忘懷亭. 지산芝山[107] 조선생曺先生의 「영지암에서 짓다[題靈芝菴]」 시운을 썼다.–

105) 장수(藏修) : 늘 마음에 담아두고 늘 학문을 익히는 것을 말한다.(『禮記』「學記」)

106) 여헌(旅軒) : 장현광(張顯光, 1554~1637)의 호이다. 자는 덕회(德晦), 본관은 인동(仁同)이다. 1595년 학행으로 천거되어, 공조 좌랑·의성 현령(義城縣令) 등을 지냈다. 인조반정 이후 여러 관직을 제수 받았으나, 나가지 않았다. 시호는 문강(文康)이다. 저서로는 『여헌집』·『우주요괄첩(宇宙要括帖)』·『만각요회(晩覺要會)』·『역괘총설급구설(易卦總說及究說)』·『우주설(宇宙說)』·『태극설(太極說)』·『도서발휘(圖書發揮)』 등이 있다.

107) 지산(芝山) : 조호익(曺好益, 1545~1609)의 호이다. 자는 사우(士友), 본관은 창녕(昌寧)이다. 1592년 임진왜란이 일어나자 소모관(召募官)으로 의병을 모아 공을 세우고 녹비(鹿皮)를 하사받았다. 이후 형조 좌랑·청주 목사 등을 지냈다. 시호는 문간(文簡)이다. 저서로는 『지산집』이 있다.

오르고 오르며 종일 돌아감을 잊는데	登登終日去忘還
지세가 맑고 높아 눈앞이 어른거리네	地勢淸高眼界斑
천 길의 가파른 바위산 절벽을 드리우고	千仞巉巖垂絶壁
만 겹의 언덕에 뭇 산들이 엎드리네	萬重丘垤伏羣山
하늘 아래 너른 골짝 장막을 만들고	天低廣壑圍成幕
구름이 덮인 징검다리 관문을 닫아거네	雲掩危矼鎖作關
여산[108]의 장관인들 어이 이보다 나으랴	廬阜壯觀寧勝此
태재[109]의 지팡이 어려움 마다하지 않았네	泰翁藜杖不辭艱

— **이상은 상용암上聳菴.** 류태재柳泰齋의 「대왕봉에 올라[登大王峯]」 시운을 썼다. —

어느 해 거북이 이곳에 머물렀던가	何年藏六此棲遲
명승지의 풍광이 철인에게 마땅하네	勝界風光哲士宜
산이 끝나는 곳 바위 기슭 우뚝하고	巖麓磊嵬山盡處
비 내린 계절에 시내 맑게 흐르네	溪流澄澈雨來時
안개 낀 모래톱 물새와 어울리기 좋아도	煙洲好與沙禽狎
도시에서 어찌 내달리는 준마를 따르랴	繡陌寧隨寶馬馳
다행히 보았네 현손이 잘 이어 지어[110]	幸見賢孫能肯構
벽에 다시 봉음시가 걸리는 기적을	壁間重揭鳳吟奇

— **이상은 완귀정玩龜亭.** 조남명曺南溟의 「지어 부치다[寄題]」 시운을 썼다. —

108) 여산[廬阜] : 중국 강서성(江西省) 구강현(九江縣) 남쪽에 있는 유명한 산으로 경치가 아름답고, 그 남쪽에 아홉 줄기의 폭포가 있다고 한다.(『讀史方輿紀要』「江西名山」)

109) 태재(泰齋) : 류방선(柳方善, 1388~1443)의 호이다. 자는 자계(子繼), 본관은 서산(瑞山)이다. 1405년 사마시(司馬試)에 입격하여 성균관에 유학한 이후 법을 어겨 유배생활을 하였다. 풀려나 유일(遺逸)로 천거되어 주부(主簿)에 임명되었으나, 나가지 않았다. 저서로는 『태재집』이 있다.

110) 잘 이어 지어[肯構] : 앞의 주 54) 참조.

임대는 쓸쓸히 호수 끝을 압도하는데　林臺蕭灑壓湖頭
장구[111]는 소요한 지 몇 해가 지났는가　杖屨逍遙閱幾秋
세상 편안하여 일찍 성정 기름이 즐거워도　世泰早全頤性樂
나라 위태하여 끝내 군주 걱정으로 시름겹네　國危終抱戀君愁
한운은 말렸다 펴지며 푸른 산 감추고　閒雲舒卷靑螺影
명월은 가렸다 나오며 맑은 냇물에 비치네　明月沈浮碧玉流
창석[112]이 남긴 시 공연히 거듭 읽으며　石老遺詩空三復
못난 후손 감격과 사모의 마음 멈춘 적 없네　孱孫感慕未曾休

– **이상은 자호정사**紫湖精舍. 선조 호수공湖叟公의 시운을 썼다. 이창석李蒼石 공이 이곳에 들러 남긴 시가 있나. –

과거 시험에 응시하러 가다가 한강에 이르러 우연히 읊다[將赴公車 行至漢江偶吟] 정미년(1727)

산수는 겹겹인데 말 머리는 흔들흔들　山水重重馬首搖
들판은 신록이 깔려 볼수록 풍요롭네　郊原新綠漸看饒
서울 오는 길이 천리가 넘어서　西京道路餘千里
남쪽의 객 행장 꾸린 지 십일이 지났네　南客行裝滿十朝
구름 짙은 삼각산 고운 기운 모이고　華岳雲深佳氣鬱
봄 늦은 한강 푸른 물결 멀어지네　漢江春晚碧波遙

111) 장구(杖屨) : 지팡이와 신으로, 호수 정세아와 창석 이준을 말한다.
112) 창석(蒼石) : 이준(李埈, 1560~1635)의 호이다. 자는 숙평(叔平), 본관은 흥양(興陽)이다. 1591년 문과에 급제, 공조 정랑·대사간 등을 지냈다. 임진왜란과 이괄의 난에 의병을 모아 싸웠다. 시호는 문간(文簡)이다. 저서로는 『창석집』이 있다.

원래 얻고 잃음은 모두가 운명이기에 元來得喪無非命
어느덧 마음속에서 생각이 아득해지네 便覺胸中意像迢

삼강서원[113]에서[三江書院]

낙동강 끝없이 넓고 거울같이 고른데 洛水洋洋鏡面平
두 강이 흘러들어 삼강이라 이름 하였네 二川來會是爲名
만고의 강산은 바람 안개와 아름답고 江山萬古風烟美
삼간의 묘우는 정갈한 제수로 깨끗하네 祠屋三間俎豆明
정학의 연원이신 두 부자[114]와 正學淵源兩夫子
중흥의 훌륭한 재상이신 한 선생[115]이네 中興賢相一先生
올라서 완악한 습관 치료하여 버리니 登臨却遣醫頑習
문득 선경의 넘치는 맑음을 느끼네 頓覺仙區分外清

급제하여 돌아와 호수공의 사당에 공경히 참배하는 날 종족들이 다 모였는데, 훈수 선생이 먼저 율시 한 수를 선창하고 지수 선생이 화답하여, 삼가 그 시의 운에 이어 짓다[榮歸之日 祗拜湖叟公廟庭 宗族畢集 塤叟先唱一律 篪叟和之 謹繼其韻]

---

113) 삼강서원(三江書院) : 1643년 경북 예천군 풍양면 삼강리에 세워진 서원이다. '삼강'은 내성천·금천·낙동강 세 강이 합쳐지는 곳이어서 붙여진 이름이다.
114) 두 부자[兩夫子] : 포은(圃隱) 정몽주(鄭夢周, 1337~1392)와 퇴계(退溪) 이황(李滉, 1501~1570)을 말한다.
115) 한 선생[一先生] : 서애(西厓) 류성룡(柳成龍, 1542~1607)을 말한다.

선조의 덕 깊고 순수하니 대대로 불어나　先德純深積世滋
남기신 복 다행히도 손자 대에 일어나네　餘休幸發小孫兒
궁궐에서 월계수 받으며 꽤나 부끄럽더니　羞多楓陛頒花日
고향에서 사당에 고유하며 감개무량하네　感切桑鄉拜廟時
태평성대를 못난 자질로 어이 힘쓰랴　致澤豈宜凡質辦
영화는 평소 마음에 기약한 것이 아니네　榮名不是素心期
전당[116]의 뛰어난 가르침 참된 가학이니　鱣堂妙訓眞家學
원하네 또 종신토록 공경히 지키기를　願且終身敬守之

늦여름 횡계에 이르러 종족과 친구들이 모두 모여서 술을 마시며 즐겼다. 훈수·지수 두 선생이 각자 율시 한 수를 지어서, 삼가 그 시의 운에 이어 짓다[季夏至橫溪 宗族儕友皆會 飮酒懽娛 塤篪丈席各賦一律 謹繼其韻]

저는 경세제민의 재목 아니기에　我非經濟手
어부가 되기만을 바랐었네　惟願作漁郎
성주의보살핌 하늘같이 넓고　聖主恢天網
은전이 외진 고을까지 닿아서　恩葩到僻鄉
숲속에서 종족의 모임 열어　林間開族會
바위사이로 떠오는 잔을 마시네　巖隙酌流觴
선조 호수옹의 은택　先祖湖翁澤
볼수록 또 다함이 없네　看來且未央

116) 전당(鱣堂) : 제자들을 모아 강의하는 곳을 말한다. 한(漢)나라 때 양진(楊震)이 뛰어난 학문을 가지고 있으면서 제자들을 모아 강의하였는데, 양진의 꿈에 새가 전어(鱣魚) 세 마리를 물고 날아와 강당 앞에서 머리를 조아리는 형상을 하였다는 데서 유래한다.(『後漢書』「楊震列傳」)

봉궐에서 새 은전 내리시니	鳳闕新恩降
전당에서 기쁜 소식 올리네	鱣堂喜氣呈
무딘 연장 두공을 다루지 못하고	鈍銍非財斗
거친 박옥 연성[117]에 부끄럽네	麤璞愧連城
스스로 재주 낮음을 아는데	自識才調下
어찌 세상에 나갈 수 있겠는가	寧堪世路行
간절한 말씀에 매우 부끄러워	多慙不寐語
부질없이 원대한 마음에 부쳐보네	虛託遠期情

여러 벗들과 도연을 유람하며[與諸益遊陶淵]

명우鳴于·직경直卿·경백敬伯·경여敬汝·여옥汝沃·여계汝啓·여급汝及 등 여러 젊은 벗들이 와 모였다.

솔과 계수의 그늘 모래톱에 드리우는	松桂交陰覆鶴汀
이름난 곳에 젊은 친구들 다시 모였네[118]	名區伐木更丁丁
떨어지는 물 눈처럼 날려 천 층이 하얗고	落河噴雪千層白
깎은 절벽에 구름 머물러 만 길이 푸르네	危壁摩雲萬仞青
처사의 남긴 터는 지금의 율리[119]이고	處士遺墟今栗里

117) 연성(連城) : 보배로운 옥을 말한다. 조(趙)나라 혜문왕(惠文王)이 초(楚)나라의 화씨벽을 소유했는데, 진(秦)나라 소왕(昭王)이 15개 성(城)과 바꾸자고 제의하였던 고사에서 유래한다.(『史記』「廉頗藺相如傳」)

118) 친구들……모였네[伐木更丁丁] : 친구들을 모아서 연회를 여는 것을 말한다. "나무를 벰이여! 새들이 우는구나. 새들이 움이여! 그 벗을 부르는 소리구나.[伐木丁丁 鳥鳴嚶嚶 嚶其鳴矣 求其友聲]"라고 한 데서 유래한다.(『詩經』「小雅·伐木」)

119) 율리(栗里) : 진(晉)나라 처사(處士) 도잠(陶潛)의 고향으로, 찾은 곳이 도연(陶淵)이므로 언급하였다.

선옹의 고운 자취 예전 매정에 남아있네　　仙翁芳躅古梅亭
— 매복梅福[120]이 세상을 피해 도망쳐서 은거하였는데, 그 곳에 읍선정揖仙亭이 있다. —
맑은 바람 산들산들 귀밑머리에 불어오니　　清風颯颯來吹鬢
어느덧 진세의 마음 차츰차츰 깨어나네　　頓覺塵襟次第醒

곡강서원[121]에서[曲江書院]

아홉 굽이 맑은 강 바다로 흘러들고　　九曲清江注海脣
단청한 묘우는 몇 해나 지나왔는가　　丹青祠屋幾經春
회재[122]의 도학은 염락을 이었고　　晦翁道學承濂洛
용주[123]의 문장은 진한에 다가갔네　　龍老文章逼漢秦
누각은 지금도 교화를 거들고　　樓榭卽今扶教化
산천은 오래도록 정신을 북돋우네　　山川終古倍精神
풍광은 이미 중양절에 가까워지는데　　風光已近重陽節
이내 몸 어이 두보에 부끄러워만 하나　　其奈身慙姓杜人
— 두 공부杜工部가 9월 9일에 곡강曲江을 유람하였다.[124] —

---

120) 매복(梅福) : 한 평제(漢平帝) 때 구강(九江) 수춘(壽春) 사람으로 자는 자진(子眞)이다. 『상서(尙書)』·『춘추곡량전(春秋穀梁傳)』을 통달하여 군문학(郡文學)을 거쳐 남창위를 지냈다. 왕망(王莽)이 권력을 휘두르자 가족을 떠나 성명을 바꾸고 오현(吳縣) 저자의 문지기가 되었다고 한다.(『漢書』「梅福傳」)

121) 곡강서원(曲江書院) : 1607년에 지금의 포항시 북구 흥해읍 남송 3리에 세워진 서원으로, 이언적(李彦迪)과 조경(趙絅)을 봉향하였다.

122) 회재(晦齋) : 곡강서원의 주향 이언적(李彦迪, 1491~1553)의 호이다.

123) 용주(龍洲) : 곡강서원의 배향 조경(趙絅, 1586~1669)의 호이다. 자는 일장(日章), 본관은 한양이다. 유일로 천거되어 벼슬하다가, 1626년 문과에 급제, 정언(正言)·대제학·형조 판서 등을 지냈다. 시호는 문간(文簡)이다. 저서로는 『용주집』·『동사록(東槎錄)』 등이 있다.

124) 두 공부(杜工部)가……유람하였다 : 당나라 시인 두보(杜甫)의 벼슬이 공부원외랑(工部員外郎)이었

포항촌에서[浦項村]

형산강 물가에서 말을 달려가니 走馬兄上江水湄
저물 무렵 십리 모래톱은 고르네 平沙十里夕陽時
오천의 형승은 경주에 닿아 있고 烏川形勝控徐伐
동해의 파도는 섬 오랑캐를 흔드네 鰈海風濤漾島夷
천에 가까운 어가는 깁처럼 둘러있고 漁屋近千紈被壁
백여 남짓 상선은 바처럼 늘어 있네 商船餘百臬爲維
사방으로 통하니 장안의 길과 같아 通衢四徹長安道
구름 같은 나그네 주막을 바라보네 行旅如雲望酒旗

영일현에 들어가 시조의 제단에 참배하고 돌아서 오천서원으로 가 묘우에 알현하였다. 이어서 종인과 만나 대송촌 집에서 함께 잤다[入迎日縣 拜始祖祭壇 轉造烏川書院 謁廟宇 仍遇宗人 同宿大松村舍]

새벽에 형산강을 건너 曉渡兄江水
와서 상재125)를 찾아 來尋桑梓鄉
제단 앞에서 참배하고 나서 壇前纔致肅
묘우 아래에서 다시 분향하였네 廟下更焚香
성가퀴에 비문은 묻혀버리고 小堞碑文沒

으므로, 세칭 '두 공부'라고 하였다. 두보가 곡강(曲江)을 유람하며 봄놀이를 하는 미인(美人)들을 보고 「여인행(麗人行)」을 지었다.

125) 상재(桑梓) : 조상이 살았던 고향을 말한다. "부모가 심은 뽕나무와 가래나무는, 반드시 공경해야 한다.[維桑與梓 必恭敬止]"고 한 데서 온 말이다.(『詩經』「小雅·小弁」)

청림 구기는 세월 속에 황폐해져 青林歲月荒
종인은 나와 함께 자며 宗人偕我宿
밤새도록 서로 눈물 훔치네 終夜共沾裳

– 영일성迎日城이 옛날에는 고읍古邑에 있었는데, 옮겨 쌓을 적에 묘소 앞의 석물을 철거하여 성가퀴 속에 넣었다고 한다. 그러나 지금은 미루어 알아볼 길이 없으니, 매우 애통해할 만하다. 시원의 동쪽에 청림 구기青林舊基가 있지만, 선조 중 어느 대의 어른이 거주하였는지 자세히 알 길이 없으니, 또한 개탄할 만하다. –

영남루126)에 올라 벽의 시에 차운하다. 2수[登嶺南樓 次壁上韻 二首]

우뚝한 누각 비껴 흐르는 강 굽어보고 危樓俯壓碧江橫
십리에 펼친 안개 물결 거울같이 고르네 十里烟波鏡面平
성 밖의 절집 멀지 않음을 아는 건 城外紺園知不遠
저녁바람에 작은 종소리 실려 와서라네 晩風吹送小鐘聲

강물 고인 곳의 높은 누각 영남의 으뜸 凝江高閣冠南天
누각이 선 벼랑 끝 앞으로 강이 흐르네 閣起崖頭江在前
눈 닿는 곳 아득하여 바다 너머이고 眼界蒼茫蠻海外
풍광은 끝이 없어 모래톱에 닿아 있네 風光浩蕩鷺洲邊
맑은 물결의 금가루 외로운 달빛이고 清流金碎孤輪月
먼 숲의 비낀 비단 한 줄기 연기라네 遠藪紗橫一抹烟
어부의 노래 속에 종소리 울려 퍼지니 漁子歌中鐘響至
화려한 자리의 악기 연주보다 아름답네 却勝絲竹動華筵

---

126) 영남루(嶺南樓) : 경남 밀양시 내일동에 소재한다.

김성여 계용을 애도하는 만시[輓金成汝 啓鎔]

평생의 운치 아기[127]같이 잘 맞아　平生韻趣契牙期
일찍 높은 뜻 따라 시속에 물들지 않았네　早服高情不染時
목종[128]의 고로에게 일찍이 교화를 입었고　孤老木鐘曾沐化
빙옥의 병옹과 다시 서로 발휘하였네　屛翁氷玉更交輝
십년간 형수[129]에서 외로워 근심하였더니　十年水愁孤鴈
한밤에 파산의 자규새[130]를 곡하네　半夜巴山哭子規
쓸쓸한 초가집에 어린 아들만 남았으니　茅宅荒凉遺嗣弱
차마보랴 명정이 선산으로 돌아감을　忍看丹旐故原歸

호적[131]이 갑자기 일어나 낙동강의 오른쪽 두어 고을을 점령하여, 훈수·지수 두 선생을 따라 군성으로 들어가서 의병을 모집하여 도적을 토벌하

127) 아기(牙期) : 지음(知音)이라는 고사를 남긴 백아(伯牙)·종자기(鍾子期)를 말한다.

128) 목종(木鐘) : 사람들의 귀감이 되어 쓰이는 것을 말한다. 의(儀) 땅의 봉인(封人)이 공자를 만나고 나서 "하늘이 장차 그 어른을 목탁으로 삼으실 것이다.[天將以夫子爲木鐸]"라고 한 데서 유래한다. (『論語』「八佾」)

129) 형수(荊水) : 고향을 말한다. 춘추 시대 초(楚)나라 오거(伍擧)가 정(鄭)나라로 도망친 뒤, 친구인 성자(聲子)와 교외 들판에서 형초(荊草)를 깔고 앉아 고국에 돌아갈 것을 의논했던 고사에서 유래한다. (『春秋左氏傳』「襄公」 26年)

130) 파산(巴山)의 자규새 : '파산'은 정의(情誼)가 두터운 친구이며, '자규새'는 떠나 돌아오지 못하는 것을 말한다. 당나라 이상은(李商隱)의 「밤 비 속에 북으로 부치다[夜雨寄北]」의 "그대에게 묻노니 돌아올 기약은 없고, 파산의 밤비만 가을 못에 넘치는구나.[君問歸期未有期 巴山夜雨漲秋池]"라고 한 데서 온 말이다.

131) 호적(湖賊) : 이인좌(李麟佐, 1695~1728)의 난을 말한다. 영조 즉위 후 밀려났던 소론파 중에 과격한 자들이 주동하고 일부 남인이 동조하여 일어난 난이다. 이인좌가 대원수를 자칭하고 1728년 청주성을 점령하였다. 도순무사 오명항(吳命恒)에게 패하여 도망하다가 결국 잡혀 능지처참되었다.

려고 하였다. 순토사가 대군을 이끌고 토벌하였다는 소식을 홀연 듣고서 드디어 해산하고 돌아왔다. 며칠 뒤 선생이 절구 한 수를 읊어 보여주어 삼가 그 시의 운에 이어 짓다[湖賊猝起來 據江右數邑 從塤篪兩叟入郡城 募義兵 將討賊 忽聞巡討使 領大軍剿滅 遂罷歸 後數日 丈席吟示一絶 謹繼其韻]

두 어른께서 깃발 앞세워 투구를 쓰고　二皓旗前戴羽冠
긴 칼을 휘둘러 흉적을 제거하려 하였네　欲揮長劒掃兇頑
임금님 군대 그날로 승전보 먼저 알려　王師卽日先飛捷
부질없이 서생들 진땀 흘리도록 하였네　空使書生倍汗顔

지난겨울부터 이미 배가 더부룩한 증세가 있어 약을 복용하였는데, 창의소에서 돌아와 갑자기 고통이 심해졌다. 마침내 중완혈에 뜸을 오백여장 뜨고 또 환약을 복용하였으나, 이번 여름 더위와 장마가 평상시와 달라서 증세가 더욱 심해졌다. 현기증으로 누워 지내느라 하례 드리기 위한 모임에도 참석하지 못하게 되니, 두려움으로 스스로 불안하여 시를 지어 회포를 부치다[自去冬 已有腹脹之候 服藥物 從倡義所歸 頓覺添劇 遂灸中脘穴五百餘壯 且服丸藥 而今夏暑潦非常 沈綿益甚 伏枕昏眩 未得赴進賀會盟之時 惶懍不自安 作詩寓懷]

백성들 백 년 동안 전란을 몰랐는데　百年黎庶不知兵
어찌 생각했으랴 오늘 역적 횡행할 줄을　那意今時逆竪横
반달의 요사한 조짐 서굴[132]에서 사라지고　半月妖氛淸鼠窟

132) 서굴(鼠窟) : 이인좌가 난을 일으켜 점령한 청주성을 말하는 것으로 여겨진다.

오운의 상서로운 기운 한양에 가득하네 五雲佳氣鬱神京
궁궐 뜰에서 모든 관료들 절하고 하례하며 龍庭拜手千官賀
나라 위한 충신[133]들 한 자리에서 맹세하네 麟閣圖形一席盟
이 못난 신하만이 중병에 걸려서 獨有小臣罹重疾
반열에 참석 못하고 멀리서 갓끈만 적시네 遠違班列但沾纓

선원 종형 중록[134]이 병을 무릅쓰고 찾아와 머무르며, 이틀 밤낮을 이야기 나누고 가기에 시를 지어 사례하다[仙源宗兄 重祿 强疾來訪留 敍兩晝夜而去以詩謝之]

덕의와 재주 모두를 형님이 지녀서 德義才華總是兄
어찌 말하랴 일곱 살 때의 선경[135]을 奚論七歲已先庚
똑 같은 취향 유수곡[136]에 어울리고 一般韻趣諧流水
반평생 품은 마음 자형화[137]를 비추네 半世心腸映紫荊
소릉[138]처럼 그냥 받은 녹봉 부끄러우니 還愧少陵虛竊祿

---

133) 나라 위한 충신[麟閣圖形] : '인각도형' 은 한나라 선제(宣帝) 때 기린각(麒麟閣)에 보관한 11명 공신의 화상을 말한다.
134) 정중록(鄭重祿, 1678~1732) : 자는 언하(彦遐), 호는 매안재(梅岸齋), 본관은 영일이다. 갈암(葛菴) 이현일(李玄逸)의 문인이다.
135) 선경(先庚) : 주의 깊게 신중히 대처하는 것을 말한다. "일을 변경하기 전에 3일 동안 궁구하고, 일을 변경한 뒤에 3일 동안 생각한다.[先庚三日 後庚三日]"고 한 데서 온 말이다.(『周易』「巽卦」)
136) 유수곡(流水曲) : 지음(知音)의 고사를 만든 백아(伯牙)가 연주하였던 곡을 말한다.
137) 자형화 : 앞의 주 83) 참조.
138) 소릉(少陵) : 두보(杜甫)가 일찍이 장안(長安)의 남쪽 두릉(杜陵)에 유유자적하며 소릉야로(少陵野老)라고 자호한 일에서 유래한다. 여기서는 자신의 능력 또한 시나 읊조리며 지내는 것이 알맞음을 말하였다.

쌍허[139]처럼 함께 이름 나란하기 바라랴	敢望雙許共聯名
더구나 가훈을 받들어 종법이 엄격하니	況承庭訓嚴宗法
남은 모범 지켜 길이 우정 다하길 원하네	願守遺模永盡情

제가 떠돌면서 뵙는 일이 드물었는데	自我飄零會面疎
갑자기 형님께서 제 집 찾아와 놀랐네	忽驚藜杖過蓬廬
삼복의 늦더위 겨우 꺾인 뒤이고	三庚老暑方殘後
칠월의 서늘함이 언뜻 도는 처음이네	七月微凉乍起初
마주앉아 새집의 뛰어남을 이야기하고	對榻共談新舍勝
등불 달고 이어 옛 사람의 책 강론하네	懸燈仍講古人書
알겠네 작별 뒤 지당의 꿈[140] 속에서	應知別後池塘夢
날아와 매산의 안개 낀 숲 맴돌 것을	飛繞梅山烟樹虛

곡천 처사 김상정을 애도하는 만시[輓谷川金處士 尙鼎] 기유년(1729)

금소의 맑은 물결에 목욕하고 나서	錦水清波沐浴餘
곡천의 모옥에서 문을 닫고 지냈네	谷川茅屋閉門居
몸을 단속하는 법도는 구용[141]이요	撿身繩準九容目

---

139) 쌍허(雙許) : 누구인지 정확히 알 수 없다.

140) 지당의 꿈[池塘夢] : '지당몽'은 형제가 그리워 꾸는 꿈을 말한다. 송나라 사영운(謝靈運)이 꿈에 족제(族弟)인 사혜련(謝惠連)을 만나서 '못가에 봄풀이 난다.[池塘生春草]'라는 시구를 얻었다는 고사에서 유래한다.(『南史』「謝惠連傳」)

141) 구용(九容) : 몸을 거두어 단속하는 아홉 가지 조목을 말한다. 발은 진중히[足容重], 손은 공손히[手容恭], 눈은 단정히[目容端], 입은 무겁게[口容止], 목소리는 조용히[聲容靜], 머리는 곧게[頭容直], 숨소리는 엄숙히[氣容肅], 서 있는 모습은 덕이 있게[立容德], 얼굴빛은 장엄하게[色容莊] 하는

이치를 음미하는 침잠거리는 사서였네 玩理沈潛四子書
숲속에서 처사로 늙음이 안타까웠더니 誰惜林間芳惠老
천상에서 소미성[142]이 흐려짐에 놀라네 忽驚天上小微虛
근래에 와서 벗들이 대부분 떠나가서 年來先友多淪謝
머리 들어 남녘 보니 눈물 옷깃 적시네 翹首南州淚滿裾

구강서원[143]에서 훈수 선생의 시에 경건히 차운하다[鷗江書院 敬次塤叟韻]

대현께서 앞뒤로 일어나서 大賢前後起
학성에 묘우가 남겨졌네 遺廟鶴城間
강은 염계의 물과 비슷하고 水似濂溪水
산은 운곡의[144] 산인 듯하네 山疑雲谷山
연원은 한 맥으로 통하고 淵源通一脈
풍도는 여러 완악함을 바로잡네 風範格羣頑
말학의 감회 너무도 커서 末學偏多感
가슴 속의 온갖 생각 차분해지네 胸中百慮閒

것이다.(『禮記』「玉藻」)

142) 소미성[少微]: '소미'는 처사성(處士星)으로, 희미하거나 떨어지면 인간 세상의 처사(處士)가 죽는다고 한다.

143) 구강서원(鷗江書院): 1678년 지방 유림의 공의로 포은 정몽주(鄭夢周)와 회재 이언적(李彦迪)의 학문과 덕행을 추모하기 위하여 창건한 서원이다, 울산광역시 중구 반구동에 소재한다.

144) 염계(濂溪)의……운곡(雲谷)의: '염계'는 주돈이(周敦頤, 1017~1073)이며, '운곡'은 주희(朱熹, 1130~1200)를 말한다.

또 창설재 권 어른의 시에 차운하다. 2수[又次蒼雪權丈韻 二首]

먼 산봉우리 겹겹이 사면을 에워싸서	遠岫重重四面回
선경의 광경이 한 눈길 속에 들어오네	仙區光景一望開
백구 옆의 두 강 모래톱 돌아 합쳐지고	鷗邊二水環洲合
자라 등의 세 산 바다 쪽에 와 솟네	鰲背三山聳海來
부자의 묘우에 제수 갖추고 향불 피우니	俎豆馨香夫子廟
걸출한 선비들의 옷차림 성대하네	衿紳彬蔚俊英才
누각에 올라 온 종일 돌아갈 줄 모르니	登樓盡日忘歸去
문득 풍류가 쉽게 줄지 않음을 느끼네	頓覺風流未易裁

생학[145)]은 어느 해 가서 돌아오지 않나	笙鶴何年去不回
멋진 고장에 학당이 열렸음을 보네	仙區還見學堂開
십주의 바람 이슬 책 속에 스며들고	十洲風露侵書潤
삼도의[146)] 안개 노을 벼루로 들어오네	三島烟霞入硯來
천지간에 특별히 아껴두었던 좋은 자리	天地別慳奇勝界
고금에 몇 사람의 영재를 낳았는가	古今能産幾英才
무이[147)]의 사당과 같이 단청이 빛나니	武夷祠屋丹靑炳
남기신 모범 취하여 차례차례 양성하소	須取餘模次第裁

---

145) 생학(笙鶴) : 신선이 타고 다니는 학의 이름이다. 주(周)나라 영왕(靈王)의 태자(太子) 왕자 교(王子喬)가 학을 타고 젓대를 불며 하늘로 올라가 신선이 되었다는 고사에서 유래한다.(『列仙傳』)

146) 십주(十洲)의……삼도(三島)의 : '십주'와 '삼도'는 모두 신선이 사는 곳으로 바다에 있다고 전한다.

147) 무이(武夷) : 중국 복건성(福建省) 숭안현(崇安縣)의 남쪽에 위치한 무이산으로, 한(漢)나라 때부터 이곳에 사당을 세워 마른 고기로 제사를 지냈다고 한다.(『史記』「封禪書」)

울산 부사 김휴백 시빈[148]을 애도하는 만시[輓金蔚山休伯 始鑌]

물암[149] 집안에 길한 조짐이 성대하여 勿老家庭藹吉祥
하늘이 규수[150]의 정기 내려 광채 빛났네 天分奎宿放休光
높은 이름 어려서 신동자리 차지하였고 高名早占神童牓
곧은 절개 금방 어사에 임명되었네 直節俄封御史章
문옹처럼 촉군으로 옴[151]을 보자마자 纔見文翁來蜀邑
평중처럼 뇌양에서 죽을[152] 줄 생각했으랴 豈料平仲死雷陽
알겠네 당신의 청백 강 속의 달같이 應知清白江中月
구강을 비추며 만고토록 영원할 것을 流照鷗江萬古長

횡계 서사에서 여러 유생들과 함께 향음주례와 투호례를 익혔는데, 지수 선생이 율시 한 수를 읊어서, 삼가 그 시의 운을 이어 짓다[橫溪書舍諸生共習鄉飮酒投壺兩禮 篪叟爲詠一律 謹繼其韻]

---

148) 김시빈(金始鑌, 1684~1729) : 자는 휴백(休伯), 호는 백남(白南), 본관은 함창(咸昌)이다. 1702년 문과에 급제, 장령(掌令)·명천 군수 등을 지냈다. 1728년 울산 부사가 되어 폐습을 과감히 개선하는 등 선정을 베풀다가 임지에서 죽었다.

149) 물암(勿巖) : 김륭(金隆, 1549~1594)의 호이다. 자는 도성(道盛), 본관은 함창이다. 임진왜란 때 상중임에도 인근 고을에 격문을 띄웠다. 저서로는 『물암집』·『삼경강록(三經講錄)』·『소학석의(小學釋義)』 등이 있다.

150) 규수(奎宿) : 28수(宿)의 하나로, 문장을 주관하는 별을 말한다.

151) 문옹(文翁)처럼……옴 : 문옹은 한(漢)나라 때의 사람으로 촉군(蜀郡) 태수가 되어 가서 사랑과 교화로 백성들을 잘 다스려서 크게 문풍이 진작되었다. 모범적인 지방관을 말한다. 여기서는 김시빈이 울산 부사로 온 것을 가리킨다.

152) 평중(平仲)처럼……죽을 : '평중'은 송나라 재상을 지낸 구준(寇準)의 자이다. 구준이 좌천되어 뇌주(雷州)와 형주(衡州)에서 사마(司馬)를 지내다 임지에서 죽었다. 김시빈 또한 임지인 울산에서 세상을 떠난 것을 말한다.

소나무 계수나무 드리운 옥간정 가의	松桂陰陰玉磵垠
서사에서 많은 선비들 의식이 성대하네	法門羣彦盛儀紜
석상에서 화살 던지며 예법 따라 겨루고	席間投矢爭由禮
계하에서 손님 맞아 절도 있게 잔질하네	階下迎賓酢有文
이어온 제도 온 야인들을 선뜻 가르치고	綿縷肯敎通野並
풀빛 저 멀리 밀향[153]의 분야까지 이어졌네	草光遙自密鄕分
훌륭한 가르침 헛되이 묻혔음을 탄식하며	堪嗟善敎空埋沒
낡은 시편 던지고서 은군자에게 부탁하네	抛却殘編屬隱君

종형의 입춘시에 삼가 차운하다[謹次宗兄立春韻] 경술년(1730)

잠깐 사이에 겨울 가고 봄이 찾아와	冬去春來在片時
이즈음의 일 조화옹만이 알고 있겠지	此間惟有化翁知
양기가 땅에 나오니 매화에 생기가 돌고	陽噓地面梅魂動
북두성이 하늘에서 도니 세월이 따라가네	斗轉天心歲舍隨
채소를 소반에 올려 오랜 풍속 따르고	青菜登盤遵舊俗
종이에 축원문 적어 새로운 글을 거네	素牋題祝揭新詞
밝게 소생한 기상 이제부터 시작이니	昭蘇氣像從今始
차차 창 앞의 해가 길어짐을 보게 되리	漸看囱前日影遲

153) 밀향(密鄕) : 무엇을 말하는지 자세히 알 수 없다.

훈수 선생을 애도하는 만시[輓塤叟先生]

온아한 천품은 진유 중에서도 빼어나　　天資溫雅挺儒眞
사우간의 서로 강마함도 이유 있었네　　師友相磨亦有因
처음 문장 익혀 경세제민을 생각하였으나　　始把文章思濟世
끝내 심학을 밝혀 몸 편안히 하고 싶었네　　終明心學欲安身
부르심의 폐백 내려와도 지조 더 확고하고　　招賢幣至操逾確
후학을 일깨우려 책 지으니 사업 넉넉하였네　　詔後書成業不貧
어젯밤 덕성의 빛이 갑자기 흐려지더니　　昨夜德星光忽薄
봄은 남았건만 상체화[154]가 그만 져버렸네　　棣華虧却半邊春

한양에 가려고 길을 나서면서 상사 족부의 증행시에 삼가 차운하다[赴洛將發謹次上舍族父贈行韻]

작은 정성으로 한평생 나라 걱정 했는데　　憂國平生只寸忱
오늘 주신 말씀 경계하심이 매우 깊네　　贈言今日警偏深
충효가 선대의 사업인 줄을 정말 알기에　　固知忠孝爲先業
진퇴에 평소의 마음을 저버릴까 두렵네　　却怕行藏負素心
노둔한 말이 어찌 천길 언덕을 달리랴　　駑駕豈馳千仞坡
머무는 학은 한 가지에 의탁할 수 있다네　　鶴棲堪託一枝林
재주 적고 자리 낮음이 참으로 분수이니　　才微位小眞吾分
오랜 세월 말직에 막혀도 한스럽지 않네　　不恨多年末僚沈

154) 상체화[棣花] : '체화'는 형제인데, 훈수 정만양을 말한다. "아가위 꽃송이, 활짝 피어 울긋불긋, 지금 사람 중에, 형제만 한 이가 없네.[常棣之華 鄂不韡韡 凡今之人 莫如兄弟]"라고 한 데서 유래한다.(『詩經』「小雅·常棣」)

밀암 이재[155] 어른을 애도하는 만시[輓密菴李丈 栽]

구봉의 푸름은 서산[156]에서 나왔기에　九峯蒼翠出西山
솔과 계수나무 그늘 속 세월 한가로웠네　松桂陰中日月閒
학술은 멀리 민락의 시대를 추구하고　學術遠求閩洛際
문장은 높이 진한의 세대를 따랐네　文章高步漢秦間
기엽이 떨어졌다는[157] 소식 듣자마자　纔聞杞葉從天隕
갑자기 하의[158]로 땅 속에 들어갔다 하네　忽報荷衣入地還
벗들이 연래에 와서 다 떠나가니　先友年來淪謝盡
옥간정에서 남은 눈물 다시 줄줄 흘리네　玉亭餘淚更潸潸

해남 임소로 가는 김정보 하구[159]를 전송하며[送金鼎甫 夏九 之海南任所]

날리던 눈이 막 그친 세모에　殘雪初收歲暮天
사또 행차의 깃발이 펄럭펄럭 거리네　使君行旆政翩翩

---

155) 이재(李栽, 1657~1730) : 자는 유재(幼材), 호는 밀암(密菴), 본관은 재령(載寧)이다.
156) 구봉(九峯)……서산(西山) : '구봉'은 이재의 고향에 있는 산 이름이고, '서산'은 백이숙제(伯夷叔齊)가 고사리 뜯어 먹던 산 이름이다. 이재의 절개를 설명하기 위하여 가져왔다.
157) 기엽(杞葉)이 떨어졌다는 : '기(杞)'는 좋은 재목이 되는 나무로, 훌륭한 사람에 비유된다. 떨어짐은 병든 것을 말한다.
158) 하의(荷衣) : 수덕(修德)하며 고절(高節)을 지닌 자가 입는 옷을 말한다. "연꽃잎을 마름질하여 웃옷을 해 입고, 부용 잎을 모아 바지를 해 입는다.[製芰荷以爲衣兮 集芙蓉以爲裳]"고 한 데서 유래한다.(『楚辭』「離騷」)
159) 김하구(金夏九, 1676~1762) : 자는 정보(鼎甫), 호는 추암(楸菴), 본관은 수안(遂安)이다. 1719년 문과에 급제, 전적(典籍)·해남 현감(海南縣監) 등을 지냈다. 예서(隸書)에 뛰어났다. 저서로는 『추암집』이 있다.

원앙[160]은 북궐로 가며 오운을 바라보고[161]	鵷趨北闕雲瞻五
오리[162]는 남명으로 천릿길을 떠나가네	鳧向南溟路隔千
칼이 크니 작은 갈비 잘 다듬을 수 있고	刀大自能宰小肋
병이 맑은데 탐천[163] 마시기 두려우랴	壺清何畏酌貪泉
나그네살이 서로 따르며 가련해 했더니	偏憐逆旅相隨地
여러 사람 중에 어진이 한 명 줄었네	十數人中少一賢

승문원에서 당직을 서며 삼가 증행시의 이전 운을 따라 지어서 상사 족부에게 올리다[槐院直中 謹步贈行前韻 呈上舍族父]

강호에서도 스스로 충심을 지녔는데	江湖猶自抱葵忱
당직을 열흘 서며 사모의 정 더 깊어졌네	禁直經旬戀更深
바람이 향 연기 끌어다 소매로 들이고	風引鑪香微惹袖
종은 시각을 전하여 몰래 마음을 일깨우네	鐘傳宮漏暗醒心
영롱한 상서의 햇살 깊은 궁전을 밝히고	蔥籠瑞日明深殿
자욱한 서기 구름 상림을 둘러 있네	藹蔚祥雲繞上林
이곳에서 지냄은 모두 성상의 은택이니	此地周旋皆聖澤
벼슬길에 어찌 부침을 다시 묻겠는가	宦津何復問升沈

160) 원앙[鵷] : '원'은 순서를 지켜 날아가기 때문에 조정의 관료를 비유한다. 여기서는 자신을 말한다.

161) 오운을 바라보고[雲瞻五] : 오운은 상서로운 오색구름으로 임금이 있는 주변을 말한다.

162) 오리[鳧] : '부'는 지방관을 말한다. 후한(後漢)의 왕교(王喬)가 섭령(葉令)으로 있으면서 경사(京師)에 올 때마다 도술을 부려 오리를 타고 왔다는 고사에서 유래한다.(『後漢書』「王喬傳」) 여기서는 상대를 말한다.

163) 탐천(貪泉) : 중국 광주(廣州) 땅에 있는 샘으로, 한 번 마시고나면 돈만을 알게 된다고 전한다.

진보 임소로 가는 이문보 진주[164]를 전송하다. 절구 2수[送李文輔 鎭周 之眞寶任所 二絶]

대궐의 찬 매화가 터지려고 하니 玉殿寒梅欲綻脣
맑은 향기 사은숙배하는 사람 덮었네 清香暗襲陛辭人
남쪽으로 궁궐 안의 꽃술을 부쳐 보내니 南行寄著軒中藥
민초들은 응당 백리의 봄기운을 느끼겠네 民草應成百里春

작은 고을 진보현에 十室眞城縣
쌍 깃발 태수가 행차하네 雙旌太守行
한강의 얼음 한창 희니 漢江冰正白
앞길이 이렇게 맑으리라 前路一般清

연말에 휴가를 받아 남녘으로 돌아오는 길에 정자성 옥[165]의 송별시에 차운하다. 2수[歲末受暇南歸 次鄭子成 玉 送別韻 二首]

여러 달 관직을 의지하다가 數朔攀清袂
오늘 아침 고향으로 돌아가네 今朝返故居
변방 길은 매우 멀고[166] 關河經百舍
계절은 한겨울[167]이네 時序屬三餘

---

164) 이진주(李鎭周, 1678~1737) : 자는 문보(文輔), 본관은 우계(羽溪)이다. 1721년 문과에 급제, 병조좌랑·진부 현감 등을 지냈다.
165) 정옥(鄭玉, 1694~1760) : 자는 자성(子成), 호는 우천(牛川), 본관은 청주이다. 1727년 문과에 급제, 지평·좌승지·황해도 관찰사 등을 지냈다. 저서로는 『우천집』이 있다.
166) 매우 멀고[百舍] : 일사(一舍)는 30리이니, '백사'는 매우 먼 거리를 말한다.

하필 벼슬에 얽매이겠는가　何必嬰華紱
좋은 책을 탐구할 수 있네　惟堪理好書
부침은 아쉬워할 것 없으니　升沈不足恨
만사에는 기복이 있다네　萬事有乘除

친구와 은근한 인연 기뻤더니　蘭襟欣暗契
객지살이 서로 떠남이 아쉽네　萍迹恨離居
금방에 이름 나란히 올린 뒤　金榜聯名後
승문원에서 함께 지냈네　槐院並步餘
어느 때 한 동이 술 마실까　何時一樽酒
몇 줄 편지도 전할 길도 없네　無路數行書
마음을 멀리서 서로 전하니　肝肺遙相照
깊은 우정 늙어서도 넘쳐나리　渼情老未除

문례관의 명을 받들고 강화도로 향하다가 김포에 이르러 비에 막혀 자면서 관사 벽에 있는 시에 차운하다. 절구 2수[奉命問禮 將向江都 至金浦阻雨留宿次舘舍壁上韻 二絶] 신해년(1731)

푸른 산이 들을 겹겹이 에워싸고　翠峀重環野
맑은 강이 하늘에 반 걸쳐 있네　清江半接天
남풍 불어 한바탕 비 내리니　南風一陣雨

167) 한겨울[三餘] : '삼여'는 독서하기 알맞은 여유 있는 시기를 말한다. 동우(董遇)가 삼여에 대하여 "겨울은 한 해의 여유이고 밤은 하루의 여유이고 지루한 비는 계절의 여유이다.[冬者歲之餘 夜者日之餘 陰雨者時之餘也]"라고 한 데서 유래한다.(『三國志』「魏書·王肅傳」)

졸던 백구 깜짝 놀라 일어나네 驚起白鷗眠

성주께서 몸소 제단차려 제사지내니 聖主躬壇祀
순수한 정성이 하늘에 닿았네 純誠格上天
상림[168]의 영험한 비를 내리니 桑林靈雨下
기뻐서 밤새도록 잠 못 이루네 終夜喜無眠

– 당시 큰 가뭄이 들었다. 성주가 남산南山의 단에 직접 가서 빌었는데, 신臣 중기는 사관史官으로서 어가御駕를 따랐다가 이어서 명을 받고 출사出使하였다. 다음날 큰 비가 내렸기 때문에 말하였다. –

강화도의 진해루에서 감회가 있어[江都鎭海樓有感]

금오의 등 위에 떠있는 듯 보이는 疑是金鰲背上浮
깎아지른 천연의 험지 청구의 으뜸이네 截然天險冠青丘
층층의 성에 구름 높으니 유도부[169]이고 層城雲聳留都府
화각이 우레같이 울리니 진해루이네 畵角雷鳴鎭海樓
누가 오랑캐를 보내 몰래 물을 건넜나 誰遣胡兒潛渡水
천한 놈 모의할 줄 몰랐음을 탄식하네 堪嗟豎子不知謀
지사는 천추에 이어질 무궁한 한을 千秋志士無窮恨
바다에 쏟아 넣어 계속해서 씻어보네 倒盡滄溟洗未休

---

168) 상림(桑林) : 7년 가뭄을 만난 탕(湯)이 들어가 하늘에 비를 빌던 장소이다. 당시 비가 내렸다고 전한다. (『史略』)

169) 유도부(留都府) : 천도 이전의 옛 서울을 말하는데, 여기서는 강화도의 관청을 말한다. 병자호란에 봉림대군과 인평대군 등이 피난한 곳이라 붙여진 이름으로 여겨진다.

금탄에서 배를 타고 여강에 이르러 우연히 읊다[自金灘乘舟 至驪江偶吟]

6월 29일은 바로 경휘전敬徽殿[170]의 소상일이어서 백관들이 변제變除[171]를 해야 하나 26일이 되어서 금탄金灘의 정鄭 재상[172] 집에 이르러 의논하였다. 육로를 따라서는 변제일 이전에 복명復命하기 어려웠기 때문에 결국 배를 타고 서울로 돌아왔다.

비온 뒤 푸른 강물 저 끝으로 사라지고	雨後滄江水沒涯
바람 맞은 가벼운 돛배는 말같이 빠르네	風前輕帆疾如馳
쌍쌍이 나는 백조와 만났다 헤어지고	雙雙白鳥逢還失
점점이 서 있는 청산은 보였다 사라지네	點點青山看忽移
오래된 절에는 신승이 머물렀다하고	寺古神僧曾住錫
맑은 누각에는 포은 선조 시가 남아있네	樓清圃老尚留詩
서울과의 거리가 멀지 않은 줄 아니	王京此去知無遠
혼궁에서 변제할 때까지 나아가겠지	庶趁魂宮釋服時

― 청심루淸心樓에 포은이 읊은 시가 있다. 벽사甓寺는 바로 무학대사無學大師가 자리 잡았다. ―

9일에 우연히 절구 한 수를 읊어서 정도중 권이 당직서는 곳으로 보내다[九日偶吟一絶 呈鄭道中 權 直廬]

뒤에 이름은 간榦[173]으로 자는 도직道直으로 고쳤다.

---

170) 경휘전(敬徽殿): 경종(景宗)의 계비(繼妃)인 선의왕후(宣懿王后, 1705~1730)를 말한다.

171) 변제(變除): 상복(喪服)을 바꾸어 입는 일로, 소상(小祥) 뒤에 연복(練服)으로 갈아입고, 대상(大祥) 뒤에 상복을 벗는 것을 말한다.

172) 정(鄭) 재상: 정제두(鄭齊斗, 1649~1736)를 말한다. 자는 사앙(士仰), 호는 하곡(霞谷), 본관은 영일이다. 1680년 영의정 김수항(金壽恒)의 천거로 사포서 별제(司圃署別提)에 임명되어, 상령 군수·대사헌·우참찬 등을 지냈다. 시호는 문강(文康)이다. 저서로는 『하곡집』이 있다.

173) 정간(鄭榦, 1692~1757) : 자는 도직(道直), 호는 명고(鳴皐), 본관은 영일이다. 1725년 문과에 급제, 사헌부 지평·동래 부사·승지 등을 지냈다. 저서로는 『명고집』이 있다.

맑은 가을날 이슬이 내려 서리같이 차니	淸秋零露冷如霜
단풍은 옅게 물들고 국화는 터지려하네	楓帶微紅菊吐黃
서울에서 반년 지내고도 돌아가지 못하여	半載洛城歸未得
이 중양절에 고향 산을 그냥 저버렸네	故山虛負此重陽

도중이 화운 시를 보여주어서 다시 앞 시의 운을 따라 시를 지어 받들어 보내다[道中和示 更步前韻 奉呈]

온갖 나무의 잎 지게 만든 어젯밤 서리	萬木凋零昨夜霜
어여쁘다 꽃 봉우리 온 가지가 노랗네	獨憐瓊蕊滿枝黃
내력 있는 절개는 참 귀히 여길 만하니	由來晩節眞堪貴
원컨대 단심 보존하여 함께 태양 향하세	願保丹心共向陽

류중신 정무의 중양절 시에 차운하다. 2수[次柳仲新 鼎茂 重陽韻 二首]

한 줄기 서리 맞은 국화	一朶霜天菊
바로 온갖 초목 시든 때이네	正當百卉衰
외로운 향기 참 아낄 만하여	孤香眞可愛
천천히 피어도 아쉽지 않네	遲發未爲悲
넉넉한 봄의 기운을 남겨	畱得餘春意
꾸며서 중양절을 기약하네	糚成九日期
꽃을 꼽고 운을 나누는 흥	揷花分韻興
아는 이 지금은 누구인가	知者在今誰

어젯밤 서리에 바람 급하더니	昨夜霜風急

앞 숲의 반은 시들어 가네　前林半欲衰
벽 귀퉁이의 벌레소리 거칠고　壁隅虫語澁
하늘 너머 기러기소리 슬프네　天外鴈聲悲
국화는 중양절을 알게 하는데　菊解重陽節
사람들은 모임을 잊어버렸네　人忘一會期
나그네 창 공연히 적막하더니　旅囱空寂寞
동이 술을 보내온 이 누구인가　罇酒送來誰

김수부 계백의 시에 차운하다[次金守夫 啓白 韻]

미관으로 어찌 조정의 논의에 참여하랴　微官何與廟堂謀
한여름에 서울 와서 또 가을을 넘기네　中夏西來又度秋
도간이 좋은 터 잡음은[174] 따르지 못하고　未效陶牛眠草計
월조의 고향 그리는 마음[175] 부질없이 품네　空懷越鳥戀枝愁
충심이 또렷하여 한갓 배를 채우니　丹忱耿耿徒盈腹
흰 머리 성성하여 머리에 번지려고 하네　素髮星星欲遍頭
서사에 있는 동료들 자주 나를 부르니　西舍僚郎頻叩我
객중의 외로움은 한 가지가 아닌가　客中羈緖一般不

174) 도간(陶侃)이……잡음은: 도간이 초상을 당해 장례를 치르려고 하던 중에 소를 잃어 버렸다. 찾던 중 만난 어떤 노인이 소가 있는 곳에 장사지내면 큰 벼슬이 난다고 하여 따라하였더니, 과연 자사가 났다는 고사에서 유래한다.(『晉書』「周訪列傳」) 여기서는 자신이 지낼 좋은 터를 잡는 것을 말한다. 「매곡의 빌린 집에서[梅谷寓舍]」에서 매산이 평소 지낼 만한 곳을 찾고 있었음을 알 수 있다.

175) 월조(越鳥)의……마음: 월나라 새는 고향이 그리워 남쪽 가지에 둥지를 트는 것을 말한다. 무명씨가 지은 「고시(古詩)」의 "호국의 말은 북풍을 사모하여 바라보고, 월나라 새는 남쪽 가지에 둥우리를 튼다.[胡馬依北風 越鳥巢南枝]"에서 유래한다. 여기서는 고향으로 돌아가고 싶은 마음을 담았다.

류중신의 「동지」 시에 차운하다[次柳仲新冬至韻]

순음이 양의 기운 끝내 막지 못한다는	純陰終未遏陽和
지극한 이치 소자[176]의 노래에서 들었네	至理曾聞邵子歌
우레 소리 중천에서 일어날 수 있는가	雷響重泉能起否
하늘 마음 한 밤에 정말 어떠한가	天心半夜正如何
율관에 재 날리니[177] 조짐 먼저 이르고	灰飛葭管候先至
꿈에서 깨니 매화 가지에 향기 은은하네	魂返梅梢香暗多
변화 도우는 신공에는 도 있음을 알기에	贊化神工知有道
문을 닫고서 당일에는 다니지 않네	閉關當日息行車

또 류중신의 시에 차운하다. 2수[又次柳仲新 二首]

긴 물길은 유유히 한강 남쪽으로 흐르고	永水遙遙漢水陰
친구와 만나 에이는 눈 추위도 잊었네	班荊忘却雪寒侵
높이 구색[178] 속 천년의 일을 이야기하고	高談丘索千年事
친밀히 아양[179] 한 조각의 마음을 맺었네	密契峨洋一片心

---

176) 소자(邵子) : 송나라 때의 유학자 소옹(邵雍, 1011~1077)을 말한다. 역학에 밝았다고 전한다.

177) 율관(律管)에 재 날리니 : 절후(節候)를 살피는 법이다. 갈대 속의 얇은 막을 태워 재로 만든 뒤 그것을 각각 율려(律呂)에 해당되는 여섯 개의 옥관(玉琯) 내단(內端)에다 넣어 두면 그 절후에 맞춰 재가 날아간다고 전해진다. 동지에는 황종(黃鍾) 율관의 재가 난다고 한다.(『漢書』「律曆志」)

178) 구색(丘索) : 구구팔색(九丘八索)의 줄임말이다. 구구는 중국 전 지역의 일을 기록한 서적이고, 팔색은 팔괘(八卦)에 관한 서적으로 알려져 있다.

179) 아양(峨洋) : 서로 마음을 알아주는 사이를 말한다. 백아가 높은 산을 마음에 두고 거문고를 타면 종자기가 "높고 높은 것이 태산과 같구나.[峩峩泰山]" 하였고, 흐르는 강물을 마음에 두고 연주하면 종자기가 "넘실대는 것이 강하와 같구나.[洋洋江河]"에서 유래한다.(『列子』「湯問」)

부끄럽게도 못난 나는 계적에 이름 올렸고 　 愧我鹵姿叨桂籍
훌륭한 그대의 명예 아림[180]에서 우뚝하네 　 多君芳譽聳莪林
살며 마음 맞는 이 만나기 참 어려우니 　 人生會合誠難得
원컨대 술동이 가지고 함께 한 잔 나누세 　 願把清罇共一斟

세상 빛 찬란하여지니 해는 쉬이 넘어가 　 歲色斕珊日易陰
찬 창가에서 문득 객의 시름을 느끼네 　 寒囱偏覺客愁侵
노둔한 말은 궁궐 거닐 재주 모자라고 　 駑駘素乏青冥足
해오라기는 녹수 생각을 잊기가 어렵네 　 鷗鷺難忘綠水心
삼수[181]가 어느 때에 옥령을 찾을까 　 三秀何時尋玉嶺
한 가지도 경림고[182]에서 빌릴 생각 없네 　 一枝無意借瓊林
분명히 물 마심도 밖에서 오지 않는데 　 分明飮水非由外
형편이 연래에 감당치 못할까 부끄럽네 　 寒暖年來愧未斟

장천응 위항[183]의 시에 차운하다[次張天應 緯恒 韻]

푸른 재는 천 겹이나 막혔고 　 碧嶺千重隔
붉은 먼지는 열 길이나 높더니 　 紅塵十丈高
맑은 하늘에 해와 달이 밝아 　 清霄明日月

---

180) 아림(莪林) : 인재를 양성하는 곳을 말한다. “무성하고 무성한 새발쑥이여, 저 언덕 가운데 있도다. [菁菁者莪 在彼中阿]”에서 유래한다.(『詩經』「小雅·菁菁者莪」)

181) 삼수(三秀) : 1년에 꽃을 세 번 피우는 영지초(靈芝草)인데, 상산사호(商山四皓)가 영지를 먹고 생활하였기 때문에 은자를 말한다.

182) 경림고[瓊林] : ‘경림’은 당 덕종(唐德宗) 때에 공물을 보관하기 위해 세운 경림고(瓊林庫)를 말한다.

183) 장위항(張緯恒, 1678~1747) : 자는 천응(天應), 호는 와은(臥隱), 본관은 인동(仁同)이다. 1727년 문과에 급제, 사헌부 감찰·자인 현감 등을 지냈다. 저서로는 『와은유집』이 있다.

벼슬길의 풍파가 멈추었네 宦海息風濤
그야말로 좋은 세상 만났으나 正屬陶冶會
누가 시무를 잘 아는 호걸인가 其誰識務豪
영화와 명예 나의 뜻이 아닌데 榮名非我志
어찌 명성 드러나기[184] 바라랴 奚望鶴鳴皐

이평경 권[185]의 시에 차운하여 지은 절구 두 수를 함께 유람 온 여러 벗들에게 보이다[次李平卿 權 韻 二絶 示同遊諸益]

산택 속에서 한가로이 지내던 한 사람 山澤中間一散人
우연히 말직에 올라보니 태평성대이네 偶霑微祿際昌辰
가시나무 끝내 무용할 줄 스스로 알아 自知菅荊終無用
거울 속의 머리카락 은빛 같이 세었네 鏡裡霜毛白似銀

객중에 만난 이들 모두가 친구라서 客裡相逢總故人
십년 만에 좋은 자리[186] 바로 오늘이네 十年青眼卽今辰
따라 노닐며 어찌 한담만을 나누랴 追遊肯作閒酬酢
의리는 철과 은을 구분하듯 해야 하네 義理須分鐵與銀

184) 명성 드러나기[鶴鳴皐] : '학명고'는 현자(賢者)가 비록 깊이 은거해 있어도 그 명성이 더욱 드러남을 말한다. "학이 구고에서 울거든, 소리가 하늘에 들리도다.[鶴鳴于九皐 聲聞于天]"에서 유래한다.(『詩經』「小雅·鶴鳴」)

185) 이권(李權, 1700~1760) : 자는 평경(平卿), 본관은 광주이다. 1725년 문과에 급제하여 박사(博士)를 지냈다.

186) 좋은 자리[靑眼] : '청안'은 반가운 사람이 만나는 것을 말한다. 진(晉)나라 완적(阮籍)이 달갑지 않은 사람을 볼 때에는 백안(白眼)을 치뜨고, 반가운 사람을 만나면 청안(靑眼)을 보였다는 고사에서 유래한다.(『晉書』「阮籍傳」)

김중묵 경침[187]의 시에 차운하다[次金仲黙 景沈 韻]

무더위 지나서 섣달 눈 내리니　伏炎化臘雪
오토[188] 이리도 빨리 달리는가　烏兎走何忙
우연히 전옹의 집을 나서서　偶出田翁舍
객지에 와 벼슬살이 하고 있네　來遊宦客場
옷은 도성의 흙에 물들고　衣霑九陌土
신은 오경의 서리에 젖어가네　靴滿五更霜
밤마다 남녘 가는 꿈에서　夜夜南歸夢
매산을 찾아 고향에 이르네　尋梅到故鄕

유생 안극효가 그의 선조 사제당의 시를 소매에서 꺼내 보여주어 삼가 그 시에 차운하다[安生克孝 袖示其先祖思齊堂詩 謹次其韻]

사제思齊[189] 공은 바로 정암靜菴[190]의 문도이다.

한산의 짙은 푸름 호수와 산에 비치듯　漢山蒼翠映湖山
원유의 끼친 풍도 바다 밖에서 돌아왔네[191]　元裕餘風海外還

---

187) 김경침(金景沈, 1700~?) : 자는 중묵(仲黙), 호는 송와(松窩), 본관은 의성(義城)이다. 1725년 문과에 급제하여 정자(正字)를 지냈다.

188) 오토(烏兎) : '오'는 해를 말하는 금오(金烏)이며, '토'는 달을 말하는 옥토(玉兎)이다. 일월과 같은 말로, 세월을 말한다.

189) 사제(思齊) : 안처순(安處順, 1492~1534)의 호이다. 자는 순지(順之), 본관은 순흥(順興)이다. 1514년 문과에 급제, 홍문관 박사·성균관 학관·경성 교수 등을 지냈다.

190) 정암(靜菴) : 조광조(趙光祖, 1482~1519)의 호이다. 자는 효직(孝直), 본관은 한양이다. 1515년 문과에 급제, 예조 좌랑·부제학·대사헌 등을 지냈다. 시호는 문정(文正)이다. 저서로는 『정암집』이 있다.

191) 원유(元裕)의……돌아왔네 : '원유'는 안향(安珦, 1243~1306)의 초명이다. 1289년 11월 왕과 공주

아쉽구나 당비[192]에 새겨진 여러 선비 堪惜黨碑多少士
몇 사람이나 한가로이 물고기 잡았던가 幾人能得採漁閒

푸른 안개 예전 강산을 짙게 덮었는데 翠烟濃鎖舊江山
선학은 어느 해 떠나가 돌아오지 않는가 仙鶴何年去不還
깨끗한 하나의 당은 노닐고 읊조리던 곳 蕭灑一堂遊詠地
대 바람 달 아래 솔은 여전히 한가롭네 竹風松月自如閒

또 김하서[193]의 「영사정에 짓다」 시에 차운하다[又次金河西題永思亭韻]

영사공永思公은 바로 사제공의 아들이다.

효자가 훌륭한 부모를 이어 孝子承賢父
정자에 올라 사사[194]를 이루었네 登亭致四思
천추에 우뚝할 글씨로 千秋山斗筆
다시 소남[195]시를 걸었네 重揭邵南詩

(원나라 공주로서 당시 고려의 왕후)를 호종하여 원나라에 가서 주자서(朱子書)를 손수 베끼고 공자와 주자의 화상(畵像)을 그려 가지고 이듬해 돌아온 일을 말한다.

192) 당비(黨碑) : 기묘사화에 화를 입은 사람들을 말한다. 사제 안처순 또한 당시 파직을 당하였다.

193) 김하서(金河西) : 하서는 김인후(金麟厚, 1510~1560)의 호이다. 자는 후지(厚之), 본관은 울산이다. 1540년 문과에 급제, 홍문관 박사·옥과 현감 등을 지냈다. 을사사화 이후 벼슬에 나가지 않았다. 시호는 문정(文正)이다. 저서로는 『하서집』·『주역관상편(周易觀象篇)』·『서명사천도(西銘事天圖)』·『백련초해(百聯抄解)』 등이 있다.

194) 사사(四思) : 후한(後漢) 때 장형(張衡)이 하간효왕(河間孝王)의 승상이 되어 나갔을 때, 세상이 점차 쇠퇴하여짐을 걱정하여, 일사(一思)·이사(二思)·삼사(三思)·사사(四思)의 네 가지 생각으로 나누어서 불평한 마음을 노래한 사현부(四玄賦)를 말한다.(『文選』 권29)

195) 소남(邵南) : 당나라 때 안풍(安豊)에 은거하였던 동소남(董邵南)을 말한다. 부모에게 효성을 다하면서 주경야독한 것으로 유명한 인물이다.(『韓昌黎文集』)

그믐날에 김경초가 두소릉 시의 운을 써서 회포를 읊어 보여주기에 차운하여 바로 부치다[除夕金景初 用杜少陵韻 詠懷投示 次韻却寄]

이해 유독 오늘 저녁	此歲惟今夕
깊은 시름 남몰래 생기네	閒愁暗暗生
명협초[196]는 한 잎 남았고	蓂殘一片葉
종소리는 오경을 재촉하네	鐘促五更聲
초 깎으며 촛농이 가련하고	剪燭憐成淚
별을 보며 여명을 두려워하네	看星怕啓明
괜히 귀밑머리만 더 세는데	無端添鬢雪
무슨 일로 도성에 머무르는가	何事滯王城

김중묵의 「원조」 시에 차운하다[次金仲默元朝韻 임자년(1732)

한밤의 남은 섣달 아득히 떠나가고	三更殘臘去堂堂
닭 울음에 놀라 이불 차고 일어나네	驚起雞聲蹴臥牀
모든 집 배롱 등불 환하게 밝히고	萬室篝燈光炫耀
도성의 쇠 북소리 댕댕거리며 울리네	九門金鼓響鏗鏘
북두성이 슬그머니 동풍을 따라 도니	斗星暗逐東風轉
햇살은 다시 맑은 기운 머금고 떠오르네	瑞旭仍含淑氣長
화축[197] 올리는 오늘 아침 별 말 없으니	華祝今朝無別語

196) 명협초[蓂]: 앞의 주 26) 참조.

197) 화축(華祝): 화봉삼축(華封三祝)의 준말로, 송축(頌祝)하는 것을 말한다. 화(華) 땅의 봉인(封人)이 수(壽), 부(富), 다남자(多男子)로 요(堯)임금에게 축원했던 고사에서 유래한다.(『莊子』「天地」) 여기

주상께서 천세토록 엄연히 군림하시겠네 紫宸千歲儼垂裳

이평경이 흑색 띠 하나를 보내며 절구 한 수를 읊어 부쳐서, 차운하여 되돌려 부치다[李平卿 贈以一黑條 吟寄一絶 次韻却寄]

검은색의 화려한 띠가 몇 자나 되어 鴉色華條數尺猗
허리에 두르니 아름다운 풍의 더하네 繞腰添得好風儀
친구가 정으로 보낸 건 우연 아니어서 故人情貺誠非偶
한번 어루만지고 한번 생각을 하네 一遍摩挲一遍思

부모님을 뵙기 위하여 상주로 돌아가는 강이직 항[198]을 전송하다[送姜而直 杭 歸覲商山]

승문원 이름난 관료 많지만 槐院名僚盛
그대만이 젊은 나이라네 惟君獨妙年
몇 밤이나 여사에 함께 잤던가 幾宵同旅枕
오늘 귀향길 조심하라 당부하네 今日戒歸鞭
비 오나 개나 형화[199]와 함께 하고 晴雨荊花裡
효심으로 어머님을 찾아가네[200] 春風寸草邊

서는 한 해를 넘기며 장수하기를 비는 것을 말한다.

198) 강항(姜杭, 1702~1787) : 자는 이직(而直), 호는 시북(市北), 본관은 진주이다. 1726년 문과에 급제, 호조 좌랑·지중추 등을 지냈다. 매우 강직하여 시류와 타협하지 않았다.

199) 형제[荊花] : 앞의 주 83) 참조.

사인[201]의 실마리 남아 있으니　　舍人遺緒在
먼 길에 지체하지 말게나　　長路莫迤邅

승문원 향단에서 도중·평경과 연구 시를 짓다[槐院香壇 與道中平卿聯句]

좋은 나무 당 앞에 서 있어　　-도옹-　嘉木堂前立
푸른 그늘 작은 창을 덮었네　　-도중-　蒼陰庇小囱
성근 가지는 늙음을 드러내고　　-평경-　髯疎呈老態
곧은 줄기 붉은 속을 간직하였네　　-도옹-　幹直蘊丹腔
도류[202]에서 또 두 그루 빠지고　　-도중-　陶柳還除二
두남[203]에서 두 그루 더 있네　　-평경-　杜柟更賸雙
뒤엉킨 줄기 걸터앉은 호랑이 같고　　-도옹-　拳攣蹲似虎
흩어진 가지 복슬복슬 삽삽개 같네　　-도중-　鬅鬙茂如狵
강한 향내 바람 따라 퍼지고　　-평경-　馥烈隨風播
시원한 소리 빗속에 울리네　　-도옹-　聲寒得雨撞
뿌리는 땅속 깊이 서려 있고　　-평경-　根通九地蟄
가지는 저 하늘로 치켜들었네　　-도중-　梢拂三辰扛
은은히 푸른 장막 드리우고　　-도중-　隱隱垂青幕

---

200) 효심으로……찾아가네 : ‘춘풍(春風)’은 어머니를, ‘촌초(寸草)’는 자식의 효심을 말한다. 당(唐)나라 맹교(孟郊)가 어머니를 생각하며 지은 「유자음(遊子吟)」의 “누가 말하였나? 한 치 풀 같은 자식의 마음, 삼춘의 햇살 같은 어머니 사랑에 보답한다고.[誰言寸草心 報得三春暉]”에서 유래한다.
201) 사인(舍人) : 강항의 선조로 여겨지나. 이 시만으로는 정확히 알 수 없다.
202) 도류(陶柳) : 도잠(陶潛)이 버드나무 다섯 그루를 심고서 자신을 오류선생(五柳先生)이라고 하였다.
203) 두남(杜柟) : 훌륭한 재목감이 비바람에 뽑힌 것을 슬퍼하며 지은 두보의 「남목이 풍우로 뽑힌 것을 탄식하며[柟木爲風雨所拔歎]」에 나온다. 이 시에서는 한 그루의 남목을 말한다.

우뚝이 푸른 깃발 세웠네 -도옹- 童童峙碧幢
북돋우려고 돌을 둘러쌓았으니 -도중- 培封渾用石
물 주는데 어찌 단지가 필요하랴 -평경- 霑漑豈須缸
굳은 마디 찬 서리 밀쳐내고 -도옹- 苦節排霜凜
꽃망울 불을 만난 듯 황홀하네 -도중- 芳心遇火椌
송나라 안돈복과 같이 곧으며[204] -평경- 宋廷粹晏復
하나라 관용방[205]과 같이 막아섰네 -도옹- 夏陛抗龍逄
솔과 대나무 형제처럼 곁에 있고 -도중- 松竹弟兄廁
가죽과 오동 신첩처럼 다소곳하네 -도옹- 檟梧臣妾降
그윽하여 낭원[206]에 심기 적당하고 幽宜栽閬苑
서늘하여 상강 가까이가 알맞은데 -도옹- 凊合傍湘江
어떻게 신선의 뜰에서 자랄 열매를 -도중- 胡把仙庭實
도리어 난잡한 저자거리에 던졌나 -평경- 却投闤市哤
먹은 귀 질동이와 경쇠를 구분 못하고 -평경- 聾聽迷缶磬
어두운 눈 돌과 옥을 혼동하네 -도중- 肉眼混珉玒
안타깝게도 난새 깃들 나무가 -도옹- 可惜棲鸞樹
도리어 말 매는 말뚝이 되었네 -도중- 翻爲繫馬樁
나무벌레가 속을 파먹고 -평경- 蠹螬穿腹豁
썩은 흙이 껍질을 묻었네 -도옹- 糞土沒鱗腔
나는 속세의 소음이 시름겨워도 -도중- 顧我愁塵鬧
저는 찾는 이[207] 있어 기뻐하네 -평경- 看渠喜谷跫

---

204) 송나라……곧으며 : '안랄복(晏粹復)'은 송나라에서 매우 강직하였던 간관(諫官) 안돈복(晏敦復)을 말한다. 여기서는 나무의 곧음을 말한다.

205) 관용방[龍逄] : '용방'은 관용방(關龍逄)의 준말로, 하(夏)나라의 충신이다. 걸(桀)의 무도한 정사를 간쟁하다가 죽임을 당하였다.(『莊子』「人間世」) 여기서는 우뚝한 모습을 말한다.

206) 낭원(閬苑) : 신선이 사는 곳의 정원을 말한다.

뒤엉켜 늘어지니 일산을 편 듯하고 -도옹- 緆樛張日盖
굽은 가지 잘라내니 별빛 세어드네 -도중- 剪蔓漏星釭
손은 가벼운 연막을 잡고 -평경- 手把輕烟冪
정신은 맑은 물소리에 상쾌하네 -도옹- 神惺爽籟淙
난간을 두른 빛은 찬란하고 -중도- 繞軒光冄冄
평상에 깔린 그림자는 어지럽네 -평경- 侵榻影摐摐
잎을 씹으니 잣나무인가 싶더니 -도옹- 嚼葉全疑柏
향기 맡으니 궁궁이보다 낫네 -중도- 嗅香絶勝茳
원숭이 울음[208] 은거의 삶 야기하고 -평경- 猿吟惹桂壑
개미의 꿈 헛된 공명을 벗어버리네[209] -도옹- 蟻夢蛻槐邦
우연히 마음의 기약 맞았더니 -도중- 偶爾襟期契
어느덧 기미가 두터워졌네 -평경- 居然氣味厖
어찌 기린각의 위상[210]을 말하랴 -도옹- 奚論麟閣魏
녹문의 방덕공[211]을 따르려하네 -도중- 擬逐鹿門龐
뜨거움에 다가가 누구 손 데었으며[212] -평경- 近熱炙誰手

---

207) 찾는 이[谷跫] : '곡공'은 빈 골짜기의 사람 발소리로, 반가운 이가 찾아옴을 말한다. "혼자 빈 골짜기에 도망쳐 지낼 적에 인기척만 들려도 반가울 텐데.[夫逃虛空者 聞人足音跫然而喜]"에서 유래한다.(『莊子』「徐無鬼」)

208) 원숭이 울음[猿吟] : '원음'은 은자와 함께 생활하는 원숭이를 말한다. 공치규(孔稚圭)가 변절한 주옹(周顒)을 나무라며 지은 「북산의 이문[北山移文]」의 "향초로 엮은 장막이 텅 비니 밤의 학은 원망하고, 산에 살던 사람이 떠나가니 새벽 원숭이는 놀라네.[蕙帳空兮夜鶴怨 山人去兮曉猿驚]"에서 유래한다.

209) 개미의……벗어버리네 : 부질없는 공명에서 깨어남을 말한다. 순우분(淳于棼)이 회화나무 아래에서 잠을 자다가 꿈에서 괴안국(槐安國)의 관리가 되어 부귀공명을 누렸으나, 깨어 보니 부질없는 꿈이었다는 고사에서 유래한다.(『異聞集』)

210) 위상(魏相) : 한 선제(宣帝) 때 재상을 지내며 치적을 남겼다.

211) 녹문(鹿門)의 방덕공(龐德公) : 후한(後漢)의 은자(隱者)이다. 한 번도 도회지로 나오지 않고 은거의 삶을 즐겼다. 유표(劉表)의 간절한 요청에도 끝내 응하지 않았다.(『尙友錄』)

212) 뜨거움에……데었으며 : 권세가 대단한 것을 말한다. 두보(杜甫)의 「여인행(麗人行)」의 "손을 뜨겁게 델만큼 권세 비길 데 없으니, 조심히 앞으로 다가가 승상의 화를 돋우지 말라.[炙手可熱勢絶

어둠 타고 꽁무니 얼마나 높였던가[213] -도옹- 乘昏高幾肛
유종원은 끝내 영주로 좌천되었고[214] -평경- 柳毬終適越
한유 또한 창락롱을 건넜네[215] -도중- 韓棹亦浮瀧
예로부터 많은 슬픔 끼쳤으니 -도옹- 終古多貽戚
그대 대하여 어찌 두렵지 않겠는가 -도중- 對君寧不㥉
무슨 인연이면 들 둑으로 옮겨가 -평경- 何緣移野塢
시내 징검다리와 함께 늙는가 -도옹- 共與老溪矼
둘러 앉아 서로 탄식을 하며 -도중- 鼎坐相嘆息
시를 짓는 붓 장대[216]와 같네 -평경- 題詩筆若杠

망향대에 오르다[登望鄕臺]

봄 되어도 서울의 객은 돌아가지 못하여 春到長安客未回
오늘 고향 바라보려 홀로 망향대에 오르네 望鄕今日獨登臺
동풍이 청명절의 비를 불어 보내니 東風吹送淸明雨
고향 땅의 두 강에서 일어나왔겠지 起處應從二水來

倫 愼莫近前丞相嗔]"에서 유래한다.(『杜少陵詩集』)

213) 꽁무니 얼마나 높였던가: 아첨하는 것은 말한다. "꽁무니 높이 쳐들고 인사하는 것은 왕신이라야 할 수 있다.[高尻磬切 王臣爲能]"에서 유래한다.(『漢書』「東方朔傳」)

214) 유종원(柳宗元)은……좌천되었고: 당나라 유종원이 순종(順宗) 때 왕숙문 일당으로 몰려 초월(楚越) 지방인 영주(永州)의 자사(刺史)로 쫓겨났다.(『舊唐書』「柳宗元傳」)

215) 한유(韓愈)……건넜네: 당나라 한유가 조주(潮州)로 귀양가면서 물살이 매우 세찬 창락롱(昌樂瀧)을 건너며 남긴 시가 있다.

216) 붓 장대: 웅건(雄健)한 문장력을 말한다. 구양수(歐陽脩)의 「어산고(廬山高)」 시에 어산(廬山)에 은거한 유환(劉渙)의 고상한 절조(節操)를 찬미하며 "장부의 장절이 그대만 한 이 드물테니, 아, 내가 그걸 말하려도 장대 같은 큰 붓을 어떻게 얻으랴?[丈夫壯節似君少 嗟我欲說安得巨筆如長杠]"라고 한 데서 유래한다.

성상께서 친히 경휘전으로 행차하여 삭망을 지내니, 백관들이 모시고 제사를 지냈다. 도중이 율시 한 수를 읊어서 드디어 그 시에 화운하다[聖上躬行敬徽殿朔奠 百官陪祭 道中吟成一律 遂和其韻]

영궁에서 초하루를 맞이하니	靈宮逢月朔
성상께서 성대한 제물 올리네	聖嗣奠般菲
놀라 일어나니 삼경의 종소리요	驚起三更鼓
재촉해 따르니 구로[217]의 곁말이네	催隨九路騑
백관들은 뜰 밖에 늘어서고	鷺班庭外列
주상의 의장은 촛불 빛에 희미하네	仙仗燭中依
제사 마치고 돌아오는 이른 새벽	祭罷歸來早
서쪽 하늘에 은하수 높이 흐르네	西天河漢巍

김수부의 시에 차운하다. 3수[次金守夫韻 三首]

현포[218]의 안개 노을 짧은 처마 비추더니	玄圃烟霞映短簷
날 저물자 가는 비 다시 부슬부슬 내리네	晩天疎雨更纖纖
사립문 찾는 손님 절반은 시 친구들이고	柴門有客詩朋半
먼지 없는 버들 거리에 이은[219]들 함께 하네	柳巷無塵吏隱兼
행적은 날리는 쑥대 같아 바람 따라 굴러도	迹似飛蓬風裡轉

217) 구로(九路) : 아홉 갈래의 길로, 궁궐 안의 길을 말한다.
218) 현포(玄圃) : 곤륜산 꼭대기에 있다고 전해지는 곳으로 신선이 사는 곳이다.(『文選』「東京賦」)
219) 이은(吏隱) : 관리로서 은거하여 있음이니, 실권이 없는 하급 관직에서 녹봉이나 받는 것을 말한다. 두보(杜甫) 시의 "완화 시내 안에 꽃이 활짝 피었으니, 정말로 내가 이은을 겸하고 있네.[浣花溪裏花饒笑 肯信吾兼吏隱名]"에서 온 말이다.

마음은 잔잔한 물결처럼 달빛에 편안하네　　心如止水月中恬
이 속의 맑은 흥취를 그대는 아는가　　此間淸趣君知否
남들 앞에서 너무 겸손해하지 말게나　　莫向人前過自謙

적막한 빈 뜰의 처마 끝 참새 지저귀는데　　空庭寂寞雀啼簷
달 아래 거닐며 구름 쳐다보니 아쉬움 크네　　步月看雲恨未纖
늘 손님 맞는 부엌에 양식 떨어졌다 하니　　常報客廚薪米絶
어떻게 하면 산나물에 어과를 겸할까　　何如山味果魚兼
풍진 세상에서 바쁜 괴로움 마냥 품어　　風塵謾抱奔馳苦
산림에 물러난 편안을 다시 부끄러워하네　　林壑還慙勇退恬
오직 한 덩이 해바라기 같은 충심 있기에　　惟有一團葵悃在
이 몸이 여기에서 겸손하여 본 적 없네　　此身於此未曾謙

나랏일 한가해 날마다 모옥에 누웠으니　　官閑日日臥茅簷
열 말의 녹이 적지 않음을 나는 알았네　　十斗吾知祿不纖
지위 낮아 원대한 경국에 참여 못하여도　　位小未謀經國遠
모자란 재주오 감히 제시를 겸하기 바라네　　才疎敢望濟時兼
곳 없이 왕래하여도 몸은 아주 편안하고　　過從無地身長逸
천명 다라 진퇴하니 마음 도로 느긋하네　　通塞隨天志却恬
우습구나 도성의 관리들 다니는 곳에서　　堪笑九街鳴玉處
헛된 명예 자랑하며 겸손해한 적 없었네　　謾張虛譽不曾謙

전적 안희중 성시[220]의 시에 차운하다[次安典籍希中 聖時 韻]

끝없는 서해는 니르고　　悠悠西海闊
아득한 한강은 깊네　　渺渺洛江深
우연히 청반회에 가면서　　偶向淸班會

다시 여관을 찾았네 仍從旅舍尋
집에는 분수[221]의 사업 전하고 家傳汾水業
시로는 두보의 마음 얻었네 詩得杜陵心
체면이 언제 귀하였는가 皮面何曾貴
그대는 부디 나의 심금을 듣게 君須聽我琴

삼월 그믐에 도중의 「송춘」 시에 차운하다[三月晦日 次道中送春韻]

녹음 짙은 온 산에 꽃잎 붉게 날리니 綠遍千山紅亂飛
산들바람과 보슬 비가 봄을 전송하네 淡風微雨送春歸
말하지 마소 새벽종소리 그만 끊긴다고 莫言便向晨鐘斷
남은 봄 붙잡아 늦은 무성함을 기다리네 畱得餘光待晩菲

정자성이 준 전별시의 운에 따라 지은 시 두 수를 율봉·우헌에게 받들어 부치다[追步鄭子成贈別韻二首 奉寄栗峯郵軒]

낮은 관리 진세에서 분주하다가 薄宦風埃走
나는 신선 되어 산수에서 머무네 飛仙山水居

---

220) 안성시(安聖時, ?~?) : 자는 희중(希中), 본관은 순흥(順興)이다. 문과에 급제하여 전적(典籍)을 지냈다.
221) 분수(汾水) : 산서성(山西省) 서남쪽에 위치한 강이다. 수(隋)나라의 왕통(王通)이 그 지역에서 천여 명의 훌륭한 제자를 가르쳤다.(『貧士傳』) 여기서는 후학을 가르친 안향(安珦)을 비롯한 안성시의 선조 때문에 언급하였다.

천리 밖에서 마음 아파하며　傷心千里外
일 년 남짓 헤어져 있었네　分手一年餘
거문고 갑은 먼지에 덮이고　塵掩龍脣匣
소식[222] 편지는 구름에 헤매네　雲迷鴈足書
언제나 문주회를 열어　何時文酒會
묵은 시름 깨어 없앨까　消破積愁除

고아한 풍모와 멀리 떨어져　雅範遙相隔
나그네로 오래 쓸쓸히 지냈네　羇蹤久索居
꿈에서 깨니 종소리 끊긴 뒤이고　夢驚鐘斷後
마음이 가니 새 울음소리 멈추네　神往鳥嚶餘
부질없이 남겨둔 시구 읊다가　謾詠曾留句
때때로 전날 익혔던 책 펴보네　時披舊講書
오주에서 달을 보던 곳에[223]　吳州見月處
이별의 아쉬움 없애지 못하네　離恨未應除

류중신의 「팔일 관등」에 차운하다[次柳仲新八日觀燈韻]

불교[224]가 어느 해 압록강을 건넜나　葱嶺何年渡鴨水

---

222) 소식[鴈足] : '안족'은 기러기발에 편지를 묶어 소식을 전하는 것을 말한다. 한나라가 소무(蘇武)의 귀환을 요구하며, 기러기에 묶인 소무의 편지가 상림원에 도착하였다고 흉노를 속인 일에서 유래한다. (『漢書』 「蘇武傳」)

223) 오주(吳州)에서……곳에 : 멀리서 벗을 생각하는 것을 말한다. 이백(李白)의 「장 사인을 강동으로 보내다[送張舍人之江東]」의 "오주에서 달을 보거든, 천리 밖에서 나를 생각하오.[吳州如見月 千里幸相思]"에서 유래한다. (『古文眞寶前集』)

걸린 등을 둘러보니 대보름을 닮았네	揭燈環觀倣元宵
천 길의 긴 대나무를 허공에 세우고	千尋脩竹當空立
수많은 맑은 등을 새벽까지 밝히네	萬點淸釭徹曉燒
뒤섞여 나는 반딧불 노거수에 앉은 듯하고	錯落飛螢棲老樹
선명한 별들이 하늘에서 반짝이는 듯하네	分明列宿映層霄
태평세월 성대한 일이라 그대 자랑 말게	太平盛事君休詑
나라 금령에 먼저 조목 마련하여야 하네	邦禁宜先設玉條

정랑 임실혜 화세[225]를 애도하는 만시[輓任正郎實兮 華世]

연못의 바람 이슬이 문간에 뿌려질 때	蓮塘風露灑門闌
그대 남은 꽃잎 따서 관을 만들었네	君擷餘芳紉作冠
이름은 젊어서 높이 급제하여 퍼졌고	名籍少年高第日
자취는 예부의 낭관에 올라 감추었네	跡潛儀部上郎官
비록 훌륭한 이신[226]이 세 명 있으나	貳身縱有三珠美
육십 평생 어느덧 한바탕 꿈결과 같네	五紀翻如一夢殘
다른 날 동쪽의 경주로 가는 길에	徐伐他年東去路
노을 속의 찬 젓대소리 차마 듣겠는가	忍聽斜日笛聲寒

224) 불교[蔥嶺] : '총령'은 중국과 인도(印度)의 국경에 있는 산인데, 인도불교가 이곳을 지나 중국으로 들어온 뒤 불교를 가리키게 되었다.

225) 임화세(任華世, 1675~1731) : 자는 실혜(實兮), 호는 시옹(是翁), 본관은 풍천(豊川)이다. 1699년 문과에 급제, 문한관(文翰官)·예조 정랑 등을 지냈다. 저서로는 『시옹집』이 있다.

226) 이신(貳身) : 아들을 말한다.

최운정 남두[227]를 애도하는 만시[輓崔雲程 南斗]

손꼽아보니 경주의 선비들 중에 屈指東都士
그대가 가장 앞자리 차지하였네 公居一隊先
풍모는 오동에 우뚝한 고니 같고 風儀梧峙鵠
문장은 옥에서 피는 연기[228] 같았네 詞翰玉生烟
유분[229]처럼 과거에서 떨어지고 累下劉蕡第
관로[230]의 나이에 세상을 떠났네 終壓管輅年
신도가 그래도 무너지지 않아 神逵猶不爽
쌍벽이 청전[231]을 빛내고 있네 雙璧耀靑氈

남녘으로 귀향하는 도중을 송별하며[送道中南歸]

승정원과 승문원에서 함께 지내다가 銀臺槐院並裾遊
오늘 그대는 돌아가고 나 홀로 남네 今日君歸我獨留

---

227) 최남두(崔南斗, 1674~1732) : 자는 운정(雲程), 호는 명암(銘岩), 본관은 경주이다.
228) 옥에서 피는 연기: 시가의 아련한 풍경으로 훌륭한 작품을 말한다. 후당(後唐) 사공도(司空圖)가 "대용주가 말하였다. '시가의 풍경은 남전에 햇살이 따뜻하여 좋은 옥에서 연기가 이어나는 것과 같아서 바라볼 수는 있어도 눈앞에 갖다 놓을 수 없다.'[戴容州云 詩家之景 如藍田日暖 良玉生烟 可望而不可置於眉睫之前也]"라고 한 데서 유래한다.(『司空表聖文集』)
229) 유분(劉蕡): 당나라 사람이다. 현량(賢良)으로 대책(對策)을 올려 환관(宦官)의 폐단을 매우 신랄하게 말하였는데, 시관(試官)이 환관을 두려워하여 그를 낙제시켰다고 한다.(『新唐書』「劉蕡列傳」)
230) 관로(管輅): 삼국 시대 위(魏)나라 사람으로, 『주역』에 밝아 점을 잘 쳤다. 스스로 48세 때 죽을 것을 예언하였는데, 과연 48세에 죽었다.
231) 청전(靑氈): 청전구물(靑氈舊物)의 준말로, 선조의 귀한 유물을 말한다. 진(晉)나라 왕헌지(王獻之)가 물건을 훔쳐가는 도둑을 보고 "도둑아, 푸른 모포는 우리 집안의 유물이니, 그것만은 놓고 가거라.[偸兒 靑氈我家舊物 可特置之]"라고 한 데서 유래한다.(『晉書』「王之列傳·王獻之」) 선조의 유물을 빛낸다고 함은 후손들이 선조의 업을 잘 잇는 것을 말한다.

산림에서 오래 지낼 계책 세우지 말게　　莫作雲林長往計
성왕의 총애를 갚지 않을 수 있겠는가　　聖王隆眷可無酬

도중이 떠나며 시를 남겨 작별하기에 드디어 그 시에 차운하다[道中臨行畱詩爲別 遂次其韻]

문내의 관리 중에 한 원의 신선되었던　　門黨衣冠一院仙
그대의 맑은 지조 따뜻하고 굳건하였네　　多君冰操暖波堅
명성으로 붓 잡고서 도유[232]에 참여하고　　英聲珥筆都兪地
칭찬으로 경전 풀이하며 지척에서 모셨네　　睿奬談經咫尺天
관복 입고 대궐로 나아감이 힘들어서　　厭拖華紳趨闕下
즐거이 초복[233] 입고 고향으로 돌아가네　　好回初服向山前
도리어 부끄럽네 지난날 함께 온 나는　　還慚往日同來者
해 넘기고도 도회지에서 어정대고 있네　　經歲遲徊繡陌邊

부모님을 뵙기 위해 칠곡으로 가는 이평경을 전송하다[送李平卿歸覲柒谷]

벗이 된 지 이제 십 년이 지나서야　　託契于今十載過

232) 도유(都兪) : 도유우불(都兪吁咈)의 준말로, 임금과 신하가 마음을 합쳐서 서로 토론하는 경연을 말한다.
233) 초복(初服) : 벼슬하기 전에 입던 옷을 말한다. 굴원(屈原)의 「이소(離騷)」의 "물러가 다시 나의 초복을 손질하리.[退將復修吾初服]"에서 온 말이다.

그대의 재기 세상에 드문 줄 알았네 知君才器世無多
높은 이름 일찍이 황금방[234] 차지하고 高名早占黃金牓
고아한 운치 홀로 백설가[235]를 읊었네 雅致孤吟白雪歌
함께 근무하며 취향이 같아 기뻤는데 共院方欣聲臭似
헤어지며 떠나고 머무르니 어찌하랴 分襟其奈去留何
석담의 예전 물길 부디 거슬러 오르게 石潭舊派須沿泝
사수[236]가 아직 있어 물결치고 있다네 泗水猶存不盡波

류중신이 칠석에 대책문을 짓는 시험에 장원을 하여, 사제[237]하시고 이어서 주상께서 직접 '수로호기상' 다섯 글자를 시권에 써주었다. 안희중이 시를 지어 축하하였기에, 마침내 그 시에 차운하여 두 수를 지어 중신에게 드리다 [柳仲新 以七夕策製居魁 賜第 仍以御筆 書雖露好氣象五字于試券 安希中作詩爲賀 遂次其韻二首 呈仲新]

붕새의 길이 몰래 오작교와 통하고 鵬程暗與鵲橋通
붉은 서기 아득히 하늘로 비추네 紫氣遙遙射碧空
이제 계수향이 노년에 퍼질 것이니 自是桂香登暮歲
어찌 꼭 도화만 봄바람에 웃으랴 何須桃萼笑春風
뛰어난 작품 뭇 선비들의 으뜸이라 雄篇獨冠群儒上

---

234) 황금방(黃金牓): 과거 급제자의 명단을 써서 내거는 방을 말한다.
235) 백설가(白雪歌): 전국 시대 초나라에서 부른 고아하고 심오한 곡조이다.
236) 석담(石潭)의……사수(泗水): 석담은 이평중의 선조 이윤우(李潤雨, 1569~1634)이며 '사수'는 한강(寒岡) 정구(鄭逑, 1543~1620)를 말한다.
237) 사제(賜第): 임금의 명령으로 특별히 급제한 사람과 똑같은 자격을 주는 것을 말한다.

주상의 성은 다섯 글자에서 빛나네　華衮交輝五字中
품고 있는 훌륭한 계책 채택된다면　懷保良猷應見採
인군께서 동방 구제함을 지켜보리라　竚看仁后濟吾東

은하수 밝아와 성균관과 통하더니　雲漢昭回壁沼通
궁궐의 급제 자리 한 자리 비워두었네　廣寒蟾桂一枝空
귀뚜리 소리 바로 새 가을밤을 기다리고　蛩吟正竢新秋夜
봉새의 날개 북해 바람을 차고 오르네　鵬翮方搏北海風
간절한 충심 뱃속에서 쏟아내고　懇懇丹衷傾腹裡
찬란한 어필 책속에서 빛이 나네　煌煌御墨耀篇中
바람이 견우직녀 만나는 날에 부니　風期偶屬雙星會
거룩한 일 천추토록 동방을 흔들겠네　盛事千秋震大東

진사 권용섭[238]을 애도하는 만시[輓權進士 龍燮]

자안[239]의 문장 훌륭한 이들 중에 으뜸　子安詞翰伯豊賢
성균관의 빛을 더한 한 줄기 연꽃이었네　壁沼光增一朶蓮
조각 비석 높은 산 멀리 보이는 곳에서　片石高山遙望處
천릿길 울며 돌아가는 두견새 차마보랴　忍看千里返啼鵑

---

238) 권용섭(權龍燮, 1708~1732) : 자는 백현(伯見), 호는 인암(忍庵), 본관은 안동이다. 1729년 진사시에 입격하였다. 병에 걸려 25세에 요절하였다.
239) 자안(子安) : 당나라 문장가 왕발(王勃)의 자이다.

권두위[240] 어른을 애도하는 만시. 절구 2수[輓權丈 斗緯 二絶]

충재의 후손 중에 뛰어난 이 많아	冲翁庭裡萃群英
사람들이 남전 사형제[241]라 말하였네	人說藍田四弟兄
훌륭한 기량과 문장은 참 값이 있으니	器度文華眞定價
궁핍과 현달로 평생을 판단하지 마소	莫將窮達斷平生
계방에는 떨어져도 또 하당에는 있으니[242]	桂坊搖落又荷塘
한 뿌리 세모에 꽃 피움이 더 기뻤었네	尙喜孤根歲暮芳
칠십 칠세가 많은 나이 아니라며	七十七年非上壽
아림[243]에서 선한 이 복 없음을 아쉬워하네	莪林爭惜善徵荒

지수 선생을 애도하는 만사. 3수[篪叟先生輓詞 三首]

장곡에 구름이 서로 닿고	張谷雲相接
정향에 풀이 다시 무성해졌습니다	鄭鄕草復榮
연원은 종조부를 이었고	的源承叔祖

---

240) 권두위(權斗緯, 1656~1732) : 자는 중장(仲章), 호는 송사(松沙), 본관은 안동이다. 학문이 뛰어나 32세 때 옥산서원장(玉山書院長)을 지냈다. 저서로는 『통서정몽(通書正蒙)』·『황극제서연의(皇極諸書衍義)』 등이 있다.

241) 남전(藍田) 사형제: 여씨(呂氏)의 4형제인 대충(大忠)·대방(大防)·대균(大勻)·대림(大臨)을 말한다. 모두 훌륭한 사람이 되었다. 여기서는 권두경(權斗經)·권두위(權斗緯)·권두기(權斗紀)·권두휘(權斗徽) 4형제를 가리킨다.

242) 계방(桂坊)에는……있으니: '계방'은 대과를 '하당'은 소과를 말하니, 대과에는 떨어지고 소과에는 입격하였음을 말한다.

243) 아림(莪林): 앞의 주 180) 참조.

연마에 훌륭한 형님 계셨습니다　麗澤有賢兄
그릇된 저 길로 어찌 들겠습니까　肯作他歧誤
끝내는 밝은 대도를 찾았습니다　終看大道明
거문고 줄이 끊어졌으니　瑤琴絃斷絶
누가 다시 남은 소리 내겠습니까　誰復理餘聲

솜씨 커서 조정의 그릇이었으나　手大巖廊器
몸은 은거하여 자연에서 지냈습니다　身潛雲水扃
시국을 아파하며 충심을 품었으나　傷時懷蟻悃
부름을 사양하고 운명에 맡겼습니다　謝幣任鴻冥
이름은 군왕의 기록에 올라　名入君王筆
영광이 처사에게 더하여졌습니다　光增處士星
형님[244]은 끝내 복이 없었으니　伯淳終不福
백성의 구제를 어쩌겠습니까　其奈濟生靈

아버님과 일찍이 교분을 맺어서　先公曾託契
제가 일찍부터 문하에 들어갔습니다　小子早登門
기묘한 가르침 어리석음 깨우쳤으나　妙訓雖抽鍵
투미한 저는 항아리를 덮어썼습니다[245]　愚衷尚戴盆
가르침 받은 지 몇 해만에　鞭繩方數紀
선생[246]께서 갑자기 세상 떠나셨습니다　梁木奄重原

244) 형님[伯淳] : '백순'은 송나라 이천(伊川)의 형 명도(明道) 정호(程顥)의 자이다. 여기서는 지수 정규양의 형 훈수 정만양을 말한다.

245) 항아리를 덮어썼습니다[覆盆] : '복분'은 방법이 잘못 되었음을 말한다. 사마천(司馬遷)의 「임 소경의 편지에 답하다.[報任少卿書]」에 "제가 항아리를 덮어쓰고서 어떻게 하늘을 보겠습니까?[僕以爲戴盆 何以望天]"라고 한 데서 온 말이다.(『文選』)

남은 저는 어디를 우러를까요　　後死將焉仰
서림[247]에서 홀로 넋이 끊어집니다　　西林獨斷魂

정자 김중묵[248]을 애도하는 만시[輓金正字仲黙]

개암[249]의 집안 대대로 벼슬하였기에　　開老家中紱冕傳
소중한 자네 긴 인끈 다시 펄럭였네　　愛君脩佩更翩翩
은하수 정기 받으니 범골이 아니었고　　銀河沐粹非凡骨
금방에 이름 올리니 젊어서 나갔네　　金牓題名趁妙年
준마[250]의 발굽 만 리 감을 보려했는데　　會看霜蹄將萬里
옥수가 갑자기 떠날 줄 생각이나 했나　　誰料玉樹遽重泉
너무 아프구나 흰 머리 늘어뜨린 어른께서　　偏傷鶴髮垂垂處
어린 손자 부여안고 저물녘에 곡을 하네　　長抱孤孫泣暮天

---

246) 선생[梁木] : '양목'은 공자가 세상을 떠나기 전 노래한 "태산이 무너지는구나. 대들보가 꺾이는구나. 철인이 시드는구나.[泰山其頹乎 梁木其壞乎 哲人其萎乎]"에서 온 말이다.(『禮記』「檀弓上」)
247) 서림(西林) : 선생이 가르침을 펴던 서재를 말한다. 주자(朱子)가 연평(延平) 이동(李侗)에게 수학하면서 서림원의 달관헌(達觀軒)에서 유숙한 일에서 유래한다.
248) 김중묵(金仲黙) : 중묵은 김경침(金景沈, 1700~?)의 자이다. 호는 송와(松窩), 본관은 의성(義城)이다. 1725년 문과에 급제하여 정자(正字)를 지냈다.
249) 개암(開巖) : 김우굉(金宇宏, 1524~1590)의 호이다. 자는 경부(敬夫), 본관은 의성이다. 1566년 문과에 급제, 정자·부제학 등을 지냈다. 임금에게 직간을 자주 올려 미움을 받았다. 저서로는 『개암집』이 있다
250) 준마[霜蹄] : '상제'는 준마(駿馬)의 발굽을 말한다. 두보(杜甫)의 「취가행(醉歌行)」에 "예전에 버들잎 맞힌 걸 진정 스스로 알거니, 잠시 헛디딘 준마 발굽은 과실이 아니라네.[舊穿楊葉眞自知 暫蹶霜蹄未爲失]"라고 한 데서 온 말이다.

당후[251]에 있으며 좌랑 권사회 기언의 고마운 시에 화운하다[在堂后 酬權佐郎士恢 基彦 惠韻]

사회가 춘추관春秋館을 겸직하여 사실史室에서 입직하고 있었기 때문이다.

선각에서 연이어 온 글 향내 넘치고　仙閣聯翩襲賸薰
쟁그랑 패옥 소리 은은히 들려오네　鏘鏘環珮暗相聞
뱁새가 감히 봉황의 길을 바라랴　鷦枝敢望隨鵬路
오리가 도리어 학과 지냄이 부끄럽네　鳧脛還慚廁鶴群
근신[252]으로 어전에서 함께 지내며　簪筆攜從螭陛共
옷에 밴 향기 향로에서 스며들었네　衣香惹自獸鑪分
일편단심이야 공과 내가 마찬가지　丹忱一片公如我
힘 모아 성군께 보답하기만을 바라네　只願同寅報聖君

대루원[253]에서 앞 시의 운을 다시 따라짓다[待漏院 更步前韻]

새벽 조복에는 옷상자의 향내 풍기고　曉拂朝衣篋裡薰
금문의 물시계 소리 잠결에 듣네　禁門殘漏夢中聞
서광은 대궐을 둘러 오색구름 일으키고　祥光繞闕雲成五
패옥은 뜰 가득하여 봉황의 무리 만드네　玉珮盈庭鳳作群
투미하여 황야에 버려질 줄 스스로 알아　自卜鹵姿荒野棄

---

251) 당후(堂后) : 승정원에서 주서(注書)가 거처하던 방을 말한다.

252) 근신[簪筆] : '잠필'은 관원이 관(冠)이나 홀(笏)에 붓을 꽂아두어 서사(書寫)에 대비하는 것을 말한다. 근신(近臣)의 의미로도 쓰인다.

253) 대루원(待漏院) : 이른 아침에 대궐 안으로 출근하는 사람이 대궐문이 열리기를 기다리던 곳이다.

태창에서 받는 작은 녹봉이 더 부끄럽네　　還慚小祿太倉分
묘신[254]에 분주해도 작은 도움 없으나　　卯申奔走無絲補
그래도 하찮은 충심은 군주 사모할 수 있네　　猶有微忱解戀君

직강 정사대가 이웃집에 와 머물러 모여서 종족의 정을 나누다가, 이어서 앞 시의 운을 따라 나와 도중에게 차운할 것을 요청하여 드디어 받들어 수답하다[鄭直講思大 來住鄰舍 會叙宗誼 仍步前韻 要和於余及道中 遂以奉酬]

어젯밤 헤어졌으나[255] 향기 아직 남았고　　懸榻前宵尙帶薰
오늘은 창 너머의 신발 소리에 놀랐네　　今驚囱外屨聲聞
나의 쓸쓸한 발길 오랜 객 노릇 부끄럽고　　羞吾冷跡長爲客
그대 맑은 시편 무리에서 뛰어나 어여쁘네　　憐子淸詞卓不群
위족[256]처럼 다행히 천리 밖에서 모이니　　韋族幸成千里會
소종[257]같이 처음은 한 사람에서 갈라졌네　　蘇宗初自一人分
이곳에 와 마주 앉음도 참 우연 아니기에　　此來鼎坐誠非偶
하찮은 것도 모두 군주의 은혜임을 느끼네　　便覺秋毫總我君

---

254) 묘신(卯申) : 벼슬아치가 묘시(卯時)에 출근하여 신시(申時)에 퇴근함으로, 근무를 말한다.
255) 헤어졌으나[懸榻] : '현탑'은 후한(後漢)의 진번(陳蕃)이 다른 손님은 일절 접대하지 않았는데, 서치(徐穉)만 오면 특별히 의자 하나를 내려놓고 환담을 하다가 그가 가면 다시 올려놓았다는 고사에서 유래한다.(『後漢書』「徐穉傳」)
256) 위족(韋族) : 당나라 때 망족(望族)이던 위씨(韋氏)들이 화수회(花樹會)를 결성하고 대대로 장안현에서 살았던 것을 말한다.(『山堂肆考』) 여기서는 일족 간에 멀리서 만남을 말한다.
257) 소종(蘇宗) : 소순(蘇洵) 집안의 족보(族譜)를 말한다.(『唐宋八家文』「蘇氏族譜引」)

당후에서 신시가 되어 사저로 물러났는데, 한밤에 갑자기 귤을 나누어 주라는 은명을 입었다. 도중·술초가 운을 부르기에 그 자리에서 즉흥으로 읊어 다시 주서 이수해·내한 김한철[258]·주서 정기안에게 보여주다[自堂后申退私次 中夜忽蒙頒柑之命 道中述初呼韻 卽席口占 仍示李注書 壽海 金內翰 漢喆 鄭注書 基安]

신시가 되어 당후에서 물러나왔는데	晡時退自四仙堂
은혜로운 하사품 한밤에 대궐을 나섰네	恩賜中宵出上陽
옥 덩이 동글동글 바다 멀리 건너왔고	玉顆團團遙渡海
금 껍질 반짝반짝 일찍 서리를 맞았네	金皮燦燦早經霜
급하게 받아들고 보니 껍질 매끄럽고	倒衣擎處肌淪渥
자리 바루고 먹으니 배에 향기 가득하네	正席啖來腹滿香
특별한 은전을 지금 어이 홀로 누리랴	異數如今寧獨享
남은 맛을 나누어 이웃 낭관에게 돌리네	更分餘味及鄰郎

제야에 덕이·희중·도중과 함께 연구를 짓다[除夜與德而希中道中聯句]

밤 깊어 적적하니 나그네 시름 일어나	-덕이- 深更寂寂旅愁生
함께 맑은 술 마시며 속마음 털어 놓네	-도옹- 共酌清尊瀉不平
단란한 다섯 사람 같은 영남 출신이고	-희중- 團會五人同嶺海
유행하는 한 기운에 한 해가 넘어가네	-도중- 流行一氣換元貞
이 밤이 참 아까운 줄 이제야 알아서	-덕이- 方知此夜眞堪惜

258) 김한철(金漢喆, 1701~1759) : 자는 사적(士迪), 본관은 경주이다. 1731년 문과에 급제, 검열·동래부사·우참찬 등을 지냈다. 시호는 효간(孝簡)이다.

말없이 내 나이 세다가 스스로 놀라네 - 도옹 - 黙數吾年却自驚
폭죽과 장구놀이[259] 모두가 민속놀이 - 희중 - 爆竹藏鉤俱俗戲
심지 돋우고 시 짓다보니 새벽닭이 우네 - 도중 - 挑燈分韻到鷄鳴

두 번째 연구를 짓다[再疊]

우주 속에서 어느덧 이 몸은 늙어 - 도중 - 宇宙居然老此生
세상에서 어려운 일을 어이 한정하랴 - 희중 - 世間何限事難平
나그네의 세월은 탄알 같이 빨라도 - 도옹 - 客中歲月跳丸走
도상의 원형은 석과[260]처럼 굳건하네 - 덕이 - 圖上元亨碩果貞
보갑의 청평검은 읊을수록 비장하고 - 도중 - 寶匣青萍吟愈壯
거울 속의 센 머리는 보면 더 놀랍네 - 희중 - 明銅華髮覽還驚
술통 앞에 마주앉아 이 밤 붙잡으며 - 도옹 - 一罇相對畱今夜
거리의 누각에서 새벽종 칠까 떠네 - 덕이 - 却怕街樓曉鼓鳴

세 번째 연구를 짓다[三疊]

강 매화 다 지자 봄은 생동감 넘치고 - 희중 - 落盡江梅春欲生
하늘은 생각이 많아 사시를 고르네 皇天多意四時平

---

259) 장구놀이[藏鉤] : 여럿이 둘로 편을 가르고 몇 사람의 주먹 안에 고리를 감춘 다음 상대편의 고리가 어디 있는지 알아맞히는 놀이이다.

260) 석과(碩果) : 명맥을 유지하고 있는 것을 말한다. "큰 과일은 먹히지 않는다.[碩果不食]"에서 온 말이다.(『周易』「剝卦」)

동서남북의 사람들이 서로 모여도	- 덕이 -	東西南北人同會
풍설의 세상에서 뜻은 함께 굳건하네		風雪乾坤志共貞
소장은 때가 있으니 어이 아쉬워하랴	- 도옹 -	消長有時何足惜
궁통은 운수에 달리니 놀랄 필요 없네		窮通關數不須驚
옥루의 오늘 밤 매우 추울 것이니	- 도중 -	玉樓今夜寒多少
새벽 관리의 검패 소리 앉아서 기다리세	- 희중 -	坐待晨班劒珮鳴

매산선생문집

梅山先生文集

제2권

매산선생문집 제2권

시詩

대전의 춘첩자.[1] 4수[大殿春帖子 四首]

겨울이 지나가려니 봄기운 움직여서	玄律將窮欲動春
상서로운 아지랑이 궁궐 감쌈을 보네	忽看祥靄繞楓宸
온화한 바람 솔솔 만물에 불어오고	和風藹藹噓群物
성주의 은혜 찬란히 만민에 퍼지네	聖德熙熙浹萬民
나쁜 기운 잔설 따라 벌써 다 사라지고	沴氣已隨殘雪盡
큰 복 은근히 상서로운 햇살과 새롭네	洪休暗與瑞暉新
응당 알리라 동방의 삼천리	應知東土三千里
모두 우리 임금님 인자함 안에 있음을	咸囿吾王一箇仁
동호[2]가 은은히 울리고	銅壺聲暗轉
율관[3]의 기운 처음 나뉘네	葭管氣初分
해 길어져 세 길 오른 한낮에	晷永三竿日

1) 대전(大殿)의 춘첩자(春帖子) : '대전'은 임금이 거처하는 궁전이고, '춘첩자'는 입춘에 대궐의 기둥에 써 붙이는 글귀이다.
2) 동호(銅壺) : 누수(漏水)를 만들 때 밑에 물 담는 것을 호(壺)라 하는데, 구리로 만들었다. 일반적으로 물시계를 말한다.
3) 율관[葭管] : 갈대의 막을 태운 재를 대롱에 넣어 절후(節侯)를 살피던 관을 말한다.

서기 올라 오색구름 만드네 祥騰五色雲
낮 경연에선 도 구함이 간절하고 晝筵求道切
잠자리에선 백성 생각이 수고롭네 宵枕念民勤
천 년 전 화봉인의 축원[4]을 千載華封祝
오늘 아침 우리 군주께 바치네 今朝獻我君

어젯밤 동풍이 궁궐로 스며들더니 昨夜東風入紫宮
아침 되자 밝은 기운 성안에 가득하네 朝來喜氣滿城中
섣달 전의 서설이 석 자 남짓이니 臘前瑞雪三盈尺
이제 매년 풍년든다 너도나도 하례하네 爭賀從今歲屢豊

궁궐의 매화에 망울이 터지고 鳳闕梅心動
용지의 버들눈에 물이 오르네 龍池柳眼舒
경연이 한낮까지 길어지니 講筵淸晝永
성현의 글을 올리라 재촉하네 催進聖賢書

선조 호수 선생의 유택에서 분황[5]할 적에 지은 시에 삼가 차운하다. 2수 [謹次先祖湖叟先生焚黃時韻 二首] 소서 병기

우리 5대 선조 진사 부군께서는 임진년(1592)의 왜란에 맨 먼저 의로운 깃발을 들어 영천과

4) 화봉인의 축원[華封祝] : '화봉축'은 화(華) 땅의 봉인이 수(壽)·부(富)·다남자(多男子) 세 가지로 요임금에게 축원한 고사를 말한다.(『莊子』「天地」)

5) 분황(焚黃) : 죽은 사람에게 관직이 추증(追贈)될 경우, 예조(禮曹)에서 사령장(辭令狀)과 황색 종이에 쓴 사령장의 부본(副本)을 주면 그 자손이 선조의 묘소 앞에서 이를 고유하고 부본을 불태우는 의식을 말한다.

경주에서 전승全勝의 전공을 세웠다. 영남 좌도에서 안정적인 경작을 하도록 하여 우도의 군대에 군량미를 공급케 함으로, 마침내 영남을 온전히 수복하여 중흥의 사업을 도왔으니, 그 크나큰 공훈이 어떠하였겠는가?

더구나 경주의 전투에서 부군께서 선봉장이 되어 강력한 적군을 물리치다가 끝내 적의 포위망에 빠져들었을 적에, 우리 고조할아버지 생원 부군께서 용감하게 적의 포위망을 뚫어 부군을 벗어나게 하였으나 당신은 전사하였음에랴. 이는 모두 부군의 충의忠義한 기개에 의하여 이루어진 일이다. 삶에 연연하지 않고 위험을 무릅쓰며 죽을힘을 다하여 왜적을 토벌한 실재는 또한 상상하여 볼 수 있다.

만약 충용忠勇과 공로功勞를 논한다면 참으로 능연각凌煙閣[6]에 그리고 이정彝鼎[7]에 새길 수 있다. 그러나 부군께서는 산림의 기덕耆德으로서 자취를 감추고 남몰래 수양하였으니, 그 창을 잡고 종군한 일은 오로지 적에 대한 분노에서 나온 것이요, 몸을 영화롭게 하려는 계책이 아니었다.

무릇 목을 베거나 사로잡은 적의 수를 모두 여러 장수들에게 돌리고 사대使臺[8]에게 보고하기 않았기 때문에 관작이나 포상이 내리지 않았다. 오상梧相[9]이 이를 위로하기 위하여 천거한 것도 찰방察訪 한자리에 불과하였다. 세상을 떠난 뒤에도 건의한 사람이 없어 포창하고 장려하는 은전을 입지 못하니, 식자들이 오래도록 탄식하고 아쉬워하였다.

지금 주상께서 신해년(1731) 8월 장릉長陵[10]으로 행차하실 적에 중기重器가 승문원 낭관으로 어가 앞에서 아뢰었다. 주상께서 이 일을 이조에 내려 보내어 바로 아뢰어 처리케 하였으나, 그 당시 이조 판서의 자리가 오래도록 비어 있었다. 다음해 9월에 비로소 회계回啓[11]를 받아

---

6) 능연각(凌煙閣) : 당 태종(唐太宗)이 공신 24인의 초상화를 그려 표창했던 공신각을 말한다.

7) 이정(彝鼎) : 종묘(宗廟)에 쓰는 술그릇과 솥으로, 큰 공이 있으면 여기에 그 사실을 새겨 두었다고 전해진다.

8) 사대(使臺) : 관찰사나 사신으로서 풍기(風紀)를 단속하는 직임을 띠고 있거나 사헌부 관원의 임무를 겸하고 있는 사람을 말한다.

9) 오상(梧相) : 이원익(李元翼, 1547~1634)을 말한다. 자는 공려(公勵), 호는 오리(梧里), 본관은 전주이다. 1569년 문과에 급제, 형조 좌랑·형조 참판·영의정 등을 지냈다. 천거할 당시 체찰사(體察使)였다. 시호는 문충(文忠)이다. 저서로는 『오리집』·『오리일기』 등이 있다.

10) 장릉(長陵) : 인조(仁祖)와 비(妃) 인열왕후(仁烈王后) 한씨(韓氏)의 능(陵)이다. 경기도 파주시 탄현면 갈현리에 소재한다.

11) 회계(回啓) : 임금이 하문(下問)한 일을 자세히 조사하여 상주(上奏)하는 일이다.

높은 벼슬을 추증하여 풍교風敎를 세울 것을 청하니, 주상께서 윤허하여 드디어 병조 판서에 추증되었다.

아! 100년 동안 암울하던 사적이 오늘에야 비로소 드러난 것이 모두가 우리 성상께서 공렬을 높이고 충성을 드러내는 은전이고 보면, 황공하고 감축하는 심정이 어찌 다시 끝이 있겠는가? 10월 중기는 휴가를 얻어 사령장辭令狀을 받들고 남으로 내려와서 12월 연악蓮岳에서 분황례焚黃禮를 공경히 행하니, 장방長房과 내외 후손으로서 참여한 사람이 무려 수십 인에 이르렀다.

족부族父 상사공上舍公과 월성月城 손명보孫明甫께서 함께 율시를 한 편씩 지어 이 일을 읊으니, 이어서 차운한 시가 자못 수십여 편이다. 장방 숙부께서 드디어 한 권의 책으로 엮어서 집안에 전할 계획을 세우니, 이는 참으로 아름다운 생각이다.

중기는 휴가의 기한이 있어서 곧바로 관사로 돌아와야 했기 때문에 당일에는 달려가 보지 못하였다. 얼마 지나 장방 숙부께서 여러 작품을 부쳐 보여주어서, 삼가 차운하여 지어 보내며 감격하고 흠모하는 심정을 부친다.

여러 성 줄줄이 무너지던 날　列城橫潰日
우리 선조 뛰어난 공을 세웠네　吾祖刱奇勳
불길 매서워 위나라 배를 태우듯 하였고[12]　火烈船燒魏
군사 정예로워 곤양의 코끼리처럼 달아났네[13]　兵精象走昆
서리가 황천길 적시던 즈음에　露霑黃壤路
향 연기 붉은 조서에 감도네　香動紫泥文
양대가 남다른 은전 입으니　兩世蒙殊渥
영광이 한 문중을 뒤흔드네　榮光震一門

– 이상은 상사上舍 족부族父의 시에 차운하다. –

---

12) 위(魏)나라……하였고 : 적벽대전에서 불길이 위나라 조조(曹操)의 배를 태운 고사를 말한다. (『三國志』)

13) 곤양(昆陽)의……달아났네 : 후한(後漢) 경시(更始) 원년에 왕망(王莽)의 군사가 곤양에서 왕풍(王風)·유수(劉秀) 등 후한의 군사와 싸울 적에 코끼리를 이용해서 싸웠다.(『後漢書』「光武帝紀」) 왕망은 반역의 무리이니, 이들이 달아났다 함은 난리가 평정되었음을 말한다.

단청한 기린각에 공 세운 이 많지만 丹青麟閣幾崇勳
누가 처음으로 들 불길을 잡았나 疇若初頭撲燎原
두 고을에서 흉악한 외적 바로 제거하니 二邑乍除荊祲惡
한 지방에서 한나라 의식을 다시 보았네 一方重覩漢儀存
묻혀서 오래 유림의 한이 맺히었는데 湮沈久結儒林恨
포장으로 이제 성주의 은전 입었네 褒奬今蒙聖主恩
이제부터 그윽한 영광 더욱 빛나 自此幽光彌炳著
후손들 눈물 뿌리며 궁궐문 바라보네 孱孫揮淚望天門

– 이상은 손명보孫明甫의 시에 차운하다. –

당후의 벽 위 시에 차운하다[次堂后壁上韻]

낮은 벼슬아치 승정원에 속하여 小寀屬喉院
좋은 이웃 사헌부 가까이하네 芳隣接史臺
자물쇠 걸린 밤에 홀로 숙직 서는데 鎖深宵獨宿
물시계 멈추자 새벽에 거듭 찾아왔네 漏盡曉雙來
섬돌 올라서 체모 손상을 두려워하고 登陛恐虧體
붓을 잡고서 재주 다하려고 하네 秉毫要竭才
교지는 상하의 일을 함께 쓰고 旨兼上下寫
조목은 장단을 따라 마름질하네 條逐短長裁
정석[14]은 왔다가 늘 가고 政席邀恒去
후반[15]은 파하면 바로 돌아오네 候班罷始回

---

14) 정석(政席) : 인사 행정을 의논하여 집행하는 자리를 말한다.

객의 얼굴로 본다고 어찌 말하랴　　客顔看豈語
하례의 외침소리 웃어넘길 만하네　　隷唱聽堪咍
간관의 다그침 모질게 받고　　苦被諫官迫
내시의 재촉에 너무 놀라네　　偏驚內侍催
등불 돋우어 안력을 문득 시험하고　　挑燈眶輒試
책상에 묻혀 머리 들지 못하네　　抱案首無擡
벌이 무거우면 찬 감옥에 갇히고　　罰重收寒圄
영광이 많으면 법배 받들리　　榮多奉法杯
어찌 참과 거짓의 다름을 논하랴　　寧論眞假異
정신이나 무너지도록 하지 마세　　莫使神精頹

대왕대비전의 단오첩. 4수[大王大妃殿端午帖 四首]

대비전 깊고 깊어도 상서로운 해 길어져　　萱閣深深瑞日長
일 년의 좋은 절기 중 단오절이 되었네　　一年佳節屬端陽
매화나무 적신 반가운 비에 들판 촉촉해지고　　梅霑好雨田疇潤
회화나무 보내온 훈풍에 전각이 서늘해지네　　槐送薰風殿閣凉
아침 문안하며 올리던 약그릇 잠시 물리고　　問寢乍停調藥鼎
만세 삼창[16]하고서 창포 띄워 술잔 올리네　　呼嵩仍進泛蒲觴
양식 백곡을 내어 구휼한 적 있으니　　瓊粻百斛曾添賑

---

15) 후반(候班): 임금의 안부를 묻기 위하여 늘어선 백관의 반열을 말한다.
16) 만세 삼창[呼嵩]: '호숭'은 백성들이 임금을 찬양하여 만세를 부르며 즐거워하는 것을 말한다. 한(漢)나라 무제(武帝)가 숭산(崇山)에서 제사를 지낼 때 곳곳에서 만세 소리가 들렸다는 고사에서 유래한다.(『漢書』)

아름다운 덕 호사[17]의 향기로 전해지겠지	令德應傳壺史香
서명이 다섯 잎 돋았으니	瑞蓂抽五葉
쑥을 집집이 사립문에 거네	靈艾掛千扉
십년을 장락원[18]에 계시니	十年臨長樂
삼조[19]로 촌각을 아꼈네	三朝惜寸暉
수를 비는 술잔 향기 진하고	壽杯香酷烈
색동옷은 그림자 희미하네	彩縷影依微
온 도성이 환호성에 진동하고	九閣懽聲動
토닥토닥 대낮 물시계 줄어드네	遲遲晝漏稀
성모께서 화락하게 대전에 계시며	聖母雍容御法宮
숨은 공으로 은은히 어진 풍교 도왔네	陰功暗暗扇仁風
온유한 지덕 사람들이 다 우러르니	溫柔至德人咸仰
요순의 덕 분명 여중군자에게 있네	堯舜分明在女中
대비전에 좋은 절기 돌아오니	萱階回勝節
고운 기운 붉은 노을에 맺혔네	佳氣鬱紅霞
관리들 뜰을 채우고 하례하니	環珮盈庭賀
대비전에 해가 저물지 않네	彤闈日未斜

---

17) 호사(壺史) : 명(明)나라 도목(都穆)이 지은 옥호빙(玉壺氷)을 말한다. 옛날 아름다운 고사를 채록하여 만든 책이다.

18) 장락원[長樂] : '장락'은 한(漢)나라 궁전 이름이다. 처음에는 조회를 보는 곳이었으나, 혜제(惠帝)의 후(后)가 태후(太后)가 되어 거처하였다. 이후로는 모후(母后)를 의미하게 되었다.

19) 삼조(三朝) : 자식이 어버이를 시봉(侍奉)하는 예법을 말한다. 주 문왕(周文王)이 세자(世子) 시절 하루에 세 차례 부친 왕계(王季)에게 문안을 올렸던 고사에서 유래한다.(『禮記』「文王世子」)

함안 임소로 가는 영공 류윤경 승현[20]을 전송하다[送柳令公允卿 升鉉 之咸安任所]

쌍 기가 저물녘에 한강 나루 나서는데　雙旗晩出漢江津
바람은 찌는 구름 쓸고 비는 먼지 씻네　風掃炎雲雨洗塵
주상께서 병침[21]에서도 먼 지방 염려하여　丙枕特憂遐徼地
시골의 옛 사헌부 신하 다시 불러내었네　田廬重起舊臺臣
눈앞에 비록 삼년 가뭄 버티고 있으나　面前縱有三年旱
발아래의 온 고을이 봄기운 이루겠지　脚下將成百里春
가시 떨기에 머문 난새가 더 안타까워　叢棘棲鸞還可惜
상림원의 새 가지를 하나 빌려주겠지　上林應借一枝新

또 김진백 성탁[22]이 윤경을 송별한 시에 차운하여 함께 드리다[又次金振伯 聖鐸 送別允卿韻 並呈]

남쪽 백성 어진 사또 얻었다 축하함은　南民爭賀得賢侯
훌륭한 정치 관북 고을에 드러나서이네　美政曾彰關北州
초야에서 얼마나 나라를 걱정하였던가　處野幾多憂國日

---

20) 류승현(柳升鉉, 1680~1746) : 자는 윤경(允卿), 호는 용와(慵窩), 본관은 전주이다. 1719년 문과에 급제, 예조 좌랑·사헌부 장령·풍기 군수 등을 지냈다. 저서로는 『용와집』이 있다.
21) 병침(丙枕) : 병야(丙夜, 23시~01시)의 베개, 즉 한밤중을 말한다.
22) 김성탁(金聖鐸, 1684~1747) : 자는 진백(振伯), 호는 제산(霽山), 본관은 의성(義城)이다. 1735년 문과에 급제, 사간원 정언·홍문관 교리 등을 지냈다. 갈암 이현일을 신원하는 소를 올렸다가 제주에 유배된 뒤 광양으로 이배되어 배소에서 세상을 떠났다. 저서로는 『제산집』·『수견잡록(隨見雜錄)』·『만록(漫錄)』·『지비록(知非錄)』 등이 있다.

임명되니 정말 군주 은혜 보답할 때이네	分符正屬報君秋
마치 영숙[23]이 지방에 보내진 것과 같으나	還同永叔投邊郡
양공[24]이 요충지를 지킨 것과는 다르네	不是羊公鎭上游
닭갈비에 소 잡는 칼[25] 놀리기 충분하니	雞肋牛刀遊刃足
큰 업적이 대궐에 전해짐을 지켜보겠네	竚看鴻積徹龍樓

영공 강자순 박[26]의 증별시에 차운하다[次姜令子淳 樸 贈別韻]

만남[27]은 이제 비록 늦었으니	簪盍今雖晩
마음 속 사귐은 예전에 벌써 깊었네	神交昔已深
절개는 동한 시대를 따르고	節追東漢軌
시는 성당의 시풍을 압도하였네	詩壓盛唐音
길은 천 겹이나 멀지만[28]	江渭千重路
마음은 뇌진[29]처럼 하나였네	雷陳一片心

---

23) 영숙(永叔) : 송나라의 구양수(歐陽修, 1007~1072)의 자이다. 범중엄(范仲淹, 989~1052)을 비호하다가 지척주태수(知滁州太守)로 좌천된 일을 말하는 것으로 여겨지나, 자세하지는 않다.

24) 양공(羊公) : 진(晉)나라 명장 양호(羊祜, 221~278)를 말한다. 형주 도독(荊州都督)을 맡은 일을 말하는 것으로 여겨진다. 당시 적장인 오나라의 육항(陸抗)이 그가 보내 준 약을 의심 없이 먹었을 정도로 평소에 신의가 있었던 것으로 유명하다.(『晉書』「羊祜列傳」)

25) 닭갈비에……칼 : 닭갈비는 작은 고을을, 소 잡는 칼은 뛰어난 능력을 비유하는 말이다.(『論語』「陽貨」)

26) 강박(姜樸, 1690~1742) : 자는 자순(子淳), 호는 국포(菊圃), 본관은 진주이다. 1714년 문과에 급제, 수찬·함종 부사·장예원 판결사 등을 지냈다. 저서로는 『국포집』·『국포쇄록(菊圃瑣錄)』 등이 있다.

27) 만남[簪盍] : '잠합'은 빨리 만남을 말한다. "붕이 합잠하였다.[朋盍簪]"에서 유래한다.(『周易』「豫卦」) 주(註)에서 "합(盍)은 합(合)의 뜻이요, 잠(簪)은 빠르다는 뜻이다."고 하였다.

28) 멀지만[江渭] : '강위'는 벗과 멀리 떨어져 그리워하는 마음을 말한다. 두보(杜甫)의 「봄날 이백을 그리다[春日憶李白]」의 "위수 북쪽엔 봄 하늘에 우뚝 선 나무, 강 동쪽엔 날 저문 구름.[渭北春天樹江東日暮雲]"에서 유래한다.

작별하기 앞서 거듭 하는 말 臨分申致語
보갑의 거문고 연주하듯 하네 寶匣理瑤琴

현도관 벽의 시에 차운하다. 절구 2수[玄都觀次壁上韻 二絶]

적막한 빈 뜰에 찾아오는 이 없어 空庭寂寞斷跫音
오래 닫힌 도장 갑엔 먼지만 쌓였네 印匣長封塵掩深
온 종일 관청에 한 가지 일도 없어 盡日衙門無一事
다만 책으로 또 마음을 즐기네 只將黃卷且娛心

기생과 악기 소리를 물리치니 揮却羅帬與管音
관청이 도리어 절집처럼 고요하네 官軒還似釋家深
사객30)이 풍류 적다 말하지 마소 莫言使客風流少
전전긍긍 한평생 이 마음만이라네 兢戰平生只此心

동지가 지나고 20일이 되었는데, 새 책력을 보지 못하여 재미삼아 읊조리다. 절구 2수[冬至後二十日 未見新曆戲吟 二絶]

한양 와서 동지31)를 세 번 겪으며 洛下三經短至天

---

29) 뇌진(雷陳) : 후한의 뇌의(雷義)와 진중(陳重)을 말한다. 두 사람의 우애를 보고 마을 사람들이 "부레와 옻이 교착력이 스스로 강하다고 하지만 뇌의와 진중만은 못하다.[膠漆自謂堅 不如雷與陳]"라고 한 데서 유래한다.(『後漢書』「雷義傳」)

30) 사객(使客) : 중앙에서 왕명을 받고 지방에 출장 나온 관리를 말한다.

31) 동지[短至] : '단지'는 일단지(日短至)의 준말로, 동지를 달리 부르는 말이다.

관상감에서 매번 새 책력을 보았네 青臺每見瑞蓂傳
막빈[32]이 산중의 은거 생활과 같아 幕賓却似山中隱
동지의 절기 다하도록 일진을 모르겠네 寒律將窮不識年

들어와 현도관 안 사람이 되고나니 來作玄都觀裡人
인간 세상의 일진을 들을 길 없네 人間甲子聽無因
반도는 뜰에서 응당 별 탈 없겠지 蟠桃庭下應無恙
꽃 피길 기다려 봄을 처음 점치리라 會待花開始占春

참봉 서종지 해조[33]의 시에 화운하다[和徐參奉宗之 海朝]

텅 빈 현도관에 먼지마저 끊어지고 玄都空館絶埃塵
천리 밖을 떠도는 이 몸만이 있네 千里蓬飄只此身
다행히 성의 남쪽에 진전[34]이 있어 賴有城南眞殿下
때때로 뜻 맞는 이와 마주 대하네 時時相對意中人

---

32) 막빈(幕賓) : 기밀(機密)에 참여하는 막료(幕僚)를 일컫는 말이다. 진(晉)나라 환온(桓溫, 312~373)이 사안(謝安) 등과 국사를 논하면서 치초(郗超)로 하여금 장막 속에 들어가 엿듣게 하였는데, 바람에 장막이 날려 탄로가 나자, 사안이 웃으며 "치생(郗生)이야말로 입막빈(入幕賓)이라고 해야 하겠다." 고 한 고사에서 온 말이다.(『晉書』「郗超傳」) 이 시에서는 현도관의 관료를 가리킨다.

33) 서해조(徐海朝, 1689~1770) : 자는 종지(宗之), 호는 구구재(九九齋), 본관은 연산(連山)이다. 특전으로 후릉 참봉(厚陵參奉)에 제수된 이후 병조 좌랑·병조 참의 등을 지냈다. 저서로는 『두시보주(杜詩補注)』·『좌사초류(左史抄類)』 등이 있다.

34) 진전(眞殿) : 역대 임금의 초상화를 보관하던 선원전(璿源殿)의 다른 이름이다.

도중과 약속하여 송광사에 모였는데, 재종 아우 계방도 영동에서 와 함께 하였다. 앞 시의 운을 써서 절구 한 수를 지어 두 사람에게 보여주다[與道中約會松廣寺 再從弟季方 自永同來會 用前韻詠一絶 示兩君]

우연히 족친 세 사람이 모이니 　偶然宗黨合三人
천리 밖의 절집이 인연 있는 듯하네 　千里柑園若有因
초를 깎으며 밤 새워 담소를 나누니 　剪燭談懷通夕盡
나그네 시름 온 집 봄기운에 풀리네 　覊愁融作一堂春

서종지께서 우리들이 모여 논다는 소식을 듣고 함께 참석하고 싶어 하였으나 말이 없어 오지 못하였는데, 돌아온 뒤에 다시 앞 시의 운에 따라 아쉬운 마음을 보여주어서, 드디어 화운하여 드리다[徐宗之 聞吾輩會遊 欲爲並赴而無馬未果 歸後更步前韻以示恨意 遂和呈]

우연히 도원경에 들어 속진을 벗어나 　偶入桃源脫世塵
모두 전생에 고관대작인가 의심해보네 　渾疑軒冕是前身
흰 구름 짙은 곳에 두 신선 모였는데 　白雲深處雙仙會
난새 등에 한 사람 모자라 또 아쉽네 　鸞背還嫌少一人

호남에서 휴가를 받아 집으로 돌아오니, 상사 족부께서 율시 한 수를 부쳐 보여주어 삼가 화운하여 드리다[自湖南謁告歸家 上舍族父寄示一律 謹以和呈]

북풍이 눈을 날려 찬 구름 짙은 때 　北風吹雪凍雲沈
고향으로 돌아오니 기쁜 기운 넘치네 　田里歸來喜氣深
익숙한 얼굴 물고기 새도 놀라지 않고 　魚鳥不驚前度面

노년의 마음 솔 대나무와 하나이네　松篁如契暮年心
못난 재주로 시국 바룰 대책 바라서　才疎敢望匡時策
작은 벼슬로 주상 사모의 정 품었네　位小猶懷戀闕忱
관직의 분주함 나의 바람 아니기에　驛路奔馳非我願
물러나 산림에 와 눕기를 맹세해보네　誓將投紱臥烟林

서쪽으로 완산에 가는 도중 금산 봉계에 이르러서 상사 족숙 준을 방문하여 종인들과 함께 정을 나누는 자리에서 상사공의 시에 차운하다. 2수[西赴完山至金山鳳溪 訪上舍族叔 儁 會敍宗人席上 次上舍公韻 二首] 갑인년(1734)

헌함 앞 성긴 대는 늙은 매화와 어울려　疎竹當軒傍老梅
우연히 원습[35]에서 오다가 말 멈추었네　偶從原隰駐驂來
족보는 장예[36]의 친밀한 정의와 같고　譜同張藝親情密
계절은 난정의 모임[37] 가졌던 그때이네　時屬蘭亭勝會開
시구를 수창하니 붓은 활기차게 달리고　句就唱酬馳健筆
흥이 넘쳐 담소하며 깊은 잔 기울이네　興濃談笑倒深杯
역로는 때가 있어 떠나는 마음 괴로워　驛程有限離懷苦

35) 원습(原隰) : 언덕과 습지로, 왕명을 받든 사신의 행로를 말한다. "휘황한 꽃이여, 언덕과 습지에 피었도다.[皇皇者華 于彼原隰]"에서 온 말이다.(『詩經』「小雅·皇皇者華」)

36) 장예(張藝) : 구세의 종인이 함께 산 집의 어른 장공예(張公藝)를 말한다. 당나라 고종(高宗)이 그 집에 들러 화목하게 지내는 방법을 묻자, 장공예가 종이에 '인(忍)' 자 100여 자를 써서 올렸다고 한다.(『小學』「善行」) 한 집안임을 가리킨다.

37) 난정(蘭亭)의 모임 : 진 목제(晉穆帝) 영화(永和) 3월 상사(上巳)에 명필(名筆) 왕희지(王羲之, 303~361)가 당대의 명사(名士) 사안(謝安, 320~385)·손작(孫綽, 314~371) 등과 산음(山陰)의 난정에서 계사(禊事)를 치렀던 일을 말한다.

길을 나서면서 다시 또 머뭇거리네　將發征轅更轉徊

울창한 계수나무 떨기 몇 가지 뻗었나　森桂芳叢蔚幾條
그대 유업 받들어서 적막하지 않네　君承遺馥不寥寥
봉황이 태어난 단혈에 깃털 윤기 있고　鳳生丹穴祥毛潤
명검을 숨긴 풍성[38]에 광채 솟아나네　劒晦豊城俊彩饒
가련하구나 유분[39]이 과거에서 떨어지니　可惜劉蕡乖上第
누가 서미[40]를 찾아 재상으로 삼을까　誰搜胥靡總群僚
쓸모없는 내가 도리어 쓰였음을 아나　吾知無用還爲用
장자처럼 큰 박을 가를 필요는 없네[41]　不必莊生剖大瓢

옥천 환선루 벽의 시에 차운하다[次沃川喚仙樓壁上韻]

강 가 높은 누각 바람과 이슬 가득한데　一江風露滿高樓
옥석[42]의 먼 발걸음 몇 해나 지났는가　玉舃遐蹤度幾秋

---

38) 풍성(豊城) : 진(晉)나라 뇌환(雷煥)이 용천(龍泉)·태아(太阿) 두 보검을 얻은 곳이다.(『晉書』「張華列傳」)

39) 유분(劉蕡) : 당나라 문종 때 사람으로 뛰어난 문장력이 있었음에도 환관의 미움을 받아 낙방하였다.(『唐書』「劉蕡傳」)

40) 서미(胥靡) : 훌륭한 인물을 말한다. 서미는 죄수(罪囚)를 말하나, 부열(傅說)이 한 때 죄수로 제방 쌓는 노역에 종사하였기 때문에 훌륭함을 의미하게 되었다.

41) 장자(莊子)처럼……없네 : 쓸모없다고 여기는 것을 말한다. 혜자가 자신이 위왕에게 얻은 박이 너무 크다고 하면서 장자에게 "나는 그것이 쓸모없다고 여겨서 갈라버렸다.[吾爲其無用而剖之]"라고 한 데서 유래한다.(『莊子』)

42) 옥석(玉舃) : 지방관을 말한다. 후한 명제(後漢明帝) 때 선인(仙人) 왕교(王喬)가 섭현 영(葉縣令)이 되어 조회에 참석하였다. 살펴보니, 왕교가 올 때마다 오리 두 마리가 동남쪽에서 날아오므로 잡아보니, 바로 왕교의 신발이었다는 고사에서 유래한다.(『後漢書』「方術列傳·王喬」)

푸른 아지랑이 솔 계수 골짜기에 나부끼고　翠靄輕盈松桂壑
푸른 물결 향긋한 난초 모래톱에 넘실대네　碧波微漾苣蘭洲
무릉처럼 단약 달이던 자리도 있고　武陵尙有炊丹地
낙포[43]처럼 학을 탄 신선 머문 적 있었네　洛浦曾留駕鶴遊
이 몸은 뗏목 위의 노인이 되어　此客便同槎上老
은하수로 올라 견우를 찾아보려하네[44]　試從河渚問牽牛

법포에서 나누어 실은 뒤, 영광 군수 정광제 군·함평 현감 김오응 군 및 도사 안후석과 함께 유람하며 선상에서 율시 한 수를 읊고 화운을 요구하다 [法浦分載後 與靈光倅鄭君 匡濟 咸平倅金君 五應 及安都事 后奭 同遊 船上吟成一律要和]

호수의 물 맑고 푸른 산이 삥 둘러있는　湖水澄淸碧峀圍
명승지 좋은 모임 기심 잊을[45] 만하네　勝區芳會足忘機
육가[46]는 조관의 깃발을 에워싸고　六笳亂擁漕官節
쌍수는 태수의 옷에서 어울려 빛나네　雙綬交輝太守衣
바다의 새벽 조수에 돛단배 밀려가고　海吐早潮帆共駛
안개 속 성근 비에 오리 떼 날아오르네　烟籠疎雨鶩齊飛

---

43) 낙포(洛浦): 무산(巫山) 위의 춘흔각(春痕閣)이 있는 물가를 말한다.
44) 뗏목……찾아보려하네: 서역(西域)의 사신으로 갔던 장건(張騫)이 뗏목을 타고 하늘로 올라가 견우와 직녀를 만나고 왔다는 전설에서 유래한다.(『博物志』)
45) 기심 잊을[忘機]: '망기'는 꾸미거나 속이는 마음이 없음을 말한다. 기교심(機巧心)이 전혀 없는 바닷가의 사람에게 갈매기가 수도 없이 날아와 함께 노닐었다는 '구로망기(鷗鷺忘機)'에서 온 말이다.(『列子』「黃帝篇」)
46) 육가(六笳): 무엇을 말하는지 정확히 알 수 없다.

술잔 건넨 자리에 맑은 읊조림 일어나서	羽觴傳處淸吟動
저물어도 갈 길로 곧장 돌아가지 못하네	日晩前程未便歸

척수루 게판 시에 차운하다[次滌愁樓板上韻]

역정에 달리는 역마 아무리 재촉해도	驛程飛馹苦相催
오늘은 높은 정자에서 마냥 배회하네	今日高亭任轉徊
명승지 찾으니 고향 생각 그만 잊어지고	選勝忘却鄕思闊
허공에 기대니 꺾인 객의 마음 깨어나네	憑虛能起客心摧
긴 둑의 버들가지 바람결에 춤추고	長堤柳線隨風舞
작은 연못의 연꽃 점점이 피어있네	半沼荷錢點水開
시름 가고 기쁨 와서 오래 읊다가	愁去懽來哦詠久
누각 올라 중선[47]보다 부족함 부끄러워하네	登樓愧乏仲宣才

서울에서 남으로 돌아오는 길에 목천관에 이르러서, 벽에 적힌 상서 장운익[48]의 시에 차운하다[自京南歸 至木川館 次壁上張尙書雲翼韻]

이자[49] 그해 주나라 곡식 먹지 않았으나	二子當年不食周

47) 중선(仲宣) : 위(魏)나라 왕찬(王粲)의 자이다. 일없이 지내다 고향 생각이 나 강릉(江陵)의 성루(城樓)에 올라가 「등루부(登樓賦)」를 지었다.(『三國志』「魏書·王粲傳」)

48) 장운익(張雲翼, 1561~1599) : 자는 만리(萬里), 호는 서촌(西村), 본관은 덕수(德水)이다. 1582년 문과에 급제, 공조 좌랑·해주 목사·이조 판서 등을 지냈다. 임진왜란에 왕을 호종하였으며 정유재란에 접반사(接伴使)로 제독 마귀(麻貴)를 영접해 울산 전투에 참여하였다. 시호는 정민(貞敏)이다.

49) 이자(二子) : 주나라의 건국을 반대하였던 백이(伯夷)와 숙제(叔弟)를 말한다.

신라의 다섯 성씨 다시 아름다움 이었네[50] 羅時五姓更齊休
은인이여 서산의 고사리를 자랑마소 般人莫詑西山蕨
목악의 푸른 소나무 잎마다 가을이라오 木岳蒼松葉葉秋

도중이 휴가를 받아 돌아가는 길에 우연히 영동에서 만나, 이튿날 말고삐를 나란히 하고 금산의 경계에 이르렀다. 도중이 말 위에서 강자순이 지은 시의 운으로 화운을 요구하기에, 드디어 창졸간에 입으로 불러 짓다[道中由歸 邂逅於永同 翼日並轡至金山界 道中於馬上 用姜子淳韻 要和 遂倉卒口占]

헤어졌다[51] 갑자기 만나니 參商分忽聚
객지 길에서 기쁨이 더욱 깊네 客路喜逾深
부평초가 어찌 자취 찾으랴 萍水寧尋跡
상종[52]이 은은히 소리를 내네 霜鐘暗動音
흐르는 시내 동으로 가려하고 奔川東注意
지친 새 저물어 돌아가려 하네 倦鳥暮歸心
친척이 정말 우리들이니 親戚須吾輩
술동이 열어 함께 거문고 안으세[53] 開罇共抱琴

---

50) 신라의……이었네 : 고려 태조가 삼한을 통합할 적에 본 현의 다섯 성씨가 항복하지 않아서, 고려 태조가 우(牛)·마(馬)·상(象)·저(猪)·오(烏)로 성을 내려준 일을 말한다.

51) 헤어졌다[參商] : '삼상'은 떨어져 있음을 말한다. 떨어져 있음을 말한다. 삼성(參星)은 동쪽 하늘에 있고 상성(商星)은 서쪽 하늘에 있어서, 각각 뜨고 지는 시각이 다른 관계로 영원히 서로 만날 수 없는 데에서 유래한다.(『春秋左氏傳』「昭公」元年)

52) 상종(霜鐘) : 중국 풍산(豊山)에 있는 천연의 옛 종(鐘)으로, 기을이 되면 울린다고 전해진다. 당나라 교담(喬潭)의 「상종부(霜鐘賦)」의 "바람소리 일어남이여 긴 숲을 움직이고, 상종이 울림이여 쓸쓸한 골을 흔드네.[風籟起兮喧長薄 霜鐘鳴兮動哀壑]"에서 온 말이다.

53) 거문고 안으세[抱琴] : '포금'은 서로를 찾는 간절한 마음을 말한다. 이백(李白)의 「산속에서 유인과

저녁에 봉계촌에 이르러 종인들과 모여 즐겁게 지냈는데, 이날은 바로 칠석이었다. 상사 족숙께서 율시 한 수로 기쁨을 표현하여, 드디어 이어 지어 드리다[夕至鳳溪村 宗人齊會團圞 是日卽七夕也 上舍族叔詠一律志喜 遂續貂以呈]

말고삐 나란히 하여 와서 물가 찾으니	聯駕同來訪水涯
우연한 좋은 만남 아름다운 계절이네	偶然芳會趁佳期
술동이 두고 나눈 이야기 진심 쏟아내고	罇前穩討傾丹悃
자리 위의 맑은 기쁨 흰 눈썹에 넘치네	座上清歡溢皓眉
오작교 두 별의 기쁨을 물어 보아도	爲問鵲橋雙宿喜
종인들의 한 자리 즐거움만 하랴	何如花樹一場奇
즐겁게 놀다 은하수 지는 줄도 모르고	團圞不覺銀河落
취하여 긴 붓 잡고서 함께 시를 짓네	醉把長杠共賦詩

7월 11일 집에 와서 즉시 사직소를 올렸는데, 8월 18일 비로소 체직되었다는 소식을 듣고 드디어 시를 지어 회포를 읊다[七月十一日 到家卽呈辭狀 八月十八日 始聞遞職之報 遂作詩詠懷]

어젯밤 오동잎에 가을이 찾아들더니	昨夜梧桐一葉秋
어느덧 인끈 던지고 고향에 돌아왔네	居然投紱返林丘
서가에 가득한 책은 읽었던 것이고	陳編滿架曾遮眼
소반에 오른 잡채는 평소 입맛이네	雜菜登盤素慣喉
몇 해나 풍진에 길이 잡혀있었던가	幾歲風塵長局束

대작하다[山中與幽人對酌]」의 “나는 취해 자고 싶으니 그대 돌아갔다가, 내일 아침 생각 있거든 거문고 안고 오게나.[我醉欲眠卿且去 明朝有意抱琴來]”에서 온 말이다.

시내의 안개와 달 유유자적 넉넉하네　　半溪烟月足優遊
뜰 가의 소나무와 국화 아직 그대로이니　　庭邊松菊猶無恙
그윽한 심사 길이 맡겨서 좋이 짝하네　　永託幽襟好作逑

조해 어른을 애도하는 만시[輓趙丈 瀣]

검옹[54]의 남긴 은택 오래되어도 커서　　黔翁遺澤久猶長
화락한 공께서 다시 아름다움 이었네　　豈弟如公更襲芳
세상 격려한 고아한 풍도는 향기롭고　　礪世高風蘭作佩
집안에 전한 아름다운 의범 명필이네　　傳家懿範墨爲莊
막 천거를 받아 조정에 알려졌는데　　纔看薦目登朝著
생각이나 했나 명정이 관 덮게 될 줄을　　那意銘旌掩斧堂
훗날 낙동강의 서쪽 길을 가더라도　　他日洛江西畔路
황폐한 예전 집을 다시 찾지 못하겠네　　不堪重叩舊廬荒

고조부 증 좌승지 부군의 분황례를 거행하는 날 삼가 상사 족부의 시에 차운하다[高祖考贈左承旨府君焚黃日 謹次上舍族父韻] 소서 병기. 을묘년(1735)

지난 임진년(1592) 왜란에 나의 5대조 할아버지 진사 부군께서 가장 먼저 의병을 일으켰는데, 나의 고조할아버지 생원 부군께서는 마침내 경주慶州 전투에 따라갔다. 진사 부군께서 선봉이 되어 왜적을 무찔러 크게 격파하다가, 순식간에 포위를 당하여 상황이 매우 다급해지자, 부군

54) 검옹(黔翁) : 검간(黔澗) 조정(趙靖, 1555~1636)으로 여겨지나, 조해에 대한 이력을 알 수 없어 자세하지 않다.

께서 드디어 용기를 내어 포위망을 뚫었다. 이를 힘입어 진사 부군께서는 온전할 수 있었으나, 부군께서는 왜적에게 잡혀서 왜적을 크게 꾸짖으며 굽히지 않고 죽으니, 당시 사람들이 충효忠孝를 다 같이 온전히 하였다고 말하였다.

이해 10월에 행조行朝[55]에서 초유사招諭使의 장계로 인하여 호조 정랑戶曹正郎에 추증하니, 이는 한 때의 의례적인 은전恩典이어서, 여론이 퍽 서운해 하였다. 지금 주상께서 신해년(1731) 장릉長陵으로 거둥할 적에, 중기重器가 양대兩代의 일을 어가 앞에서 호소하니, 주상께서 해조該曹(담당관서)에서 품처稟處하도록 명하였다. 결국 두 분의 품계를 올려 추증하여 부군께서 좌승지左承旨가 되니, 참으로 특별한 은전이었다. 후손들의 감축하는 심정이 의당 어떠하였겠는가?

분황焚黃의 의절을 예에 따라 빨리 거행해야 했으나, 종손이 갑자기 세상을 떠나서 바로 거행하지 못하였다. 상례를 치른 뒤에 서열대로 열여덟 번째 당숙부堂叔父 어른에게 조천祧遷[56]하니, 공께서 장방長房으로 제사지내는 일을 주관하였다.

이제 분황의 의식을 법도대로 거행하니, 자손과 종족들 중에 참여한 이가 무릇 몇 십 인이었다. 이 날 향당鄕黨에서 와 본 사람들은 모두 쉼 없이 탄식하고 흠모하였다. 자손 된 우리들의 심정이야 어찌 통곡하지 않겠는가?

족부 상사공께서 율시 한 수를 지어 좌중에 돌려 보이기에, 삼가 그 운을 이어 감회를 토로한다.

당년에 군주와 어버이 위하여 순국하여	當年殉義爲君親
충효 온전히 함을 세상에 누가 비기랴	忠孝雙全世孰倫
열렬히 높은 이름 역사에 빛이 나고	烈烈高名輝竹帛
당당히 남다른 절개 세월을 넘어섰네	堂堂奇節貫星辰
정랑에서 다시 좌승지로 승진되니	版郎更進銀臺秩
밝으신 군주 성조의 인정을 추중하였네	明主重推聖祖仁
칙령을 펴는 날 늠연히 정령께서 계시리니	宣誥凜然精爽在
굳은 충정[57] 백암[58]과 나란히 할 만하네	常山堪作柏巖鄰

55) 행조(行朝) : 선조(宣祖)가 파천(播遷)하여 머무르고 있는 곳을 말한다.
56) 조천(祧遷) : 가묘(家廟)에서 제사를 받을 대수(代數)가 다한 신주(神主)를 살아 있는 자손 중의 장방(長房)으로 옮기는 일을 말한다.

직장 이평경을 애도하는 만시[輓李直長平卿]

석담[59]의 물이 본래 맑고 잔잔하더니 石潭之水本淸漪
남은 물결 다시 있어 우뚝한 언덕 비치네 更有餘波映岸奇
향내 짙은 계림에 봄볕 일찍 들고 香烈桂林春色早
여의주 밝은 여혈에 서광이 넘쳐나네 珠明驪穴瑞光滋
관리되어 높이 날 것을 막 보려했더니 方看鵷鷺將高翥
생각했으랴 하루살이처럼 서둘러 떠날 줄을 那意蜉蝣遽短期
망자산 앞의 가을 달 아래에 望子山前秋夜月
외로운 난새 두견새 보고 슬퍼 우네 隻鸞啼向杜鵑悲

참봉 김광보 경온[60]을 애도하는 만시[輓金參奉光甫 景溫]

부생의 서두름이 어이 이리 급급한가 浮生草草一何忙
그대 나이 나보다 칠년이나 젊다네 君齒於吾少七霜
위곡[61]의 가문에 벼슬이 이어졌고 韋曲家中傳紱冕

---

57) 굳은 충정[常山]: '상산'은 상산설(常山舌)의 준말로, 굳은 충정으로 죽음을 두려워하지 않고 상대를 꾸짖는 것을 말한다. 당나라 안고경(顔杲卿, 692~756)이 상산 태수(常山太守)로 있다가 안녹산(安祿山, 703~757)에게 포로로 잡혀 혀가 끊어질 때까지 준열하게 꾸짖다가 죽은 고사에서 유래한다.(『新唐書』「顔杲卿傳」)
58) 백암(柏巖): 매산의 고조부인 정의번(鄭宜藩)의 호(號)이기도 하다.
59) 석담(石潭): 이윤우(李潤雨, 1569~1634)의 호이다. 권1 주 236) 참조.
60) 김경온(金景溫, 1692~1734): 자는 광보(光甫), 호는 단사(丹砂), 본관은 의성(義城)이다. 1726년 진사시에 입격하였다. 어사의 추천으로 건원릉 참봉이 되었으나, 부임하지 않았다. 저서로는 『단사집』이 있다.
61) 위곡(韋曲): 섬서성(陝西省) 장안현(長安縣)에 있는 명승지이다. 당나라 때 훌륭한 가문이던 위씨(韋氏)

미산[62]의 붓 끝에는 문장이 넉넉했네 眉山筆下賸文章
급제하여 금문의 명적[63]에 들지 못해도 荷香未徹金門籍
은거하다가 도리어 능참봉이 되었네 蘭佩飜爲玉寢郎
고택에는 쓸데없는 시권만 남아 있으니 故宅空餘詩卷在
머리 돌려 흰 구름 바라보지 못하겠네 不堪回首白雲央

임고서원에서 포은 선생의 영정을 고쳐 모사하고 날을 잡아 환안하니, 사림이 다 모였다. 상사 족부께서 율시 한 수를 읊기에, 드디어 그 시에 차운하다[臨皐書院 改摹圃隱先生遺像 卜日還安 士林畢集 上舍族父爲詠一律 遂次其韻]

도를 실은 글은 세월을 통하는 충성 載道其文貫日忠
영정을 다시 모사하여 묘우에 걸었네 重摹遺像揭祠中
성근 눈썹에서 큰 흉금 짐작할 수 있고 眉踈可占胸襟大
밝은 얼굴에서 높은 덕을 엿본다네 面粹從看德義崇
무숙[64] 같은 정신 개인 달처럼 빛나고 茂叔精神輝霽月
서산[65] 같은 정기 맑은 바람처럼 씻기네 西山正氣灑清風

들이 화수회(花樹會)를 결성하고 대대로 이곳에 살았다고 한다.(『山堂肆考』)

62) 미산(眉山) : 문장이 뛰어남을 말한다. 당송팔가(唐宋八家)에 든 소순(蘇洵, 1009~1066)과 그의 두 아들인 소식(蘇軾, 1037~1101)·소철(蘇轍, 1039~1112) 삼부자(三父子)의 출신지이다.

63) 금문의 명적[金門籍] : '금문'은 한(漢)나라 때 문학하는 선비들이 출사하던 관서인 금마문(金馬門)의 준말이다. 그곳의 문서에 이름을 올림은 선비가 급제를 하여 벼슬하는 것을 말한다.

64) 무숙(茂叔) : 주돈이(周敦頤, 1017~1073)의 자이다. 호는 염계(濂溪), 시호는 원공(元公)이다. 「태극도설(太極圖說)」과 『통서(通書)』를 지었는데, 『태극도설』은 우주론을 설명하고 『통서』는 윤리론을 이야기하였다.

65) 서산(西山) : 주나라의 건국을 반대하였던 백이(伯夷)·숙제(叔齊)가 은거한 수양산(首陽山)의 다른

누가 알리요 한 폭의 채색 종이에　誰知一幅丹靑上
의형은 그려도 충정은 담지 못함을　只寫儀形未寫衷

참봉 이만[66]을 애도하는 만시[輓李參奉 槾]

적계[67]의 가학이 강후[68]에서 전해와　籍溪家學自康侯
덕의와 문장 세상에서 짝할 이 없었네　德義文章世罕儔
과장에서 빛을 냈으나 득실을 잊었고　場屋和光忘得失
강 언덕에서 본성 기르며 마냥 노닐었네　江皐頤性任優遊
궁정[69]으로 밝은 시대 포장 받자마자　弓旌乍被明時奬
지팡이와 신 도리어 무덤에 깊이 묻히네　杖舃飜藏厚夜脩
근세의 법도 있는 가문 다 사라지니　近世法門消敗盡
푸른 산 군데군데 백운[70]에 시름겹네　靑山幾處白雲愁

이름이다.

66) 이만(李槾, 1669~1734) : 자는 군직(君直), 호는 고재(顧齋), 본관은 재령(載寧)이다. 성리학을 깊이 연구하였다. 추천을 받아 영희전 참봉(永禧殿參奉)을 제수 받았으나 나가지 않았다. 저서로는 『고재집』이 있다.

67) 적계(籍溪) : 송나라 호헌(胡憲)의 호이다. 호안국(胡安國)의 조카이다. 주자의 스승으로 알려진 인물이다.

68) 강후(康侯) : 호안국(胡安國, 1074~1138)의 자이다. 남송(南宋)에서 태학박사(太學博士)·중서사인(中書舍人)을 지냈다. 시호는 문정(文定)이다. 저서로는 『춘추전(春秋傳)』이 있다. 고재의 학문이 가학에 의한 것임을 말하기 위하여 사용하였다.

69) 궁정(弓旌) : 활과 정(旌)이란 깃발로, 고대에 선비를 초빙하는 신물(信物)이다. "활로는 사를 초빙하고 정으로는 대부를 초빙한다.[用弓招士 用旌招大夫]"에서 유래한다.(『春秋左氏傳』「昭公」 20年)

70) 백운(白雲) : 백운향(白雲鄕)의 준말로, 하늘나라를 말한다. "저 흰 구름을 타고 제향에 이른다.[乘彼白雲 至於帝鄕]"에서 유래한다.(『莊子』「天地」)

북막[71]으로 부임하는 도중을 전송하다[送道中赴北幕] 서문 병기. 병진년(1736)

예전에는 절도사節度使를 맡은 자에게 반드시 보좌관을 두어 보좌하도록 하였다. 우리 조정에서도 본래 이 자리를 중시하였는데, 함경도 지방은 더욱 중시하였다. 우리 집안의 원외군員外君이 갑자기 함경도 절도사를 보좌하는 자리에 제수되었으니, 이는 인재로 중시해서이다.

원외군은 나와 같은 영천군에 살며, 나이 또한 나보다 일곱 살 적다. 또 훈수塤叟·지수篪叟 두 선생의 문하에 함께 유학하여 문학文學으로 서로 연마하고 덕의德義로 서로 도와 기쁘면서도 간절하여 거의 형제와 같았으니, 어떻게 참으로 보통 무리들의 종의宗誼와 같겠는가?

몇 해 전 소과에 나란히 입격하였고, 이윽고 대과에 급제한 것도 앞뒤로 1년의 차이가 난다. 승문원承文院의 당직과 승정원承政院의 직무도 함께 나란히 출입하였으며, 외직으로 군은 찰방察訪이 되고 나는 막료幕僚가 되어서 또한 함께 호남湖南으로 나갔으니, 우리 두 사람의 종적이 어찌 이리도 서로 따랐던가?

내가 고향에서 지낸 지 이미 여러 해 만에 군도 출사하였다가 곧 바로 물러나왔다. 물러나서는 언제나 산림의 한적한 곳에 모여 성리서性理書의 문자를 함께 토의하고 이어서 선생님의 유집을 교열하여 한 달 동안에 만나지 않은 적이 없었으니, 서로 만나는 즐거움은 평생 하루 같았다.

군이 병조의 낭관郎官을 사직하고 돌아온 지 겨우 수개 월 만에 또 이러한 명이 있어서, 군이 명을 듣고 나서며 머뭇거리거나 돌아보는 마음이 없었으니, 대저 몸과 마음을 다 바쳐 안전과 위험을 가리지 않은 것이 바로 군의 평소 뜻이었다. 한여름의 무더위도 군의 염려거리가 되기에 부족하며, 머나먼 변방도 군의 수고거리가 되기에 부족하며, 수 천리 작별하는 심정도 군의 슬픔거리가 되기에 부족하나, 내가 일찍이 기대하였던 것으로 볼 때 적이 군을 위하여 개탄스럽다.

지난날 군이 벼슬하지 않았을 적에 이미 재기才氣가 민첩하고 함양涵養이 두터웠으며, 성대한 문장이 풍부하고 넉넉한 식견이 넓었으며 또렷한 행실이 닦였으니, 두 선생께서 매번 경세제민經世濟民을 이룰 인재라고 칭찬하였다.

---

71) 북막(北幕): 함경북도 경성(鏡城)에 설치된 북병영(北兵營)의 별칭이다.

기주관記注官을 맡았을 적에는 비록 번다하거나 복잡한 말이더라도 또박또박 한 글자도 빠뜨리지 않았으며, 시사時事에 저촉되는 부분도 역시 두려워하거나 꺼림이 없이 직필하였다. 또 강시講試에 응할 적에는 주상전하 바로 앞자리에서 경전의 뜻을 연역하여 경계할 일을 많이 진달하였다. 이때부터 조정의 신하들이 크게 감탄하고 성상께서도 가상하다고 칭찬하며 특별히 '세상에서 드문 인재'라고 칭찬하였다.

나의 생각으로는 춘추관春秋館이나 홍문관弘文館의 선발 소식이 금방 올 것이라고 여겼는데, 지금 조정의 대우가 그만 이와 같으니, 평소 서로 기대한 것과 어찌 이리 다른가? 이제 대저 녹나무가 천 길이나 우뚝 솟아 만 마리의 소를 덮을 듯 무성하면 동량이 될 수 있어도 반드시 먼저 서리와 눈을 겪어 꺾이고 벗겨진 뒤에야 재목이 되며, 막야검莫邪劍이 서릿발처럼 날이 서고 자줏빛을 띠면 교룡蛟龍을 벨 수 있어도 반드시 먼저 갈고 담금질한 뒤에야 그 서슬이 신다. 생각건대, 조정에서 발탁하고 싶어서 우선 이것으로 먼저 시험하는 것이 아니겠는가?

성스럽고 밝으신 주상께서 위에 계시고 명철한 신하들이 늘어서 있으니, 한 줄기의 공도公道가 완전히 사라지지 않았다는 것을 오늘 내가 또 군에게서 점쳐본다. 지금 군의 부임에 또한 무어 개탄스러워 하겠는가?

비록 그러하나, 정명도程明道가 호현鄠縣의 주부主簿가 되었을 때 처음에는 현령에게 인정을 받지 못하다가, 돈을 감춘 사건을 판결하자 현령이 아주 기특해하였다. 대저 주부는 하나의 현령을 보좌하는 자리이나 명도가 그 직분을 성실히 수행하였는데, 하물며 절도사를 보좌하여 한 도를 총괄하는 자리임에랴.

허태박許太博이 막부로 들어갈 적에 황면재黃勉齋[72]가 격물치지格物致知와 성경誠敬 등의 말을 써 주었으니, 사군자士君子가 한 번 거취 하는 사이에 어디인들 배움이 아니겠는가? 군은 힘쓸지어다.

작별할 적에 드디어 한 편의 시를 지어 주고 이어서 그 뜻을 서술한다.

시로 말한다.

---

72) 황면재(黃勉齋) : 면재는 남송의 이학가(理學家) 황간(黃榦, 1152~1221)의 호이다. 자는 직경(直卿)이고, 민현인(閩縣人)이다. 주자의 사위이자 문인으로 예학에 밝았다. 저서로는 『면재집』·『경해(經解)』·『중용총론(中庸總論)』 등이 있다.

관하의 길 거듭 막혀서 멀고먼데 　關河重阻路迢迢
무슨 일로 염천에 서둘러 북으로 가나 　何事蒸炎遽北軺
어전에서 경전 풀이 성상께서 칭찬하여 　螭陛談經天奬大
병조에서 물러날 적 인망이 높았었네 　騎曹投笏地望遙
영재는 홍문관의 선발이 합당한데도 　英才合置登瀛選
낮은 벼슬 도리어 막료로 가게 되었네 　薄宦翻爲入幕僚
험난한 길 보살핌에[73] 부디 직분 다하여 　原濕周咨須盡分
새 명으로 곧 조정에 돌아옴을 보게 하소 　竚看新命促還朝

진사 이계실 항배[74]를 애도하는 만시[輓李進士季實 恒培]

그대 집안의 문채 대대로 찬란하니 　君家文釆世煸爛
맑은 정기 두 백산[75]에서 보내왔네 　淑氣偏輸兩白山
아름다운 시편 예원에서 뛰어났고 　錦綺佳篇騰藝苑
선생다운[76] 의범 현관[77]에서 떨쳤네 　菁莪懿範振賢關
봉황의 털[78] 줄 이루어 가정은 윤택하나 　鳳毛成列庭雖潤

---

73) 험난한 길 보살핌에[原濕周咨] : '원습'은 명을 받은 사신이 가는 험난한 길을 말하며, '주자'는 가서 두루 물어보고 살피는 것을 말한다. 모두 『시경』「소아(小雅)·황황자화(皇皇者華)」에서 유래한다.

74) 이항배(李恒培, 1683~1716) : 자는 계실(季實), 호는 갈음(葛陰), 본관은 경주이다. 1714년 진사시에 입격하였다. 저서로는 『갈음집』이 있다.

75) 두 백산[兩白山] : 태백산과 소백산을 가리키는 듯하다.

76) 선생다운[菁莪] : '청아'는 인재를 양성하는 선생의 즐거움을 말한다. "무성하고 무성한 쑥이여, 저 언덕 가운데 있도다.[菁菁者莪 在彼中阿]"에서 유래한다.(『詩經』「小雅·菁菁者莪」) 모서(毛序)에서 "청청자아는 인재를 양성하는 것을 즐거워한 시이다." 하였다.

77) 현관(賢關) : 현자(賢者)가 되기 위해 통과하는 관문(關門)이라는 뜻으로, 흔히 성균관(成均館)을 가리킨다.

붕새의 날개 바람 없어 귀밑머리만 세었네　鵬翮無風鬢易斑
애석하구나 이제 구천의 영결을 하고　可惜重泉今永隔
용마루의 달[79] 그 모습 달라 놀라겠네　却驚樑月異眞顔

족제 명중 창양이 대전의 예전 장원에서 매화를 읊은 시에 차운하다[次族弟明仲 昌陽 大田舊庄詠梅韻]

양계[80]께서 남긴 뜰의 한 송이 매화　暘老遺庭一朶梅
훈수께서 떠나신 뒤로 먼지만 쌓이더니　塤翁去後積塵堆
이제 자네가 북돋우는 좋은 뜻 알아　今君封植知多意
꽃 소식 응당 달 아래로 돌아오겠네　芳信應從月下回

상사 신렴[81] 어른을 애도하는 만시[輓上舍申丈 濂] 정사년(1737)

당옹[82]이 홍문관에 거룩한 이름 전하더니　堂翁瀛士盛名傳

---

78) 봉황의 털[鳳毛] : 부조(父祖)의 유풍(遺風)을 잘 이어받은 후손을 말한다. 진(晋)나라 왕도(王導)의 아들 왕소(王劭)를 환온(桓溫)이 칭찬하며 "대노에게는 본디 스스로 봉황의 터럭이 있었다.[大奴固自有鳳毛]"고 한 데서 온 말이다.(『世說新語』「容止」)

79) 용마루의 달[樑月] : '양월'은 친구 생각이 간절함을 말한다. 두보(杜甫)의 「이백을 꿈꾸다[夢李白]」의 "지는 달이 용마루에 가득하니, 아직도 그의 얼굴을 비추나 의심스럽네.[落月滿屋梁 猶疑照顔色]"에서 유래한다.

80) 양계(暘溪) : 정호인(鄭好仁, 1597~1655)의 호이다. 자는 지현(子見), 본관은 영일이다. 1627년 문과에 급제, 형조 좌랑·진주 목사·남원 부사 등을 지냈다. 저서로는 『양계집』이 있다.

81) 신렴(申濂, 1657~1736) : 자는 학원(學源), 본관은 아주(鵝洲)이다. 1699년 생원시에 입격하였다. 이인좌(李麟佐)가 난을 일으키자 창의격문을 올렸다.

남은 의범 이제 상사의 훌륭함에서 보았네　餘範今看上舍賢
큰 고니 오동에 앉아 빼어남을 드러내고　大鵠停梧英表秀
외로운 얼음 계곡에 남아 지조 확고하였네　孤冰留壑雅操堅
단지에서 대책문이 쓰이지 않아[83]　丹墀未售三千字
촌집에서 팔십 년 한가로이 읊조렸네　白屋閒吟八十年
평생에 가장 무한한 아픔은　最是平生無限痛
한 줄기 훌륭한 가지 뜰에서 꺾였음이네　一枝瑤樹隕庭前

진사 신달중 효원을 애도하는 만시[輓申進士達仲 孝源] 소서 병기. 경신년(1740)

아주鵝洲 신달중申達仲 군은 나의 표종질表從姪(고종사촌의 아들)이다. 지난 계축년(1733) 서울에서 서로 처음 만났는데, 자질이 빼어나고 식견과 도량이 넓으며 문사는 더욱이 성대히 풍부하고 아름다워서, 한성시漢城試[84]에서 높은 등수를 받아 명성이 사람들의 입에 파다하였다. 나는 마음속으로 남몰래 아꼈고 군도 나에게 진심을 기울여서 서로 쉼 없이 자주 왕래하였다.

2년 뒤에 영남 향시에서 장원을 하였고, 그해 가을에 사마시司馬試에 입격하였다. 또 이듬해 정시廷試에 급제하였는데, 이미 봉미封彌[85]를 뜯어 호명하고 나서 곧장 너무 많이 선발하였다는 이유를 들어 이름을 빼버렸다. 대개 세 사람을 선발하는 일이 이미 이전 조정의 고사인데, 이번 선발에서 다섯 사람을 선발하였기 때문에 논의하는 이들이 많다고 지적한 것이다. 하지만

---

82) 당옹(堂翁) : 누구인지 자세히 알 수 없다.
83) 단지에서……않아[丹墀未售三千字] : '단지'는 붉은 뜰로, 임금을 말한다. '삼천자'는 과거 시험의 대책문(對策文)을 말한다. 과거 시험을 치르고 나오는 하송(夏竦, 985~1051)에게 양휘지(楊徽之, 921~1000)가 시를 부탁하니 "예악의 삼천 글자를 종횡으로 열거하여, 홀로 섬돌에서 대책문을 지으니 해는 아직 남았네.[縱橫禮樂三千字 獨對丹墀日未斜]"라고 지어준 일에서 유래한다.(『類說』)
84) 한성시(漢城試) : 초시(初試) 중에 한성부(漢城府)에서 실시하던 시험이다. 초시에는 한성시와 각도(各道)에서 실시하는 향시와 성균관에서 실시하는 관시가 있었다.
85) 봉미(封彌) : 과거에 응시한 자가 답안지의 오른편 끝에다 성명·생년월일·주소·사조(四祖, 부·조부·증조부·외조부)를 기록한 다음 풀로 봉해서 제출하는 것을 말한다.

실은 군의 이름이 제삼인第三人이었고 보면, 고사로 비추어볼 때 참으로 관례로 정한 숫자 안에 들어가야 함에도 군의 이름을 함께 빼어버리고 두 사람만을 선발하였다. 이 때문에 사람들이 모두 애석해하였다.

그러나 군의 재주는 매번 선발에 언제나 입격하였으니, 만약 하늘이 수명을 빌려주었다면 결코 초야의 사람이 되지는 않았을 것이다. 하지만 이제 까닭 없는 하나의 병으로 그냥 아침 이슬처럼 갑자기 세상을 떠났으니, 하늘이 이 사람을 세상에 낸 의도가 또한 무엇이라는 말인가? 더구나 달중에게는 위로는 70의 노모가 계시고 아래로는 나이 어린 두 아들이 있음에랴. 더욱 슬픈 노릇이다.

이제 들어보니, 그가 운명하던 날 붓을 가져다 서로 아끼던 두어 사람에게 편지를 쓰다가 숨이 막혀서 다 쓰지 못하고 그만두었다고 한다. 비록 말하고 싶었던 것이 무엇인지는 모르겠으나, 밀뚱밀뚱 서로 잊지 못하는 마음은 저승에 가서도 오히려 그만두지 않을 것이니. 나와 같은 이도 그 속에 들어 있었으니, 소문을 듣고 나서 어찌 더욱 코가 시리고 목이 메지 않겠는가?

장사지낼 적에 마땅히 장지로 가서 통곡하며 영결해야 하나 질병으로 고달파서 일어나지 못하니, 아! 내가 달중을 저버렸구나. 삼가 두어 구의 시어詩語를 눈물에 섞어 쓰니, 달중의 영혼이 있다면 그래도 알지 않겠는가.

시로 말한다.

서산의 지는 해 그림자 흩어지는데	西山頹日影闌珊
무슨 일로 자식의 기쁨[86] 다 못하였나	何事斑衣不盡歡
묘한 자품 영롱하여 훌륭함을 모았고	妙質玲瓏凝粹璞
맑은 문사 찬란하여 문단을 압도하였네	清詞彬蔚壓騷壇
이름을 성균관에 알려 다투어 추대하니	蜚英壁沼爭推袂
책문을 요지에 바치고도 끝내 그만두었네	獻賦瑤墀竟褫鞶
듣건대 막 조정의 큰 선발 있다는데	聞道公車方大選
가을 산에 홀로 묻히는 관을 차마보겠나	忍看秋峀獨懸棺

86) 자식의 기쁨[斑衣] : '반의'는 색동옷을 입고 부모에게 기쁨을 다하는 것을 말한다. 70의 나이에도 색동옷 입고 부모 앞에서 춤을 춘 노래자(老萊子)의 고사에서 유래한다.(『初學記』「孝子傳」)

『주자대전』에 「십이진」 시가 있어 삼가 그 문체를 본받다[朱子大全有十二辰詩 謹效其體]

먹이 탐하는 석서는 재앙의 계단이라　　鼫鼠饕晉厲階由
푸른 들판에서 조는 소의 신세만 못하네　　不若芳郊眠草牛
호미[87]를 피하기 위해 벼슬을 사양하고　　身逃虎尾謝軒冕
토호 붓을 적시어 서책[88]에 점을 찍네　　手染兎毫點索丘
용의 뜬 담론 아는 이에게 부끄럽고　　龍肉坐談愧知味
사족을 더한 그림 병통이 될까 두렵네　　蛇足添畵怕成疣
사립문에 시끄러운 말소리 드물어서　　柴門罕見馬喧閙
채전을 양이 짓밟을 줄 꿈꾸었겠는가　　菜畦豈夢羊蹴蹂
한가로이 원숭이 소리로 시간을 분별하고　　閒聽猴聲辨晷刻
다시 닭 뼈[89]로 밭두둑의 농사를 점치네　　更將雞骨占田疇
은둔하며[90] 유안의 개[91] 되기를 원하여　　肥遯願追劉安犬
목석과 지내고 멧돼지와 놀고 있네　　木石與處豬與遊

87) 호미(虎尾) : 위태함을 말한다. “내 마음의 근심과 위태함이 마치 범의 꼬리를 밟은 듯, 봄 얼음 위를 걷는 듯하다.[心之憂危 若蹈虎尾 涉于春氷]”에서 온 말이다.(『書經』「君牙」)

88) 서책[索丘] : ‘색구’는 구주(九州)를 풀이한 구구(九丘)와 팔괘(八卦)를 풀이한 팔색(八索)으로, 흔히 옛날의 경전을 말한다.

89) 닭 뼈[雞骨] : 중국 월(越) 땅에서는 닭 뼈로 점을 쳤다고 전해진다. 유종원(柳宗元)이 「유주동맹(柳州峒氓)」에서 “닭 뼈로 점치고 수신에게 절한다.[鷄骨占年拜水神]”라고 하였다.

90) 은둔하며[肥遯] : ‘비둔’은 은둔하며 여유롭게 사는 생활을 말한다. “살찌는 은둔이니 이롭지 않음이 없다.[肥遯 無不利]”에서 온 말이다.(『周易』「遯卦·上九」)

91) 유안의 개[劉安犬] : ‘유안견’은 신선이 되어 하늘로 올라감을 말한다. 한(漢)나라 회남왕(淮南王) 유안(劉安, B.C.179~B.C.122)이 신선술을 터득하여 승천할 적에, 그 집의 닭과 개도 그릇에 남아 있던 단약(丹藥)을 핥아 먹고 하늘로 올라가서 “개는 천상에서 짖고 닭은 구름 속에서 울었다.[犬吠于天上 鷄鳴于雲中]”는 전설에서 유래한다.(『論衡』「道虛」)

봉계의 상사 족숙의 시에 삼가 차운하다. 5수[謹次鳳溪上舍族叔韻 五首]

서문 병기

우리 선조 이부공吏部公의 세 아들 중에 둘째께서 또 이어서 이부가 되었다. 양곡暘谷에서 서쪽 금릉金陵의 봉사鳳沙로 이주하였으니, 상사공께서 바로 이분의 7대손이며, 나에게는 8종 종숙이 된다.

대개 우리 지주공知奏公이 영일迎日에서 몸을 일으키면서 관직이 이어져, 성대히 고려의 명문가가 되었다. 중간에 영일에서 영천으로 옮겨와 두 파로 나뉘었다. 포은圃隱 선생 집안은 종파가 되어 군의 동쪽 우항愚巷에 살았으며, 우리 전공 판서典工判書 부군 집안은 지파가 되어 군의 남쪽 전촌錢村에 살았다.

전공공典工公의 아드님께서 조선조에 벼슬하여 또 정경正卿[92]이 되었다. 그의 손자 교도공敎導公에 이르러서 양곡으로 터를 잡아 옮겨 살았다. 다섯 아들 모두 문장을 잘 하여 급제한 분이 세 분이며, 맏이와 둘째 손자께서 또 중시重試[93]에 급제하였으니, 바로 이부공 부자분이다.

봉사鳳沙의 한 파는 시례詩禮를 대대로 물려받아, 지금까지 과거 급제가 끊어지지 않았다. 상사공께서도 아주 뛰어나 영남의 대가가 되었다. 성균관에서 유학할 적에 주상의 유지有旨에 응하여 부賦를 지어 올려 장원을 하였다. 고사故事에 성균관의 유생 중 장원을 한 자는 급제한 자와 같은 자격을 주게 되어 있으나, 명관命官[94]이 서울의 권세 있는 가문의 자제 중 성균관 유생이 아닌 자를 선발하여 대신하고는 도리어 공을 내치니, 여론도 억울해 하였다.

그러나 공은 이 일을 마음에 담아두지 않고 고향의 옛집으로 돌아와 은거하며 성리학 책들을 가져다 침잠하며 스스로 즐겼다. 이어서 자질子姪들을 가르치고 미루어 문중과 향당의 후진들까지 가르쳤다. 이로 인하여 봉사의 성대한 문학에서 우리 문중이 으뜸이라고 한다.

공의 연세는 금년에 66세이다. 조상을 경모하는 정성은 오히려 더욱더 쇠퇴하지 않아 파리한

---

92) 정경(正卿) : 정2품 관직에 있는 의정부(議政府)의 좌·우 참찬(參贊), 육조(六曹)의 판서(判書), 한성부(漢城府)의 판윤(判尹)을 통틀어 말한다.

93) 중시(重試) : 10년에 한 번 간지에 병(丙)이 드는 해에 설행하고 당하관(堂下官)만이 응시할 수 있는 과거이다. 여기에 급제하면 정3품 당상관(堂上官)으로 승진되었다.

94) 명관(命官) : 임금이 과장(科場)에 친림(親臨)하는 시험을 대신 주재하도록 임명한 시관(試官)을 말한다.

당나귀를 타고 허약한 종을 데리고서 눈보라를 뚫고 시내를 건너고 산을 넘어 영천에 와서 선영에 성묘하고 선대의 집터를 찾았다. 다시 영일로 가서 오천烏川의 묘우에 배알하고 청림靑林의 유허지를 방문하였다. 또 갔다가 돌아오는 길에 임고서원臨皐書院에 알현하고 횡계橫溪의 유적을 둘러보았다.

그 길로 경주의 종인 집을 들렀다가 돌아올 적에 영천의 여러 족친들을 양곡暘谷에 모아 여러 날 머무르며 친목을 말하며 다졌다. 항렬대로 늘어 앉아 술을 마시며 기쁨을 나누니, 너무 즐거워서 하루를 다하고 밤을 새웠다. 사는 곳은 비록 장공예張公藝의 한 집과 다르나, 그 마음만은 실로 백인百忍[95]의 유풍이었다.

술이 얼큰하게 취하자 공이 드디어 율시 두어 편을 꺼내어 좌중에 돌려 보였는데, 그 시운은 맑고 밝으며 그 시어는 따뜻하고 부드러워서 조상을 추모하고 근본을 돌아보려는 뜻이 성대히 시구에 넘쳤다. 족의族誼를 돈독히 하고 선현을 존숭하는 경우는 또한 성정性情에서 우러나오지 않은 것이 없었다. 아! 오늘날 세상에서 우리 공과 같은 분이 몇 사람인가?

세교世敎가 무너지면서 사대부 중 근본을 잊지 않은 자가 드물어서 왕왕 자신의 뿌리마저 알지 못한다. 또 더러 단문袒免[96]의 관계가 끝나지도 않았는데도 길 가는 사람과 같이 여기고 도학道學이 지극히 순수하면서도 논척하여 큰 금령으로 만드니, 공의 시를 읽는 사람이라면 완악한 성품을 권면하고 퇴폐한 습관을 격변시키지 않을 수 있겠는가? 아! 가상할 뿐이다.

나는 젊어서부터 공에게 인정을 받아서 함부로 흉내를 내다가 웃음을 산 적이 여러 번 있었다. 이제 이러한 작품을 보고 어찌 한 마디 말로라도 응하지 않을 수 있겠는가?

삼백 년 전 먼 조상이 살던 터전을　　三百年前遠祖基
이제 공께서 찾아오니 생각이 진지하네　　今公來訪意勤斯
학문이 시에 담겼으니 가훈을 흠모하고　　學文詩在欽嘉訓

---

95) 장공예(張公藝)의……백인(百忍) : 장공예는 당나라 사람으로, 9대가 한집에 동거하며 돈독하게 지낸 집안의 어른으로 알려진 인물이다. 고종(高宗)이 태산(泰山)에 봉선(封禪)하고 돌아오는 길에 그의 집을 방문하고 9대가 동거하는 비결을 묻자, '인(忍)' 자 100여 개를 써 올리니, 고종이 크게 칭찬하였다는 고사에서 유래한다.(『舊唐書』「孝友列傳」)

96) 단문(袒免) : 오복(五服) 이외의 친척에 해당하는 상복(喪服) 제도이다. 두루마기의 오른쪽 소매를 벗고 사각건(四角巾)을 쓰는 아주 가벼운 복제(服制)를 말한다.

계방의 명성 높으니 영의를 상상하네　森桂坊高想令儀

계산을 편히 거닐며 지팡이에 의지하고　穩步溪山閒倚杖

족친들을 데리고 앉아 술잔을 기울이네　仍携宗族細傾卮

늘그막의 이 모임 다시하기 어려워　衰遲此會知難再

작별에 앞서 아득한 생각 배나 설레이네　臨別悠悠倍我思

– 교도공敎導公이 처음 이곳에 터를 잡고는 자제들을 경계한 시에 "이렇게까지 쇠미함은 무슨 연유인가? 단지 이 사람 학문하지 않아서라네.[衰微至此問何故 只在其人不學文]"라고 하였다. 이부공의 세 형제가 급제하였기 때문에 제2연聯에서 언급하였다. –

– 이상은 양곡暘谷의 옛 터 –

소나무 우거져서 동구 문을 가리고　松檟陰陰翳洞門

증손이 조상 모시려 두 터를 잡았네　曾孫祔祖占雙原

상서공의 후덕함 청조의 원로였고　尙書厚德清朝老

이부공의 높은 문장 문단의 으뜸이었네　吏部高文藝苑昆

유택에 지석 묻었다는 소리 듣지 못하여　幽竁未聞藏石誌

짧은 비석 끝내 이끼에 덮일까 염려하네　短碑終恐掩苔痕

당봉과 귀록이 저 멀리서 마주 바라보니　唐峰龜麓遙相望

두루 참배한 공의 효성 돈독한줄 알겠네　遍拜知公孝思敦

– 판서공判書公이 조선조에 처음 벼슬하였고, 이부공도 관각館閣을 거쳤기 때문에 말하였다. –

– 이상은 원당元堂의 선영先塋 –

청림은 본래 바로 정공의 고향　青林自是鄭公鄉

이름난 조상 훌륭한 후손 명성이 높네　名祖賢孫並擅芳

마흔 글자를 촉매로 충성을 드러내고　四十字媒忠悃著

억천의 귀를 연 도학의 근원이 깊네　億千聾啓道源長

집안의 바른 정기 영원히 맥을 전하여　一家正氣遙傳脈

만세토록 묘우에서 길이 제향을 드리네　萬世靈宮永薦香

지난날 내가 조상의 자취 찾아볼 때는　我昔展瞻尋舊跡

산은 적막하고 바다는 출렁거렸었네	山阿寂寂海波洋

– 지주공知奏公의 「석죽화石竹花」 시를 점필재佔畢齋[97]가 ‘마흔 글자의 촉매’라고 하였다. –

– **이상은 오천서원**烏川書院 –

못은 수사 같고 산악은 니구산[98] 같은데	潭如洙泗岳尼丘
부자께서 당년에 낚시하고 노닐었네	夫子當年此釣遊
대도는 어두운 밤에도 해처럼 밝고	大道日明昏夜裡
충성은 큰 물결 속의 지주처럼 우뚝하였네	精忠柱屹巨波頭
인사의 영정은 감회가 아주 많아도	仁祠眞影偏多感
고향의 청산은 아직도 시름 띄고 있네	故里青山尚帶愁
나는 외람되이 방손과 외손을 겸하여	我忝傍支兼外裔
갱장[99]에 추모의 심정 늙을수록 커지네	羹墻遐慕老彌悠

– 포은圃隱 선생이 명나라로 사신가는 길에 회음淮陰에 이르러[100] 지은 시에 “누워서 고향 그리니 좋은 곳 많은데, 괴이하게 청산만은 유독 나를 저버렸네.[臥思故里多佳處 恠底靑山獨負余]”라고 하였다. –

– **이상은 임고서원**臨皐書院 –

---

97) 점필재(佔畢齋) : 김종직(金宗直, 1431~1492)의 호이다. 자는 계온(季昷), 본관은 선산(善山)이다. 1459년 문과에 급제, 선산 부사·예문관 제학·홍문관 대제학 등을 지냈다. 조선시대 도학(道學)의 정맥을 이어가는 중추적 역할을 하였다. 시호는 문충(文忠)이다. 저서로는 『점필재집』·『일선지(一善誌)』·『유두류록(遊頭流錄)』·『청구풍아(靑丘風雅)』·『당후일기(堂後日記)』 등이 있다.

98) 수사(洙泗)……니구산(尼丘山) : ‘수사’는 중국 산동성(山東省) 곡부(曲阜)를 지나는 두 개의 강으로, 공자가 주변에서 제자를 가르쳤다. ‘니구’는 곡부에 있는 산으로 공자의 아버지 숙량흘(叔梁紇)이 이곳에서 빌어 공자를 낳았다고 한다. 모두 포은의 학문의 연원이 공자에게 있음을 밝히기 위해 사용된 시어이다.

99) 갱장(羹墻) : 선인(先人)을 그리워하는 것을 말한다. 순(舜)임금이 요임금을 지극히 그리워하여 “자리에 앉으면 담에 요임금의 모습이 나타나는 듯하고 밥을 먹으면 국그릇 속에 요임금의 모습이 비치는 듯하였다.[坐則見堯於墻 食則覩堯於羹]”는 고사에서 유래한다.(『後漢書』「李固列傳」)

100) 회음(淮陰)에 이르러 : 『포은집』 권1의 「배를 회음에서 출발하여 보응현으로 향하며[舟發淮陰 向寶應縣]」로 보인다.

포은 선생 명가의 후손으로 圃老名家後
두 훌륭한 분 정맥을 이었네 兩賢的脈承
경전에 밝아 후감을 넘어섰고 經明超厚鑑
덕이 높아 현흥을 초월하였네 德邵邁玄興
형제분이 어느 날 세상 떠나셨나 棣萼摧何日
임천에서 슬픔만이 더하여지네 林泉愴却增
겹겹의 산을 넘어 멀리 오시니 遠來穿複嶂
층층의 구름에 닿는 의기 드높네 高義薄雲層

– 한나라 유학자 중에 정현鄭玄[101]과 정흥鄭興[102]이 있었고, 송나라 유학자 중에 정감鄭鑑[103]이 있었으며, 정후鄭厚[104] 또한 예전의 명사名士였다. –

– 이상은 횡계橫溪에서 감회가 있어 –

병조에서 당직을 서는 중에 우연히 읊다[騎省直中偶吟] 신유년(1741)

무서리의 냉기 어젯밤 옷을 파고들더니 微霜昨夜冷穿衣
병조의 당 앞에 낙엽이 흩날리네 騎省堂前木葉飛
고향 산속 푸른 소나무 탈 없을까 故壑蒼松無恙否
맑은 그늘로 사람 돌아오길 기다리겠지 應留清樾待人歸

---

101) 정현(鄭玄, 127~200) : 동한(東漢) 시대의 대학자이다. 경전(經傳)에 대해 해박한 지식을 가지고 있어 경전에 대한 주석서를 많이 남겼다.

102) 정흥(鄭興) : 동한(東漢) 때 개봉(開封) 사람이다. 어려서부터 『춘추전(春秋傳)』을 배웠고 『주례(周禮)』와 역수(曆數)에 밝았다.

103) 정감(鄭鑑, 1145~1182) : 자는 자명(自明), 호는 식재(植齋)이고, 동도(東導) 사람이다. 학행으로 천거를 받아 태학정(太學正)이 되었다.

104) 정후(鄭厚, 1100~1161) : 자는 숙우(叔友)이고, 하계(霞溪) 사람이다. 1135년에 입격하여 좌종사랑(左從事郎)·천주 절도추관(泉州節度推官) 등을 지냈다.

9월 9일에 집을 생각하며[九日思家]

한양의 객지살이 무엇하고 싶어서인가 京華旅食欲何爲
형제 처자들 멀리 떠나 괴롭기만 하네 兄弟妻兒苦遠離
꿈속 생각 아득하여 재를 쉬이 넘어도 夢爲思悠踰嶺易
편지는 하늘 넓어 집에 더디 도착하네 書緣天闊到家遲
앞산의 단풍은 나무 많음을 알게 하고 山前紫葉知多樹
섬돌 앞의 국화 몇 가지나 피었는가 階上黃花問幾枝
강동으로 머리 돌리니 가을 벌써 깊어도 回首江東秋已晩
계응[105]의 신선 돛배 따르기 어렵네 季鷹仙帆也難追

춘추관 기주관을 겸직하여 예문관에서 당직을 서는데, 9월 13일이 대전의 탄신일이어서 하사하신 술과 안주를 받고 황공과 감격을 이기지 못하여 율시 한 수를 읊고는 홍문관 당직실로 보내어 화운을 요구하다[以兼春秋 直藝文館 九月十三日 大殿誕辰 伏蒙賜送酒肴 不勝惶感 吟成一律 奉呈玉堂直廬求和]

늙은 병조 좌랑 기주관을 겸하여 白首騎郎攝史臺
다시 돌아온 탄신일 맞아 기뻐하네 欣逢聖節此重回
관리들 천년 향수 축원하고 물러나자 鷺班共祝千年退
주상께서 바로 오미를 나누어 주셨네 螭陛俄頒五味來
맛깔 나는 안주 너른 소반에 쌓이어 彩動珍肴堆廣案
향기로운 술은 깊은 잔을 가득 채우네 香凝玉露透深杯

---

105) 계응(季鷹) : 진(晉)나라 장한(張翰, ?~?)의 자이다. 동조연(東曹掾)이라는 관직에 있다가 어느 날 가을바람이 부는 것을 보고, 고향의 순채국과 농어회가 그리워져 사직하고 배를 타고 고향을 돌아온 고사에서 유래한다.(『晉書』「文苑列傳·張翰」)

바다 같은 성은에 작은 보탬도 없어　盛恩如海無絲補
밤새 황송하여 스스로 가누지 못하네　惶隕終宵不自裁

교리 정택지 준일[106]이 홍문관에서 당직을 서며 지은 시에 차운하다[次鄭校理宅之 俊一 玉署直中韻]

풍채가 한나라 당시를 아련히 압도하니　風裁遙壓漢當時
늦도록 푸른 솔 더디다고 아쉬워하랴　晩翠孤松豈恨遲
명망은 난아한 선비 선발에 아주 걸맞고　懿望特膺儒雅選
충심은 밝으신 주상의 인정을 특히 입었네　丹忱偏荷聖明知
간하는 글 지어지자 주상께 올라가고　書成諫草呈金閣
경연 파하자 홍문관에 은총 내렸네　講罷經帷下玉墀
가학의 연원 지금까지도 남아 있으니　家學淵源今尙在
부디 도의를 뜻하고 사정에 끌리지 말게　須思道義莫牽私

이조 조계명 명경[107]이 경상도 감영에서 시호 내리는 일에 참여하고 바로 고향 영천으로 가는 것을 전송하다[送曺吏部季明 命敬 赴嶺營宣諡 仍向永州故鄕]

그대 지금 어명 받아 남쪽으로 가는데　君今御命向南州

---

106) 정준일(鄭俊一, 1688~?) : 자는 택지(宅之), 본관은 영일이다. 1735년 문과에 급제, 정언·승지 등을 지냈다.
107) 조명경(曺命敬, 1699~?) : 자는 계명(季明), 본관은 창녕(昌寧)이다. 1730년 문과에 급제, 지평·수찬 등을 지냈다.

눈 고개 언 여울 길이 참 아득하네	雪嶺冰灘路正悠
명승이 함께 화려한 말을 따르고	形勝幷隨珂馬指
풍광이 모두 금낭[108] 속으로 들어오네	風烟盡入錦囊收
물굽이 긴 낙동강 참 근원이 있고	波長洛水眞源在
바위 솟은 금오산 꿋꿋한 절개 남아있네	石聳烏山壯節畱
이번 걸음에 그리던 고향의 감회 품고서	此去便懷桑梓感
유허지를 찾아가고 선영을 보수하겠지	舊墟尋處更先丘

영천에서 일찍이 두 가문의 명성 말하나	永州曾說兩家聲
중세에 그대의 가문 서울을 뒤흔들었네	中世高門振上京
계돈사[109]에서 맹약하여 옛 친구 따르고	雞社有盟追舊契
노반[110]에서 만나[111] 새로운 정 나누었네	鷺班傾盖託新情
동화[112]에서 오래 고생하는 내가 가련해	憐吾久困東華食
이제 금의환향하는 그대를 부러워하네	羡子今成晝錦行
고향의 산천[113]은 탈 없이 그대로인지	某水某丘無恙否
돌아오는 날 나에게 분명히 말해주오	歸來向我語分明

---

108) 금낭(錦囊) : 시를 적어서 넣는 비단 주머니를 말한다. 당나라 이하(李賀)가 외출할 때 종에게 비단 주머니를 가지고 따라 다니게 하면서 시를 지으면 그 속에 넣었던 고사에서 유래한다.(『新唐書』「文藝列傳下·李賀」)

109) 계돈사[雞社] : 한 마을 사람들끼리 계(契)를 닦는 것을 말한다. 한유(韓愈, 768~824) 「남계에 비로소 배를 띄워[南溪始泛]」의 "원한다네 한 마을 사람이 되어, 봄 가을에 계돈으로 잔치 열기를.[願爲同社人 雞豚燕春秋]"에서 유래한다.(『韓昌黎集』)

110) 노반(鷺班) : 조정 관리들의 반열을 말한다.

111) 만나[傾盖] : '경개'는 수레를 멈추고 일산을 기울여 만나는 것을 말한다. "속담에서, '흰 머리는 새로운 듯해도 만남은 오래된 듯하네.'라고 하였다.[諺曰 白頭如新 傾蓋如故]"에서 온 말이다.(『史記』「鄒陽傳」)

112) 동화(東華) : 명·청 때 조정의 중추 관서를 동화문(東華門) 안에 설치하였기 때문에 조정 또는 중앙 관서를 말한다.

113) 고향의 산천[某水某丘] : '모수모구'는 한유(韓愈)의 「양 소윤을 전송하는 서문[送楊少尹序]」의 "저 물가와 저 언덕은 어린 시절 내가 물고기 잡고 노닐었던 곳이다.[某水某丘 吾童子時所釣遊也]"에서 온 말이다.

병조에서 당직을 서는 중에 좌랑 오경숙 명수의 시에 차운하다[騎省直中次吳佐郎敬叔 命脩 韻]

찬바람 세차고 된서리 자욱한데	寒風淅瀝厚霜繁
따뜻한 방의 난로 역시 성은이네	暖室薰鑪亦聖恩
오색의 서기 구름 사전[114]에 어리고	五色祥雲浮四殿
둥글고 밝은 달 도성을 비추네	一輪明月耀千門
구리 병 낮에 물방울로 시각 알리고	銅壺晝滴隨時報
쇠북은 밤에 시각 따라 크게 울리네	金鼓宵鳴逐點喧
앞자리 밝은 광채 꿈에 자주 들어오니	前席耿光頻入夢
하찮은 충심 정령의 혼 깨움을 알겠네	也知微悃發精魂

좌랑 류중신과 오경숙이 서리에게 운을 짚게 하여 시를 지었기에 드디어 화운하여 드리다[柳佐郎仲新與吳敬叔 命曹吏占韻 賦詩 遂和以呈]

세 관원이 마주앉아 서로 어울리니	三僚鼎坐臂相交
이야기 넘쳐서 술과 안주보다 낫네	談屑淋漓勝酒肴
패옥은 느린 걸음에 조회 뒤까지 퍼지고	環佩步遲朝後散
궁궐 종의 빠른 소리 한낮에도 울리네	宮鐘響急日中敲
시는 또랑또랑 읊고서 신편에 옮기고	詩成朗詠新篇寫
글은 크게 평가하고서 서책에 베껴두네	文入嵬評古簡抄
덧없는 세상의 공명 어찌 말할 만하랴	浮世功名何足說
충의를 잘 지켜 헛되이 버리지 마세	好將忠義莫虛抛

114) 사전(四殿) : 대전(大殿)·대비전(大妃殿)·중전(中殿)·동궁전(東宮殿)을 말한다.

류중신의 「약방연구」 시에 차운하다[次柳仲新藥房聯句韻]

장서각에서 겸직하던 날과　　蘭臺叨攝日
내의원에서 입진[115]에 참여하던 날　　藥院診參辰
제거[116]는 세 자리를 이었고　　提擧聯三席
의관은 열 명이 늘어섰네　　醫官列十人
함께 단약의 비결 들으니　　共聞丹鼎訣
천상의 몸인가 의심이 가네　　疑作廣庭身
한 번 나와 무지개다리 끊기니[117]　　一出虹橋斷
봉래산이 세상 티끌과 멀어지네　　蓬山隔世塵

봉계 상사 족숙 시의 운으로 시를 지어 도중의 무송 임지로 부치다. 2수[用鳳溪上舍族叔韻 寄道中茂松任所 二首]

금란의 친밀한 교분 마음이 통하더니　　金蘭密契映心肝
두 곳에 떨어져 소관에 매여 있네　　兩地分離繫小官
바다의 안개 파도 천리나 퍼져가고　　蝦海烟濤千里闊
한양의 서리 달 한밤에 차갑네　　漢城霜月五更寒
마음은 나비되어 나무숲을 헤쳐가고　　神交飛蝶穿湘樹
편지는 기러기 따라 산을 넘어가네　　墨借歸鴻度越山

---

115) 입진(入診): 임금의 처소에 들어가 임금의 기체를 진찰하는 것을 말한다.
116) 제거(提擧): 각 관청의 일을 명목상 책임지는 제조를 말한다.
117) 무지개다리 끊기니: 소식이 끊어짐을 말한다. 주희(朱熹)의 「무이도가(武夷棹歌)」 일곡(一曲)의 "홍교가 한번 끊어진 뒤로 소식이 없으니, 만 골짜기 천 바위가 푸른 안개 속에 잠겨 있네.[虹橋一斷無消息 萬壑千巖鎖翠煙]"에서 유래한다.

한 자리의 금서는 참으로 즐거웠지 　一榻琴書眞可樂
어느 날 고향으로 함께 돌아갈까 　故園何日與同還

겸 춘추관 하번으로 당후에 들어가서 당직을 서는데, 문득 봉계 상사 족숙께서 앞의 운으로 시를 읊어 보낸 것을 받아 다시 화운하여 드리다[以兼春秋下番 入直堂后 忽得鳳溪上舍族叔用前韻詠示 再和以呈] 임술년(1742)

꽃을 심었는데 봄기운은 돌지 않아 　栽花不欲向春陽
시내가 도랑물에 더럽혀질까 걱정하네 　却怕淸渠染汚潢
눈 덮인 찬 소나무 어이 색을 바꾸랴 　帶雪寒松寧改色
가을 지난 잔국은 아직도 향을 머금었네 　經秋殘菊尙含香
하늘 멀리 험한 길[118] 고향소식 아득하고 　天長鳥道迷鄕信
숲속에 숨은 달빛 나그네의 애 끓이네 　月隱瓊林惱客腸
궁궐 물시계 소리에 고향 꿈 놀라 깨어 　宮漏忽驚蘆渚夢
한밤 신위에 가득한 서리만 털어내네 　五更羞拂滿靴霜

최신중 임이 멀리서 절구 두 수를 부쳐와 차운하여 사례하다[崔信仲 恁 遠寄二絶 次韻以謝]

한 번 운림을 나서서 서울로 들어와 　一出雲林入帝州
봄 되자 고향 생각을 달래기 어렵네 　逢春難遣望鄕愁

118) 험한 길[鳥道] : '조도'는 새도 넘기 힘들다는 험한 길을 말한다.

그대의 훌륭한 시구 마주한 듯하여	誦君佳句如相對
영남의 길이 아득함도 잊어 버렸네	忘却山南道路悠

반년을 서울에서 돌아가지 못했는데	半年江漢未歸人
책력은 어느덧 또 새것으로 바뀌었네	臺曆居然又換新
늙어서 풍진이 나의 즐거움 아니니	皓首紅塵非我樂
벼슬을 던지고 꽃핀 봄을 찾아가야지	逝將投紱趁花春

2월 24일 당후에 있는데, 뜻밖에 결성 현감에 제수되었다. 28일에 사은숙배하고 과천에 이르러, 서울을 바라보며 말 위에서 입으로 불러 짓다[二月廿四日在堂后 忽蒙潔城之除 廿八日辭陛 翌日至果川 望京師馬上 口占]

결성潔城은 결성結城의 예전 이름이다.

갑자기 승정원에서 물러나	遽辭堂后職
멀리 바닷가를 향하여 가네	遙向海濱來
삼각산이 걸음마다 멀어지니	華岳行行遠
머리 돌려 다시 머뭇거리네	回頭更轉徊

한식날 길에서 당시에 차운하다[寒食日在途中 次唐詩]

서울에서 오백리 내려오니	洛下半千里
호서에는 봄날 한식일이네	湖西百五春
선영에 하직한 지 얼마인가	先塋辭幾日
해 넘겨도 돌아가지 못하네	經歲未歸人

결성에 도착하여 우연히 읊다[到結城偶吟]

현감[119] 되어 남쪽 온 것 무슨 인연인가　一麾南走是何緣
긴 성가퀴 외로운 성 바닷가에 아련하네　數雉孤城隱海邊
늦은 봄 작은 숲에 꽃잎 여기저기 날리고　春晩小林花作霰
조수 밀려오는 포구 끝은 물이 하늘 닿네　潮生極浦水連天
북녘 도성 쳐다보니 오색구름 자욱하고　北瞻帝里雲迷五
동녘 고향 바라보니 길이 천리나 되네　東望家山路隔千
적막한 빈 관아에 말할 사람이 없어　空舘寂寥無與語
사또의 풍미 참선하듯 담박하기만 하네　使君風味淡如禪

순영으로 가는 길에 청양을 지나며 도중이 생각나다[向巡營過靑陽 憶道中]

꽃 안개 퍼지는 삼월 청양을 지나니　烟花三月過靑陽
지난해 우리 종친 이 고을 다스렸네　昨歲吾宗宰是鄕
남긴 사랑 지금까지도 사라지지 않아　遺愛卽今猶不泯
어진 풍속 긴 봄과 함께 남아 있네　仁風留與一春長

돌아오는 길에 금강에 이르러, 배 위에서 우연히 읊다[歸路至錦江 船上偶吟]

느지막이 공주성을 나서서　晩出公山郭

---

119) 현감[一麾] : '일휘'는 지방의 수령이 됨을 말한다. 안연지(顔延之, 384~456)가 완함(阮咸)에 대하여 "누차 천거 받았어도 벼슬길에 못 오르다가, 수령 되어 외직으로 나갔네.[累薦不入官 一麾乃出守]"라고 한 데서 유래한다.(『文選』)

겨우 조각배 타고 돌아오네 聊乘片舸回
먼 산봉우리 푸른 이내 자욱하고 遠峰迷翠靄
기이한 바위 푸른 이끼에 가렸네 奇石隱蒼苔
물로 관리의 시름 씻어내고 水滌軒裳累
바람으로 나그네 먼지 털어내네 風梳驛路埃
물새가 이 뜻을 이해한 듯 沙禽如會意
오가며 서로 시샘하지 않네 來去不相猜

선원 재종형 중열 중학[120]과 재종제 명언 중옥이 절구 한 수와 율시 한 수를 부쳐주어서, 드디어 그 시에 차운하다[仙源再從兄仲悅 重學 再從弟明彦 重玉 寄示一絶一律 遂次其韻]

늘그막에 결성 현감으로 와서 到老來監古潔州
제민의 방법 없어 머리만 긁적이니 濟民無術但搔頭
매산 아래로 돌아가 살며 不如歸臥梅山下
형제와 기쁨 나누기만은 못하네 昆季欣揩久別眸

공문서 어지러워 잠시의 틈도 없으니 簿牒紛紜絶少閒
두꺼운 방석 늘어선 창도 기쁘지 않네 重茵列戟却非懽
부질없이 제로[121]의 도로 촉을 다스리니 謾將齊魯要臨蜀
누가 알겠나 새매가 난새보다 못함을 誰識鷹鸇不若鸞

---

120) 정중학(鄭重學, 1682~1749) : 자는 중열(仲悅), 본관은 영일이다. 훈수 정만양·지수 정규양의 문인이다.
121) 제로(齊魯) : 공자(孔子)와 맹자(孟子)가 살았던 나라이다. 이 시에서는 공자와 맹자가 추구하였던 왕도 정치(王道政治)를 말한다.

풍속이 교사하여 큰 소요 사라지지 않고 俗詐未除天水擾
아전들 간교하여 하찮은 속임도 막기 어렵네 吏奸難遏鼈銖瞞
백성을 살릴 묘책 베풀 곳이 없어서 壽民妙訣施無地
공연히 소매에 수민단[122]만 품고 있네 袖裡空藏一片丹

김시경 우윤의 시에 차운하다[次金時卿 雨潤 韻]

이렇게 와 모이니 얼마나 기이한 일인가 此來相聚事何奇
그대는 서울에 나는 지방에 지냈었네 君在京師我嶺陲
거북이 물을 잘못 벗어남은 아쉬웠으나 自恨龜跗離水誤
붕새가 바람 늦게 만났음은 탄식치 말게 休嗟鵬翮遇風遲
부침은 다만 다 분수를 따라야 하니 升沈只合都隨分
생활하며 어찌 요행의 때를 기다리랴 俯仰寧須巧偶時
뜬세상의 공명 참으로 웃을 만하지 浮世功名眞可笑
산마루의 비석도 이끼에 묻히는 것을 綠苔埋沒峴山碑

결성 관아 벽의 시에 차운하다[次潔城館壁上韻]

예전의 주가 이제 현이 되어 古州今作縣
외로운 관아 산을 마주하고 있네 孤館倚山前
꽃 핀 온 숲에 비 내리고 花發千林雨

---

122) 수민단[丹] : '단'은 백성을 오래 살도록 만든다는 수민단(壽民丹)의 준말이다.

갈매기 포구의 안개를 가르네 鷗穿半浦烟
찬 조수 절도 있게 밀려오고 寒潮噓有節
푸른 바다 끝없이 펼쳐 있네 蒼海闊無邊
태수가 한가한 흥취 많아 太守多閒趣
오르니 눈앞이 확 열리네 登臨眼豁然

동천 길가에서 우연히 읊다[銅川道上偶吟]

결성에서 물러나 필마로 돌아오는데 解綬西城匹馬歸
스산한 가을바람 마냥 옷자락에 부네 秋風蕭瑟謾吹衣
노을 속에 우연히 강 길로 접어드니 斜陽偶入江郊路
무심한 백조가 나에게로 날아오네 白鳥無心向我飛

조운로 용한[123]을 애도하는 만시[輓曺雲路 龍翰]

지난날 선생 문하에 있을 적에 昔在師門日
그대와 겨눌 사람 드문 줄 알았네 知君第罕肩
자품은 사숙[124]같이 단아하고 資如思叔雅

---

123) 조용한(曺龍翰, 1694~1741) : 자는 운로(雲路), 호는 자계(慈溪), 본관은 창녕(昌寧)이다. 정만양·정규양의 제자이다. 갈암 이현일의 신원을 위하여 상소문을 올렸다. 저서로는 『자계유고』가 있다.

124) 사숙(思叔) : 송나라 장역(張繹, ?~1108)의 자이다. 당초 향곡(鄕曲)에서 과거 공부를 하다가 나중에 이천의 문하에 들어가 성리학에 전념하였다.(『宋元學案』 권30) 조용한이 훈수 정만양·지수 정규양을 만나 성리학에 전념하였음을 말한다.

학업은 계수[125]의 전일을 본받았네 業效季隨專
새소리 느껴 부질없이 부 짓더니[126] 感鳥空成賦
뱀이라 여겨[127] 훌쩍 세상 떠났네 斟蛇遽嗇年
영춘당의 상노인 靈春堂上老
눈물 머금고 구천으로 들어가네 含淚入重泉

장령 이유[128]를 애도하는 만시[輓李掌令 濰]

여강 이씨 명문이라 영남을 빛내더니 驪江華閥耀東韓
청고한 공이 아름다움 다시 완전하였네 清苦如公美更完
치적이 두 번 올라 우관을 지내고 政績再攻傳遽馬
엄한 풍도 우뚝하여 장령이 되었네 風裁頻聳惠文冠
막 들 나루에 매인 빈 배를 탄식했더니 方嗟野渡虛舟繫
갑자기 저호[129]의 서성이 빛을 잃었네 忽見苴弧瑞宿殘

---

125) 계수(季隨) : 주자(朱子)의 제자 호계수(胡季隨, ?~?)를 말한다.

126) 새소리……짓더니 : 죽음의 징조를 느낀 것을 말한다. 가의(賈誼)가 유배되어 장사왕(長沙王)의 태부(太傅)로 있을 때 복조가 지붕 위에 날아와 모였다. 당시 민간에 전하는 말로는 복조가 지붕에 앉으면 그 집 주인이 죽는다고 하였으므로, 가의가 슬퍼하여 「복조부(鵩鳥賦)」를 지은 일에서 유래한다.(『史記』「賈生列傳」)

127) 뱀이라 여겨[斟蛇] : '짐사'는 활을 뱀으로 오인하여 스스로 병든 것을 말한다. 진(晉)나라 악광(樂廣)의 친구가 잔속에 비친 뱀의 그림자를 보고 마음이 섬뜩하여 그로 인하여 병들었다. 나중에 그 뱀이 벽에 걸린 활의 그림자임을 안 후 병이 절로 나았다는 고사에서 유래한다.(『晉書』「樂廣傳」)

128) 이유(李濰, 1669~1742) : 자는 거원(巨源), 호는 용포(龍浦), 본관은 여주(驪州)이다. 1702년 문과에 급제, 교수·우관·사헌부 장령 등을 지냈다. 저서로는 『용포집』이 있다.

129) 저호(苴弧) : '저'는 제후를 봉할 때 백모(白茅)에 그 방위에 해당하는 흙을 싸는[苴] 것이고, '호'는 남극 노인성으로 수성(壽星)이다. 80세 이상 노인에게 내리는 수직(壽職)을 말한다.

예전에 인리에서 외람되이도 모셨기에　仁里昔年叨得御
바라보며 흐르는 눈물 견디지 못하네　不堪回首淚闌干

꿈속에서 '추' 자 운의 한 연구를 얻어 곧장 보충하여 짓다[夢中得秋字一聯 仍以補成] 계해년(1743)

작은 집 새로 지으니 숲 언덕 가여서　小齋新築傍林丘
산과 물 둘러 있어 물색이 그윽하네　山水環圍物色幽
늙은 오동 옛 둑에 봉혈이 남아 있고　梧老古坊留鳳穴
세찬 폭포 깊은 골은 용추를 만들었네　瀑穿深壑作龍湫
땅은 고요히 매화의 별천지를 열고　地開窈窕梅花洞
하늘은 아득히 계수의 가을에 들었네　天入蒼茫桂樹秋
어조들 민속의 순박함 시샘치 않으니　魚鳥不猜氓俗厚
우선 서책을 들고 마냥 노닐어야지　且將緗簡任優游

용추에서 노닐다가 운을 짚어 시를 짓다[遊龍湫 占韻賦成]

양 언덕 기이한 절벽 귀신이 가른 듯　兩岸奇巖鬼劈開
작은 못 깊은 곳에 여울물 흘러드네　小潭深處激湍來
신룡은 어느 날 날아갔는지 아는가　神龍飛去知何日
이끼 뒤덮은 푸른 안개만이 보이네　但見蒼烟鎖綠苔

퇴도 선생의 명옥대[130] 시에 공경히 차운하다. 절구 2수[敬次退陶先生鳴玉臺韻 二絶] 소서 병기

명옥대는 학가산鶴駕山에 있는데, 선생께서 유람하고 시를 남겼다. 현종 을사년(1665)에 졸재拙齋 류원지柳元之[131] 공과 여러 사우들이 명옥대 위에 집을 지어 승려에게 지키도록 하고는 '창암정사蒼巖精舍'라 이름 하였다. 그 뒤에 허물어졌는데, 이제 들으니 안동부의 여러 어른들이 중건을 하고 싶어 통문을 돌려 여러 고을에 협조를 구한다고 하여 드디어 선생께서 남긴 운으로 사모의 회포를 담았다.

선생께서 찾은 지 몇 년이나 지났나	杖屨芳蹤問幾年
옛 명옥대 앞의 풍광이 쓸쓸하네	風光蕭瑟舊臺前
여울머리에 원래의 참 근원 있어	灘頭自有眞源在
맑은 물 만고토록 길이 흐르네	長注淸波萬古懸

푸른 바위에 세운 집 참 기이하더니	蒼巖起舍事眞奇
허물어져 후학들 슬픔 견디기 어려웠네	蕪沒難堪後學悲
이제 다행히 여러 공들 고쳐 지으니[132]	今幸諸公能肯構
흥하고 폐함이 시운에 달렸음을 알겠네	也知興廢亦關時

---

130) 명옥대(鳴玉臺) : 『퇴계집』 권4에 「산을 나서서 명옥대에 쓰다[出山 題鳴玉臺]」로 나온다.

131) 류원지(柳元之, 1598~1678) : 자는 장경(長卿), 호는 졸재(拙齋), 본관은 풍산(豊山)이다. 1636년 병자호란 때 안동에서 의병에 동참하였다. 황간 현감·진안 현감 등을 지냈다. 저서로는 『졸재집』·『존요록(尊堯錄)』·『봉선잡의(奉先雜儀)』 등이 있다.

132) 고쳐 지으니[肯構] : '긍구'는 자손이 선내의 유업을 잘 계승하는 것을 말한다. "만약 아버지가 집을 지으려 작정하여 이미 그 규모를 정했으면 그 아들이 기꺼이 당기를 마련하지 않으면서 하물며 기꺼이 집을 지으랴.[若考作室 旣底法 厥子乃弗肯堂 矧肯構]"에서 온 말이다.(『書經』「大誥」) 이 시에서는 후학들이 선배의 유업을 잘 이어 고쳐 짓는 것을 말한다.

김명우 세용[133])을 애도하는 만시[輓金鳴于 世鏞]

지난날 내가 외람되이 찾아가니[134])	昔我叨傾蓋
공께서 그만 친구로 대해주었네	惟公便忘友
금옹의 범절이 남아 있고	錦翁型範在
갈암의 안장[135])을 전승하였네	葛老眼藏傳
혜패[136])를 남이 누가 좋아하랴	蕙珮人誰玩
나물국마저 즐겨 먹었네	藜羹口有緣
형문[137])이 이제는 적막해졌으니	衡門今寂寞
이로부터 아현을 끊어야지[138])	從此斷牙絃

진사 조후룡[139])을 애도하는 만시[輓趙進士 後龍]

어옹의 풍도와 절의 우뚝하더니	漁翁風節卓

---

133) 김세용(金世鏞, 1673~1742) : 자는 명우(鳴于), 호는 이호(伊湖), 본관은 의성(義城)이다. 김명석(金命錫)과 함께 천전 양수재(川前兩秀才)라고 칭송받았다. 저서로는 『이호집』·『봉선의(奉先儀)』·『추원록(追遠錄)』 등이 있다.

134) 찾아가니[傾蓋] : 앞의 주 111) 참조.

135) 안장(眼藏) : 선문(禪門)에서 바른 세계를 보는 방법인 정법안장(正法眼藏)에서 온 말이다. 즉 깨달음의 진실을 의미하는 말로 쓰이는데, 석존이 깨달은 무상의 정법(正法)을 말한다.

136) 혜패(蕙佩) : 은자의 훌륭한 경륜과 포부를 말한다. 김세용이 처사의 삶을 살았기에 언급하였다.

137) 형문(衡門) : 나무막대기를 가로지는 사립문으로, 은자의 집을 말한다. "형문의 아래여, 쉬고 놀 수 있도다.[衡門之下 可以棲遲]"에서 온 말이다.(『詩經』「小雅·衡門」)

138) 아현을 끊어야지[斷牙絃] : '단아현'은 백아(伯牙)가 자신의 거문고 소리를 제대로 이해하던 종자기(鍾子期)가 죽자 거문고 줄을 끊은 일에서 온 말이다.(『列子』「湯問」) 이 만사에서는 친구의 죽음을 받아들이는 것을 말한다.

139) 조후룡(趙後龍, 1685~?) : 자는 운길(雲吉), 호는 신재(新齋), 본관은 함안(咸安)이다. 1735년 진사시에 입격하였다. 시문에 능하고, 충효와 의리를 후진들을 양성하였다.

남긴 복 청전[140]에 담겨있네	餘慶屬靑氈
젊어서는 문단에 깃발세우고	早建騷壇幟
늙어서는 성균관에 발탁되었네	晩抽璧沼蓮
고아한 문장은 현달을 싫어하고	高文憎達命
단아한 자품은 장수를 아꼈네	雅質嗇遐年
더구나 나와는 나이 같음에랴	況我聯花甲
만시 쓰자니 눈물 배나 흐르네	題詩涕倍漣

훈수 선생의 분황례를 거행하는 날 족제 윤문 중직[141]이 율시 한 수를 읊어 좌중에 올리기에 삼가 그 운에 차운하다[塤叟先生焚黃之日 族弟允文重稷 吟呈一律於座上 謹次其韻]

분황례 성대한 의식 좋은 날 잡으니	焚黃盛禮占辰良
특별한 은전 이제 태평성대를 만났네	異典今逢聖代昌
옥간정이 비며 경학이 흐려졌으나	玉磵亭空經學晦
빛나는 사헌부 지평 사림의 영광이네	霜臺秩煥士林光
신주 새로 고쳐 쓰니 혼령 계시는 듯	題新粉面靈如在
사령장 읽고 나니 묵향이 향기롭네	宣罷綸音墨有香
무악산은 짙푸르고 시냇물은 끝없으니	毋岳蒼蒼川水闊
훌륭한 자취 이와 함께 오래갈 것 알겠네	應知美跡與同長

140) 청전(靑氈) : 정전구물(靑氈舊物)의 준말로, 선소의 귀한 유물을 말한다. 진(晉)나라 왕헌지(王獻之) 고사에서 유래한다.(『晉書』「王之列傳·王獻之」)

141) 정중직(鄭重稷, 1694~1765) : 자는 윤문(允文), 호는 인재(忍齋), 본관은 영일이다. 매산의 문인이다. 문장과 학행으로 선비와 벗들의 추중을 받았다. 저서로는 『인재집』이 있다.

고산서당에서 주자의 「서림」[142] 시의 운을 써서 감회를 부치다[高山書堂用朱子西林韻 以寓感懷]

선생님 모시고 얼마나 맴돌았던가 曾隨杖屨幾裵回
오동 달 솔바람 작은 대에 가득하네 梧月松風滿小臺
지난 일들 이제는 모두 적막하여 往事如今都寂寞
못내 눈물 뿌리며 계단을 오르네 不堪揮淚上階來

지평 박옥여 성옥[143]을 애도하는 만시[輓朴持平玉汝 成玉]

승문원의 동료들 중에 자네가 뛰어나 槐院仙侶子居尤
승정원 가문의 명성 대대로 아름다웠네 薇省家聲世趾休
기량은 해주의 나는 기러기와 같고 器量海洲飄鴈鴨
문장은 파사국의 흩어진 구슬과 같았네 文章波肆散瓊珠
사헌부에서 금시[144] 올림을 보려했는데 臺端會見呈金矢
천상에서 옥루의 기문 쓰라 재촉하였네[145] 天上飜催記玉樓
그만이네 백아의 거문고 줄 끊어졌으니 已矣牙絃今斷絶
맑은 구름 어디에서 시름 함께 할까 淡雲何處共閒愁

---

142) 「서림(西林)」: 원래 제목은 「서림원 벽에 짓다. 2수[題西林院壁二首]」이다.

143) 박성옥(朴成玉, 1690~1743) : 자는 옥여(玉汝), 호는 만명헌(晩命軒), 본관은 함양(咸陽)이다. 1725년 문과에 급제하여 지평(持平) 등을 지냈다.

144) 금시(金矢): 쇠처럼 강하고 화살처럼 곧음으로, 직언을 말한다. "뼈에 붙은 마른 고기를 씹어서 강직한 금과 화살을 얻었다.[噬乾胏 得金矢]"에서 온 말이다.(『周易』「噬嗑卦」)

145) 천상에서……재촉하였네: 뛰어난 인재의 죽음을 말한다. 당나라 이상은(李商隱)의 「이장길소전(李長吉小傳)」에서 유래한다. 이하(李賀)가 낮 꿈에 '상제(上帝)께서 백옥루를 완성하시고, 그대를 불러 기문을 짓게 하려 한다.[上帝 成白玉樓 召君作記]'라고 적힌 옥판을 들고 있는 도인을 만났다. 이후 이하는 병들어 27세의 젊은 나이로 요절하였던 고사가 있다.

새벽에 한 줄기 구름이 산골 입구를 덮는 것을 보고 장난삼아 읊다[曉看一抹雲掩洞門 戲吟]

골짜기 외지고 숲 깊어 세상소리 막히니 洞僻林深隔世喧
겹친 봉우리 둘러치어 별천지 만들었네 重巒環作別乾坤
산신령이 속인의 발길 이를까 염려하여 山靈或恐塵蹤至
짐짓 한가한 구름으로 석문을 잠갔네 故遣閒雲鎖石門

맑은 밤에 우연히 읊다[淸夜偶吟]

빈 당에 가을밤이 깊어만 가니 虛堂秋夜向深更
대나무 달 솔바람 분수 넘치게 맑네 竹月松風分外淸
다 마신 술동이 앞에 취하여 누우니 飮罷罇前仍醉臥
가슴 속 세상 고뇌 가뿐히 흩어지네 滿腔塵累散輕輕

진사 이미보 덕록[146]을 애도하는 만시[輓李進士美甫 德祿]

경주의 문헌 상서로운 규성이 빛나니 東都文獻耀祥奎
부러운 그대 마음 자계[147]에서 나왔네 艶子靈源出紫溪

---

146) 이덕록(李德祿, 1677~1743) : 자는 중여(重輿), 호는 동고(東皐), 본관은 여강(驪江)이다. 1721년 소과에 입격하였다. 저서로는 『동고유고』가 있다.
147) 자계(紫溪) : 회재(晦齋) 이언적(李彦迪, 1491~1553)의 다른 호이다.

훌륭한 자품 성대하여 고니 머문 나무이고　美質蔚如停鵠樹
뛰어난 문장 웅건하여 바람 탄 말이네　雄詞健若駕風蹄
시운이 궁하여 벼슬길 나가지 못했으나　時窮未售公車選
명망으로 자주 이조의 추천에 올랐네　望邵頻登吏部提
천리가 지금 같으니 누가 다시 물으랴　天理如今誰復詰
명정에 부질없이 진사라고 쓰여 있네　粉旌空帶上庠題

재종제 명언이 찾아와 시를 주기에 차운하여 화답하다. 2수[再從弟明彦來訪贈詩 次韻以酬 二首]

사립문 오래 닫고 연 적이 없었는데　柴扉長掩不曾開
개 짖어 자네 개울 거슬러 오는 줄 알았네　犬吠知君泝澗來
손잡고 국화 핀 오솔길을 함께 찾으니　携手共探三逕菊
맑은 향기 소매 가득해 흥 가눌 길 없네　清香滿袖興難裁

초복[148] 다시 손질하여 산림으로 돌아오니　重修初服返林丘
연전에 서울 머무른 것 도리어 부끄럽네　却悔年前繡陌留
아이 가르치며 사익[149]의 도움만 바라　誨幼只希資四益
자취 감추며 어찌 감히 삼휴[150]를 배우랴　斂蹤何敢學三休

---

148) 초복(初服) : 벼슬하기 전에 입던 옷을 말한다. 굴원(屈原)의 「이소(離騷)」의 "물러가 다시 나의 초복을 손질하리.[退將復修吾初服]"에서 온 말이다.

149) 사익(四益) : 『주역』 「겸괘(謙卦)」의 단사에, 겸손한 사람에게 천도(天道)·지도(地道)·귀신(鬼神)·인도(人道)가 모두 이익을 준다고 나온다.

150) 삼휴(三休) : 당나라 사공도(司空圖, 837~908)의 「휴휴정기(休休亭記)」의 "첫째는 재주를 헤아려 보니 쉬는 것이 마땅하고, 둘째는 분수를 헤아려 보니 쉬는 것이 마땅하고, 셋째는 귀 먹고 노망났으니

바람 안개 자욱한 산골은 볼수록 좋고 風烟滿壑看無盡
채소 가득한 밭이랑 먹을거리 넉넉하네 蔬菜盈畦喫且優
만약 혜련[151]이 내 이웃에 살게 된다면 若得惠連鄰我卜
한가한 날 맑은 유람 함께 하고 싶네 願將餘日共淸遊

전적 황중회 침[152]이 봉계 족숙에게 보낸 「채색 대지팡이 노래」에 차운하다 [次黃典籍仲晦 沈 贈鳳溪族叔彩竹杖歌] 갑자년(1744)

해곡[153]의 모종 몇 천 년 되었나 嶰谷遺種幾千歲
해동에 내린 뿌리는 가늘지 않네 託根靑丘根不細
향기로운 죽순은 비 이슬에 자라고 香筍滋長雨露潤
늙은 마디는 이끼도 끼지 않네 老節不受笞蘚翳
낭간[154]은 육척을 자라도 곧고 단단하여 琅玕六尺直且勁
잡고 의지할 만하니 지팡이에 알맞네 可把可倚協杖制
뛰어난 장인이 얻어 색칠 잘 하니 良工得之善粧點
붉고 검고 푸르고 누른 색 찬란하네 丹黑靑黃耀襟裔
빛나기는 용 비늘의 광채와 같고 陸離殆若震鱗彩
아롱지기는 교인의 눈물[155]보다 낫네 璀璨無讓鮫人涕

쉬는 것이 마땅하다.[蓋量其才 一宜休也 揣其分 二宜休也 耄且聵 三宜休也]"에서 유래한다.
151) 혜련(惠連) : 사영운(謝靈運)의 족제로 시문이 뛰어나고 매우 훌륭하였다.
152) 황침(黃沈, 1688~?) : 자는 중회(仲晦), 본관은 장수(長水)이다. 1721년 문과에 급제하여 승문원 정자(承文院正字)를 지냈다.
153) 해곡(嶰谷) : 중국 곤륜산(崑崙山)의 골짜기로, 대가 잘 자라는 곳으로 일려져 있다.
154) 낭간(琅玕) : 푸른 옥으로, 대나무의 이칭이다. 곤륜산에 주옥(珠玉)이 열리는 나무를 낭간이라고 한 일에서 유래한다.(『抱朴子』「祛惑」)
155) 교인(鮫人)의 눈물 : 바다 속에 사는 교인이 물가의 인가(人家)에 머물다가 헤어질 때 눈물방울을

보배로서 인간 세상의 제일을 차지하니	至寶人間占第一
그윽한 골에서는 귀신들도 탐을 내겠네	幽壑應爲神鬼睨
두보의 도죽 한유의 적등[156] 좋아도	杜桃韓藤縱云美
이것에 견준다면 모두 보잘 것 없네	若比於此總廝隷
기물을 어찌 속세 사람이 가지리요	異物寧爲俗子有
금릉[157]에 보냄은 하늘이 알아서이네	付之金陵天所諦
금릉의 노인 참으로 고결하며	金陵老人儘高潔
일찍 경전을 배워 육예를 통하였네	早服經訓通六藝
뛰어난 재주 버려져 때는 못 만났어도	奇才抹撥不遇時
책상과 서책으로 가계를 삼았네	棐几淸緗爲家計
이 노인 이 지팡이 가짐이 꼭 맞아	此翁端合得此杖
한가로이 오가며 기분대로 짚으니	閒去閒來隨意曳
더러는 그윽한 산골에서 난초 캐고	或從幽磵采蘭芷
더러는 높은 산에 올라 솔 계수 찾으며	或陟高岡訪松桂
더러는 꽃밭에 걸어두고 물대기를 살피고	或挂花圃檢灌澆
더러는 논두렁에 꽂아두고 모내기 바라보네	或植禾畦看樹蓺
분사[158]와 괴시[159]에는 또 못 가도	枌社槐市且不往

짜내어 진주 구슬로 변하게 한 뒤, 소반에 가득 담아서 주인에게 이별 선물로 주었다는 전설에서 유래한다. 진(晉)나라 좌사(左思, 250~305)의 「오도부(吳都賦)」 주(註)에 나온다.

156) 두보(杜甫)의……적등(赤藤) : '도죽(桃竹)'은 대나무의 일종으로 재질이 견실하여 화살이나 지팡이를 만들기에 좋은데, 두보의 「도죽장인(桃竹杖引)」의 "강물 가운데 반석에 도죽이 자라니, 푸른 물결에 젖으며 적당히 자랐어라.[江心磻石生桃竹 蒼波噴浸尺度足]"에서 온 말이다. '적등(赤藤)'은 남방의 산중에서 난다는 적색 등나무로 만든 지팡이를 말하는데, 한유(韓愈)의 「적등장부(赤藤杖賦)」의 "적등으로 만든 지팡이는 이 세상에서 보지 못했는데, 대랑께서 비로소 전지에서 가지고 왔네.[赤藤爲杖世未窺 臺郎始携自滇池]"에서 온 말이다.

157) 금릉(金陵) : 명(明)나라 초기의 수도였던 남경(南京)으로, 이 시에서는 족숙들이 사는 봉계를 말한다.

158) 분사(枌社) : 분유사(枌榆社)의 약칭으로, 원래는 한 고조(漢高祖) 유방(劉邦)의 고향이다. 이후 일반적으로 고향의 이칭으로 쓰인다.

들 사슴과 시내 새가 짝이 되었네	野鹿溪鷗同作儷
구기와 국화로 정기, 책으로 마음을 길러	杞菊養精書養心
나이 일흔에도 고운 동안 지니고 있네	行年七十童顔麗
태을진인이 바꿔준 청려장이 아닌가	無乃太乙眞人幻青藜
연기 뿜어내며 한 없이 매끈하네	吹出烟光豁無泥
아니면 또 봉래산 신선이 빌려준 녹옥장인가	抑亦蓬萊仙子借綠玉
도규[160]에게 주면 일흔에 더 정예하겠네	分與刀圭耄益銳
만약 이 어른이 조정에서 짚는다면	若使此翁杖於朝
백만 창생 거의 아픔을 치유하였으리	百萬蒼生庶拭瞖
나는 한 집안 화목을 배운 사람이기에	我是同源講睦人
외람되이 마음 서로 맺기를 기약하였네	猥託心期暗相契
이제부터 풍진을 마냥 떠나 공을 따라가서	從今永謝風塵隨公去
안개 낀 푸른 물결에 노를 치며 노래하리	一鼓滄浪烟水枻

현고서당[161]의 시에 차운하다[次賢皐書堂韻 을축년(1745)

서당을 화남현 동쪽에 새로 열어	黨序新開花縣東
교육에 어찌 내가 아이에게 구하[162]리요	養蒙奚待我求童

---

159) 괴시(槐市) : 성균관 별칭이다. 한대(漢代)에 장안(長安)의 유생들이 토산물 등을 무역하던 시장인데, 그곳에 괴수(槐樹) 수백 그루가 줄 지어 서 있었으므로 붙여진 이름이다.

160) 도규(刀圭) : 약의 양(量)을 헤아리는 기구로, 칼과 비슷하며 위는 뾰족하고 가운데는 패여 있다. 의술(醫術)이나 약물(藥物)을 말하게 되었다.

161) 현고서당(賢皐書堂) : 조용석(曺龍錫, 1705~1774)이 후학을 가르치던 곳이다. 경북 영천시 화남면 임당리에 소재한다.

162) 내가……구하[我求童] : '아구동'은 교육자가 아이를 찾아다니는 것을 말한다. "내가 동몽에게 구하는

글로 모이니 현가의 소리 넘쳐나고	會文洋溢絃歌響
보고 물들어 예의와 사양의 풍속 이루리	觀善薰成禮讓風
잘 다스린[163] 교화 멀어 금로[164] 생각하고	化遠牛刀思錦老
서원[165]의 사우 높아 퇴계를 따르네	祠高鹿院挹陶翁
쇠로하여 외진 산 아래 오래 은둔하여도	衰遲久遯窮山下
도리어 좋은 이웃 취미 같아서 기뻐하네	却喜芳鄰臭味同

신 지평의 분황례를 거행할 적에 신문수 진귀의 시에 삼가 차운하다[謹次申持平焚黃時 申文叟 震龜 韻]

밝고 밝으신 우리 주상 어진 이 높여	明明我后樂崇賢
은전이 멀리 퍼지니 구천까지 미쳤네	雨露遐垂及壤泉
새로 내린 붉은 교지 곤의와 빛나고	封紫誥新同袞煥
분황하는 옛 의식 은전이 남다르네	爇黃儀古異茅纏
고아한 풍도 나약한 사람 일깨우고	高風足令懦夫起
훌륭한 자취 응당 역사책에 실리겠네	懿跡應輸太史傳
고향 마을에 선 두 정려문 바라보니	回首故閭雙綽楔
한 집안의 참 맥이 오래 이어왔네	一家眞脈遠相聯

것이 아니라 동몽이 나에게 구한다.[匪我求童蒙 童蒙求我]"에서 온 말이다.(『周易』「蒙卦」)

163) 잘 다스린[牛刀] : '우도'는 고을을 다스릴 수 있는 능력을 말한다. 공자가 자유(子游)가 다스리는 무성(武城)에 들렀다가 "닭을 잡는 데에 어찌 소 잡는 칼을 쓰리요.[割鷄焉用牛刀]"라고 한 데서 온 말이다.(『論語』「陽貨」)

164) 금로(錦老) : 갈암(葛庵) 이현일(李玄逸, 1627~1704)을 말한다.

165) 서원[鹿院] : '녹원'은 중국의 여산(廬山)에 있는 백록동서원(白鹿洞書院)을 말한다.

족제 윤문의 시에 차운하다[次族弟允文韻]

은거하려 잡은 터 물굽이 굽어보는데　占得巖棲俯碧灣
지난해 무슨 일로 산을 멀리 떠났는가　去年何事遠離山
어찌 날씨 따라 가고 멈춤을 짐작하랴　寧隨潦霽斟行止
부질없이 풍진 좇지 말고 어서 돌아오게　謾逐風埃報往還
서울 길 이미 천리나 아득히 멀어졌으니　纁陌已成千里隔
산속에서 일생을 한가로이 누려야하네　雲林要做一生閒
『주역』[166] 음미함이 생각 있을 것이나　羲經觀玩非無意
어리석음 쉽게 깨지 않으니 어찌하랴　其奈愚蒙未易扳

꿈속에 퇴계 선생을 뵙고[夢拜退溪先生]

꿈속에서 퇴계 선생을 직접 배알하니　夢中親拜李先生
손에 선기옥형 잡고 별자리 가리키네　手把璿璣指玉衡
영험한 가르침 간절히 귀에 남아 있어　靈訓丁寧昭在耳
꿈 깨자 꼿꼿이 앉아 작은 정성 일으키네　覺來危坐起微誠

남순회 국형을 애도하는 만시[輓南舜會 國衡]

일찍이 팔마비[167]의 남다른 일 들었더니　異事曾聞八馬碑

---

166) 『주역』[羲經] : 복희씨(伏羲氏)가 팔괘(八卦)를 처음 그었다고 해서 『주역』을 '희경'이라고도 한다.
167) 팔마비(八馬碑) : 고려 때 순천 부사(順天府使)가 바뀌어 돌아갈 때면 말 여덟 필을 선물로 주는

이제 보니 옥수[168]에 높은 가지도 있네 今看玉樹有高枝
즐거이 필묵 잡아 선대의 사업 이었고 好將觚墨承先業
황금을 꺼려서 후대의 기틀을 세웠네 恥把籯金立後基
정하에서 잠깐 단계[169]의 기쁨 누리더니 庭下乍膺丹桂喜
무덤 앞에 서둘러 백양[170]의 슬픔 잠겼네 墳前遽鎖白楊悲
어젯밤 분명 동쪽 유람하는 꿈꾸며 分明昨夜東遊夢
하염없이 채찍 당겨 찬 문짝을 두드렸네 謾拖征鞭叩冷扉

그믐날 고산정사에 있는데, 재종형 중열이 황중회와 함께 횡계서당을 들렀다가 와서 중회가 옥간정의 예전 운으로 시를 지어 느껴 사모하는 마음을 보여주기에, 드디어 받들어 화운하다[除夕 在高山精舍 再從兄仲悅 與黃仲晦 歷叩橫溪書堂而來 仲晦用玉磵亭舊韻 以示感慕之懷 遂以奉和]

지난날 문하에서 함께 모시던 일 추억하니 憶昔師門共掃塵
이십 년 동안 다시 만날 길 아득하였네 廿年重會杳無因
지우[171]와 오늘 저녁에 만나 기쁘나 雖欣芝宇逢今夕

풍습이 있었다. 부사 최석(崔碩)이 이를 받지 않음은 물론이고 재직 중에 말이 낳은 새끼까지 돌려보냈다. 이에 순천 사람들이 그 덕을 칭송하여 비석을 세우고 '팔마비'라고 한 고사에서 유래한다.(『新增東國輿地勝覽』「順天都護府」)

168) 옥수(玉樹) : 귀한 집안의 우수한 자제를 말한다. 진(晉)나라 사현(謝玄, 343~388)이 숙부 사안(謝安, 320~385)의 물음에 "비유하자면 지란 옥수가 집안 섬돌에 피어나 향기를 내뿜도록 하고 싶은 것과 같습니다.[譬如芝蘭玉樹 欲使其生於庭階耳]"라고 답한 고사에서 온 말이다.(『晉書』「謝安列傳·謝玄」)

169) 단계(丹桂) : 과거급제를 말한다. 송(宋)나라 두의(竇儀) 5형제가 과거에 급제하자, 재상을 지낸 풍도(馮道)가 "신령한 춘나무는 한 그루가 늙었고 붉은 계수나무는 다섯 그루가 꽃답구나.[靈椿一株老丹桂五株芳]"라고 한 데서 온 말이다.

170) 백양(白楊) : 무덤가에 많이 심는 나무로, 죽음을 말한다. 도잠(陶潛)의 「만가시(挽歌詩)」의 "황량한 풀은 어이 그리 아득한가, 백양나무 또한 쓸쓸하기만 하네.[荒草何茫茫 白楊亦蕭蕭]"에서 온 말이다.

배우던 때[172]가 옛일로 멀어졌으니 어이하랴　其奈鱣堂隔異辰
그대 서주에서 눈물 흘리는 나그네 되고　君作西州揮涕客
나는 숲속 집에서 시름겨운 사람 되었네　我爲林院愴心人
남기신 글이 이산의 아래에 있으니　遺文藏在尼山下
한 줄 푸른 봉우리처럼 만세에 우뚝하리　一髮青峯聳萬春

고산정사에서 중회와 섣달 그믐밤을 지새우는데, 중회가 앞 시의 운으로 재차 시를 지어서, 또 화운하다[高山精舍 與仲晦守歲 仲晦再疊前韻 又和之]

산 집이 적막하여 이끼 먼지 덮이더니　山齋寂寞掩苔塵
그대 남쪽에서 찾아와 좋은 인연 되었네　德旆南來有好因
해 넘기는 등잔불은 긴 밤에 꺼져가고　守歲燈殘消永夜
새벽 재촉하는 닭 울음 원단을 알리네　催晨雞唱報元辰
깊은 정 말하니 비록 속가슴 열려도　淡情話處雖開臆
지난일 추억하니 쉽게 마음 설레이네　往事追來易感人
상자 가득한 유고를 마주앉아 읽어보니　滿篋遺編相對玩
선생님[173] 모시고 앉아 있는가 싶네　却疑同坐一堂春

---

171) 지우(芝宇) : 상대방에 대한 존칭이다. 당나라 원덕수(元德秀, 695~754)의 자는 자지(紫芝)인데, 재상 방관(房琯)이 항상 덕수를 보면 탄식하며 "자지의 미우(眉宇)를 보면 사람으로 하여금 명리(名利)의 마음이 다 녹아나게 한다."고 한 일에서 유래한다.

172) 배우던 때[鱣堂] : '전당'은 학문을 배우던 강당(講堂)을 말한다. 한(漢)나라 양진(楊震, ?~124)이 강의를 하니 물새가 전어(鱣魚) 세 마리를 물고 날아와 강당 앞에서 머리를 조아리는 형상을 하였다는 고사에서 유래한다.(『後漢書』「楊震傳」)

173) 선생님[一堂春] : 주공섬(朱公掞, 1037~1094)이 여주(汝州)에 가서 정호(程顥)와 정이(程頤)를 만나보고 돌아와서는 사람들에게 "내가 한 달 동안이나 봄바람 속에 앉아 있었다.[某在春風中坐了一月]"라고 한 데서 유래한다.(『伊洛淵源錄』 권4)

원단에 중회가 『훈지록』 중 「기해년(1719) 그믐날」의 운으로 시를 지어 보여주기에, 나도 드디어 받들어 화운하다[元日 仲晦用塤篪錄中己亥除夕韻以示 余遂以奉和] 병인년(1746)

가물가물 배롱 등 말똥말똥 잠들지 못하니	篝燈明滅耿無眠
지난 일 아득하여 하나하나 서글퍼지네	往事蒼茫一愴然
강학에 좋은 친구 도움 필요하지만	講學只須資勝友
성찰에 어찌 감히 선현을 바라랴	省身何敢望前賢
지난날 길 헤맨 것이 너무 부끄럽구나	多慚故步全迷路
어느덧 쇠잔한 몸 나이만 더 먹었네	但覺殘骸更得年
우리들 스스로 새로워짐을 어찌 늦추리	吾輩自新寧可緩
가슴에는 아직도 밝은 천성 남아있네	胸中猶有未昏天

초2일 도중이 또 와서 머무르는데, 초4일 중회가 돌아가면서 또 '면' 자 운으로 시를 지어 주어서 바로 차운하여 부치다[初二日道中亦來留 初四日仲晦將歸 又疊眠字見贈 却次以寄]

나흘을 산 집에서 함께 자고나니	四夜山囱並枕眠
작별의 회포 더욱더 서글퍼지네	別來懷緖更愀然
영달도 궁축도 이제 모두 운명이나	髦英蠖屈今皆命
곤궁하여도 성취한 옛 현인 있다네[174]	窮餓玉成古有賢
치밀한 공부 노년에 거두리라 꼭 믿기에	須信密工收晚景

---

174) 곤궁하여도……있다네 : 송나라 장재(張載, 1020~1078)의 「서명(西銘)」의 "궁한 상황 속에서 근심에 잠기게 하는 것은 그대를 옥으로 만들어 주려는 것이다.[貧賤憂戚 庸玉汝於成也]"에서 유래한다.

우선 묵은 책을 가져다 여생을 보내세 且攜陳簡送餘年
평생의 지기[175]였기에 생각이 많으나 平生偲切非無意
어쩌랴 삼상[176]같이 각 하늘에 떨어짐을 其奈參商阻各天

손한기[177] 어른을 애도하는 만시[輓孫丈 漢機]

들으니 상여가 묘 터로 향한다는데 聞說靈車向九原
우리 고장의 원로 다시 누가 계시나 吾鄉耆老更誰存
문장의 아름다운 명예 문단에 올랐고 詞章美譽登文苑
충신의 훌륭한 풍도 효문을 계승하였네 忠信休風襲孝門
회갑을 지나 일흔에 팔년을 더하고 花甲七旬添八歲
뛰어난 두 아들에 또 여러 손자들 있네 蘭香二子又諸孫
평생의 여한 어디 있겠습니까마는 平生遺恨知何在
형산의 박옥[178] 안고 마냥 원망하네 寶璞荊山謾泣寃

175) 지기[偲切] : '시절'은 절절시시(切切偲偲)의 준말이다. 시시는 자상하고 부지런한 것이며, 절절은 간곡하고 지극한 것이다. 자로가 선비에 대해 물으니, 공자가 "붕우 간에는 간절하고 자상히 권면하며, 형제간에는 화락해야 한다.[朋友 切切偲偲 兄弟 怡怡]"라고 답한 데서 유래한다.(『論語』「子路」)

176) 삼상(參商) : 앞의 주 51) 참조.

177) 손한기(孫漢機, 1668~1745) : 자는 두삼(斗三), 호는 국포(菊圃), 본관은 밀양이다. 효성이 지극하였으며, 과거에 실패한 후로 경학에 전념하였다. 저서로는 『국포집』이 있다.

178) 형산(荊山)의 박옥(璞玉) : 알아주는 이가 없음을 말한다. 초(楚)나라 변화(卞和)가 형산에서 박옥을 얻어 여왕(厲王)에게 바쳤지만, 돌로 판정 받아 왼쪽 발이 베여졌다. 다시 무왕(武王)에게 바쳤지만 돌로 감정되어 오른쪽 발이 잘렸다. 문왕(文王)이 즉위하자, 박옥을 안고 형산 아래에서 피눈물을 흘리니, 문왕이 듣고 쪼개어서 보옥을 얻었다는 고사에서 유래한다.(『韓非子』「和氏」)

족제 명중이 보내온 시에 차운하다. 2수[次族弟明仲見贈韻 二首]

우연히 산문을 나와 역로에서 분주하다 偶出山扃驛路奔
돌아와 강 동쪽 촌락에 한가로이 누웠네 歸來閒臥水東村
평소 마음은 도우의 풀[179]을 좋아했는데 素心自喜陶牛草
뜬생각으로 어찌 위학[180]의 수레 추구하랴 浮念寧求衛鶴軒
돌밭에 수수 심으려고 노복을 모으고 種秫石田糾老僕
책 들고 먼지 책상에 앉아 아이 가르치네 抽書塵案教兒孫
긴긴 하루 맑은 창에 찾아오는 이 없어 淸囱晝永無人到
시내 바람 부는 대로 문은 열렸다 닫혔다 一任溪風掩啓門

평생의 재기와 학문 내 알고 있으니 才學平生我自知
못난 정성 좋은 시대 보답할 계책 없네 愚忱無計答淸時
눈앞의 험난한 길 참으로 두려우나 目前險路眞堪畏
몸 밖의 뜬 영광 어찌 할 만하랴 身外浮榮豈足爲
고요한 곳에서 공자[181]의 가르침을 찾고 靜處黙探洙泗訓
흥이 나면 정주[182]의 시 느긋이 읊네 興來閒詠洛閩詩

---

179) 도우의 풀[陶牛草] : 벼슬하지 않고 고향에 지내는 것을 말한다. 양(梁)나라 도홍경(陶弘景, 456~536)이 무제(武帝)의 부름을 받자, 소 두 마리를 그리되 한 마리는 풍성한 풀밭에 방목하는 형태로 그리고, 한 마리는 재갈을 물리고 머리를 얽어 사람에게 끌려가는 형태로 그려 무제에게 바쳐 출산(出山)하지 않을 뜻을 보인 고사에서 유래한다.(『梁書』 권5)

180) 위학(衛鶴) : 공 없이 분수에 넘치는 총애를 받는 것으로 부질없는 명성을 말한다. 위 의공(衛懿公)이 학을 좋아하여 학에게 수레를 타고 다닐 정도의 벼슬을 주었다는 고사에서 유래한다.(『春秋左氏傳』「閔公」 2年)

181) 공자[洙泗] : '수사'는 산동성(山東省) 곡부현(曲阜縣)의 사수(泗水)와 그 지류인 수수(洙水)를 말한다. 공자가 사수와 수수 사이에서 제자들을 가르쳤으므로 뒤에 공자의 사상과 학통을 가리키게 되었다.

182) 정주[洛閩] : '낙민'은 낙수(洛水)와 민중(閩中)을 말한다. 낙수에 정호(程顥, 1032~1085)·정이(程頤, 1033~1107) 형제가 있었고, 민중에 주희(朱熹, 1130~1200)가 있었다. 일반적으로 송대(宋代)의 정주

섬돌 가 매화 대나무 속세의 것 아니니　　階邊梅竹非塵物
남은 세월동안 길이 좋은 기약 맺으련다　　永把殘年結好期

권평중 후준을 애도하는 만시[輓權平仲 后準] 정묘년(1747)

일찍부터 망년지교를 맺어　　早荷忘年誼
고상한 풍도 매번 나를 일깨웠네　　高風每起余
가정에는 훌륭한 조상 계시고　　家傳名祖緖
책상에는 고인의 서적 쌓였네　　丌積古人書
옥을 품고 초야에 묻혔어도　　抱玉潛荒野
난초 심어[183] 큰 터를 잡았네　　滋蘭占大閭
일흔이 어찌 덕에 걸맞으리오　　七旬寧稱德
머리 돌리니 눈물 옷자락 적시네　　回首淚霑裾

감찰 권만칙 대규[184]를 애도하는 만시[輓權監察萬則 大規]

약관에 서로 따르며 친구가 되어　　弱歲相隨共結歡
그대의 마음 너그러움에 감복하였네　　服公胸海太夷寬

학(程朱學)을 의미한다.

183) 난초 심어[滋蘭] : '지란'은 초(楚)나라 굴원(屈原) 「이소(離騷)」의 "내가 구원의 땅에 이미 난초를 심어 놓고는, 다시 백묘의 땅에다 혜초를 심었노라.[余旣滋蘭之九畹兮 又樹蕙之百畝]"에서 온 말이다.

184) 권대규(權大規, 1676~1747) : 자는 만칙(萬則), 호는 치와(耻窩), 본관은 안동이다. 1715년 문과에 급제하여 감찰 등을 지냈다.

대를 이어 일찌감치 소과에 입격하고　芙茄早襲春光綠
형제가 나란히 대과에 급제하였네　桂蕚仍聯棣樹丹
단아한 성품 번리객[185]이 부끄러워　雅性恥爲墦裡客
뜬 명예 결국은 사헌부에 그쳤네　浮名終止殿中官
친구[186]의 오랜 생각 이제는 글렀으니　停雲舊想今成謬
용마루 달[187]에 놀라 눈물 절로 흐르네　梁月驚來涕自汍

자인 현감 장천응[188]을 애도하는 만시[輓張慈仁天應]

생각난다 손잡고 대궐을 들어갔을 적　憶曾携入大明宮
법주와 안주를 절하며 같이 받았네　法酒仙葩拜受同
문장은 뛰어난 작가들을 따를 만하고　詞翰可追名匠軌
전형은 고가의 풍도를 이을 수 있었네　典刑能繼古家風
국화의 성근 그림자 읊으며 늙어가더니　菊畦踈影吟邊老
괴혈의 뜬 영광[189] 꿈속에서도 비웠네　槐穴浮榮夢裡空

---

185) 번리객(墦裡客) : 묘제(墓祭)를 지낸 남은 음식을 구걸해 먹는 사람으로, 명예를 구하려고 권문세족의 집을 기웃거리는 것을 말한다. 산소 주변을 기웃거리며 배를 채우고는 집에 돌아와서는 귀인(貴人)들과 놀았다고 처첩에게 거드름을 부리는 천장부(賤丈夫)의 일에서 유래한다.(『孟子』「離婁下」)
186) 친구[停雲] : '정운'은 도잠(陶潛, 365~427)의 「머문 구름[停雲]」의 "뭉게뭉게 머문 구름이요, 부슬부슬 시절 비 내리네.[靄靄停雲 濛濛時雨]"에서 온 말이다.(『陶淵明集』 권1) 그 서문에서 "정운은 친우를 생각하는 것이다."라고 하였다.
187) 용마루 달[梁月] : 앞의 주 79) 참조.
188) 장천응(張天應) : 천응은 장위항(張緯恒, 1678~1747)의 자이다. 호는 와은(臥隱), 본관은 인동(仁同)이다. 1727년 문과에 급제, 사헌부 감찰·자인 현감 등을 지냈다. 저서로는 『와은유고』가 있다.
189) 괴혈(槐穴)의 뜬 영광 : '괴혈'은 홰나무의 빈속이다. 순우분(淳于棼)이 홰나무 아래에서 잠을 자다가, 꿈속에서 괴안국(槐安國)의 관리가 되어 부귀공명을 누렸으나, 깨어 보니 부질없는 꿈이었다는 고사에서 유래한다.(『異聞集』)

십년을 떨어져 지내다 영결을 하였으니 離闊十年成永隔
이 몸은 어디서 다시 마음 털어놓을까 此生何處更論衷

처사 이언환[190]을 애도하는 만시[輓李處士 彦煥]

인산의 학문을 주곡[191]께서 알았기에 仁山門路做翁知
가법을 전수한 중에 백미[192]였다네 家法傳來有白眉
입은 고서를 추환[193]처럼 즐겼고 口喫陳編芻豢悅
몸은 은거하며[194] 채란을 드리웠네 身嬰長珮茝蘭垂
재주 품고도 알아주는 이 만나지 못하여 懷才不入良工眄
가난으로 끝내 계녀[195]의 굶주림 슬퍼하였네 守薄終悲季女飢
수십 년 전 서로 좋았던 마음이건만 數十年前相好意
부끄럽게도 진세에 나와 서재와 격조하였네 愧投塵網阻書帷

---

190) 이언환(李彦煥) : 재령 이씨 영해 입향조 운악(雲岳) 이함(李涵)의 증손자 대에 묵와(默窩) 이언환을 말한다.

191) 주곡(做谷) : 이도(李櫂, 1636~1712)의 호이다. 자는 중수(重叟), 본관은 재령이다. 갈암 이현일의 문인으로 시예와 문장이 뛰어나고 성품이 온후하였으며, 주곡거사로 일컬어졌다.

192) 백미(白眉) : 재능이 가장 뛰어남을 말한다. 촉한(蜀漢) 때 눈썹이 흰 마량(馬良)이 형제들 중 가장 뛰어나서, 사람들이 "마씨 다섯 형제 중에 백미가 가장 훌륭하다.[馬氏五常 白眉最良]"고 한 데서 온 말이다.(『三國志』「馬良傳」)

193) 추환(芻豢) : '추'는 초식 동물이며, '환'은 곡식을 먹는 동물이다. "의리가 우리의 마음을 즐겁게 하는 것은 마치 고기 음식이 우리의 입을 즐겁게 해 주는 것과 같다.[理義之悅我心 猶芻豢之悅我口]"에서 온 말이다.(『孟子』「告子上」)

194) 은거하며[長珮] : '장패'는 은자의 모습을 말한다. 굴원의 「이소(離騷)」의 "우뚝한 내 관을 높이 쓰고, 치렁치렁한 내 패물을 길게 늘어뜨린다.[高余冠之岌岌兮 長余佩之陸離]"에서 유래한다.

195) 계녀(季女) : 젊은 아내를 말한다. "이에 올리기를, 종실의 창 아래에 하네. 누가 주관을 하는가, 공경스러운 젊은 부인이로다.[于以奠之 宗室牖下 誰其尸之 有齊季女]"에서 온 말이다.(『詩經』「召南·采蘋」)

김진백[196]을 애도하는 만시. 2수[輓金振伯 二首]

표은[197]의 집안에 훌륭한 후손 있어	瓢翁庭下有賢孫
금수[198]에서 유학하며 연원을 찾아갔네	錦水從遊泝的源
묘한 자품 절로 이루어 금옥처럼 아름답고	妙質天成金玉美
참된 공부 날로 성취하여 법도 보존되었네	眞工日就準繩存
신장[199]이 특히 많아 궁궐로 불렀는데	宸章特侈延瓊閣
단필[200]은 어찌 귀문의 해면[201] 더디었나	丹筆胡遲解鬼門
형산의 기둥 봉우리 이제는 이미 꺾이어	衡岳柱峰今已折
사림들 서로 조문하며 몰래 울음 삼키네	士林相吊暗聲呑

젊어서 나눈 진심 늙어서도 빛나서	弱歲傾心到晩暉
친구 된 맹세 둘 다 어김이 없었네	金蘭相契兩無違
막 마유[202] 치고 강석 열기를 바랐는데	方看馬帳開師座
생각이나 했나 광양에서 화를 당할 줄	那意鮑幡惹禍機
나라 일으킬 좋은 기회 이루지 못했는데	興國好期嗟未遂
용릉[203] 돌아오는 명정이 먼저 날아드네	舂陵歸旐遽先飛

196) 김진백(金振伯) : 진백은 김성탁(金聖鐸, 1684~1747)의 자이다. 갈암 이현일을 신원하는 소를 올렸다가 제주에 유배된 뒤 광양으로 이배되어 배소에서 세상을 떠났다.

197) 표은[瓢翁] : 표은(瓢隱) 김시온(金是榲, 1598~1669)을 말한다.

198) 금수(錦水) : 갈암(葛庵) 이현일(李玄逸)을 말한다.

199) 신장(宸章) : 임금의 글을 말한다.

200) 단필(丹筆) : 죄상을 기록한 글이다, 집법관이 붉은 색깔로 죄상을 기록하였기 때문에 생겨난 말이다.

201) 귀문(鬼門)의 해면 : '귀문'은 점쟁이들이 말하는 28수(宿) 중에 귀성(鬼星)이 있는 방위로, 귀신이 드나드는 곳이라 하여 매사에 꺼리는 방위이다. 이 제문에서는 제산 김성탁이 갈암 이현일의 신원을 청하다가 억울하게 당한 무고의 신원을 말한다.

202) 마유(馬帷) : 선생의 자리에 앉음을 말한다. 후한(後漢)의 마융(馬融)이 항상 붉은 휘장을 드리우고 앞을 가린 채 학생들을 가르친 고사에서 유래한다.(『後漢書』「馬融列傳」)

외진 살이 결국 강나루에서 곡도 못해 僻居竟失江頭哭
용마루 달 여전하여 눈물이 수건적시네 梁月依然淚滿巾

상사 손뇌여 명열이 단호에 와 머물면서 원일에 시를 보내와 축하하여, 차운하여 부치다[孫上舍賚予 命說 來住丹湖 元日寄詩來賀 次韻却寄] 무진년(1748)

적막하던 얼음골에 寂寥冰壑裡
추위 다가고 봄이 또 오니 寒盡春又生
버들가지마다 물오르고 柳色糚千線
매화 향기 두어 줄기에서 퍼지네 梅香點數莖
아름다운 계절 놓치기 쉽고 佳辰逢易失
좋은 벗은 만나기 어렵네 良友會難成
구경하며 어이 감회 없으랴 覽物寧無感
재잘재잘 산새들 지저귀네 嚶嚶山鳥鳴

보름 동안 만나지[204] 못한 채 半月違青眼
원단이 어느덧 되었네 新元倏已生
세성은 한 자리 옮겨가고 星移躔一次
양이 움직여 삼경을 묶었네[205] 陽動管三莖

---

203) 용릉(舂陵) : 고향을 말한다. 호남성(湖南省) 영원현(寧遠縣)의 지명으로, 북송의 성리학자 주돈이(周敦頤, 1017~1073)의 고향이다.

204) 만나지[青眼] : '청안'은 반갑게 만나는 것을 말한다.

205) 양(陽)이……묶었네 : 10월에 양(陽)이 처음 초효(初爻)에 자리하여 1월이 되면 삼효(三爻)까지 양이 자리하여 지천(地天) 태괘(泰卦)가 되는 현상을 말한다.

함께 늙어 정의 더욱 다정해도	同老情逾綣
계획대로 다시 찾지 못하였네	重尋計未成
보내준 시를 오래 읊으니	詩來哦詠久
불현듯 금 던지는 소리[206] 느꼈네	頓覺擲金鳴

조 상공이 효자 권목[207]의 행록에 지은 시에 삼가 차운하다[謹次趙相公題權孝子 穆 行錄韻]

훌륭한 행실 누가 알겠는가	至行人誰識
하늘이 세찬 불길로 드러내었네	天教烈火彰
절기는 한식일이었고	序逢寒食節
땅은 회계[208]와 비슷하였네	地埒會稽鄕
신주 안음은 계신 듯한[209] 효성이기에	奉版誠如在
몸은 불타도 신주는 무사하였네	焚身鬼不亡
천추토록 정려가 빛나리니	千秋華楔煥
응당 청사에 실리겠네	應入汗青揚

---

206) 금 던지는 소리 : 문장이 매우 아름다움을 말한다. 진(晉)나라 손작(孫綽, 314~371)이 「천태산부(天台山賦)」를 지어 친구 범영기(范榮期)에게 보여 주면서 "이 글을 땅에 던지면 음악 소리가 날 것"이라고 말한 데서 유래한다.(『晉書』「孫綽傳」)

207) 권목(權穆, 1643~1708) : 자는 심중(深仲), 본관은 안동이다. 사당에 불이 나자 불길 속으로 들어가 신주를 품에 앉은 채 불에 타 죽어, 증관(贈官)과 정려(旌閭)를 받았다. 『매산집』 권7 「효자 화산 권공의 묘지명[孝子花山權公墓誌銘]」 참조.

208) 회계(會稽) : 진나라 때 회계 출신으로, '강(康)' 자가 들어가는 자(字)를 가진 세 명의 효자, 경강(敬康, 孔愉)·위강(偉康, 張茂)·세강(世康, 丁康)을 말한다.(『晉書』「孔愉傳」)

209) 계신 듯한[如在] : '여재'는 제사를 지낼 적에 살아 계실 때처럼 정성을 다하는 것을 말한다. "제사지낼 때에는 계신 듯이 하였으며[祭如在]"에서 온 말이다.(『論語』「八佾」)

상사 이회가 형운이 멀리서 율시 한 수를 부쳐서, 받들어 화운하여 드리다[李上舍會嘉 亨運 遠寄一律 奉和以呈]

젊어서 문장이 번개 같이 빨라	早歲詞鋒若電奔
문단의 노장들도 항복 깃발 들었네	騷壇老將奏降旛
영고는 예로부터 모두 운명인데	枯榮從古無非命
득실을 지금에 어이 논하겠는가	得失如今豈足論
못난 내가 친구 끝자리 부끄러우니	愧我鹵資叨末契
그대 청아한 시편 나그네 혼 위로하네	荷君淸什慰羇魂
작별한 지 육년 동안 산하가 가로막아	分携六載關河隔
어느 날 글을 논하며 술동이 함께 할까	何日談文共一罇

좌랑 김원중 경필[210]을 애도하는 만시[輓金佐郎源仲 景泌]

개암[211] 집안의 쌓인 복이 면면하여	開老家庭積慶綿
소과와 대과 출신이 서로 연이었네	翠蓮丹桂影相連
행실은 유법을 따라 패옥 오래 드리우고	行遵儒軌長垂珮
문장은 문단을 압도해 일찍이 선도하였네	文壓騷壇早執鞭
생각이나 했나 병조에서 숙직하던 객이	那意騎衙持被客
서둘러 옥루의 기문 짓는 신선 될 줄을	遽爲蟾殿記樓仙
지난해 승문원의 관리 땅에 묻고[212]	昔年槐院曾埋玉

210) 김경필(金景泌, 1701~1748) : 자는 원중(源仲), 호는 학음(鶴陰), 본관은 의성(義城)이다. 1735년 문과에 급제하여 병조 좌랑 등을 지냈다. 저서로는 『학음유고』가 있다.

211) 개암[開老] : 개암(開巖) 김우굉(金宇宏, 1524~1590)을 말한다.

남은 눈물로 다시 만장을 적시네　　餘淚重霑薤露篇

오록서당에서 본 대로 쓰다[梧麓書堂書事] 기사년(1749)

신령한 새 오랜 숲에 아직 이름 남겨　　靈禽古樹尙留名
서당을 짓기 위해 여러 기둥 세웠네　　爲作書堂起數楹
뾰족이 드러난 봉우리 점점이 푸르고　　峀露鬟尖千點翠
거울 같이 잔잔한 호수 너무나 맑네　　湖開鏡面十分淸
곱디고운 흰 달빛 처마로 스며들고　　娟娟皓月窺簷入
자욱이 뜬 남기 집을 둘러 피어나네　　藹藹浮嵐繞宅生
땅은 외지고 숲은 깊어 세상 일 끊겼으니　　境僻林深塵事絶
경전 들고 영재 모여들기만 기원하네　　願携黃卷會群英

오록서당의 잡영[梧麓書堂雜詠] 기문 병기

모자산母子山은 영천의 안산案山이다. 모자산에서 남쪽으로 뻗은 한 줄기가 매산梅山인데, 동서 두 산으로 나뉘어 내려온 산자락이 서로 마주하며 빙 둘러서 사방을 막고 있다. 그 안이 퍽이나 그윽하고 깊숙하며 널찍해서 자연스럽게 한 산골을 이룬다. 산골 밖의 매곡梅谷은 겨우 두 마을이 모여 있는데, 영천군에서 남쪽으로 35리 떨어져 있다.

군의 사람들이 '오방梧坊'으로 부르니, 이는 이 산에 본래 오동나무가 많아서 예전에 봉황이

212) 땅에 묻고[埋玉] : '매옥'은 훌륭한 사람이 죽는 것을 말한다. 진(晉)나라 유량(庾亮)이 죽어 땅에 묻히니 하충(何充)이 "옥수를 땅 속에 묻으니, 사람의 슬픈 정을 어찌 억제할 수 있으리오.[埋玉樹箸土中 使人情何能已已]"라고 한 데서 유래한다.(『世說新語』「傷逝」)

날아와 영천에서 노닐다가 이곳의 오동나무에 서식하며, 군의 남쪽 죽림竹林에서 대나무 씨를 따 먹어서이다. 그러므로 오방梧坊과 죽방竹坊이 있으니, 사실이 여지지輿地誌에 실려 있다고 한다. 어떤 이는 "풍수지리가가 군의 터가 봉황의 형국이기 때문에 이곳의 이름을 지었다."고도 하는데, 어느 이야기가 맞는지는 알지 못한다.

두 곳에는 모두 절이 있었는데, 바로 이른바 오정사梧井寺와 죽림사竹林寺이나, 지금은 죽림사만 있고 오정사는 없어졌다.

산이 동서로 갈라진 곳에 하나의 구릉이 있어서 노을이 피어나 그 꼭대기에 머무르는데, 아침저녁으로 붉고 푸른 기운이 서로 비추는 이곳을 '자하봉紫霞峰'이라 한다. 자하봉의 아랫자락에 한 뙈기의 너른 밭이 있는데, 앞에는 섬돌이 있고 곁에는 우물이 있으니, 바로 오정사의 옛 터이다.

동쪽으로 뻗은 첫 번째 산자락의 가장 높은 곳을 '토월봉吐月峰'이라 한다. 토월봉의 끝자락이 갈라져 두 벼랑을 만드는데, 층층으로 뻗어내려 남북을 가로막아 감싸고 있다. 그 안이 텅 비어 두어 마지기 넓이나 되는데, 조금 너르고 평평하여 살 만하며, 서쪽 산자락의 향일봉向日峰과 정면으로 마주하고 있다.

북쪽 벼랑 아래에는 석천石泉이 숲속에서 쏟아져 나오는데, 물이 맑고 시원하며 맛이 달콤하여 떠 마실 만하다. 산골물이 자하봉 아래에서 흘러내려 돌을 파고들며 부딪치는 소리가 마치 옥이 굴러가듯이 울리니, 바로 북간北磵이다. 들사람들이 그 아래에 둑을 쌓아 논에 물을 대어 왔다. 매년 봄비가 내리면 물이 불어나 맑고 깊은데, 깊이는 4~5장丈이나 되고 넓이는 백여 걸음정도 된다. 이름을 '동호桐湖'라고 하니, 이는 오방梧坊의 이름을 따라 미루어 붙여서이다.

내가 산에 들어온 뒤로 그윽한 숲 산골과 맑은 호수를 사랑하여 매번 여러 명의 관동冠童과 함께 소요하고 읊었다. 두어 칸의 초가집을 지어 책을 읽고 병을 요양하는 장소로 삼고 싶었으나, 가난한 살림에 감당할 재력이 없어 오랫동안 실행하지 못하고 마음으로 남몰래 아쉬워하였다. 자질子姪들이 나의 뜻을 알고는 함께 모의하고 자금을 출연하여 남의 헌 집을 사들여서, 드디어 토월봉 아래에 띠 풀을 베어내고 초가집을 엮었다.

무진년(1748) 2월에 공사를 시작하여 그해 여름 4월에 마쳤다. 집은 모두 여섯 칸으로, 남쪽의 네 칸은 방이고 북쪽의 두 칸은 부엌이며, 문미門楣에는 '오록서사梧麓書舍'라는 현판을 걸었다. 서사의 뒤에 또 다섯 칸짜리 집을 지어 승려 서너 명에게 집을 지키도록 하였다

집을 짓고 나서 드디어 그윽한 곳을 더듬어 승경지를 가려서 구경할 만한 곳에 이름을 붙였다.

북간北磵의 북쪽에 숲이 더욱 무성하고 골짜기가 더욱 깊은 곳을 '채지동採芝洞'이라 하였다.

북간의 동쪽에 큰 바위가 산언덕에 붙어 맑게 흐르는 물을 굽어보고 있는 너럭바위를 '청심대淸心臺'라 하였다.

서사書舍 서쪽에는 끊어진 산기슭이 호수를 굽어보는데 물빛이 찬란하며, 북쪽으로는 지동芝洞이 멀리 보이고 남쪽으로는 들판이 보이며 온 골짜기의 여러 산들이 모두 낱낱이 눈에 들어온다. 작은 초가 정자를 지어 '침호枕湖'라 이름하였다. 이어서 작은 어선을 만들어 달이 뜨거나 안개가 끼는 날에 객이 호수 밖에서 찾아오면 또한 태워서 맞이하고 보내려하였으나, 힘이 부쳐서 아직 하지 못하고 있다.

동호桐湖의 동쪽 벼랑에는 산기슭이 갑자기 십여 장 높이로 솟아 호수 중심을 굽어보고 있다. 여름이나 가을에는 맑은 물이 일렁이고 겨울이나 봄에는 쌓인 얼음이 새하얘서 올라보면 사람으로 하여금 무서워서 발을 서성이게 하니, '전긍대戰兢臺'이다. 동호의 서쪽 언덕에는 작은 낚시터가 있어 물을 굽어보고 있다. 주위에 무성한 숲과 맑은 그늘이 있어 앉아서 낚싯대를 던질 만하니, '대조기大釣磯'이다.

동호桐湖의 남쪽으로 산골 물을 따라 백여 걸음 걸어가면 양쪽에 언덕이 있어 이끼 낀 절벽이 깎아지르게 높다. 그 중간으로 여울물이 떨어져 맑은 못을 만들어 마치 네모난 거울의 표면처럼 고요하니, 세속에서 말하는 '용추龍湫'이다.

조금 남쪽으로는 바위 벼랑이 있다. 위가 평퍼짐하여 앉아 쉴 만하니, '초은대招隱臺'이다. 그 아래로 흐르는 산골 물이 맑고 얕아 돌다리가 듬성듬성 놓여 있으니, '심진교尋眞橋'이다. 다리 밖으로는 평야가 점점 넓어져서 보리밭과 벼논이 비단처럼 뒤섞여 있다. 때때로 농부의 노랫소리가 멀리서 숲속으로 은은히 울려 퍼지기도 하며, 또 해가 저물어 구름이 들판 가득 내려앉으면 또한 아름다워 감상할 만하다.

나는 체질이 허약하여 어려서부터 병치레를 많이 한 데다가 또 부형과 사우의 가르침을 받아 일찍부터 경학이 귀하게 여길 만하고 산림이 즐길 만하다는 것을 알아서 참으로 명리를 취하는 길에는 소홀하였다. 그러나 중년에 종족들이나 친구들의 다그침을 받아 과장에 드나들다가, 외람되이도 과거에 급제하여 세상의 일에 휘말려 부침한 것이 전후 대략 10년 정도이다.

다시 세상길을 돌며 물정을 고루 맛보고 나서 재주가 짧아 나랏일에 보탬이 없고 성격이 우활하여 시사에 맞지 않다는 것을 스스로 알게 되었다. 그래서 벼슬을 그만두고 고향으로 돌아와 분수대로 밭이나 갈며 세상에 알려지기를 추구하지 않았다. 이로부터 산림에서 지내려는 생각이 부득불 더 깊어져서 드디어 매곡의 초가를 수리하고는 사당을 지어 제사를 받들고, 집안 식구들을 데리고 들어와 살게 된 것이다. 돌이켜보니, 이곳에 서사를 짓기 시작한 지 7년 만에야 비로소 완공하였다.

매번 병이 뜸한 날에는 책을 들고 와서 머무르며 풍경을 둘러보면 구름과 안개가 짙게 깔리고 초목들이 빽빽하다. 찾아오는 이가 전혀 없어 집이 고요하여, 밝은 창가의 깨끗한 책상 앞에 단정히 앉아 책을 펼치고 글귀를 반복하여 푹 그 의미에 침잠하면 지난날 모호하여 의심스럽던 것이 점차 풀려 이해됨을 더욱 깨닫는다. 간혹 이해되지 않는 곳이 있으면 우선 마음을 비우고 의기를 내리고서 반복 탐구하여 마음 편히 순리대로 풀리기를 기다리지, 감히 억지로 끌어 부치지는 않는다.

또 더러는 친구들을 불러 예를 강의하고 글을 토론하며 아이들을 단속하여 글자를 가르치고 육예六藝를 시키기도 한다. 한 달이 지나고 철이 지나도 오랫동안 돌아가기를 잊어버리니, 또한 병든 회포를 풀고 세상 근심을 씻어내기에 충분하다.

이를테면 산골 물가의 꽃이 활짝 피고 산새들이 지저귀면 물길을 거슬러 올라 옷자락을 헤치며 대에 올라 바람을 쐬는 것은 유연悠然히 기수沂水 가에서 읊조리고 돌아오는 기상[213]과 같으며, 계절 따라 만물이 무성해져 나무의 녹음이 우거지면 이끼 낀 낚시터에서 낚싯대 드리우고 맑은 물결로 입안을 행구는[214] 것은 쇄연灑然히 낙원洛園에서 더위를 씻는[215] 것과 같으며, 가을바람이 쓸쓸히 불고 물과 달이 서로 어려 빛나면 친구들을 불러 술을 한껏 마심은 천호天湖[216]의 휘파람을 부는 것이며, 찬 눈이 펄펄 날리어 모든 바위에 하얗게 덮이면 청려장

---

213) 기수(沂水)……기상: 고상한 뜻을 가지고 자연 속에서 즐기는 낙과 이를 허락함을 말한다. 증점(曾點)이 "늦은 봄에 봄옷이 이루어지거든 관자 5~6인, 동자 6~7인과 함께 기수에서 목욕하고 무우에서 바람을 쐬고 읊으면서 돌아오겠습니다.[暮春者 春服旣成 冠者五六人 童子六七人 浴乎沂 風乎舞雩 詠而歸]"라고 하니, 공자가 "나는 점을 허여한다.[吾與點]"라고 한 일에서 유래한다.(『論語』「先進」)

214) 맑은……행구는: 은자의 생활을 즐기는 모습을 말한다. 진(晉)나라 손초(孫楚, ?~293)가 은거하면서 "돌을 베개 삼고 흐르는 물에 양치질하련다.[枕石漱流]"라고 말해야 할 것을 "물을 베고 돌로 양치질하련다.[枕流漱石]"라고 잘못 말하였다. 왕제(王濟)가 잘못을 지적하자, 손초가 물을 베는 것은 "속진에 찌든 귀를 씻어내기 위함이요.[洗其耳]" 돌로 양치질하는 것은 "연화에 물든 치아의 때를 갈아서 없애려 함이다.[礪其齒]"라고 대답했던 고사에서 유래한다.(『世說新語』「排調」)

215) 낙원(洛園)에서……씻는: '낙원'은 송나라 원풍(元豊) 2년에 제현(諸賢)들이 계(契)를 맺은 장소이다. 명도(明道) 정호(程顥, 1031~1085)도 참석하여 "해가 저물어서가 아니라, 하늘가의 가벼운 구름 탓이네.[未須愁日暮 天際是輕陰]"라고 하니, 양시(楊時, 1044~1130)가 그 온유하고 충후함에 경탄하였다고 한다.(『宋名臣錄』) 더위를 식히며 소인배들을 지나치게 미워하지 않는 자세를 말한다.

216) 천호(天湖): 주희(朱熹, 1130~1200)가 강학하던 곳인 한천정사(寒泉精舍)가 건녕부(建寧府) 천호(天湖) 부근에 있었다. 1175년에 동래(東萊) 여조겸(呂祖謙, 1137~1181)이 이곳으로 주희를 찾아와서 열흘

을 짚고 나가 낭랑히 읊음은 파교灞橋에서 어깨를 세우는[217] 것이다.

계절 따라 유람해도 기쁘지 않을 때가 없고 곳을 따라 배회해도 마음에 들지 않는 곳이 없다. 금년에도 이와 같이 하고 명년에도 또 이와 같이 하여 나이가 들고 근력이 쇠약해감도 알지 못한 채 이곳에서 왕래하고 휴식하며 죽을 때까지로 작정하고 배워온 것을 점검하려 한다. 눈금만큼의 진보도 보지 못하더라도 신기神氣를 편안히 하고 성정性情을 기르는 데는 시끄러운 도시의 거리와는 저절로 차이가 있을 것이다. 비록 고인의 즐거움에 있어서는 함부로 울타리를 엿보았다고 하지 못하나 어찌 전연 즐거움이 없다고 말할 수야 있겠는가?

마침내 잡영雜詠 절구 18수를 지어 그곳에 쓰고, 이참에 또 기문을 지어 산중고사山中故事로 남긴다.

기사년(1749) 7월 15일에서 3일 지나서 매산소은梅山小隱이 쓰다.

절구 18수

오방梧坊

봉황은 어느 해 떠났는가	鳳鳥何年去
푸른 산에 늙은 오동만 있네	青山有老梧
때에 따라 숨었다 다시 나오니	隨時隱復見
뭇 올빼미 어찌 성내리요[218]	衆鴟豈嚇吾

정도 머물며 함께 주자(周子)·정자(程子)·장자(張子)의 글을 읽었다. 그 후에 초학자들을 위해 대체(大體)에 해당되고 일용(日用)에 절실한 내용들을 함께 추려서 『근사록(近思錄)』을 편찬하였다.(『近思錄』 권수)

217) 파교(灞橋)……세우는 : '파교'는 장안(長安)의 파수(灞水) 위 다리로 시상을 잘 떠오르게 해주는 장소를 말한다. 소식(蘇軾)의 「진하 수재에게 베껴주다[贈寫眞何秀才]」의 "또 보지 못했는가, 눈 속에 나귀를 탄 맹호연이, 눈썹을 찌푸리고 시를 읊느라 어깨를 쫑긋이 세우고 있음을.[又不見雪中騎驢孟浩然 皺眉吟詩肩聳山]"에서 유래한다.

서사書舍

초옥이 구름 속에 고요하나 茆屋雲間靜
산을 등지고 물결이 둘렀네 負山控碧波
책이 있고 다시 벗 모이니 藏書仍會友
여기서 절차탁마할 만하네 於焉可琢磨

동호桐湖

네모난 호수 잔잔하고 方湖鏡面開
깊어서 배를 띄울 만하네 深可負漁艇
속명이 엄강이라 俚號類嚴江
맑은 바람 정신을 깨우네 清風覺喚醒

토월봉吐月峰

바위 위로 흰 달이 떠올라 石上素輪生
오동나무를 비추고 있네 來照梧桐樹
소자[219]의 일반의 마음[220]을 邵子一般心

---

218) 뭇……성내리요: 혜자(惠子)가 양(梁)나라 재상으로 있을 때 장자(莊子)가 찾아가자 자기 자리를 뺏으려는 것인가 의심하였다. 이에 장자가 대나무 열매가 아니면 먹지 않고 예천(醴泉)이 아니면 마시지 않는 원추(鵷鶵)란 새가 있는데, 늙은 올빼미란 놈이 썩은 쥐를 얻었다가 원추가 지나가자 그 썩은 쥐를 뺏으려는 줄 알고 화를 내어 소리를 질렀다는 고사로 무안을 주었던 일에서 유래한다. (『莊子』「秋水」)

219) 소자(邵子): 송나라 학자 소옹(邵雍, 1011~1077)을 말한다. 상수(象數)의 학문을 중시하여 태극(太極)을 우주의 본체로 보았다. 낙양(洛陽)에 거의 30년이나 살면서 거처하는 곳을 안락와(安樂窩)로 명명하고 스스로 안락선생(安樂先生)이라고 불렀다. 저서로는 『황극경세서(皇極經世書)』·『이천격양집(伊川擊壤集)』 등이 있다.

220) 일반(一般)의 마음: 도의 경지를 말한다. 소옹의 「맑은 밤에 읊다[淸夜吟]」의 "휘영청 둥근달은 중천에 뜨고, 상큼한 바람결이 물 위를 스칠 때, 일반의 맑은 의미를, 아는 이 적음을 헤아리네.[月到天

천년 뒤 누가 다시 되새길까 千載誰復遡

석천石泉

언덕 아래 돌이 많은 곳 岸低亂石多
졸졸 맑은 물이 떨어지네 涓涓滴靈液
움켜서 고운 이를 행구니 挹取漱瓊瑤
어느새 겨드랑이에 바람 이네 頓覺風生腋

자하봉紫霞峯

높은 봉우리 하늘에 닿아 高峯逼霄漢
붉은 노을에 갇혀 있으니 紫霞蒸不開
응당 신선이 있어 應有羽衣客
표연히 학을 타고 오겠네 飄然駕鶴來

채지동採芝洞

따고 따며 산골로 들어서니 采采入洞天
돌 틈에 영지가 많이 있네 石罅多芝草
우습도다 안류옹[221]이여 可笑安劉翁
진짜 사호[222]가 아닌 것을 却非眞四皓

心處 風來水面時 一般淸意味 料得少人知]"에서 온 말이다.(『伊川擊壤集』)

221) 안류옹(安劉翁) : '안류'는 여씨(呂氏)를 섬멸하고 유씨(劉氏)의 한실(漢室)을 안정시킨 주발(周勃)을 말한다. 한 고조가 죽은 뒤의 일을 여후(呂后)가 물었을 때, "주발은 중후하기만 할 뿐 문채가 없으나, 유씨를 편안케 할 자는 반드시 주발일 것이다.[周勃重厚少文 然安劉氏者必勃也]"라고 대답한 고사에서 온 말이다.(『史記』「高祖本紀」)

읍선대挹仙臺

머리 들어 단구[223]를 바라보니　　矯首望丹丘
송교[224]의 세계 끝이 없네　　松喬不可際
근심하던 회옹[225]의 마음으로　　悄悄晦翁心
부질없이 『참동계』[226]에 맡겨 보네　　謾託參同契

북간北磵

무성한 숲의 양쪽 벼랑　　兩崖翳翠林
가운데 한 줄기 시내 흐르네　　中有一道水
돌에 부딪쳐 떨어지는 여울물　　觸石落層湍
눈발 되어 칡덩굴 씻어주네　　飛雪灑葛藟

청심대淸心臺

은물결 너럭바위로 쏟아지고　　銀波注玉磐
큰 바위 그 물가에 서 있으니　　巨石臨其沚

---

222) 사호(四皓) : 진(秦)나라 말에 세상을 피하여 상산에 숨어 살던 네 노인 동원공(東園公)·기리계(綺里季)·녹리선생(甪里先生)·하황공(夏黃公)의 수염과 눈썹이 모두 희어 '사호'라고 하였다. 이들은 상산에서 영지를 따 먹었다고 한다.(『漢書』「張良傳」)

223) 단구(丹丘) : 밤이나 낮이나 항상 밝은 땅으로, 선인(仙人)이 사는 곳을 말한다. 굴원(屈原)의 「멀리 노닐다[遠遊]」의 "우인을 따라 단구에서 노닒이여, 죽지 않는 옛 고장에 머무는구나.[仍羽人於丹丘兮留不死之舊鄉]"에서 온 말이다.(『楚辭』 권5)

224) 송교(松喬) : 적송자(赤松子)와 왕자교(王子喬)로, 두 사람 모두 신선이다.

225) 회옹(晦翁) : 주희(朱熹, 1130~1200)를 말한다.

226) 『참동계(參同契)』 : 위백양(魏伯陽)이 저술한 책 이름으로, 주역(周易)·황로(黃老)·노화(爐火) 등의 삼가(三家)를 참동하여 하나로 돌아와서 대도(大道)를 묘계(妙契)하였다고 하여 붙인 이름이다. 주희(朱熹)가 『참동계고이(參同契考異)』를 지었다.

『주역』을 읽지 않아도	不待讀羲經
마음속에 티끌 한 점 없네	靈臺無點滓

침호정枕湖亭

작은 정자 수면에 떠 있어	小亭浮水面
흔들흔들 매지 않은 배와 같네	飄若不繫篷
무한한 호산의 빼어난 경치	無限湖山勝
한 눈에 모두 다 들어오네	都輸一望中

어정漁艇

일렁이는 안개 물결 드넓어도	瀲灩烟波闊
조각배 물길 거슬러 오를 만하네	扁舟可泝洄
어느 해에나 달밤에 배를 띄워	何年泛月夜
뱃노래 부르며 돌아올까	親唱棹歌回

향일봉向日峰

새벽 해 바다에서 떠오르니	曉旭出蒼海
큰 산이 먼저 햇살을 받네	穹岑先受光
뉘 알리요 나무꾼과 목동들도	誰知樵牧社
군주 사모하는 마음 품고 있음을	亦抱戀君腸

대조기大釣磯

날씨 따뜻하고 물결 고요하여	日暖淸波靜
드리운 낚싯줄 절로 둥둥	垂絲泛自如
기미 잊고[227] 자적하려는 것이지	忘機惟取適

물고기 잡으려 함은 아니네　　非是爲求魚

전긍대戰兢臺

대 아래 깊은 소 푸르러　　臺下深淵碧
오르니 허공에 떨어질 듯하네　　登臨若隕空
평생 이 마음 지니면　　平生持此意
참으로 영웅이 되겠네　　眞箇是英雄

용추龍湫

오래 산 노인이 "일찍이 깊은 소였는데, 지금은 모래가 쌓여 깊이가 얕아졌다."고 한다.

잠룡이 소 바닥에 엎드려 있어　　震鱗潭底伏
날리는 폭포 우레처럼 울리네　　飛瀑吼成雷
한 번 뛰어 어디로 숨었나　　一躍藏何地
미꾸라지 꼬리 흔들며 다가오네　　鰌鱔舞鬐來

초은대招隱臺

회남 소산淮南小山[228]이 「은사를 부르다[招隱士]」라는 사辭를 지었는데, 첫 구절은 다음과 같다. "계수나무 무성함이여 산이 그윽하도다. 꼿꼿하고 굽었음이여 가지 서로 얽혔도다.[桂樹叢生兮山之幽 偃蹇連蜷兮枝相繚]" 끝 구절은 다음과 같다. "계수나무 잡아당김이여 겨우 머무르니,

227) 기미 잊고[忘機] : '망기'는 자신의 이익을 꾀하는 사적인 마음을 잊는 것을 말한다. 기교심(機巧心)이 하나도 없는 바닷가의 주민에게 갈매기가 수도 없이 날아와 함께 노닐었다는 '구로망기(鷗鷺忘機)'의 고사에서 온 말이다.(『列子』「黃帝篇」)

228) 회남 소산(淮南小山) : 한(漢)나라 회남왕(淮南王) 유안(劉安, B.C.179~B.C.122)의 이른바 소산(小山)과 대산(大山)의 문객(文客) 가운데 소산에 속하는 이들을 가리키는 말이다.

범과 표범이 싸우고 큰곰과 작은곰이 포효하네. 왕손이여 돌아오소서, 산중에 오래 머무를 수 없다오.[扳援桂枝兮聊淹留 虎豹鬭兮熊羆咆 王孫兮歸來 山中兮不可以久留]" 이는 은자를 불러 산을 나가려 한 것이나, 또한 서둘러 그가 오기를 기필하지도 못한다. 이제는 그 뜻을 뒤집어 부름이 마땅하지 않다고 여겼다.

산중의 계수 떨기 늙어 가는데	山中叢桂老
누가 말하나 머물 수 없다고	誰說不可畱
곰 호랑이 사귄 지 이미 오래이니	熊虎慣已久
부르겠다고 떠들지 마라	招招莫浪咻

심진교尋眞橋

백운이 땅에 가득 깔렸으니	白雲濃滿地
어느 곳이 신선의 집인가	何處是仙家
무지개다리[229] 끊어지지 않았으니	虹橋猶未斷
흐르는 꽃잎 거스를 필요 없네	不必泝流花

이내정 만송[230]의 방문을 사례하다[謝李乃貞 晩松 來訪]

산골이 외져서 구름 늘 잠겼는데	洞僻雲長鎖
그대 어떻게 협곡을 거슬러 왔나	君何泝峽來

---

229) 무지개다리[虹橋] : '홍교'는 도학이 전승되고 있음을 알려주는 매개체이다. 송나라 주희(朱熹)의 「무이도가(武夷櫂歌)」의 "홍교가 한 번 끊어지자 소식이 없으니, 온갖 골짜기와 봉우리는 푸른 연기로 잠겼네.[虹橋一斷無消息 萬壑千峯鎖翠煙]"에서 온 말이다.

230) 이만송(李晩松, ?~?) : 자는 내정(乃貞), 호는 박암(璞巖), 본관은 전주이다. 문장과 행동이 청아하여 당세의 추중을 받았다. 저서로는 『박암집』이 있다.

밤새도록 옛 정의 나누는데	徹宵談舊誼
창밖에 달이 배회하고 있네	囱外月徘徊

양산 군수 권일보 만[231]을 애도하는 만시[輓權梁山一甫 萬]

충재[232]의 덕의가 성대하여	冲翁德儀盛
남은 은택 문장[233]에 넉넉하네	餘澤裕門墻
빛나는 청암정 정자이며	奐矣靑巖榭
아름다운 삼계 마을이네	蔚然森桂坊
기구[234]는 지난 세업이고	箕裘襲往緖
규벽[235]은 상서로움 품었네	奎壁孕奇祥
넓디넓은 정종[236]의 도량이며	烿闊鼎鐘量
찬란한 비단결 심성이네	媥爛錦繡腸
선비의 모범 유학을 익혀서이고	儒楷敦習魯
시의 격조 당풍을 닮아서이네	詩格妙侵唐

---

231) 권만(權萬, 1688~1749) : 자는 일보(一甫), 호는 강좌(江左), 본관은 안동(安東)이다. 1725년 문과에 급제, 성균관 직강·병조 정랑·양산 군수 등을 지냈다. 저서로는 『강좌집』이 있다.

232) 충재(冲齋) : 권벌(權橃, 1478~1548)의 호이다.

233) 문장(門墻) : 스승의 문하를 말한다. 이 만시에서는 권만이 훌륭한 집안에서 태어났음을 말한다.

234) 기구(箕裘) : 대를 이어 부조(父祖)의 업(業)을 잇는 것을 말한다. "훌륭한 대장장이의 아들은 반드시 갖옷 만드는 것을 배우고, 훌륭한 활 만드는 사람의 아들은 반드시 키 만드는 것을 배운다.[良冶之子 必學爲裘 良弓之子 必學爲箕]"에서 온 말이다.(『禮記』「學記」)

235) 규벽(奎壁) : 28수(宿)에 속하는 규수(奎宿)와 벽수(壁宿)의 합칭으로, 옛날에 문운(文運)을 주관한다고 믿었다.

236) 정종(鼎鐘) : 동(銅)으로 주조한 솥과 종을 합칭한 말이다. 옛날에 공훈을 표하는 문자를 대부분 이 종과 솥의 겉면에 새겼다. 이 만시에서는 도량의 넓음을 말하기 위해 사용하였다.

높은 등수로 급제[237]하고	射策取高第
이름 불려 대궐로 들어갔네	喚名登九閤
처세 서툴러 험로를 만나고	蹤踈遇險路
포부 크나 잠랑[238]으로 시달렸네	手大困潛郎
만년에 기영선[239]에 발탁되고	晩擢耆英選
오래 머무르며 사관을 겸하였네	久居兼史廂
종용히 군주를 모시며	從容侍玉宸
지척에서 용안을 가까이 하였네	咫尺襯龍光
경연 입대에 도리 있어	筵對有倫脊
군주의 칭찬 매우 자자하였네	衮褒極焜煌
잠시 뒤 양산 군수[240]로 나가	俄腰南郡綬
백성들의 상처 샅샅이 살폈으나	細櫛黎民瘍
참언이 도리어 얽어매어	讒舌反交構
은택이 끝내 베풀어지지 못하였네	惠風終未張
조정의 소명을 막 기대하였는데	方期應馹召
어이 서둘러 세상을 떠났는가	胡遽蛻蟬忙
형제들의 아픔은 어이하고	無乃棣華痛
남몰래 세상 떠남을 재촉하였는가	暗催楡景藏
혜문[241]이 조정을 떠나니	惠文違漢府

237) 급제[射策] : 과거 시험 형식의 하나인 대책(對策)으로 급제한 것을 말한다.

238) 잠랑(潛郎) : 재능이 있으면서도 불우하게 오랫동안 낮은 관직에 묻혀 있는 것을 말한다. 한(漢)나라 안사(顔駟)가 문제(文帝) 때 낭관(郎官)이 되어 경제(景帝)를 거쳐 무제(武帝) 때까지 승진하지 못하고 낭서(郎署)에서 늙었던 고사에서 유래한다.(『文選』「思玄賦」)

239) 기영선(耆英選) : 60세 이상 덕이 많은 원로대신의 모임인 기영회에 선발된 것을 말한다.

240) 양산 군수[南郡] : 『강좌집』「행장」에 따르면, 정묘년(1747) 여름에 임명되었다.

241) 혜문(惠文) : 후한의 혜문왕이 고안한 관(冠)으로, 근신을 말한다. 후한의 시중(侍中)이 즐겨 썼다고 하여, 이후 근신을 뜻하게 되었다.(『後漢書』「輿服志」)

보불에 치마가 떨어져 나갔네	粉黻缺虞裳
수와 지위가 덕에 차지 않으니	年位未充德
조화의 기미 어찌 틀어졌는가	化機何戾常
돌아보니 나는 어리석었어도	顧余抱黑窣
젊어서부터 서로 사귀었네	交臂自青陽
나는 매번 자네 의리에 탄복하고	我每服君義
자네는 나의 못남 잘 용납하였으니	君能容我狂
마음으로 득실을 엿보았고	皮中覸與奪
거문고 줄 위에 아양곡을 합쳤네[242)	絃上契峨洋
감히 다듬어 주기를 바라면서도	敢望石攻玉
훌륭한 이의 짝되기 부끄러웠네	自慚雞伴凰
사는 곳이 건절[243)이어서	所居異建浙
바라봄이 삼상[244)인 듯 막혔네	相望阻參商
편지는 연이어 주고받았으나	簡牘雖連續
풍의는 멀어져 아득하였네	風儀迥渺茫
응천에서의 지난해 만남은	凝川昨歲面
장접[245)인 듯 잠깐이었네	莊蝶片時場
흰머리로 근심스레 마주앉아	皓髮悄相對

242) 거문고……합쳤네 : 진정한 친구 사이가 되었음을 말한다. 춘추 시대 백아(伯牙)가 높은 산에 뜻을 두고 연주하면, 친구인 종자기(鍾子期)가 "멋지다, 우뚝하구나 태산처럼.[善哉 峩峩兮若泰山]"이라고 평하였고, 흐르는 물에 뜻을 두고 연주하면 "멋지다, 넘실대는구나 강하처럼.[善哉 洋洋兮若江河]"이라고 한 데서 유래한다.(『列子』「湯問」)

243) 건절(建浙) : 복건성(福建省)과 절강성(浙江省)으로, 서로 멀리 떨어져 있음을 말한다.

244) 삼상(參商) : 앞의 주 51) 참조.

245) 장접(莊蝶) : 장주(莊周)의 나비 꿈을 말한다. 장주가 꿈에서 나비가 되어 훨훨 날 적에는 즐거워하며 자신이 장주인 줄을 몰랐다가, 깨어보니 분명히 장주였다. 그래서 장주가 꿈에 나비가 된 것인지, 나비가 꿈에 장주가 된 것인지를 알 수 없었다는 고사에서 유래한다.(『莊子』「齊物論」)

속마음 말할 겨를 없었네　赤心談未遑
작별할 적 간곡한 말로　將分別繾綣
뒷날 청량산에서 만나자 하였네　後會指清凉
좋은 약속 아직 귀에 쟁쟁한데　佳約尚留耳
부음이 어찌 내 곁에 들리는가　訃聲胡在傍
서녘을 바라보며 한 번 통곡하니　西望發一慟
늙은이의 눈물 줄줄 쏟아지네　老淚瀉千行
저 태백산 기슭 바라보니　睠彼白岡麓
표연히 붉은 명정이 날리겠네　飄然丹旐颺
안타깝게도 말이 병들어　還嗟馬枕病
조촐한 술잔도 올리지 못하네　虛負稱綿觴
마음 담아 호리가[246]를 지으니　瀝肺寫蒿里
흰 구름만 하늘너머 아득하네　白雲天外長

족제 자욱 중기[247]가 형의 아들을 후사로 들이고, 종족과 친구들을 모아 조촐한 잔치를 열어 서로 축하하며 절구 한 수를 읊어서, 차운하여 정중히 축하하다[族弟子郁 重岐 取其兄子爲後 會宗族朋舊 設小酌相慶 吟一絶句 次韻奉賀]

경오년(1750)

후손이 누구인들 선조에서 나오지 않았나　衆支誰不出吾先

---

246) 호리가[蒿里] : 죽은 이를 애도하여 짓는 장송가(葬送歌)로, 만시를 말한다. 왕공(王公) 귀인(貴人)들에 대해서는 보통 해로곡(薤露曲)이라 하고, 사대부와 서인에 대해서는 호리곡(蒿里曲)이라 한다. (『史記』「田儋傳」註)

247) 정중기(鄭重岐, 1700~1759) : 자는 자욱(子郁), 호는 경우당(敬友堂), 본관은 영일이다. 매산의 문인이다. 저서로는 『경우당집』이 있다.

서로 이어가며 혈맥 전하게 할 수 있네　互繼能敎一氣傳
더구나 형의 아들 나의 아들과 같음에랴　况是兄兒同己子
자손들 면면한 번성[248]을 지켜보게 되리　竚看瓜瓞永綿綿

이이장 지확 어른의 천장을 애도하는 만시[李丈爾章 之熿 遷葬輓]

학가산이 상운에서 한 줄기 뻗어 나와　鶴峀祥雲出一枝
동으로 바닷가를 둘러 다시 울창하네　東游海上更葳蕤
뛰어난 자손 의젓하여 난옥같이 빛나니　佳孫岐嶷輝蘭玉
약관의 나이로 훈도 받아 가학을 익혔네　弱歲薰陶習禮詩
계승하여 지난 세업 전승할 줄 알았더니　肯構方看傳往緖
수문랑[249] 되려고 어이 서둘러 떠났는가　修文胡遽啬遐期
다행히도 이제 훌륭한 자손 유택 옮기니　幸今賢器移眞宅
남긴 복 영원토록 불어날 것을 알겠네　餘慶從知永世滋

뜰의 국화가 시월에야 비로소 피다[庭菊十月始開]

너 무슨 일로 중양절을 저버리고　問渠何事負重陽
초겨울 애써 기다려 꽃망울 터트려서　苦待初冬始吐黃

---

248) 번성[瓜瓞] : '과질'은 오이 덩굴로, 자손들의 번성을 말한다. "얽히고 얽힌 과질이여.[綿綿瓜瓞]"에서 온 말이다.(『詩經』「大雅·綿」)

249) 수문랑[修文] : '수문'은 천상(天上)에서 글을 짓는 관원을 말한다. 진(晉)나라 소소(蘇韶)가 죽은 뒤에 다시 나타나 현재 천상에는 공자(孔子)의 제자 안연(顔淵)과 복상(卜商)이 수문랑을 하고 있다고 말한 일에서 유래한다.

세상의 수많은 꽃들 모두 떨어진 뒤에　　萬卉千葩搖落後
홀로 절개 지키며 바람서리에 맞서나　　獨持孤節戰風霜

누가 순음이 양을 다 밀어냈다 말하나　　誰說純陰盡剝陽
동쪽 울타리 아직 국화 두어 줄기 피네　　東籬猶有數枝黃
생생[250]의 지극한 이치 언제 멈추었던가　　生生至理何曾息
한 맥의 봄기운 간직한 땅 가득 서리 내리네　　一脈春藏滿地霜

고산서사에 여러 벗들과 모여 선생께서 남긴 예서 원고를 수정하며, 드디어 절구 한 수를 읊어 보여주다[高山書舍會諸友 修整師門禮稿 遂吟一絶以示]

신미년(1751)

산속 서사를 다시 찾으니 감회가 깊어　　重尋山社感懷深
옛 물건 고목의 그늘만이 남아있네　　舊物惟存老樹陰
남기신 저술 함께 안고 열심히 교감하니　　共抱遺編勤校檢
훌륭한 그대들 사모하는 마음 먼저 품네　　多君先獲慕賢心

어떤 승려가 술을 올리기에 드디어 앞 시의 운을 써서 읊다[有一衲進酒 遂用前韻]

겹겹의 봉우리 둘러막아 옥동은 깊고　　疊嶂周遮玉洞深

250) 생생(生生) : 끊임없이 만물을 생육(生育)하는 도리를 말한다. "끊임없이 낳는 것을 '역'이라고 한다.[生生之謂易]"에서 온 말이다.(『周易』「繫辭傳上」)

층층이 푸른 잎들 벌써 그늘 만들었네　　千層綠葉已成陰
더구나 이제 여러 벗들 와 모여서　　況今諸勝來相會
함께 좋은 술 마시며 속마음 말함에랴　　共酌仙醪細話心

오록서사로 옮겨 모였는데, 박천수 평·정가승 제[251]·이명수 경증·박자준 표[252]가 모두 와 머물렀다. 가승이 율시 한 수를 읊어서, 드디어 그 시에 차운하다[移會梧麓書舍 朴天壽 枰 鄭可升 梯 李明叟 景曾 朴子準 標 皆來留 可升吟一律 遂次其韻]

경례도 곡례[253]도 하나의 공경이라　　三百三千只一欽
선생님께서 예전에 전하신 심법이네　　師門昔日已傳心
주자 서책 들고 잠시 창주정사[254]로 갔는데　　朱編乍就滄洲舍
노나라 태산 일관봉[255]이 번연히 무너졌네　　魯嶽翻摧日觀岑
책 상자에 좀이 칠까 염려되어서이지　　却怕箧中蟲蝕爛
감히 마음으로 깊은 학문 보려함이랴　　敢望胸裡學源深

---

251) 정제(鄭梯, 1689~1785) : 자는 가승(可升), 호는 남창(南窓), 본관은 영일이다. 정만양·정규양의 문인이다. 향시에는 여러 번 입격하였으나, 과거에 실패한 후 위기지학(爲己之學)에 힘을 쏟았다. 저서로는 『남창집』이 있다.

252) 박표(朴標, ?~?) : 자는 자준(子準), 호는 국포(菊圃), 본관은 밀양이다. 1728년 이인좌(李麟佐)의 난에 창의하였다. 저서로는 『국포집』이 있다.

253) 경례도 곡례[三百三千] : 예를 말한다. "우우히 크도다. 예의[經禮]가 삼백 가지이고, 위의[曲禮]가 삼천 가지이다.[優優大哉 禮儀三百 威儀三千]"에서 온 말이다.(『中庸』 27장)

254) 창주정사(滄洲精舍) : 주희가 강학하던 장소로, 복건성 건양현에 있다. 이 시에서는 오록정사를 가리킨다.

255) 태산(泰山) 일관봉[日觀岑] : 노나라 태산의 가장 높은 봉우리의 이름으로, 공자를 말한다. 이 시에서는 훈수 정만양·지수 정규양의 학문의 성취 정도를 말한다.

먼지 턴 작은 수고 그대들 말하지 말게 掃塵微勩君休說
후진을 계도한 큰 공은 예전부터라네 牖後弘功匪自今

또 가승에게 화운하다. 절구 2수[又和可升 二絶]

맑은 호수 두르고 푸른 산이 가린 집에 淸湖繞舍碧山遮
두 노인 서로 만나니 기쁨이 넘치네 二老相逢喜氣多
『주역』과 『의례』를 함께 점검하니 羲易周儀同點檢
만년의 이택[256] 그 즐거움 어떠한가 桑榆麗澤樂如何
－당시 가승可升이 『계몽啓蒙』을 가지고 와서 강학하였다.－

청산이 둘러 있어 갈수록 먼 듯해도 靑山環繞去如迴
작고 맑은 호수 거울같이 잔잔하네 數畝澄湖鏡面開
근원 있는 시냇물 쉼 없이 흐르니 活水源頭流不舍
저대로의 경치도 함께 떠내려 오네 任他光影共浮來

모임을 파하고 작별하려는데 가승이 또 율시 한 수를 읊어서 드디어 화운하여 보여주다[罷會將別 可升又吟一律 遂和以示]

지난날 전당[257]에서 함께 지냈는데 鱣堂昔日比肩遊

---

256) 이택(麗澤): 벗끼리 서로 도와 학문을 닦는 것을 말한다. "붙어 있는 택이 태이니, 군자가 본받아서 붕우들과 강습한다.[麗澤兌 君子以 朋友講習]"에서 온 말이다.(『周易』「兌卦」)
257) 전당(鱣堂): 앞의 주 172) 참조.

어느덧 세월 흘러 백발이 다 되었네　倏忽流光皓盡頭
귓가에는 아직도 풍경소리 남았으나　耳畔尙畱淸磬在
눈썹 사이에는 서운의 빛 보이지 않네　眉間未見瑞雲浮
남긴 책은 먼지 낀 서가에 묻혀 있고　遺篇埋沒塵埃架
지난 자취는 안개 낀 물가에 황량하네　往蹟荒凉烟水區
부끄럽구나 후생의 너무 부족함이　却愧後生蒙陋甚
아득히 실추된 유업 누가 다시 수습할까　茫茫墜緖更誰收

서당으로 돌아오는 길에 집의 동복이 모내기하는 것을 보고 우연히 읊다[書堂歸路 見家僮揷秧偶吟]

공자께서 농사 배움을 꾸짖었어도[258]　宣尼斥圃農
면로는 장저와 걸닉을 도왔네[259]　勉老扶沮溺
문을 닫거나 갓끈을 매거나[260]　閉戶與纓冠

---

258) 공자께서……꾸짖었으나 : 공자가 번지(樊遲)에게 통치자가 예(禮)·의(義)·신(信)을 좋아하도록 이끌어야 한다고 가르친 일을 말한다. 번지가 농사일 배우기를 청하자, 공자가 "나는 늙은 농부만 못하다. ……이렇게 되면 사방의 백성들이 자식을 포대기에 업고 올 것이니 어찌 농사짓는 것을 쓸 필요가 있겠는가?[樊遲請學稼 子曰吾不如老農……夫如是 則四方之民 襁負其子而至矣 焉用稼]"라고 답한 데서 유래한다.(『論語』「子路」)

259) 면로(勉老)는……도왔네 : '면로'는 누구를 말하는지 알 수 없다. '장저(長沮)'와 '걸닉(桀溺)'은 초(楚)나라의 은자(隱者)이다. 함께 밭을 갈고 있을 때 공자(孔子)가 그곳을 지나다가 자로(子路)를 시켜 그들에게 나루를 물어보게 했더니, 그들은 공자더러 어지러운 세상에 왜 은거하지 않고 천하를 주유하느냐는 뜻으로 빈정대면서 나루를 가르쳐 주지 않았던 고사가 전해진다.(『論語』「微子」)

260) 문을……매거나 : 일을 대처함에 이치에 맞게 함을 말한다. "지금 한 방에 같이 있는 사람이 싸우거든, 말리되 비록 머리를 풀어헤치고 갓끈만 매고 가서 말리더라고 괜찮다. 고장과 이웃에 싸우는 자가 있거든 모리를 풀어헤치고 갓끈만 매고 가서 말린다면 의혹된 것이니 비록 문을 닫더라도 괜찮다.[今有同室之人 鬪者 救之 雖被髮纓冠而救之 可也 鄕鄰 有鬪者 被髮纓冠而往救之 則惑也 雖閉

때에 따라 각각 법도가 다르네　　隨時各異則

산수정山水亭

원래 구름과 숲에 묵은 맹세 있어　　自是雲林有宿盟
층층의 높은 곳에 모옥을 지었네　　層臺高處結茅楹
청산이 우뚝하니 천년의 빛이요　　青山屹立千年色
시내가 길이 흐르니 만리의 소리이네　　碧磵長奔萬里聲
상을 살펴 인지[261]의 오묘함을 엿보고　　觀象敢窺仁智妙
헌함 열어 산수의 맑음을 유독 사랑하네　　開軒偏愛峙流清
세상의 영화와 이익 나의 바람 아니니　　世間榮利非吾願
즐거이 남은 책 읽으며 이 생을 마쳐야지　　好把殘篇了此生

정월 초4일 다시 오록서사에 모여 예서를 수정하였다. 가승이 율시 한 수를 읊어 보여주어서 드디어 그 시에 차운하다[正月四日 復會梧社 修整禮書 可升詠一律以示 遂次其韻] 임신년(1752)

작년에 노닐던 곳을　　昨年游衍地
오늘 다시 함께 찾아왔네　　今日共重回

戶 可也]"에서 유래한다.(『孟子』「離婁下」)

261) 인지(仁智) : 정자의 이름이 산수(山水)이기에 언급하였다. 공자가 "지자는 물을 좋아하고 인자는 산을 좋아하니 지자는 움직이고 인자는 고요하며[知者樂水 仁者樂山 知者動 仁者靜]"라고 한 데서 유래한다.(『論語』「雍也」)

새는 이전대로 날며 울고 鳥弄前聲喚
호수는 예전대로 펼쳐 있네 湖呈舊面開
책은 고금을 아우르고 芸編今古並
천질[262]은 시종을 갖추었네 天秩始終該
이 일 사사로운 계획 아니기에 此事非私計
많은 선비들이 찾아왔네 靑襟濟濟來

가승과 제군들이 용추를 유람하며 이끼 낀 절벽에 이름을 쓰고는 다시 절구 한 수를 지어 쓰기에 드디어 받들어 화운하다[可升與諸君 遊龍湫題名翠壁 仍書一絶 遂以奉和]

깎아지른 양 벼랑 사이에 만들어진 소 兩崖如削夾潭開
용은 떠나고 구름도 없어 이끼만 덮였네 龍去無雲半掩苔
바위틈에 이름 남기고 이어서 시를 쓰니 巖隙留名仍寫句
천추토록 노선이 다녀갔다 말하겠지 千秋應說老仙來

구계 족숙 석헌께서 오록서사에 와서 노닐며 절구 한 수를 읊어 보여주어서, 받들어 화운하여 드리다[龜溪族叔 碩憲 來遊梧社 詠示一絶 奉和以呈]

산수에 어찌 주인이 따로 있었던가 山水何曾有主人
시인이 와서 머무니 옛 모습 새롭네 詩豪來處舊顔新

262) 천질(天秩) : 천연(天然)의 질서라는 말로, 존비(尊卑)·귀천(貴賤)의 등급을 말한다.(『書經』「皐陶謨」)

올라서 종일토록 함께 읊어서 登臨竟日同哦詠
풍광을 주관하며 누가 참인지 물어보네 管領風光問孰眞

상사 장천로 동재의 「나월정사」 시에 차운하다[次張上舍天輅 東載 蘿月精舍韻]

강이 두른 산 아래의 집 江纏峰下宅
맑은 복이 띠 풀처럼 두텁네 淸福厚如茨
고운 잎들 감싸 장막을 이루고 綺葉圍成帳
햇살은 채친 듯이 흩어지네 金輝散漏篩
자다가 일어나 술 마시다 酒斟眠起後
흥이 나면 와서 시를 읊네 詩詠興來時
깨끗한 속의 여유로운 마음 蕭灑閒中意
세인들은 아는지 모르는지 世人知不知

또 「칠탄」 시에 차운하다. 절구 2수[又次七灘 二絶]

양구[263]는 당일에 강호에 지내며 羊裘當日臥江湖
한가로이 긴 낚싯대 들고 홀로 즐겼네 閒弄脩竿獨自娛
이제 자네도 낚시 드리우는 흥취 아니 今子亦知垂釣趣

---

263) 양구(羊裘) : 양 갖옷이니, 엄광(嚴光, B.C.39~41)을 말한다. 광무제가 함께 공부한 인연으로 황제가 된 이후 엄광을 간의대부를 제수하였다. 그러나 나아가지 않고 부춘산(富春山)으로 돌아와 항시 양구(羊裘)를 입고 낚시질을 하였는데, 후인이 그곳을 엄릉탄(嚴陵灘)이라 하였다는 고사가 전한다.(『後漢書』 「逸民列傳·嚴光」)

속칭을 이어 받아 미명으로 불리겠지　俚稱宜襲美名呼

상사께서 자취 자연 속에 떨어져　泮橋蹤落水雲間
한가한 정서 모두 낚시에 부쳤네　都把閒情付釣竿
만약 이 마음 바깥 생각 없도록 한다면　若使此心無外慕
금인의 여울도 고인의 여울이라네　今人灘亦古人灘

가승이 횡계를 유람하며 쓴 시에 차운하다[次可升遊橫溪韻]

들으니 화창한 봄날 자네가 걸음 하여　聞君芳踐趁春華
시냇가의 풍경이 열배나 아름다워졌다지　溪上風光十倍加
병든 걸음 좋은 모임 함께 못하여 아쉬운데　只恨病蹤違勝會
여러 겹의 구름과 재 눈길마저 막아버렸네　數重雲嶺望中遮

산수정의 잡영[山水亭雜詠] 기문 병기

매곡梅谷은 사면이 모두 산이고 한줄기 작은 시내가 그 사이에 흐른다. 시내의 서쪽 굽이에 있는 하나의 산자락이 낮게 내려오다가 갑자기 뭉뚝하게 끊어져서 층층의 바위가 되고, 바위 위에 초가 한 채가 말끔히 서서 산을 등지고 물을 굽어보는 것이 산수정이다.

내가 이 터를 잡아 집을 짓고 왕래하며 머무르거나 쉰 것이 거의 20년이다. 경신년(1740) 겨울에는 집을 옮겨와 살며 수석과 산림의 뛰어난 경치를 사랑하여 산과 시내 사이에 작은 집을 지어 노년에 휴양하는 장소로 삼으려고 하였으나, 가난한 살림에 힘이 부쳐서 오랫동안 짓지 못하였다. 신미년(1751) 여름에 남의 헌 집을 사서 드디어 제1층의 벼랑을 파내어 터를 닦고 집을 지었다. 자질들이 비용을 보태고 일을 감독하였으며, 서사書社의 승려들이 공사를 도와 다음해 가을에 공사를 마쳤다.

정자는 모두 세 칸인데, 중간 한 칸은 당堂이고 좌우 양 옆으로 방을 꾸몄으며, 방 앞쪽으로 한 칸 더 달아내어 당堂의 결채를 넓혔다. 당은 '산수정山水亭', 오른쪽 방은 '지급재智及齋', 왼쪽 방은 '인수재仁守齋'라고 편액을 걸었다. 이는 『논어論語』의 이요二樂[264]의 가르침을 취하여 당에서는 산山과 수水를 총칭하고 마주한 양쪽 방에는 지智와 인仁을 나누어 배치한 것이다. 정자의 뒤에 또 초가 두어 칸을 지어서 지키는 사람을 살게 하였다.

정자 아래의 제 2층은 '청금대聽琴臺', 제 3층은 '영귀대詠歸臺'이다. 정자 서쪽에는 돌 틈이 골을 만들어서 가느다란 물줄기가 저절로 솟아나오니 '설천渫泉'이고, 그 아래를 막아 연꽃을 심어 연못을 만들었으니 '군자당君子塘'이다.

정자 북쪽에는 벼랑 옆의 땅을 일구어 대나무를 심어서 줄을 이루었으니 '고현사高賢社'이다. 대臺의 남쪽에 또 산자락이 있어서 양쪽 언덕을 감싸며 문과 같이 서로 마주하고 있다. 그 속에 좁은 오솔길이 있어 시내에서 돌계단을 따라 오르니 '석문石門'이라고 부를 만하다. 석문 사이에는 산골 물이 두어 길이나 되는 벼랑으로 떨어져 날리는 폭포를 이루는데, 세찬 비가 내릴 적마다 쏟아지는 소리가 옥 구르는 듯하여 들을 만하다.

중간 대의 위에는 꽃들을 섞어 심어서 그윽한 향기가 퍼지고, 아래 대의 주변에는 무성한 고목이 빙 둘러서서 푸른 잎으로 그늘을 이룬다. 시냇가에는 너럭바위가 20여 걸음 넓이로 펼쳐져 있어 너르기가 넓은 뜰과 같은데, 물빛과 산 그림자가 그 사이에 뒤섞여 비추어서, 모두 오르내리며 둘러볼 만하여 산수의 흥취를 돋운다.

내가 평소 산수를 너무 좋아하여 매번 산마루에 구름이 켜켜이 싸이고 물에 안개가 넓게 깔릴 때를 만나면 그윽이 바라보며 기뻐하고 후련히 가슴을 열어 읊조리고 완상하려지 않은 적이 없었다. 그러나 중년에는 병에 걸리고 만년에는 풍진 속에 떨어졌으며, 한가해진 뒤에는 또 근력이 이미 쇠약해져서 지팡이를 짚고 나막신을 손질하여 승경지를 찾아다니는 즐거움을 누릴 길이 없게 되었다.

그래서 우선은 나직한 산과 가느다란 시내 속에 묻혀 지내며 분수에 따라 낚시질이나 하고 세상일에 마음을 접고서, 날마다 고인의 서적을 취하여 고개 숙여 읽고 머리 들어 생각하며 반복하여 침잠하니, 말없이 마음속에 이해되는 것이 있는 듯하였다. 그러한 뒤에야 비로소 작은 시내와 산에도 산수의 이치가 있음을 깨달았으니, 어찌 꼭 자장子長과 같이 이름난 산이나

264) 이요(二樂) : 앞의 주 261) 참조.

큰 시내를 두루 유람한 뒤라야[265] 된다고 하겠는가?

이에 이 산을 의지하고 이 시내의 곁에 정자를 짓고는 여기에서 지내고 여기에서 잠자며 여기에서 책을 읽고 여기에서 본성을 기른다. 창문을 열면 산 모습이 눈에 들어오고 난간에 기대면 물소리가 귓전에 맴돈다. 산을 바라보며 인자仁者의 기상을 추구하고 물을 즐기며 지자智者의 마음을 상상한다. 이곳에서 그윽한 정취를 의탁하여 노경老境을 즐기니, 이는 산수의 즐거움이 오로지 산수에만 있지 않고 나의 마음에 있어서이다.

비록 그러하나 물에 있어서 그 맑은 것만을 보고 두루 흘러 막힘없이 쓰이는 이치를 탐구하지 않는다면 무엇으로 물을 좋아한다고 하겠으며, 산에 있어 그 우뚝한 것만을 쳐다보고 중후하여 옮겨지지 않는 덕을 체득하지 않는다면 무엇으로 산을 좋아한다고 하겠는가? 반드시 격물格物[266]의 공부에 힘을 다해서 두루 관통하여 거경居敬하는 방법에 뜻을 집중하여 소신이 확고해진 연후에야 인仁과 지智의 본체를 엿보고 산수의 이치를 말할 수 있을 것이다.

지식이 없고 학문이 얕은 나와 같은 사람은 늙어서도 들은 것이 없으니, 어찌 감히 인仁과 지智의 오묘함을 더불어 논의하겠는가. 그러나 젊었을 때부터 부형父兄과 사우師友의 곁에서 지극한 가르침을 듣고 남몰래 감동하고 흠모한 것이 있었다. 이제 늙어서 기력은 더욱 빠지고 정신은 더욱 흐려졌다. 그러나 감히 스스로 버리거나[267] 스스로 한정지어[268] 평소 이끌어주신 뜻을 저버리지 못해서 바야흐로 한적하고 외진 곳에 와서 경전을 익히고 친구들을 모아 혹여 털끝만큼의 지혜를 더하고 인을 도우는 취지에 보탬이라도 있고자 하니,

---

265) 자장(子長)과……뒤라야 : '자장'은 사마천(司馬遷, B.C.145~B.C.87)의 자이다. 사마천이 20세 때에 남쪽으로 강회(江淮)·회계(會稽)·우혈(禹穴)·구의(九疑)·원상(沅湘)을 유람하고, 북쪽으로는 문사(汶泗)를 건너고 제노(齊魯)의 땅에서 강학(講學)하고 양초(梁楚)를 지나 돌아왔다고 한다.(『史記』 권130)

266) 격물(格物) : 『대학』의 팔조목의 하나로, 사물의 이치를 탐구하는 것을 말한다.

267) 스스로 버리거나[自棄] : '자기'는 자신 스스로 멸시하는 것을 말한다. "말할 때에 예의를 비난하는 것을 스스로 해치는 것이라 하고, 나는 인에 거하고 의를 따르지 못한다고 하는 것을 스스로 버리는 것이라 한다.[言非禮義 謂之自暴也 吾身不能居仁由義 謂之自棄也]"에서 온 말이다.(『孟子』 「離婁上」)

268) 스스로 한정지어[自畫] : '자획'은 스스로 한정지어 단념하는 것을 말한다. 염구(冉求)가 "선생님의 도를 기뻐하지 않는 것은 아니지만 힘이 부족합니다." 하자, 공자가 "힘이 부족하면 중도에 그만두지만, 지금 너는 한정짓고 있다.[力不足者 中道而廢 今女畫]"고 한 데서 유래한다.(『論語』 「雍也」)

주자朱子가 이른바 "나는 인자와 지자의 마음에 부끄러우나, 우연히 스스로 산수를 아끼게 되었네.[我慙仁智心 偶自愛山水]"269)이다. 이는 주자께서 스스로 겸사로 한 말이나, 어리석은 나에게는 참으로 알맞은 말이다.

이에 짧은 시 열두 편을 읊어서 그 일을 기술하여 스스로 되돌아보니, 수신水神과 산신령山神靈이 기꺼이 나를 허락하고 나를 도와주겠는가?

임신년(1752) 중양절重陽節 이틀 뒤에 산수 주인山水主人이 기술한다.

절구 12수

매산梅山

북쪽 산이 두 줄기 갈라져　北嶽分雙峽
동서에서 서로 보내고 맞이하네　東西互送迎
옹용히 맑은 정기 간직하여　雍容藏淑氣
비구름이 이곳에서 일어나네　雲雨此間生

매계梅溪

돌 사이로 맑은 물 흘러드니　石磵清波注
참된 수원이 상류에 있어서이네　眞源在上頭
맑아서 옥과 같이 밝으니　瀅然明似玉
흙탕물 더럽힌 적 없네　泥滓不曾留

269) 나는……되었네 : 주희가 지은 「무이정사의 잡영[武夷精舍雜詠]」 안의 '인지당(仁智堂)'이라는 절구 시의 앞부분이다.

산수정山水亭

집 위에는 높은 산 있고	屋上有崇山
집 아래에는 흐르는 시내 있네	屋下有流水
이요를 내 어찌 바라겠는가만	二樂吾何望
생각하여 지극한 이치 더듬네	惟思探至理

지급재智及齋

지혜가 만사를 두루 통하면	智周萬事通
물과 같이 막힘없이 흐르네	如水流無滯
궁격[270]하여 정말 공부한다면	窮格苟殫工
밝은 근원에 거의 이르겠지	昭原庶可詣

인수재仁守齋

인은 바로 나의 안택[271]이라	仁是吾安宅
산 같이 우뚝하여 옮겨지지 않네	如山峙不移
요컨대 오래도록 경을 지켜	要須持敬久
잠깐 사이에도 이에 항상하네	造次恒於斯

---

270) 궁격(窮格) : '궁'은 잠시도 쉬지 않고 마음을 반성하여 원리를 규명하는 거경궁리(居敬窮理)이며, '격'은 실제적인 사물을 통하여 이치를 궁구함으로써 온전한 지식에 도달하는 격물치지(格物致知)를 말한다.

271) 안택(安宅) : "인은 하늘의 높은 작위이며, 사람의 편안한 집이다. 못 하게 막지 않는데도 인을 하지 않으니, 이는 지혜롭지 못함이다.[夫仁 天之尊爵也 人之安宅也 莫之禦而不仁 是不智也]"에서 온 말이다. (『孟子』「公孫丑上」)

청금대聽琴臺

당 위에서 책 읽기를 마치고는	堂上罷讀書
거문고 들고 꽃나무에 기대네	携琴倚花樹
곡조 우뚝하였다가 넘실대니[272]	峨峨復洋洋
산수의 흥취를 이해한 듯하네	若會山水趣

영귀대詠歸臺

목욕하고 숲에서 바람 쐬니	浴水風於林
늦은 봄의 화기가 넉넉하네	暮春和氣穰
어떠한가 증점의 마음[273]	如何點也心
당우[274]의 풍도에 딱 맞네	却契唐虞像

반석磐石

큰 너럭바위 숫돌처럼 평평해	大磐平若砥
만고토록 늘 단단하고 완전하네	萬古常堅完
누구를 높은 자리로 올려 보내야[275]	誰使飛鴻漸
나라를 편안히 잘 다스릴까	能措國勢安

---

272) 우뚝하였다가 넘실대니 : 거문고 곡조의 흐름을 말한다. 앞의 주 242) 참조.
273) 증점(曾點)의 마음 : 앞의 주 213) 참조.
274) 당우(唐虞) : 요순(堯舜)의 시대를 말한다.
275) 올려 보내야[鴻漸] : '홍점'은 높은 관직에 계속해서 오르는 것을 말한다. 『주역』「점괘(漸卦)」의 여섯 효(爻)가 모두 기러기가 나아간다는 뜻의 '홍점'으로 시작하는 데서 온 말이다.

고현사高賢社

어진 이를 이끌어 높이는 일　　賢者引而高
차군[276]과 비슷한 점이 있네　　此君乃有似
우뚝이 높은 벼랑을 의지하여　　嵬嵬託峻崖
늠름히 바람서리 마주하네　　氣凜風霜裡

군자당君子塘

너를 불러 군자라고 한　　號爾爲君子
염옹[277]이 어찌 나를 속였겠는가　　濂翁豈我欺
진흙탕에서도 끝내 물들지 않아　　淤泥終不染
은은한 향기만 야릇하네　　惟有暗香奇

설천渫泉

신령한 물 바위 뚫고 나오니　　靈液穿巖出
맑으면서 맛도 달콤하네　　性淸味更甘
자리 그윽하니 사람들 알지 못해　　處幽人不識
산새들만 찾아와 목을 축이네　　徒付野禽含

---

276) 차군(此君) : 대나무를 말한다. 동진(東晉) 왕휘지(王徽之, 338~386)가 대나무를 심으려고 하는 자신에게 어떤 사람이 그 이유를 묻자, 대나무를 가리키며 "어떻게 하루라도 이 자가 없겠는가?[何可一日無此君邪]"고 말하였다.(『晉書』「王徽之傳」)

277) 너를……염옹(濂翁) : '염옹'은 송나라 염계(濂溪) 주돈이(周敦頤, 1017~1073)이다. 그는 「애련설(愛蓮說)」에서 연꽃은 꽃 중의 군자[花之君子]라고 하였다.

석문石門

구름 끼어 석문 오래 닫히고　雲擁關長鎖
이끼 거칠어 길도 헷갈리네　苔荒路亦疑
신문이 성인을 조롱하였으나[278]　晨門雖昧聖
저대로는 시대를 잘 보았네　猶自善觀時

박천수를 애도하는 만시[輓朴天壽]

그대의 자질 본래 청아하고 진실한데　如君資質本清眞
무슨 일로 초가에서 포부 펴지 못했나　何事蓬廬屈靡伸
시격은 멀리 한유 두보의 시풍을 찾았고　詩格遠尋韓杜響
마음은 갈천씨 무회씨[279] 백성과 꼭 같았네　襟期頗似葛懷民
고매한 분 일찍 떠났으나 세 아들을 남고　蘭香早殞餘三朶
장수할 분 끝내 일흔을 채우지 못하였네　絹筭終虧未七旬
오록서사의 헤어짐이 영결이 되고 마니　梧社分携成永訣
옛 정을 추억하며 눈물을 배나 적시네　追思舊誼倍霑巾

---

278) 신문(晨門)이……조롱하였으나 : '신문'은 새벽에 성문을 열어 주는 일을 맡은 사람으로, 공자를 조롱한 인물이다. "자로가 석문에서 유숙하였는데. 신문이 말하였다. '어디서 왔는가?' 자로가 말하였다. '공씨에게서 왔소.' 신문이 말하였다. '불가한 줄을 말면서도 하는 사람인가?'[子路 宿於石門 晨門曰 奚自 子路曰 自孔氏 曰是知其不可而爲之者與]"에서 유래한다.(『論語』「憲問」)

279) 갈천씨 무회씨[葛懷] : '갈회'는 전설상 상고 시대의 제왕인 갈천씨(葛天氏)와 무회씨(無懷氏)의 병칭(竝稱)이다. 그 시대에는 풍속이 순박하여 아무런 근심 걱정도 없었다고 한다.

정우복[280] 선생이 송도에 들러 포은 선생의 서원에 알묘한 적이 있었는데, 뒤에 포은 선생의 「완산 벽 위」[281] 시의 운을 써서 비통한 심정을 담았다. 올해 가을에 도중 영감이 서관에서 돌아오는 길에 송도 서원에 알묘하니, 권태중[282] 영감이 이 말을 듣고 또 그 운을 써서 두 편을 지어 도중에게 보내주고는, 다시 나에게도 함께 화운을 요구해서, 드디어 읊어 드리다[鄭愚伏先生 嘗過松都 謁圃隱先生書院 後用圃隱先生完山壁上韻 以寓悲惋之懷 今年秋道中令從西關歸 拜松都書院 權台仲台聞之 又用其韻 述二篇寄道中 仍要不佞共和 遂詠以呈]

당일 성균관에서 횡설수설[283]하고　　澤宮當日說縱橫
이학의 스승 되어 사람들 감복시켰네　　理學師宗服衆情
큰 재주 어찌 나라 경영의 솜씨 없었을까마는　　才大豈無經國手
운기 끝났으니 황성 회복[284]한들 무엇하랴　　運終其奈復隍城
단심곡[285]의 가사로 뜻을 말하자마자　　丹心曲裡纔言志
선죽교 난간의 벽혈[286] 벌써 생을 머금었네　　碧血橋頭已含生

---

280) 정우복(鄭愚伏) : 우복은 정경세(鄭經世, 1563~1633)의 호이다. 자는 경임(景任), 본관은 진양(晉陽)이다. 1586년 문과에 급제, 이조 좌랑·대구 부사·대제학 등을 지냈다. 시호는 문장(文莊)이다. 저서로는 『우복집』·『상례참고(喪禮參考)』·『주문작해(朱文酌解)』 등이 있다.

281) 「완산 벽 위 [完山壁上]」 : 『우복집』에는 「완산의 동각에서 포은 선생이 지은 시에 차운하다[完山東閣次圃隱先生韻]」로 되어 있다.

282) 권태중(權台仲) : 태중은 권상일(權相一, 1679~1759)의 자이다. 호는 청대(淸臺), 본관은 안동, 시호는 희정(僖靖)이다.

283) 횡설수설[縱橫] : 목은(牧隱) 이색(李穡, 1328~1396)이 "달가는 호방하고 탁월하여 횡설 수설이 이치에 맞지 않는 말이 없다.[達可 豪爽卓越 橫說竪說 無非的當]"라고 한 데서 유래한다.(『三峰集』 「圃隱奉使稿序」)

284) 황성 회복 : 포은 정몽주께서 공양왕의 옹립에 개입하여 고려의 국운을 회복하려고 했던 일로 보인다.

285) 단심곡(丹心曲) : 포은 정몽주께서 이방원의 하여가(何如歌)에 응대하여 읊은 곡이다.

286) 벽혈(碧血) : 주(周)나라 경왕(敬王)의 대부였던 장홍(萇弘)이 충간(忠諫)을 하다가 받아들여지지 않자 이를 한스럽게 여겨 자결하였는데, 그 피가 맺혀 벽옥(碧玉)으로 변하였다는 고사에서 유래한다.(『莊子』 「外物」)

높은 산 아래 남은 서원에 영정 있으니　崧下遺祠眞像在
해와 별처럼 천년토록 송도를 밝히겠지　日星千古煥西京

섣달 20일, 서울로 잡혀 가던 중 조령에 이르러 심사를 쓰다[臘月卄日 被拿西行 至鳥嶺書事]

눈 덮인 산 빙판길 까마득히 보이는데　雪山冰路仰崢嶸
종은 지쳐 쓰러지고 말은 가지 않네　疲僕顚僵馬不行
무슨 일인데 흰머리로 달려가고 있나　白首奔馳緣底事
과거 보아 평생 그르친 것 부끄럽네　自慚科目誤平生

의금부에 있으며 첨정 안희중에게 시로써 답하여 안부를 묻다[在禁府 答安僉正希中以詩 寄問] 계유년(1753)

지난날 객지에서 헤어진 뒤　萍蹤昔一散
존몰을 알지 못하였는데　不知存與否
편지가 와서 급히 열어보니　書來疾開緘
바로 나의 옛 친구였네　乃是吾知舊
봉상시로 들어가 지내며　來莅太常署
눈썹 찌푸리고[287] 고개 움츠린다네　攢眉仍縮首

---

287) 찌푸리고[攢眉] : '찬미'는 부끄러워 눈썹을 찌푸리는 것을 말한다. 진(晉)나라 혜원 선사(惠遠禪師)가 도잠(陶潛)더러 자주 연사(蓮社)에 들라고 권하자, 도잠이 눈썹을 찌푸리고 간 일에서 유래한다.

생각나네 만나던 그날　　憶曾傾盖日
동이의 술이 서로 뒤를 따랐지　　罇酒互追後
이 일편단심만은　　惟玆一片心
잊지 못해 너나 없었네　　耿耿無左右
경수와 위수처럼 맑고 흐린 구분 없고　　涇渭泯清濁
서시와 모모[288] 예쁨과 추함 그대로이네　　施嫫任姸醜
버려진 신을 다시 거두어주니　　墜屐復見收
성주의 은혜 너무나 두텁네　　聖恩非不厚
돌아보니 이 부족한 사람이　　顧玆負版漢
어떻게 경영을 돕는 손 되겠는가　　奈之補衮手
장차 감옥문을 나가서　　逝將出圓扉
돌아가 『참동계』를 읽어야지　　歸讀參同部
이제 영원한 작별을 하노니　　從此成永訣
서글프네 두 불운의 늙은이가　　嗟哉兩畸叟

처사 안국화 명하[289]를 애도하는 만시[輓安處士國華 命夏]

점필재의 유풍이 밀양에 남아 있어　　佔老遺風在密州
그대의 뜻과 행실 무리에서 뛰어났네　　如君志行出凡儔

(『虞山記』)

288) 서시(西施)와 모모(嫫母) : '서시'는 월(越)나라의 절세의 미인이며, '모모'는 황제(黃帝)의 넷째 왕비로 매우 못생겼던 여인이다.

289) 안명하(安命夏, 1682~1752) : 자는 국화(國華), 호는 송와(松窩), 본관은 광주(廣州)이다. 갈암 이현일의 문인이다. 평생 벼슬에 나아가지 않고 이황(李滉)의 학통을 잇는 성리학과 예학을 깊이 연구하였다.

금수[290]로 찾아뵈어 일찍 근원을 찾고 　摳衣錦水尋源早
횡계에 들러서는 도를 넉넉히 강론하였네 　撰屨橫溪講道優
애석하구나 공사[291]가 큰 안목 없어 　可惜工師無大眼
끝내 기재[292]를 안은 채 황야에 묻히네 　竟抱杞梓隕荒丘
아양의 옛 곡조[293] 이제부터 끊어졌으니 　峨洋舊曲從今絶
남녘 하늘 바라보며 눈물 절로 흘리네 　回首南天涕自流

4월 22일, 소명을 받들고 병산에 이르러 길가에서 우연히 읊다[四月二十二日 承召 至屛山 道上偶吟]

흙먼지 옷깃에 가득하고 더위는 찌는데 　塵土盈襟暑焰煽
역로는 아득히 서울 길 가리키며 이었네 　驛程遙指漢師連
어떻게 하면 달이 뜬 산수정에서 　何如山水亭中月
송주를 마시고 반쯤 취하여 잠들까 　細酌松醪半醉眠

척형 손하숙 시완의 가야산 유람시에 차운하다. 2수[次孫戚兄夏叔 是梡 遊伽倻山韻 二首]

하늘 찌르는 영산 기세가 우뚝하고 　插天神岳勢巉巖

---

290) 금수(錦水): 갈암(葛庵) 이현일(李玄逸)을 말한다.
291) 공사(工師): 목수의 우두머리로, 이 만사에서는 인재 선발을 담당하고 있는 사람을 말한다.
292) 기재(杞梓): 좋은 목재인 가래나무와 느티나무로, 안명하가 지녔던 훌륭한 재주를 말한다.
293) 아양(峨洋)의 옛 곡조: 앞의 주 242) 참조.

안개 피는 갠 아침 그만 가랑비 내리네 泄霧晴朝便作雪
학사294)의 높은 풍도 속절없이 적막하나 學士高風空寂寞
유인의 맑은 흥치 어이 범속하리요 遊人淸致豈塵凡
발걸음은 온 숲을 다녀도 싫지 않고 仙笻不厭千林遍
눈길은 십승지지295) 모두 둘러보았네 道眼能周十勝咸
좋은 시편 보내오니 호기가 일어나 瓊什吟來豪興發
부질없이 꿈속에서 솔숲을 맴도네 謾敎淸夢繞松杉

반평생 선산 유람을 꿈꾸다가 半世仙山夢
어느덧 늙어서 시들해졌네 居然到老殘
부럽구나 그대 신선 찾아 羡君尋羽客
솥을 열고 금단을 받은 것이 開鼎受金丹

김미중 세릉296)을 애도하는 만시[輓金美仲 世稜]

혹독한 재앙 난 태우고 또 원추리 꺾어서297) 禍酷焚蘭又折萱
그대 서둘러 황야에 묻힐 줄 어찌 알았나 那知君遽掩荒原
몸가짐은 표은의 범절을 대대로 이었고 守身世襲瓢翁範

---

294) 학사(學士): 가야산을 유람한 고운(孤雲) 최치원(崔致遠, 857~?)을 말한다.
295) 십승지지[十勝]: 기근이나 병화(兵禍)의 염려가 없다고 술가(術家)에서 일컫는 열 군데의 땅으로, 모두 충청·전라·경상도에 집중되어 있는 것이 특징이다.
296) 김세릉(金世稜, 1696~1753): 자는 미중(美仲), 호는 성재(省齋), 본관은 의성(義城)이다. 글씨를 잘 썼으며, 과거를 단념하고 학문에 전념하였다. 저서로는 『성재집』이 있다.
297) 난(蘭)……꺾어서: 집안의 재앙이 겹쳤음을 말하는 것으로 여겨지나, 정확히 무엇을 말하는지 알 수 없다.

문로는 밀암의 문하에서 친히 훈도 받았네　　問路親薰密老門
두 해가 모자라는 예순의 나이로　　二筭尚虧周甲子
뛰어난 재목 안타깝게도 임원에서 늙었네　　千章堪惜老林園
가부[298]의 오랜 세의 이제는 적막하니　　葭莩舊誼今寥落
강가의 마을 차마 다시 들르지 못하겠네　　不忍重過河上村

동지 박태두[299]를 애도하는 만시[輓朴同知 泰斗]

일찍이 영해 유람하며 청헌을 찾았을 때　　曾遊丹海叩清軒
사헌司憲의 남기신 풍도 후손에게 있었네　　柏府餘風在後昆
단아한 의범 반듯한 의관 본분 닦아서이고　　雅範整冠修素履
높은 명성 사책[300]으로 금문에 들어갔네　　高名射策入金門
지극에 안치되어 재주 펴기 어렵더니　　栖投枳棘才難施
저호[301]에 빛이 나서 결국 작위 높았네　　光爛苴弧爵竟尊
두 아들 모두 단명하여 안타까워할 만하나　　可惜雙蘭俱短折
남긴 사업만은 어린 손자에게 주어지겠지　　只將遺緖付兒孫

298) 가부(葭莩) : 서로 혼인 관계가 있음을 말한다. "군신과는 가부의 척분이 있지 않다.[羣臣非有葭莩之親" 에서 온 말이다.(『漢書』「中山靖王傳」) 주에 "가(葭)는 갈대 잎이고 부(莩)는 갈대 잎 속의 흰 껍데기이니 아주 얇고 가벼운 것을 뜻한다."라고 하였다.
299) 박태두(朴泰斗, 1658~1753) : 자는 사첨(士瞻), 호는 열락재(說樂齋), 본관은 무안(務安)이다. 1699년 문과에 급제하여 통덕랑(通德郎)·동지중추부사(同知中樞府事) 등을 지냈다. 저서로는 『열락재유고』가 있다.
300) 사책(射策) : 앞의 주 237) 참조.
301) 저호(苴弧) : 앞의 주 129) 참조.

정랑 권만두[302]를 애도하는 만시[輓權正郎 萬斗]

예전에 서울에서 공을 처음 만나	昔歲京華始遇公
한 번 보고 장부의 풍도 있음을 알았네	一瞻知有丈夫風
소과에 입격하자 대과에 급제하여	翠蓮香徹黃金榜
열수[303]에 명성 높아 지방관이 되었네	列宿光浮百里銅
꿈에 받은 견주[304]로 신선처럼 지내다	夢受絹籌仙老在
지팡이 버리니 유사[305]에 달존[306]이 비네	杖捐楡社達尊空
아! 훌륭한 어른께서 끝내 묻히시니	却嗟偉器終埋玐
누가 현묘한 이치를 조화옹에게 물어볼까	誰把玄機問化翁

진사 이회가를 애도하는 만시[輓李進士會嘉]

기수와 인재는 서로 연관이 있는데	氣數人才互係關
어찌하여 하늘은 공에게만 인색하나	如何天意在公慳

---

302) 권만두(權萬斗, 1674~1753) : 자는 용경(用卿), 호는 지족당(知足堂), 본관은 안동이다. 1714년 문과에 급제, 공조 정랑·장수 현감 등을 지냈다. 『사례집요(四禮輯要)』·『영해읍지(寧海邑誌)』 등을 편찬하였다.

303) 열수(列宿) : 많은 별들로, 당하관(堂下官)의 신하를 말한다.

304) 견주(絹籌) : 장수를 말한다. 장수를 자랑하는 한 노인이 "바다가 뽕나무 밭이 될 때마다 나는 산가지를 하나씩 놓았는데, 지금까지 10칸 집에 그 산가지가 가득 찼다.[海水變桑田時 吾輒下一籌 爾來吾籌已滿十間屋]"라고 한 데서 유래한다.(『東坡志林』)

305) 유사(楡社) : 분유사(枌楡社)의 약칭으로, 원래는 한 고조(漢高祖) 유방(劉邦)의 고향이다. 이후 일반적으로 고향의 이칭으로 쓰인다.

306) 달존(達尊) : 천하 사람들이 공통으로 존경해야 하는 대상을 말한다. "천하에 공통으로 높여야 할 것이 세 가지 있으니, 벼슬이 하나이고, 연치가 하나이고, 덕이 하나이다.[天下有達尊三 爵一齒一德一]"에서 유래한다.(『孟子』「公孫丑下」)

집안 명성 최노[307]보다 더 뛰어나고 家聲逈出崔盧右
문장 격조 이두[308] 사이에 자리하였네 詞格優居李杜間
흰 머리 듬성해져도 마음 더욱 비장하고 鶴髮蕭疎心益壯
붕새의 앞 길 트였어도 그 길 험난하였네 鵬圖遼廓路終艱
고담과 박식을 이제는 볼 수 없으니 宏談博識今無見
거문고 어루만지며 마냥 눈물 흘리네 手把瑤琴淚自潸

경주의 임지중 어른의 중뢰연[309] 시에 차운하다[次月城任丈 之重 重牢韻 소서 병기. 갑술년(1754)

경주에 사는 임씨任氏 어른은 후덕厚德함으로 장수를 누려서, 계묘년(1723) 봄에 중뢰연重牢宴을 열었다. 두 아들과 여러 손자들이 색동옷을 입고 춤을 추며 차례대로 장수를 축원하는 술잔을 올리니, 고을의 사대부들이 앞 다투어 시를 지어 축하하였다. 이는 참으로 인간 세상에 보기 드문 일이나, 나는 이웃 고을에 살면서 말석에도 참석하지 못하여 늘 아쉬워하였다.

이제 그 시권을 읽어 보고 마치 성대한 의식을 직접 보는 듯하니, 흠모와 기쁨이 어떠하겠는가? 드디어 권태중權台仲이 뒤따라 화운한 시의 운을 써서 시를 지어 시권의 말미에 써 돌려보낸다.

적송자 서왕모 같은 한 집의 신선 赤松王母一堂仙
두 분 건강하게 합환잔을 다시 잡았네 重把巹杯兩不愆
울긋불긋 복숭아 꽃 다시 핀 좋은 계절 灼灼桃華回令節
반짝반짝 촛불 그림자 첫 혼례와 비슷하네 煌煌燭影倣初筵

---

307) 최노(崔盧): 최씨(崔氏)와 노씨(盧氏)로, 육조(六朝) 양(梁)나라·진(陳)나라 때부터 당나라 때까지 관동(關東)의 문벌로 권력을 누리며 번성한 두 집안을 말한다.(『舊唐書』 권61 「竇威傳」)
308) 이두(李杜): 시선(詩仙)인 이백(李白, 701~762)과 시성(詩聖)인 두보(杜甫, 712~770)를 말한다.
309) 중뢰연[重牢]: 부부가 혼인한 지 예순 돌을 기념하는 회혼례(回婚禮)를 말한다.

검은 머리 백발 되었다 말하지 말라　休言綠髮爲黃髮
이제 새 인연으로 묵은 인연을 잇는다네　正是新緣續舊緣
당일에 여러 손님들 축하하며 올린 시　當日衆賓呈賀語
지금도 사람들 상자 가득한 시편을 외네　至今人誦滿笥篇

가승의 시에 차운하다[次可升韻 당시 소명召命이 있었다.

병으로 누워 해 넘기며 정자에 머무니　病臥經年懶倚亭
섬돌 가득 가을 풀이 사립문을 뒤덮네　滿階秋草掩幽扃
기꺼이 구름 시켜 하늘의 비 내려서이지　肯敎雲作太虛雨
산이 영원히 푸름을 간직해서는 아니라네　非是山含不老靑
성주께서 어찌 모르고 은전 내리시나　聖主胡爲垂誤眷
지치고 미련한 말 먼 길 달릴 가망 없네　疲駑無望騁脩程
맑은 시 읊고 나니 세상 생각 사라져　淸詩詠罷消塵想
어느새 흐릿하던 눈이 한층 더 밝아지네　頓覺昏眸一倍明

이겸여 익중[310]을 애도하는 만시[輓李謙如 益中]

경주의 훌륭한 분들 모두 내 친구이나　東都髦俊盡吾游
회재 선생 집안에서 뛰어난 자네 만났네　晦老家中得子優
단정한 품행 장사[311]의 범절을 가지었고　雅行惟持莊士範

310) 이익중(李益中, 1677~1754) : 자는 겸여(謙如), 호는 졸옹(拙翁), 본관은 여강(驪江)이다.

청아한 문장 문단에서 다시 뛰어났네 清詞更拔藝園儔
품은 재주 아는 이 없어 아쉬운데 懷珍却恨無奇眼
여든의 꿈 끝내 두 해 모자라 슬프네 夢絹終悲缺兩籌
헤어진 지 십년 만에 이제 영결을 하니 十載睽違今永隔
눈물 뿌리며 차마 산소 바라보지 못하네 不堪揮淚望新丘

권자후 득중[312]을 애도하는 만시[輓權子厚 得重]

분분히 경박한 풍속 모두 허둥대는데 紛紛澆俗總冥趨
그대만 깊이 갈무리해 훌륭한 모범 지켰네 君獨深藏守懿模
역사에 박통해도 절동학[313]과는 다르고 史欲博通非浙訣
의표 늘 단아하여 호유[314]와 비슷하였네 儀常雅飭似湖儒
고학 소리[315] 막 높이 들리려 했는데 纔聞皐鶴聲嵬徹
갑자기 물가의 난 잎이 그냥 시들었네 忽見汀蘭葉暗枯
인척으로서 나눈 정을 차마 말하랴 戚誼交情寧忍說
눈물로 만시 지어 저승길을 전송하네 泣題悲關餞幽都

---

311) 장사(莊士) : 뜻과 행실이 훌륭한 사람을 말한다.

312) 권득중(權得重, 1687~1754) : 자는 자후(子厚), 호는 동와(東窩), 본관은 안동이다. 1753년 효행과 경술로 천거를 받아 임금이 이조(吏曹)에 등용하라는 명을 내렸으나, 곧 죽어 호조 좌랑에 증직되었다.

313) 절동학[浙訣] : '절결'은 송나라 여조겸(呂祖謙)으로, 절강 근처에 살면서 사학(史學)을 주장하여 알려진 절동학파(浙東學派)의 비결을 말한다. 주자는 그가 성명(性命)의 학문, 즉 경(經) 공부에 주력하지 않고 사학에 힘쓰는 것을 여러 차례 비판하였다.(『宋元學案』「東萊學案」)

314) 호유(湖儒) : 송나라 때 주자가 육구연(陸九淵) 형제와 강서성(江西省) 연산현(鉛山縣) 북쪽에 있는 아호산의 아호사(鵝湖寺)에서 만나 서로 자신의 학문을 논변하였다. 이 만시에서는 송유들의 거동과 닮았음을 말한다.

315) 고학(皐鶴) 소리 : 은거한 군자의 명성이 멀리까지 퍼지는 것을 말한다. "학이 구고의 늪에서 우니, 그 소리가 하늘에 들린다.[鶴鳴于九皐 聲聞于天]"에서 유래한다.(『詩經』「小雅·鶴鳴」)

가승이 오록정사로 와 있어서 내가 들러 유숙하고 돌아왔다. 가승이 절구 두 수를 보내와서, 드디어 그 시에 차운하다[可升來寓梧社 余往訪留宿而歸 可升以二絶寄來 遂次其韻 을해년(1755)

봉우리 겹겹이고 호수가 열린 곳 鬟髻重重鏡面開
좋은 벗 찾기 위하여 구름 넘어 왔네 爲尋良友度雲來
맑은 창가에서 선현의 말씀 강론하고 淸囱講罷前賢語
솔과 계수 그늘 속을 함께 거닐었네 松桂陰中共轉徊

어제는 그대 만나 책상 마주했더니 昨承芝宇對牀開
오늘은 멋진 시를 한 움큼 보내 왔네 今荷瓊詞滿握來
머리 드니 흥을 타고 갈 것만 같아 矯首若將乘興去
일어나 청려장 짚고 또 배회하네 起扶藜杖也徘徊

2월 28일 시총[316]에 비석을 세운 뒤 윤문이 율시 한 수를 읊어서 드디어 그 시에 차운하다[二月二十八日 詩塚立碣後 允文爲詠一律 遂次其韻]

장한 절개 당년에 명성이 우뚝하였으니 壯節當年聳見聞
군주에게나 부모에게나 한 마음 두었네 於君於父一心存
학봉은 장계로 충성과 절의를 알리고 鶴翁啓目揚忠烈
오리는 애사로 효성의 혼을 위로하였네 梧老哀詞復孝魂

316) 시총(詩塚) : 백암(柏巖) 정의번(鄭宜藩, 1560~1592)의 묘소를 말한다. 임진왜란이 일어나자 아버지 호수 정세아와 함께 경주 전투에 참여하였다가 아버지의 목숨을 구한 뒤 자신은 전사하였다. 이후 정세아는 아들의 주검을 찾지 못하였다. 그래서 경주에서 영천으로 초혼(招魂)하여 평소 입던 옷과 갓으로 빈소를 차렸고, 아들 친구들이 보내온 애도의 시를 관에 넣어 장례를 치렀기 때문에 붙여진 이름이다.

성주께서 포창하시어 역사에 오르고 聖主加褒榮竹帛
문형이 붓을 잡아 무덤을 빛내네 文衡揭筆耀楸原
후손들 눈물 흘리며 이 비석 세우니 孱孫涕泣封斯石
사가 묘소의 격을 높이려함은 아니라네 匪爲私家墓貌尊

가승이 다시 오록서사에 와서 수개월을 머무르며 벽에 시를 써서, 차운하여 드리다[可升再到梧社 留滯數月 題詩壁上 次韻以呈]

승경지 찾은 발길 좋은 인연 이어져 勝地芳蹤續好因
금년 봄이 지난해 봄과 비슷하네 今年春似去年春
꽃단장과 어린 잎 서로 기다리는 듯 花糚嫩色如相待
나는 새와 맑은 소리 친하고 싶어하네 鳥弄清音倍欲親
이제는 마음속에 세속의 미련 없어 自是胸襟無俗累
읊음이 천진 얻는 줄 바야흐로 알겠네 方知哦詠得天眞
곳곳의 풍광 모두가 공물이니 風光處處皆公物
감상에 어찌 주인이 있겠는가 玩賞何曾有主人

진사 송명기[317]를 애도하는 만시[輓宋進士 命基]

영재가 뛰어나 세상에 쓰일 만하니 英才超卓世堪需
선비의 기대 영남에서 그대만한 이 없었네 儒望南州似子無

---

317) 송명기(宋命基, 1680~1755) : 자는 정부(定夫), 호는 매헌(梅軒), 본관은 야성(冶城)이다. 1727년 소과에 입격하였으나, 출사를 단념하였다. 당시 선배 학자들과 함께 성리의 이론을 추구하는 데 몰두하였다.

아로[318]의 집안에서 먼 세업 계승하고 啞老庭中承遠緖
퇴계의 글에서 참 진리를 찾아보았네[319] 陶翁書裡見眞腴
덕의를 좋아하여 다반사로 즐겼고 好將德義爲茶飯
문장을 부끄러워하며 슬우[320]를 물었네 羞把詞章問瑟竽
단아한 모습 맑은 마음 어디로 갔나 雅標淸襟何處去
밝은 달만이 남아 금호강을 비추네 只畱明月照琴湖

진사 장천로를 애도하는 만시. 2수[輓張進士天輅 二首]

대현이 훌륭한 모범 드리워 大賢垂懿範
준걸들이 대대로 아름다웠네 名俊世繩休
뛰어난 문장 문단을 기울이고 麗藻傾儒苑
청아한 의표 속기를 벗었네 清標蛻俗流
나월 아래에서 시를 읊고 詠詩蘿月下
낙동강 여울에서 낚시질하였네 投釣洛灘頭
애석하게도 신의 도가 어긋나 可惜神逵舛
귀뚜리가 가을 만나지 못하였네 莎雞未得秋

---

318) 아로(啞老) : 아헌(啞軒) 송원기(宋遠器, 1548~1615)를 말한다. 자는 자용(子容), 본관은 야성이다. 1610년 문과에 급제하였다. 임진왜란이 일어나자 곡식 700두를 모아 병진에 보낸 일이 조정에 알려져 선무원종공신(宣武原從功臣)에 올랐다.

319) 퇴계의……찾아보았네 : 퇴계 이황의 글을 보고 지은 『퇴계서절요(退溪書節要)』를 말한다.

320) 슬우(瑟竽) : 주의 주장과 취향이 서로 다르다는 뜻으로, 사장지학보다는 도의지학을 즐겼음을 말한다. 당나라 한유(韓愈)의 「신상에게 답한 편지[答陳商書]」의 "제나라 왕은 피리를 좋아하는데 자네는 비파를 연주하느냐? 비파 연주를 아무리 잘하더라도 왕이 싫어하면 어떻게 하느냐? 이것이 이른바 비파 연주는 잘해도 제나라 왕에게 구하는 일은 서툴다는 것이다.[王 好竽而子鼓瑟 瑟雖工 其如王不好何 是所謂工於瑟而不工於求齊也]"에서 유래한다.

우리 선조와 산장을 이웃하여	吾祖隣巖社
술병 들고 수석 가를 노닐었네	提壺水石濱
세의 이미 오래된 데다	世交來已久
혼인으로 우호 다시 새로웠네	姻好講還新
의를 사모해 장수하길 바랐더니	慕義方祈壽
수문랑[321]되려 서둘러 재촉하였네	修文遽促辰
고아한 풍도 어디에서 볼까	高風何處見
머리 돌리니 눈물이 수건 적시네	回首涙霑巾

눌은 이광정[322]을 애도하는 만시[輓李訥隱 光庭]

저속한 파음[323]이 귀에 가득 시끄러운데	巴音滿耳競啾嘈
다행히 영남에 고아한 백설곡[324] 보았네	幸見吾南白雪高
금석의 풍류 진주처럼 멀리 발산하고	金石風流珠遠散
산림의 풍표 옥같이 깊이 감추었네	山林標致玉深韜
부름이 답지하여도 움직이지 않더니	旌招沓至猶跟止
여든의 나이 막 넘자 벌써 고복을 알리네	絹限纔周已復皐
강가 서재에서 만나자던 약속 이루지 못해	未遂江齋相訪約
북녘의 묘소 바라보니 눈물이 옷깃 적시네	北瞻眞宅涙霑袍

---

321) 수문랑(修文郎) : 앞의 주 249) 참조.

322) 이광정(李光庭, 1674~1756) : 자는 천상(天祥), 호는 눌은, 본관은 원주(原州)이다. 1699년 진사시에 입격하였다. 효렴(孝廉)으로 천거 받아 참봉·익위사 익위(翊衛司翊衛) 등을 지냈다. 당시 문학과 행의가 세상에 추중되었다. 저서로는 『눌은집』이 있다.

323) 파음(巴音) : 파촉 지방의 민요로, 과거 시험 보기 위한 시문학을 말한다.

324) 백설곡(白雪曲) : 너무도 고상해서 따라 부르기 힘든 노래를 말한다. 춘추 시대 초(楚)나라의 '백설(白雪)'과 '양춘(陽春)'의 노래는 너무 어려워서 겨우 수십 명밖에 따라 부르지 못하였다고 전해진다. (『文選』)

승지 정옥[325]이 입시하였을 때에 어명으로 그의 선조 약포[326] 상공의 초상을 올렸다. 이에 주상께서 친히 여덟 구의 명을 지어 정옥을 시켜 영정에 쓰도록 하니, 상사 허겁이 율시 한 수를 읊어서 그 일을 노래하여, 드디어 그 시에 차운하여 자성 영공에게 주다[鄭承旨玉入侍時 命進其先祖藥圃相公遺像 仍親製八句銘 使玉書于幀上 許上舍祫爲詠律詩一篇 歌其事 遂次其韻 呈子成令公]

도산의 은택으로 사대부를 길러내어 陶山時雨養衿紳
선조 때 명신 얼마나 배출하였나 穆廟名臣出幾人
성주의 은택 선정의 후손에게 넉넉하여 聖眷特優先正裔
채미[327]로 예전 영정 기쁘게 대하셨네 彩眉懽對舊儀眞
빼어난 의표 완연히 삼주[328]를 접하니 英風宛接趨三晝
태평성대가 다시 하루 새벽 남은 듯하네 盛際還疑隔一晨
훌륭한 성주의 명이 영정에 써지니 嵬倬天章垂片幅
영남의 초목까지도 더 환히 빛나네 南州草木煥增神

---

325) 정옥(鄭玉, 1694~1760) : 자는 자성(子成), 호는 우천(牛川), 본관은 청주(淸州)이다. 1727년 문과에 급제, 지평·좌승지·황해도 관찰사 등을 지냈다. 저서로는 『우천집』이 있다.

326) 약포(藥圃) : 정탁(鄭琢, 1526~1605)의 호이다. 자는 자정(子精), 본관은 청주이다. 1558년 문과에 급제, 이조 정랑·예조 판서·좌의정 등을 지냈다. 임진왜란 때 왕이 몽진하자 호종한 공으로 서원부원군(西原府院君)에 봉해졌다. 시호는 정간(貞簡)이다. 저서로는 『약포집』·『용만견문록(龍灣見聞錄)』 등이 있다.

327) 채미(彩眉) : 팔채미(八彩眉)의 준말로, 임금의 눈길을 말한다. 당요(唐堯)의 눈썹에 여덟 가지 색채가 있었다는 데서 유래한다.

328) 삼주(三晝) : 임금이 하루에 세 번 신하를 만나는 것으로, 대신(大臣)이 특별한 은총을 받아 자주 임금을 만나는 것을 말한다. "진은 나라를 편안히 하는 제후에게 말을 하사하기를 많이 하고, 낮에 세 번 접견하도다.[晉 康侯 用錫馬蕃庶 晝日三接]"에서 유래한다.(『周易』「晉卦」)

옥간정을 중건한 뒤에 옛 운을 써서 시를 지어서, 서사[329]의 장이[330]와 여러 군들에게 주어 축하하다[玉磵亭重建後 用舊韻 呈書社長貳諸君 以賀之]

정축년(1757)

고정의 남긴 터에 흙먼지만 쌓였어도	古亭遺址但灰塵
스무 해나 중건 계획 없이 그냥 지냈네	計屈重修卄載因
도를 논하던 곳에 수석이 처량하여	水石凄凉論道地
경전 익히던 때 선비들 서글피 기억하네	衿紳悵望執經辰
다행히도 집이 이전 제도 복원하였으니	幸成棟宇恢前制
이 풍성 길이 후인을 고무시키겠지	長使風聲聳後人
문에 들어 경건히 앉아 계시던 곳 보니	入戶肅瞻聯几處
아련히 한 덩이 봄기운[331] 받는 듯하네	僾然如襲一團春

하계서사[332]의 시에 차운하다[次霞溪書舍韻]

하옹[333]의 서실 경계가 그윽하고 깊어	霞翁書室境幽深
산골 물소리 속에 푸른 산이 그늘지네	碧磵聲中翠峀陰

---

329) 서사(書社) : 글 읽고 시를 짓는 모임을 말한다.
330) 장이(長貳) : 모임을 이끄는 장(長)과 부(副)를 말한다.
331) 봄기운[春] : 앞의 주 173) 참조.
332) 하계서사(霞溪書舍) : 쌍봉(雙峰) 정극후(鄭克後, 1577~1658)가 맹자의 '수재주재(水哉水哉)'에서 뜻을 취하여 제자들을 가르치기 위해 연 수재정(水哉亭)을 달리 부르는 이름이다. 경북 경주시 안강읍 하곡리에 소재한다.
333) 하옹(霞翁) : 정극후(鄭克後, 1577~1658)를 말한다. 자는 효익(孝翼), 호는 쌍봉(雙峯), 본관은 영일이다. 높은 학문과 올바른 행실로 천거되어 대군사부(大君師傅)가 되었다. 만년에 오로지 문장을 익히며 저술을 자신의 소임으로 여겼다. 저서로는 『쌍봉집』·『서악지(西岳誌)』·『역년통고(歷年通攷)』·『문묘향사지(文廟享祀志)』 등이 있다.

거룩한 향내 이미 거두어도 사람들 흠모하니	盛馥已收人艶慕
요사한 기운 귀신이 꾸짖어 그치겠네	妖氛應被鬼訶禁
입암서원 연월의 빛발 서로 비추니	立巖烟月光相照
여헌 선생 연원의 영향 어이 잠기랴	軒老源流響豈沈
지난 자취 백년 지났어도 아직 남아 있어	往迹百年今尚在
올라보니 종일토록 나의 감회 일어나네	登臨竟日起余心

매산선생문집

梅山先生文集

제3권

매산선생문집 제3권

소疏

선조 호수와 백암 양대의 추증을 청하는 상언[請贈先祖湖叟柏巖兩世上言]

신해년(1731)

삼가 아뢰니다. 충렬忠烈을 포상하는 것은 국가의 좋은 법이고, 선조의 행적을 현양하는 것은 자손의 지극한 정리입니다.

신臣의 5대조 진사 신臣 세아世雅[1]는 임진왜란을 당하여 아들 생원 신 의번宜藩[2]을 데리고 앞장서서 의병을 일으켰으니, 아버지는 왜적을 토벌하여 성을 수복한 공이 있고 아들은 국가와 아버지를 위하여 순사殉死한 절의가 있습니다. 그러나 단지 당시 보고가 사실과 달라서 세아는 찰방에 임명되는 데 그치고 의번은 낭서郞署에 추증되는 데 그쳐서, 남달리 우대하는 은전을 입지 못하였으니, 이는 영남 인사들이 다 같이 탄식하고 애석해하는 바입니다. 이에 주상 전하께서 거둥하는 날에 맞추어 저의 간곡한 심정을 감히 호소합니다. 삼가 바라옵건대, 성명聖明께서는 살펴주소서.

---

1) 정세아(鄭世雅, 1535~1612) : 자는 화숙(和叔), 호는 호수(湖叟), 본관은 영일이다. 1558년 진사시에 입격한 뒤, 임진왜란이 일어나자 의병대장으로 참여하였다. 천거되어 황해도 찰방을 지냈다. 시호는 강의(剛義)이며, 지서로는 『호수실기』가 있다.

2) 정의번(鄭宜藩, 1560~1592) : 자는 위보(衛甫), 호는 백암(栢巖). 본관은 영일이다. 아버지 정세아(鄭世雅)를 따라 경주 전투에 참여하였다가 전사하였다. 1784년 정려가 내려졌으며, 영천의 환고사(環皐祠)에 봉향되었다.

아! 섬 오랑캐가 일으킨 전란을 차마 말할 수 있겠습니까. 연이은 성벽이 와해되고 팔도가 붕괴되어 당시 군대를 책임지는 장수와 영토를 지키는 신하가 모두 새나 쥐처럼 도망가 숨어서 왜적의 흉악한 창칼을 막을 자가 없었습니다. 그러나 세아는 바로 이조좌랑 종소從韶[3]의 현손玄孫이자 문충공文忠公 정몽주鄭夢周[4]의 방손傍孫으로서, 정몽주의 고향에서 생장하여 충의忠義의 가르침을 물려받았습니다.

어가가 서쪽으로 몽진한다는 소식[5]을 듣고는 분연히 일어나 아들 의번에게 "주상께서 몽진하였는데, 우리들이 어찌 풀숲에서 살기를 찾아야 하겠느냐? 만약 불행하여 일을 성취하지 못한다면 죽음이 있을 뿐이다."라고 하고, 드디어 비분강개하며 소매를 떨쳐 일어났다. 한 지방의 젊고 뛰어난 선비들이 모두 몸을 일으켜 메아리처럼 호응하여, 세아를 의병장으로 추대하였습니다. 세아가 눈물을 뿌리며 단상에 올라 하늘을 가리켜 태양에 맹세하고 의기義旗를 한 번 휘두르니, 장사들이 그림자처럼 따랐습니다. 이에 가산을 다 출연하여 병기를 수리하고 군량미를 모아, 더러는 기묘한 계책을 내어 적을 습격하고 더러는 복병을 숨겨서 적을 측면 공격하여 참수와 포획이 갈수록 많아지니, 찌를 듯한 적의 기세가 조금 꺾였습니다.

왜적이 군위軍威에서 봉고어사封庫御史[6]라 호칭하며 신녕新寧으로 달려내려 가자, 여러 장수들 중에 알아차리는 자가 없었습니다. 그런데 세아만이 "이것은 속임수입니다." 하고는, 추격하여 박연朴淵에 이르러 잽싸게 공격하여 대파하니, 이로부터 의병의 명성이 더욱 떨쳐졌습니다.

좌병사左兵使 박진朴晉[7]도 왜적을 많이 저지하였는데, 세아가 사람을 시켜 낮에는 숨고

---

3) 정종소(鄭從韶, ?~?) : 자는 가정(可貞), 호는 정헌(靖軒), 본관은 영일이다. 1447년 문과에 급제, 이조좌랑·영천 군수·성균관 사성 등을 지냈다. 저서로는 『오천금석록(烏川金石錄)』이 있다.

4) 정몽주(鄭夢周, 1337~1392) : 자는 달가(達可), 호는 포은(圃隱), 본관은 영일이다.

5) 어가가……소식 : 임지왜란에 선조(宣祖)가 의주로 몽진한 것을 두고 한 말이다.

6) 봉고어사(封庫御史) : 봉고는 물품의 출납을 못하도록 창고를 봉하여 잠그는 것이니, 곧 그런 일을 하는 어사를 말한다.

밤에는 가서 초유사招諭使 문충공文忠公 신 김성일金誠一[8]에게 편지를 올려 지휘 받기를 청원하고, 또 수비하는 여러 장수들이 내심 왜적 막음을 외면하고 있는 상황을 진술하였습니다. 김성일이 무릎을 치며 탄식하기를 "충의가 마음속에서 북받친 것이 아니라면 이와 같을 수 있겠는가." 하였습니다.

당시 왜적이 영천성永川城에 주둔하며 사방으로 나가 노략질하였나. 세아가 족제族弟 대임大任[9]과 "성 안은 초가집이 서로 이어있어서, 만약 바람을 타고 불을 놓는다면 영천을 수복할 수 있다."라고 모의하자, 사람들이 모두 "옳소." 하였습니다.

계책이 확정되고 나서 권응수權應銖에게 원군을 청하였습니다. 권응수가 그의 병사를 이끌고 와서, 세아가 드디어 응수·대임 등과 세력을 합쳐서 함께 진격하였습니다. 여러 의병들에게 성 밖에 분산하여 매복하기를 명한 뒤, 세아는 몸소 병사를 이끌고 산에 올라 바람의 방향을 따라 먼지와 모래를 날리니, 왜적이 혼란해도 감히 나오지 못하고 성안에 개미떼처럼 모여 있었습니다. 세아가 죽음을 각오한 병사 수십 인을 보내어 성벽을 넘어 들어가 불을 놓게 하니, 불길은 거세고 바람은 세차서 일시에 불길이 성 전체를 뒤덮었습니다. 타 죽은 자가 거의 절반을 넘겼습니다. 불길과 연기를 무릅쓰고 도망쳐 나오는 자는 성문을 나오는 대로 베어 죽였으며, 그 나머지 물에 빠져 죽은 자도 역시 많아, 한 사람도 살아 돌아간 자가 없었습니다.

버려진 시체가 언덕처럼 쌓여 비린내 나는 피가 냇물처럼 흘렀습니다. 고故 상신相臣 이항복李恒福[10]이 "왜란이 일어난 뒤 10년 동안 영천과 명량鳴梁에서 거둔 승리가 가장 통쾌하다." 하였으니, 이 전투를 두고 한 말입니다. 이로부터 이후로 왜적의 길이 중간에

---

7) 박진(朴晉, 1560~1597) : 자는 명부(明夫). 본관은 밀양이다. 임진왜란 때 경상좌도 병마절도사로 임명되어 적을 저지하였다. 임진왜란 초기 왜적과 싸운 장수 가운데 두드러진 인물의 하나이다.

8) 김성일(金誠一, 1538~1593) : 자는 사순(士純), 호는 학봉(鶴峰), 본관은 의성(義城)이다.

9) 정대임(鄭大任, 1553~1594) : 자는 중경(重卿), 호는 창대(昌臺), 본관은 영일이다. 선무원종공신(宣武原從功臣) 2등에 녹훈되고, 가선대부(嘉善大夫) 호조 참판 겸 동지의금부사에 추증되었다.

10) 이항복(李恒福, 1556~1618) : 자는 자상(子常), 호는 백사(白沙), 본관은 경주이다.

끊겨서, 군위의 왜적은 개령開寧으로 물러나 주둔하고, 안동·예천·의성의 왜적은 상주로 물러나 주둔하게 되었습니다. 경상좌도의 여러 고을이 온전하고 사기가 조금이나마 회복된 것은 모두 영천에서 크게 승리한 힘이었습니다.

이해 8월에 좌병사 박진이 여러 고을의 관군을 이끌고 장차 경주를 공격하려 하니, 세아와 대임이 의병 5천인을 거느리고 권응수 병사와 연합하여 함께 진격하였습니다. 여러 장수들이 왜적의 많음을 두려워하여 기꺼이 선봉에 서려는 사람이 없자, 세아가 말에 채찍질하여 선봉장이 되어 깃발을 휘날리고 칼을 휘두르며 죽음을 각오하고 전투를 독려하니, 왜적의 무리 중에 죽은 자가 절반이 넘었습니다.

얼마 지나지 않아 왜적이 기병奇兵을 내보내어 아군의 뒤를 습격하니, 관군이 크게 무너졌습니다. 세아의 휘하 의병 십여 인은 모두 힘껏 싸우다가 전사하고, 세아 혼자서 포위된 채 왜적과 혈전을 벌였습니다. 의번이 아버지가 위급해진 것을 보고 말을 급히 달려 칼을 휘두르며 앞으로 나아갔습니다. 활을 당겨 적을 향하여 쏘는데, 쏠 때마다 적의 가슴을 꿰뚫으니, 왜적이 갑자기 크게 혼란해져서 뿔뿔이 흩어져 성 안으로 달려 들어갔습니다. 세아는 바로 병사를 지휘하여 조금 후퇴하였으나, 의번은 다시 빠져 나오지 못하였습니다.

세아는 더욱 분발하여 눈물을 뿌리며 다시 여러 장수들과 마음을 모아 전략을 짜서 적을 습격하여 섬멸할 계책을 세웠습니다. 왜적이 버티지 못할 것을 감안하여 드디어 성을 버리고 서생포西生浦로 도망하였습니다. 이 일이 비록 박진의 진천뢰震天雷의 위력 때문이라고 말하나, 세아 등이 힘껏 싸워 쳐부순 공로가 실로 많은 역할을 하였습니다. 고故 상신相臣 류성룡柳成龍[11]의 『징비록懲毖錄』에 "경주를 수복한 뒤에 응수와 대임 등이 함께 포상의 은전을 입었다."고 한 글을 살펴보면, 의병이 공을 세운 사실은 또한 실재 입증할 수 있습니다.

---

11) 류성룡(柳成龍, 1542~1607) : 자는 이현(而見), 호는 서애(西厓), 본관은 풍산(豊山)이다. 그가 지은 『징비록』은 임진왜란 동안에 경험한 일들을 기록한 책이다.

왜적의 예봉이 조금 느슨해져서 어가가 도성으로 돌아온 뒤에, 세아는 자양紫陽의 옛 은거지로 돌아와 담담히 소신을 지키며 그대로 생을 마칠 듯하였는데, 고 상신 이원익李元翼[12]이 유일遺逸로 천거하여 황산도 찰방黃山道察訪이 되었습니다. 세상을 떠난 뒤에 그의 아들 수번守藩[13]이 존귀해졌기 때문에 병조 참판에 추증되었지, 그의 전공을 포상한 것은 아닙니다.

아! 영천과 경주 두 고을은 실로 왜적이 다니는 길목이었습니다. 그러므로 두 고을이 수복된 뒤에 안동 등지의 여러 왜적은 낙동강 오른쪽으로 물러나 주둔하고, 울산 연해의 왜적은 감히 다시 경주로 향하지 못하게 되니, 경상도가 회복되어 안정될 수 있었습니다. 그 공적의 우뚝함과 의열의 숭고함이 어떠하겠습니까.

그럼에도 아름다움을 드러내는 은전이 그에게만 내려지지 않은 것은 또한 이유가 있습니다. 세아는 어려서부터 가정의 가르침을 받아 오직 가전家傳의 학문으로 자신을 지켰습니다. 섬 오랑캐가 쳐들어오는 날에는 분연히 몸을 돌보지 않고 일어나 국가의 위급한 상황에 헌신한 것도 실은 가슴 속의 하나의 '의義' 자가 북받쳐서이지, 예를 들어 저 왜란을 틈타 공을 노려서 영달의 수단으로 삼는 것은 그의 뜻이 아니었습니다.

전공을 보고할 때에 모든 의로운 전투에서 목을 베거나 사로잡은 것을 다 자처하지 않아서 마치 애초에 같이 싸우지 않은 자처럼 하였습니다. 때문에 여러 장수 가운데 군君에 봉해진 자도 있고, 나머지는 모두 차례대로 관질官秩이 올랐으나 세아는 거기에 들지 않아서 마침내 이름이 묻혀 일컬어지지 않았으니, 이것이 진실로 당대 모든 사람들이 개탄하는 것입니다.

이 때문에 문목공文穆公 신臣 정구鄭逑[14]는 일찍이 김성일의 행장을 지으면서 그 사실을

---

12) 이원익(李元翼, 1547~1634) : 자는 공려(公勵), 호는 오리(梧里), 본관은 전주이다.

13) 정수번(鄭守藩, 1580~1621) : 자는 정보(貞甫), 본관은 영일이다. 1598년 무과에 급제, 부호군(副護軍)을 지내면서 신무기를 제조하고 신병법을 만들어 보급한 공로로 내금위장(內禁衛將)에 제수되었다.

14) 정구(鄭逑, 1543~1620) : 자는 도가(道可), 호는 한강(寒岡), 본관은 청주이다.

대략 서술하여 "영천의 승리는 오로지 사자士子들이 의병을 일으켜 먼저 성에 오르고, 또 경주로 옮겨가서 토벌할 때도 앞 다투어 달려간 정의번 등 17인이 같은 날 전사하였으니, 유생의 충렬을 높일 만하다."라고 하였습니다.

고故 관찰사觀察使 신臣 최현崔晛은 체찰사體察使 이원익에게 보낸 편지에서 "영천에서 승리하고 나서 낙동강 왼쪽에 있던 여러 왜적이 차례로 후퇴하여 한 지역이 회복되었습니다. 이후 복병을 배치하여 왜적을 토벌하는 작전이 끊임없이 나왔으니, 이는 모두 영천에서 맨 먼저 그 작전을 펼쳐서입니다. 게다가 영천 고을에서 의병을 일으킬 때 맨 먼저 창의를 모의한 자가 모두 영천 경내의 선비들이었고 보면, 온 군에 오백 의사에 들지 않는 이가 없습니다. 그러나 남다른 공적을 포상하는 은전은 두세 명의 의병장과 의사에게만 더해져서 공적에 대한 평가가 공론을 따르지 못하고, 읍의 호칭이 주州나 부府로 승격되지도 못했습니다. 이 때문에 공론이 상당히 억울해하며, 그 당시 순찰사께서 조정에 올린 보고가 실상을 놓친 것을 매우 애석해하고 있습니다."라고 하였습니다.

정구와 최현은 다 같이 높은 덕을 지닌 큰 유학자로서 영남에 살며 당시의 일을 목격하였습니다. 그들의 말이 이와 같고 보면, 천고의 단안斷案이 되기에 충분할 것입니다.

의번이 목숨을 바쳐 절의를 다한 경우는 더욱 슬프고도 남다른 점이 있습니다. 아버지를 따라 의병을 일으켜 앞뒤로 왜적을 토벌한 공로도 매우 많았습니다. 경주 전투에서 아버지가 적의 포위망에 빠진 것을 보고는 말을 달려 포위망을 뚫고 들어가 적을 쏘면 반드시 다 맞히니, 왜적이 또한 크게 혼란해지며 무너졌습니다. 그러나 의번은 아버지와 서로 만나지 못하여 몸에 수십 군데의 창상을 입은 채 좌충우돌하며 아버지를 찾느라, 적진을 빠져나왔다가 다시 들어간 것이 세 차례였습니다.

종 억수億壽를 돌아보며 "아버지께서 이미 돌아가셨으니, 나도 아버지를 따라 함께 죽을 것이다. 너는 나를 두고 가거라."라고 하니, 억수가 울면서 떠나지 않고 "종과 주인의 의리가 군신君臣과 부자父子의 의리와 어찌 차이가 있겠습니까." 하며, 마침내 말을 채찍질하여 앞으로 나아가 더욱 비분강개하며 적을 토벌하였습니다. 이윽고 화살이 다하고 활이 부러져 종과 주인이 다 같이 적에게 잡혔으나 굽히지 않고 격분하여 욕하다가 죽었으니, 이는 군중을 따라 전쟁터로 나갔다가 갑자기 창칼에 맞아 죽은 자와 비교할 일이 아닙니다.

고故 승지承旨 신臣 신지제申之悌가 이른바 "충성이 크고 효성이 도타웠다."고 말한 것에서 그 당시의 공론을 알 수 있습니다. 그러나 당초 행재소에서 김성일의 장계狀啓 때문에 관례에 따른 증직만 추서하고 말았습니다. 그 외의 절의를 지키다 죽은 신하들은 전란이 평정된 뒤에 다함께 특별한 예우를 입었으니, 예를 들어 류종개柳宗介[15]는 같은 시기에 관례대로 추증된 사람으로서 높은 관질官秩이 더 추증되고 정려旌閭도 내려졌습니다. 그러나 의번의 효열孝烈이 찬란한데도 아직까지 넉넉한 은전을 입지 못하였으니, 이는 또한 모든 사람들이 함께 마음 아파하는 것입니다.

지난 을유년(1705)에 영천 선비들이 발을 싸매고 대궐 앞까지 올라와서 사당을 세워 제향祭享할 것을 호소하니, 숙종대왕께서 특명으로 해조該曹에 품처稟處하라고 하였습니다. 해조에서 도신道臣에게 명하여 공론을 수렴하여 계문啓聞하게 하니, 도신이 경상도 안의 공론을 수렴하고 명현들의 유고를 조사 참고하여 상세히 계문하였습니다. 그러나 해조에서 즉시 복계覆啓하지 않아서 공론이 지금까지도 계속 답답해하고 있습니다.

하지만 이는 바로 사림의 일이지, 참으로 자손들이 참여하여 논의할 수 있는 일은 아닙니다. 작위의 추증과 시호의 추서 및 정려문을 세우는 경우는 자손들이 우러러 호소함으로 인하여 남다른 은전을 받음도 또한 많았기에 감히 옛 사적을 대략 기술하여 억울한 심정을 우러러 토로합니다.

삼가 바라건대, 성명聖明께서는 굽어 살펴주십시오. 세아가 창의하여 영천성을 수복한 공로를 생각하시고, 의번이 나라에 순국하고 아버지를 위하여 목숨을 바친 충렬忠烈을 가엾게 여겨주십시오. 그들에게 증직을 내리거나 정려문을 세워주셔서, 세도世道를 격려하고 인심을 정화하여 주십시오.

---

15) 류종개(柳宗介, 1558~1592) : 자는 계유(季裕), 본관은 풍산(豊山)이다. 임진왜란이 일어나자 홀로 향병 수백 명을 모아 고을을 보전하였고, 함경도 지역에서 태백산맥을 타고 퇴각하던 왜적을 맞아 싸우다가 소천(小川)에서 전사하였다. 사후 참의에 추증되었다.

영남 관료들의 변무소[嶺南搢紳辨誣疏]

병조 정랑 김오응金五應, 사헌부 감찰 장위항張緯恒,[16] 성균관 전적 이세후李世垕, 동학 훈도 박시태朴時泰, 봉상 직장 정중기鄭重器, 승문원 저작 김극령金極齡, 의정부 사록 정권鄭權, 성균관 학정 성헌조成憲祖,[17] 학록 남지南至, 승문원 부정자 이권李權 등

삼가 아룁니다.

신들이 삼가 듣건대, 지난 정월 13일 차대次對[18]에서 경연청經筵廳의 신하들이 영남의 일을 진달하였다고 하니, 이는 인재를 선발하여 고루 등용하시라는 청원이었을 것입니다. 그러나 그들이 주장하는 말에 다른 의도가 없지는 않습니다. 영성군靈城君 박문수朴文秀[19]는 "대처하기 어려운 이는 영남 사람입니다."고 하였으며, 풍원군豊原君 조현명趙顯命[20]은 "천하의 사변事變은 알기 어려우니, 마땅히 진정시킬 방도를 강구해야 합니다."고 하였습니다.

신들은 바로 영남 사람으로서, 우리 영남이 어찌하여 대처하기가 어려우며, 또한 무슨 알기 어려운 사변이 있어 진정시키고 싶어 하는지 알 수 없습니다. 신들은 그들이 가리키는 뜻이 어디에 있는지 자세히 알지는 못하오나, 이는 아마도 흉역凶逆의 무리 정희량鄭希

---

16) 장위항(張緯恒, 1678~1747) : 자는 천응(天應), 호는 와은(臥隱). 본관은 인동(仁同)이다. 1727년 문과에 급제, 사헌부 감찰·자인 현감 등을 지냈다. 저서로는 『와은집』이 있다.

17) 성헌조(成憲祖, 1695~1757) : 자는 술초(述初), 호는 송재(松齋), 본관은 창녕(昌寧)이다. 1728년 이인좌의 난이 일어나자, 의병장 정규양(鄭葵陽)의 참모가 되어 역도(逆徒)를 소탕하는 데 참여하였다. 저서로는 『송재유고』가 있다.

18) 차대(次對) : 매월 여섯 차례씩 의정(議政)·대간(臺諫)·옥당(玉堂)이 입시(入侍)하여 중요한 정무(政務)를 상주(上奏)하는 일을 말한다.

19) 박문수(朴文秀, 1691~1751) : 자는 성보(成甫), 호는 기은(耆隱), 본관은 고령(高靈)이다. 1723년 문과에 급제, 예문관 검열·병조 판서·경상도 관찰사 등을 지냈다. 이인좌 난에 공을 세워 영성군(靈城君)에 책봉되었다. 시호는 충헌(忠憲)이다.

20) 조현명(趙顯命, 1690~1752) : 자는 치회(稚晦), 호는 귀록(歸鹿), 본관은 풍양(豊壤)이다. 1719년 문과에 급제, 검열·대사헌·영의정 등을 지냈다. 이인좌의 난에 공을 세워 풍원군(豊原君)에 책봉되었다. 저서로는 『귀록집』이 있다.

亮[21]·조성좌曺聖佐가 영남에서 나왔기 때문에 영남의 사람들을 다 의심하는 것이 아니겠습니까. 신들은 이 말을 듣고부터 몸이 벌벌 떨리어 내려앉으며 모발이 곤두서고 뼛속까지 파랗게 질려서 곧장 배를 가르고 심장을 도려내어 너무나 사무친 억울함을 한 번 드러내 보이고 싶었으나 할 수 없었습니다.

이! 영남은 평소 추로지향鄒魯之鄕[22]으로 일컬어졌으나, 근래에 인재의 성대함과 풍속의 아름다움은 지난날에 비하여 못하다고 할 만합니다. 하지만 조종祖宗께서 배양한 은택이 여전히 남아 있고, 국란에 앞장서는 유생의 풍도가 시들지 않아서, 아버지가 아들을 가르치고 형이 아우를 타이르며 충효忠孝 두 글자를 벗어나지 않습니다. 또 산천이 유순하고 풍기가 유약하기 때문에 개벽 이래로 강상을 어기거나 인륜을 벗어나는 일이 전혀 없었으니, 이는 영남 사람들의 사담私談이 아니라 바로 온 나라 사람들의 공론公論입니다.

불행하게도 지난해에 역적 박필현朴弼顯[23]과 역적 이인좌李麟佐의 무리가 호서와 영남이 만나는 지점에 기생하며 몰래 반역을 도모한 다음, 보이지 않게 정희량·조성좌와 결탁하여 흉악한 반란을 빚어내었으니, 이는 실로 천고에 없었던 변괴였습니다. 한 지방의 더럽혀진 명예는 황하를 끌어와도 씻어내기 어렵습니다.

비록 그러하나 흉적 정희량은 안음安陰에, 조성좌는 합천陜川에 살았습니다. 안음과 합천은 바로 낙동강 오른쪽의 외진 고을로서 정인홍鄭仁弘의 악취가 남아 있는 곳입니다. 이는 일종의 나쁜 기운이 그 사이에 뭉쳐서 이렇게 흉악한 무리를 출생시킨 것입니다.

---

21) 정희량(鄭希亮, ?~1728) : 본관은 초계(草溪)이다. 1728년 밀풍군(密豊君) 탄(坦)을 추대하여 왕통을 바로 세워야 한다고 주장하며, 이인좌를 도원수로 추대하고 자신은 원수가 되어 반란을 일으켰다. 거창에서 선산부사 박필건(朴弼建)과 곤양군수 우하형(禹夏亨) 등에게 체포되어 참수되었다.

22) 추로지향(鄒魯之鄕) : '추'는 맹자의 출생지이고, '노'는 공자의 출생지이기 때문에 훌륭한 학문과 도학이 있는 곳을 추로지향이라 한다.

23) 박필현(朴弼顯, 1680~1728) : 1726년 이인좌가 상주로 이주하였을 때 그와 만나 사생지교(死生之交)를 맺고 반란의 뜻을 품었으며, 이인좌가 청주에서 난을 일으키자 반란에 가담하였던 인물이다.

그러나 두 흉적의 집안 또한 부유하여 서로 혼인한 집이 경기도와 충청도 사이에 많이 있었으니, 이는 역적 박필현과 역적 이인좌 무리의 달래고 으르는 흉악한 모의가 이들 무리에게만 미친 것입니다.

변란이 발생한 처음에 여러 고을의 인사들이 앞 다투어 의병을 일으켜서 종이 깃발과 나무창으로 곳곳을 단속하였습니다. 비록 주상께서 보내신 군대가 신속히 쓸어버려서 흉적과 싸워 목숨을 바치지는 못하였으나, 한 도의 충의한 기개는 사라진 적이 없었다는 것을 알 수 있습니다. 그렇다면 정희량과 조성좌가 흉악한 놈이 된 것은 나름대로 이어져 온 한줄기 맥이 있기는 하나, 영남 지역의 인심은 참으로 변함이 없었습니다.

무슨 대처하기 어려운 일이 있으며 무슨 알기 어려운 사변이 있어서 나라의 진정시키는 대책을 허비할 수 있겠습니까. 아! 반역의 죄는 천지가 용납하지 않는 바이자 『춘추』에서 깊이 성토하였던 것이므로, 무릇 집에서나 나라에서나 사람마다 잡아서 죽여야 합니다. 그러나 반역이라는 이 이름을 또한 어찌 잘못 빗대어 억지로 씌울 수 있겠습니까.

한 집안이 다 반역하였다면 그 집안 전체를 주륙해도 괜찮으며 한 고을이 다 반역이라면 그 고을 전체를 주륙해도 괜찮으며, 한 도道가 다 반역하였다면 그 도 전체를 주륙해도 역시 괜찮습니다. 만약 그렇지 않고 한 도의 사람이 다 반역을 하였으나 단지 한 사람만이 반역하지 않았다면 비록 한 도의 사람을 다 죽인다 하더라도 이 한 사람은 평인平人으로 대우하는 것이 옳습니다. 더구나 한두 명의 흉악한 반역자가 나왔다고 해서 한 도의 사람들을 암담한 처지로 다 몰아넣을 수 있음에 이겠습니까.

아! 호남에서 몇 명의 역적이 나오고 호서에서 몇 명의 역적이 나오고 서울에서 몇 명의 역적 괴수가 나왔습니까. 그러나 이 때문에 호남과 호서이며 서울의 사람들을 다 의심할 수는 없습니다. 그런데 어찌하여 유독 정희량·조성좌 두 흉적이 한 구석에 잠복하여 있다가 역적 박필현과 이인좌 무리의 위협을 받아 따랐다고 하여, 70개 고을의 수많은 순수하고 결백한 사람들을 다 의심하겠습니까.

다만 이렇게 상주上奏한 두 신하가 바로 무신역란戊申逆亂[24] 뒤에 이어서 영남을 다스린 자인데도 그 말이 이와 같고 보면, 이는 갑자기 입에서 튀어나오는 대로 만들어 낸 말은 아닙니다. 아마도 그들이 직접 보고 들은 것에 참으로 대처하기 어렵고 알기 어려운 흔적이 있어서일 것입니다. 그렇다면 어찌하여 어떤 일에는 대처하기 어려운 증거가 있고 어떤 사람에게는 알기 어려운 형적이 있다고 분명히 말하여 곧바로 국문과 조사를 청하여 옥석玉石을 구별하지 않고, 도리어 구구히 작위와 봉록으로 달래어 진정시키고 싶어 하는 것입니까.

비록 "선발하여 기용하기를 청합니다."라고는 말하였으나, 이는 영남 사람을 고려하여 도움을 주려한 것도 아니고, 나라에 등용하고 싶어서도 아닙니다. 다만 인심이 안정되지 않음을 염려하여 묶어두기 위한 술책을 펴고 싶어서 일 뿐입니다. 이적夷狄을 대우하는 것과 무엇이 다르겠습니까.

신들은 공부자孔夫子의 가르침을 들은 적이 있고, 또 주상께서 지으신 「감란록서문勘亂錄序文」[25] 및 앞뒤로 내리신 윤음綸音을 소리 높여 외운 적이 있습니다. 무릇 비루한 사내의 마음은 얻음을 걱정하기 때문에 잃을까 걱정하며, 잃음을 걱정하기 때문에 못할 짓이 없습니다. 만약 영남 사람이 얻음을 걱정하고 잃음을 걱정하는 마음을 정말로 품어서 대처하기 어렵고 알기 어려울 염려에까지 이르렀다면, 점검하여 기용하자는 두 신하의 청은 바로 진정시킬 대책일 것입니다.

그러나 영남 사람들은 비록 다른 장점은 없더라도 염치와 의리가 명성과 녹봉보다 귀중하다는 것은 조금은 알아서, 조급하고 다투며 탐내고 연연해하는 습속은 전혀 없습니다. 기용되면 분수에 따라 벼슬살이를 하고 버려지면 마음을 편안히 먹고 농사를 짓습니다. 그러므로 백의白衣 차림으로 조령을 넘는 일을 예전부터 부끄럽게 여겨 왔습니다.[26] 어찌 공연히 의도가 있는 미끼를 던져서 도리어 의도가 없는 물고기를 유혹할

---

24) 무신역란(戊申逆亂): 무신년(1728, 영조 4)에 이인좌(李麟佐)가 일으킨 난을 말한다.

25) 「감란록서문(勘亂錄序文)」: 『감란록』은 1728년에 일어났던 이인좌의 난의 전말을 각종 자료에서 뽑아 편집한 책이다. 조현명(趙顯命)이 쓴 영조의 어제서문(御製序文)에는 이 사건의 원인을 붕당에서 찾고 있으며, 이와 같은 변란의 재발을 막기 위하여 이 책을 편찬한다고 명시하였다.

26) 백의(白衣)……왔습니다: 영남 사람들이 서울에 과거보러 갔다가 합격하지 못하고 그냥 조령을 넘어

수 있겠습니까.

아! 근래에 와서 조정에서 서로 배척하고 무고하는 자들이 걸핏하면 '반역'이라는 말을 씌워서 몰아넣어서는 안 되는 지경까지 사람을 몰아넣는데, 영남 사람에 대해서는 짓밟는 것이 유난히 가혹합니다. 무릇 상주한 글 속에 비방과 모함이 거리낌 없이 들어 있으니, 이는 진실로 시대 상황의 고질 된 폐단이며 세상 도의의 극심한 변화라서 영남 사람들이 평소 속 썩이고 뼈 아파하던 것입니다. 이를테면 두 신하는 스스로 마음을 공평히 갖고 세속의 틀을 크게 벗었다고 하면서도 지금 이 말의 뜻은 오히려 어물어물 넘기며 명확히 밝히지 못하니, 이는 참으로 무슨 마음입니까.

대저 떳떳한 본성을 타고난 마음은 곤궁하다고 부족해하거나 영달하였다고 만족해하지 않으며, 충성하고 사랑하는 마음은 관계가 멀다고 소원하게 대하거나 가깝다고 후하게 대하지 않습니다. 그렇다면 영남 사람이 비록 멀리 떨어져 미천하더라도 임금을 사모하고 나라를 걱정하는 정성은 결코 벼슬길에 있는 여러 신하보다 많이 뒤지지 않습니다. 그럼에도 두 신하는 이에 도리어 무단히 의심해서는 안 될 곳에서 의심을 불러일으킨다는 말입니까?

신들은 지난해 전 좌랑 신 이지성李知聖 등의 상소문에 "터주고 풀어주는 정책이 갖추어 다하였다."라고 하신 비답을 삼가 읽었고, 이제 두 신하의 진달에 또 "그 말이 지나쳤다."라고 하교하신 일에서, 신들은 진실로 성상께서 영남 사람에 대하여 남김없이 환히 알고 계신다는 것을 알았습니다. 신들은 감격스러움이 뼈에 사무쳐 눈물이 옷자락에 흥건합니다. 그러나 두 신하의 말은 실로 사람의 신하된 자로서 차마 아뢸 수 있는 말이 아닙니다. 만약 한 번 변론하여 씻어내지 않는다면 정말 잠시라도 하늘과 땅 사이에 서 있기 어렵습니다. 어찌 스스로 반성하여 보아 올곧다고 하여 입을 다물고 아무 말도 하지 않을 수 있겠습니까.

오는 것을 수치로 여겨 학문을 열심히 하였다는 데서 온 말이다. 백의(白衣)는 벼슬하지 못한 사람이다.

신 중기重器는 그 일이 있던 날에 가주서假注書로서 입시하였으나, 반열을 건너뛰어 말하는 혐의가 있어 참고 말없이 물러났습니다. 기밀 유지가 엄격한 경연의 말은 또한 쉽게 전파하지 못하여 늦게야 말이 신들에게 전해졌습니다. 애통해하고 억울해하는 여론을 진정시키지 못하여, 이에 외람되이 번거로움을 끼치는 죄를 무릅쓰고 감히 억울하고 고통스러운 말을 진달합니다.

삼가 바라건대, 성상께서는 속히 두 신하에게 그들이 대처하기 어렵고 알기 어렵다고 한 단서를 자세히 진달하라 명하시고, 이어서 사실을 엄격히 규명하라고 명하시어 충신과 역적을 분명히 분간하여 온 도의 사람이 남이 모르는 모든 죄과에 빠지지 않도록 해 주신다면 천만 다행이겠습니다.

신들은 못내 이러합니다.

전 감사 권업[27]이 영남사람을 비방하고 무함한 것을 변론하여 밝히는 상소문[辨前監司權𢢜詆誣嶺人疏]

정랑 김성용金聖鎔·이세후李世垕, 감찰 송유식宋儒式[28]·김극령金極齡, 전적 박시태朴時泰·성헌조成憲祖, 도사 정중기, 문겸 하대연河大淵[29] 등

삼가 아룁니다.

신臣 등은 지난번에 삼가 경상도 전 관찰사 신臣 권업이 전후로 올린 세 장의 소문을 보았습니다. 그는 소문에서 번번이 영남 사람에 대하여 "온 도의 유생은 원한이 뼈에

27) 권업(權𢢜, 1669~1738) : 자는 사긍(士兢), 호는 기오헌(寄傲軒), 본관은 안동이다. 1717년 경상도 관찰사를 지냈고, 1728년 이인좌의 난이 일어나자 호서 안무사가 되었다.

28) 송유식(宋儒式, 1688~1768) : 자는 사범(士範), 호는 나재(懶齋), 본관은 야로(冶爐)이다.

29) 하대연(河大淵, 1689~?) : 자는 연연(淵淵), 호는 치옹(恥翁), 본관은 진양(晉陽)이다.

사무쳐 다른 도 유생의 이름을 빌리거나 몰래 뜻을 같이하는 조정의 관료를 부추겨서 번갈아 나아가 무함誣陷을 꾸몄습니다."라고 말하고, 또 "투박한 습속을 진압해야 합니다.", "더욱 성을 내어 변란을 만들어냅니다.", "숨은 근심이 더욱 깊습니다.", "원구元龜[30]가 무함을 당하여 죽은 것도 반드시 영남 사람들이 부추겨서라고 아니하지는 못합니다."고 말하였습니다. 그리고 끝에는 "몇 명의 무필武弼[31] 따위가 있는지 모르겠습니다."는 등의 말까지하여 모욕을 주며, 반드시 영남 사람을 괴상망측한 곳으로 몰아넣고 싶어 하였습니다. 신臣 등은 절반도 채 못 읽고 놀라 벌벌 떨며 저도 모르게 모골이 송연해졌습니다.

아! 중신重臣이 영남 유생에게 죄주기를 청한 것은 그가 경상도 관찰사 시절의 일입니다. 지금으로부터 거의 20년 전의 일이고 보면, 이른바 다른 도에 가탁하고 조정의 관료들을 몰래 부추긴 것이 어느 지역을 가리키며 누구를 지목하는지 모릅니다. 그러나 언론의 시비에는 사람마다 각각 의견이 있으니, 다른 도의 유생이나 관료의 무리 중에 누가 기꺼이 다른 사람의 사주를 받고 억지로 입을 놀리겠습니까.

중신이 굳이 이것으로 영남 사람을 억눌러 제압함은 진실로 '의심하고 억측한다.'는 것입니다. 신 등이 한 번 웃어버리고 저들과 시끄럽게 떠들며 강변하고 싶지 않지만, 그들이 '숨은 근심', '진압해야 합니다.', '난리를 만들어냅니다.'라고 말한 것은 말이 너무 심각하고 뜻이 너무 위험합니다. 곧장 교화가 미치지 않는 이역異域으로 치부하면서도 마치 간사한 싹과 화의 기미가 그 사이에 잠복해 있는 듯이 보았습니다. 아! 너무 심합니다. 이 무슨 말투이며 이 무슨 심사입니까?

영남 한 지역은 평소에 문헌의 고장으로 일컬어졌고, 대현大賢들이 연이어 나와 남긴 풍속이 성대합니다. 근년에 흉악한 한 두 명의 역적이 한 외진 고을에서 나온 일은

---

30) 원구(元龜) : 민원구(閔元龜)를 말한다. 영조 10년(1734)에 역모를 꾀하였다는 죄로 사형을 당하였다.
31) 무필(武弼) : 서무필(徐武弼)을 말한다. 영조 10년(1734)에 경상도에서 괘서(掛書)하였다는 죄로 사형을 당하였다.

실로 아주 오랜 옛날에도 없었던 변괴입니다. 그러나 많은 선비들이 눈물을 뿌리고 의로운 깃발을 바라보며 반드시 역적의 가죽을 깔고 잔 뒤에야 봉기를 그치고 싶어 하였습니다.

근년에 기근이 거듭된 나머지 굶어죽는 사람이 비록 많으나 글 읽는 소리는 여전히 남아있으며 예속禮俗도 예전 같고 주리州里도 편안하여 인심이 안정되었으니, 조령 남쪽 칠십여 고을 사람 중에 저마다 밭을 갈고 우물을 파서 사는 백성 아닌 자가 없습니다. 무슨 말할 만한 숨은 근심거리가 있으며, 무슨 논의할 만한 진압거리가 있겠습니까.

이를테면 난리를 일으킨다는 설은 바로 옛사람들이 이적夷狄에게 하였던 말인데, 지금 중신이 우리 영남을 이적으로 만들려는 것입니까? 300년 동안 예법을 지켜온 지역이 하루아침에 이러한 추악한 모욕을 받았습니다. 어떻게 우리 전하께서 지공至公으로 만물을 이끄는 날에 우리 영남 한 지방만 유독 세상에서 용납 받지 못하는 것입니까?

만약 영남 사람에게 정말 깊이 숨겨진 근심과 장차 일어날 변란의 기미가 있다면 천지 사이에서 잠시라도 숨을 쉬게 할 수 없으니, 한갓 숨은 근심만 생각하여 우선 진압할 수 없는 것이 분명합니다. 대저 굳건한 우국충정을 지닌 중신으로서 어찌 어떤 일이 근심할 만하고 어떤 사람이 염려할 만하다고 분명히 말한 뒤, 몸을 던져 용감히 달려가 서둘러 조사하여 죄인을 성토하고 토벌해서 남쪽을 돌아보는 조정의 근심을 끊지 않고서, 도리어 한 몸의 이해에 얽매어 한갓 이렇게 교묘히 피하는 태도를 짓는 것입니까?

눈으로 근심할 만한 것을 직접 보고서도 일을 피하고 달려가지 않는다면 이는 불충不忠이고, 마음에 죄가 없는 줄 알면서도 사람을 빠뜨리고 헤아리지 않는다면 이는 불인不仁입니다. 불인 불충한 짓은 군자도 하지 않는 것인데, 중신이 어찌하여 이를 살피고 삼가지 않은 채 쉽게 입을 열겠습니까?

민원구를 부추기고 몇 명의 서무필이 있는지 모른다는 설의 경우는 신 등이 더욱 마음이 아프고 간담이 분노하여 스스로 참지 못하는 점이 있습니다. 민원구는 효경梟獍[32] 같은 서얼로서 변읍邊邑의 노비였습니다. 비록 노예나 하인 따위더라도 오히려 그와 가까이 지내고 싶지 않아 하였으니, 이 노비를 사주하여 사람을 무함하는 일을 영남의 사대부가 하였다고 보는 것입니까. 만약 반드시 민원구가 영남 사람의 부추김을 받고 거짓으로 중신을 끌어들였다고 말한다면 극악한 역적이 영남 사람을 무함할 적에는 또 누가 그를 부추겼다는 말입니까.

서무필의 흉악한 반역은 모든 백성이 다 같이 분개하는 일이지만 이 자는 하잘것없는 하나의 노예에 불과합니다. 진실로 영남 풍속의 좋고 나쁨에 관계될 것이 없습니다. 그러나 불행히도 영남에서 태어났기 때문에 신 등의 분통은 다른 사람과 비교하면 더욱 심합니다.

이제 중신이 한데 싸잡아 배척하기를 "몇 명의 서무필이 있는지 모릅니다."라고 하였습니다. 아! 흉악한 역적질을 한 사람은 실로 천지간에 극악한 죄인이므로 까닭 없는 무함을 남에게 뒤집어씌울 수 없음이 분명합니다. 더구나 한 도를 들어서 뒤집어씌우려 해서야 되겠습니까. 망극한 무함은 사람이면 마음 아파하지 않는 이가 없습니다. 마음아파 해 본 사람은 차마 남에게 무함을 씌우지 못합니다. 지난번 중신이 민원구에게 무함을 당할 적에 그는 홀로 마음이 아프지 않았습니까. 그런데 이제 이것을 남에게 가벼이 씌우는 것입니까.

근래에 세도世道가 날로 어그러지고 시국이 아름답지 않습니다. 배척하는 즈음에 꼭 이러한 악습으로 서로 무함하지만 유독 영남 사람에게는 짓밟는 것이 더욱 심합니다. 얼마 전 전 감사 신 류복명柳復明[33]의 상소에는 또한 지나치게 의심하고 억측하는 말이 있었으나 이는 다만 한 때의 경솔함에 의하여 일어난 일이므로 신 등은 그다지 따지고 싶지 않았습니다. 어찌 중신이 상소문의 취지를 재삼 번거롭게 반복하며 놀랍고 두려운 말을 갈수록 심하게 할 줄 알았겠습니까.

---

32) 효경(梟獍) : 효(梟)는 어미를 잡아먹는 새요, 경(獍)은 아비를 잡아먹는 짐승이다. 주로 윤기(倫紀)를 모르는 사람을 비유한다.

33) 류복명(柳復明, 1685~1760.) : 자는 양휘(陽輝), 호는 만촌(晩村), 본관은 전주이다. 1717년 문과에 급제하여, 정언·대사간·경기도 관찰사 등을 지냈다. 시호는 정간(貞簡)이다.

신등은 애통하고 억울한 심정을 주체하지 못하고 바로 큰 목소리로 우러러 아뢰고 싶었지만 도민道民이 도의 관찰사를 고소하면 일의 체면에 혐의가 있기 때문에 아무 말도 하지 않고 지내왔습니다. 이제 처분이 내려진 뒤에 비로소 죽음을 무릅쓰고 일제히 호소합니다.

삼가 바라건대, 성명聖明께서는 특별히 살펴주시고 빨리 조사하라고 명하여주십시오. 만약 잠복한 근심과 우려할 만한 반란의 기미가 있다는 것이 그대로 중신의 말과 같다면 주벌誅罰을 엄격히 가하시어 왕법을 명확히 바로잡으십시오. 만약 혹시라도 그렇지 않다면 무함한 사람의 죄는 저절로 귀결될 곳이 있으니, 분명한 처벌을 내리시어 온 도민의 분하고 원통한 심정을 풀어주시면 천만 다행이겠습니다.

신들은 못내 이러합니다.

비답하시기를 "상소문을 보고 잘 알았다. 지난번 권업의 상소는 의리가 없고 중도를 벗어났다는 것을 이미 훤히 알고 있다. 영남 사람에게 무슨 상관이 있겠는가."라고 하셨다.

인산서원의 억울함을 호소하는 상언[仁山書院訟寃上言]

영해寧海 사림을 대신하여 짓다. 신유년(1741)

삼가 아룁니다.

연한을 정하여 서원을 훼철하는 것은 국가의 성명成命이고, 억울해하는 마음으로 신원되고 싶어 하는 것은 신민의 상정常情입니다.

우리 영해의 인산서원은 바로 효종조의 징사徵士 신 이휘일李徽逸[34]을 봉향하는 서원입니다. 서원을 짓고 사당을 세운 지가 이미 50여년이나 지났지만 그 중간에 이건하였기 때문에 경상도의 조사 보고서에 섞여 들어가 앞으로 훼철될 지경이니, 억울하고 절박함이 이보다 심한 경우는 없습니다.

대개 이휘일은 일찍부터 학문을 닦아 유림에 명성을 떨쳤습니다. 숭정崇禎 병자년(1636)부터 이후로 다시는 과거에 응시하지 않고 은거하여 몸을 닦으며, 오직 후진 교육에만 열중하면서 세상에 알려지기는 구하지 않았습니다.

이조 참판 신 최혜길崔惠吉[35]이 본부本府의 부사府使가 되었을 때에 교지에 응하여 소문疏文을 올리며, 소문 말미에 이휘일이 독서하고 수행하며 고요히 자신의 지조를 지키는 모습을 강력히 말하고는 거두어 쓸 것을 힘써 청하였습니다. 그래서 효종께서 "예를 갖추어 불러 관직을 맡겨서 하여금 다른 사람들이 보고 느끼는 바탕이 되게 하라."는 비답을 내리시고, 이어서 예를 갖추어 부르는 일로 예조에 명을 내렸습니다.

예조는 "예를 갖추어 부름은 전에 없었던 일이니, 의정부에 명하시어 살펴 정하여 지시하라 하시는 것이 어떠하겠습니까?"라고 회계回啓하였고, 비변사는 "이조에 명하시어 그의 재능에 맞게 그에 상당하는 관직을 제수하라 하신 연후에, 본도에 알려 주고 그들을 시켜 올려 보내도록 하는 것이 어떠하겠습니까?"라고 품달하였습니다.

이 일의 본말은 순치順治 계사년(1653) 1월 25일과 26일의 『승정원일기』에 상세히 실려 있습니다. 이조가 즉시 참봉參奉에 임명하고 대신大臣이 또한 여러 번 천거하였습니다. 그러나 이휘일은 병 때문에 사양하고 취임하지 않다가, 이어서 곧 일찍 세상을 떠났습니다.

이휘일이 논술하고 편집한 것으로 시문 몇 권과 『홍범연의洪範衍義』 20권이 있습니다. 식자識者들은 치도治道에 관계되고 세교世敎에 도움이 되지만 부사父師[36]가 동쪽으로 와서 기준을 세운 가르침을 더욱 빛내는 점이 있다고 여기고 있습니다.

---

34) 이휘일(李徽逸, 1619~1672) : 자는 익문(翼文), 호는 존재(存齋), 본관은 재령(載寧)이다. 주자와 퇴계의 학문을 깊이 연구하여 실천하였다. 학행으로 천거되어 경기전 참봉을 제수 받았으나 사양하고 부임하지 않았다. 저서로는 『존재집』·『구인략(求仁略)』·『홍범연의(洪範衍義)』 등이 있다.

35) 최혜길(崔惠吉, 1591~1662) : 자는 자적(子迪), 호는 유하(柳下), 본관은 전주이다. 1613년 사마시에 합격하고, 1623년 인조반정에 가담하여 공조 좌랑에 특채되었다. 1625년 문과에 급제, 병조 참의·대사간·개성 유수 등을 지냈다.

36) 부사(父師) : 은(殷)나라 삼공(三公)의 하나인 태사(太師)와 같은 말로, 여기서는 기자(箕子)를 가리킨다.

현종 임자년(1672)부터 도내道內의 선비들이 이미 봉향하자고 의논하다가, 숙종 정묘년(1687)에 이르러 비로소 이휘일이 살았던 곳에 서원을 짓고는 그 마을 이름을 따서 인산서원이라 명명하였습니다. 고 사간司諫 신 임원구任元耉가 마침 본부本府를 다스렸는데, 녹봉을 출연하여 비용을 도왔고 또 문집의 발문을 지어 경건히 내려주는 뜻을 담았습니다.

그 뒤 임오년(1702) 찬수청纂修廳에서 본부本府로 관문關文을 보내어 유집遺集을 올려 보내라 명하였으며, 이를 본청本廳의 여러 신하들이 보고는 칭찬하면서 그 사람을 만나보지 못한 것을 아쉬워하였습니다. 학문의 순수함과 덕업의 성대함을 이러한 일로 입증할 수 있으며, 봉향하자는 의견이 공론에서 나왔다는 것도 알 수 있을 것입니다.

다만 본원本院의 터가 중간에 홍수로 무너질 우려가 생겨서, 얼마 전 병진년(1736) 사이에 본부의 여러 선비들이 예전 서원에서 동쪽으로 1리쯤 떨어진 곳에 새로운 터를 고쳐 정하여 이건 공사를 바야흐로 새로 시작하였습니다.

다음해 정사년(1737) 가을에 그 아우 이현일李玄逸을 배향하는 서원을 훼철하라는 왕명에 따라 이현일의 사판祠版을 즉시 철거하고 앞으로 이휘일의 서원을 훼철하려 합니다. 이는 이현일에게는 서원을 따로 지은 일이 애초에 없어서 일찍이 무술년(1718)에 이휘일을 배향한 서원에 뒤이어 배향하였기 때문입니다.

서원에 이휘일을 주벽主壁으로 모시고 이휘일만을 봉향한 지가 무려 32년이나 지난 뒤에 이현일을 뒤이어 배향하였고 보면, 형제라는 이유로 함께 훼철 당해서는 안 됩니다. 그러므로 사인士人들이 즉시 고쳐 정한 곳으로 옮겨 봉안하였습니다. 서원을 처음 세운 연도를 캐물어보면, 실재 금령禁令을 내린 갑오년(1714)보다 30년 전의 일로 일찍이 물을 피하여 이건한 것입니다.

조정의 사목事目[37]에는 예전 서원을 이건한 곳도 다 훼철하라는 왕명이 전혀 없으니,

37) 사목(事目) : 절목(節目)이라고도 하는데, 공사(公事)에 관하여 정한 규칙을 말한다.

본원本院은 조사 보고서에서 거론하지 말았어야 했습니다. 이제 연도도 구분하지 않고 금령이 내린 뒤에 새로 창건한 서원의 과목에 싸잡아 넣었으니, 50여년 봉향한 사판祠版을 땅에 묻어야 할 처지가 되었습니다. 신령의 도리와 사람의 정리에 어찌 억울함이 없겠습니까.

이에 감히 발을 싸매고 천릿길을 와서 법가法駕[38] 앞에서 만 번 죽을 것을 무릅쓰고 애원합니다.

삼가 바라옵건대, 성명聖明께서는 굽어 살펴주시고 앞 조정에서 이휘일을 예우하던 뜻을 생각하시고 연한을 정하기 이전에 창건된 본원本院의 사실을 조사해주십시오. 그리고 전하께서 단호한 결단으로 분간하시어 훼철하지 말아서 한 지방의 많은 선비들이 품고 있는 억울한 심사를 위로하여 주십시오.

사헌부 지평을 사직하는 글[辭司憲府持平書]

계유년(1753) 4월에 소명을 받들어 비안현比安縣에 이르렀는데, 지방에 있어 그대로 체차遞差하라는 왕명이 내렸다는 소식을 들었기 때문에 상경하지 않았다.

통훈대부通訓大夫 행行 사헌부 지평司憲府持平 신 정중기는 참으로 황공하여 머리를 조아려 삼가 재배하며 왕세자 저하께 글을 올립니다.

삼가 아뢰옵건대, 신은 둔한 재주와 얕은 지식으로 요행히 과거에 급제하여 외람되이도 사적仕籍에 이름을 올렸습니다. 내직으로 양조兩曹의 낭관을 지내고 외직으로 막료幕僚와 현재縣宰를 지내며, 보잘것없이 자리만 채운 채 한 가지라도 직분을 다하지 못하였습니다.

---

38) 법가(法駕) : 임금이 거둥할 때 타던 수레를 말한다.

시골집으로 물러나 칩거하며 분수 따라 편안히 지내면서도, 해마다 쇠약해지고 병이 더해져서 세상 생각이 싹 사라졌습니다. 몇 해 전에도 북막北幕[39]의 제수와 병조의 임명에 다 같이 받들어 응하지 못하였습니다. 그래서 나물이나 씹고 물이나 마시며 스스로 성대聖代에서 버려진 물건이 되었다고 여겼습니다. 그러나 지난겨울에 사간원의 높은 벼슬이 외진 산에서 나무꾼과 목동처럼 사는 저에게 갑자기 내려졌습니다.

신은 왕명을 듣고 너무나 놀랐습니다. 비록 사람과 관직이 걸맞지 않은 줄 알았으나, 오직 오만하게 보일까 두려워서 막 하유下諭가 내려오기를 기다려 대궐로 나아가고 싶었습니다. 그러나 이즈음에 갑자기 금추禁推[40]의 견책을 받아 황급히 의금부에 나아가 심리를 받았습니다. 용서를 받자마자 즉시 고향 길로 들었지만, 사헌부에 제수하는 왕명이 이어서 또 내렸습니다. 그러나 이어서 도성 밖에 있음으로 체직되어 돌아와 전원에서 살며 저하의 성택聖澤을 노래하고 읊게 되었으니, 마음 편히 여생을 마치게 된 것을 스스로 다행스러워하였습니다.

이제 천만 뜻밖에 또 잘못 알고 내리신 은명을 받들어 보니, 이전 관직을 되돌려주시며 역마를 타고 올라오라는 하유下諭였습니다. 이 어찌 늙고 미련한 인물이 도리어 이런 복직의 영광을 받는다는 말입니까. 신은 너무나 놀라고 두려워서 몸 둘 바를 몰랐습니다.

삼가 생각건대, 신은 성질이 혼암하고 용렬하여 평소 예전 일을 상고하는 힘이 모자라고, 또 시골 풍습이 비루하고 촌스러워 세상에 필요한 재주가 없습니다. 가령 말을 모는 사령使令의 일을 맡기더라도 오히려 감당하지 못할 터인데, 돌이켜보면 이 풍교風教와 헌장憲章의 직임은 관계된 것이 가볍지 않습니다. 군덕君德의 빠짐과 백료百僚의 잘못에서부터 생민의 이해利害와 풍속의 오륭汚隆이며 종묘사직의 대계大計에 이르기까지 모든 것을 말해야 하고 보면, 혼암하고 용렬하며 비루하고 촌스러운 자로 구차히 인원수나 채워 사람의 이목을 놀라게 하고 국가의 관규를 무너뜨려서야 되겠습니까.

---

39) 북막(北幕) : 함경북도 경성(鏡城)에 설치된 북병영(北兵營)의 별칭이다.
40) 금추(禁推) : 죄인을 의금부(義禁府)에서 심문하는 일을 말한다.

신은 스스로를 너무나 분명히 알고 스스로를 벌써 자세히 헤아리므로, 총애 가득한 왕명을 내리심에 무릅쓰고 함부로 받아들여서는 안 된다는 것이 분명합니다. 더구나 신은 타고난 기질이 허약하여 어려서부터 병이 많고 조금 성장해서는 또 풍습風濕과 담화痰火[41]의 증세를 얻었으며, 늙어서는 기氣와 혈血이 함께 소진되어 오른쪽 다리가 마르고 야윈 몸은 뼈가 앙상하여 찬바람을 잠깐만 쐬어도 몸이 구부러져 펴지 못함에 이겠습니까.

이제 또 모진 가래가 가슴을 막고 가쁜 기침이 목구멍을 찢어놓아, 음식을 끊고 자리에 엎어져 누워 하나의 강시가 되었습니다. 이는 실로 고장과 나라 사람이 다 아는 사실이나, 분수와 의리가 두려워 감히 앉아서 엄명을 거역하지 못하고 병을 무릅쓰고 말에 올라탔습니다. 그러나 걸음이 조령 아래에 이르자 숨이 가물가물 끊어질 듯하여 더는 앞으로 나갈 힘이 없습니다. 이에 짧은 글을 봉하여 길에서 올려 간절한 마음을 우러러 아뢰었습니다.

삼가 바라옵건대, 예자睿慈께서는 신의 재주가 직분을 감당하기 어렵다는 것을 살피시고 신이 늙고 병들어 억지로 부임하기 어렵다는 것을 불쌍히 여겨주십시오. 그래서 빨리 명하여 신의 직명을 삭제하고 신의 오만한 죄를 다스려 조정의 기강을 엄숙히 하고 사사로운 분수를 편안히 해주신다면 천만 다행이겠습니다.

신이 면직을 청하는 상소에서 다른 군더더기 말을 하는 것은 마땅하지 않습니다. 그러나 신은 겨울과 봄 이래로 두 번 언관言官에 임명되었다가 모두 즉시 파면되고 체직되어 한 마디 말을 올려 하루의 책임을 다한 적이 없이 성은을 헛되이 저버렸으니, 지극히 부끄럽고 두려웠습니다. 이에 비로소 간을 벌리고 피를 뿌리며 나라를 근심하고 임금을 사랑하는 정성을 대략이나마 진술하오니, 삼가 바라옵건대, 세자께서는 살펴주십시오.

신이 삼가 생각하건대, 우리 대조전하大朝殿下께서는 보령寶齡이 점점 높아져도 성체聖體

41) 담화(痰火) : 가래가 끓고 열이 오르는 증세이다

가 강녕하십니다. 그러나 만기萬機[42]가 혹시라도 게을러질까 염려하여 저하께 대리를 명하셨습니다. 저하께서는 보령이 비록 어리시지만 받은 것은 중대한 일이고 계승한 것은 큰 왕업입니다.

『서경』의 이른바 "끝없이 복되기도 하고 또 끝없이 근심되기도 한다."[43]라는 말이 오늘날 우리 저하의 처지이니, 이는 진실로 덕을 공경하고 하늘에 기원해서 큰 명을 맞이하여 이어갈 때입니다. 조심하고 두려워하며 밤낮 공경하여 부탁한 중임을 저버리지 않기를 생각하지 않을 수 있겠습니까.

신이 선유先儒의 말을 들어보니 "천하만사의 근본은 임금의 마음에 있다."라고 하였습니다. 참으로 임금의 마음이 바르게 된 연후에야 조정과 사방이 바르게 되어서 만사와 만민이 모두 바르게 되는 것입니다.

예전 제왕들 중에 요堯·순舜·우禹보다 거룩한 분이 없으나, 그 분들이 보위를 주고받을 때에 간절히 일러준 말은 "인심은 위태롭고 도심은 은미하므로, 오직 정밀히 살피고 전일이 지켜야, 진실로 그 중도를 잡을 것이다.[人心惟危 道心惟微 惟精惟一 允執厥中]"[44]라는 16자를 넘지 않았습니다. 은殷나라 탕왕湯王의 건중建中[45]과 주周나라 무왕武王의 건극建極[46]과 『대학大學』의 지어지선止於至善[47]과 『중용中庸』의 치중화致中和[48]는 모두 이

---

42) 만기(萬機) : 임금이 살피는 정무로, 그 기무(機務)가 많기 때문에 하는 말이다. 고요(皐陶)가 우임금에게 "안일과 욕심으로 나라를 다스리지 마시어 경계하고 두려워하소서. 하루 이틀에 기무가 만 가지나 되나이다.[無教逸欲有邦 兢兢業業 一日二日萬幾]"라고 한 데서 온 말이다.(『書經』「皐陶謨」)

43) 끝없이……한다 : 『서경』「자재(梓材)」에서, 왕이 받은 천명(天命)을 설명한 말이다.

44) 인심은……것이다 : 『서경』「대우모(大禹謨)」에 나온다.

45) 건중(建中) : 중도(中道)를 세우는 것을 말한다. "왕은 큰 덕을 힘써 밝혀 백성에게 중도를 세우소서.[王懋昭大德 建中于民]"에서 온 말이다.(『書經』「湯誓」)

46) 건극(建極) : 인륜 도덕의 모범적인 표준을 세워 만민의 법칙을 정립하는 것을 말한다. "임금이 그 극을 세운다.[皇建其有極]"에서 유래한다.(『書經』「洪範」) 그 주에 "극이란 북극(北極)의 극과 같이 지극하다는 뜻이자 표준이라는 명칭이므로, 나라 중앙에 세워져 사방의 표준이 되는 것이다." 하였다.

47) 『대학(大學)』의 지어지선(止於至善) : 사람들 모두가 지극한 선에 머무르게 한다는 것을 말한다. 『대학』 경1장에 나온다.

48) 『중용(中庸)』의 치중화(致中和) : 천지의 큰 공용(功用)을 돕는 것을 말한다. 『중용』 제1장에 나온다.

것을 말한 것입니다. 수많은 성인이 서로 전한 심법心法 가운데 대저 누가 이 말에 덧붙인 사람이 있었습니까.

대저 중中이란 것은 치우치지 않고 기울지 않으며 지나치거나 모자람이 없음을 말합니다. 인심과 도심은 사람에게 없을 수 없는 것이어서 정일精一의 공부를 하지 않는다면 인심은 이기고 도심은 가려집니다. 그러면 일로 드러나는 것이 모두 도리에 부합하지 못하여 반드시 지나치거나 모자라는 근심이 있게 될 것입니다. 반드시 정밀히 가린 뒤에 인심이 흥성함을 제약하여 도심이 순수해지는 것입니다.

『대학』의 격물치지格物致知[49]는 바로 '유정惟精'을 말한 것입니다. 전일이 지킨 연후에 도심의 바름을 견지하여 떠나지 않을 수 있습니다. 『대학』의 성의정심誠意正心은 바로 '유일惟一'을 말한 것입니다. 이미 정밀히 하고 이미 전일이 한다면 도심은 주인이 되고 인심은 명령을 들어, 동정動靜이나 어묵語默의 즈음과 정사政事나 호령號令의 사이에 한 때라도 치우치거나 기울어짐이 없어서 지나치거나 모자라는 착오가 저절로 없어집니다.

그러나 이른바 '중中'이라는 것은 본래 정해진 체體가 없이 때에 따라 적절함을 달리합니다. 예를 들어, 당堂으로 말하면 당의 중앙이 저대로 있고, 배로 말하면 배의 중앙이 저대로 있습니다. 당에 올라 중앙에 자리한 연후에야 사방의 문을 시원스레 열고 그윽하고 은밀한 곳을 두루 살펴볼 수 있어서 눈을 밝히고 귀를 넓히는 아름다움이 있을 것입니다. 배를 타고 중앙에 자리한 연후에야 네 귀퉁이에 고루 싣고 경중을 짐작할 수 있어 강을 건너고 산을 넘는 이로움이 있을 것입니다.

혹시라도 그렇게 하지 않는다면 담장과 곁채가 번갈아가며 막아 앞은 보아도 뒤를 놓쳐서 눈과 귀가 가려지고 막히는 문제가 일어나며, 바람과 파도가 갑자기 일어나 이리저리 부침하여 배가 기울어지거나 뒤집히는 재앙이 일어날 것입니다.

대저 당에 오르거나 배를 타는 것은 일 가운데 작은 일이지만 중中과 부중不中의 사이에

49) 격물치지(格物致知) : 사물의 이치를 연구해서 지식을 지극히 하는 것을 말한다. 『대학』 경1장에 나온다.

서 이로움과 해로움의 차이는 이와 같이 현격합니다. 그런데 더구나 수많은 백성을 다스리고 번잡한 만 가지 일을 총괄하면서 중中에 자리하지 않을 수 있겠습니까.

지난날 우리 인조대왕仁祖大王께서 효종孝宗께 "정일과 집중은 제왕帝王의 학문이다."라고 하시자, 효종께서 지극한 가르침을 받들어 이 중에 힘을 쏟았으며, 대대로 법도를 남겨주어 우리 대조大朝께 미쳤습니다. 그렇다면 '집중執中' 두 글자는 실은 우리 저하의 가학家學입니다. 신은 어리석어 죽을죄를 짓고도, 저하께서 마음을 바로잡고 국가를 다스리는 요체가 이보다 나은 것이 없다고 생각합니다.

음식을 절제하여 기혈을 조절하고 성색聲色을 멀리하여 정신을 잘 길러서, 우禹임금이 촌음을 아꼈던 것[50]을 따르고 은殷나라 고종高宗이 학문에 부지런했던 것[51]을 생각하여 날마다 서연書筵을 열고 자주 강관講官을 접견하며 궁리窮理와 격물格物의 공부에 힘쓰고 성의誠意와 정심正心의 방도에 부지런히 하십시오. 그러시면 학문이 날로 나아가고 덕이 날로 높아져, 예전 성왕聖王이 중을 잡았던 대법大法이 불현듯 저하의 가슴속에 있게 되어 바람이 움직이면 풀이 눕는 교화[52]가 그림자와 메아리보다 저절로 더 빠르게 펼쳐질 것입니다. 신하 중에 아래에 있는 자가 누군들 온 마음을 정갈히 하여 대중大中의 영역에 함께 달려가지 않겠습니까.

더구나 지금은 조정의 의논이 분열되어 국가의 큰 근심거리가 된 지가 거의 200년이나 되었음에 이겠습니까. 처음에는 갈라져 둘이 되었다가 나중에는 또 갈라져 넷이 되었습니다. 그 처음에는 비록 각자 하찮은 아집이 있어서였지만 끝에는 대부분 치우치거나 기울어져 중도를 잃고 갈수록 서로 어그러지고 격해졌습니다. 그 실정을 따져보면 명리名利를 다투고 득실得失을 근심한 결과에 지나지 않습니다.

---

50) 우(禹)임금이……것: 『소학』「선행(善行)·실경신(實敬身)」에 도간(陶侃)의 말로 나온다.
51) 은(殷)나라……것: 『시경』「열명(說命)」에, 은나라 재상 부열(傅說)이 고종에게 경계한 말이다.
52) 바람이……교화: 위정자가 백성을 감화시키는 교화를 말한다. 계강자(季康子)가 정치에 대해 묻자, 공자가 "군자의 덕은 바람과 같고 소인의 덕은 풀과 같다. 풀 위에 바람이 불면 반드시 눕는다.[君子之德風 小人之德草 草上之風 必偃]"라 하였다.(『論語』「顔淵」)

그런데도 이 네 종류의 사람은 똑같이 조종조祖宗朝의 남겨진 신하이고 똑같이 대대로 녹을 받은 가문의 후예이며, 똑같이 충성을 바치려는 마음을 가진 자이고 똑같이 쓸 만한 재주를 가진 자입니다. 갑甲이 을乙보다 꼭 나은 것이 아니고 좌左가 우右보다 꼭 못한 것이 아닙니다. 만약 모두 다 수용하여 그 치우침을 바로잡고 그 지나침을 억눌러 그들이 한 조정에서 어깨를 나란히 하게 만든다면 신맛 짠맛 쓴맛 매운맛으로 서로 그 맛을 살리고 큼 작음 장점 단점으로 각각 그 쓰임에 맞추어 아마도 붕당을 지어 두둔하는 습속을 제거하고 협동의 아름다움을 이룰 수 있을 것입니다.

그러나 행여 그렇게 하지 않고 그 중에 셋은 쓰고 하나를 빼놓는다면 이는 한 쪽의 인재를 버리는 것이며, 그 중에 둘을 쓰고 둘을 빼놓는다면 이는 나라의 인재 중에 반을 버리는 것이며, 그 중에 하나를 쓰고 셋을 빼놓는다면 이는 온 나라의 인재를 버리는 것입니다. 세도世道가 파도처럼 무너져 인물이 아득해지니, 가령 한 시대의 인재를 다 써도 오히려 한 시대의 일을 마무리할 수 없습니다. 어찌 사私로써 공公을 없애어 어떤 쪽은 쓰고 어떤 쪽은 버려서 조정에는 준걸俊傑을 등용하는 아름다움이 없게 하고 시골에는 현재賢才를 버려둔다는 한탄이 있게 해서야 되겠습니까.

생각건대, 우리 대조전하께서는 만물萬物을 낳고 이루는 사랑과 백왕百王보다 훨씬 뛰어난 지혜로 이와 같은 이치를 분명히 아셔서 즉위하신 이래로 집중執中의 도를 능히 다하고 탕평蕩平의 정치를 크게 여셨으니, 우리나라의 고질적인 병폐가 이로부터 나으려고 하였습니다.

태평만세가 바야흐로 또 종묘사직을 위하여 외치게 되었는데, 어찌하여 공도公道가 펴지지 않고 구습舊習이 제거되지 않아 인재를 선발하는 관원이 사사로운 정에 얽매여 소원疎遠한 사람의 흔적을 없애며 언로에 있는 신하가 편견을 고수하여 도리어 배격하는 풍토를 답습하고 있습니까. 심지어 가래나무와 느티나무[53]가 빈 골짜기에서 썩도록

53) 가래나무와 느티나무: 좋은 재목들로서 훌륭한 인재를 뜻한다.

하고 풍랑이 평지에서 요동치도록 만들고 있습니다.

우리 대조大朝께서 30년 동안 고심혈성苦心血誠으로 조제調劑하는 방도[54]에 간절한 정성을 애써 다한 것은 얼마나 대단합니까. 그럼에도 이에 감히 그것을 어기고 파괴하는 자는 또한 무슨 마음입니까.

오늘날 조정이 치우치거나 기울어져 중도에 맞지 않게 된 지가 정말로 너무 오래되었습니다. 사방의 측면에서 말하면, 생민生民의 기쁨과 슬픔은 수령에게 매어 있으나 수령은 농업과 양잠을 우선 권면하지 않고 침탈에만 급급하여 동네 사람들이 근심하고 원망하도록 만들었으며, 학교를 일으키는 일에 힘쓰지 않고 사사로운 당黨만을 만들어 책 읽는 소리가 끊어져 적막한 지경이 되었습니다.

수령의 파면과 승진은 관찰사에게 달렸습니다. 그러나 탐욕과 포학으로 자기를 살찌우는 무리로서 세력을 끼고 횡행하는 자는 열 번을 고과해도 연이어 좋은 평가를 받고, 청렴과 근신으로 백성을 사랑하는 사람으로서 힘을 잃어 외롭고 약한 자는 작은 일에도 파면되어 쫓겨납니다. 오늘날 사방에서 치우치거나 기울어져 중도에 맞지 않는 것이 아! 또한 심합니다.

근년 이래 천재天災와 시변時變이 달마다 일어나고 수한水旱과 역질疫疾이 일어나지 않은 해가 없으니, 인심과 물정의 억울함이 천지의 화기和氣를 손상시켜서 그러하였음을 알 수 있습니다. 어찌 조정과 사방이 치우치고 기울어져 중도에 맞지 않은 점이 이를 초래한 것이 아니겠습니까. 그렇지 않다면 어찌 우리 대조께서 하늘처럼 덮어주시는 사랑의 아래와 세자께서 환히 살피시는 날에 도리어 이러한 비상의 경계가 있다는 말입니까. 이제 재앙을 소멸시키는 방도는 덕정德政을 닦아 인심을 화합시키는 것 만한 것이 없으니, 그 요체는 조정을 바로잡는 데 있습니다.

대저 감정을 풀고 혐의를 잊어서 우리 대조의 탕평 정사를 돕고 싶어 하는 것은 공심公

---

54) 조제(調劑)하는 방도: 좋지 못한 관계를 조정하여 화해시키는 방도를 말한다.

心이요, 뜻이 같은 자와 뭉쳐 뜻이 다른 자를 배격하며 우리 대조의 탕평 정사를 무너뜨리고 싶어 하는 것은 사의私意입니다. 공公과 사私의 사이에서 현우賢愚를 분별할 수 있고, 쓰고 버리는 사이에서 권면과 징계가 저절로 드러납니다. 치우친 것을 바로잡아 중도에 나아가게 하는 것이 무어 어렵겠습니까. 사私를 제거하여 정正으로 돌아가게 하는 것이 무어 어렵겠습니까.

삼가 바라옵건대, 저하께서는 대조의 뜻을 본받고 대조의 가르침을 받들어 강학에 마음을 벼르고 집중에 힘을 쏟아 아침저녁으로 문안을 드릴 때마다 탕평蕩平과 건극建極의 계책을 가만히 밝히소서. 청컨대, 여러 신하 중에 공정公正하고 관후寬厚한 사람을 공경公卿과 시종侍從의 자리에 배치하소서.

내외 백관百官에 있어서도 모두 다 거두어 함께 쓰신다면 훈증처럼 깊이 스며드는 교화가 아래로 신료에게 흡족하여 저절로 그 습성을 녹이고 그 폐단을 씻어내어, 많은 관원이 화합하고 모든 공적이 다 빛나서 국세國勢를 편안한 태산과 반석 위에 올려놓게 될 것입니다. 그렇게 되면 우리 저하께서 중中을 잡은 공효는 요순堯舜과도 훌륭함을 견줄 것이니, 어찌 거룩하고 아름답지 않겠습니까.

신은 사람이 미천하고 지위가 낮은 데도 부질없는 말이 여기에 이르러서 존엄尊嚴을 범하였으니, 죄는 만 번 죽어 마땅합니다. 다시 삼가 예자睿慈께 바라옵건대, 사람이 못났다고 하여 그의 말까지 버리지 않으시면 매우 다행이겠습니다. 신은 지극히 간절하고 황공한 마음을 금할 수 없습니다. 삼가 죽기를 무릅쓰고 아룁니다.

형조 참의를 사직하는 글[辭刑曹參議書]

삼가 아룁니다.

신은 타고난 자질이 허약하여 어려서부터 병이 많았고, 예순 이후로는 담화痰火가 더욱 심해지고 삼초三膲가 꽉 막히며 한쪽 다리가 말라 들어가 외진 집에 칩거하며 벼슬길에 대한 바람을 끊었습니다. 근년에 내린 북막北幕 그리고 병조와 이조에 제수한다는 왕명을 모두 받들어 응하지 못하였습니다.

심지어 사간원과 사헌부의 망에 다섯 차례나 외람되이 올랐어도 혹은 병으로 즉시 부임하지 못하여 금추禁推의 견책을 받기도 하였으며, 혹은 부름을 받고 길에 올랐다가 곧바로 변통의 명령을 받았습니다. 그래서 끝내 한 가지 생각을 내거나 한 마디 말을 올려 하루의 책임을 다하지도 못한 채, 성상의 총애를 헛되이 저버려서 다만 몹시 부끄럽고 황송할 뿐이었습니다.

봄에 성은을 입어 특별히 노인을 우대하는 은전을 받고 품계가 오르는 영광을 입었습니다. 신은 큰 행복에 춤추고 거룩한 은택에 노래하며, 단지 시골에서 한가로이 지내며 여생을 마치기를 바랐습니다. 지난달 12일에 갑자기 삼가 장례원掌隷院에 임명되어, 같은 달 22일에 원예院隷가 직첩職帖을 가지고 와서 신은 융숭한 성은에 감격하여 골수에 새겼습니다. 그러나 묵은 병이 한창 심하고 더욱이 다른 증상이 더쳐서 대궐로 나아가 숙배肅拜할 길이 없어 감히 길에서 짧은 글로 대략 진술하였습니다.

비록 가물가물 혼수상태에서나마 분수와 의리를 매우 두려워하며 형벌을 공경히 기다리고 있었습니다. 상소문이 주상께 미쳐 올라가지도 않았는데, 형조 참의에 제수하는 명이 또 열흘도 안 되어 내려왔습니다. 이 어찌 늙고 병들어 거의 죽어 가는 신하가 이렇게 비상하고도 특별한 은총을 거듭 받을 수 있다는 말입니까.

신은 놀라고 두려워 움츠린 채 더욱 몸 둘 바를 모르고 있습니다. 신은 어리석고 비루한 자질로 본래 학식이 없고 또 지혜도 부족하여, 형법을 밝혀 교화를 돕는 지위와 협의하여 옥사를 심리하는 직책에는 천부당만부당합니다. 비록 한창 왕성하던 날이라 하더라도 진실로 감당할 수 없는데, 더구나 신이 올해 이미 70을 넘겼음에 이겠습니까.

치사致仕의 법이 예경禮經에 분명히 게재되어 있어서 한평생 외워 가슴속에 쌓여 있습니다. 어찌 몸으로 대법大法을 범하여 스스로 염치를 손상시킬 수 있겠습니까. 또 신의 고질병이 다달이 더해가고 나날이 번져서 원기와 혈액이 고갈되고 정신과 근력이 소진하여 음식을 전부 물리치고 병석에 드러누워 있으니, 약한 숨은 실오라기 같아 귀관鬼關과의 거리가 머리카락 한 가닥만을 다투고 있습니다. 비록 쇠로한 몸을 이끌고 대궐에 나아가 숙배하고 싶어도 그 형세가 어떻게 할 수 없습니다. 이에 감히 참람함을 피하지 않고 다급한 소리로 호소하는 것입니다.

삼가 바라옵건대, 세자께서는 간절한 마음을 굽어 살피시고 신의 거의 죽게 된 위독한 병을 가엾게 여기시며, 신의 치사해야하는 실제 나이를 살펴주소서. 신의 목숨 보전하는 길을 깊이 생각하시고 물러나 쉴 것을 특별히 허락하시어 신의 직명을 삭제할 것을 빨리 명하소서. 이어서 신의 거만을 떤 죄를 다스려서 조정의 기강을 엄숙히 세우시어 사사로운 분수를 편안히 하여 주소서.

그리되면 천만 다행이겠습니다. 신은 지극히 두려워하며 간절히 바라는 마음을 주체하지 못하겠습니다. 삼가 죽기를 무릅쓰고 아룁니다.

서書

지수 선생께 올리다[上篪叟先生] 신해년(1731)

시골 소식이 오래 끊겨서 사모하는 정이 간절하던 차에, 이달 10일에 6월 13일에 보내신 편지를 삼가 받았습니다. 도체道體의 건강이 갑자기 좋지 않으시다는 것을 다시 알았습니다. 비록 더운 여름철의 우연한 감기라고는 하시나, 저의 놀라고 염려하는 마음을 가눌 길이 없었습니다. 삼가 근래의 차도는 다시 어떠하신지요? 100리 멀리 떨어져 있는 처지로 자주 찾아뵙고 안부를 여쭐 길이 없으니, 그저 간절히 애만 태울 뿐입니다.

세월이 물같이 흘러 초1일에 벌써 소상을 지내셨겠지요. 삼가 생각건대, 천륜간의 칼로 자르는 듯한 애통함이 다시 더 새로울 터이니, 어떻게 자제를 하십니까? 이 말단 관직에 얽매여 그 날 한 번 통곡도 하지 못하였으니, 정情과 예禮를 돌아볼 때 슬픔과 아쉬움이 그지없습니다.

중기重器는 명을 받들어 예를 물으러 가는 길에 딱 열흘의 장맛비를 만나 습기를 무릅쓰고 불어난 강을 건너며 위험한 고비를 여러 차례 겪고 28일 밤에서야 비로소 복명하였습니다. 그러나 연일 배탈과 설사가 나서 피로가 너무 심한데도, 일기를 매우 독촉하여 밤낮 없이 붓을 잡고 겨를 없이 골몰하다가 어제 겨우 일을 마쳤습니다.

진강鎭江 종태宗台가 선생의 거룩한 덕의德義를 극구 말하고, 이어서 "흠모의 마음은 비록 지극하나 직접 만나 뵐 기약이 없습니다."고 하였습니다. 이 영부사李領府事도 "풍도를 듣고 경탄한 지 벌써 오래이나, 학문을 하는 절도와 언론의 품격을 직접 들을 길이 없습니다." 하였으며, 민 판부사閔判府事도 명성을 들었다고 말하였습니다.

6월 13일부터 내린 비가 그대로 긴 장맛비가 되니, 곳곳이 비록 모두 이앙을 하기는 하나, 시기를 이미 놓쳐서 오히려 큰 흉작을 면하지 못하게 되었습니다. 영천과 경주 아래 지역은 아직까지 한 보습 깊이의 비도 내리지 않았다고 하니, 땅이 타들어가는 참혹한 상황은 여쭈어 보지 않아도 상상할 수 있습니다. 온 집안의 여러 친척들이 반드시 굶어죽을 우려가 있을 터인데, 어떻게 구제해야 할지 모르겠습니다.

선친의 행장은 지어주신다는 허락을 이미 받고 나니, 가슴에 새겨진 감격한 마음을 말로 표현할 길이 없습니다. 가을쯤 내려갈 적에 행여 전편全篇을 받아서 볼 수 있다면 그 얼마나 다행이겠습니까.

장릉長陵[55]을 옮기는 날은 8월 그믐이어서 구릉舊陵[56] 여는 날이 16일로 잡혔습니다. 그 때 주상께서 구릉으로 거둥하실 것이므로, 이때에 상언上言할 수 있을 것입니다. 그러나 얼마 안 되는 생활비를 이미 다 써서, 모자와 도포며 띠와 신발을 준비하는 일에 달리 돈을 변통할 길이 없으니, 이것이 낭패입니다.

도중道中이 10일 전강殿講[57] 때에 문장의 뜻을 풀이하며 진계陳戒하였는데, 주상께서 칭찬을 매우 많이 하셨고 조정의 기대도 높아졌습니다. 벗이 잘 되는 것을 기뻐하는 저의 심정을 말로 다 표현할 길이 없습니다.

지수 선생께 올리다[上篪叟先生]

8월 이후 인편과 소식이 딱 끊겼습니다. 그런데 오늘 도원道元의 편지를 통하여 삼가

---

55) 장릉(長陵) : 인조(仁祖)와 인렬왕후(仁烈王后)의 능호이다.

56) 구릉(舊陵) : 왕릉을 옮기는 데 있어서, 옮기기 전의 능은 구릉이라 하고, 새로 옮긴 곳의 능은 신릉(新陵)이라 한다.

57) 전강(殿講) : 성균관(成均館)의 유생(儒生)과 문신(文臣)에게 경학(經學)을 권장하기 위하여, 수시로 3~4명씩 선발하여 정전(正殿)에 불러들여 임금 임석(臨席) 하에 행하던 강경시험(講經試驗)을 말한다. 사서(四書)와 오경(五經) 중에서 한 대목을 추첨하여 시험하였다.

다리에 난 종기 때문에 덕체德體가 불편하시다는 소식을 듣고, 저의 놀랍고 염려스러운 마음을 가눌 수 없었습니다. 그러나 너무 멀리 떨어져 있어서 안부를 자주 여쭐 길이 없습니다. 종기의 고름 상태는 요즘 어떠하신지요? 천리 밖에서 애타는 마음을 밤낮으로 멈출 수 없습니다.

중기重器는 8월 초순 이후로 분사관分史官을 맡아 구릉에 나아가서 이장을 한 뒤에 복명하였고, 일록日錄을 정리하여 바친다고 또 열흘을 허비하였습니다. 어린 말을 내려 주신 명은 비록 오랜 관례이기는 하나, 황공한 마음으로 스스로 불안하였습니다. 실직 겸 승문원兼承文院으로 승진한 지 벌써 한 달이 넘었습니다. 이제는 제사를 올리는 의식과 경하하고 위문하는 반열에 꼭 참석해야 하기 때문에 선영의 성묘도 마음대로 바로 갈 수 없게 되었습니다. 새장에 갇힌 들새와 같은 신세이니, 이는 너무 민망한 일입니다.

그러나 지금 집에서 보낸 편지를 받아 보니, 아내의 종기를 여전히 치료할 길이 없다고 합니다. 생각 같아서는 비록 벼슬을 그만두고 고향으로 돌아가 아픈 아내를 치료하고 싶으나, 또한 용단을 내리지 못하고 아직까지 이렇게 머뭇거리고 있습니다. 우려되는 마음을 어찌 다 말씀드릴 수 있겠습니까.

선친의 유고는 벌써 한 번 보셨으리라 생각되는데, 행장은 탈고하셨습니까? 먼 곳에 떨어져 있어서 제때에 받아보지 못하니, 한숨과 아쉬움을 견디지 못하겠습니다. 내년 봄에는 반드시 휴가를 얻어 찾아뵐 것입니다. 그 때에나 공경히 받아 올 수 있을 뿐입니다.

선대先代의 일은 8월에 주상께서 왕릉으로 거둥하셨을 때에 겨우 상언하여, 며칠 전 이조吏曹에 계하啓下되었습니다. 조만간 이조 판서를 찾아가 물어보려고 하지만, 언제 회계回啓할지 아직은 짐작할 수 없습니다. 회계를 좋게 할지 여부도 알 수가 없으니, 매우 걱정스럽습니다.

기근의 참혹한 지경은 들을수록 너무나 한심합니다. 삼가 생각건대, 가난한 살림살이는 풍년에도 오히려 자주 비는데, 더구나 이는 전에 없는 흉년으로 식구들을 굶주림에서 구제할 방도가 조금도 없으니, 어떻게 살림을 꾸려나가십니까?

여러 친척들의 굶어죽을 우려도 다 관심을 가져야 하지만, 저희 집의 경우는 제가 이미 먼 곳에 있고 주부도 또한 병중이어서 자질구레한 여러 일을 보살필 사람이 없습니다. 굶주릴 우려에 있어 당연히 다른 사람보다 뒤처지지 않을 것입니다. 저의 객지 생활 역시 몹시 어렵고 괴로워서 저 자신이 집의 생활비를 도와 줄 길이 없으니, 또한 절박할 뿐입니다.

지수 선생께 답하다[答篪叟先生]

달포 전의 두 차례 인편은 모두 몹시 급하여 선채로 저희 집 아우에게 몇 글자를 적어 보내느라, 미처 선생님께 안부를 여쭙지 못하였습니다. 막 스스로 송구스러워하던 차에 오늘 삼가 이달 초2일에 보내신 편지를 받아 지난번에 말씀하신 종기는 이미 완치되고 겨울 이후로 건강이 많이 좋아지셨다는 것을 다시 알았습니다. 천리 밖에서 우러러 사모하던 중에 위로되고 경하하는 마음을 주체하지 못하겠습니다.

가문이 불운하여 족숙모族叔母 두 분이 서로 이어서 세상을 떠나시고, 종제 사유士由 또한 오랜 병으로 일어나지 못하였으니, 이 무슨 운명입니까. 이 아우는 바로 우리 문중이 기대하는 사람이었는데, 한 가지 이름도 이루지 못하고 서둘러 50이 되기 전에 죽어 귀신이 되었으니, 그 놀라움과 슬픔을 어찌 다 말하겠습니까.

중기重器는 객지 생활을 그럭저럭하고 있으나 썰렁한 객관의 괴로운 환경은 날로 더 견디기 어렵습니다. 우선은 추세를 살피다가 중춘仲春 경에 휴가를 받아 고향으로 돌아갈 생각입니다.

상언上言한 일은, 이조 판서를 선임하기도 전에 참판이 복계覆啓하는 관례는 없어서 이조 판서가 정해지기를 기다려야 합니다. 우선 먼저 말을 전할 길도 없고 그 결말이 어떠할지 짐작할 수도 없으니, 삼가 매우 절박합니다.

『춘추』는 마침 『춘추사전春秋四傳』[58]을 얻어 한 번 보았으나, 바쁜 업무 중에 섭렵한 것이어서 책을 덮자마자 모두 잊었습니다. 다시 한 번 차분히 연구해보고 싶으나 직무의 방해가 많고 벗들과의 교유가 또한 번거로워서 또한 뜻대로 하지 못하였습니다. 독서는 본래 산림에서나 하는 일이지, 풍진 속에서는 힘써야 할 일이 아닌 줄을 비로소 알았습니다. 두려움과 탄식을 마지못하겠습니다.

말을 신중히 하라는 가르침은 감히 명심하여 가슴에 담아두지 않을 수 있겠습니까마는, 다만 이유가 있어서 말씀하신 것 같습니다. 누가 선생님께 무슨 말을 한 것은 아닙니까?

연말이 멀지 않았습니다. 삼가 도체道體께서 새해를 맞아 더욱 복되시기를 축원합니다.

지수 선생께 올리다[上篪叟先生] 임자년(1732)

초여름 이후 인편과 서신이 뚝 끊겼습니다. 삼가 도체의 이양頤養[59]은 어떠하신지 모르겠습니다. 구구한 저의 심정은 우러러 사모하는 마음을 주체하지 못하겠습니다. 봄이 되자 전염병이 널리 퍼지는데, 영남이 더욱 심하다고 합니다. 선생께서 사시는 마을은 이 걱정이 없으십니까?

자주 굶는 어려운 살림은 참기 어려운 지경이 되었습니다. 비록 대군자大君子의 지극한 즐거움은 이러한 것에 손상을 입지 않는 줄 알기는 하나, 눈앞에서 굶어 죽어가는 사람을 구제하는 방도에는 또한 모른척하지 못하실 것입니다. 밀가루가 없어서 수제비

58) 『춘추사전(春秋四傳)』: 모두 38권으로 되어 있는데 편자(編者)는 미상이다. 맨 처음에 두예(杜預)·하휴(何休)·범녕(范甯)·호안국(胡安國)의 4서(序)가 실려 있고 다음으로 강령(綱領)·제요(提要)·열국도설(列國圖說) 이십국년표(二十國年表)·춘추제국흥폐설(春秋諸國興廢說)이 기재되어 있다. 경문 아래에 모두 좌씨(左氏)·공양(公羊)·곡량(穀梁)의 3전(傳)의 주(注)를 내고, 호전(胡傳)은 따로 표출(標出)하였다.

59) 이양(頤養): 이신양성(頤神養性)의 준말로, 마음을 가다듬어 정신을 수양함을 말한다.

마저 끓이지 못하니, 어떻게 대처하십니까?

정숙자程叔子[60]는 80명이 넘는 식솔을 굶주리거나 추위에 떨게 하지 않았습니다. 선유先儒들이 정숙자의 큰 재간을 말할 때 이 일을 아울러 거론하였습니다. 그러나 우리 동방의 사대부가士大夫家는 규모와 기세가 중국과는 크게 다릅니다. 비록 큰 솜씨를 갖고 있다 하더라도 또한 어떻게 잘 조치할 수 있겠습니까? 자나 깨나 우러러 염려하지 않은 적이 없습니다.

중기重器는 객지에서 한 해를 보내다 보니, 고향 생각이 날로 간절합니다. 휴가를 받아 임무를 교대하고 싶으나, 천릿길을 왕래할 여비를 장만할 길이 없습니다. 우선 머뭇거리며 여름을 보낼 계획인데, 썰렁한 객사의 괴로운 형편을 갈수록 더욱 견디기 어렵습니다. 도중道中이 또 내려가며 다시 올라올 뜻이 전혀 없습니다. 만약 그렇게 된다면 저는 더욱 더 쓸쓸할 것입니다. 근심스러운 탄식을 어이 말하겠습니까.

상언上言과 회계回啓의 일은 이조 판서가 아직도 결정되지 않아서 이처럼 시행하지 못하니, 이것이 절박할 뿐입니다.

행장은 아마 벌써 탈고하셨겠지요? 도중이 혹시라도 상경한다면 제 아우에게 한 통을 베끼게 하여, 도중이 올라오는 편으로 제가 받아볼 수 있도록 해주십시오. 어떠할지 모르겠습니다.

가을쯤 휴가를 청하여 내려갈 생각이나 계획대로 잘 될지 또한 미리 예측할 수 없습니다.

선생님 계신 쪽을 바라보니, 부질없이 그리움과 울적함만 늘어납니다.

---

60) 정숙자(程叔子) : 송나라 이천(伊川) 정이(程頤, 1033~1107)를 말한다. 그의 형 정호(程顥, 1032~1085)와 구분하여 부르는 말이다.

판서 이덕수[61]에게 주다[與李判書 德壽] 임술년(1742)

지난 임자년(1732), 집사執事께서 대궐 밖으로 행차하는 어가御駕를 공경히 전송하기 위하여 승문원에 머물렀습니다. 그 당시 중기重器가 승문원에서 당직중이어서 집사께 좋은 가르침을 받았습니다. 평소 태산처럼 우러르던 마음 때문에 모시게 된 기쁨이 실로 깊었으나, 이듬해에 영남으로 돌아와 다시는 동문으로 들어가지 않아서 집사를 찾아뵙고 안부를 여쭐 길이 없었습니다.

지난 햇수를 꼽아보니, 어느덧 벌써 10년이나 지났습니다. 그 당시 반나절 간의 대화를 어떻게 기억하실 수 있겠습니까? 요즈음 봄 날씨가 쌀쌀한데, 삼가 대감의 체후가 어떠하신지 모르겠습니다. 우러러 그리워하는 저의 정성을 주체하지 못하겠습니다. 저는 8년을 칩거한 끝에 뜻밖에 병조 낭관에 임명한다는 명을 받아 다섯 달 동안 애써 근무하고 또 벌써 해가 바뀌었습니다. 그러나 쓸쓸히 지내며 근심으로 날을 보내는 처지에, 무어 말씀드릴게 있겠습니까.

다시 삼가 생각건대, 집사께서는 문장과 풍도가 당대에 우뚝하여, 깨끗한 언론을 펼치는 온 나라의 선비들이 모두 머리를 들어 마음을 기울이고 있습니다. 저의 입장에서 말하면, 경주 권씨權氏는 바로 저의 외가이며, 종증조할아버지 참봉공 휘 임恁께서는 청강 선생淸江先生의 손자사위이므로, 저의 외가는 집사의 문중과 실로 반양潘楊의 의리[62]가 있습니다. 선망하고 흠모하는 심정이 어찌 다른 사람보다 몇 곱절이나 되지 않겠습니까.

---

61) 이덕수(李德壽 1673~1744) : 자는 인로(仁老), 호는 서당(西堂), 본관은 전의(全義)이다. 1713년 문과에 급제, 홍문관 수찬·대사성·형조 판서 등을 지냈다. 문장이 출중하여 홍문관과 예문관의 관직에 여러 차례 올랐다. 시호는 문정(文貞)이다. 저서로는 『서당집』·『서당사재(西堂私載)』 등이 있다.

62) 반양(潘楊)의 의리 : 사이가 좋은 사돈 관계를 말한다. 진(晉)나라 반악(潘岳)의 아내가 양중무(楊仲武)의 고모(姑母)인데, 대대로 사이가 화목하였다. 반악이 그의 생질 양유(楊綏)를 위하여 지은 「양중무를 애도하는 뇌문[楊仲武誄]」에서 "반양의 친목이, 본래 유래가 있었네.[潘楊之穆 有自來矣]"라고 하였다.

지난가을 서울에 갔을 때 집사께 먼저 연락하고 싶었으나, 세상을 피해 은둔하는 행차가 벌써 자연 속으로 훌쩍 떠나버렸습니다. 직무에 얽매인 몸이 함부로 자리를 떠나기 어려워서 비록 싱싱한 풀 한 다발을 묶어 희고 깨끗한 망아지를 따르고 싶었으나[63] 할 수가 없었습니다. 다만 10여 년이나 경영하던 저의 작은 정성을 이루지 못한 것이 있습니다. 적이 이대로 시간만 흘러 영영 천고의 한이 되어버릴까 두렵습니다. 이에 감히 종질從姪을 대신 보내어 문하에 인사드리고 우러러 청하게 하였습니다만, 집사께서 선뜻 받아들여 허락해주실지 아직 모르겠습니다.

우리 선조 증 판서부군贈判書府君[64]은 산림에 은거한 선비로서 임진왜란을 당하여 비분강개한 마음으로 의병을 일으켜 성城을 온전히 회복한 공을 세웠습니다. 그러나 스스로 욕심이 없고 점잖아서 공훈과 명예를 부끄럽게 여겨, 참수하고 노획한 것을 관찰사에게 보고하지 않은 채 모두 의병을 함께 일으킨 여러 무장武將들에게 양보하였습니다. 이 때문에 작록과 포상을 받지 못한 채 곤궁히 생을 마쳤으나, 후회하지는 않았습니다. 이 일은 지금도 여러 명현이 기술한 글의 이곳저곳에서 찾아볼 수 있습니다.

수년 전 어가 앞에서 억울함을 호소하여 특별히 병조 판서에 추증하는 은전을 입었으니, 조정에서 충신을 숭상하는 은전은 실로 세상에 없는 특별한 영광이었습니다. 참으로 비석에 새겨서 후세에 영원히 전해야 하나, 이 묘지문이 만약 대군자大君子의 믿음직한 문장을 얻지 못하면 이는 오히려 묘지문이 없는 것과 같습니다.

감히 한 통의 가첩家牒으로 집사의 책상을 더럽히며 은혜를 청합니다. 삼가 바라건대, 집사께서는 절묘한 문장력을 아끼지 말고 한 번 붓을 들어 써주신다면 백 년 동안 감추어졌던 선조의 업적이 이제부터 영원히 전해질 것입니다. 뼈에 새겨진 저희의 감격이 어떠하겠습니까. 천만 번 간절히 기원합니다.

---

63) 싱싱한……싶었으나: 상대방에 대한 존경심을 말한다. "희고 깨끗한 망아지, 저 빈 골짜기에 있네. 싱싱한 풀 한 다발을 주노니, 그 사람 옥처럼 맑네.[皎皎白駒 在彼空谷 生芻一束 其人如玉]"에서 유래한다. (『詩經』「小雅·白駒」)

64) 증 판서부군(贈判書府君): 정세아(鄭世雅, 1535~1612)를 말한다.

이눌은[65]에게 주다[與李訥隱] 갑자년(1744)

서울에서 한 번 작별하고 지금까지 20여 년이 흘렀습니다. 지난날 교유하던 좋은 우정을 생각할 때면 몹시 그리워하다가 이어서 침울해지지 않은 적이 없습니다. 요즈음 봄 날씨가 화창해지는데, 고요한 속에 학문을 닦는 체후가 어떠하십니까?

중기重器는 녹록히 이룬 것도 없이 어느새 60세의 노인이 되어 치아가 빠지고 형체와 정신이 시들어서 예전부터 탐구하던 학업도 모두 놓아버렸으니, 어찌 다시 노년에 수습할 가망이 있겠습니까. 단지 스스로 쓸쓸하고 두려울 뿐입니다.

적이 생각건대, 노형老兄은 은거하는 30년 동안 서책을 보며 날마다 침잠하여 깊이 사색한 공부가 필시 초연히 혼자만 얻어서 남들이 알 수 없는 점이 있을 것입니다. 구구히 흠모하는 마음이 지난날보다 몇 갑절이나 더하나, 길은 아득히 멀고 쇠병衰病이 파고들어 아직도 한 번 찾아뵙고 크고 넓은 담론을 평안히 받들지 못하였습니다. 천릿길을 찾아갔던 옛날 사람의 의리[66]에 비하면 어찌 얼굴이 달아오르고 땀이 흐르지 않겠습니까.

선조 노촌공魯村公[67]의 묘지석은 아직도 땅에 묻지 못하였습니다. 여러 친족들이 바야흐로 모의하였는데, 여러 선대의 묘지문은 반드시 훌륭한 문장가의 말을 얻어 깊은 뜻을 밝혀내고 후대에 전할 계책으로 삼고 싶어 합니다. 이에 종질從姪을 보내 우러러 요청합니다. 삼가 바라건대, 여러 사람들의 정성을 특별히 헤아려 절묘한 문장을 아끼지 마시는 것이 어떠하겠습니까.

---

65) 이눌은(李訥隱) : 눌은은 이광정(李光庭, 1674~1756)의 호이다. 자는 천상(天祥), 본관은 원주(原州)이다.
66) 천릿길……의리 : 삼국 시대 위(魏)나라 여안(呂安)과 혜강(嵇康)이 "매번 서로 그리워질 때면 번번이 천릿길이 멀다 않고 방문하였다.[每一相思 輒千里命駕]"는 고사에서 유래한다.(『世說新語』「簡傲」)
67) 노촌공(魯村公) : 노촌은 정윤량(鄭允良 1515~1580)의 호이다. 자는 원우(元佑), 본관은 영일이다. 이황(李滉)의 제자이다. 재물을 모아 태학(太學)의 제도를 본떠 자양서당(紫陽書堂)을 짓고 후배 교육에 진력하였다. 1553년에 사액서원(賜額書院) 임고서원(臨皐書院)을 창건을 주도하여 유학진흥에 크게 공헌하였다.

청대 권상일[68]에게 주다[與權清臺 相一] 계유년(1753)

봄에 삼가 영공令公의 답장을 받아보고 관직에서 벗어나 섭양이 훨씬 좋아지셨음을 갖추어 알게 되어, 멀리서 높은 풍치를 상상할 때 사람을 흠모하도록 만들었습니다. 그러나 그 뒤로 소식이 끊겨서 여름과 가을을 보내면서 끝없이 사모하는 마음을 밤낮으로 놓을 수 없었습니다.

근래에 풍편風便[69]으로 뜻밖에 삼가 영공의 체후가 편치 않으신지 여러 날이 되었다는 소식을 들었는데, 혹시 감기에 걸리신 것입니까? 구구한 놀라움과 염려를 헤아릴 수 없습니다. 섭양을 잘 하시고 신명이 돌봐주어서 요즈음에는 아마 이미 편안히 회복하셨겠지요. 이렇게 되기를 우러러 축원합니다.

중기重器는 초여름에 소명召命을 받고 서울로 가면서 즉시 사퇴할까 생각하였습니다. 돌아오는 길에 영공을 찾아뵙고 오래 머물며 약간의 경전을 강론할 생각이었으나, 걸음이 병산屛山에 이르러 체직되었다는 소식을 듣고 돌아왔습니다. 선선한 가을을 기다려 조랑말을 타고 영공이 계신 곳을 방문하고 싶습니다.

무더위가 예년과 다르고 묵은 병이 더 심해져 숟가락을 놓고 자리에 누워 지내니, 마치 구천의 사람처럼 정신이 가물가물하였습니다. 비록 가을을 만났으나 여전히 깨어날 기미가 없으니, 병든 몸을 이끌어 억지로 수백 리 밖까지 갈 도리가 없습니다. 우리가 한 번 모이는 것도 또한 저대로 정해진 운수가 있는 것입니까? 천릿길을 찾아갔던 옛날 사람의 의리를 더듬어 생각하면 저도 모르게 등에 땀이 나고 얼굴이 붉어집니다. 겨울에 만약 큰 질병이 없으면 평소의 계획을 꼭 한 번 실행하여 보고 싶습니다.

---

68) 권상일(權相一, 1679~1759) : 자는 태중(台仲). 호는 청대(淸臺), 본관은 안동이다. 1710년 문과에 급제, 승문원 부정자·부제학·대사헌 등을 지냈다. 시호는 희정(僖靖)이며, 저서로는 『청대집』·『초학지남(初學指南)』·『관서근사록집해(觀書近思錄集解)』·『역대사초상목(歷代史草常目)』·『가범(家範)』 등이 있다.

69) 풍편(風便) : 일부러 마련하여 보내는 인편이 아니라, 가는 사람에게 부탁하여 간접적으로 보내는 인편을 말한다.

지난겨울에 영공께서 선령관宣令官 편으로 부친 편지 속에 선죽교 시에 함께 화운和韻하라는 분부가 있었습니다. 아름다운 시편을 읊어봄에 더욱 서글퍼 눈물이 났으니, 이는 제가 포은圃隱 선조의 방계 지손이고 또 외손이어서입니다. 삼가 졸렬한 재주를 잊고 화운은 하였으나, 인편이 없어 부치지 못하다가 이제야 별지에 써서 보냅니다. 보시고 한 번 웃어주시기 바랍니다.

일찍이 『포은속집圃隱續集』의 부록을 살펴보니, 열성조가 포상한 은전이 실려 있었습니다. 다시 숙종께서 지으신 「포옹을 읊다[詠圃翁]」 등의 여러 시편이 수록하고, 이 시에 차운한 우복愚伏[70]의 시도 그 속에 넣었습니다. 공경히 받들어 읽어보니, 어제시御製詩가 환히 빛납니다. 영공께서 혹여 아직 감상하지 못하셨으리라 생각되어, 이에 감히 베껴 올립니다.

권청대에게 주다[與權淸臺] 갑술년(1754)

지난가을에 편지 한 통을 써서 유곡幽谷의 인편에 부쳤으나, 아직까지 답장을 받지 못했으니, 편지가 도중에 유실된 것이 분명합니다. 요즈음 영공의 마을 사람 채군蔡君이 찾아 와서, 영공께서 섭양이 아주 좋으시다는 것을 대략 듣고 우러러 궁금하던 심정이 매우 위로받았습니다.

또한 근일에 한성 좌윤에 임명하는 왕명이 있었다는 것도 알았습니다. 조정에서 노성한 분을 버리지 않는 아름다운 뜻을 알 수 있으니, 위하여 기쁘고 다행한 일입니다. 적이 생각건대, 은사隱士의 고결한 뜻을 필시 조금도 돌리지 못할 것이니, 아마도 지금 벌써 해직되었습니까?

중기重器는 집안이 불행하여 초상이 거듭 났습니다. 지난겨울에는 조카며느리를 잃었

70) 우복(愚伏) : 정경세(鄭經世, 1563~1633)의 호이다. 자는 경임(景任), 본관은 진양(晉陽)이다.

고 올봄에는 종조카를 잃어서 노쇠하고 병든 저의 슬픔이 갑절이나 견디기 어렵습니다.

게다가 저는 신병이 작년 연말부터 더욱 악화되더니 지금까지도 고달픕니다. 정신과 기력이 날로 줄어들어 비록 문자를 보고 싶어서 몇 장을 겨우 살펴보지만, 번번이 머리가 지끈거리고 가슴이 답답한 증세가 있어 단지 눈을 감고 멍청히 앉아 흙으로 빚어놓은 사람처럼 되고 맙니다. 늙어서 비탄해한다는 한 옛사람의 경계를 생각할 때마다 저도 모르게 두려워집니다.

한 번 찾아뵙고 토론하려는 계획은 세운 지 벌써 오래되었으나, 쇠병衰病과 우환憂患이 번갈아가며 얽어매어서 매번 사람의 뜻을 무너뜨리고 있습니다. 그래서 단지 한 조각의 마음만 청대의 안개 낀 물가를 끊임없이 오갈 뿐입니다.

이곳에 조그마한 수석이 저의 집에서 수백 보 거리에 있어서, 몇 해 전에 초가 세 칸을 지었습니다. 산을 등지고 시냇물을 굽어보고 있어서, 『논어』의 "산을 좋아하고 물을 좋아한다."에서 뜻을 취하여 산수정山水亭이라고 이름 지었습니다. 때때로 거처하여 묵으면 자못 한가한 흥취가 있습니다. 다만 영공께서 계신 곳과 너무 멀어서 함께 즐기지 못하는 것이 아쉬울 뿐입니다.

상국 조현명에게 주다[與趙相國 顯命] 임술년(1742)

계절이 한여름으로 바뀌며 만물의 모습이 변해가고 있습니다. 삼가 생각건대, 대감의 동정은 계절의 변화에 맞춰 편안하시겠지요. 우러러 위로되고 그리운 저의 마음을 주체할 길이 없습니다.

중기重器는 삼가 염려해주신 덕분에 겨우 무사히 부임하였으나, 풍토가 좋지 않아 신병이 더 악화되었습니다. 백성의 고통은 많으나 모자라는 수단으로는 고치기 어려우니, 사적으로나 공적으로나 오래 머물 만한 형세가 전혀 아닙니다. 삼가 절박함을 어찌 말로 다 하겠습니까.

도성 문을 한 번 나온 뒤로는 오랫동안 관보官報를 보지 못하다가, 갑자기 풍편風便으로 대감께서 누차 상소하여 사직한 끝에 의금부에서 명을 기다리라는 하명이 있었다는 소식을 삼가 들었습니다. 떠도는 소문이 정말인지 아닌지 비록 모르겠으나, 우러러 사모하는 마음에 어찌 놀라고 걱정하지 않을 수 있겠습니까?

적이 삼가 생각건대, 주상 전하의 총애와 존중이 이미 이와 같이 융숭하고, 또 사직 상소의 윤허를 미루어 승지가 오래 기다리니, 대감께서 비록 용감히 물러나려는 계획을 이루고 싶어도 소청을 얻어낼 수 없을 것이 분명합니다. 나라를 걱정하는 대감의 정성으로 어찌 한결같이 고사만하여 우러러 전하께 염려를 끼쳐드려 되겠습니까. 삼가 바라건대, 사퇴하려는 뜻을 억누르고 애써 나랏일을 돕는 것이 어떠하겠습니까. 사랑하고 사모하는 심정으로 감히 제 마음을 아뢰었으니, 용서하시고 행여 외람되다 죄를 주지는 않으시겠지요.

선대 묘비명은 아침저녁으로 읽고 음미할수록 필법이 간략하고 엄정하여 근래의 금석가들이 따라할 수 있는 바가 아니라는 것을 더욱 깨닫게 됩니다. 그 감격을 가슴에 새기고서 보답할 길을 모르겠습니다. 당숙의 감사 편지가 이제야 도착하여 이에 감히 사람을 보내어 올립니다.

나머지는 신명의 보호를 받아 건강하시어 사람들의 바람을 위로하여 주시기를 삼가 축원합니다.

상국 송인명[71]에게 답하다[答宋相國 寅明] 임술년(1742)

지난달 19일에 저리邸吏[72]의 편에 보내신 편지를 삼가 받아 공경히 받들어 읽어보았습

71) 송인명(宋寅明, 1689~1746) : 자는 성빈(聖賓), 호는 장밀헌(藏密軒), 본관은 여산(礪山)이다. 1719년 문과에 급제, 예문관 검열·호조 판서·좌의정 등을 지냈다. 시호는 충헌(忠憲)이며, 편서로는 『감란록(勘亂錄)』이 있다.

니다. 아련히 직접 말씀을 듣는 듯하여, 감격하고 황공해하면서도 보답할 길을 모르겠습니다. 이어서 면례緬禮[73]일이 다가와서 대감께서 이미 길을 떠나셨다는 것을 삼가 알았습니다. 적이 생각건대, 효성이 지극하여 큰일을 이미 잘 치렀겠으나, 사모하여 울며 분주히 뛰어다닌 나머지 필시 건강에 손상이 있을 것입니다. 삼가 대감의 체후가 어떠한지 아직은 모르겠습니다.

대감의 종씨從氏 대간大諫 영감이 뜻밖에 돌아가셨다는 말을 듣고 놀라움을 주체하지 못하였습니다. 삼가 생각건대, 두 분의 우애가 매우 깊어서 비통한 마음을 견디기 어려울 것이니, 우러러 염려가 그지없습니다.

중기重器는 삼가 돌봐주신 은혜를 입어 그럭저럭 지내고 있으나, 백성의 고통은 많으나 모자라는 수단으로는 고치기 어렵고, 전염병은 크게 돌아 공포가 날로 커지니, 절박함을 어떻게 말로 다 표현하겠습니까.

멀리서 보내주신 선조의 묘지명을 받아 공경히 받아 읽어 보고 가슴 깊이 감격하였습니다. 더구나 또 사적의 기술이 매우 주도하고 자세하니, 이제부터 만대에 전해져 영원할 수 있을 것입니다. 비록 수후隋侯의 구슬[74]과 초楚나라의 보옥[75]같은 보물일지라도 어찌 그 아름다움을 견주기에 충분하겠습니까. 다만 그 가운데 한두 가지 고려해봐야 할 곳이 있어서 별지로 여쭈니, 삼가 바라건대, 다시 잘 살펴주시는 것이 어떠하겠습니까.

---

72) 저리(邸吏): 서울이나 지방에 주재하면서 소속 관아의 일이나 연락을 대행하는 아전을 말한다.

73) 면례(緬禮): 묘소를 다른 곳으로 옮겨 다시 장사지내는 일을 말한다.

74) 수후(隋侯)의 구슬: 아름다운 구슬을 말한다. 수후는 주(周)나라 때 제후의 이름이다. 수후가 내장이 끊어진 큰 뱀을 보고 약을 붙여 주었는데, 뒤에 그 뱀이 강 속에서 큰 구슬을 물고 나와서 은혜를 갚았다는 고사에서 유래한다.(『淮南子』「覽冥訓」)

75) 초(楚)나라의 보옥: 춘추 시대 초나라 변화(卞和)가 얻은 화씨벽(和氏璧)을 말한다.(『韓非子』「和氏」)

판서 박문수[76]에게 답하다[答朴判書 文秀] 신미년(1751)

며칠 전 삼가 행차가 저희 영천군에 와 머문다는 말을 들었습니다. 10년을 격조했던 끝에 달려가 꼭 뵙고 싶었으나, 병든 몸으로 외진 산속에서 칩거하다보니 갈 방도가 없었습니다. 이 때문에 막 탄식하던 차에 갑자기 이렇게 뜻밖에 삼가 손수 보내신 편지를 받았습니다. 물으신 말씀의 뜻이 진지하고 간절하여 받들어 읽음에 느꺼워 마음이 후련하니, 마치 직접 뵙고 가르침을 받는 듯하였습니다.

더구나 삼가 조정의 명으로 분주한 중에도 대감의 체후가 더욱 편안하다는 것을 알았으니, 나라를 위하고 백성을 보호하는 정성이 신명의 도움을 받았음을 알 수 있었습니다. 구구한 지의 마음은 기쁨과 축하를 주체하지 못하겠습니다.

중기重器는 늙고 병마저 들어 정신과 기력이 사그라져 단지 산택山澤 간에 사는 초췌한 사람이 되었습니다. 책상 위의 고서도 마음대로 보지 못하니, 어찌 한가로이 사는 즐거운 형편이 있겠습니까. 단지 신세를 슬퍼하고 탄식할 뿐입니다.

며칠 내로 만약 날씨가 조금 풀리면 당연히 병을 무릅쓰고라도 찾아뵙고 인사를 여쭙겠습니다.

참판 오광운[77]에게 주다[與吳參判 光運] 계해년(1743)

전원으로 돌아오니, 경기도와 새재가 멀리 떨어져 있고 또 사는 곳이 너무 외져서 관청의 인편을 찾아 안부 편지를 부칠 길이 없습니다. 단지 한 가닥 그리는 마음만

---

76) 박문수(朴文秀, 1691~1756) : 자는 성보(成甫), 호는 기은(耆隱), 본관은 고령(高靈)이다. 1723년 문과에 급제, 예문관 검열·예조 참판·함경도 관찰사 등을 지냈다. 시호는 충헌(忠憲)이다.

77) 오광운(吳光運, 1689~1745) : 자는 영백(永伯), 호는 약산(藥山), 본관은 동복(同福)이다. 1719년 문과에 급제, 수찬·동부승지·예조 참판 등을 지냈다. 시호는 충장(忠章)이며, 저서로는 『약산만고(藥山漫稿)』가 있다.

끊임없이 대감 계신 곳을 오갈 뿐입니다.

요즈음 가을이 깊어갑니다. 삼가 대감의 체후는 어떠신지요? 지난 가을 이후 전염병이 다시 더 번졌는데, 대감이 계신 곳은 안전한지 모르겠습니다. 더욱 더 위하여 염려가 그지없습니다.

중기重器는 바닷가 고을의 장기瘴氣[78]가 고질병을 더 악화시켜서 시들어 초췌함이 갈수록 더 심하여 정신과 근력이 함께 떨어져서 예전부터 탐구하던 학업마저 아주 놓아 버렸습니다. 어찌 대감께 말할 거리가 있겠습니까.

증조부[79] 시총詩塚[80]의 비명碑銘은 훌륭한 문장으로 현양해서 다시 미진한 뜻이 없습니다. 하지만 후한 돌봄에 감명 받고도 우러러 사례할 길이 없습니다. 다만 몇 군데 짚어보아야 할 부분이 있어서 일찍이 나열하여 여쭈었는데, 외람되이 채택하고 수정하여 주시겠다는 허락을 받았습니다.

사안이 당연히 자식이나 조카를 보내어 베껴 와야 하나, 집이 곤궁하고 길이 멀어서 아직까지 하지 못하고 있습니다. 부끄럽고 송구한 심정을 어찌 말로 다 하겠습니까. 지금 과거 보러 가는 편에 비로소 종질從姪 일진一鎭을 보내어 우러러 요청하오니, 삼가 바라건대 그에게 글을 부쳐 주시는 것이 어떠하겠습니까.

오 참판에게 답하다[答吳參判] 갑자년(1744)

초여름 족인族人 무장 현감茂長縣監이 내려오는 편에 삼가 보내주신 편지와 함께 묘지명

---

78) 장기(瘴氣) : 축축하고 더운 땅에서 생기는 독한 기운을 말한다.

79) 증조부 : 정의번(鄭宜藩 1560~1592)을 말한다.

80) 시총(詩塚) : 임진왜란 때에 정의번이 아버지 정세아(鄭世雅)와 함께 의병을 일으켜서 왜적을 토벌하였는데, 적진에 포위된 아버지를 구출해내고 자신은 전사하였다. 이후 시신을 찾다가 찾아내지 못하여 친구들의 만사(輓詞)를 대신 묻어 장사를 지내고는 이를 시총이라고 불렀다.

을 받고서, 대감께서 보살피는 마음이 상례를 멀리 벗어났다는 것을 알았습니다. 공경히 받들어 읽어보고 감격의 마음을 헤아리기 어려웠습니다. 그러나 외진 산속에 살기에 인편이 전혀 없어서 아직까지 사례 편지를 한 통도 부치지 못하였습니다. 부끄러움과 탄식을 어떻게 그치겠습니까.

편지를 받은 뒤 여름이 가을로 바뀌었습니다. 삼가 대감의 체후는 어떠하신지 모르겠습니다. 천리 밖에서 그리는 마음을 잠시도 놓은 적이 없었습니다.

중기重器는 올해 60을 꽉 채웠습니다. 근력의 쇠퇴는 참으로 괴이쩍을 것이 없으나, 오직 눈이 흐릿하고 마음은 불 꺼진 재처럼 타락하여 예전부터 탐구해온 학업을 거의 다 놓아버릴 지경입니다. 비록 책 더미 속에서 늙어가는 좀벌레처럼 살고 싶더라도 또한 할 수가 없으니, 두려움을 어찌 말로 다 표현하겠습니까.

비문은 수정의 은혜를 입어 필법이 간결하고 엄정하며 글의 운치가 찬란히 빛나니, 이제부터 비석에 새기고 묘소에 세워 백세토록 영원히 전할 거리로 삼을 수 있게 되었습니다. 감격이 가슴과 뼈에 새겨지지만 우러러 사례할 길이 없습니다. 다만 그 가운데 몇 군데는 자구字句를 더 넣거나 고쳐야 할 곳이 있으니, 이는 가장家狀의 원고에 누락이 있거나 전사할 때의 오류에 의해서입니다.

기타 몇 군데에도 제 생각을 여쭐 것이 있어서, 이에 감히 별지에 써서 올립니다. 삼가 바라건대, 다시 더 살펴보아 주심이 어떠하겠습니까. 옛날 퇴계 선생이 조정암趙靜菴[81]의 행장을 지을 때에도 동료 및 본손들의 요청과 질문에 따라 바로잡은 부분이 매우 많았습니다. 대개 이는 훌륭한 문장이 후세에 영원히 전해져야하므로, 반드시 극진히 하여 빠뜨리는 부분이 없게 하고 싶어서입니다.

대감께서는 평소에 미천한 사람의 의견도 겸허히 받아들이는 미덕이 있어서, 번거로움을 따지지 않고 애써 이렇게까지 아룁니다. 너무나 부질없고 경솔하여 도리어 두려운

81) 조정암(趙靜菴) : 정암은 조광조(趙光祖 1482~1519)의 호이다. 자는 효직(孝直), 본관은 한양이다.

마음 절실합니다.

본래의 초고는 삼가 여기에서 잘 보관해온 별도의 한 벌을 올리오니, 수정하고 돌려보내 주시기를 대단히 바랍니다. 초겨울에 빗돌을 다듬어서 비문을 새기고 싶기 때문에 이렇게 간절히 말씀드립니다.

선조 호수공湖叟公[82])께서 남긴 시에 대하여 이미 차운시를 짓겠다는 승낙을 받아서 여러 족인이 여러 해 간절히 기다렸습니다. 그러나 아직까지 보내주지 않으시니, 저희의 울적한 마음이 어찌 목마른 자가 물을 그리는 정도일 뿐이겠습니까. 다시 바라건대, 빨리 지어주셔서 많은 사람들의 바람에 부응하심이 어떠하겠습니까.

진사 신렴[83]) 어른에게 주다[與申進士丈 濂] 신해년(1731)

반 달 동안 소식이 끊겼습니다. 무더위가 갈수록 심해지는데, 고요히 수양하는 체후는 어떠하신지요. 사는 마을에는 전염병이 다시 번지지 않았습니까? 우러러 사모하고 염려하는 마음을 주체하지 못하겠습니다.

중기重器는 마을 안의 염병이 여전히 번지고 있어 온 식구들이 이웃 마을로 나와서 생활하고 있으나, 집은 협소하고 무더위는 찌는 듯하여 하루가 한 해 같습니다. 절박함을 어찌 말로 다 하겠습니까.

사위는 이미 천연두를 피해 여관을 구해 나갔으니 그곳 또한 객지입니다. 이곳에 머무는 것이 실로 편리하고 좋으나 부모의 명령을 어기지 않으려고 이처럼 바삐 돌아가니 몹시 서운하였습니다. 저 아이를 보면 자품이 아름다워 옥돌처럼 윤이 나지[84]) 않는

---

82) 호수공(湖叟公): 정세아(鄭世雅 1535~1612)를 말한다.
83) 신렴(申濂, 1657~?): 자는 학원(學源), 본관은 아주(鵝洲)이다.
84) 옥돌처럼 윤이 나지: 사위를 칭찬할 때 쓰는 말이다. 진(晉)나라 악광(樂廣)이 위개(衛玠)를 사위로

것은 아니나, 성질이 매우 유약하여 뜻을 다하여 학업을 권할 수가 없어서, 제게 부탁한 뜻은 지키지 못하였습니다. 이것이 부끄럽고 두렵습니다. 그러나 나이가 젊고 재주가 민첩해서 만약 처지에 따라 노력하고 복습을 중단하지 않는다면 학문이 진전되지 않는다고 어찌 걱정하겠습니까. 가만히 생각해보면, 묵장墨莊[85]과 연유烟帷에는 이미 이루어진 법도가 있으나, 사랑하고 염려하는 지극한 마음은 누누이 말하지 않을 수 없었습니다. 행여 헤아려 주실 수 있겠습니까?

진사 정준에게 주다[與鄭進士 儁] 신유년(1741)

고향을 방문하여 선영에 절하고 그대로 종족들과 모임을 가졌으니, 이는 말세에서 보지 못했던 일이었습니다. 만약 우리 집사의 높은 뜻이 아니었다면 어찌 해낼 수 있었겠습니까. 흠모하고 감동하는 마음을 헤아릴 수 없으나, 만나 뵌 날이 그다지 많지 않은데 서둘러 돌아가시니, 먼 길을 힘들게 가실 것을 상상하면 한숨을 주체하지 못하겠습니다. 눈바람이 차가운데 가시는 길이 힘들지는 않았으며, 도착한 뒤에도 피곤에 지치는 일은 없으셨습니까? 먼 곳에서 그리고 염려하는 마음을 스스로 놓을 수 없습니다.

족질族姪은 가문의 운수가 나빠서 늦봄과 초여름에 재종형과 사종숙부四從叔父께서 연이어 돌아가셔서 저만의 슬픔을 견딜 수가 없으니, 어찌하겠습니까.

도중道中은 3월 초에 종묘령宗廟令에 임명되어 사은숙배하였는데, 겨우 반달 만에 무장현감茂長縣監에 다시 임명되었습니다. 이미 임소에 도착하였다는 소식을 들었습니다. 한 줄기 공도公道가 아직은 사라지지 않았음을 알 수 있어 매우 기쁩니다.

맞아들였는데, 배숙도(裴叔道)가 “장인은 얼음처럼 맑고, 사위는 옥돌처럼 윤이 난다.[婦公氷淸 女婿玉潤]”고 평한 고사에서 유래한다.(『晉書』「樂廣傳」)

85) 묵장(墨莊) : 먹을 일구는 전장(田庄)이라는 뜻으로, 학문을 업으로 삼는 곳을 뜻한다.

보내주신 「옛일을 느꺼워하며[感舊]」 여러 편은 읽어볼수록 사람이 효도와 공경의 마음을 유연히 불러일으키게 됩니다. 어찌 다만 문장의 화려함이나 운율의 격조로만 논하겠습니까. 이에 감히 시에 화운하여 써 올리오나, 슬프고 지친 나머지 시상詩想이 전혀 없어서 한 번의 웃음거리를 제공할 뿐입니다.

다만 도중이 서울로 갈 때 여러 족인들이 주고받은 시축을 다 모아서, 저에게 베껴 써서 옥산玉山으로 가는 인편에 부쳐 올리라고 하였습니다. 그리고 다시 베껴서 한 권의 책을 만들어 문중에 전하여 훗날의 고사故事가 되도록 부탁하였습니다. 그러므로 저는 이미 자질들을 시켜 말씀대로 베껴 전하게 하고는, 그 앞면에 '양곡종회창수록暘谷宗會唱酬錄'이라는 제목을 썼습니다.

그곳에 사시는 여러 족인 중에 만약 차운하신 분이 있다면 반드시 보내 주십시오. 그 사이에 함께 기록하여 서로 그리는 정을 위로하는 것도 한 가지 일입니다. 귀처貴處에서 만약 한 책을 베껴 만들고 싶다면 차서次序는 아마도 정하기 어려울 것입니다. 그러므로 항렬과 나이 차서를 써서 보내오니, 살펴보시면 매우 다행이겠습니다.

정 진사에게 답하다[答鄭進士]

양계暘溪에서 절하고 떠나온 뒤로 섭섭하고 착잡한 마음을 견딜 수가 없었습니다. 이윽고 도중이 일러주어, 삼가 남겨주신 아름다운 시편을 감상하고 읊조려봄에, 마치 못 다한 서론緖論을 잇는 듯하였습니다. 즉시 차운시를 쓰고 아울러 소서小序를 지었으나, 보내드릴 만한 적당한 인편이 없을 뿐만 아니라, 반드시 종중宗中의 여러 작품을 아울러 수록하여 합쳐서 한 시축으로 만들고 싶어 하였으므로 자연스럽게 미루다보니 늦여름에야 오산吳山에 있는 인척에게 부쳐 죽동竹洞으로 전하도록 부탁하였던 것입니다.

지금 집사의 종손從孫이 예조禮曹로 임명되어 가는 걸음에 삼가 보내주신 서찰을 받고서야, 아직도 듣지 못하셨다는 것을 알았습니다. 이는 필시 옥산에서 지체되어서이니 조만간에 비록 당연히 들으시겠으나, 어찌 개탄스러움을 견디겠습니까. 다시 깊어가는 가을날 정양靜養 중의 체후가 매우 평안하시다는 것을 삼가 알게 되어, 우러러 위로되는 구구한 저의 마음을 주체하지 못하겠습니다.

족질族姪은 외진 산속에 자취를 감추고 다시는 세상에 나갈 생각을 끊은 지가 오래되었습니다. 백발에 갓끈을 드리우는[86] 것은 실로 좋아하는 일이 아닙니다. 그러나 임명이 되고도 부임하지 않으면 사람들에게 손가락질을 받을까 두려워 애써 서울로 온 지 어느덧 여러 달이 지났습니다.

방금 능묘의 행차를 모셨는데 또 사관을 겸하게 되었습니다. 금군禁軍을 순검巡檢[87]하는 책임과 조정에서 기주記注[88]하는 임무는 모두 노쇠하고 병든 사람이 감당할 수 있는 일이 아닙니다. 단지 인끈을 풀어놓고 고향으로 돌아가 꽃밭에 가득한 구기자와 국화를 씹어 먹고[89]만 싶습니다. 그러나 머뭇대며 가지 못하고 이렇게 괴로움을 참고 있자니, 비로소 범소백范少伯[90]과 장계응張季鷹[91]이 또한 평범한 천장부淺丈夫가 아니었음을 알겠습니다. 부끄러움과 개탄스러움을 어찌 말로 다 하겠습니까.

보내주신 청아한 시는 문장이 찬란하고 말구末句에 담긴 경계는 더욱 절실하니, "손에

---

86) 갓끈을 드리우는 : '갓끈을 드리우고 인끈을 매려는 마음[彯纓結綬之心]'의 준말로, 출사하려는 마음을 뜻한다.

87) 순검(巡檢) : 순행하면서 검사하는 것을 말한다.

88) 기주(記注) : 사료로 삼기 위해 임금과 신하의 대화 등을 기록하는 일을 말한다.

89) 구기자와……먹고 : 가난하게 살더라도 고향에 돌아가고 싶은 마음을 말한다. 당나라 육귀몽(陸龜蒙)이 집이 몹시 가난하여, 집에 구기자와 국화를 심어서 먹었다는 고사에서 유래한다.(『事文類聚』「後集」 권29)

90) 범소백(范少伯) : 소백은 춘추 시대 월나라 범려(范蠡)의 자이다. 월왕(越王) 구천(句踐)을 도와 오(吳)나라를 멸망시켜 복수한 다음 제(齊)나라로 가서 이름을 치이자피(鴟夷子皮)로 바꾸고 장사를 하여 부자가 되었고, 또 도(陶) 지방에 가서 도주공(陶朱公)으로 자호하며 장사로 거부(巨富)가 되었다.(『史記』「貨殖列傳」)

91) 장계응(張季鷹) : 진(晉)나라 장한(張翰)의 자이다. 제왕(齊王)의 동조연(東曹掾)으로 벼슬살이를 하던 중에, 어느 날 갑자기 가을바람이 일어나자 자기 고향의 순챗국과 농어회가 생각나서 "인생은 자기 뜻에 맞게 사는 것이 중요한데, 어찌 수천 리 밖에서 벼슬살이하며 명작을 구하겠는가.[人生貴得適意爾 何能羈宦數千里以要名爵]" 하고는, 즉시 벼슬을 그만두고 고향으로 돌아갔던 고사가 전한다.(『世說新語』「識鑑」)

못이 박히고 입에 거품이 나네."라는 구절은 사람을 그지없이 감명시킵니다. 이에 감히 차운시를 써서 올리오나, 직무에 겨를 없이 바빠서 붓 가는 대로 얽어 지었습니다. 그러니 어찌 높은 안목에 보여드릴 만하겠습니까. 얼마 전 병조에 있을 때 마침 얻은 절구 한 수를 이제 함께 올리오니, 한 번 웃어주시기 바랍니다.

정동貞洞에 사는 종인宗人 수찬修撰 정준일鄭俊一 씨는 바로 하곡霞谷92) 어른의 조카입니다. 막 옥당玉堂에 입직할 때 서로 교유하였는데, "집사께서는 문학이 풍부하고 덕의德義가 성대하여 남주南州의 고사高士입니다."라고 말하였습니다. 그는 꽤나 흠모하고 존경하며 이조 판서에게 추천하고 싶어 하였습니다. 그러나 저가 이 일을 기억하고 있는지 또한 어떻게 기필할 수 있겠습니까.

정 진사에게 답하다[答鄭進士] 임술년(1742)

아이가 계신 곳에서 와 제게 보내신 답장을 소매 속에서 꺼내 전해주고, 이어서 청아한 시편이 적힌 별지를 내놓고는 다시 기거하시는 여러 안부를 퍽이나 자세히 말해주었습니다. 한 편으로 편지를 읽고 한 편으로 이야기를 들으니, 마치 직접 뵙고 말씀을 듣는 것 같아서 갑자기 제 몸이 바닷가 한 모퉁이에 떨어져 있다는 것을 잊었습니다.

다만 아드님이 종기로 여러 달 고생한다니, 참으로 염려가 됩니다. 편지를 보내신 뒤에 여러 날이 지났습니다. 아드님의 종기는 벌써 다 나아서 수양이 더욱 복되심을 적이 생각하자니, 구구히 위로되고 축하하는 마음이 지극합니다.

족질族姪은 신병이 아직은 별로 악화되지 않고 집 아이도 무사히 도착하였으니, 이는 참으로 다행입니다. 그러나 전염병이 불길처럼 번져서 흉보가 날마다 들어오니, 객지

92) 하곡(霞谷) : 정제두(鄭齊斗, 1649~1736)의 호이다. 자는 사앙(士仰), 본관은 영일이다.

생활에 느끼는 공포가 마치 바늘방석에 앉아 있는 듯합니다. 고향의 여러 친척 중에도 감염된 사람이 많습니다. 천리 밖 멀리서 하는 염려는 다만 달빛을 밟으며 한가로이 집을 그리는 정도가 아닙니다. 근심과 절박함을 어찌 말로 다 하겠습니까.

선조께서 남기신 시에 특별히 차운하여 주셔서 숨겨진 빛이 아주 섬세히 갖추 천양되었으니, 읊조리며 감탄하는 것이 어찌 문장이 청아하고 고상함만 이겠습니까. 삼가 가승家乘에 기록하여 후세에 전할 거리로 삼겠습니다.

별지에서 말씀하신 뜻은 삼가 이미 다 잘 알았습니다. 다만 난세에 대처하는 도리는 더욱 말을 신중히 해야 합니다. 마음속으로만 정확히 포폄하며[93] 입을 다물고 속마음을 드러내 보이지 않는다면 저 많은 자들이 나에게 어쩌겠습니까. 천만 번 경계하고 신중히 하는 것이 어떠하겠습니까?

도중道中이 벌써 전원으로 돌아갔다고 들었습니다. 이 사람의 이러한 일은 결코 사람마다 할 수 있는 것이 아니라서 매우 감탄할 만합니다.

사문士文이 처가에서 나를 찾아왔는데, 꽤나 차분하여 사랑스러웠습니다. 다만 급히 고향으로 돌아간다기에 만류해도 되지 않아서 지금까지 생각나며 서운하기만 합니다.

편지 끝에 권면하고 경계하신 뜻은 가슴에 담아두지 않겠습니까. 다만 한평생 너그러움에 너무 지나치게 편중하다보니 아마도 사나운 풍속을 두려움으로 굴복시키지 못한 듯합니다.

보내주신 시 몇 편은 간절히 차운하여 드리고 싶으나, 바쁜 업무 속에 생각할 겨를이 없어서 다음 인편을 기다려야 할 뿐입니다.

영손令孫이 총명하다는 소리는 일찍이 들었습니다. 이제 자획字畫의 정묘함을 보니, 이 아이는 정말 특출한 인재입니다. 이 어찌 순가荀家의 문약文若[94]과 같을 뿐이겠습니까.

---

93) 마음속으로만……포폄하며: 동진(東晉)의 중서령 저부(褚裒)가 소년 시절에 입으로는 선악을 말하지 않으면서 마음속으로는 정확하게 포폄(褒貶)을 가해서 피리춘추(皮裏春秋)라는 평을 얻었다는 고사에서 유래한다.(『世說新語』「賞譽」)

너무도 경사스럽습니다. 그러나 인재를 기르는 방도는 반드시 호연지기를 먼저 길러야 합니다. 이를테면 무작舞勺과 무상舞象[95] 등의 절주節奏는 모두 혈기를 움직여 흔드는 방도입니다. 바라건대, 그를 충분히 놀고 휴식하도록 하여 빨리 키우고 싶어 하는 폐해를 면하도록 하시는 것이 어떠하겠습니까?

정 진사에게 답하다[答鄭進士]

뜻밖에 이 족인이 멀리서 찾아와 소매에서 편지를 꺼내 주었습니다. 아체雅體의 건강이 좋지 않고 자제의 근심도 아직 다 가시지 않았음을 알아, 놀란 나머지 궁금하고 염려되는 마음이 이어졌습니다.

족질族姪은 지난달 초부터 일사병이 크게 발작한 데다 묵은 병이 함께 더쳐서 수저를 완전히 놓고 침석에만 드러누워 있습니다. 고향으로 돌아가고 싶은 마음이 도도한 강물 같으나, 갓 부임한 사람이 떠남을 구해도 할 말이 없습니다.

이즈음 감영監營의 폄제貶題[96]에는 "자기를 단속한 것은 가상하지만 체모를 손상시킨 것은 경계해야 한다."는 폄목貶目으로 중고中考에 두었습니다. 5월께 홍주 목사洪州牧使를 겸임할 때 감영에서 온양溫陽으로 목욕을 나가며 지공支供을 분정分定하는 일이 있었습니다. 그러나 저는 병으로 직접 나아가지 못하여 공형公兄[97]을 시켜 대신 감영에 보고하였

---

94) 순가(荀家)의 문약(文若) : 순가는 후한(後漢) 때 순숙(荀淑)의 집안을 이른다. 순숙은 행실이 뛰어났고 박학다문하였으며, 아들 여덟을 두었는데, 모두 재명(才名)이 있어서 당시 '순씨팔룡(荀氏八龍)'이라 불렸다. 문약은 순욱(荀彧)의 자이다.(『後漢書』「荀淑列傳」)

95) 무작(舞勺)과 무상(舞象) : 주공(周公)이 지었다는 춤으로, 어려서는 문무(文舞) 무작(舞勺)을 익히고, 장성해서는 무무(武舞) 무상(舞象)을 익힌다고 전한다.(『禮記』「內則」)

96) 폄제(貶題) : 관찰사가 수령(守令)의 치적(治績)을 상·중·하로 매겨서 중앙에 보고할 때, 하등으로 보고하는 말이다.

는데, 감영이 직접 보고하지 않은 것을 잘못이라 결정하고 공형의 볼기를 쳤습니다. 감영에서 벌을 이미 시행하고도 또 폄목에 올렸으니, 사대부를 대우하는 도리가 너무 박하지 않습니까.

이미 이러한 모욕을 당하고 나서 의리상 그대로 무릅쓰고 있기가 어려워서, 즉시 사직서를 던지고 결연히 고향으로 돌아갈 계획을 세웠습니다. 그러나 재차 사직시를 올려도 허락하지 않아서 지금 또 세 번째 글을 올렸습니다. 만약 빨리 면직된다면 임천林泉에 한가로이 누울 수 있을 것이니, 얼마나 다행이겠습니까.

고향 종이 지난달 그믐께 도착해서야, 5월에 내려간 종이 중도에 전염병에 걸렸는데 집사의 동네에 이르러 후한 보살핌을 받아 죽음을 면할 수 있었고, 6월 보름에 비로소 집에 도착해보니 갖고 있던 물건도 잃어버리지 않았다는 것을 알았습니다. 적이 생각건대 적지 않은 걱정을 끼쳤을 것입니다.

지금 편지를 받아 구제의 노력과 조치의 치밀함이 이렇게 지극하였다는 것을 잘 알았습니다. 이는 족인을 돈독히 대우하는 뜻을 종에게 흰 밥을 주고 말에게 푸른 꼴을 주는 데에까지 넓혀서일 뿐만 아니라, 또한 사람을 아끼고 사물을 사랑하는 덕이었음을 알 수 있습니다. 감탄을 어찌 다 헤아리겠습니까.

도중道中은 벌써 전원으로 돌아갔다고 들었습니다. 그러나 지금 서울 친구의 편지를 받아보니, 아직까지 체직되지 않았다고 합니다. 신임관찰사 조영국趙榮國[98]이 이제 바야흐로 내려갔으니, 아마 반드시 환직還職을 독촉할 것입니다.

별지에서 말씀하신 뜻은 삼가 잘 알겠습니다. 다만 혼자만 알고 있어야지, 어찌 감히 함부로 말을 퍼뜨리겠습니까.

---

97) 공형(公兄) : 삼공형(三公兄)의 줄임말이다. 각 지방에 있는 6방(房)의 향리 중 이방(吏房)·호방(戶房)·형방(刑房) 등의 우두머리[首吏]를 부르는 칭호이다.

98) 조영국(趙榮國, 1698~1760) : 자는 군경(君慶), 호는 월호(月湖), 본관은 양주(楊州), 시호는 정헌(靖憲)이다.

송정부[99]에게 답하다[答宋定夫] 무오년(1738)

작년 겨울에 삼가 편지를 받았는데, 내용이 자세하여 공경히 받들어 읽음에 마치 청아한 모습을 한 번 뵙는 듯하니, 감격스러움과 후련함을 어찌 헤아리겠습니까. 다만 질병과 우환에 골몰하다 여태껏 적당한 인편을 찾아 답장을 부치지 못하였으니, 이것이 부끄럽고 개탄스럽습니다.

한 해가 불현듯 바뀌고 따듯한 기운이 어느새 솔솔 불어옵니다. 부모님 모시고 공부하는 체후體候가 새 복을 많이 받으심을 생각하며, 구구히 우러러 경하하는 마음 그지없습니다.

제弟는 아들이 한 가지 병으로 3년 동안이나 고생하고 있습니다. 중간에 위태로운 증상이 연거푸 발생하여 갑자기 완화되다가 금세 악화되곤 합니다. 전후로 복용한 탕약이 4백여 첩이 넘고 환약도 십여 제가 넘었으나 병의 뿌리가 이미 깊어 치료하기가 쉽지 않습니다. 약재를 이어 대기 어려운 것은 우선 그만두고, 노년의 정신과 기력이 날로 더 소모되어 여태까지 탐구한 공부도 버려둔 지 오랩니다. 어찌 조금이라도 진전의 보탬이 있겠습니까. 편지에서 말씀하신 대로 부끄러움과 두려움을 견디지 못하겠습니다.

옥천玉川[100] 어른이 귀양길에 잡혀간 것도 우리들의 불행이 이미 말할 수 없는데, 김학사金學士[101]가 뜻밖에 당한 화는 또 어찌 이리 참혹합니까. 이 일 때문에 위로 인산서원仁山書院[102]에까지 파급되어 향사를 폐지하는 데까지 이르렀으니, 당쟁의 화가 이리

---

99) 송정부(宋定夫) : 정부는 송명기(宋命基, 1680~1755)의 자이다. 호는 매헌(梅軒), 본관은 야성(冶城)이다.

100) 옥천(玉川) : 조덕린(趙德隣, 1658~1737)의 호이다. 자는 택인(宅仁), 본관은 한양이다. 1691년 문과에 급제, 사간·홍문관 응교·동부승지 등을 지냈다. 1736년 서원의 남설을 반대하는 소를 올리자, 1725년의 소와 연관되어 노론의 탄핵을 받고 제주로 유배 가던 중에 강진에서 운명하였다. 저서로는 『옥천집』이 있다.

101) 김학사(金學士) : 김성탁(金聖鐸, 1684~1747)을 말한다. 자는 진백(振伯), 호는 제산(霽山), 본관은 의성(義城)이다.

참혹한 지경까지 이를 줄 어찌 생각이나 하였겠습니까? 일이 이미 이 지경에 이르렀으니 그 득실을 다시 논할 필요는 없으나, 신원소伸寃疏를 이미 올린 뒤에는 형세로 보아 스스로 침묵할 수 없습니다. 보내온 편지에 이른바 "오직 도리에 마땅하면 마음에 부끄러울 것이 없다."는 것이 바로 그의 심사心事를 설명한 것입니다.

간원諫院을 사직하는 상소의 마지막 말은 추이를 아는 논의라고 하기에는 부족한 듯하나, 또한 매우 적당합니다. 다만 저의 생각은 처음 대직臺職에 임명되던 날 먼저 사문師門의 일을 내세워 인피引避하지 못한 것이 한스럽습니다. 만약 그렇게 하였다면 등용됨은 알 수 없지만, 이와 같은 재앙의 그물은 자연히 없었을 것입니다. 그러나 하늘의 뜻 아닌 것이 없으니, 또한 어찌 장자후章子厚103) 따위가 한 일이겠습니까.

손주가 벌써 아내를 맞이하였다고 들었습니다. 시하侍下의 기쁨과 경사 중에 이보다 더한 것이 있겠습니까. 위하여 기뻐하고 위로 드립니다.

저는 나이 60이 되어서야 손주를 보았으니, 마치 소나무를 심어 놓고 그늘지기를 기다리는 것과 같습니다. 어찌 그 아이가 커서 혼인하는 것을 볼 가망이 있겠습니까.

바라보면 아득하고 편지 보낼 인편마저 없어서 편지지를 대하니 더욱 서글퍼집니다.

별지別紙

편지에서 인심人心과 도심道心의 선후의 구분을 언급하셨는데, 이는 바로 명분과 이치의 관건입니다. 어찌 좁은 소견과 얕은 지식으로 함부로 말하겠습니까. 다만 이미 낮추

---

102) 인산서원(仁山書院) : 경북 영덕군 창수면 인양리에 있던 서원이다. 1696년에 지방 유림의 공의로 존재(存齋) 이휘일(李徽逸)의 학문과 덕행을 추모하기 위해 창건하였으며, 그 뒤 갈암(葛庵) 이현일(李玄逸)을 추가 배향하였다.

103) 장자후(章子厚) : 자후는 송 철종(宋哲宗) 때 권신 장돈(章惇, 1035~1105)의 자이다.

어 물으신 만큼 침묵하고 입을 열지 않는 것도 또한 더욱 바름을 구하는 도리가 아니므로, 이에 감히 저의 억견을 대략 진술하니, 모름지기 판단하여 가르쳐 주시기를 바랍니다.

대개 이 16언言[104]은 곧 대성인大聖人이 전수한 심법心法의 지극히 중요하고도 미묘한 종지宗旨이니, 반드시 얼버무리며 범범히 말하기를 즐겨서는 안 됩니다.

학자들이 "선후를 나누지 않고 대충 말한다."라고 일컫은 것은 아마도 그러하지 않을 듯하며, 장로長老께서 이른바 "선후의 순서가 있다."라고 한 것은 연구의 정밀함을 알 수 있습니다. 그러나 다만 그 선후의 뜻을 논하며 반드시 "도심의 은미함은 인심의 위태함에서 나왔기 때문에 인심을 앞세운다."라고 한다면 또한 한 편으로 너무 치우치는 병통이 있습니다.

왜입니까? 대순大舜이 이미 나누어 두 개의 심心으로 말하고서 각각 그 본체本體와 정상情狀이 본래 이와 같다고 논한 것이지, 피차가 서로 원인이 되어 혹은 위태롭고 혹은 은미하다고 말한 것은 아닙니다. 다만 인심은 위험하여 흔들리기 쉬워서 제어하기 어렵고, 도심은 은미하고 미묘하여 쉽게 숨겨져 보기 어렵습니다. 때문에 성인이 사람을 가르치며 반드시 먼저 위험하여 제어하기 어려운 자리부터 절제하고 방어하여, 은미하고 미묘하여 보기 어려운 것을 확충하여 펼쳐 드러나도록 하였으니, 인심을 먼저 말하고 도심을 나중 말한 것은 공부의 완급緩急으로 말하였습니다.

이 때문에 주부자가 정일精一의 뜻을 풀이하며 "정밀히 살펴서 형기形氣의 사사로움이 섞이지 않도록 하고, 전일하게 함으로 지켜서 의리의 바름을 순수하게 한다."[105]라고 말하였으니, 성실함으로 이미 정밀히 한 뒤에 전일하게 할 수 있습니다. 그러므로 인심과 도심의 순서가 부득불 이와 같을 뿐입니다.

---

104) 16언(言) : 순(舜)임금이 우(禹)에게 "인심은 위태롭고 도심은 은미하니, 오직 정밀하게 살피면서 한결같이 행해야만 진실로 그 중도를 잡을 수 있을 것이다.[人心惟危 道心惟微 惟精惟一 允執厥中]"라고 당부한 일에서 온 말이다.(『書經』「大禹謨」)

105) 정밀히……한다 : 『서경대전(書經大全)』「대우모(大禹謨)」의 주석에 나오는 말이다.

그 뒤로 여러 성현의 사람을 가르치는 법이 모두 사사로운 뜻을 금지하고 억제하는 데에 먼저 힘을 쓰도록 시켰으니, 이를테면 극기복례克己復禮, 한사존성閑邪存誠[106] 등의 말이 모두 이와 같습니다.

만약 그 근본에서 소종래所從來한 자리를 가지고 말한다면 도심은 리理에서 발동하고 인심은 기氣에서 나오며, 리는 체體가 되고 기는 용用이 되며, 리는 주가 되고 기는 객이 됩니다. 그 경중의 순서가 본래 절로 뚜렷하고 명백해지는데도, 대순大舜이 굳이 인심을 먼저 말한 것이 어찌 공부에서 먼저 해야 할 일을 가지고 말한 것이 아니겠습니까?

만약 도심의 은미함이 인심의 위태함에서 나왔다고 말한다면, 주부자가 『중용中庸』 서문에서 무슨 까닭으로 단지 두 개의 '혹或' 자로 아울러 거론하며 공평히 말하고,[107] 두 가지가 마음[方寸]에서 뒤섞여 그것을 다스릴 방법을 알지 못하는 상태에 이른 뒤에야 비로소 "위태한 것은 더욱 위태하게 되고 은미한 것은 더욱 은미하게 된다."라고 말하였겠습니까? 인심은 본래 스스로 위태해지고 도심은 본래 스스로 은미해지는데, 도심의 은미함이 만약 인심에서 나왔다고 한다면 인심의 위태함은 다시 어디에서 나왔겠습니까.

석자중石子重[108]이 "일정한 때 없이 출입하며, 그 방향을 알 수 없다."[109]는 두 구절을 사망舍亡[110] 한 쪽에 귀속시키자, 주자가 그것을 비판하며 "만약 그렇게 한다면 공자孔子께서 마음의 체體를 말한 것이 단지 마음의 병통을 말한 것으로 되고 맙니다."[111]라고

---

106) 한사존성(閑邪存誠): 사악함을 방지하고 성실함을 보존하는 것을 말한다.(『周易』「乾卦·文言」)

107) 두 개의……말하고: 『중용』 서문에서, 인심과 도심의 차이를 말하면서 "혹은 형기의 사사로움에서 생기고 혹은 성명의 바름에 근원한다.[其或生於形氣之私, 或原於性命之正]"고 한 것을 가리킨다.

108) 석자중(石子重): 자중은 석돈(石敦, 1128~1182)의 자이다. 호는 극재(克齋)이고, 신창(新昌) 사람이다. 성리학적인 이론이 주자의 존중을 받았으며 당시 사람들에게 태주 대유(台州大儒)라고 칭송 받았다. 저서로는 『극재집』·『주역해(周易解)』·『대학집해(大學集解)』·『중용해(中庸解)』 등이 있다.

109) 일정한……없다: 『맹자』「고자상(告子上)」에 보인다.

110) 사망(舍亡): 조존사망(操存舍亡)의 준말이다. 마음은 신명(神明)하여 그 작용을 헤아릴 수 없다. 그러므로 공자가 사람 마음의 속성을 "잡으면 존재하고 놓으면 없어진다.[操則存 舍則亡]"라고 정리한 데서 유래한다.(『孟子』「告子上」)

하였습니다.

이제 만약 장로長老의 말씀대로 본다면 이는 대순大舜이 도심의 본체는 빼놓고 인심의 폐해만을 설명한 것이 되니, 성인이 말을 하고 사물을 이름붙인 뜻이 아마도 이와 같지는 않을 듯합니다.

근심과 질병으로 애끓는 가운데에 정신과 생각이 아득하여 이와 같이 황당히 말하였습니다. 대학자에게 비웃음이나 받지 않겠습니까. 몹시 두렵습니다. 삼가 엄격히 바로잡아 주신다면 매우 다행이겠습니다.

송정부에게 답하다[答宋定夫] 병인년(1746)

초봄에 보내신 편지가 오랫동안 닫아 건 저의 대문에 도착하였습니다. 그리워하던 차에 봉투를 열어 한참 동안 읽어보니, 사연이 자세하여 마치 아안雅顔을 직접 뵙고 말씀을 듣는 듯하여, 감사하고 후련한 마음을 이루 다 헤아릴 수 없었습니다. 그러나 외진 곳에 살다 보니 인편이 없어서 지금까지 답장을 지연하였습니다. 아마도 용서해주시겠지요.

올해는 전염병이 극심하지 않은 곳이 없습니다. 그 마을에는 전염병이 물러갔으며, 조용하신 체후의 섭양攝養은 어떠하신지요. 구구히 사모하고 그리워하는 마음을 조금도 가슴 속에서 놓은 적이 없었습니다.

외제外弟는 홍진의 불길 속에서 저만 벗어나고 조카 아이 남매는 모두 전염되어 거의 죽다가 살아났습니다. 그러나 의성에 사는 딸은 천연두로 딸을 잃고 이어서 전염병에 걸려 사경을 헤맨 지 거의 한 달이 넘었습니다. 죽은 둘째아우의 아들 일빈一鑌은 몇

111) 만약……맙니다 : 『주자서절요』「석자중에게 답하다[答石子重]」에 보인다.

해 전부터 큰 병을 앓더니 점괘에 따라 학성鶴城의 처가에 얹혀살고 있었습니다. 그러나 근래에 들으니, 더위까지 먹어서 막 탕약을 복용하고 있다고 합니다. 먼 곳에서의 놀라움과 근심을 어찌 말로 다 하겠습니까.

보내신 편지를 가만히 음미해보니, 도道를 탐구하려고 분발하는 내용이 많아 노년에 밤늦도록 공부하며 끊임없이 나아가 날마다 새롭게 얻음이 있다는 것을 알 수 있습니다. 흠모와 감탄이 어찌 친구 사이에 기뻐하는 사사로운 마음뿐이겠습니까. 그러나 산천이 조금 멀고 세상 일이 장애가 많아서 마주 앉아 경서를 읽거나 그동안 지은 문장을 함께 감상할 길이 없으니, 이것이 개탄스럽습니다.

올봄 입암立巖에서 만날 기약은 몹시 기대하였으나, 봄이 가고 여름이 오도록 끝내 오시지 않으니, 아마도 전염병 때문에 가로막힌 것이라 여겨집니다. 서글픔으로 말을 할 수 없습니다.

올해는 농사가 그럭저럭 잘 되었고, 바위 사이로 보이는 하얀 달도 맑고 산뜻하여 볼만 합니다. 늦가을과 초겨울쯤에 한 번 찾아오시는 것이 어떠하겠습니까.

편지에서 말씀하신 비은설費隱說은, 자사子思가 이미 말한 '도道'가 바로 형이상形而上이라는 것은 진실로 의심의 여지가 없으나, 주자 문하의 학자들은 오히려 그것을 나누어 말하려고 하였습니다. 주자가 바로 "형이하라는 것은 매우 넓어서 그 형이상의 것이 실은 그 사이에서 유행한다."고 말하였으니, 이는 도道가 기器의 사이에서 유행하는 것을 말해서입니다.

이미 도道가 기器에서 유행한다고 말하였고 보면, 도는 저대로 도이고 기는 저대로 기라는 뜻을 더욱 분명히 깨닫게 됩니다. 그런데도 우리 동방의 허엽許曄[112]·이이李珥·기대승奇大升·정지운鄭之雲[113] 등 여러 공의 논설은 더욱 분분합니다. 이선생李先生은 우경선禹景善의 질문을 통하여 반복하여 변론하고 증명하였고, 또 조사경趙士敬에게 보낸 편지에

112) 허엽(許曄, 1517~1580) : 자는 태휘(太輝), 호는 초당(草堂), 본관은 양천(陽川)이다.
113) 정지운(鄭之雲, 1509~1561) : 자는 정이(靜而), 호는 추만(秋巒), 본관은 경주이다.

서 "만약 형이하의 것을 비費로 여긴다면 이는 도道를 나누어 둘로 만드는 것이다."라고 하였습니다.

이는 바로 먼 옛날에 이미 결론이 난 공론이니, 후학은 진실로 준수하고 음미해야 합니다. 귀향貴鄕의 한 장로가 어떠한 의견을 갖고 있기에 『주자어류』의 짧은 편지를 주워 모아서 퇴계 선생의 정론을 믿지 않는 것입니까. 고명께서 힘써 쟁론하신 것이 먼저 모범을 세웠다고 할 수 있을 것이니, 경하해 마지않습니다.

진백振伯[114]이 이미 육지로 나왔다가 다시 바다의 섬으로 들어갔으니, 어찌하여 세도世道의 험난과 희롱이 이렇게 참혹한 지경이란 말입니까? 또 듣자니, 다시 희양晞陽으로 유배지를 옮겼다고 하여 마음이 조금 위로되나, 사는 곳이 외지고 인편이 없어서 소식을 알 길이 없으니, 몹시 우울하기만 합니다.

도중道中이 올린 한 장의 소는 선배들도 밝히지 못하던 일을 잘 말하였으니, 기특하다고 할 만합니다. 조정에서 이를 대신大臣과 유신儒臣에게 문의한다는 말이 들리는 듯하니, 이는 바로잡아 고치고 싶어서일 것입니다. 만약 이를 통하여 그 오류를 싹 씻는다면 얼마나 다행이겠습니까.

송정부에게 답하다[答宋定夫] 무진년(1748)

초봄에 아이가 계신 곳에서 돌아와 여러 일을 상세히 말해주고 다시 편지를 전해주어서, 읽기도 하고 묻기도 하여 그리워하던 마음이 굉장히 위로되었습니다. 그 뒤에 여름과 가을이 지나 겨울이 되었습니다. 조용히 수양하며 학문을 닦는 체후가 어떠하신지 모르겠습니다. 노년에 그리워하는 마음은 젊었을 적에 그리워하던 마음에 비할 수 있는

114) 진백(振伯): 김성탁(金聖鐸, 1684~1747)의 자이다. 호는 제산(霽山), 본관은 의성(義城)이다.

바가 아닙니다.

외제外弟는 나이를 먹을수록 병이 더해지니, 의지도 따라 후퇴하여 서적이 책상에 쌓여 있어도 볼 길이 없습니다. 이는 진실로 서글픈 일입니다.

가을에 하빈河濱에 사는 매부妹夫의 부음을 막 듣고 한 달이 채 되지 않아 포산苞山의 생질녀가 또 갑자기 순절했습니다. 비록 원통한 마음과 괴로운 한으로 보아서는 한 번 죽는 것이 스스로 편안하겠으나, 골육의 참담한 아픔은 어떻게 끝이 있겠습니까. 차마 말로 하지 못하겠습니다.

집사께서 문을 닫고 여러 해 동안 옛 서적에 잠심함을 생각할 때마다 연구한 나머지 얻은 것이 분명히 많고도 깊을 것이라 여겨집니다. 그러나 근심과 질병 속에서 헤어나지 못하여 강석講席에 한 번 나아가는 것도 지금까지 미루어 왔으니, 이는 모두가 덕德을 좋아하는 정성이 없어서입니다. 너무나 부끄럽고 개탄스럽습니다.

마침 아들이 가는 편을 통하여 간략히 써서 안부를 여쭙니다.

송정부에게 답하다[答宋定夫] 기사년(1749)

지난겨울에 종제從弟가 돌아와 집사의 답장을 받았습니다. 책상 위에 올려놓고 때때로 펼쳐 보면서 울적한 마음을 풀기에 충분하였습니다. 갑자기 뜻밖에 외가에서 사람이 외진 곳까지 찾아와 편지를 전해주었습니다. 새해에 고요히 학문을 닦는 체후가 더욱 복되심을 다시 알아, 감격하고 축하드리는 마음을 주체하지 못하겠습니다.

제弟는 노쇠와 질병이 침범하여 해마다 더하고 달마다 더해지니, 눈은 안개가 낀 것처럼 흐릿하여 책을 마주하고도 살펴보지를 못합니다. 옛사람이 늦게 시력을 잃은 것을 매우 한스러워하였으나, 돌이켜보면 속마음이 더욱 어두움을 돌아보아서일 것입니다. 비록 전광석화 같은 깨달음을 얻고 싶더라도 어떻게 바랄 수 있겠습니까? 더구나 집안의 질병과 근심이 거의 없는 달이 없어서 조섭하고 치료하는 방도를 찾느라 날마다 사람의 마음을 흔들어 놓으니, 근심과 번뇌를 어찌 말로 다 표현하겠습니까.

지난번 편지에서 하신 말씀은 잘 알겠습니다. 이는 평소 바라던 것이니, 감히 나막신을 다듬어 뒤따르지 않겠습니까. 다만 3월 27일에는 제사가 있는 데다 3월은 또 며느리의 산달이므로, 만약 2월 그믐과 3월 초 사이에 가신다면 설사 멀리 반구대盤龜臺까지는 찾아가지 못하더라도 옥산玉山에서 맞이하여 뵙고 함께 입암立巖으로 향할 수는 있습니다.

송정부에게 답하다[答宋定夫]

명승지 유람 길을 이미 2월 그믐과 3월 초로 기약하였으나 수레 소리가 오래도록 들리지 않아서 혹시 마가 낀 건 아닌가 생각하였습니다. 3월 20일에야 비로소 도동道洞에서 온 편지를 받아 보았습니다만, 그날 아침에 며느리가 막 해산을 해서 뒤를 따라갈 수가 없었습니다. 이어서 산병産病이 위독하여 열흘 동안 약을 복용시켰으나 여전히 일어나지 못하여, 즉시 계신 곳으로 심부름꾼을 보내 옥산의 모임에 초대하지를 못하였습니다. 조금 뒤늦게 상황을 살펴보니, 벌써 행차가 돌아갔습니다. 그립고 서글프고 부끄럽고 두려운 마음을 어찌 말로 다할 수 있겠습니까.

그 뒤에 여름이 가을로 바뀌었는데, 고요한 가운데 체후는 어떠하신지 모르겠습니다. 형제분과 친척들도 모두 편안하신지요. 끝없는 그리움을 가슴속에서 조금도 놓인 적이 없습니다.

외제外弟는 봄부터 지금까지 우환이 끊이지 않았습니다. 친동생이 우연히 괴질에 걸려 넉 달을 고생하다가 지금은 비록 조금 낫기는 하였으나 완전히 회복되자면 아직 멀었으니, 제 자신의 노쇠한 괴로움은 오히려 다음 일이 되었습니다. 절박함과 안타까움을 어찌 말로 다 하겠습니까.

일찍이 고명高明께서는 여러 해 동안 퇴계 선생의 유서遺書에 침잠하고 심지어 편지를 초록하였다고 들었습니다. 이는 곧 훈수塤叟 지수篪叟 두 선생께서 일찍이 마음을 내었으나 이루지 못하였던 일입니다. 만약 요긴한 말을 뽑아 책으로 만든다면 어찌 후학에게 도움이 없겠습니까? 바라건대, 부디 빨리 일을 마쳐서 저처럼 어리석은 자도 또한 큰 완성의 이익을 받도록 해주는 것이 어떠하겠습니까.

버리고 취하는 방법은 본래 『주서절요朱書節要』에 있으니, 지금은 그것을 본받아야 합니다. 그러나 의리義理의 중요한 부분과 심법心法의 엄밀한 곳에서는 더욱 주시하여 십분 정밀하고 상세히 해야 합니다. 아마 저의 말을 기다리지 않고도 통찰이 여기에 미쳤을 것입니다.

송정부에게 주다[與宋定夫] 임신년(1752)

오랫동안 편지가 끊어져 그리움이 막 간절하던 차에, 뜻밖에 군탁君拓이 저를 찾아와서 비로소 계씨季氏의 둘째 손자가 갑자기 요절하였다는 소식을 듣고 놀라움과 슬픔으로 스스로를 진정시키지 못했습니다. 자정慈情을 쏟던 나머지 슬픈 심정을 무엇으로 견디어 내셨습니까? 스스로 너그러이 억누르며 형제분의 마음을 위로하시기 바랍니다.

높은 연세에도 기력이 그다지 노쇠하지 않다는 것을 다시 알아, 80~90의 장수를 당연히 누리심을 상상할 수 있습니다. 우러러 위안되고 또 기뻐하는 마음을 주체하지 못하겠습니다.

외제外弟는 지난 가을에 종제從弟가 세상을 떠나버려 동당同堂 안에는 남은 사람이 전혀 없게 되었습니다. 이제 소상小祥이 벌써 지나가 어느덧 묵은 자취가 되어버렸으니, 애석한 마음이 오래될수록 더욱 견디기 어렵습니다. 더구나 나이가 더 들수록 노년의 정신과 기력이 날로 줄어들어 자구字句에나 얽매이던 예전의 학업 또한 놓아버린 지 이미 오래되었으니, 하등下等의 무리가 되는 것을 면하지 못할 줄 스스로 압니다. 한탄스러움을 어찌 말로 다 표현하겠습니까.

집사께서 퇴계 선생의 유서를 초록하려는 뜻이 있음을 알고 있습니다. 이미 작업을 마치셨습니까? 만약 정밀히 가려 책을 만들 수 있다면 후학에게 큰 도움이 있을 것입니다. 한 번 찾아뵙고 읽어보고는 싶으나, 노쇠함이 갈수록 심해져서 몸을 움직일 길이 없습니다. 혹시 동화사桐華寺나 은해사銀海寺와 같이 중도에 있는 절간에서 한 번 만날 수 있다면 저의 소원을 이룰 수 있겠지요?

노년에 서로 멀리서 바라보며 꿈속에서만 그리워할 뿐 편지를 주고받을 인편 또한 전혀 없으니, 옛사람이 천릿길을 찾아가던 의리를 생각할 때마다 부끄러워 흐르는 땀을 스스로 멈추지 못하겠습니다.

백유伯綏가 과거에 응시하기 위하여 이미 길을 떠났다니, 만약 급제하여 돌아온다면 저는 비록 늙고 병들었으나 몸을 이끌고 나아가 영예로운 제사에 함께 참여할 것입니다. 꼭 그렇게 되기를 축원합니다.

송정부에게 답하다[答宋定夫] 갑술년(1754)

봄에 제가 보낸 심부름꾼이 돌아오고 나서 소식이 끊어졌습니다. 지난달 상중의 종씨從氏가 단호丹湖에 왔으나, 거처하는 곳이 고개 너머여서 돌아간 뒤에야 비로소 알았습니다. 형님의 안부를 묻지 못하여 막 아쉬워하던 차에 뜻밖에 갑자기 보내주신 편지를 받으니, 마치 천리 밖의 소식을 얻은 것처럼 놀라고 기뻐 넘어질 지경이었습니다.

한겨울에 고요히 수양하시는 기거가 더욱 복된 줄 다시 알아, 우러러 위안되는 구구한 마음 지극합니다.

제弟는 나이가 더하고 병이 덧나면서 정신과 기력이 날로 약화되고 있습니다. 머리가 흐리멍덩하고 가슴이 먹먹한 증상은 본래 늘 있어온 증상이었습니다. 올봄과 여름에는 더욱 심하게 오락가락하다가, 겨울이 된 뒤로는 갈수록 심해져서 탕약을 많이 써보아도 아직 뚜렷한 효과가 없습니다. 비록 서적을 펴서 읽으며 노년을 보내고 싶어도 또한 어찌 할 수가 없으니, 평소의 뜻이 무너져서 끝내 이런 꼴이 된 줄을 스스로 잘 알고 있습니다.

십년 동안 물러나 한가로이 지내며 나무꾼이나 목동처럼 살며 다시는 세상에 대한 생각이 없었습니다. 그러나 두 달 사이에 잘못 알고 내리신 왕명을 재차 받고도 침석에

까무러쳐 누워 사은숙배하러 달려가지 못하니, 분수와 의리에 있어 황공하고 두려워 스스로 진정하지 못하였습니다.

『퇴서절요退書節要』를 멀리서 보내주시어 진지하신 뜻에 참으로 감격하였으나, 병으로 정신이 없고 바빠서 아직 읽지 못하였습니다. 그러나 한 번 책의 편목을 열어보니, 정밀히 연구하여 이치를 밝힌 형님의 공로를 엿볼 수 있었습니다. 다시 어찌 한 마디 말이라도 보탤 수 있겠습니까. 그러나 조용히 꼼꼼하게 읽어본 뒤에 만약 헤아려보아야 할 곳이 있다면 마땅히 말씀하신 대로 질정을 받겠습니다.

처사 조수겸에게 주다[與趙處士 守謙] 임술년(1742)

지난날 승문원承文院에 있을 때 한양의 친구들과 어울려 놀며, 집사께서 산림에서 지내며 경학에 밝아서 성대히 사우士友의 중망重望을 받고 있다는 말을 들었습니다. 그래서 마음속으로 사모하여 아름다운 풍도를 한 번 뵙고 싶은 생각이 목마른 자가 마실 것을 구하는 것과 같을 뿐만이 아니었습니다. 하지만 서울에서 집사께서 사는 곳과는 거리가 가깝지 않고, 또 관직을 마음대로 비우기도 어려워 주저하고 지체하다가 갑자기 남쪽으로 돌아왔습니다. 그러나 한 가닥 잊지 못하는 그리움은 가슴속에 남아 있었습니다.

근자에 인접한 이곳으로 자리를 옮겨왔고, 또 집사께서 사는 고을까지 맡아 다스리게 되었습니다. 그러나 집사께서 관할내로 이사 왔다는 것을 전혀 알지 못하여 여태까지 편지를 올리거나 계신 곳을 찾아뵙지 못하였습니다. 부끄러움과 한탄스러움을 어찌 말로 다 하겠습니까.

요즈음 무더위가 점점 찌는 듯한데, 고요히 지내며 학문을 닦는 체후가 어떠하신지 몰라, 우러러 그리워하는 구구한 저의 마음을 주체하지 못하겠습니다.

중기重器는 백수로 벼슬살이가 참으로 감당하기 어려운 점이 있습니다. 그러나 임명되어 오자마자 또 감히 서둘러 마음대로 관직을 버릴 수가 없어서 억지로 아전과 백성을 대하며 날마다 장부 처리에 골몰하고 있습니다. 그러니 무슨 할 말이 있겠습니까.

적이 생각해보면 한강寒岡과 여헌旅軒 이후에 이 도道가 침체하여, 실학에 제대로 힘쓸 수 있는 자가 대개 또한 많지 않습니다. 오직 집사만이 이미 용주龍洲[115]의 가학을 이어받고 또 우담愚潭[116]의 문하에서 사숙하여 일찍부터 과거 시험에 뜻을 접고 경서에 침잠하여 학문에 힘쓰느라 늙음이 닥쳐오는 것조차도 모르시니, 앞으로 반드시 가슴속으로 스스로는 즐기지만 남이 더불어 알 수 없는 점이 있을 것입니다. 흠모하고 존경하는 마음을 어찌 잠시라도 혹여 늦추겠습니까.

저는 또한 일찍부터 부형父兄과 사우師友의 곁에서 고인古人의 학문을 대략 들은 적이 있어서 가끔씩 전광석화 같은 깨달음이 없지는 않았습니다. 그러나 한 번 과거시험에 발을 들여놓고는 세상사에 분주하였고, 중간에 또 자식의 참상을 당하여 슬픔이 병이 되어서 이전부터 하던 글자에나 얽매인 공부 역시 완전히 접어버렸습니다. 지금은 또한 관청의 사무에 몰두하며 납세 독촉에 마음을 쓰다 보니, 중요한 것이 무엇인지도 전혀 알지 못하는 사람이 되었습니다. 비록 진천주眞泉州[117]의 마음을 씻어내는 학술을 배우고 싶어 한들 어찌 할 수 있겠습니까? 멀리서 집사의 높은 풍도를 상상하면 저도 모르게 등골에 땀이 흐르고 얼굴이 붉어집니다.

조만간에 틈을 내어 댁을 한 번 찾아가 해박한 논설을 차분히 듣고 싶습니다. 하지만 이 세속에 사는 제가 과연 구름과 물의 맑은 세계에 인연이 있겠습니까?

---

115) 용주(龍洲) : 조경(趙絅, 1586~1669)의 호이다. 자는 일장(日章), 별호는 주봉(柱峯), 본관은 한양, 시호는 문간(文簡)이다.

116) 우담(愚潭) : 정시한(丁時翰, 1625~1707)의 호이다. 자는 군익(君翊), 본관은 나주이다.

117) 진천주(眞泉州) : 남송(南宋)의 진덕수(眞德秀, 1178~1235)가 천주를 다스린 적이 있어 이렇게 부른다. 자는 경원(景元)이고, 포성(浦城) 사람이다. 정주학(程朱學)을 계승하여 '소주자(小朱子)'라고 불려졌다. 서산 선생(西山先生)이라고도 불렸다. 저서로는 『서산집』·『대학연의(大學衍義)』·『문장정종(文章正宗)』 등이 있다.

손하숙[118]에게 주다[與孫夏叔] 무진년(1748)

봄이 온 산속에는 꽃과 새가 정말 아름답습니다. 가만히 앉아 완상하다보면 학담鶴潭의 계신 곳으로 생각이 달려가지 않은 적이 없었습니다. 갑자기 이 조카가 편지를 들고 저를 찾아오니, 서리와 종이 암암리에 서로 감응하는 것[119]을 알 수 있었습니다. 감격스런 마음을 어찌 다 헤아리겠습니까. 더구나 조용히 계시는 체후가 매우 편안하심을 알아, 기쁘고 위안되는 마음이 얕지 않았습니다.

척제戚弟는 노쇠와 질병이 갈수록 깊어져 정신이 혼미하고 시력이 흐릿해지니, 옛 서적이 책상에 쌓여 있어도 마음대로 찾아 읽을 수가 없어서 단지 예전 그 모습을 하고 있습니다. 말씀드릴 만한 것이 무엇이겠습니까.

만사輓詞의 시어와 품격은 원만하고 좋아서 더는 의논할 부분이 없으나, 다만 '준양遵養' 두 글자는 「주송周頌」에서 무왕武王을 찬미한 말[120]이므로, 온당하지 못한 듯합니다. '한양閒養'으로 바꾸는 것이 어떠하겠습니까?

손하숙에게 주다[與孫夏叔] 계유년(1753)

외로이 지내며 그리워하던 차에, 행차가 멀리서 찾아주시고 또 구장鳩杖[121]을 모시고 암정巖亭에 올라 골짜기에 가득 찬 경물을 품평하고 시를 지었으니, 산수도 영광을 함께

---

118) 손하숙(孫夏叔) : 하숙은 매산의 척형(戚兄)인 손시완(孫是梡)의 자이다.

119) 서리와……것 : 서로 그리워하는 마음이 같다는 말이다. "(봉산에는) 아홉 개의 종이 있는데, 이것으로 상명을 안다.[(丰山)有九鍾焉 是知霜鳴]"라는 말이 있는데, 곽박(郭璞)의 주석에서 "서리가 내리면 종이 운다.[霜降則鍾鳴]"에서 유래한다.(『山海經』「中山經」)

120) 준양(遵養)……말 : '준양'은 도를 따라 힘을 기른다는 뜻이다. "도를 따라 힘을 기르고 때에 따라 감추었네.[遵養時晦]"에서 온 말이다.(『詩經』「周頌·酌」)

121) 구장(鳩杖) : 비둘기 장식이 붙은 노인의 지팡이로, 상대를 말한다.

누렸습니다. 어찌 고루한 저만의 행운일 뿐이었겠습니까. 가뭄 끝에 내린 단비는 그대로 장마가 되었는데, 고요히 지내며 수양하는 체후는 어떠하신지 모르겠습니다. 그리워하는 마음이 더욱 지극합니다.

중기重器는 지난달 20일 경에 명고鳴皐 영감과 함께 임고서원臨皐書院에 들어갔으니, 이는 『포은속집圃隱續集』을 수정하자고 오래전에 약속해서입니다. 열흘을 머무르면서 초본을 수정하고 어저께 집으로 돌아왔습니다. 그러나 집안 여자 종이 갑자기 아파하는데, 병증이 자못 전염병으로 의심할 만하여 막 집을 떠나 다른 곳에 머무르기를 도모하는 중이니, 절박함과 근심을 어찌 말로 다 하겠습니까.

지난번에 보내주신 가야산에 대한 시 두 편은 이미 삼가 차운하였으나, 운자가 어렵고 시가 졸렬하여 격률을 맞추지 못하였습니다. 여기에 감히 써서 보내드리니, 한 번 웃음거리로나 삼는 것이 어떠하겠습니까.

제가 읊은 이영俚詠에 대해서는 이미 화답하셨으리라 생각됩니다. 보여주실 수 없습니까? 모과를 던지고도 옥구슬로 보답 받고 싶을 뿐입니다.[122]

손하숙에게 답하다[答孫夏叔] 갑술년(1754)

몹시 그리워하던 차에 갑자기 삼가 편지를 받았습니다. 늦가을에 학담鶴潭의 고요한 흥취가 더욱 맑음을 다시 알아, 감격스러운 나머지 위로되고 기쁜 마음을 견디기 어렵습니다.

권 종씨權從氏[123]가 젊은 나이에 세상을 떠났다고 하니, 이는 실로 우리 고장의 불행입

---

122) 모과를……뿐입니다 : '모과'는 자신의 시문이 하찮다는 겸사이고, '옥구슬'은 상대방의 시문을 높이는 말이다. "나에게 모과를 주거늘 옥구슬로써 갚는다.[投我以木瓜 報之以瓊琚]"를 반대로 활용하였다.(『詩經』「衛風·木瓜」)

니다. 어찌 친척들만의 슬픔이겠습니까. 더구나 집사께서는 노년에 의지하다가 갑자기 한 쪽 날개를 잃었으니, 외로운 고통이 더욱 심하리라 생각됩니다.

척제戚弟는 노쇠하고 병들어 이미 버려진 물건이 되었으나, 뜻밖에 갑자기 임금의 은혜를 입었는데, 진퇴가 모두 어려워 두려움에 몸 둘 바를 모르겠습니다. 지금은 날짜가 벌써 많이 지났는데도 하유下諭가 내려오지 않으니, 분명히 능陵에 거둥하는 일로 인하여 변통하여 관원을 교체하였을 것이므로, 이 때문에 조금은 스스로 안심이 됩니다.

일휴공逸休公[124]의 행적은 가장家狀을 보지 않아도 너무 잘 알고 있습니다. 진백震伯이 애써 부탁한 적이 있고 정의情誼로 헤아려 볼 때도 감히 사양할 수가 없어 삼가 이미 받아 놓았습니다. 그러나 못난 제가 이 일을 맡기에 부족하다는 것을 스스로 알기에 두렵습니다.

더구나 집사께서 또 전혀 가당치 않은 호칭을 저에게 쓰시니, 어찌 이렇게까지 말을 가리지 않으십니까. 저에게 있어서는 웃음거리가 되기에 딱 알맞고, 집사에게 있어서는 또한 황당한 말을 한 잘못을 면하지 못합니다. 어찌 양쪽에 다 나쁘지 않겠습니까. 한 번 펼쳐 본 뒤에는 감히 다시 읽지 못하였으며, 또한 남에게 꺼내 보여주지도 못하겠습니다. 만약 집사께서 부탁하고 싶어 하는 사람이 그러한 사람이라면 저는 적당한 사람이 아닙니다. 더욱 어찌 감히 붓을 들 수 있겠습니까.

이진숙 수강에게 답하다[答李振叔 守綱 계축년(1733)

3월 초에 인편을 통하여 지난 섣달에 보내신 편지를 받아보고, 그 당시 복상服喪 중에도

---

123) 권 종씨(權從氏) : 종반 항렬에 있는 권씨로 여겨지나, 이 편지만으로는 누구인지 자세하지 알 수 없다.
124) 일휴공(逸休公) : 일휴는 손여규(孫汝奎, 1658~1718)의 호이다. 자는 회지(晦之), 본관은 월성(月城)이다. 매산이 그의 묘갈명을 지었다.

체후가 매우 건강하시다는 것을 알아, 기쁨과 경하가 진실로 지극하였습니다. 다만 적당한 인편이 없어서 아직까지 답장을 지연하였으니, 이것이 부끄럽고 한탄스럽습니다.

중기重器는 집안의 운세가 불행하여 상주尙州의 조씨曺氏 집안에 시집간 누이가 2월 22일에 갑자기 세상을 떠났다고 하니, 객지에서 놀라 간장이 찢어지는 듯하였습니다. 저의 형제와 누이 일곱 중에 살아남은 자는 단지 네 사람인데, 이 누이가 또 갑자기 이 지경이 되었습니다.

저의 나이 쉰도 되기 전에 동기同氣를 잃는 슬픔이 이렇게 거듭 혹독할 줄이야 어찌 생각하였겠습니까. 더구나 초상이 전염병 때문에 난 듯하니, 어린 두 아이의 무사함도 기필할 수 없어서, 참담하고 불안한 마음을 자못 스스로 진정시킬 길이 없습니다. 그러나 누이의 초상으로 관직을 떠나는 법이 없어 임의로 지레 돌아갈 수도 없으며, 길은 멀고 인편마저 막혀 또한 소식을 알아볼 길이 없으니, 남쪽을 바라보고 눈물을 흘리며 저도 모르게 마음이 녹아내리고 혼이 나가는 듯합니다.

지난달 도목정사都目政事에서 비록 이미 6품에 올랐습니다. 그러나 몇 년 동안 풍진을 겪으며 외롭게 지내다 보니, 세상맛은 점점 엷어지고 고향 생각은 갈수록 간절해집니다. 서늘한 가을을 기다려 사직하고 고향으로 돌아갈 계획입니다. 만약 죽령을 거쳐서 내려간다면 집사의 산장을 방문하여 고아한 논설을 차분히 듣고 다시 광보光甫·희안希顔 등 여러 벗들과도 함께 갈대葛臺와 광뢰廣瀨의 사이를 노닐게 될 것입니다.

이진숙에게 주다[與李振叔] 경오년(1750)

집사의 맏아들이자 나의 생질의 초상이라니 이 무슨 말입니까. 태어나자마자 어머니를 잃고 고생고생 자라서 가난과 곤궁 속에 위로될 만한 것은 하나도 없고, 다만 바랐던 것은 그저 장수뿐이었습니다. 지금 중년의 나이가 되기도 전에 이 지경에 이를 줄 어찌 생각이나 하였겠습니까. 놀라 부르짖고 슬퍼 통곡하며 마음 가눌 길을 모르겠습니다.

삼가 생각건대, 일흔 노경에 여러 해 동안 병으로 고달프다가 갑자기 눈앞의 참혹한 변을 당하시니, 비통과 침통이 반드시 만 배나 되어 견디기 어려우실 것입니다. 후취後娶에서 난 자녀는 몇 명이며 둘째 아들은 이미 혼인을 하였습니까? 과부와 고아는 의지할 곳이 없을 터이니, 하나하나 생각하면 할수록 더욱 가슴이 찢어집니다.

요즈음 날씨가 매우 추운데, 복중의 조섭은 어떠하신지 모르겠습니다. 비통한 나머지 반드시 건강이 크게 손상되었을 것이니, 위히여 우러러 매우 염려됩니다. 그리나 이 생질은 나이가 50에 가깝고 또 자녀도 많으니, 저의 죽은 아이와 견주면 큰 차이가 있습니다. 부디 억지로라도 스스로 너그러이 슬픔을 억누르며 여러 손자들을 가르치고 기르는 일로 여생을 마치시기를 간절히 바랍니다.

중기重器는 여름 동안 병을 크게 앓아 목숨이 위태로울 뻔 하다가 늦가을이 되어서야 비로소 차도가 있으나, 여독이 그대로 남아 있어서 열흘 중에 아흐레는 누워 지내고 있습니다. 제 동생은 작년 여름부터 소갈증을 얻어서 아직까지 앓고 있습니다. 탕약과 뜸을 함께 시술하지만 드러난 효과는 조금도 없습니다. 이제 재산마저 다 탕진하였으니 치료할 계책이 없습니다. 저의 타는 속을 어찌 말로 다 하겠습니까.

죽은 누님의 유택幽宅은 아직도 옮기지 못하였으니, 이는 곧 생질이 살아 있을 때 고심하며 계획하던 일이었습니다. 지금에 또 이 지경이 되었으니, 다시 누가 이장을 하겠습니까? 그의 맏아들은 근력과 슬기가 아버지의 일을 주간하여 그 남긴 뜻을 성취할 수 있겠습니까?

집사께서 살아계실 때에 만약 고아가 된 손자들을 지휘하여 빨리 반장返葬하지 못한다면 백년도 지나지 않아 분명 주인 없는 외로운 혼백이 될 것입니다. 어찌 가엾지 않겠습니까. 만약 산지를 정하고 기일을 잡아 온다면 이곳에서 마땅히 협력하여 도모하겠습니다.

장천로[125]에게 답하다[答張天輅] 신유년(1741)

어린 종이 돌아온 편에 삼가 보내신 편지를 받아 보고, 행차가 댁으로 돌아오셨음을 다시 알아, 감격과 위로가 참으로 큽니다. 다만 여행 중에 약간의 불편함이 없지 않았다고 하니, 이는 놀랍고 염려됩니다. 그러나 단구丹丘에서 돌아오시면서 반드시 늙지 않는 신선의 방술을 얻었을 것입니다. 우연히 한 번 걸린 감기가 어찌 금정金鼎[126]의 진기眞氣를 대적할 수 있겠습니까.

제弟는 문운門運이 좋지 않아 여자 종과 단문袒免[127]의 초상을 연이어 당하니, 노년의 회포가 더욱 슬프고 외롭습니다. 아울러 두어 달 동안 고생스럽게 장례 준비를 하고도 아직까지 그런대로 완비하지 못하였으니, 아침과 낮으로 계획을 세워보려는 생각이 나곤 합니다. 정백자程伯子가 단주澶州에서 한 긴 들보의 경계[128]를 기억할 때마다 두렵지 않은 적이 없습니다.

아이가 집사의 곁에 오래 머무르고 있으면서 크게 그르친 일은 없습니까? 그 아이의 자질이 본래 그다지 용렬하지는 않으나 중간에 병을 앓아서 배움을 놓쳤고, 근자에는 또 근심거리가 많고 즐거운 일이 없어서 줄곧 제 마음대로 하게 내버려 두었더니, 아직까지 '어魚' 자와 '노魯' 자도 분별하지 못합니다. 이것은 곧 부형의 잘못입니다. 부끄럽고 개탄스러운 마음을 어찌 다 헤아리겠습니까.

이번에 승경을 찾아갔던 유람에서는 반드시 읊은 문자가 있을 것입니다. 보내주어서 이 시름겹고 적적한 회포를 풀어주시기 바랍니다.

---

125) 장천로(張天輅) : 천로는 장동재(張東載)의 자이다.
126) 금정(金鼎) : 도가(道家)에서 단약(丹藥)을 제련할 때에 쓰는 솥을 가리킨다.
127) 단문(袒免) : 오복(五服) 이외의 친척에 해당하는 상복(喪服) 제도로, 두루마기의 오른쪽 소매를 벗고 사각건(四角巾)을 쓰는 아주 가벼운 복제(服制)이다.
128) 정백자(程伯子)가……경계 : 정백자는 송나라 유학자 정호(程顥)를 말한다. 정호가 단주(澶州)에 있을 적에 다리를 수리하는 일을 하면서 긴 대들보 감 하나를 구하였는데, 그 뒤에 쭉쭉 뻗은 숲의 나무를 보면 곧바로 대들보감에 맞는가를 헤아려 보는 마음이 일어났던 일에서 유래한다.(『近思錄』)

장천로에게 주다[與張天輅] 병인년(1746)

여름에 심부름꾼이 돌아와 참상慘喪이 거듭 났다는 소식을 비로소 듣고 너무도 놀라고 슬펐습니다. 그러나 바쁘고 잡다한 일이 한꺼번에 생겨서 아직까지 위로의 편지도 보내지 못하였습니다. 부끄러움과 탄식을 어떻게 그치겠습니까.

요즈음 시원한 바람이 불어오는데, 복중에 기거하심이 어떠한지 모르겠습니다. 끝없는 그리움을 조금도 놓은 적이 없습니다.

선대 부제학공副提學公의 비문은 손을 씻고 공경히 읽어보니, 문장이 간결하고 조리가 갖춰져서 근래의 금석문가로서 따라잡을 수 있는 바가 아니었습니다. 성옹星翁[129]의 풍부한 온축이 진실로 여망輿望에 부합하여 천리의 먼 길을 찾아가 글을 구한 노형老兄의 뜻을 저버리지 않았음을 알 수 있습니다. 우리 사우士友가 어찌 서로 경하하지 않겠습니까? 다만 서술 중에 연월을 뚜렷이 밝히지 못한 곳이 있으니, 아이가 찾아뵙고 인사드릴 때 낱낱이 지적하여 말씀드릴 것입니다.

장천로에게 주다[與張天輅] 신미년(1751)

초봄에 공곡孔谷 편으로 소식을 듣고 그리운 마음이 조금 위로 되었습니다. 남은 추위가 아직은 쌀쌀한데, 노형의 기거가 어떠하신지 모르겠습니다. 바쁘고 잡다한 일이 한꺼번에 생겨서 오랫동안 심부름꾼을 보내어 안부를 여쭙지 못하였으니, 이 어찌 사돈집에 대한 정의이겠습니까? 부끄러움과 개탄스러움이 그지없습니다.

제弟는 질병과 나이가 더하여감에 정신과 기력이 보이지 않게 줄어들어 한낮에도 사람을 마주하고 가끔씩 앉아 조니, 또한 어찌 오래 살 형편이겠습니까. 단지 운명을

---

129) 성옹(星翁) : 이익(李瀷, 1681~1763)을 말한다. 자는 자신(子新), 호는 성호(星湖), 본관은 여주(驪州)이다.

편안히 여기며 죽을 날을 기다릴 뿐입니다.

입암立巖을 다시 찾는 걸음은 노형이 이미 약속을 하셨습니다. 지금 늦봄이 멀지 않아 산은 붉고 강물은 푸르러 정말로 완상하기에 좋겠습니다. 어찌 한 번 작은 수레를 명하여 이 좋은 걸음을 함께 하시지 않으시겠습니까? 더구나 며느리가 부모를 그리는 마음이 오랫동안 간절함에 이겠습니까. 손자도 엄청 커서 안아 볼 만합니다. 지난해 왕림하셨을 때와 비교하면 한층 더 즐거울 것입니다. 선대의 유허를 들러보고 자정慈情을 펴면 일거양득일 것이니, 노형께서는 부디 수레를 재촉해 주십시오. 기다리는 마음 참으로 지극합니다.

장천로·의언 대의·이우 대계에게 주다[與張天輅 宜彦 大誼 爾宇 大啓]

고삐를 나란히 하고 찾아주어 영광이 외진 산속을 움직였습니다. 놀라움과 감격스러움이 헤아릴 수 없었으나 만류에 정성이 없어서 서둘러 작별을 하고나니, 헤어진 뒤의 낙심으로 마치 무엇을 잃어버린 듯하였습니다. 밤새 여러분들의 여행 중의 체후가 어떠하신지 모르겠습니다. 어제의 어깨 통증은 더 아프지나 않으십니까? 구구히 우러러 염려의 마음이 그지없습니다.

제弟는 여전한 병세가 아직 차도가 없어서 행차를 따라 함께 구경 가지 못하였습니다. 더욱 한스러운 것은 화식火食하는 보통사람에게는 신선 세계의 바람과 이슬을 구경할 인연이 없다는 것입니다. 내연산內延山 유람은 과연 계속하고 계십니까? 돌아오시는 길에 이곳에 들러서 미진한 회포를 다시 푸는 것이 어떠하겠습니까. 매우 간절히 바랍니다.

장천로에게 주다[與張天輅] 임신년(1752)

산속에 봄이 오니 찬 매화가 피려고 합니다. 생각 같아서는 봄소식 따라 방문하고 싶으나 되지 않았습니다. 선원仙源의 종이 돌아오면서 갑자기 편지를 받아 보고, 새로운 복을 많이 받으신 줄 다시 알아, 구구한 기쁨과 경하는 평소에 견줄 것이 아닙니다.

제弟는 지난달 그믐에 산사山舍에서 집으로 돌아왔습니다. 그러나 노쇠하고 초췌한 가운데 여러 가지 질병이 한꺼번에 생겨서 침상에 엎어져 신음하며 하나의 시체가 지내는 듯한 모습을 하고 있으니, 어찌 드릴 말씀이 있겠습니까.

가야산 유람은 평생의 숙원이었으나, 병세가 이러하여 또 올봄의 약속도 어겼습니다. 이는 과연 속세의 사람에게 신선 세계가 인연이 없기 때문입니까? 그러나 가을에는 만약 구애될 것이 없다면 마땅히 한 번 구경을 가겠습니다.

보배로운 시에 지금에야 비로소 화답하여 드리나, 시가 졸렬하고 뜻이 얕아서 그윽한 거처의 한가하고 담박한 흥취를 열어드리지 못할 것이니, 이는 부끄러워할 만합니다.

권효장 빈에게 주다[與權孝章 賓]

20년 동안 멀리 떨어져 있어 만나 이야기를 나눌 길이 없었습니다. 비록 족질族姪들이 왕래하는 인편을 통하여 때때로 기쁜 소식과 슬픈 소식을 듣기는 하였으나, 외진 곳에 살며 서로 알릴 길이 없고 계절 따라 안부도 묻지 못하였습니다.

계씨季氏형이 아들을 잃었다는 소식을 듣고부터 놀라움과 슬픔을 더욱 헤아릴 길이 없었으나, 아직까지 편지를 보내어 서로 위로하지 못하였습니다. 이 어찌 세의世誼를 유지하며 옛 교분을 잊지 않는 도리이겠습니까. 생각하자니 부끄럽고 움츠러들어 저도 모르게 땀이 발꿈치까지 흘러내립니다.

요즈음 봄바람이 부는데, 상중의 체후는 어떠하십니까? 제弟도 역시 자식을 잃은 경험이 있는 자여서 이 때문에 계씨형의 찢어지는 심정을 더욱 상상하여 갑절이나 참담합니다. 그러나 생사와 장단長短은 모두 조물주가 정한 것이니, 지나치게 슬퍼하다가 건강을 다치는 것은 죽은 자에게 이롭지 않습니다. 바라건대, 부디 가족 간에 의리로써 서로 너그러이 위로하여 원기를 크게 손상시키지 않기를 매우 축원합니다.

저는 아들을 잃는 슬픔을 당한 지 벌써 10년이 넘었으나 심장은 다 찢어지고 노병은 갈수록 심한 데다 외진 산속에 칩거하고 있어 좋은 재미가 조금도 없으니, 가여워 탄식한들 어떻게 하겠습니까.

선대 하당荷塘[130] 선생의 문집을 수정한 지 이미 오래되었다고 삼가 들은 적이 있습니다. 가만히 생각건대, 교정이 잘 되어서 다시는 여한이 없을 것입니다. 매번 한 번 나아가 읽고 싶었지만 병세가 심하고 길이 멀어서 직접 갈 수 없으니, 개탄스러운 마음을 어찌 다 헤아리겠습니까.

저의 선조 호수공湖叟公의 행장行狀은 아마도 이미 문집에 편입하였을 것입니다. 그러나 다만 그 속에 위치를 바꾸어야 할 한두 구절이 있어서 횡계橫溪 족형族兄이 편지로 여쭙고 허락을 받은 적이 있습니다. 모르기는 하나 문집 속에 그것을 과연 고친 원본대로 써 넣었습니까? 만약 혹시라도 그렇지 않다면 나중에 고친 이 원본대로 교정하는 것이 어떠하겠습니까?

최길보 적기에게 답하다[答崔吉甫 迪基] 신미년(1751)

눈 덮인 산속 언 골짜기의 매화가지 끝에 봄이 왔건만, 방문하여 봄소식을 듣고 싶어도 되지 않았습니다. 뜻밖에 종생질從甥姪이 편지를 가지고 멀리서 찾아와 편지를 펼쳐 보니, 감사하고 후련하여 마치 직접 뵙는 듯했습니다. 더구나 마지막 추위에 아체雅體가 매우 평안하시고 아드님의 혼례도 이미 순조롭게 올렸다는 것을 알아, 기쁘고 위로되는 마음을 또한 어찌 다 헤아릴 수 있겠습니까.

제弟는 나이가 더하고 병이 덧나서 여전히 좌절되고 쇠퇴하기만 합니다. 옛 서적이

---

130) 하당(荷塘) : 권두인(權斗寅, 1643~1719)의 호이다. 자는 춘경(春卿), 본관은 안동이다.

서가에 가득해도 요리할 만한 정신과 기력이 없습니다. 아울러 막내아우의 묵은 병이 2년이나 끌며 금방 덜하다가 금방 더하니, 완치가 쉽지 않습니다. 절박함과 번뇌를 어떻게 말로 다 하겠습니까.

말씀하신 뜻은 삼가 잘 알았겠습니다. 그러나 다만 변변찮은 이 사람이 이미 일컬을 만한 명예나 지위도 없고 글을 지을 만한 필력도 없으니, 비석에 새길 아름다운 문장을 어찌 감히 가벼이 손을 대어 선조를 위하는 덕문德門의 대사를 그르칠 수 있겠습니까? 유사遺事는 즉시 돌려드리고 싶었으나, 형의 부탁이 이미 진지하고 이 생질 또한 굳이 요구해서 우선은 두었을 뿐입니다. 실기實紀를 교정하는 일은 의리를 사모하는 성의로 볼 때 어찌 사양할 수 있겠습니까. 삼가 틈을 내어 살펴보고 표지를 붙여 보내드리겠습니다.

최길보에게 답하다[答崔吉甫]

삼가 편지를 받아보고, 봄추위에 기거가 아주 평안하심을 다시 알아, 구구한 감사와 위안이 모두 지극하였습니다.

제弟는 전과 같이 병들고 초췌하여 다시 드릴만한 말씀이 없습니다.

말씀하신 뜻은 잘 알았습니다. 이제 표지를 붙이신 곳에 대략 산정刪正을 가하였으니, 더 살펴주는 것이 어떠하겠습니까? 부탁하신 발문은 제가 감당할 수 있는 일이 아닙니다. 더구나 이미 권 영공權令公의 서문이 있고 또 이장李丈의 발문이 있는데, 또 무엇 하러 중복되는 일을 하십니까. 묘갈문은 진지한 부탁을 어기기 어려워서 요점만 추려서 써 보냅니다. 이어서 짧은 발문을 지었으니, 바라건대 부디 헤아려서 취사하십시오.

정부인貞夫人의 갈명碣銘도 함께 지어 보내나, 거칠고 천박하여 쓸 수는 없을 듯합니다.

최길보에게 답하다[答崔吉甫]

봄이 깊어가며 그리운 마음 참으로 간절하더니 뜻밖에 일부러 보내신 편지를 받아 보고, 아체雅體가 매우 평안하다는 것을 다시 알아, 감사한 나머지 위로되고 후련한 마음이 참으로 지극합니다.

말씀하신 뜻은 잘 알았습니다. 지난날 붙인 표는 단지 그 중에서 아주 온당하지 않은 곳에만 하였습니다. 지금 말씀대로 판각을 다 고치어 초본을 다시 수정한다면 십분 적당히 해야지, 대충 보아 넘겨서는 안 됩니다. 또 온 심부름꾼을 여러 날 머무르게 하기도 어려울 듯하여 이렇게 돌려보냅니다. 며칠 뒤에 다시 심부름꾼을 보내주는 것이 어떠하겠습니까?

발문은 붓을 적시는 수고를 꺼리는 것이 아니라, 단지 중복이 무익한 듯하고 거친 말이 경중이 되기에 부족해서 아직까지 요구에 부응하지 못하였습니다. 이제 또 선생님의 유고를 수정하는 일로 여러 벗들과 횡계橫溪에서 모이기로 약속하여 또한 문장을 구상할 겨를이 없습니다. 만약 꼭 그만두지 않고 부탁하고 싶으시다면 한 달 더 말미를 주는 것이 어떠하겠습니까?

최길보에게 답하다[答崔吉甫] 계유년(1753)

격조하여 그리워하던 차에 갑자기 편지를 받아 보고, 초여름에 형의 아체雅體가 평안하심을 다시 알아, 감사한 나머지 위로되고 후련함이 참으로 지극합니다.

제弟는 작년 겨울에 당한 일로 몹시 놀랐습니다. 비록 다행히도 용서받고 돌아오기는 하였으나, 실로 병이 매우 덧나서 지금은 침석에 엎어진 채 겨우 남은 목숨만 연장하고 있습니다. 지금 또 관직에 임명하는 왕명이 뜻밖에 갑자기 내려와 놀라고 두려워 몸 둘 바를 모르겠습니다.

사대부들이 멀리서 찾아와 편액의 이름을 정해주기를 독촉하고 있습니다. 스스로 돌이켜보면 고루한 식견으로 비록 감히 감당할 수는 없으나, 경모하는 정성에 또한 군이 사양할 수가 없어 삼가 써서 뜻에 부응합니다. 그렇지만 오직 여러분이 의논하여 취사함에 달려 있습니다.

집의 윤봉구131)에게 답하다[答尹執義 鳳九] 계해년(1743)

지난해 서성西城에서는 뵙지도 못하고 돌아왔습니다. 비록 군郡 집의 인편을 통하여 매우 평안하다는 소식을 듣기는 하였으나, 계신 곳이 생각날 때마다 머리를 들고 멀리 바라보며 간절히 그리워하지 않은 적이 없었습니다. 뜻밖에 갑자기 편지를 받고 보고서야, 행차가 명승지를 유람하며 군의 관아에 머무르고 있음을 비로소 알았습니다. 편지를 받들어 읽어보니 마치 직접 덕음德音을 듣는 듯하였습니다. 감명을 어찌 다 헤아리겠습니까. 여행 중에도 학문을 닦는 체후가 복되다는 것을 다시 알아, 더욱 기쁘고 위로됨이 지극하였습니다.

중기重器는 장기瘴氣가 있는 고을에서 병이 덧나서 돌아온 뒤에 더 고질이 되었습니다. 그리고 집안의 근심이 연이어 일어나 사람의 마음을 뒤흔들어 쇠퇴한 정신과 기력이 날로 더 못해집니다. 자구에나 얽매이던 얕은 공부는 본래 평소의 다반사였으나, 이것 또한 고인의 독서 절목처럼 과정을 따라 하고 싶은 대로 못하니, 어찌 다시 전일하고 차분한 공부의 효과가 있겠습니까. 지금 편지를 받고 보니, 부끄럽고 두려운 마음을 견디지 못하겠습니다.

이미 근처에 왕림하셨다는 소식은 들었습니다. 빨리 달려가 아범雅範을 한 번 뵙는 것이 기쁜 일인 줄 잘 알고 있으나, 말과 마부가 병이 나서 뒤따라 갈 수 없습니다.

---

131) 윤봉구(尹鳳九, 1683~1768) : 자는 서응(瑞膺), 호는 병계(屛溪)·구암(久菴), 본관은 파평(坡平), 시호는 문헌(文獻)이다.

먼 길을 다니며 여러 곳을 유람한 나머지 열흘이나 한 달 정도의 휴식이 있을 듯합니다. 사나흘 뒤에나 찾아가 뵙고 아울러 매각梅閣[132)]에도 안부를 여쭙겠습니다.

관찰사 김상성[133)]에게 답하다[答金方伯 尙星] 계해년(1743)

외진 산속에 병으로 엎어져 지내니 당석棠席[134)] 아래로 한 번 나아가 안부를 여쭐 길이 없어, 멀리서 관찰사에 대한 생각만 간절하여 서글펐습니다. 뜻밖에 삼가 대감께서 보내주신 안부 편지를 받고, 아울러 두 가지의 음식물도 함께 받았습니다. 무슨 특례의 인정을 이렇게 해마다 더 쓰십니까. 받고 감격하면서도 사례할 길이 없습니다. 삼가 한겨울에 대감의 체후가 아주 편안하다니, 우러러 위안되는 마음을 주체하지 못하겠습니다.

중기重器는 노쇠와 질병이 파고들어 정신과 기력이 날로 쇠퇴해져서 책상 위의 고서도 또한 마음대로 연구하지 못하니, 예나 다름없는 이 모양의 사람입니다. 어찌 우러러 말씀드릴 만한 것이 있겠습니까?

삼가 정치가 잘 되고 묵은해를 보내고 새해를 맞이하며 더욱 복되시기를 빕니다.

---

132) 매각(梅閣) : 매화가 활짝 핀 관아(官衙)를 말한다. 남조(南朝) 양(梁)나라 하손(何遜)이 양주(揚州)의 법조(法曹)로 지내며 관아 동쪽 청사에 매화나무 한 그루 아래에서 매일 시를 읊곤 하였다. 하손이 뒤에 낙양(洛陽)으로 돌아왔으나 그 매화를 잊을 수가 없어 다시 그곳으로 부임할 것을 청하여 도임하니, 역시 매화가 활짝 피어 있어서 아래에서 하루 종일 시를 짓고 읊었다는 고사에서 유래한다.(『梁書』「何遜傳」)

133) 김상성(金尙星, 1703~1755) : 자는 사정(士精), 호는 도계(陶溪)·손곡(損谷), 본관은 강릉이다. 1723년 문과에 급제, 부수찬·경상도 관찰사·이조 판서 등을 지냈다. 시호는 문헌(文憲)이다.

134) 당석(棠席) : 정치를 펼치는 관리의 좌석으로, 상대방을 높이는 표현이다. 소백(召伯)의 선정(善政)에 감사한 백성들이 "무성한 감당나무를 자르지도 말고 베지도 말라. 소백께서 그 그늘에 쉬셨던 곳이니라.[蔽芾甘棠 勿翦勿伐 召伯所茇]"라고 한 데서 유래한다.(『詩經』「召南·甘棠」)

경주 부윤 조명정[135]에게 답하다[答趙慶州 明鼎] 신미년(1751)

간모干旄[136]가 남쪽으로 와서 설산雪山이 한층 무거워졌습니다.[137] 때때로 명성을 듣고 더욱 더 우러러 그리웠으나, 외진 산속에 문을 닫고 칩거하여 영각鈴閣[138]을 방문하여 지우芝宇[139]를 바라보지 못하니, 다만 일념으로 잊지 못할 뿐이었습니다. 뜻밖에 부배루운 편지가 멀리서 와 사연이 은근하였고 봉투를 열고 한참 읽어보니, 마치 여러 해 만에 참 모습을 뵌 것 같았습니다. 놀라고 기쁜 마음을 어찌 말로 다 하겠습니까.

신령이 덕정德政을 도와서 새로운 복이 많이 늘어났다는 것을 다시 알아, 흠모하고 경하하는 구구한 마음이 더욱 평소에 비할 바가 아닙니다. 다만 근간에 고향으로 가실 것이라고 하니, 천리 얼음길을 어떻게 다니시렵니까? 위하여 우러러 염려되는 마음이 그지없습니다.

중기重器는 나이가 더하고 병이 덧나서 여전히 쇠퇴하여 책상 위의 고서도 마음대로 볼 수 없으니, 어찌 노년에 보완할 가망이 있겠습니까. 다만 마음속에서 스스로 두려워할

---

135) 조명정(趙明鼎, 1709~1779) : 자는 화숙(和叔), 호는 노포(老圃), 본관은 임천(林川)이다. 1740년 문과에 급제, 예문관 검열· 충청도 관찰사·이조 판서 등을 지냈다. 시호는 문헌(文獻)이며, 저서로는 『노포집』이 있다.

136) 간모(干旄) : 높은 사람의 행차를 말한다. 『시경』「용풍(鄘風)」의 편명으로, 위(衛)나라 대부가 수레에 깃대를 꽂고 몸소 가서 현자(賢者)를 만나 보자 이를 본 위나라 사람들이 기뻐하여 부른 노래이다.

137) 설산(雪山)이……무거워졌습니다 : 설산의 경중(輕重)에서 온 말이다. 훌륭한 인물이 지키고 있어서 적들이 감히 준동하지 못하는 것을 중(重)이라 하고, 얕잡아 보고 혼란을 야기하는 것을 경(輕)이라고 한다. 두보(杜甫, 712~770) 「좌복야 정국공 엄무공에게 드리다[贈左僕射鄭國公嚴公武]」의 "공이 오니 설산이 무거워지고, 공이 가니 설산이 가벼워졌네.[公來雪山重 公去雪山輕]"에서 유래한다.

138) 영각(鈴閣) : 원래는 군대의 사령부를 뜻하는 말인데, 여기서는 지방 장관의 관부(官府)를 뜻하는 말로 쓰였다.

139) 지우(芝宇) : 눈썹과 그 주위를 말한다. 당나라 원덕수(元德秀, 695~754)는 자가 자지(紫芝)인데, 재상 방관(房琯)이 항상 덕수를 볼 적마다 "자지의 눈썹을 보면 사람에게 명리의 마음이 다 사라지도록 만든다.[見紫芝眉宇 使人名利之心都盡]"라고 칭찬한 고사에 유래한다.(『新唐書』「元德秀傳」)

뿐입니다.

저희 집안의 선영이 경주 관내에 있어서 선영을 왕래하며 어진 풍도에 대하여 많이 들었습니다. 어진 교화의 명성이 골목까지 넘치고 경계經界의 은택[140]이 밭두둑에까지 흡족하니, 구리九里를 적시는 하수河水의 은택[141]이 어찌 이보다 더하겠습니까? 지난날 선친과의 교분을 우러러 생각하면 잣나무처럼 기뻐하는[142] 저의 마음을 더욱 금할 수 없으나, 가난한 집의 초라한 선비가 한 번 뵙고 축하할 길이 없으니, 참으로 부끄럽고 개탄스럽습니다.

보내주신 여러 가지 물품은 돌봐주시는 마음이 어찌 여기에까지 이르셨습니까? 술은 마른 목을 적셔주고 고기는 채소를 걷어차며 종이는 나뭇잎을 대신하게 되었습니다. 베풀어준 분은 본래 한산두韓山斗[143]의 높은 의리이나, 받은 자는 부끄럽게도 노옥천盧玉川[144]이 아닙니다.

140) 경계(經界)의 은택: 어진 정치를 말한다. "대저 어진 정치는 반드시 경계를 정하는 것에서 시작할 것이니, 경계가 바르지 아니하면 정전이 고르지 아니하며, 곡록이 고르지 않을 것이다.[夫仁政 必自經界始 經界不正 井地不均 穀祿不平]"에서 유래한다.(『孟子』「滕文公上」)

141) 구리(九里)를……은택: 은택이 먼 사람에게까지 미친다는 뜻이다. "하수가 구리를 윤택하게 하면 경사가 복을 입는다.[河潤九里 京師蒙福]"에서 유래한다.(『後漢書』「郭伋列傳」)

142) 잣나무처럼 기뻐하는: 동류(同類)의 행운을 기뻐하는 것을 말한다. 육기(陸機, 261~303)「탄서부(歎逝賦)」의 "참으로 소나무가 무성하면 잣나무가 기뻐하고, 아! 지초가 불타면 혜초가 탄식하도다.[信松茂而栢悅 嗟芝焚而蕙歎]"에서 유래한다.

143) 한산두(韓山斗): 당나라 한유(韓愈, 768~824)를 말한다. "한유가 죽은 뒤로 그의 말이 널리 행해져서, 학자들이 그를 태산북두처럼 우러러 받들었다.[自愈沒 其言大行 學者仰之如泰山北斗云]"에서 유래한다.(『唐書』「韓愈傳」)

144) 노옥천(盧玉川): 옥천은 당나라 노동(盧仝)의 호이다. 한유(韓愈)의「노동에게 부치다[寄盧仝]」의 "이제껏 이웃 중이 탁발한 쌀 보냈으니, 저는 현령이 되어 부끄럽지 않겠습니까? 봉급을 공사에 쓰고 남으면, 때때로 조금씩 보내어 제사를 돕겠습니다.[至今隣僧乞米送 僕忝縣尹能不恥 俸錢供給公私餘 時致薄少助祭祀]"에서 유래한다.

관찰사 조재호[145]에게 답하다[答趙方伯 載浩] 임신년(1752)

나라의 운명이 불행해져서 어진 빈궁嬪宮께서 갑자기 홍서薨逝하시니, 초야의 백성 역시 마음이 서글픈데, 더구나 친척관계의 무거운 의리와 깊은 우애의 정이 깊은 분이겠습니까. 애통하고 침통함을 더욱 어찌 견디십니까?

지난번 서울에 머무를 때에 바람대로 한 번 인사드리지 못하였으나, 지금 행차가 남쪽으로 온 뒤 편지를 보내서 외진 산속에 사는 저의 안부를 물어주니, 우러러 대감의 겸손한 덕에 감사하여 황공한 마음으로 스스로 불안합니다. 삼가 새해 아침에 대감의 체후가 신이 도움으로 편안하다는 것을 다시 알아, 우러러 위로되는 구구한 저의 마음을 주체하지 못하겠습니다.

중기重器는 연로한 데다 질병마저 덧나서 정신과 기력이 날로 손상되니, 지난날 글줄이나 보던 공부도 아주 내려놓았습니다. 무엇이 대감께 말씀드릴만하겠습니까.

보내주신 세 가지 선물은 생각해주시는 마음이 어찌 여기에까지 미치셨습니까. 받아서 맛을 보고 감탄한 나머지 사례할 길이 없습니다. 삼가 나라를 위하여 자애하여 슬픔을 절제하고 보호를 더하십시오.

관찰사 윤동도[146]에게 답하다[答尹方伯 東度] 계유년(1753)

멀리서 높은 풍도를 우러르면서도 아직까지 바람대로 한 번 찾아뵙지 못하였습니다.

---

145) 조재호(趙載浩, 1702~1762) : 자는 경대(景大), 호는 손재(損齋), 본관은 풍양(豊壤)이다. 1739년 천거로 세자시강원에 들었다가, 홍산 현감·경상도 관찰사·우의정 등을 지냈다. 저서로는 『손재집』이 있다.

146) 윤동도(尹東度, 1707~1768) : 자는 경중(敬仲), 호는 남애(南厓)·유당(柳塘), 본관은 파평(坡平)이다. 1745년 문과에 급제, 부수찬·부제학·영의정 등을 지냈다. 시호는 정문(靖文)이다.

행차가 남쪽으로 온 지 지금 벌써 한 해가 되었으나 병으로 외진 산속에 칩거하며 한 번 찾아뵐 길이 없으니, 단지 개탄스럽기만 할 뿐이었습니다. 갑자기 이렇게 뜻밖에 삼가 내려준 편지를 받아 손을 씻고 봉투를 열어보니, 놀라움과 감격을 헤아리기 어려웠습니다.

초여름 더위에 대감의 체후와 동정이 아주 좋다는 것을 다시 알아, 우러러 위로되는 구구한 저의 마음을 주체하지 못하였습니다.

중기重器는 고루한 식견과 미천한 이력으로 재차 임명받았으나 모두 부응하지 못하였습니다. 두려워 움츠리고 허물을 반성하는 가운데 또 잘못 알고 내린 은명을 받아서 너무도 두려워한 나머지 병을 무릅쓰고 길에 올랐습니다. 그러나 여독에 시달려서 기력이 소진되어 증상이 끝내 악화되었으니, 참으로 살아서 길을 나섰다가 죽어서 돌아올 우려가 있었습니다. 언뜻 병산屛山에 도착하였을 때에 변통하여 체차하라는 왕명이 있었다는 말을 갑자기 듣고 발길을 돌려 집에 돌아와서 정신을 잃고 침석에 엎어졌습니다. 이때부터 마음 편히 숨을 고를 수 있었으니, 사사로운 다행을 어떻게 말로 다 하겠습니까.

보내주신 부채는 염려해주는 마음이 어떻게 여기까지 미치셨습니까? 작은 집의 찌는 듯한 더위에서 마치 감당나무 아래의 시원한 바람을 쐬는 듯한데도, 감탄만 하고 사례할 길이 없습니다.

관찰사 이이장에게 답하다[答李方伯 彝章] 갑술년(1754)

훌륭한 이름을 마음에 새긴 지가 오래이나 영남의 외진 곳에 살아서 아직까지 바람대로 한 번 찾아뵙지도 못하고 단지 스스로 슬퍼하고 사모할 뿐이었습니다. 뜻밖에 보내신 편지가 외진 집에 잘못 떨어져 공경히 받들어 펼쳐 읽음에 감격스러운 마음을 헤아리기 어려웠습니다.

관찰사의 정사를 신이 도와주어서 대감의 체후가 아주 편안하다는 것을 다시 알아, 우러러 위로되는 구구한 저의 마음을 주체하지 못하였습니다.

중기重器는 나이가 많은 데다 병마저 깊어져서 정신을 잃고 침상에 엎어져 있습니다. 다만 조금의 기력으로 글줄이나 보던 공부마저 다시 할 수 없으니, 크게 탄식한들 어찌하겠습니까.

부채를 보내주신 은혜는 생각해주는 마음이 진지하지 않다면 어떻게 여기까지 미칠 수 있었겠습니까? 낮은 처마의 지독한 무더위 속에서도 시원한 바람이 겨드랑이에서 일어나니, 사람을 매우 그지없이 감탄하게 만듭니다.

관찰사 이성중[147]에게 답하다[答李方伯 成中] 병자년(1756)

하늘이 종묘사직을 도와 세자께서 천연두를 가벼이 겪으셨으니, 조야의 기쁨이 어찌 끝이 있겠습니까.

먼 시골의 외진 곳에 사는 처지에 늙고 병들어 흐릿하고 고달파서 서울 친구들의 길흉화복을 아득히 들을 수 없습니다. 그래서 한 글자로도 서로 위로하거나 경하한 적이 없으니, 스스로 헤아려보건대 이 시대의 버려진 물건이 되었습니다. 뜻밖에 집사께서 편지를 보내어 죽었는지 살았는지 안부를 물어봐 주시니, 옛 친구를 잊지 않는 대군자의 의리가 보통사람보다 매우 뛰어납니다. 손을 씻고 받들어 읽으니 감격을 헤아리기 어렵습니다.

다시 늦추위에 대감의 체후와 동정이 아주 좋다는 것을 다시 알아, 우러러 위로되는 구구한 저의 마음을 주체하지 못하겠습니다.

중기重器는 나이 70을 넘기며 쌓인 병이 더욱 괴로워서 침석에 엎어져 약물을 밥 먹듯이 복용하다 보니, 지난날 글줄이나 보던 공부마저 또 그만두었습니다. 그러니 어떻게

147) 이성중(李成中, ?~?) : 자는 사득(士得), 호는 질암(質庵), 본관은 전주이다. 이조 좌랑·경상도 관찰사·이조 판서 등을 지냈다. 시호는 정민(貞敏)이다. 저서로는 『질암집』이 있다.

산야에서 유유자적하는 재미가 있겠습니까.

지난날 저와 사귀어 주시던 사랑을 생각할 적마다 적이 흠모하는 마음을 견디지 못하나, 천리 밖에 멀리 떨어져 있어서 한 번 찾아뵐 길도 없습니다. 지금 듣건대, 우리 영남에 좌천되어 오셨다고 하니 궁금함이 더욱 간절하나 촌 늙은이의 신세에 질병마저 더해져서 또 찾아뵐 길이 없으니, 남쪽 감당나무의 그늘만을 바라보며 그저 서글픔만 더할 뿐입니다.

내려주신 네 가지 선물은 생각해 주시는 마음이 어찌 여기에까지 미치셨습니까. 물고기와 과일로는 채소만 먹던 창자를 윤택하게 하고 초로는 관솔불을 대신하며 종이로는 나뭇잎을 대신하였으니, 이는 외진 곳에 사는 자의 어려움을 깊이 생각하여 이렇게 하사한 것이 아니겠습니까? 너무나 감사하면서도 사례할 길은 없습니다.

이어서 거듭되는 흉년 속에 굶어죽은 시체가 연이어져서 행차가 남쪽으로 오신 뒤로부터 고을마다 우러러 쳐다봄이 한창 간절하리라 생각됩니다. 삼가 바라건대, 집사께서는 다시는 산관散官148)의 무리들을 염두에 두지 마시고 한 도의 백성들에게 덕과 은혜를 널리 펴는 것이 어떻겠습니까?

저는 논밭에 엎드려 있으나 그래도 나라를 걱정하는 생각은 갖고 있어서, 감히 이렇게 우러러 아룁니다. 아마 참람하다고 죄를 주지는 않으시겠지요.

세밑이 멀지 않았는데, 새해 복 많이 받으시고, 속히 총애하는 발탁을 입어마음을 비워놓고 기다리시는 성상聖上의 바람에 부응하십시오.

---

148) 산관(散官) : 품계(品階)와 직위를 가지고 있으면서 일정한 직무가 없는 벼슬이다.

매산선생문집

梅山先生文集

제4권

매산선생문집 제4권

서書

권일보 만[1])에게 답하다[答權一甫 萬] 병진년(1736)

지난겨울 선생께서 남긴 초고를 정리하려고 도중道中과 여러 벗들을 데리고 팔공산八公山의 절에 모였습니다. 어디에서 보냈는지 알 수 없는 형兄의 편지를 뜻밖에 받았는데, 바로 행차가 영산靈山[2])에 머무를 때 풍체風遞[3]) 편으로 보내신 것이었습니다.

편지 봉투를 열어 긴 편지를 읽어보니, 훌륭한 의표를 대하고 단아한 언론을 듣는 것과 같았습니다. 그러나 심부름을 온 자가 형兄께서 가신 길을 알지 못하여 답장을 건네지 못하고 돌려보낸 것이 다만 한스러웠습니다.

편지를 받은 뒤 해가 바뀌었습니다. 남쪽에서 곧장 돌아왔으며 불편한 몸도 벌써 다 나았는지 잘 모르겠습니다. 위하여 우러러 염려됨이 그지없습니다. 다만 형의 행차가 이미 창언昌言과 함께 하기로 하였는데, 오가는 사이에 어떻게 이곳으로 길을 잡아서 오랜 작별 뒤의 만나는 기쁨을 나누지 않고, 다만 스스로 연연해하십니까? 이는 형에게

---

1) 권만(權萬, 1688~1749) : 자는 일보(一甫), 호는 강좌(江左), 본관은 안동이다. 1725년 문과에 급제하였고, 1728년 이인좌의 난이 일어나자 진압하는 데 공을 세웠다. 벼슬로는 병조 좌랑·병조 정랑 등을 거쳤으며, 정조 때 창의한 공로로 이조 참의에 추증되었다. 저서로는 『강좌집』이 있다.
2) 영산(靈山) : 현재의 경남 창녕군 영산면을 말한다.
3) 풍체(風遞) : 풍편(風便)이라고도 한다. 직접 사람을 상대방에게 보낸 것이 아니라, 그곳으로 가는 사람이 있으면 부탁하여 간접적으로 보낸 편지를 말한다.

서운하지 않을 수 없는 점입니다.

제弟는 50의 노쇠한 늙은이가 다시 2년을 더하니, 검은 머리카락이 모두 하얗게 변하였습니다. 문을 닫고 적적이 지내며 더는 다른 생각은 없습니다. 그러나 오직 선생께서 남긴 문자를 아직까지 편집하지 못하여 오래될수록 더욱 묻히게 될 것이 적이 염려스러워 얼마 전 대략 정리는 하였습니다. 그리고 도중道中은 병조 좌랑이 되어 서울로 갔습니다.

한 해가 또 다 지나가도 할 일은 겨우 절반만 하고 말았습니다. 이제 막 다시 여러 사우士友들과 함께 선생의 원고를 교정하고는 싶으나 정력이 모자라고 책이 너무 많으니, 어떻게 감당할 수 있겠습니까? 대충 마친 뒤에 한번 우리 형, 그리고 진백振伯 등과 서로 마주하여 살펴보려고 합니다. 그러나 멀리 떨어져 있어서 함께 자리하는 것이 쉽지 않으니, 이것이 아쉬운 노릇입니다.

권일보에게 답하다[答權一甫] 경신년(1740)

재작년 겨울 풍체風遞 편에 형의 편지를 받아 보니, 말씀이 정성스럽고 진지하여 괴로운 저를 위로하는 사연이 매우 자상하였습니다. 공손히 받들어 읽음에 사람을 매우 감동하여 서글퍼지도록 만들었습니다. 하지만 병들고 시든 처지에 정신마저 혼미하여 인사를 차릴 수 없었고 또 외진 시골로 들어와 지내다 보니 인편을 찾아 사례의 편지마저 부치지도 못하였습니다.

지난겨울 동생 분이 남쪽으로 왔을 적에는 마침 일이 있어 경산慶山에 갔다가, 형께서 상주尙州에 머무르고 있다는 소식은 들었습니다. 그러나 멀어서 가 뵙지 못하였고, 돌아오자 동생 분은 벌써 돌아가 버렸습니다. 그 뒤 이럭저럭 기회를 놓치어 지금까지 한 글자의 답장도 하지 못하였습니다. 부끄러움과 두려움을 어찌 다 헤아리겠습니까?

이즈음 가을은 벌써 깊어 가는데, 형의 정체靜體는 어떠하십니까? 여름에 형께서 병조 좌랑에 임명되었다는 소식을 듣고, 공도公道가 아직은 무너지지 않은 것을 적이 기뻐하며, 형을 위하여 매우 위로되고 반가웠습니다. 그러나 서울로 가던 도중 체임遞任되어 돌아온 것을 바로 알게 되었습니다. 병조는 일이 많아서 지방에 사는 사람이 대체로 이러한 근심을 당하기도 합니다. 하지만 이는 또한 우리들의 운수가 나빠서 생긴 일이니, 개탄스러움을 너무나 견디지 못하겠습니다.

제弟는 큰 아이의 복은 벌써 벗었으나 슬픔은 도리어 깊어지며 온갖 질병은 겹쳐 일어나 하루도 편한 날이 없습니다. 여름 끝에는 또 얼굴 부위에 풍단風丹[4]이 나서 거의 죽다가 살아났으나, 증세가 남아 있어서 침상을 뒹굴며 목숨만 겨우 보전할 뿐입니다. 넋이 빠진 채 멍하니 흙 인형처럼 지내고 있으니, 어찌 다시 벗을 위하여 말할 것이 있겠습니까?

전번 편지에서 말씀해 주신 것은 삼가 다 이해하였습니다. 감회가 더욱더 비통합니다. 다만 즉시 받들어 답장하지 못한 것은 민첩하지 못해서입니다.

죽은 아들은 천품天稟이 순후하고 단아하여 어려서부터 노는 것을 즐기지 않고 다투지도 않았습니다. 효성 또한 독실하여 부모가 질병이 있으면 근심으로 먹거나 잠들지 못하였습니다. 어버이의 뜻을 잘 따라서 조금이라도 어기거나 넘어서는 법이 없었으며, 아비의 잘못된 행동을 보면 그때마다 간하여 그만두도록 하였습니다. 사물을 대함에 반드시 겸손하고 삼가 하여 혹여 어버이에게 누를 끼칠까 두려워하였으며, 비루한 이야기나 나쁜 말을 남에게 한 적이 없었습니다.

밤낮으로 멈추지 않고 글을 읽어서 예닐곱에 『소학小學』과 사서四書이며 이경二經[5]을 이해하고 역사책과 문장가들의 글도 약간 편을 섭렵하였으며, 사부詞賦와 글씨는 과장科場의 수재秀才[6]가 될 만하였습니다.

---

4) 풍단(風丹): 피부에 희끄무레한 반점이 생겼다가 물집으로 되어 터져서 누런 진물이 나오며 통증이 심하다.
5) 이경(二經): 여러 설이 있으나, 『시경(詩經)』과 『서경(書經)』을 말하는 것으로 보인다.

이윽고 두 해 동안 병으로 고생하며 자리에 누워서도 오히려 『심경心經』 한 부를 가져다가 때때로 뒤적이면서 의심스러운 곳을 질문하였으니, 이는 그의 이상이 성동成童 때부터 벌써 저대로 작지 않아서입니다. 만약 하늘이 수명을 주었다면 바람대로 성취가 있었을 것인데, 겨우 스물의 나이로 갑자기 세상을 떠났습니다. 제 마음의 찢어지는 아픔이 어찌 끝이 있겠습니까?

홀로 남은 며느리가 순절殉節한 경우는 더욱 차마 말하지 못할 것이 있습니다. 아들이 병에 걸렸을 때 며느리는 아들의 먹는 양을 보아서 자신의 먹는 양을 조절하다가 아들의 병이 매우 위독해지자 십 수 일 동안 곡기를 끊었고, 변고를 당한 뒤에는 땅에 엎어져 통곡하다가 숨이 막혀서 약물을 입으로 흘려 넣고서야 소생할 수 있었습니다. 시부모가 눈물로 달랬기에 억지로 한 숟가락의 미음을 먹었으나 위장이 말라버려 소화시키지 못하고 바로 설사를 하였습니다. 이러기를 스무날 만에 앙상히 뼈만 남은 채로 여인의 곧은 마음과 굳은 절개를 다하였습니다. 세상에 어찌 다시 이런 일이 있겠습니까?

고장 사람들이 슬프게 여겨서 즉시 관아에 알려 정려를 청하였습니다. 하지만 행실이 알려지거나 묻히는 것이 땅 속의 사람에게 무슨 상관이 있겠습니까? 이제 핏덩이 아이가 겨우 무릎 위에 안겨 있는데, 그 부모의 목소리와 얼굴빛은 미쳐 듣고 보지 못하였습니다. 그 뜻과 행실마저 또 묻혀서 전해지지 않는다면 뒷날 비록 저 아이가 장성하더라도 어디에서 부모를 기억하겠습니까?

죽은 아들이 평소 우리 형의 글을 즐겨 외웠고, 또 아비의 친구임을 생각하여 매우 존모尊慕하였습니다. 바라건대, 특별히 두어 구절의 글을 지어 애도해주시면서 죽은 며느리의 정절貞節을 글의 말미에 함께 언급하거나, 아니면 별도로 한 편을 지어 주시는 것이 어떠하겠습니까? 이러한 생각을 다른 사람에게는 말한 적이 없는데, 이제 우리

---

6) 수재(秀才) : 재주가 뛰어나게 우수한 사람을 가리키는 말이었다. 한대(漢代)에 수재과를 설치하여, 이후로 과거 과목이 되었는데, 명대에는 현학(縣學)의 생원(生員)을 수재라고 하였다.

형에게 이렇게 간절히 부탁드립니다. 억장이 무너지고 숨이 막혀 더욱 마음에 담아두지 못하겠습니다.

권일보에게 납하다[答權一甫] 갑자년(1744)

서로 먼 곳에서 바라만보다 허다한 세월이 다가도록 만남은 말할 것도 없거니와 서신마저 뜻대로 전하지 못한 채, 그저 노심초사하고 있었습니다. 의성義城으로 뜻밖에 온 편지의 종이 가득한 사연이 마치 훌륭한 언론을 직접 듣는 듯하니, 놀라움과 감격이 어찌 끝이 있겠습니까?

서신이 온 이후 또 한 해가 지났습니다. 고요히 수양하는 형의 정황은 어떠하십니까? 더욱 궁금합니다.

제弟는 서호西湖[7]에서 돌아온 뒤로 노쇠와 질병이 갈수록 깊어졌습니다. 이제 또 나이 들어 꽉 채운 60의 노인이 되고 보니, 눈은 어둡고 머리는 세며 지기志氣마저 흐리고 산란해져서 비록 예전에 익혔던 것을 찾고 정리하여 만년을 보완하고 수습하는 계책으로 삼고자 해도 역시 어떻게 하지 못하고 있습니다. 어떻게 퇴물로 돌아감을 면할 수 있겠습니까? 단지 스스로 두려워 할뿐입니다.

장사長沙[8]의 근무평가 제목題目은 실상을 잘 알았습니다. 친구 간에 기뻐하는 마음이야 형이나 저나 무어 다르겠습니까? 섣달 전에 고모의 초상을 당하여 세초歲初에 문상하고 싶었으나, 감영에서 휴가를 주지 않아 하지 못하였다고 합니다.

박옥여朴玉汝[9]는 문장이 고아하고 기량과 식견이 실로 우리들 중에 가장 뛰어났으나

---

7) 서호(西湖) : 호서(湖西)와 같은 말로, 매산은 임술년(1742)에 결성 현감을 그만두고 고향으로 돌아왔다.
8) 장사(長沙) : 전라도 무장현(茂長縣)의 옛 이름이다. 당시 무장 현감에 재직하고 있는 사람을 가리키나, 누구인지는 알 수 없다.

갑자기 이 지경에 이르렀으니, 마음이 매우 아프고 아픕니다.

편지에 하신 말씀은 잘 알겠습니다. 친구 사이에 서로 죽음을 애도하는 경우, 예전에는 부고장이 집집마다 이르기도 전에 바로 두어 구절의 초를 잡아 보냈습니다. 도중道中에게도 이러한 뜻을 말하였습니다.

희양晞陽이 무사하다는 소식은 위로가 될 만하나 풀려날 기약이 없으니, 이는 어찌 장자후章子厚[10]만이 한 짓이겠습니까?

창언昌言 형은 깊이 들어가서 나오지 않는다고 하니, 수석水石에서 즐거움을 느껴서입니까? 혼자 갇혀 쓸쓸히 지냄이 동당同堂에서 서로 박문약례博文約禮[11]하는 것보다 못할까 염려되지만, 어떠할지 아직 모르겠습니다.

매번 노형老兄과 덕문德門의 여러 친구들을 찾아 청암정青巖亭에서 조용히 토론하고, 이어서 눌옹訥翁[12]을 방문하여 경전의 깊은 뜻을 강설한 다음, 돌아서 양백산兩白山 자락으로 들어가 선현의 유적을 방문하고 산수의 절경을 두루 구경하며 저의 비루하고도 인색한 가슴을 씻어내고 싶었습니다. 그러나 질병이 번갈아 발작하고 쓸데없는 일이 또 방해하여 10년 동안 경영만하고, 지금까지 이루지 못하였습니다. 앞으로 만약 크게 구애되는 일이 없다면 마땅히 조만간 한번 말채찍을 들 것입니다.

---

9) 박옥여(朴玉汝) : 옥여는 박성옥(朴成玉, 1690~1743)의 자이다. 호는 만명헌(晩命軒), 본관은 함양(咸陽)이다. 1725년 문과에 급제하여 지평을 지냈다. 이인좌의 난에 의병장으로 활약하여 공을 세웠다.

10) 장자후(章子厚) : 자후는 송 철종(宋哲宗) 때 간신인 장돈(章惇, 1035~1105)의 자이다. 철종 초기 선인후(宣仁后)가 대리청정(代理聽政)할 때 추밀원지사(樞密院知事)로 사마광(司馬光)의 역법(役法)을 반대하다가 선인후의 노여움을 사서 지방관으로 내쫓겼다. 선인후가 죽은 뒤에 다시 상서좌복야문하시랑(尙書左僕射門下侍郎)에 기용되어서는 보복을 일삼아 과거 자신을 탄핵했던 현신들을 다 죽이고, 사마광의 무덤을 파서 죄주기를 청하기까지 한 인물이다.

11) 박문약례(博文約禮) : 글을 배우고 예법으로 몸을 단속하는 것을 말한다. "군자가 문에 대하여 널리 배우고 예로써 요약한다면 또한 도에 크게 어긋나지 않을 것이다.[君子博學於文 約之以禮 亦可以弗畔矣夫]"에서 유래한다.(『論語』「雍也」)

12) 눌옹(訥翁) : 눌은(訥隱) 이광정(李光庭, 1674~1756)을 가리킨다.

권일보에게 답하다[答權一甫]

지난가을 보내주신 편지는 인편이 없어서 답장을 지연하였습니다. 금년 2월에 종질從姪이 눌전訥田으로 가는 길에 비로소 편지를 쓰서 부쳤습니다. 그러나 그의 돌아오는 걸음이 너무 바빠서 계시는 곳을 찾아뵙지 못하고, 눌전에 남겨두고 돌아왔습니다. 수옹秀翁[13]이 돌아오는 편에 또 편지를 받아 보니, 이는 저의 편지를 받기 전에 보내신 것이었습니다. 우러러 애쓰시는 뜻을 알아 더욱 감탄하였습니다.

다만 어른의 우환이 시간이 지날수록 깊어가고 아후雅候 또한 나빠지고 있음을 알아, 구구한 염려가 평소의 배나 됩니다. 그러나 효성이 지극하고 조섭을 잘 해서 벌써 차츰 편안한 상태로 돌아왔을 것이라고 생각합니다. 이로써 우러러 축하드립니다.

제弟는 금년에 꽉 찬 60의 나이로 근력이 쇠약해짐은 당연하나, 눈이 어둡고 정신이 흐려져서 고지故紙마저 뒤져보지 못하는 데다가, 외진 곳에서 쓸쓸히 지내다보니 또 벗들과 함께 학문을 연마하는 보탬도 없이 단지 날로 퇴보하고 있을 뿐입니다. 그러니 어떻게 노년에 다시 수습할 가망이 있겠습니까? 생각하다 보면 두려움과 서글픔을 절실히 느끼게 됩니다.

이제 보내주신 편지를 받아보니 "뉘우치는 마음이 막 싹튼다."는 말씀이 있는데, 어찌 그리도 스스로 지나치게 겸손하십니까? 노형께서는 호매豪邁한 재기才氣로 거의 40년 동안 서책에 힘을 쏟았습니다. 해박한 식견이 이르지 않는 데가 없는데도 오히려 스스로 자만하지 않고 이처럼 '뉘우치는 마음'을 가지시니, 나아가고 나아가 멈추지 않으려는 의지를 알 수 있습니다.

만약 다시 더 이치를 궁구하고 마음을 다스리는 책에 푹 잠기어 심성을 수렴하고 응집하는 공부에 힘을 쏟아서 내면으로 채찍질하여[14] 실지에 입각한다면 세상의 득실

---

13) 수옹(秀翁): 정일주(鄭一柱, 1701~1781)를 말한다. 자는 수흡(秀翕), 본관은 영일이다. 훈수 정만양과 지수 정규양의 문인이다. 1728년 이인좌(李麟佐)의 난에 창의하였다.

과 성쇠이며 사생과 화복이 다 나의 마음에 들어오지 못할 것입니다. 그 덕업德業의 성취가 어찌 한량이 있겠습니까?

근래 의지할 만한 여러 친구들이 서둘러 모두 세상을 떠나서 사람을 서글프게 만듭니다. 제산霽山[15]은 풀려나 돌아올 기약이 없어서 가족들을 데리고 이사까지 하였다니, 만날 기약이 아득하여 아픔과 탄식을 말할 수 없습니다. 그러나 이 어찌 장자후章子厚만이 한 짓이겠습니까? 다만 운수에 부칠 따름입니다. 어찌하고 어찌하겠습니까?

선생의 문집은 겨우 한 벌 찍었으나 더는 여력이 없어서 두어 벌 찍을 수 없습니다. 사림에서 보기 원하는 사람이 한 둘이 아니지만 요구에 응할 수 없으니, 탄식할 만합니다.

도중道中이 뜻밖에 파직되어 돌아왔는데, 그에게는 또한 편안할 것입니다.

집안의 어린 손자는 고생고생 키워서 이제 입학하기에 이르렀습니다. 천성天性이 영민하여 가르칠 만하나 너무 기운이 맑고 몸이 허약하여 과정을 정해두고 가르치지 못할 뿐입니다.

뇌문誄文은 당초 부탁드린 뜻이 실로 우연이 아니었으나 지금은 때가 바뀌고 일이 지나갔는데, 무어 돌이켜 생각할 필요가 있겠습니까?

일찍이 정자성鄭子成[16]과 죽계竹溪의 절경을 둘러보자고 약속한 적이 있습니다. 조만간 이 계획을 실행한다면 노형 및 여러 훌륭한 벗들과 한번 만나볼 수 있을 것이나, 늙어 병들고 가난한 늙은이가 길을 나서기 쉽지 않아서 애타게 생각만 하고 있을 뿐입니다.

---

14) 내면으로 채찍질하여 : 자기에게 긴요하지 않은 세상사에 관심을 두지 않고 심성(心性) 수양과 같은 자기 자신의 문제에 대해 절실하게 공부하는 자세를 말한다. 정호(程顥, 1032~1085)가 "학문이란 단지 내면으로 채찍질하여 자신에게 두어야할 뿐이다. 그러므로 절실히 묻고 가깝게 생각하면 인이 그 안에 있는 것이다.[學只要鞭辟近裏 著己而已 故切問而近思 則仁在其中矣]"라고 한 데서 유래한다.(『近思錄』 권2)

15) 제산(霽山) : 김성탁(金聖鐸, 1684~1747)의 호이다. 자는 진백(振伯), 본관은 의성(義城)이다.

16) 정자성(鄭子成) : 자성은 정옥(鄭玉, 1694~1760)의 자이다. 호는 우천(牛川), 본관은 청주이다.

이중구 수항[17]에게 답하다[答李仲久 守恒] 계유년(1753)

전날 서울을 유람할 때 돌아가신 존장尊丈의 융숭한 대접을 받은 적이 있었으나, 거리가 너무 멀어서 아직도 형과는 만나보지 못하여, 끝없이 개탄하고 그리워하며 마음에서 잠시라도 잊어본 적이 없었습니다.

뜻밖에 보내신 편지가 갑자기 외진 집으로 와서 봉투를 열어 긴 편지를 읽어보니, 마치 모습을 대하는 듯하였습니다. 감격과 다행을 어찌 다 헤아리겠습니까? 매서운 추위에 아후雅候가 복되다는 것을 알아, 기쁨과 위로가 더욱 지극합니다.

아드님이 높은 등수로 과거에 급제한 뒤 난파鑾坡[18]에 들어가서 승진하는 은전을 입었다고 하니, 우리 영남의 큰 영광입니다. 어찌 덕문德門만의 영광이겠습니까? 우러러 축하드려 마지않습니다.

제弟는 늙어서 쇠약하고 병이 들어 정신과 기력이 날로 줄어들어서 책상 위의 고지故紙도 눈으로 볼 수 없으니, 어찌 노년에 다시 수습할 가망이 있겠습니까? 단지 스스로 두려울 뿐입니다.

승선承宣[19] 집과의 혼사는 허락을 받았으니, 이는 참으로 하늘이 맺어준 인연이기에 종족들도 역시 기뻐하고 있습니다. 다만 형의 허락 편지가 노포蘆浦에서 지체되어 어제 저물녘에 비로소 도착하여 예사禮使가 오늘에야 길을 떠났습니다.

---

17) 이수항(李守恒, 1695~1768) : 자는 중구(仲久), 호는 산후재(山後齋), 본관은 진성(眞城)이다. 천거로 감역(監役)을 제수 받았다. 『문순공실기(文純公實記)』·『도산급문록(陶山及門錄)』 등의 편찬에 참여하였다. 저서로는 『산후재유고』·『사칠통변연원록(四七通辨淵源錄)』 등이 있다.

18) 난파(鑾坡) : 당나라 한림학사(翰林學士)들이 금란전(金鑾殿)에 생활해서 한림원(翰林院)의 별칭이 되었다. 조선에서는 주로 집현전(集賢殿)의 별칭으로 사용하였다. 이 편지만으로는 어떤 자리인지 정확히 알 수 없다.

19) 승선(承宣) : 승정원의 승지를 달리 부르는 말로, 누구인지는 정확히 알 수 없다.

이중구에게 답하다[答李仲久] 갑술년(1754)

지난번 답장에서 사귀기를 원하는 뜻을 충분히 알았으나, 바쁜 중에 편지를 부치다 보니 속마음을 다 말하지 못하여 한스러웠습니다. 뜻하지 않게 돌아오는 인편으로 재차 보낸 편지에 담긴 뜻이 은근하고 진지하여 서로 외면하지 않는 후의厚意를 알 수 있었습니다. 너무나 감사하여 사례드릴 말이 없습니다.

소식을 들은 뒤 해가 바뀌었습니다. 덕스럽고 의로운 형께서 신의 도움으로 새 복을 많이 받으셨겠지요? 우러러 축하하고 또 궁금하여 멀리서 이 심정을 주체하지 못하겠습니다.

제弟는 금년에 나이 70이 꽉 차 정신과 근력이 날로 쇠퇴해지는 것을 느낍니다. 비록 예전의 학업을 다시 연구하고 싶어도 되지 않으니, 소인이 되는 지경을 면하지 못하고 있습니다. 두려움과 서글픔을 어떻게 말로 다 하겠습니까?

평소 형의 식견이 넓고 고아하다는 소문을 듣고 매번 도산陶山으로 한번 가서 형 및 덕문德門의 여러 벗들과 함께 노선생老先生의 유문을 강론하며 예전 일을 물어보고 의심나는 뜻을 질정 받고 싶었습니다. 그러나 질병이 온몸을 감싸고 쓸데없는 걱정거리가 연이어 겹쳐서 아직까지 계획대로 하지 못하였으니, 끝내 종신終身의 한이 될까 두려울 뿐입니다.

『심경질의心經質疑』[20]와 『주서질의朱書質疑』[21]는 본래 문인들의 기록에서 나온 것입니다. 그 사이에 더러 잘못된 기록이 있으니, 바로 정문程門의 어록語錄에 아쉬움이 있는 것과 같습니다. 그러나 근세의 한때 현인들이 『심경석의心經釋疑』[22]를 지으면서 질의質疑의

---

20) 『심경질의(心經質疑)』: 간재(艮齋) 이덕홍(李德弘, 1541~1596)의 저술이다.
21) 『주서질의(朱書質疑)』: 죽천(竹川) 박광전(朴光前, 1526~1597)이 41세에 퇴계 이황을 만나 『주서절요(朱書節要)』에 대해 문답한 것을 적은 책이다.
22) 『심경석의(心經釋疑)』: 조선 숙종 때 펴낸 책이다. 퇴계 이황이 가르친 것을 그의 문인 간재(艮齋) 이덕홍(李德弘)과 천산재(天山齋) 이함형(李咸亨)이 받아 적어 펴낸 것이다.

내용을 취하여 가감하고는 선생께서 참작하여 정정訂正한 것이라고 여기니, 아주 잘못 이해한 것입니다.

전날 숙종 경오(1690) 연간에 영남의 유생들이 대궐문 앞에 나아가 호소呼訴하며 변무辨誣할 것을 의논하다가 곧장 정지하였으니, 이는 형께서도 분명 벌써 들었을 것입니다. 저는 일찍이 서울에서 『주자대전차의朱子大全箚疑』[23]를 보았습니다. 이 또한 한때의 현인이 지은 것입니다. 절요節要와 질의質疑의 내용을 다 같이 기록하여 '기의記疑'라 이름하고는, 사문의 수록이라 지칭하며 그 안의 잘못되거나 빠진 부분을 서둘러 비방하니, 어찌 개탄스러운 일이 아니겠습니까?

덕문 및 도산서원에는 반드시 두 질의質疑를 등서謄書하여 보관하는 곳이 있을 것입니다. 만약 이 선본善本을 얻어서 정밀히 교정하고 서원 안에 받들어 간직한다면 저들의 베껴 전하며 잘못되거나 빠진 부분이 있는 책은 저절로 믿을 거리가 되지 못할 것입니다.

저 같이 천박하고 비루한 자가 어찌 감히 이러한 의논에 참여하겠습니까. 하지만 선정先正을 존모하는 정성은 실로 다른 사람의 배나 됩니다. 그래서 부질없이 여러 판본들을 모아 정밀히 교정하여 하나의 초본草本을 만들어 동지 여러 군자들에게 질정 받고자 하는 것입니다. 그러나 외진 산골에 외로이 살다보니 판본을 많이 얻지 못하는 데다 또 나이가 들어 눈마저 어두워서 스스로 베낄 수도 없고, 또 사가私家에서는 글씨 쓰는 사람을 사기도 어려워 이 지극한 염원을 이룰 길이 없습니다. 그래서 부질없이 간절히 개탄하고만 있습니다. 노형께서는 이 일을 담당할 수 있으리라 생각합니다. 바라건대 부디 마음에 유념하여 빨리 이루는 것이 어떠하겠습니까?

---

23) 『주자대전차의(朱子大全箚疑)』: 우암(尤菴) 송시열(宋時烈, 1607-1689)이 『주자대전(朱子大全)』에서 의문이 나거나 이해하기 어려운 부분을 뽑아 해설을 덧붙인 책이다.

이중구에게 답하다[答李仲久]

5월 12일에 지난 5월 5일 단오에 보내신 편지를 삼가 받아, 그 동안의 여러 안부를 자세히 알게 되어 감사와 위로의 마음 헤아리기 어려웠습니다. 그러나 그 뒤로 인편이 끊겨 아직까지 답장을 하지 못하였으나, 아마 이해해주시리라 믿습니다.

요즈음 혹독한 더위 속에 조용히 공부하며 지내는 체후體候가 어떠한지 모르겠습니다. 끝없는 그리움이 꿈속에서 날마다 청헌淸軒의 책상 사이만 왕래합니다.

제弟는 오락가락하던 묵은 병이 더위를 당하여 더욱 심해져서 곡기穀氣를 끊고 자리에 드러누워 하나의 시체 모양을 하고 있으니, 무슨 말할 거리가 있겠습니까?

『주서질의朱書質疑』의 일은 보내신 편지를 자세히 읽어 보니, 구구절절의 변증辨證이 모두 단락이 있었습니다. 월천月川[24] 학설의 경우는 저도 본 것입니다. 그러나 근거를 제시함이 특별히 상세하여 『주자대전차의朱子大全箚疑』 중에서 '기의記疑'로 잘못 지칭한 부분은 변론하지 않아도 저절로 밝혀질 것입니다. 어찌 통쾌하지 않겠습니까? 사문을 위하여 찬탄이 그지없습니다.

다만 『주자대전차의』의 내용과 영남의 여러 판본에 자세함과 소략함의 차이가 많이 있고, 오자와 탈자도 적지 않아서 더러 여기에는 없으나 저기에는 있으며, 더러 여기에는 있으나 저기에는 없습니다. 만약 다시 하나의 판본을 수정하여 자세한 것으로 기준을 삼아 그 아래에 권점을 찍어서 "어느 판본에는 이렇게 되어 있다."라고 하고 있는 것으로 기준을 삼아 권점 아래에 "어느 판본에는 없다."라고 하며, 오자와 탈자의 경우는 『이정유서二程遺書』이나 『주자어류朱子語類』의 예와 같이 어느 판본에는 무슨 글자가 무슨 글자로 되어 있다고 하거나 혹은 무슨 글자 아래에 무슨 글자가 빠져 있다고

---

24) 월천(月川) : 조목(趙穆, 1524~1606)의 호이다, 자는 사경(士敬), 본관은 횡성(橫城)이다. 1552년 생원시에 입격하였으나 대과에 응시하지 않고 위기지학에 전념하였다. 봉화 현감·군자감 주부 등을 지내고, 이후 받은 벼슬은 사양하였다. 저서로는 『월천집』이 있다.

한다면, 당세의 그릇됨을 깨뜨리고 후학들의 의심을 끊을 수 있습니다. 그러나 이 일을 감당할 사람이 없으니, 참으로 개탄스러운 노릇입니다. 목판으로 찍은 것은 영원히 전해지고 손으로 베낀 것은 쉽게 없어집니다. 정확하여 의심 없는 가르침이 도리어 글자가 틀리거나 빠져서 사실과 다르게 되어도 살필 길이 없는 것이 적이 두렵습니다.

보내주신 편지에서 월천 선생이 그러한 것을 알고도 언급하지 못하였다고 하시는데, 대개 당시 초본初本에는 이미 틀리거나 빠진 부분이 없었고 또 헐뜯는 사람도 없었습니다. 그러므로 교정하여 입증하지 않았으니, 이는 참으로 사세가 마침 그러해서입니다. 어떻게 앞사람이 언급하지 않았다고 하여 그대로 포기하여 없어지도록 내버려 두겠습니까? 회의를 열어 참고하고 교정하는 경우는 실로 쉽게 해내기 어렵습니다. 반드시 하나의 선본을 얻어 정서한 뒤 서원 안에 간직하는 것이 어떠하십니까?

저의 기록은 제가諸家의 학설을 두루 취하여 저 자신이 연구하는 자료로 삼으려고 했기에 누락된 곳마다 보충하여 넣고 수정은 하지 않았습니다. 어찌 감히 가벼이 남에게 보여주어 맹인盲人이 단청丹靑을 의논했다는 비난을 살 수 있겠습니까? 보내주신 편지에 한 판본을 서원에 간직하겠다는 말씀은 덕으로 사람을 아끼는[25] 뜻이 너무 아닙니다. 고명하신 분께서 여기에서 또 실언을 면하지 못하였습니다. 오직 제 마음의 개탄스러운 생각이 말똥말똥 잊히지 않아서입니다.

만약 죽지 않고 몇 해 더 살 수 있다면 서너 판본을 취하여 저 혼자 교감하고는 자질들을 시켜 하나의 판본으로 베껴서 상자에 간직하였다가 노경老境에 볼거리로 삼겠습니다. 바라건대, 가지고 계시는 하나의 판본을 인편을 통하여 잠시 빌려주시는 것이 어떠하겠습니까? 당연히 제가 간직하고 있는 판본과 한번 대조해본 뒤에는 즉시 온전히 돌려드리겠습니다.

---

25) 덕으로……아끼는: "군자는 덕으로 사람을 아끼는 반면, 소인은 그저 고식적으로 사람을 아낀다.[君子之愛人也以德 細人之愛人也以姑息]"에서 유래한다.(『禮記』「檀弓上」)

정도중에게 주다[與鄭道中] 임자년(1732)

지금 읍한邑漢[26]이 와서 족숙께서 최성最成에게 보낸 배자牌子를 보고, 비로소 중제重制[27]의 초상이 뜻밖에 났음을 알아, 놀라고 슬퍼하였습니다. 그러던 중 이어서 15일에 일어난 횡계橫溪의 상사喪事[28] 소식을 듣고는 심장이 내려앉고 간담이 찢어져 마치 깊은 연못에 빠지는 듯하였습니다.

다만 배자에는 일을 분명히 말하지 않았고, 편지를 절 노비의 우두머리 계심戒沈에게 하루 앞서 부쳤다고 하였으나, 그 놈이 아직까지 오지 않고 있습니다. 아득한 천리 밖에서 어느 분의 초상인지 정확히 알지 못하여, 비통 속에 의심과 염려가 서로 일어나 어떻게 대처해야 할지 알지 못하였습니다. 이제 막 사람을 군저인郡邸人의 집으로 보내어 이른바 계심이라는 자를 찾아보게 하였으나 찾았는지 여부는 아직 알 수 없습니다. 먼 곳의 인사가 참으로 마음 아프게 합니다.

6월 보름께 군郡의 아전 태망太望이 돌아가는 길에 편지를 부쳤는데, 받아보셨습니까? 국량國良이 영천에서 출발할 때는 대개 윤달 20일 전이어서, 그 당시 선생의 병환이 위중하다는 소식을 전해 듣고 와 알려주었기 때문에 병세의 차도를 알아보고 싶어서 이 편지를 부쳤습니다. 이제 이 배자를 보고 어떻게 깜짝 놀라 혼비백산하지 않을 수 있겠습니까? 그러나 아직 정확한 소식을 받지 못해서 그래도 감히 단정하여 의심이 없다고 여기지 않았으니, 저의 심정은 형용하여 말씀드리기 어렵습니다.

존가尊家의 중제重制 역시 정확히 누구인지 알지 못하여 너무나 염려됩니다. 편지 후에 열흘이 지났는데, 복중服中의 체후體候는 어떠한지 모르겠습니다?

족종族從은 우선 번거로운 일은 면하였고 반촌泮村에 돌던 나쁜 기운도 그쳤으나, 고달

---

26) 읍한(邑漢): 고을에서 보내온 인편을 말한다.
27) 중제(重制): 대공복(大功服) 이상의 상(喪)을 말한다.
28) 횡계(橫溪)의 상사(喪事): 지수(篪叟) 정규양(鄭葵陽, 1667~1732)의 상을 말한다.

픈 형편은 갈수록 더욱 감당하기 어렵습니다. 지난달 초 박사博士에 이부移付되어 녹봉은 비록 올랐으나, 고갈되기는 마찬가지입니다.

이달 16일 사변 가주서事變假注書에 부망副望으로 올라 낙점을 받았기에 출사할 것입니다.

그저께 예안禮安 이 생질李甥姪의 아내의 부음을 뜻밖에 들었습니다. 초상을 연이어 당하여 아직 성복도 못하고 비통해하던 중에 또 이러한 소식을 받으니, 심장이 남김없이 다 내려앉았습니다. 다시 무슨 말씀을 드리겠습니까?

즉시 휴가를 받아 내려가고 싶으나 경휘전敬徽殿 담제가 초3일에 있고 부묘祔廟[29]가 초10일에 있으니, 그 전에는 휴가를 올릴 수 없습니다. 그 뒤에는 비록 올리더라도 또 행자行資가 모자라서 9월초까지 기다렸다가 휴가를 받아 내려가야 할 듯합니다.

별지別紙

계심戒沈은 경주인京主人[30] 집에서 찾아보았으나 아직까지 온 일이 없다고 합니다. 마침 술초述初가 배표拜表[31]하는 반열班列에 임명되어 새벽에 나갔다가 저물어 돌아와서 그 집안의 편지를 열어보았습니다. 성장成丈께서 저에게 보낸 편지가 함께 봉해져 있었는데, 전후의 여러 일들을 자세히 말하였습니다.

아! 슬픕니다. 우리 선생께서 과연 이미 세상을 떠나셨습니다. 우리 도道의 불행이 어쩌다 이 지경에 이르렀다는 말입니까? 작년에 이미 우리 훈수 선생을 잃었는데, 오늘 지수 선생께서 또 이 지경에 이르렀으니, 애처로운 이 소자는 어디에 의지[32]해야 합니까?

---

29) 부묘(祔廟) : 부태묘(祔太廟)의 준말로, 제왕(帝王)이 죽으면 3년상이 지난 뒤 그의 신주를 태묘에 모시는 일을 말한다.

30) 경주인(京主人) : 이서(吏胥, 아전) 또는 서민으로서 서울에 머물러 있으며 해당 고을의 사무를 연락하거나 대행하여 보는 사람을 말한다. 경저리(京邸吏)라고도 한다.

31) 배표(拜表) : 천자에게 올리는 표(表)에 임금이 신하는 거느리고 절하고 보내는 의식을 말한다.

국량國良이 온 이후로부터 밤마다 꿈속에서 옥간정玉磵亭 주변의 수석水石을 맴돌며 그때마다 쓸쓸히 상서롭지 못한 풍경을 보고 마음속으로 애가 타서 밤낮으로 견디기 어려웠습니다. 흉한 소식이 오랫동안 지체하다가 오늘에 와서야 비로소 듣게 될 줄을 어찌 생각이나 하였겠습니까?

우러러 저 같은 사람을 가르치고 길러주신 선생님의 은혜는 낳아주시고 키워주신 부모님의 은혜와 다름이 없습니다. 그러나 보잘것없는 관직官職에 매여 오랫동안 모시지도 못하고 병으로 누워 계시던 날에 시탕侍湯마저 받들지 못한 데다 돌아가신 뒤에도 직접 염습을 하지 못하고 단지 여차旅次에서 임시로 복제服制를 차리는 의식만 거행하였으니, 한평생의 통한痛恨이 어찌 끝이 있겠습니까?

사대使臺[33]와 군가郡家에서 함께 부의를 보낸다고 하는데, 초종初終에 필요한 물품을 마련하면서 군색하다는 근심은 면하였습니까? 부고는 아마 필시 인편을 찾아 올려 보냈을 것이나 지금까지 오지 않았습니다. 정말로 오는 인편이 전혀 없어서입니까? 아니면 보내라는 명령이 교활한 아전에 의하여 시행되지 않아서입니까? 계심은 먼저 떠났으나 아직까지 오지 않으니, 너무나 이상합니다.

사은사謝恩使는 오늘 떠났고, 태묘太廟에 부사祔祀를 지낸 뒤에 사면赦免을 시행하고 진하陳賀[34]를 한다하니, 정시廷試[35]가 있게 될 것입니다.

칠월칠석에 '백성을 보존하고 구제한다.[保民濟民]'라는 네 글자의 어제御題로 성균관 유

---

32) 어디에 의지[安放] : '안방'은 제자가 스승을 의지하여 학문 활동을 하는 것을 말한다. 공자가 세상을 떠나기 일주일 전에 "태산이 무너지는구나. 대들보가 꺾이는구나. 철인이 시드는구나.[泰山其頹乎 梁木其壞乎 哲人其萎乎]"라고 노래하였다. 자공(子貢)이 이 노래를 듣고 "태산이 무너지면 우리가 어디를 우러러 볼 것이며, 대들보가 꺾이고 철인이 시들면 우리가 장차 어디에 의지하겠는가?[泰山其頹 則吾將安仰 梁木其壞 哲人其萎 則吾將安放]"라고 한 데서 온 말이다.(『禮記』「檀弓上」)

33) 사대(使臺) : 관찰사나 사신(使臣)으로서 풍기(風紀)를 단속하는 직임을 띠고 있거나, 사헌부 관원의 임무를 겸하고 있는 사람을 말한다.

34) 진하(陳賀) : 나라에 경사가 있을 때, 백관들이 축하를 올리던 일을 말한다.

35) 정시(廷試) : 과거 시험의 한 가지로, 나라에 경사가 있을 때에 특별히 대궐 안에서 보이는 과거이다.

생들이 대책문을 지었는데, 류중신柳仲新이 장원으로 급제하였습니다. 류 장령柳掌令은 금년 6월에 다시 서용되어 순천 부사에 부망副望으로 낙점을 받아서, 이제 막 사은숙배하려고 와 있었습니다.

정도중에게 답하다[答鄭道中] 계축년(1733)

홍洪·이李 두 사람이 와서 두 통의 편지를 받고 오늘 또 아랫사람을 시켜 보내신 긴 편지를 받았습니다. 매서운 추위 속에 벼슬살이하는 체후體候가 아주 편안하다는 것을 알아, 객지에서의 기쁨과 위로가 마치 손을 잡고 반가움을 나누는 듯하여 산천이 조금 먼 것도 느끼지 못하였습니다.

더구나 과원果苑을 살펴보는 일로 머지않아 단번에 달려올 걸음이 있다고 하니, 이는 한 번 움직여 공公과 사私의 도리를 모두 하는 일입니다. 기다려지는 마음을 어찌 다 헤아리겠습니까?

족종族從은 빈 관사에 승려 같이 멍하니 앉아 쓸쓸히 지내나 본래 뜻밖에 찾아온 인연이니, 무어 민망해할 것 있겠습니까? 업무 평가를 받은 뒤에 휴가 받는 일은 이미 관찰사[36]의 허락을 받았으니, 함께 가게 될지의 여부는 당연히 만났을 때 상의할 것입니다.

정도중에게 답하다[答鄭道中] 갑인년(1734)

달성達城에서 돌아오니 편지가 책상에 있었습니다. 이는 제가 막 떠나자마자 도착한

36) 관찰사: 이 당시 매산은 전라도 도사 겸 해운 판관(全羅道都事兼海運判官)에 재직하고 있었다. 당시 관찰사는 조현명(趙顯命, 1690~1752)이었다.

것이었습니다. 열어서 절반도 읽기 전에 함께 내려가려는 뜻이 있었음을 알아, 바로 서로 일찍 알지 못하여 이렇듯 어긋난 것을 한스러워하였습니다.

요즈음 아후雅候가 어떠한지 모르겠습니다.

족종族從은 자인현慈仁縣에서 하룻밤 자고 다음날 관찰사를 뵙고는 그대로 감영에서 잤습니다. 또 이튿날 아침 돌아오는 길에 뜻밖에 류 윤경柳允卿을 만나 잠깐 이야기를 나누고 작별한 뒤 하양현河陽縣에 이르니, 날이 저물어서 유숙하였습니다.

어제가 되어서야 집으로 돌아왔는데, 호남에서 급사急使가 와 관찰사가 파면되었다고 보고하였습니다. 이는 우심尤甚[37])한 일곱 고을의 세미稅米와 군보미軍保米[38])를 품지稟旨[39]) 하지 않고 곧장 상환의 기한을 연장해주기를 청한 일로 경연 자리에서 특지에 의하여 파직된 것이었습니다. 관찰사가 머지않아 돌아가기 때문에 송별의 자리를 마련하지 않을 수 없고, 또 조공을 배로 실어 나르는 일이 촉박하여 형편상 지체하기 어려웠기 때문에 막 말을 타고 관문을 나섰습니다. 새달 열흘쯤 군영에 도착할 계획입니다만 좌우께서는 어떻게 결정하셨습니까?

본 역의 역졸이 멀리 와서 족숙께서 물러나기를 구하는 사장辭狀은 반드시 처리되지 않는다고 들은 합니다. 또 얼마 전 김 관찰사[40])와 마주하고 이야기할 때 이 일을 언급하며 서로가 잘못이라고 하였습니다.

막 짐을 꾸려 막내 동생을 상주尙州로 보냈으니, 20일에는 횡계橫溪에 당도하여 머무를 것입니다. 족숙께서도 그 기한에 맞추어 오시는 것이 어떠하시겠습니까? 나머지는 그때 다 말하겠습니다.

---

37) 우심(尤甚): 흉년의 정도를 말한다. 흉년을 만난 고을의 원이 관찰사에게 재해를 보고하면, 감사는 재해의 정도가 심한 순서대로 각 고을을 우심(尤甚)·지차(之次)·초실(稍實)로 등급을 판정한 뒤, 조정에 보고하여 조세 감면 대상으로 배정받은 급재결수(給災結數)를 다시 각 고을에 할당하였다.

38) 군보미(軍保米): 정병(正兵)의 농작(農作)을 돕기 위해 두는 보정(保丁), 곧 봉족(奉足)에게 양병(養兵)하는 경비에 쓰기 위해 역을 면제해 주는 대가로 받는 쌀을 말한다.

39) 품지(稟旨): 임금께 상주하여 분부 받는 일을 말한다.

40) 김 관찰사: 조현명 다음에 전라도 관찰사를 맡은 인물로, 누구인지 알 수 없다.

정도중에게 주다[與鄭道中]

얼마 전 자천慈川에서 부친 한 통의 편지는 벌써 받아 보았을 것이라 생각됩니다. 근래에 즐거움은 또 어떠십니까?

족종族從은 오늘에서야 관아에 도착하였으나 먼 길에 시달린 나머지 고달픔이 특히 심하니, 논밭과 산수의 사이에서 지냄이 저의 본분임을 더욱 느끼고 있습니다. 민망해하고 탄식한들 어찌하겠습니까?

사장辭狀의 제사題辭가 귀우貴郵[41]에 도착하여 얻어 보았을 것입니다. 관찰사가 몇 마디 말을 듣자마자 먼저 족숙의 거취를 물어보고는, 이어서 "당초 부임할 적에 대신의 주청으로 성교聖敎가 내리기까지 한 것이므로, 이는 여느 임명과 다른 점이 있어서 파면하는 하나의 절차는 피차 다 같이 혐의가 있다. 나에게는 대신의 비위를 맞춘다는 혐의가 있고, 저에게는 본직의 임무를 교묘히 피한다는 혐의가 있소. 제사題辭에서 반드시 체직시키는 것은 혐의가 있다고 한 것도 이 때문이오. 파면은 결코 불가하니, 다만 빨리 맡은 임무로 돌아와야 하오."라고 하였습니다.

분의分義의 도리로 헤아려볼 때 실로 미안한 점이 있으니, 부디 말씀대로 빨리 돌아오는 것이 어떠하겠습니까?

정도중에게 답하다[答鄭道中]

얼마 전 군산群山에 있으면서 보내신 편지를 받아 보고 그 동안의 소식을 대략 알게 되었습니다. 그러나 그 뒤로 인편이 막혀 즉시 답장을 보내지 못하였으니, 아마 어쩌면 답답해하셨을 것입니다.

---

41) 귀우(貴郵) : 당시 명고(鳴皐) 정간(鄭幹)이 다스리고 있던 제원역(濟原驛)을 말한다.

더위가 점점 찌는 듯한데, 형제분들과 지내는 즐거움은 어떠한지 모르겠습니다. 그리움이 더욱 지극합니다.

족종族從은 십 수 일 동안 바닷가 순찰을 돌다가 장독瘴毒 때문에 병이 났습니다. 어지러워 스스로 견딜 수가 없어서 수레에 실려 완산完山으로 돌아온 지 겨우 7~8일 되었는데 모레 또 서울 길을 떠나야 하니, 천 리 산천 길에 탈이 없기를 어떻게 보장하겠습니까? 더없이 절박한 일입니다.

귀우貴郵의 역리가 말을 타고 동쪽으로 갔다는 소식을 얼핏 들었습니다. 애쓰는 마음을 상상할 수 있어 퍽이나 위로됩니다. 일찍이 관찰사에게 족숙께서 스스로 한정지은 일을[42] 여러 번 언급하였으나, 받아들이려는 기색이 전혀 없었습니다. 어떻게 매사에 자기의 주장만 내세워 쇠잔한 역을 더욱 잔폐해지도록 방치할 수 있겠습니까?

정도중에게 답하다[答鄭道中]

얼마 전 길을 떠날 적에 몸이 약간 편치 않았다는 소식을 듣고, 혹시나 병이나 되지 않았을까하는 염려로 애를 태웠습니다. 이제 고마운 편지를 받아보니, 과연 연이어 두어 차례 고통을 겪었으나 벌써 털고 일어났군요. 어지간히 차츰차츰 완전히 회복되었을 것을 생각하니, 이것이 위로되고 다행스럽습니다.

족종族從은 여러 해 떠돈 끝에 한가로운 자리를 얻었습니다. 이제부터 그저 저의 초복初服[43]을 수선하고 산택山澤의 사이를 여유롭게 노닐면 저의 분수에 충분할 것이니, 달리

---

42) 스스로……일을: 포기하고 스스로 단념하는 것을 말한다. 염구가 "선생님의 도를 기뻐하지 않는 것은 아니지만 힘이 부족합니다." 하자, 공자가 "힘이 부족한 자는 중도에 그만둔다. 지금 너는 한정 짓고 있다.[冉求曰 非不悅子之道 力不足也 子曰 力不足者 中道而廢 今女畫]"고 한 데서 유래한다.(『論語』「雍也」) 이 편지에서는 물러나는 일로 여겨진다.

무엇을 추구하겠습니까?

횡계橫溪의 담사禫祀는 하정下丁[44]에 겨우 거행하였습니다. 족종도 나아가 참여하였는데, 친지로서 와 모인 사람이 30인이었습니다. 김진백金振伯도 대상大祥에 와서 곡을 하고 싶어 하였으나 셋째 아우의 병이 위독하여 결국 오지 못하였습니다. 필경 동생의 초상을 당하여 장례를 치르느라 겨를이 없어서, 제물을 마련하고 제문을 지어 아랫사람을 보내서 담제 하루 전날 저녁에 제상의 아래에서 제문을 펼쳐 읽었을 것입니다.

이제부터는 상제喪制가 끝나 남기신 자취가 점점 아득해지니, 계산溪山을 쳐다볼 때눈 닿는 곳마다 슬픔이 일어납니다. 그만이고 그만이니, 어찌하고 어찌하겠습니까?

정도중에게 답하다[答鄭道中] 을묘년(1735)

행단杏壇[45]에서 헤어지고 남은 아쉬움이 아직 그대로인데 바로 편지를 받아서 여러 날 사이 기거가 아주 편안하다는 것을 알아, 감사와 위로가 다 함께 지극합니다. 다만 조개皂盖[46]가 내일이면 서울로 떠난다니, 이제부터 서로 점차 멀어져서 지당池塘의 꿈[47]

---

43) 초복(初服) : 벼슬하기 전에 입던 옷이라는 뜻으로, 벼슬을 떠나 처음에 살던 곳으로 돌아가 은거함을 비유한다. 굴원(屈原)의 「이소(離騷)」의 "물러가 다시 나의 초복을 손질하리라.[退將復修吾初服]"에서 유래하였다.

44) 하정(下丁) : 한 달을 3분 배열하여 10일 내에 해당한 정일(丁日)은 상정(上丁), 20일 내에 해당한 정일은 중정(中丁), 30일 내에 해당한 정일은 하정(下丁)이라고 한다.

45) 행단(杏壇) : 공자(孔子)가 강학(講學)한 곳이다. "공자가 검은 장막이 쳐진 숲속에서 노닐다가 행단 위에 앉아서 휴식을 취하니, 제자들은 글을 읽고 공자는 거문고를 타며 노래를 불렀다.[孔子遊乎緇帷之林 休坐乎杏壇之上 弟子讀書 孔子絃歌鼓琴]"에서 온 말이다.(『莊子』「漁父」) 이 편지에서는 횡계서당을 말하는 것으로 보인다.

46) 조개(皂盖) : 흑색의 수레 덮개인데. 지방관의 수레를 덮는데 사용하였다. "중 2,000석과 2,000석은 모두 수레 덮개를 흑색으로 한다.[中二千石 二千石皆皁蓋]"에서 온 말이다.(『後漢書』「輿服志上」) 군수(郡守)의 연봉이 2,000석이다.

으로도 찾지 못할 것입니다. 궁금하고 그리는 마음을 어찌 다 헤아리겠습니까?

족종族從은 우선 별탈은 없으나 어린 아이들의 공부 챙기기에 골몰하다보니 서책을 익히는 공부는 또한 뜻대로 깊이 탐구하지 못하여 한가로움 속에서도 제가 해야 할 일을 접어야 할 지경입니다. 두려움과 탄식을 그만 둘 수 없습니다.

『주자대전朱子大全』은 아마 벌써 한 번 보셨겠지요? 만약 벌써 다 보았다면 이번 인편에 돌려보내 주는 것이 어떠하시겠습니까? 혹여 다 보지 못하였다면 절반을 나누어 보내도 나쁠 것은 없습니다. 전질全帙은 무거워서 지고 오기도 어려울 듯합니다.

정도중에게 주다[與鄭道中] 기미년(1739)

지난겨울 11월 16일에 선고先考의 제사를 막 지내고서, 다음날 족숙을 찾아 조용히 회포나 풀어보려고 명산鳴山으로 향하다가, 중도에서 갑자기 붙잡아오라는 왕명이 내려왔고 족숙의 행차가 벌써 서울로 떠났다는 소식을 듣고는, 바라보며 한탄만하다가 돌아왔습니다. 이후 소식이 오랫동안 끊겨서 일이 어떻게 마무리 되었는지 전혀 알지 못하여, 마음속의 답답함과 우려를 잠시도 놓은 적이 없었습니다.

해가 바뀐 뒤에야 비로소 관직은 유지한 채 방면되어 돌아와 정리政履가 편안하다는 것을 알았습니다. 이것이 비록 처음 예측대로 된 것이더라도 기쁨과 위로를 어떻게 견디겠습니까?

요즈음 봄추위가 아직도 매서운데, 백성을 다스리며 지내는 기거는 어떠한지 모르겠

---

47) 지당(池塘)의 꿈: 꿈에서 서로 만나는 것을 말한다. 사영운(謝靈運)이 하루 종일 어떤 시구를 생각하였으나 얻지 못하다가, 문득 꿈에 사혜련(謝惠連)을 만나 "지당에 봄풀이 난다.[池塘生春草]"라는 시구를 얻었다는 고사에서 온 말이다.(『南史』「謝惠連傳」)

습니다. 향하는 궁금함이 참으로 지극합니다.

족종族從은 자식 잃은 아픔이 새해를 맞아 더욱 간절하여 늘 한 자루의 비수로 심장을 도려내는 듯합니다. 더구나 묵은 병이 갈수록 더 심해져서 먹는 양도 줄고 잠도 이루지 못하여 운무雲霧 속에 앉은 듯 자리에서 뒹구니, 근근이 숨만 끊어지지 않았을 뿐입니다. 그러니 다시 무슨 말을 하겠습니까?

고과 평가에서 중中을 받아 오래 머무를 생각이 없다는 말씀을 삼가 들었습니다만, 이는 그렇지 않을 듯합니다. 대개 그 제사題辭에서 무어라 말하였는지는 비록 알지는 못하나, 여러 달 동안 자리를 비울 경우 으레 중中을 받으니, 결코 이것으로 혐의를 두어서는 안 됩니다. 또 직무에 복귀하라는 명을 받자마자 곧바로 혐의를 대고 돌아오는 것은 실로 신하된 도리로서 감히 할 일이 아닙니다. 바라건대, 우선은 노력하는 것이 어떠하겠습니까?

예전에 첨윤겸詹允兼이 할머니의 상을 당하여 길러주신 은혜가 있었기 때문에 지레 관직에서 물러나겠다는 문자를 올렸으나, 주군州郡에서 법을 근거로 허락하지 않자 진퇴할 근거가 없어서 드디어 주선생朱先生에게 사름祠稟[48]을 청하고 싶어 하니, 주선생이 너무 경솔하다고 꾸짖었습니다. 참으로 현읍縣邑의 수령과 대간臺諫은 사체事體가 절로 달라서 임의로 거취를 결정하지 못하기 때문입니다. 이러한 경우로 말하면, 연전年前에 좌우께서 오랫동안 자리를 비운 일은 아주 온당하였다고 말할 수는 없습니다. 그런데 지금 어떻게 다시 이러한 계획을 세울 수 있겠습니까?

또 남의 아래 관원이 된 자는 의리를 크게 해치거나 백성들을 병들게 하는 일을 제외하고는, 다만 상관이 내리는 명령에 그저 뜻을 굽히고 봉행奉行해야 합니다. 한위공韓魏公[49]

---

48) 사름(祠稟) : 관직명으로 사름(祠廩)·사록(祠祿)이라고도 한다. 송나라의 제도에 대신(大臣)이 파직되면 그로 하여금 도교(道敎)의 궁관(宮觀)을 관리하도록 해 예우하는 뜻을 표하였는데, 일정한 직무는 없이 단지 녹봉만을 주기 위한 것이었다.

49) 한위공(韓魏公) : 송나라 한기(韓琦, 1008~1075)를 말한다. 자가 치규(稚圭)이며, 상주인(相州人)이다.

이 번신藩臣[50]이 되어 조정의 지휘를 봉행하였다는 고사로 살펴보면 도리는 당연히 이와 같아야 할 것입니다. 어떠할지 아직 모르겠습니다.

정도중에게 답하다[答鄭道中] 신유년(1741)

소식이 잠깐 끊겨서 그리움과 궁금함으로 더욱 괴롭던 차에 바로 편지를 받았습니다. 매서운 추위 속에 정리政履가 아주 편안하고 온 식구들도 화목한 것을 다시 알아, 감격한 나머지 기쁨과 위로가 평소의 배나 됩니다. 다만 백씨伯氏께서 벌써 동쪽으로 옮겼다고 들었는데, 떠나보내는 사람의 해어지는 탄식이 더욱 감당하기 어려운 바가 있었을 것이라 적이 생각해봅니다.

족종族從은 얼마 전 어전에서 사관을 파직하는 일로 먼저 나왔다가, 즉시 다시 들어오라는 명을 받았습니다. 물러나온 뒤 지레 나오고 싶었으나, 여러 승지承旨들이 다 같이 잘못 전한 실수는 주서注書가 한 것이라 여겼으며 온 조정이 다 알고 있는 일이었습니다. 그래서 대신이 벌써 그 주서를 지적하여 파면을 처하고 겸 춘추관은 체당替當[51]할 수 없다고 청하였습니다. 또 대간臺諫들과는 처지가 다르므로 기어이 인혐引嫌[52]할 필요도 없거니와, 더구나 당일 성교聖教가 이미 다시 들어오라고 내렸는데 지레 나가는 것이 더욱 마땅하지 않음에 이겠습니까. 그러므로 그대로 직무를 수행하였습니다.

약관의 나이에 진사시에 급제하였고, 가우(嘉祐) 연간에 정승에 제수되었다. 위국공(魏國公)에 봉해졌으며, 시호는 충헌(忠獻)이다. 덕량(德量)과 문장(文章), 정사(政事)와 공업(功業)에 있어서 송나라 제일의 정승으로 칭해진다.

50) 번신(藩臣) : 국경 지대를 방비하는 신하를 말한다. 『송사(宋史)』를 살펴보면 한기는 여러 번 외직을 맡았으니, 언제인지 자세히 알 수 없다.

51) 체당(替當) : 누군가 대신하여 담당하는 것을 말한다.

52) 인혐(引嫌) : 혐의를 피하여 사직하는 것을 말한다.

이달 13일에 비로소 겸직을 벗게 되어 관사로 나왔으나 눈보라는 몰아치고 구들은 얼음 같아서 궁궐에서 숙직하던 따뜻한 방보다 못합니다. 더구나 궁궐 밖에서 숙직과 출근하는 번거로움은 자못 병들어 쇠약한 사람이 감당할 만한 일이 아닙니다. 괴로움을 어떻게 다 말하겠습니까?

지수篪叟 선생의 증직贈職을 청하는 일은 원례元禮는 이조 낭관이 되었고 택지宅之는 집의가 되어 머지않아 홍문관으로 다시 들어가야 합니다. 앞서 이 일을 여러 번 언급하니 모두 머리를 끄덕였으나 아직까지 한 번도 진달하지 않았습니다. 얼마 전 사관이 좌상에게 유지諭旨를 전하면서 이 뜻을 언급하여 또한 흔쾌한 허락을 받았습니다. 그러나 아직까지 진달하였다는 소식은 듣지 못했으니, 장차 기다림이 있어야할 듯합니다.

권태중權台仲[53]이 얼마 전 필선弼善에 제수되었는데, 갑자기 정언正言 홍정명洪廷命[54]이 나서서 인망人望에 맞지 않다고 논박하였습니다. 이들 역시 영남 사람을 아끼지 않는데, 다른 사람이야 말해 무엇 하겠습니까?

정도중에게 주다[與鄭道中] 임술년(1742)

한 통의 편지를 쓰서 저인邸人[55] 편에 부친 적이 있으나 오랫동안 답장이 없습니다. 혹여 중간에 유실되었습니까? 지금 아이가 와서 벌써 관직을 버리고 전원으로 돌아갔다

53) 권태중(權台仲) : 태중은 권상일(權相一, 1679~1759)의 자이다. 호는 청대(淸臺), 본관은 안동, 시호는 희정(僖靖)이다.

54) 홍정명(洪廷命, 1692~?) : 자는 사흠(士欽), 본관은 남양(南陽)이다. 1725년 문과에 급제, 정언·남해 현감·헌납 등을 지냈다.

55) 저인(邸人) : 저리(邸吏)와 같은 말로 경저리(京邸吏)와 영저리(營邸吏)가 있다. 경저리는 한양에 주재하며 지방 관청의 일을 대행하는 향리이고, 영저리는 감영에 주재하며 감영과 고을 사이의 연락을 취하는 아전이다.

는 소식을 들었습니다. 족숙의 쾌적함을 상상할 수 있습니다.

지방관의 업무로 골몰하는 저의 처지에서 볼 때 어찌 땅을 기는 벌레와 구름 속을 나는 고니[56]의 차이뿐이겠습니까? 형제분들과 함께 거문고와 책이나 즐기는 즐거움은 시내의 물고기와 숲속의 새들도 반드시 기뻐하며 서로 축하해줄 것이라 생각합니다. 멀리서 너무나 부럽습니다.

족종族從은 임지의 수질과 풍토가 나빠서 묵은 병은 덧나는 듯한 데다가 돌림병마저 세차게 퍼져서 경계의 마음이 늘 절실합니다. 비록 툴툴 털고 돌아가고 싶으나 또한 임의로 하지 못하니, 도리어 우스워 탄식만 나옵니다.

얼마 전 상사上舍 이회가李會嘉가 일부러 저를 찾아와 족숙을 위하여 절구 한 수를 남겨 두었기에 별지別紙에 적어 보냅니다. 한번 보시기 바랍니다. 늦은 봄 금영錦營[57] 가는 길에 청양靑陽에 들러 자면서 예전 함께 근무하던 관리들을 불러 보고, 이어서 그리워하는 생각을 담아 절구 한 수를 지었습니다. 이제 쓸데없이 함께 부치니, 또한 한 번 웃음거리는 될 수 있을 것입니다.

금방 병조 낭관 정사구丁士懼의 편지를 보니, 4월 22일 경연에서 영성군靈城君[58]이 무장茂長의 수령 정모鄭某는 쉽게 얻을 수 있는 인재가 아니므로, 이와 같이 침체시켜 두기는 아깝다고 극구 말하였으며, 성교聖敎 역시 간절하였다고 합니다.

---

56) 땅을……고니 : 남만 못한 데 대한 탄식을 말한다. 전국 시대 연(燕)나라의 노오(魯敖)가 북해를 노닐다가 몽곡(蒙轂)에서 선비를 만나 말하였다. "부자는 나와 더불어 벗이 되어 주겠소.[夫子可與遨爲友矣]" 선비는 한탄하며 "나는 방금 남으로 망랑의 들에 노닐고 북으로 침묵의 고을에 쉬고 서로 명명의 마을에 닿았고 동으로 홍몽의 빛을 꿰뚫었소.[我方南遊乎罔浪之野 北息乎沈默之鄕 西窮冥冥之里 東貫鴻蒙之光聳身入雲中]"라고 말하고 몸을 솟구쳐 구름 속으로 들어가니, 노오가 쳐다보며 "나는 부자에 비하면 땅벌레와 고니의 관계와 같다.[吾比夫子 猶黃鵠之與壤蟲]"라고 한 데서 유래한다.(『淮南子』「道應訓」)

57) 금영(錦營) : 충청도 감영(監營)의 별칭이다.

58) 영성군(靈城君) : 박문수(朴文秀, 1691~1756)의 봉호이다. 자는 성보(成甫), 호는 기은(耆隱), 본관은 고령(高靈)이다. 1723년 문과에 급제, 경상도 관찰사·판의금부사·호조 판서 등을 지냈다. 1728년 이인좌의 난을 토벌한 공으로 분무공신(奮武功臣)에 책록되고 영성군에 봉해졌다. 시호는 충헌(忠憲)이다.

정도중에게 답하다[答鄭道中] 무진년(1748)

외진 산속에서 궁하게 살다보니 왕래하는 인편을 찾지 못하고, 또 답장을 쓰게 하는 번거로움이 있을까 염려되어 공무를 보는 곳에 편지로 귀찮게 하지 못하였습니다.

방금 보내주신 편지를 받아보고 관청에서 업무 보는 여가에 정후政候가 복되다는 것을 다시 알아, 감사하고 또 위로되어 답답하던 마음이 다 풀렸습니다.

대간에서 체직시켜 바로 수령으로 임명하였다는 명은 벌써 들어서 알고 있습니다. 지방관이 되어서도 경륜을 다 펴지 못하는 것은 비록 매우 안타까운 일이나, 언관言官으로 있으며 할 말을 다 못하기 보다는 도리어 작은 주현州縣을 맡아서 조금이나마 직분을 다 하는 것이 나으니, 또한 불행하다고만 말할 수는 없습니다.

다만 특진시켜야 한다는 의논이 있다고 들었는데, 만약 그렇다면 문중이 함께 영광스러워할 일일 것입니다. 어찌 오랜 작별에 개탄스러워만 하겠습니까? 그러나 보리가 익은 뒤에 사직하고 돌아올 뜻이 있다고 들었습니다. 스스로 대처하는 도리에 있어 마땅하다고 할 만하니, 더없이 좋고 좋습니다.

족종族從은 노쇠와 질병이 갈수록 심해져서 정신과 기력이 날로 더 쇠퇴해지니, 평소 마음먹었던 일을 끝내지 못할까 매우 두렵습니다. 근래에 『주서절요朱書節要』를 보고 있는데, 한 번씩 읽을 때마다 취미가 무궁해짐을 더 느끼니, 지난날 대충 한 번 훑어볼 때와는 다릅니다. 하나 함께 심오한 뜻을 토론할 사람이 없어서, 스스로 더듬거리고만 있을 뿐입니다.

이 골짜기의 작은 못 가에 외지고 조용한 곳이 있어서, 일찍이 하나의 서사書社를 지어 친구들을 모아 강학하고자 하였으나 힘이 부쳐서 하지 못하고 있었습니다. 금년 봄, 자질들이 남의 옛집 두어 칸을 사들여서 막 얽기 시작하였으나 준비한 돈이 다하여 일을 마칠 대책이 없으니, 다만 처음 시작할 때 꼼꼼히 계획하지 못한 것이 후회스럽습니다. 그 못은 작은 배를 띄울 만하니, 조만간 집이 지어진다면 동지들과 함께 달빛 맞으며 그 사이에 배를 띄워 놀 것입니다. 그러나 족숙 같은 분은 벼슬길에 올라 있어서 아마 이러한 즐거움을 함께 하지 못할 듯합니다.

이회가李會嘉는 잘 지내고 있습니까? 한 통의 편지를 부쳤습니다. 바라건대, 다급한 소식을 편지 말미에 적었으니, 보내주는 것이 어떠하십니까?

정도중에게 답하다[答鄭道中] 기사년(1749)

얼마 전 행차가 외진 곳을 들러 반 식경이나마 뵐 수 있어서, 구구한 저의 감격이 깊었습니다. 그러나 병으로 침상에 누워 있어서 남쪽으로 가시는 날 송별하지 못하고 강가의 나무만 바라보자니, 부질없는 슬픔만 간절하였습니다.

종질從姪 편에 보내준 편지를 갑자기 받고서 행차가 잘 도착하였으며 정후政候가 아주 편안하다는 것을 모두 알아, 기쁨과 위로가 깊었습니다.

일찍이 귀부貴府가 저쪽 관사와 너무 가까워서 저곳의 노비들이 행인들과 결탁하여 부사府使의 동정을 엿본다는 말을 들은 적이 있는데, 이는 모두 가까이 있는 사람에게서 새어나온 말입니다. 적이 생각건대, 영공令公께서 일 처리가 엄밀하여 벌써 염려가 여기에 미쳤을 것이나, 제 마음의 지나친 계책을 따라 애오라지 어리석은 생각을 바칠 뿐입니다.

족종族從은 근근이 지내고 있습니다. 산속의 서사書社는 이제 겨우 완공되어, 승려 몇 사람을 모아 수호하도록 하였습니다. 때때로 흥을 타고 나서서 소요하면 작은 호수는 거울 같이 맑고 산새들은 서로 지저귑니다. 만약 서너 명의 동지들을 얻을 수 있다면 그 속에 머무르며 고지故紙를 논의할 수 있겠으나 영공께서는 이미 관직에 매여 있고 고장의 여러 벗들은 또 흔들림 없이 이 일에 힘을 다하려는 사람이 없습니다. 모여서 논의할 부분을 만날 때마다 강론하고 분석할 길이 없으니, 주부자朱夫子의 이른바 "무리를 떠나 쓸쓸히 지내니 쉽게 우둔한 사람이 되고 만다."[59]는 말씀이 바로 오늘에 해야 할 탄식입니다.

다스리는 영내에도 구책區冊[60]과 같이 문의文義가 탁월한 사람이 있습니까? 예전의 부사가 『소학』을 열심히 강의하였다고 들었습니다. 이는 비록 조정의 명을 받들어 행하였으나 또한 이와 같이 잘 하기는 쉽지 않습니다. 이제 만약 이를 바탕으로 사서四書나 여러 경전經傳으로 나아가, 외진 곳에 사는 사람들에게도 개미가 전술傳述하는[61] 교화를 입도록 한다면, 어찌 교학의 풍교를 일으키는 하나의 일이 아니겠습니까?

조지산曺芝山[62] 선생이 정주 목사定州牧使로 있을 적에 공부를 권장하는 일을 크게 정비하여 성취가 매우 많았습니다. 지금까지도 그 여운이 남아 있어서 관서關西[63] 지방에서 인재 많기로는 정주定州가 으뜸입니다. 하늘로부터 받은 본성이 어찌 지역의 내외에 따라 차이가 있겠습니까? 다만 제대로 이끌어 줄 만한 사람이 없어서 그런 것입니다.

생원 선조의 지문誌文을 부탁드린 적이 있는데, 마음에 잘 담아 두고 계십니까? 모름지기 공무를 보는 여가에 빨리 지어 주는 것이 어떠하겠습니까? 사적은 다 상고할 수 없습니다. 그러나 아홉 살에 일찍 아버지를 여의고 스스로 마음을 다잡아 학문에 힘을 쏟은 일과 여러 자질들을 가르쳐 입신양명의 뜻을 품도록 한 일은 기록하지 않을 수 없습니다.

봄에 여장汝章[64]이 찾아와서 원당元堂에 지문 묻는 일을 빨리 도모해야 한다고 말하였습니다. 회회청回回靑[65]은 동래부東萊府에서 얻을 수 있으니, 편지로 언급하는 것이 좋다고 하였습니다. 바라건대, 구하여 보내주는 것이 어떠하겠습니까? 불가佛家에서도 함께

---

59) 무리를……만다 : 『회암집(晦庵集)』의 「정정사에게 답하다[答程正思]」에 나오는 내용이다.

60) 구책(區册) : 소식(蘇軾)이 황주(黃州)로 유배 갔을 때에 처음 수학한 생도(生徒)이다. 이 편지에서는 학문을 논할 만한 인물을 말한다.

61) 개미가 전술(傳述)하는 : 어린 개미가 큰 개미의 행동을 본받는 것처럼 백성들이 수령의 뜻을 받들어 서로 학문에 힘쓰도록 하는 것을 말한다.

62) 조지산(曺芝山) : 지산은 조호익(曺好益, 1545~1609)의 호이다. 자는 사우(士友), 본관은 창녕(昌寧)이다.

63) 관서(關西) : 지금의 평안도 함경도 지방을 말하는데, 이 글에서는 정주가 있는 평안도(平安道)를 말한다.

64) 여장(汝章) : 정엽(鄭燁, 1695 1775)의 자이다. 호는 식호와(式好窩), 본관은 영일이다. 예학에 밝았고, 수직(壽職)으로 부호군을 제수받았다. 저서로는 『식호와집』이 있다.

65) 회회청(回回靑) : 지석을 굽기 전 도자기에 푸른 채색을 올리는 원료이다. 아라비아에서 생산된다고 한다.

묻어야 한다고 하는데, 귀댁의 여러 대 선영에도 반드시 이 일을 경영해야 하며 우리 파의 선영에도 파급되기를 바라니, 이를 양해하시고 넉넉히 얻기를 지극히 바라고 바랍니다.

동래부에 또한 볼 만한 책판이 있습니까? 책판의 목록과 소용되는 종이의 수량을 알려주십시오. 만일 볼 만한 책이 있다면 마땅히 이곳에서 종이를 보내어 인쇄하여 올 것입니다.

임금께서 늙어 세자에게 섭정攝政시키는 일은 앞 조정의 남긴 법이나, 신하된 심정으로는 기쁨과 두려움이 교차하는 것은 참으로 말씀하신 대로 입니다. 대리청정을 한 뒤에 시행한 새로운 정사는 반드시 들을 만한 것이 있겠으나 외진 곳에 살다보니 들은 바가 없어 퍽이나 답답합니다. 동래부에 만일 저보邸報가 있다면, 인편에 보내주셔도 괜찮습니다.

해운대海雲臺와 몰운대沒雲臺의 절경은 일찍이 구경하기를 원하던 바였습니다. 더구나 이제 또 훌륭한 주인이 있음에 이겠습니까. 조랑말을 타고 한번 가고 싶지 않은 것은 아니나, 질병의 근심이 한창 깊은 데다 더위 또한 닥쳐 길을 나서기 어렵습니다. 앞으로 만약 구애되는 일이 없다면 혹여 도모할 수 있을까요?

정도중에게 주다[與鄭道中]

추운 계절이 점점 깊어 가는데, 영후令候의 동정이 어떠한지 모르겠습니다. 자제의 질병은 최근에 쾌차하였습니까? 궁금하고 또 염려되는 저의 마음을 주체하지 못하겠습니다.

족종族從은 어깨의 통증이 시간이 갈수록 더 괴로워서 약을 복용하며 치료하는데도 수그러들 기미가 조금도 없으니, 절박해한들 또 어찌하겠습니까?

노선생老先生[66]의 감여龕輿[67]를 단성丹城에서 하양河陽으로 모셨다가 앞으로 27일에 고택으로 봉환奉還한다고 얼핏 들었습니다. 행차가 우리 영천의 경내를 지날 때 후학의 존모하는 정성에 있어 당연히 일제히 나가서 모셔야 할 듯합니다. 그러나 족종은 질병으로 침상에 드러누워 기동할 수 없어서 단지 아이에게 나가 보라고 하였습니다. 영공께서는 행차가 지나가는 길에서 멀지 않은 곳에 계시니, 혹여 제족諸族들을 데리고 나가 호송하실 수 있겠습니까? 이는 실로 우리 고장에 빛이 날 일로서, 보기에만 아름다운 일은 아닙니다. 어떠하겠습니까?

정도중에게 주다[與鄭道中] 경오년(1750)

어저께 보낸 한 통의 편지는 아마 벌써 받아 보셨을 것입니다. 길례吉禮는 잘 지냈고, 영체令體도 아주 편안하시리라 적이 생각해봅니다.

동래 부사의 임기를 마치자마자 소명이 또 내려 승정원 승지가 되셨으니, 왕명을 출납하는 것이 바로 그 책무입니다. 평생 배운 것을 이제부터 조금 시험해보게 되었으니, 친구로서 기쁨과 다행함이 다시 어떠하겠습니까? 다만 지금은 나쁜 기운이 사방으로 번지고 있으니, 가시는 길에 십분 경계하고 조심하기를 지극히 바랍니다.

족종族從은 질병이 여전하고 나쁜 기운이 가까이 다가와 피접할 곳으로 나가는 것 역시 아직까지 머뭇거리니, 절박함과 염려를 어찌 다 말하겠습니까?

병을 무릅쓰고라도 길가에서 전별해야 하나 수선만 떠는 듯하여 마음은 있어도 실행은 하지 못하고 행차의 먼지만을 바라보니, 부끄러움과 서운함을 견디지 못하겠습니다. 오직 무사히 도착하기만을 기원합니다.

---

66) 노선생(老先生) : 누구인지 자세히 알 수 없다.
67) 감여(龕輿) : 신주(神主)를 싣고 가는 수레를 말한다.

정도중에게 답하다[答鄭道中]

승정원 승지에서 체직되자마자 영월 부사寧越府使[68]의 임명이 또 내려졌으니, 거듭 내린 은명恩命이 사람들의 이목을 놀라게 하고 문중의 기쁨을 헤아릴 수 없습니다. 빨리 한 통의 편지를 보내어 축하하고 싶었으나, 제가 있는 곳에 인편이 없어서 여태까지 지연되었습니다.

뜻밖에 보낸 편지와 저보邸報를 받아 황급히 읽어봄에 사람을 부끄럽게 만들었습니다. 영후令候가 연이어 복되다는 것을 다시 알아, 위로가 어떠하겠습니까?

족종은 역병疫病의 기운이 가까이 다가와서, 심지어 계집종은 죽는 우환도 있습니다. 며칠 전에 피접하는 곳으로 나왔으나 식구들은 아직 다 나오지 못하였습니다. 절박함과 염려를 어찌 다 말하겠습니까?

산이 많은 고을은 고요하고 적막하여 마음 가는 대로 다닐 수 있으니, 옛사람의 이른바 "솔과 계수 숲에서 독서한다."[69]는 것이 바로 거기에 있을 것입니다. 어찌 오경五更에 대루원待漏院에서 문이 열리기를 기다리는[70] 것보다 낫지 않겠습니까?

마음속으로는 강다리에 나가 전별하고 싶으나 집에는 조랑말이 없고 빌려 타는 것도 쉽지 않아 뜻대로 하기 어려우니, 이것이 한탄스럽습니다. 만일 혹여 마련할 수 있다면 채찍을 한 번 들게 될 것입니다.

---

68) 영월 부사(寧越府使) : 『매산집』에는 '협제(峽除)'로 나온다. 이는 강원도의 도호부인 이천(伊川)의 구명(舊名)인 '안협(安峽)'에 제수한다는 것으로 여겨진다. 그런데 명고(鳴皐) 정간(鄭榦)의 「행장」에는 경오년(1750)에 동부승지(同副承旨)가 되었다가 바로 영월 부사에 임명된 것으로 나온다. 본 번역문에서는 「행장」을 따라 고쳐 번역하였다.

69) 솔과……한다 : 한유(韓愈)가 산양(山陽)에 있으며 지은 「현의 재에서 책을 읽으며[縣齋讀書]」에 나오는 내용이다.

70) 오경(五更)에……기다리는 : 백관(百官)이 아침 일찍 출근하여 조문(朝門) 밖 대루원(待漏院)에서 입조(入朝) 시각까지 기다리던 것을 말한다.

정도중에게 주다[與鄭道中] 계유년(1753)

요즈음 봄추위에 정후政候가 어떠한지 모르겠습니다. 그립고 궁금한 마음이 참으로 간절합니다.

족종은 눈길을 뚫고 너무나 고생하며 서울로 올라가 초하루에야 비로소 의금부에서 심리를 받고, 초8일에 빠져 나와 11일에 수레를 돌려 30리를 내려와 잤는데, 이튿날 사헌부 지평에 임명되었다는 소식을 들었습니다.

영남의 친구 중 성균관에 있는 사람이 편지를 보내와, 사헌부의 서리가 이미 밖에 나가 있기 때문에 처리하지 못한다는 이유를 발의하였고, 또 알성시謁聖試 무과의 초시가 임박하여 반드시 변통하는 조치가 있을 것이므로, 그대로 돌아가도 괜찮다고 하였습니다. 그러므로 진흙길에 온갖 고생을 하며 엊그제 집으로 돌아왔으나 여정에 시달린 나머지 온갖 병이 번갈아 심해지니, 절박함과 고뇌를 어찌 다 말하겠습니까?

이번 길은 오로지 귀하가 주신 양 갖옷의 힘에 의지하여 지탱할 수 있었습니다. 돌아올 때 날씨가 따뜻하여 산 북쪽에 와서 행장을 풀었는데, 더럽혀지고 손상된 곳이 많습니다. 아쉬움이 없는 마음으로는 반드시 탓하지 않을 것이나 저의 마음에는 매우 부끄러운 일입니다.

초교草轎와 모장毛帳은 찢어진 곳이 있어서 제가 당연히 수선하여 보낼 것입니다.

정도중에게 답하다[答鄭道中]

제실祭室에서 돌아와 갑자기 족숙의 행차가 횡계橫溪로 향한다는 소식을 듣고 형제분의 우환이 나았다는 것을 짐작할 수 있어 막 위로가 되었습니다.

곧바로 고마운 편지를 받아 영후令候가 아주 편안한 것을 다시 알아, 매우 기쁘고 후련합니다.

족종은 뜻밖에 임명의 명을 받고 실은 매우 두려웠습니다. 마땅히 역말을 기다려

병을 무릅쓰고 출발해야 하나 지금 입장의 난처함이 노쇠한 몸으로 먼 길을 나서기 어려움에 있을 뿐만이 아닙니다. 군색함과 절박함을 어찌 다 말하겠습니까?

지으신 비문은 벌써 새기기 시작하였으나 물아物兒[71]가 장난을 하여 묘한 글씨를 얻지 못하였으니, 이것이 한스럽습니다. 명문銘文의 내용에 흠이 있는 부분은 저도 알고 있으나 변통할 길이 없습니다. 한지국韓持國[72]이 지은 명도 선생明道先生의 묘지문墓誌文을 본 적이 있는데 흠이 많이 있었으나 끝내 사용하였고, 류서애柳西厓[73]가 노선생老先生의 묘지문을 논하면서 여러 작품 중에 고봉高峰[74]의 작품이 약간 흠이 있다고 여겼으나 광중壙中에 묻는 것을 허락하였습니다. 이러한 문자는 딱 들어맞기가 예전부터 어려웠습니다. '예禮에 합당하다.[合於禮]'는 세 글자가 아주 적절한 말씀인 만큼 가르쳐주신 대로 바로잡겠으나 나머지는 그대로 둘 것입니다.

책자는 말씀대로 보내드립니다. 그러나 모여서 상의하지 못하여 매우 개탄스럽습니다. 하지만 하교한 대로 만약 조금 늦어진다면 한번 찾아뵙고 하룻밤 자고 돌아올 것입니다.

이맹윤李孟潤[75]은 당연히 우리 영남의 명류이니, 어찌 여러 벗들의 다행이 아니겠습니까?

---

71) 물아(物兒) : 조물아(造物兒)의 줄임말로 조물주를 장난삼아 일컬은 말이다. 당나라 두심언(杜審言, 645~708)의 병이 깊어 송지문(宋之問, 656~712)과 무평일(武平一, ?~?) 등이 가서 문병을 하자, 두심언이 "조화 소아에게 몹시 괴롭힘을 당하고 있으니, 더 무슨 말을 하겠는가?[甚爲造化小兒相苦 尙何言]"라고 대답한 데서 온 말이다.(『新唐書』「杜審言列傳」)

72) 한지국(韓持國) : 지국은 송나라 한유(韓維)의 자이다. 호는 남양(南陽)이다. 옛것을 좋아하고 학문을 좋아하여 시골에 물러나 살고 있다가 재상의 천거로 관직에 나아가 한림학사(翰林學士)·학사승지(學士承旨)·문하시랑(門下侍郞) 등의 관직을 지냈다. 저서로는 『남양집』이 있다.(『宋史』「韓維列傳」)

73) 류서애(柳西厓) : 서애는 류성룡(柳成龍, 1542~1607)의 호이다. 자는 이현(而見), 본관은 풍산(豊山), 시호는 문충(文忠)이다.

74) 고봉(高峰) : 기대승(奇大升, 1527~1572)의 호이다. 자는 명언(明彦), 본관은 행주(幸州)이다. 1558년 문과에 급제, 병조좌랑·대사성·대사간 등을 지냈다. 퇴계 이황과 벌인 사칠논변(四七論辨)은 유학사에 지대한 영향을 끼쳤다. 저서로는 『고봉집』·『논사록(論思錄)』·『왕복서(往復書)』·『주자문록(朱子文錄)』 등이 있다.

75) 이맹윤(李孟潤) : 맹윤은 이세택(李世澤, 1716~1777)의 자이다. 호는 조은(釣隱), 본관은 진성(眞城)이다. 1753년 문과에 급제, 교리·우승지·대사헌 등을 지냈다. 저서로는 『조은집』·『청량산지(淸凉山誌)』 등이 있다.

조정에서의 예우는 아마 이미 오래되었을 것입니다. 서울로 들어온 뒤에 반드시 남다르다는 탄식이 있을 것입니다. 그러나 만일에 만난다면 감히 가르치시는 대로 하지 않겠습니까?

정도중에게 주다[與鄭道中]

다섯 밤을 함께 지내다가 서둘러 서쪽으로 가시니, 참으로 이른바 어울렸다가 서로 잃어버린 것입니다. 서운한 탄식을 어찌 다 헤아리겠습니까? 장맛비가 연이어 내리는 중에 길을 떠나셨는데, 무사히 잘 돌아가셨습니까? 우러러 염려가 그지없습니다.

문집을 편집하는 일은 또 조금 더 삭제하고 이제야 마쳐서 초본草本을 얻었습니다. 반드시 영공과 서로 마주앉아 상의한 연후에 정본正本을 쓸 수 있으나, 각자 제사가 있기 때문에 족종族從은 이제 막 나왔습니다. 바라건대, 10일 쯤에 한 번 더 모이는 것이 어떠하겠습니까?

족숙의 책 다섯 권은 원례院隷에게 부치어 바로 들이도록 하였습니다. 다시 올 적에 가지고 온다면 베낄 수 있을 것입니다.

정도중에게 답하다[答鄭道中]

임고서원臨皐書院에서 열흘간 함께 지내며 대현의 유서를 토론하니, 마치 염계濂溪의 고택을 방문하여 『태극도설太極圖說』을 광풍제월光風霽月[76]의 정자에서 강론하는 듯하

76) 광풍제월(光風霽月) : 비가 갠 뒤의 화창한 바람과 밝은 달이라는 뜻으로, 온화하고 깨끗한 심성을

여 노년의 쓸쓸한 회포를 조금 풀기에 충분하였습니다. 그러나 돌아와 외진 산골에 누우니, 떨어져 홀로 지내는 외로움이 더욱 심하여 남녘을 바라보며 그리워할 뿐입니다.

이즈음 보배로운 편지가 갑자기 도착하여 봉투를 열어 낭랑히 읽어보니, 마치 아스라이 맑은 소매를 끌고 단아한 논의를 듣는 듯합니다. 감격과 후련함을 어찌 다 헤아리겠습니까?

서리가 내리는 이즈음 영후令候가 복된 것을 다시 알아, 더욱 기쁩니다.

족종은 병든 모습을 겨우 보존하고 있으나, 아이가 일이 있어 북산北山에 들어갔다가 말이 병이 나서 걸어 돌아온 뒤로 이전의 병이 재발하여 바야흐로 이부자리에 묻혀서 신음하고 있습니다. 단사壇祀[77]가 멀지 않은데 또 병이 이와 같으니, 매우 절박하고 염려스러운 일입니다.

진상眞像[78]은 벌써 인쇄하여 편입하였으나 비각의 기문[79]은 베껴 와서 교감해보니, 바로 영천 군수永川郡守 황여일黃汝一[80]이 지은 것이었습니다. 그 기문에 "류 감사柳監司[81]가 유집을 판각하고 비각을 세우라고 명하였다. 그러므로 드디어 서원의 유생들이 문집의 예전 판본 여러 건을 모았으나 각각 자세함과 소략함의 차이가 있어서 다시 더

비유하는 말로 쓰인다. 송나라 황정견(黃庭堅)의 「염계 시집의 서문[濂溪詩序]」의 "용릉의 주무숙은 인품이 너무도 고매해서, 흉중이 쇄락하기가 마치 맑은 바람과 갠 달과도 같다.[舂陵周茂叔 人品甚高 胸中灑落 如光風霽月]"에서 온 말이다. 이 글에서는 풍경의 깨끗한 모습을 말한다.

77) 단사(壇祀) : 그 지역에 특이한 일이 생기면 단을 쌓아 지내는 제사로, 무엇을 말하는지 알 수는 없다.

78) 진상(眞像) : 포은(圃隱) 정몽주(鄭夢周, 1337~1392)의 영정을 말한다.

79) 비각의 기문 : 영천 군수를 지낸 황여일(黃汝一)이 1607년 5월에 지은 「포은 정선생의 비각을 중수하고 지은 기문[重修圃隱鄭先生碑閣記]」을 말한다.

80) 황여일(黃汝一, 1556~1622) : 자는 회원(會元), 호는 해월(海月), 본관은 평해(平海)이다. 1584년 문과에 급제, 이조 정랑·영천 군수·이조 참판 등을 지냈다. 임진왜란 때 세운 공으로 1607년 선무원종이등공신(宣武原從二等功臣)에 책록되었다. 저서로는 『해월집』·『조천록(朝天錄)』 등이 있다.

81) 류 감사(柳監司) : 류성룡(柳成龍, 1542~1607)을 말한다.

보충하여 완집을 만들었다."라고 하였습니다. 저의 소견에는 원집 마지막 부분의 차례가 뒤섞인 것이 혹여 서애 선생이 정정한 것이 아닌가 하는 의심을 한 적이 있었으나, 이제 영천 군수 황공이 보충한 것인 줄 알았습니다.

'공맹심학孔孟心學'이 마지막의 십여 글자와 대對를 이룬 문법이 약간 의심할 만한 것이 있는데, 이제 편지를 받아보고서야 비로소 노선생老先生의 정본에는 마지막 말이 없음을 알았습니다. 혹여 다른 판본에는 있습니까? 앞으로 한 번 더 모여서 완본의 수정을 마쳐야 할 듯하니, 그때 상의할 수 있을 것입니다.

임진년(1652) 박연朴淵[82]의 일은 단지 저의 집에 있는 이른바 『해동야사海東野史』를 근거로 예전 행적을 기록한 것인데, 이제 편지를 받아보고 절도사節度使와 조방장助防將이 올린 두 계문啓聞[83]이 모두 이와 같음을 비로소 알았습니다. 대개 야사는 풍문에 들은 것을 근거로 기록하므로, 사실을 놓쳐도 괴이쩍을 것은 없습니다. 야사에서는 "적賊이 영천永川에서 봉고어사封庫御史라고 칭하며 신녕新寧과 의흥義興으로 향하였다."라고 하였으나, 다만 사칭하였다는 설은 어느 책에 나오는 것입니까? 만약 사칭하였다면 반드시 우리나라 복색을 빌려 입고 우리나라의 어사를 사칭하였을 터인데, 결코 그럴 리가 없습니다. 이는 야사의 기록에 단지 "봉고어사라고 칭하였다."라고 한 것이 실제의 기록일 것입니다. 어떠할지 아직 모르겠습니다.

공이 과거의 시관試官이 되었다는 소식은 실로 가문의 경사이기에, 기쁨과 다행함이 그지없습니다. 보내주신 저보邸報는 잘 받아보았습니다.

---

82) 박연(朴淵, ?~?) : 조선 후기의 귀화인이다. 네덜란드 사람으로 원명은 벨테브레이(Weltevree,J.J.)이며, 한자 표기는 '박연(朴燕)' 또는 '박연(朴延)'으로도 쓴다. 풍랑을 만나 표류하다가 제주도에 도착한 이후 훈련도감에서 총포의 제작·조종에 종사하였다. 1636년에 병자호란이 일어나자 훈련도감군을 따라 출전하여 분투(奮鬪)하였다.

83) 계문(啓聞) : 임금에게 보고하는 글을 말한다.

정도중에게 주다[與鄭道中] 갑술년(1754)

봄이 가고 여름이 왔는데, 영후令候는 어떠하십니까? 복숭아꽃이 활짝 핀 옥간정玉磵亭은 화사하고 기러기 울음[84]소리 속에 기쁨을 느낄 수 있으니, 아무리 '축하할 것이 없다.' 하더라도 어떻게 축하하지 않을 수 있겠습니까?

종족들이 제회례齊會禮를 열 때에 저는 초상이 거듭 나서 슬픔으로 병이 더친데 다 자질들도 상복을 입고 있어서 나아가 참여하지 못하였으니, 너무나 개탄스럽습니다.

맹윤孟潤은 일찍이 둘러올 생각이 있었는데, 과연 계획대로 하였습니까? 바라건대, 납징納徵[85]하는 심부름꾼에게 물어 알려주는 것이 어떠하시겠습니까? 그의 편지에 이번 길에 찾아줄 것이라는 말이 있었기 때문에 알려고 할 뿐입니다.

오직 혼례婚禮를 편안히 치르기를 축원합니다.

정도중에게 답하다[答鄭道中]

승려가 돌아와 답장을 받고서 장맛비가 내리는 이즈음 영공令公의 도체道體가 편안하심을 다시 알아, 기쁨과 위로가 참으로 지극하였습니다.

족종은 여전히 질병으로 수척하니, 나머지는 말씀드릴 만한 것이 없습니다.

언급한 의례疑禮는 근거를 댈 만한 명확한 증거가 없으니, 어찌 좁은 식견으로 쉽게 판단할 수 있겠습니까? 말씀하신 대로 『예기』「복문服問」 설說의 "명사命士[86] 이상이 되면

---

84) 기러기 울음 : '명안(鳴鴈)'은 보금자리에 안주하지 못하고 멀리 남쪽 지방으로 날아가는 철새인 기러기의 울음소리이다. 선원에서 떠나와 매곡에서 자리 잡은 자신의 처지를 말한다. "하늘 높이 나는 기러기, 슬픈 울음 끼룩끼룩.[鴻鴈于飛 哀鳴嗷嗷]"에서 유래한다.(『詩經』「小雅·鴻鴈」)

85) 납징(納徵) : 혼인 때 신랑 집에서 신부 집으로 보내는 예물로, 흔히 푸른 비단과 붉은 비단으로 한다.

86) 명사(命士) : 천자나 제후로부터 명(命)을 받은 관원을 말한다. 명은 관직자의 작복(爵服)을 더하는

거처를 달리할 수 있다."라는 말이 사상私喪을 각자 주제하는 증거라는 말씀은 참으로 명확합니다.

일찍이 지자支子[87]의 아내가 죽어 제주題主[88]하는 일을 밀암密菴[89] 선생에게 물으니, "맏며느리가 아니면 당연히 남편이 주제해야 하고, 신주에는 망실亡室로 쓴다."고 하였습니다. 다만 『예기』「분상奔喪」의 "아버지가 있으면 아버지가 주제한다."는 설에 대하여 진주陳註[90]에서 단지 "아버지가 살아있는데 아들이 처자의 초상을 당하면 아버지가 그 상을 주재하니, 존자에게 통할統轄해서이다."고만 하였습니다. 『주자가례』 '입상주立喪主' 조에서 온공溫公[91]의 설을 부쳐 "「분상」에서 아버지가 살아있음에 아버지가 주재한다고 하였으며, 그 주석에서 빈객賓客과 함께 예를 행할 때는 마땅히 존자에게 하도록 한다."고 하였으니, 이는 대개 고주古註의 말로 진씨陳氏가 줄인 것입니다.

「분상」에서 이른바 '주主'라는 것은 「상복소기」와 「복문」의 '주主' 자와는 다릅니다. 그 아래 문장의 "장자 또는 친자가 주재한다."는 설을 살펴보면, 이는 초상을 치르거나 손님 맞는 일을 주재하는 것이지, 제사지내는 일을 주재하는 것이 아닙니다. 이는 맏며느리와 여러 며느리를 통틀어 말한 것으로, 참으로 의심할 만한 점이 없습니다.

그러나 「상복소기」의 경우에는 바로 "삼우와 졸곡은 남편이나 아들이 주제하고 합사合祀는 시아버지가 주제한다."고 하였는데, 진주陳註에서 "삼우와 졸곡은 며느리에게 제사지내는 것이요, 합사는 사당에서 시아버지의 어머니에게 제사지내는 것이다."고

명칭으로, 초명(初命)은 사(士)가 되고, 재명(再命)은 대부(大夫)가 되고, 삼명(三命)은 경(卿)이 된다. (『禮記』「內則」)

87) 지자(支子) : 종자(宗子)에 상대되는 말로, 적처(嫡妻)의 차자(次子) 이하와 첩의 아들 모두를 말한다.

88) 제주(題主) : 신주(神主)의 앞면에 신상(身上)을 적는 것을 말한다.

89) 밀암(密菴) : 이재(李栽, 1657~1730)의 호이다. 자는 유재(幼材), 본관은 재령(載寧)이다.

90) 진주(陳註) : 진호(陳澔, 1260~1341)의 『예기집설(禮記集說)』의 내용을 말한다.

91) 온공(溫公) : 사마광(司馬光, 1019~1086)을 말한다. 자는 군실(君實), 호는 우부(迂夫)이며, 산서성(山西省) 하현(夏縣) 사람이다. 죽은 뒤 온국공(溫國公)에 봉해졌으므로 사마온공(司馬溫公)이라고도 한다. 왕안석(王安石)의 신법(新法)을 반대하였다. 시호는 문정(文正)이다. 저서로는 『사마문정공집(司馬文正公集)』·『자치통감(資治通鑑)』·『속수기문(涑水紀聞)』 등이 있다.

하였습니다. 존비가 다르기 때문에 주제하는 사람이 같지 않으니, 이는 주석의 설에서는 맏며느리와 여러 며느리를 막론하고 제사지내는 대상의 존비만을 말해서입니다. 맏며느리에게도 이 예를 적용한다고 생각한 듯합니다.

허미수許眉叟[92] 선생이 며느리의 상을 당하여 소상과 대상을 누가 주재하는지 묻는 질문에 답하며, 『예기』「분상」과 「상복소기」의 두 설을 인용하여 논의[93]한 적이 있습니다. "초상을 주재하는 일과 손님을 맞이하는 일은 그 예가 중대하므로, 아들이 아버지를 건너뛰어서 주재하지 못합니다. 며느리의 초상이라면 시아버지는 지체가 높고 제사는 격이 낮아서 친자에게 주재를 허락하며, 합사라면 할머니의 사당에 올려 합사하기 때문에 시아버지가 주제합니다. 11개월 만에 지내는 소상과 13개월 만에 지내는 대상은 비중이 남편이나 아들에게 있어서 당연히 삼우와 졸곡을 지내는 예와 같이 해야 합니다." 이 설이 옳을 듯하니, 당연히 따라 행해야 할 것입니다.

다만 『예기』「복문服問」에 이미 "군君이 주재한다." 하였고 보면, 주재하는 것이 무슨 일인지 모르겠습니다. 이는 매우 의심스럽습니다. 더러 제주題主는 시아버지가 주재하고 제전祭奠은 남편이나 아들이 주재하는 것입니까? 남편이나 아들이 주재한다면 축문의 문구를 만들기가 매우 어렵습니다. 삼우와 졸곡이라면 당연히 "시아버지가 아들 아무개를 시켜 망부亡婦에게 고한다." 해야 할 듯합니다. 그러나 소상과 대상이라면 시아버지가 며느리의 소상과 대상을 지내지 못하니, 이것이 대처하기 어려운 점일 것입니다.

「상복소기」에서 "대공복을 입어야 하는 사람이 남의 초상을 주재하면서, 3년복을 입어야 하는 사람이 있으면 반드시 그를 위하여 소상과 대상을 지낸다."고 하였으니,

---

92) 허미수(許眉叟) : 미수는 허목(許穆, 1595~1682)의 호이다, 자는 문보(文父), 본관은 양천(陽川)이다. 유일(遺逸)로 벼슬길에 올라 삼척 부사·우의정 등을 지냈다. 시호는 문정(文正)이다. 저서로는 『미수기언(眉叟記言)』·『동사(東事)』·『방국왕조례(邦國王朝禮)』·『경설(經說)』·『경례유찬(經禮類纂)』 등이 있다.

93) 논의(論議) : 『미수기언』의 「강 진사의 문목에 답하다[答姜進士問目]」에 보인다.

이는 아버지의 종형제가 죽었는데 자식은 어리고 근친이 없어서 소상과 대상을 대신 주재함을 말한 것입니다. 이를 인용하여 시아버지에게 소상과 대상을 주재하도록 할 수는 없습니다.

『주자가례』 '대상' 장의 "담제복禫祭服을 진설한다."는 조목의 부주附註에서 "혹자或者가 물었다. '아들이 어머니의 대상과 담제를 지낼 적에 남편은 이미 상복을 벗었으니, 그 제사에서 어떻게 해야 합니까?' 주자朱子가 대답하였다. '오늘날 예에는 궤연几筵[94]은 반드시 3년이 되어 철거하고 소상과 대상의 제사는 모두 남편이 주재합니다. 다만 축문을 고치면서 아들을 대신하여 제사지낸다고 굳이 말할 필요는 없습니다.'"고 하였습니다. 이는 송나라의 제도입니다. 아버지가 있는데 강복降服하지 않는 것은 예가 아니기 때문에 축문의 내용을 기제사와 같이 고치기도 하나, 아들을 대신하여 상제祥祭를 지내는 의도는 말하지 않습니다. 기제사라면 남편이 주재해야 하기 때문에 답한 것이 이와 같습니다. 또한 이를 인용하여 며느리의 소상과 대상에 적용할 수 없습니다.

저의 생각으로는 아내에 대한 소상과 대상의 비중은 남편에게 있으므로, 남편이 주재한다는 것은 의심의 여지가 없으나, 또 축이 없을 수 없습니다. 남편이 주제하면서 망실亡室이라 부르며 제사지냄은 부득이한 바입니다. 대개 부사에서 증조할아버지는 비록 개제改題[95]하지 못하나 축祝에는 증조할아버지라고 부릅니다. 이로써 미루어볼 때 제주에는 비록 망부亡婦라고 일컫지만, 남편이 소상과 대상을 지낼 때 망실亡室로 축문에 쓰는 것도 미안함이 없겠습니까?

삼우와 졸곡이며 소상과 대상은 정침에서 제사지내기 때문에 남편이나 아들이 오히려 스스로 주재하여 그 사사로운 정을 펼 수 있습니다. 서차에 따라 부사를 지내고 사당에 들어간 뒤의 경우라면 시제와 기제의 축에는 시아버지가 당연히 해야할 것입니다.

---

94) 궤연(几筵) : 죽은 이의 혼백(魂帛)이나 신주(神主)를 모셔두는 곳을 말한다.
95) 개제(改題) : 봉사손(奉祀孫)이 죽었을 경우, 다음 봉사손의 대수(代數)에 맞추어 신주(神主)를 다시 쓰는 것을 말한다.

물으시며 언급하였기에 감히 스스로 외면할 수 없어서 대략 못난 소견을 밝혔습니다. 고명한 분께서 어떻게 여기실지 모르겠습니다.

또 이와 서로 비슷한 일이 한 가지 있습니다. 아버지가 장자를 위하여 1년복을 입으면서 이미 망자亡子라고 제주題主하였으나, 그 아내나 아들이 3년복을 입는다면 대상과 담제의 축문에 그 주재자를 정확히 쓰지 않습니다. 저는 매번 예경에 근거하여 살펴보려고 하였으나 끝내 적당한 설을 찾지 못하였습니다. 백 번 생각을 해보아도 대처방법이 없었습니다. 부질없는 생각에 「상복소기」의 "시아버지가 있더라도 지아비가 주재한다."는 설이 방증이 될 수 있다고 여겼습니다. 축문도 아내나 아들로 주재자를 삼아 벽辟이라 일컫거나 아니면 고考라 일컫는다면 축 없이 행사하는 것보다 나으니, 이 또한 큰 탈이 없겠습니까? 함께 생각해보시고 답해주시기를 바라겠습니다.

이러한 일은 모두 큰 절목에 해당하는 예입니다. 만약 미리 익혀 두지 않고 있다가 갑자기 사람의 물음에 응한다면 주제 넘는다는 비방을 면할 수 있겠습니까? 두려워할 만한 일입니다.

정도중에게 답하다[答鄭道中]

이어서 답장을 받아보고 영공令公의 도리道履가 아주 편안하심을 다시 알아, 크게 위로됨을 헤아리기 어렵습니다.

족종族從은 여전히 병으로 수척하니, 나머지는 말할 것도 없습니다.

전에 논의한 의례는 「상복소기」의 주설만이 이와 같습니다. 미수 선생도 단지 주설을 근거로 논의하였으니, 이 어른이 아마 반드시 본 것이 있다고 생각하였기 때문에 인용하여 근거로 삼은 것입니다. 그러나 다만 생각건대, 시아버지가 맏며느리의 초상을 주재하고 아들이 상장喪杖을 쓰지 못한다면 남편으로 축문을 쓰서 고하는 것은 대체에 손상이 있습니다. 아마도 「상복소기」에서 주재한다고 말한 것은 시아버지가 늙고 제사의 격이 낮아서 아들에게 대신 주재하도록 한 듯합니다. 그러므로 과연 삼우와 졸곡에 "시아버지가 아들 아무개를 시켜서"라는 말이 있으니, 「상복소기」를 모방하여 대체를 보존한 경우라고 여겼습니다.

소상과 대상의 경우에는 남편의 예이지, 시아버지의 예는 아닙니다. 또 정침에 빈소를 차리는 것은 사당에 있을 때와는 다르기 때문에 단지 미수 선생의 "비중이 남편에게 있다."는 말을 근거하였습니다.

더러 남편으로 축문을 써서 고하는 것은 대개 종자로서 부사를 지내면 방친은 자연스럽게 관계의 호칭을 따라 축문을 써서 고해서라고 생각해보았습니다. 이제 신주의 주면에 쓰는 내용이 비록 존자에게 통할統轄되어 있으나, 빈소에 나아가 각자 사사로운 심정을 펴는 것은 친족들이 전奠을 드리는 축문에서 각자 관계의 호칭을 일컫는 것에 다르지 않습니다. 그러므로 억설臆說이 이와 같지, 감히 스스로 옳다는 것은 아닙니다. 단지 변론하여 바름을 구하고 싶어서입니다.

이제 보내준 편지를 받아보고, 또한 저의 생각이 부합한다고 허여하는 것을 알았습니다. 또 전후 제사를 주재하며 호칭을 다르게 하는 것이 미안하다고 여겨서 소상·대상·담제에서 "시아버지가 시켰다."고 이어서 일컬으니, 이는 실지로 존자에게 통할한다는 뜻에서 나왔습니다. 견해가 여기까지 미치는 것은 쉽지 않으니, 이는 사람을 가상해하도록 만듭니다.

이제 더 생각해 보면 남편의 소상은 1년 만에 지내는데, 이 날은 시아버지가 상복을 벗는 날입이다. 시아버지가 직접 주재하고 상복을 벗어야 하니, 아들을 시켜 주재할 수 없습니다. 아버지가 아들의 초상을 당해서도 이와 같습니다. 여기서 미수 선생의 설이 문제가 있음을 비로소 알았고, 족숙의 강변講辨이 더욱 적지 않음을 깨달았습니다.

삼우와 졸곡이며 2년 안의 제사는 모두 존자尊者가 주재하는데, 더러 시아버지가 시켜서라든가 아버지가 시켜서라고 하는 것이 옳습니다. 그러나 11개월 만에 지내는 소상의 경우에는 비중이 남편에게 있고, 망자亡子의 담제는 비중이 아내나 아들에게 있습니다. 만약 시아버지가 시켜서라든가 아버지가 시켜서라는 문구로 축문을 쓴다면 주부자의 "굳이 아들을 위하여 제사지낸다고 말할 필요는 없다."는 가르침과 서로 맞지 않습니다. 어떻게 하면 마땅할지 모르겠습니다.

당시 혹인或人이 대상과 담제를 모두 물었으나 답을 하면서 담제는 언급하지 않았습니다. 정우복鄭愚伏[96]이 "단지 소상과 대상만 말하고 담제는 언급하지 않았으니, 숨은 뜻이 있는 것은 아닌가?" 하였으나, 숨은 뜻이 어디에 있는지 말하지 않았습니다. 어쩌면 1년이 되면 남편이 대상을 지내고 2년이 되면 남편이 기제사忌祭祀를 주재하되, 담제는 남편이 벌써 지냈으므로 더는 주제할 만한 의리가 없다는 것이 아니겠습니까? 그러므로 담제를 언급하지 않은 것이겠습니까? 아니면 시왕時王[97]의 제도는 본래 고례古禮가 아니어서 아들이 담제를 지내는 것이 마땅하지 않아서 피하고 감히 말하지 않은 것이겠습니까? 혹인이 다시 물어서 의심을 풀지 못한 것이 아쉽습니다.

지금 여기서 남편이 아내를 위하여 지내는 소상은 예禮에 시아버지가 지낸다는 축문이어야 하는데, 비록 아들을 대신하여 제사지낸다고 하더라도 탈이 없겠습니까? 시아버지가 이미 소상을 주제하였다면 1년 제사 축문의 말미에도 아들이 대상을 지낸다는 뜻을 말해야 할 것입니다.

맏아들은 아버지가 있으면 아내의 담제를 지내지 않으나 손자는 담제를 지내야 합니다. 이를테면 아버지가 맏아들의 초상을 주재할 적에 손자는 상장喪杖을 짚고 자리에 나가지 못한다는 의리로 미루어보더라도 아버지를 따라 담제를 지내지 않아야 합니까?

이를테면 맏며느리가 남편을 잃고서 아들이 있는 경우 담제를 지내야 하고, 맏아들이 죽고서 아내나 아들이 있어도 담제를 지내야 합니다. 만약 시아버지가 며느리의 소상을 주재하는 예例를 적용한다면 이 두 담제를 존자가 모두 주재해야 하나 반복하여 생각해 보아도 끝내 합당한 점을 찾지 못하겠습니다. 대개 2년 만의 제사의 주재는 더러 상복을 벗거나 더러 기제사를 지내면서 존자는 축으로 고하고 비자는 이어서 변제變除[98]를

---

96) 정우복(鄭愚伏) : 우복은 정경세(鄭經世, 1563~1633)의 호이다. 자는 경임(景任), 본관은 진양(晋陽), 시호는 문장(文莊)이다.

97) 시왕(時王) : 현재의 임금으로 살고 있는 그 당시를 말한다.

하는데, 나름대로 주재에 부응하는 예로서 일도 편리하고 이치도 순조롭습니다.

남편이 아내의 소상을 지내거나 손자가 부모의 담제를 지내는 경우는 바로 비자가 사복으로 변제하는 절차여서 존자가 스스로 그 제사를 주재하며 비자를 위하여 대신 축문을 고하는 것이 예경禮經에서 존비를 엄격히 정해둔 본뜻이 아니겠습니까?

우연히 『예기』「잡기雜記」를 보다가 "첩의 초상을 주재할 경우 부사에서 소상과 대상에 이르기까지 모두 그 자식을 시켜서 주제한다."는 하나의 설을 찾았는데, 주석에서 "여군女君이 죽어서 첩이 여군을 대신하는데, 이 첩이 죽으면 군이 그 초상을 주재하며, 부사 역시 군이 스스로 주재한다." 하였습니다. 이는 대개 한 집에 사는 첩이기 때문에 군이 그 초상을 주재하나, 사士가 아들이 있는 첩의 초상에서 시마복緦麻服을 입는다면 소상과 대상은 바로 그 아들의 일입니다. 그러므로 저를 시켜 주재하도록 하는 것입니다. 이를 살펴볼 때 미수의 설이 도리어 나름대로 의심이 없어집니다.

그런데 시아버지와 아버지가 상복을 벗을 적에 직접 참여하여 변제하지 않을 수 없습니다. 또 주부자朱夫子의 "남편이 소상과 대상을 주재한다."는 뜻으로 미루어보면 삼우·졸곡·2년 만에 지내는 제사는 존자가 모주 주재하는 것이 마땅합니다. 그러나 남편이 지내는 소상이나 손자가 지내는 담제는 존자를 끌어들이지 않고 각자 축문을 고하여 사사로운 심정을 펼치는 것이 해가 없을 듯합니다.

김계암金溪巖[99]이 아버지의 상중에 할아버지가 죽으면 장자는 승중복承重服을 입어도 차자는 담제를 지내고서 상복을 벗지 않을 수 없는 점을 물으니, 한강寒岡이 "차자는

---

98) 변제(變除) : 소상(小祥) 때 전에 입던 상복을 연복(練服)으로 갈아입고, 남자는 수질(首絰)을, 여자는 요질(腰絰)을 제거하며, 담제(禫祭) 때 연복과 상장(喪杖)을 버리고 길복(吉服)으로 갈아입는 것을 말한다.

99) 김계암(金溪巖) : 계암은 김령(金坽, 1577-1641)의 호이다. 자는 자준(子峻), 본관은 광산(光山)이다. 1612년 문과에 급제하여 승정원 주서를 제수 받았으나 광해군의 난정을 보고 귀향하였다. 병자호란 때 예안에서 의병이 일어나자 가산을 털어 의병을 지원하였다. 시호는 문정(文貞)이며, 저서로는 『계암집』·『계암일록(溪巖日錄)』 등이 있다.

스스로 축을 지어 담제를 지낸다."고 답한 것을 본 적이 있거니와, 사계沙溪[100] 역시 "차자는 글로 고하여 담제를 지낸다."고 말하였으며, 또 한 사람에게 "자리를 마련하여 곡하고 변제한다."고 답하였습니다. 대상을 지낸 뒤에 만약 즉시 예를 따라 사당으로 들어간다면 사계후설沙溪後說대로 지방을 쓰서 담제를 지내거나 아니면 우선 별실別室에 모셨다가, 담제를 지낸 뒤에 사당으로 들어가도 탈이 없을 듯합니다. 이 일은 반드시 충분히 생각하여 깊숙한 원리까지 도달한 이후에야 예의 본뜻에서 어긋나지 않을 수 있습니다. 바라건대, 다시 더 헤아려서 끝까지 가르쳐주는 것이 어떠하겠습니까?

앞서 부친 저의 편지에는 원래 "상복을 벗고 제사를 주제하는 것이 잘못되었다."는 말은 없었으나 보내주신 편지에서 많은 말로 변론하시니, 혹여 우연히 잘못 살핀 것이 아닌가 싶습니다. 제 생각은 상복을 벗고 제사를 주재하는 것이 부당해서가 아니라, 단지 아내의 소상과 대상은 남편이 사사로운 상복을 입고 자신의 심정을 펴는 것이어서, 시아버지가 당연히 참여할 바가 아니라고 여긴 것입니다.

이를테면 대공복大功服을 입은 사람이 소상과 대상을 지내거나 붕우가 삼우와 부사를 지낸다는 설은 어린 아들로 제주題主는 하되, 그 제사를 대신 지낸다는 것입니다. 붕우는 비록 우정이 친밀하더라도 어떻게 남의 부사를 주재하며 축에 이름을 쓰겠습니까? 이는 증거가 되기에 부족합니다.

말씀하신 『의례』「사우례士虞禮」의 설은 부사만을 지적하여 말한 듯합니다. 이러한 내용은 『속통해續通解』[101]에는 없고 단지 양삼산도楊三山圖[102]에 있으나, 경經에는 실려

---

100) 사계(沙溪) : 김장생(金長生. 1548~1631)의 호이다. 자는 희원(希元), 본관은 광산이다. 1578년 학행(學行)으로 천거되어 창릉 참봉·첨정·형조 참판 등을 지냈다. 시호는 문원(文元)이며, 저서로는 『사계집』·『상례비요(喪禮備要)』·『가례집람(家禮輯覽)』·『의례문해(疑禮問解)』·『근사록석의(近思錄釋疑)』·『경서변의(經書辨疑)』 등이 있다.

101) 『속통해(續通解)』 : 면재(勉齋) 황간(黃幹)이 편찬한 『의례속통해(儀禮續通解)』를 말한다.

102) 양삼산도(楊三山圖) : 주자의 문인으로 알려진 삼산(三山) 양복(楊復)이 그린 도(圖)로 여겨지나, 자세히 알 수는 없다.

있고 전傳에는 실려 있지 않으며, 경經에 또한 이 구절은 없으니, 혹시 전문傳文의 말이 아니겠습니까? 진호陳澔[103]는 면재勉齋[104]와 두 세대 정도 차이가 납니다. 『속통해』에서 「상복소기」의 삼우와 졸곡은 남편이나 아들이 주재한다는 것이 뭇 며느리들을 오로지 가리킨 것이라면 진호의 주에서 반드시 벌써 분명히 말하였을 것이나 이와 같이 범연히 말하였으니, 이는 참으로 이해할 수 없습니다. 예경禮經은 완전하지 못하고 주석註釋도 자세하지 않으니, 어찌 감히 좁은 소견으로 단정 지어 말하겠습니까?

가까이의 사우들 중에 『속통해』를 가지고 있는 사람은 누구입니까? 삼우·졸곡·소상·대상·담제는 모두 「사우례士虞禮」 한 권에 들어있습니다. 만약 이 한 권을 빌려서 살펴본다면 의혹을 풀 수 있을 것입니다. 이 책의 판본은 영남嶺南과 전주全州 두 감영에서 나누어 보관하고 있습니다. 『속통해』가 만약 영남 감영에 있다면, 부디 인출하면 다행이겠습니다. 아니면 고산사高山社[105]의 재원을 출연하여 합니까? 인출하여 둔다면 『의례통고疑禮通攷』를 교정할 때 반드시 큰 도움이 있을 것입니다.

포은圃隱 선조의 속집은 지난가을에 일을 마치고 돌아가신 뒤로 더는 손보지 않았습니다. 대개 부록 안에 "묘갈은 행장을 근거로 지어 새겨서 세웠다."는 말이 있으나, 일찍이 한번 전배展拜[106]할 때 짧은 비석만 있고 작은 글자가 새겨진 것은 보지 못하였습니다. 그 허와 실을 알고자 전랑銓郞[107]이 되어 서울로 갔을 때 근동芹洞의 종인을 시켜 갈문을 베껴 오라고 하니, 그 사람이 묘소 아래에 사는 자손에게 통기通寄를 하여 갈문을 베껴서

---

103) 진호(陳澔, 1260~1341) : 자는 가대(可大), 호는 운주(云住)이고, 도창현(都昌縣) 사람이다. 1259년 진사시에 입격하여 종정랑(從政郎)·황주군 판관(黃州軍判官) 등을 지냈다. 드러나길 구하지 않고 평생 은거의 삶을 살았다. 저서로는 『예기집설(禮記集說)』이 있다.

104) 면재(勉齋) : 황간(黃榦, 1151~1221)의 호이다. 자는 직경(直卿)이고, 민현(閔縣) 사람이다. 벼슬은 대리승(大理丞)에 임명되었으나 사양하였고, 주자(朱子)에게 수학하여 예학에서 주문(朱門)의 일인자였다.

105) 고산사(高山社) : 1743년 이곳에서 훈수 정만양과 지수 정규양의 문집을 교정하였다.

106) 전배(展拜) : 배알(拜謁)을 할 적에 무릎을 꿇고서 절하는 의식 절차를 말한다.

107) 전랑(銓郞) : 인물을 전형(銓衡)하여 벼슬에 추천하는 이조와 병조의 낭관을 말한다. 매산은 1741년 7월에 병조 좌랑에 임명되었다.

창원昌原으로 보내어 임고서원臨皐書院으로 도착하도록 하였다고 답하였으나, 겨울이 깊어가도록 오지 않습니다. 또 윤문允文이 가는 걸음에 창원 부사昌原府使에게 편지를 보내어 빨리 전해 보내주기를 부탁하였으나 아직까지 가부를 알 수 없으니, 매우 괴이한 일입니다. 그 글이 오기를 기다렸다가 다시 모이는 것이 마땅합니다.

김군金君이 말한 『고려사』에 들어 있는 세 편의 소문疏文은 필시 본전本傳의 행장에 줄여서 실려 있고 이미 속집에 들어 있을 것입니다. 그러나 당연히 더 물어보아야 할 것입니다.

비록 간행하고 싶으나 서원의 장이長貳들 중에 이 일을 감당할 수 있는 사람이 없으니, 절박하기만 합니다.

정도중에게 답하다[答鄭道中]

5월 그믐에 보내신 장문의 답장은 받아 보았습니다. 6월 보름 사이에 창원昌原의 심부름꾼에게 또 짧은 편지를 받아 보고, 이어서 책을 보며 자신을 수양하는 즐거움을 알았으나 저는 병으로 침석에 드러누워 정신은 어둡고 기운은 빠진 데다가, 또 조카아이의 전염병이 창졸간에 심해져 답장을 쓸 겨를이 없어서 여태까지 미루었으니, 너무도 부끄럽고 개탄스럽습니다.

근래에 늦더위가 아직도 기승을 부리는데, 도학을 익히는 영공令公의 체후體候가 어떠한지 모르겠습니다. 더욱 그리움이 지극합니다.

족종族從은 지난날의 속이 더부룩하던 증상이 더위에 다시 덧나 더욱 심해졌습니다. 근래에 또 설사병을 오래 앓아 곡기를 완전히 끊고 자리에 누워서 일어나지 못하니, 자못 버틸 길이 없습니다. 괴로움과 절박함을 어찌하겠습니까?

의례疑禮의 여러 설은 이미 분명한 증거는 없으나 부질없이 저의 억견臆見으로 가벼이 견강부회牽强附會하였으니, 주제넘다는 죄를 벌써 적지 않게 범하였습니다. 하지만 보내주신 편지에서 의례적으로 인정하시고 심지어는 무르익어 하나로 귀결된다고까지 말씀하시니, 이는 비록 지나친 말씀이기는 하나 오히려 서로 더 계발하는 보탬이 매우 많아서 어리석은 저에게는 다행입니다. 참으로 강설하지 않을 수 없습니다.

『예기』「잡기雜記」의 "첩의 초상을 주재한다."의 설에서는 "소상과 대상은 그 아들에게 시켜서 주재한다."고만 말하고, 삼우·졸곡·담제는 언급하지 않았으니, 이는 "여러 아들들이 아버지의 집에서 그 어머니의 담제를 지내지 못할 경우"[108] 남편이 삼우와 졸곡을 주재한다는 것이 분명합니다. 보내주신 편지에 이 내용을 근거로 시아버지가 맏며느리의 삼우와 졸곡을 주재해야 한다는 증거로 삼았으니, 이는 참으로 그러합니다.

그러나 이를테면 소상과 대상을 시아버지가 주재하지 않는다는 뜻의 경우도 이를 근거로 더욱 분명해집니다. 대개 함께 사는 섭여군攝女君[109]에 대하여 남편이 이미 삼우와 졸곡을 주재하였다면 반드시 망소실亡小室로 패자牌子에 써야 하나, 소상과 대상의 경우에는 그 아들을 시켜서 주재하니, 신주 주면의 내용과 축문의 명호가 다른 것은 대체로 상상할 수 있습니다. 족숙께서는 반드시 축문의 명호가 신주 주면의 내용과 다름이 잘못되었다고 생각하시는 것은 저의 편지에서 인용하여 근거로 제시한 설들을 모두 받아들이지 않은 결과입니다.

한강寒岡이 말한 맏아들은 승중복을 입고 둘째 아들은 담제를 지낸다는 설의 경우는 "함께 현고顯考라고 일컬으면 예에 문제될 것이 없다."고 하였는데, 반드시 그렇지는 않을 듯합니다. 사계沙溪의 주장한 둘째 아들은 담제를 지낸다는 설은 바로 맏손자가 승중복을 마칠 무렵에 어머니의 초상을 당하면 담제를 지내지 못하니, 그 여러 숙부들이 글로 고하고 담제를 지내는 것을 말합니다. 이렇다면 신주 주면의 내용과 축문의 명호는 절로 달라집니다.

대체로 예경의 기록은 필시 일상의 격식을 벗어난 일인 연후에 드러내어 적었습니다. 여러 아들들이 벌써 그 아내의 초상을 주재하였다면 삼우와 졸곡을 주재하는 일은 말하

---

108) 여러……경우: 『예기』「상복소기(喪服小記)」에 나오는 말이다.
109) 섭여군(攝女君): 적자(嫡子)를 보살피고 기른 은혜가 있는 사람을 말한다.

지 않아야 할 것입니다. 오직 시아버지가 이미 초상을 주재하였으나 남편이나 아들이 삼우와 졸곡을 주재하는 것은 바로 일상의 격식을 벗어나 표출된 것이기 때문에 집주에서 범연히 말하였으나 뭇 며느리들은 전적으로 지적하여 말하지는 않았으니, 이는 참으로 이해할 수 없습니다. 『속통해』에 만약 오로지 뭇 며느리를 지적하는 주소註疏가 있었다면 미수의 설은 반드시 이와 같지는 않았을 것입니다. 『상례비요』에도 반드시 주소를 인용하여 달았을 것이나, 지금 그렇지 않으니 이 또한 이해할 수 없습니다.

또 예경에는 주註도 있고 소疏도 있는데, 주는 경經을 풀이한 것이고 소는 주註를 풀이한 것입니다. 지금 '입상주立喪主' 조항의 아래의 『주자가례』에서 인용한 「분상奔喪」의 주설註說과 『상례비요』에서 인용한 소설疏說이 서로 크게 어긋나니, 이는 더욱 이해할 수 없습니다. 다시 더 자세히 생각해보니, 삼우와 졸곡은 존자가 스스로 주재할 수 있으나, 소상·대상·담제의 경우는 비자가 자신을 위하여 차린 것입니다. 초상에서 만약 소상과 대상을 지낼 해당자가 없다면 저절로 소상과 대상 제사는 없습니다. 이는 다른 사람이 대축代祝할 수 있는 일이 아닙니다. 또 소상·대상·담제는 상복을 입는 자가 차례대로 점점 감해가는 절도節度로서 시종始終 하나로 통하는 일입니다.

아버지와 아들이 번갈아 주재하는 것은 예의 뜻을 어기는 면이 있습니다. 존자는 삼우와 졸곡만을 주제하되, 1년이 되는 날에 가서는 존자는 변제變除할 때에만 곡하며 상복을 벗고 먼저 물러나거나 아니면 다시 앉아서 곡하며 비자를 시켜 스스로 축문을 지어 제사를 지내게 하는 것이 마땅할 듯합니다.

미수 선생이 이미 "삼우·졸곡·소상·대상은 남편이나 아들이 주재한다."고 하였으며, 또 "사당의 예禮는 시아버지가 주재하니, 차례대로 배향하면 이미 주재한 것이다."고 하였습니다. 대개 배향한다는 것은 시제時祭 축문의 마지막에 이른바 "어떤 관계에 있는 분에게 배향합니다."는 것입니다. 이로 미루어보면 기제사는 또한 당연히 시아버지가 주재하며 축으로 고해야 할 것입니다.

아버지가 맏아들을 위하여 기년복을 입는 경우와 아들은 없고 아내가 있는 경우는 실로 대처하기 어렵습니다. 말씀하신 이른바 "상을 마치면서 아버지가 주재한다."는 바로 부득이한 논리입니다. 2년 만에 지내는 제사에서는 아버지가 스스로 주재하며 축문의 마지막에 며느리의 소상과 대상을 지낸다는 뜻을 간략히 말하는 것이 그래도 괜찮으나, 담제의 경우는 아내가 '현벽顯辟'이라 일컫고 제사지내는 방법 이외에는 달리 대처할 만한 방도가 없을 것입니다. 하지만 이는 모두 제가 생각해낸 참설僭說이라서 근거를 댈만한 명확한 증거는 없습니다. 고명한 식견으로 어떻게 생각하십니까?

편시의 끝에 "며느리의 상중에 손자가 담제를 지낸다."라는 절목은 사계沙溪가 아내의 상중에 아버지의 초상을 당한 경우를 묻는 질문에, "아버지의 초상을 당하여 이미 상복을 입었더라도 아내의 소상과 대상은 지내야 하나 담제는 지내지 못합니다. 그러나 그 아들이 아버지의 일로 인하여 오랫동안 변제變除하고 담제를 지내지 않을 수는 없습니다. 담제를 지낼 때가 되어 영위를 설치하고 곡을 하고는 변제할 따름입니다."고 답하였습니다.

저는 남편이 이미 아버지의 권위에 눌려 담제를 지내지 못한다면 아들 또한 이를 따라 곡하고 변제하는 것이 어쩌면 마땅할 듯하다고 의심하였기 때문에 이 문제로 질문하였다고 생각하였습니다. 지금 보내신 편지에서 당연히 담제를 지내야 한다는 말씀을 보고 비로소 저의 생각이 잘못되었다는 것을 깨달았습니다. 다만 축문에 꼭 "시아버지가 시켜서"라고 쓰도록 한다면 불편할 듯합니다.

대공복大功服을 입는 자가 주재하는 초상에 만약 아내나 아들이 없다면 당연히 '죽은 종형[故從兄]' 또는 '죽은 종제[故從弟]'라고 하며, 상기喪期가 다하면 영위를 치우고 신주는 종가의 사당에 부사합니다. 붕우라면 당연히 '죽은 벗[亡友]'이라고만 하고 삼우와 졸곡을 지낼 뿐입니다. 다만 신주를 부사할 경우는 붕우가 주재하는 것이 마땅하지 않으니, 어떻습니까? 『시경詩經』「벌목伐木」은 붕우들이 모여 잔치하며 노래한 시인데, 그 시에서 "제부와 제구들을 부르니"110)라고 하였습니다. 대공복 이하나 이성異姓의 친척

110) 제부와 제구들을 부르니: 이 편지에서는 한 구절인 것처럼 적었으나 원문은 다음과 같다. "이미 살찐 양을 장만하여, 제부를 부르니……이미 살찐 짐승을 장만하여, 제구를 부르니.[旣有肥羜 以速諸父……旣有肥牡 以速諸舅]"

들을 또한 붕우라고 해도 나쁘지 않겠습니까? 본장本章 아래 소주小註의 선유의 논설로 고증할 수 있습니다.

『고려사』는 이미 윤문允文에게 부탁하여 용인龍仁에서 가져왔습니다. 두 책자 모두 속집에 이미 수록하였는데, 오히려 수록하지 못한 부분이 약간 있습니다. 인편이 서둘러서 베끼지 못하여 우선은 이곳에 두었습니다. 가을이 되어 병이 나으면 고명하신 족숙族叔과 다시 모여서 살펴본 뒤에 창원昌原으로 돌려보낼 것입니다.

창원 군수가 보내준 종이와 돈은 벌써 별고자別庫子를 불러 서원으로 들여 넣었습니다.

정도중에게 답하다[答鄭道中]

어제 두 통의 답장을 받아보고, 영공令公의 도체道體가 연이어 편안하다는 것을 자세히 알아, 우러러 위로됨이 참으로 지극합니다.

족종族從은 오랜 병으로 가쁜 숨도 아직 완전히 회복되지 않았는데, 뜻밖에 사간원司諫院의 임명을 받았습니다. 말망末望에 낙점을 받았고 또 전직을 유임하라는 교지가 있었으니, 필시 조정의 신하가 길은 멀고 나이는 많다는 이유로 체직을 청하여 이런 교지가 있었을 것입니다. 황송함이 배나 간절하나 스스로 병세를 헤아려 볼 때 길을 나설 가망이 없습니다. 유문諭文[111]이 내려오기를 기다렸다가 경계의 산사에서 소를 올리려고 합니다. 만약 기한 안에 올라가지 않는다면 반드시 잡혀갈 것이니, 군색함과 절박함을 다 말할 수 없습니다.

의례疑禮에 대한 변론은 하신 말씀이나 저의 견해가 크게 다르지 않으니, 무르익어 하나로 귀결되었다고 할 수 있을 것입니다. 그러나 맏며느리와 뭇며느리의 구별은 당연

111) 유문(諭文) : 타일러 깨우치는 글을 말한다.

히 『의례경전통해儀禮經傳通解』[112]를 상고하여 본 연후에야 결정할 수 있습니다. 맏아들을 위하여 1년복을 입는 자가 주재한다는 설은 이미 명백한 근거가 없습니다. 소상과 대상은 주부자朱夫子가 아내의 초상에 상복을 변제한 뒤 두해 째에 맞는 제사를 주재한다고 하였으니, 실로 기제사를 주재하는 일에서 나왔습니다. 이에 따라서 시행하면 탈이 없을 듯합니다. 그러나 담제는 주자도 주재자를 말하지 않았으니, 이는 근거할 만한 것이 없습니다.

붕우朋友가 삼우와 부제를 지낸다는 설은 본주에서 처자가 있거나 자식이 어린 경우만을 지적하였으나 말씀 중에 처자가 없는 경우의 절차를 물어 언급하였기에 앞 편지에서 답한 것이 그와 같았습니다. 다만 저는 소공복小功服 이하의 친척이나 이성異姓의 겨레붙이들도 당연히 대행한다고 여겼기 때문에 『시경』의 말과 본장의 소주小註를 인용하여 밝혔습니다. 이는 실로 족숙의 뜻과 서로 부합하나 저의 말이 분명치 않아서 살펴주심을 받지 못하였으니, 부끄러워할 만한 일입니다. 며칠 뒤에 한번 찾아뵙고 이야기를 드리게 될 것이니, 우선 남겨두고 말하지 않겠습니다.

정도직에게 주다[與鄭道直] 을해년(1755)

옥간정玉磵亭에서 약속 날에 맞추어 꼭 모이고 싶었으나 병으로 움직이지 못하여 막한스러워하고 있었습니다. 며칠 전에 편지를 받아 보고 이미 오셔서 머무르고 계심을 알았으나, 가련하게도 병든 몸은 훌륭한 걸음을 따르지 못하였으니, 개탄스러움을 어찌

---

112) 『의례경전통해(儀禮經傳通解)』: 송나라 주희(朱熹, 1130~1200)가 편찬한 37권의 책이다. 『의례(儀禮)』를 경(經)으로 하고 『예기(禮記)』·사서(史書)·잡서(雜書) 등에서 예(禮)에 관한 내용을 뽑아 덧붙여서 주소(注疏)를 망라해 놓은 책이다. 주자가 이를 완성하지 못하고 죽자, 제자인 황간(黃榦)과 양복(楊復)이 누락된 상례(喪禮)와 제례(祭禮) 부분을 보충하여 『의례경전통해속』을 편찬하였다.

다 헤아리겠습니까?

요즈음 추위가 점점 매서워지는데, 영공令公의 기거가 어떠한지 모르겠습니다. 구구한 그리움이 지극합니다.

족종族從은 한 달 남짓 약을 복용하고도 별다른 차도가 없어서 이부자리에 꼬부리고 누워 꼼짝 않고 지냅니다. 괴롭고 절박함을 어찌하겠습니까?

정자는 아직도 기와를 이지 못하였는데, 이와 같이 얼음이 얼었으니, 이것이 절박하고 염려스럽습니다.

상량문上樑文은 영공께서도 붓 들기를 싫어하니, 비록 사우士友들의 바람에 어긋나더라도 또한 일을 간소히 처리한다는 취지에는 나쁠 것이 없습니다. 기문記文의 경우는 없을 수 없을 듯합니다. 수옹秀翁이 와서 청할 적에 상량문이나 기문 중 한 가지 일을 부탁하였습니다. 모두 사양하기 어려워서 병이 차도가 있으면 서서히 도모하겠다고 답하였으니, 이는 상량문은 시일이 급하고 기문은 천천히 지어도 되어서였습니다. 이제 영공께서 이미 상량문을 맡지 않으면 저절로 기문을 짓게 됩니다. 어떻게 병으로 정신이 없고 기력이 떨어져서 떨리는 저의 손에 상량문을 맡기는 것이 마땅하겠습니까? 바라건대, 미루지 마시고 빨리 손수 짓는 것이 어떠하겠습니까?

경산慶山 권군權君이 어제 그곳에서 왔습니다. 이제 막 무이도武夷圖 한 건을 모사하고 싶으나, 자신의 그림본을 가져오지 않았습니다. 가지고 있는 그림본을 여러 날 빌려주는 것이 어떠하겠습니까?

정도직에게 답하다[答鄭道直] 병자년(1756)

부임한 지 얼마 되지 않아 글과 음식을 보내 주니, 실로 아끼고 보살피는 마음에서 나온 일이어서 사람을 감탄하도록 합니다. 하나 인편이 없어 사례謝禮를 지체하여 한스러웠습니다. 어제 행차가 전원田園으로 돌아왔다고 들었는데, 무슨 일로 서둘러 가볍게 벼슬을 버렸는지 모르겠습니다. 감영에서는 아마 반드시 사장辭狀을 허락하지 않고 귀임

歸任을 급히 독촉할 것이니, 비록 동강東岡[113]에서 편히 쉬고 싶더라도 또한 끝내 하지 못할 듯합니다.

비를 무릅쓰고 흙탕길을 지나서 오신 나머지 영공令公의 체후體候는 어떠하십니까? 다시 염려가 지극합니다.

족종族從은 예나 다름없이 병으로 고달픈 데다, 마을에 역병 또한 갈수록 심해지고 있으니, 이것이 절박한 노릇입니다.

얼마 전에 보내준 두 물건은 어찌 그리 생각해 주는 것이 진지하십니까? 돌아보건대, 이처럼 나무꾼과 같이 한가로이 지내며 목석과 함께 하는 저는 야인野人의 관冠과 의복衣服이 원래 저의 본분입니다. 붉은 허리띠나 흰 머리를 가릴 도구는 마련할 생각도 못하였으나 영공께서 왕명이 내려오면 선례에 따라 봉행하지 않을 수 없다고 여겨서 이렇듯 화려하게 장식한 물건을 먼 곳에서 갖추어 보내주니, 참으로 깊이 아껴주는 마음이 아니라면 어떻게 이런 일을 하겠습니까? 삼가 당연히 조심하여 입도록 하겠습니다. 그러나 몸과 옷이 서로 걸맞지 않으니, 숲속의 새나 시내 물고기의 조롱을 받지 않겠습니까?

『훈지록塤箎錄』은 족숙께서 산정한 것이 매우 적절하나, 저의 생각은 좀 더 산정하고 싶기 때문에, 붉은 먹으로 표시하였다가 서로 만날 때를 기다려서 감정勘定하려고 합니다. 하지만 다만 두어 장을 보자마자 두통이 일고 가슴이 답답해져서 뜻대로 진도를 나갈 수 없으니, 세월을 많이 허비할 듯합니다.

---

113) 동강(東岡) : 벼슬길에 나가지 않고 고향에서 일생을 보내려는 뜻을 말한다. 후한(後漢) 때 주섭(周燮)이 은거하며 병을 이유로 나가지 않자, 친척들이 "선대로부터 나라에 공이 있었고 은총을 받았는데, 무엇 때문에 동강(東岡)의 언덕을 지키려고 하는가?[自先世以來 勳寵相承 君獨何爲守東岡之陂乎]"라고 하자, 주섭이 "내 이미 동굴 속에 은거하여 상산사호의 행적을 따르지는 못하지만, 오히려 드러내놓고 부모님께서 사셨던 곳을 멀리하겠는가?[吾旣不能隱處巢穴 追綺季之跡而猶顯然不遠父母之國]"라고 한 일에서 온 말이다.(『後漢書』「周燮傳」)

정도직에게 답하다[答鄭道直]

서울을 다녀온 뒤 매번 전염병이 길을 막아서 걱정하였습니다. 어저께 뜻밖에 보내준 고마운 편지를 받아보고, 비로소 객사客舍에 무사히 도착하여 여행 중의 체후體候가 편안하다는 것을 알았습니다. 어제 또 조카 최씨崔氏를 만나 행차가 조령鳥嶺을 넘어서 임지臨地가 가까이에 있다는 사실을 자세히 알게 되어, 구구한 기쁨과 위로가 깊었습니다.

족종族從은 날씨가 따뜻하여 병이 조금 차도가 있는 듯하나, 가까이에 전염병의 기운이 아직도 남아 있어 두근거리는 마음이 불난 집의 시끄러운 제비와 같으니, 또한 어찌하겠습니까?

직첩職牒을 이렇게 보내주어 낭설이 아닌 줄 알게 되었습니다. 덕德이 없이 품계品階만 오르니, 매우 외람된 일입니다. 이것이 두렵고 부끄럽습니다. 다만 대각臺閣의 직임을 영원히 사례하고 전원 속의 늙은 농부가 되는 것이 저의 분수에 다행이니, 또한 어찌 성은이 아니겠습니까?

용당龍塘 박군朴君은 이미 죽어서, 그의 아들이 대상은 근근이 지냈으나 담제를 지내지 못했다고 하니, 의지할 데 없는 외로운 처지가 애처로워할 만합니다. 바라건대, 관아에 도착하는 즉시 보살펴주는 것이 어떠하겠습니까?

부임지로 가는 도중의 정황이 어떠하였는지 살피기 위하여 이에 아이를 보냅니다.

정도직에게 답하다[答鄭道直] 정축년(1757)

중궁中宮[114]의 빈소를 차리자마자, 자전慈殿[115]께서 돌아가시니, 국운의 불행이 어찌 이 지경이 되었습니까? 신민들의 울부짖음이 더욱 더 그지없습니다. 저는 질병이 더욱 심해져서 곡반哭班에도 참여할 길이 없어 신하된 도리를 손상한 데다, 또 서로 조문하는 예도 놓쳤으니, 두려움을 어찌 말로 다 하겠습니까?

일간에 행차가 댁으로 돌아왔다는데, 복중服中의 체후는 어떠한지 모르겠습니다. 구구한 궁금함이 하루라도 혹 놓인 적이 없습니다.

족종族從은 부축을 받으며 계사溪舍로 나와 망곡望哭과 성복成服을 하였으나, 가슴이 막히는 증세가 더욱 심해져서 죽을 마셔도 올라오니, 살날이 많지 않음을 스스로 알 수 있습니다. 천명이니 또한 어찌하겠습니까?

『창수록唱酬錄』은 수일 전에 횡계橫溪에서 비로소 도착하였습니다. 지으신 발문도 왔는데, 글씨의 광채는 사람의 눈을 현란하게 하고 글의 뜻은 주도하고 자세하여 사람을 탄복하게 합니다. 이윽고 바로잡으라는 말씀이 있었으니, 감히 저의 견해를 대략이나마 밝히지 않을 수 있겠습니까? 발문 끝 부분의 글이 조상을 추모하는 심정에서 나온 것을 알 수 있으나, 다만 나이를 비교하는 듯한 혐의가 있습니다. 다만 "정자에서 모시며 오랫동안 지극한 가르침을 받았으나 나이가 많고 견문이 없다."는 뜻으로 고치고, 이어서 평소의 기대를 저버렸다고 한다면 온당하여 흠이 없을 듯하나, 어떨지 모르겠습니다.

중건기重建記는 장이長貳들의 재촉을 거듭 어겼습니다. 이미 여가를 보아 대략 초는 잡았으나 여러 차례 수정하느라 즉시 보내지 못하였습니다. 이제 횡계에서 온 인편이 돌아가는 걸음에 보낼 것입니다. 바라건대, 온당하지 않은 글자나 말뜻이 미진한 부분은 고치고, 더러 빠진 곳은 함께 표시하여 돌려보내주는 것이 어떠하겠습니까?

박옥여 성옥116)에게 주다[與朴玉汝 成玉] 계축년(1733)

작별한 뒤 해를 넘기도록 만날 길이 없어 남쪽을 바라보며 단지 애만 태우고 있었습

---

114) 중궁(中宮) : 영조의 왕비인 정성왕후(貞聖王后, 1692~1757)를 말한다.
115) 자전(慈殿) : 숙종의 계비인 인원왕후(仁元王后, 1687~1757)를 말한다.
116) 박성옥(朴成玉, 1690~1743) : 자는 옥여(玉汝), 호는 만명헌(晩命軒), 본관은 함양(咸陽)이다.

니다. 늦더위에 어른 모시며 지내는 기거는 어떠하십니까?

중기重器 등은 객지에서 근근이 지내고 있으나, 저는 늦봄에 중매부仲妹夫 권씨權氏의 초상을 당하여 곡하였으며, 지난겨울에 숙모叔母께서 돌아가셨으나 휴가를 올려도 처리되지 않아 아직도 문상을 늦추고 있으니, 세월이 지날수록 찢어지는 슬픔이 더 깊어집니다. 날씨가 조금 서늘해진 뒤에 고향으로 내려가고 싶으나 계획대로 된다고 또 어찌 장담할 수 있겠습니까?

이직而直은 어제 본원本院의 생기省記[117]에 들었는데, 내적간內摘奸을 당하여 궐직闕直하였다고 계문啓文이 올려졌기 때문에 반드시 파직될 것입니다. 평경平卿과 이직而直은 오는 여름에 시행하는 정기 인사에서 순서에 따라 당연히 6품에 승진될 것이나, 이직而直 형은 벌써 파직되었으니, 선달에 서용敍用된 뒤에 비록 즉시 보직을 받더라도 여름 정기 인사까지 날짜를 채우기는 매우 어려울 것입니다. 형은 반드시 급히 들어와 실직에 맡아서 오는 여름에 6품에 오를 근거를 마련하는 것이 어떠하겠습니까?

근자에 들어보니 시의時議가 비록 10년이 지났으나 결코 변통될 가망이 없다고 합니다. 형 또한 나이가 점점 많아지니, 어떻게 차례가 되었는데도 보직을 받지 않고 마치 고상한 자인 것처럼 할 수 있겠습니까? 더구나 얼마 전 경연에서 승정원의 관리들이 궐직한 일에 대하여 단단히 타이른 일이 있었음에 이었겠습니까. 이미 과거에 급제하여 국록을 많이 축내었으나 한결같이 태만히 직무를 수행하지 않는 것은 결코 군신간의 도리에 있어 감히 마음 편한 일이 아닙니다.

형이 만약 끝까지 상경하지 않을 생각이라면 어떻게 고신告身[118]을 반납하여 녹봉을 영원히 사양하지 않습니까? 또 상박사上博士[119]가 사대查對[120]를 처리할 관원이 모자란다

117) 생기(省記): 궐내 각처(各處)의 입직 인원(入直人員)과 하례(下隸), 각영(各營)·각문(各門)의 입직 장사(入直壯士)의 성명을 적어서 승정원을 거쳐 상주(上奏)하는 문서를 말한다.
118) 고신(告身): 임관(任官) 한 사람이 위로부터 받는 사령서(辭令書), 또는 직첩(職牒)의 별칭이다.
119) 상박사(上博士): 승문원에는 박사가 2원인데, 그 가운데 상석(上席)인 자를 말한다. 과거 급제자 방목(榜目)이 나오면 분관에 대한 실무를 주관한다.

고 제거提擧121)에게 아뢰고는 반인泮人들을 가두고 재촉하니, 아마도 형이 동강東岡에서 지내려는 뜻은 끝내 군히지 못할 것입니다. 너무나 우습습니다.

평경平卿은 휴가를 받아 귀성하였는데, 그믐께나 돌아올 것입니다. 송서득宋瑞得과 함평연咸平淵은 문겸文兼에 임명되었으며, 학유學諭 김후중金垕重은 청암도 찰방靑巖道察訪에 임명되었습니다. 술초述初는 초순初旬께 귀성할 것이며, 남로南老는 예전대로 봉상시奉常寺에 재직하는데 인사 평가에서 6품에 승진될 것입니다. 박 훈도朴訓導와 남내숙南來叔은 모두 무사하며, 저의 아우도 막 예조 낭청禮曹郎廳으로 자리를 옮겼습니다.

정자성122)에게 답하다[答鄭子成] 병자년(1756)

세자께서 앓던 천연두가 이미 나았다니, 이는 실로 종묘사직의 경사입니다. 손뼉 치며 축하하는 신민들의 심정이 다시 어떠하겠습니까?

단양 군수丹陽郡守로 나왔다는 소식을 듣고부터 비록 조금 가까워진 것을 기뻐하였으나, 만날 길은 없고 또 인편으로 편지를 부치지도 못해서 단지 동녘을 바라보며 그냥 탄식하고 있습니다. 뜻밖에 행차가 경내를 지나며 보낸 편지가 책상에 떨어져 급히 봉투를 열어 빨리 읽어보니, 자못 반갑게 한번 뵙는 것과 같았습니다. 놀라움과 기쁨을 어찌 다 헤아리겠습니까?

근래에 찬바람이 매우 심하게 부는데, 먼 길을 달려온 끝에 영공의 동정에는 손상이 없으십니까?

---

120) 사대(査對) : 중국에 보내는 표문과 자문(咨文)을 살펴서 틀린 곳이 있나 없나를 조사하던 일을 말한다.

121) 제거(提擧) : 제조(提調)라고도 한다. 각사(各司)·각청(各廳)의 관제상의 우두머리가 아닌 사람이 그 관아의 일을 다스리게 하는 벼슬로서 종1품 또는 정2품의 품질(品秩)을 가진 사람을 말한다.

122) 정자성(鄭子成) : 자성은 정옥(鄭玉, 1694~1760)의 자이다. 호는 우천(牛川), 본관은 청주이다.

제弟는 여전히 병으로 고달파하며 오랫동안 탕제湯劑를 마시고 있습니다. 만약 조금의 근력이라도 있다면 발을 움직여 당장 사관舍館으로 달려가 쌓인 회포를 조금이나마 풀 수 있었을 것입니다. 그러나 스스로 생각해볼 때, 헐떡이는 목숨이 몸을 끌고 나가기가 어려워 머리를 들고 마음만 달려 보내니, 서글픔을 금할 길이 없습니다. 다가오는 봄에 찾아준다니, 만약 구애되는 일이 없다면 얼마나 다행이겠습니까?

늦가을에 과거를 보고 돌아온 유생에게 삼가 들어보건대, 약포藥圃[123] 선생의 영정을 어전에 올린 뒤 화상을 제작하고 명銘을 지어 영정 위에 쓰도록 하였다고 하니, 이는 실로 세상에 드문 은총입니다. 듣는 자들 중에 누군들 흠앙하며 감탄하지 않겠습니까?

허 상사許上舍의 시나 영공令公께서 화답한 작품은 모두 청아한 맛이 있어서 읊으며 손에서 놓지 못하고 있습니다. 다만 두 시 모두가 명銘의 글을 지어 내리신 뜻은 말하지 않았으니, 도리어 지은 취지를 빠뜨린 듯합니다. 모름지기 이러한 뜻으로 지은 작품의 말구를 고치는 것이 어떠하겠습니까? 또 영공께서 경향京鄕의 친구들에게 화운시和韻詩를 구한다는 말을 들었기 때문에 못난 재주는 생각지도 않고 감히 화운시를 지어 보내드리니, 꼭 보아주시기 바랍니다.

정가승[124]에게 답하다[答鄭可升] 계해년(1743)

지난번에 좋은 만남에서 조용히 이야기를 나누지 못하고 돌아와 서운함과 그리움이 간절하였습니다. 그러던 차에 뜻밖에 보내준 편지를 갑자기 받아보고, 봄바람이 불어오

---

123) 약포(藥圃) : 정탁(鄭琢, 1526~1605)의 호이다. 자는 자정(子精), 본관은 청주이다. 1558년 문과에 급제, 예조 정랑·대사성·좌의정 등을 지냈다. 임진왜란 때 호종한 공으로 서원부원군(西原府院君)에 봉해졌다. 시호는 정간(貞簡)이다. 저서로는 『약포집』·『용만견문록(龍灣見聞錄)』 등이 있다.

124) 정가승(鄭可升) : 가승은 정제(鄭梯, 1689~1785)의 자이다. 호는 남창(南窓), 본관은 영일이다.

는 이즈음 정양靜養하는 체후體候가 아주 편안하다는 것을 다시 알아, 이윽고 감사하고 또 위로되는 저의 심정을 견디지 못합니다.

족종族從은 외진 산속에서 쓸쓸히 지내다 보니, 굼뜨고 흐리멍덩함이 갈수록 더 심합니다. 더구나 묵은 병이 최근 더욱 심해져 고지故紙마저 뒤져보지 못하니, 본심이 꽉 막혀버린 지 오래입니다. 두려움을 어찌 다 말하겠습니까?

장동莊洞의 길제는 이미 날을 잡았다고 들었습니다. 삼가 족숙族叔의 감회가 배나 될 것이라 생각합니다. 물으신 의절儀節은 선배들이 제시한 설說이 없으니, 얕은 저의 견해로 어찌 함부로 설을 만들어내겠습니까?

체천遞遷하는 하나의 절차에 대한 논의가 『주자가례』에는 매우 소략하니, 이는 바로 『주자가례』가 미완성의 책이기 때문입니다. 구씨丘氏[125]의 『가례의절家禮儀節』에는 조금 자세하나 또한 개제改題하는 일은 말하지 않았습니다. 『상례비요喪禮備要』[126]에는 "당연히 주재하는 자가 관계에 따라 부르는 호칭으로 개제한다."고 하였습니다. 한강寒岡도 대를 이은 장방長房이 당연히 개제한다고 말하였으나 『주자가례』에 이미 분명히 말하지 않았기 때문에 영남의 예법가禮法家들에게는 장방이 개제하는 법례法禮가 없습니다.

저의 집안도 개제하지 않았습니다. 몇 해 전 증직贈職을 받아 분황례焚黃禮[127]를 행할 때 비로소 개제하며 장방의 이름으로 방주旁註[128]를 썼고, 그 뒤로는 또 개제하는 일이 없었습니다. 그러나 대수代數가 같지 않거나 방제旁題가 예전 그대로인 것이 다 같이 미안

---

125) 구씨(丘氏) : 명나라의 구준(丘濬, 1418~1495)을 말한다. 자는 중심(仲深), 호는 심암(深菴)이다. 주자학에 정통하였고, 문연각 태학사(文淵閣太學士)를 지냈다. 시호는 문장(文莊)이며, 저서로는 『대학연의보유고(大學衍義補遺稿)』·『주자학적(朱子學的)』·『가례의절(家禮義節)』 등이 있다.

126) 『상례비요(喪禮備要)』: 『주자가례(朱子家禮)』를 위주로 하고, 그 밖의 고금 제가(諸家)의 예설(禮說)을 참고로 하여 초상(初喪)에서 장제(葬祭)까지의 의식을 기록한 상례 지침서이다. 신의경(申義慶)이 지은 것을 김장생(金長生)이 교정하여 증보하였고, 다시 김집(金集)이 교정하여 1648년에 간행하였다.

127) 분황례(焚黃禮) : 정확히는 알 수 없으나, 1735년 정월에 행한 고조고 백암공(柏巖公)의 일을 말하는 것으로 여겨진다.

128) 방주(旁註) : 방제(旁題)와 같은 말로, 신주(神主)의 아래 왼쪽에 제사를 받드는 사람의 이름을 쓰는 것을 말한다.

한 것은 참으로 말씀하신 그대로입니다. 『상례비요』와 한강寒岡의 설을 따라도 또한 불가하지는 않으나, 어떨지 모르겠습니다.

신주를 옮겨 봉안한 뒤에 위안慰安하는 제사가 없을 수 없으나, 『가례의절』과 『상례비요』에 모두 말하지 않았으니, 이는 실로 누락된 부분입니다. 대개 일이 있다면 고유하는 것은 본래 늘 하는 규례規例입니다. 그렇다면 다른 방으로 옮기는 일은 바로 큰일인데, 처음에 비록 길제를 지내기 위하여 신주를 옮긴다고 고유하였더라도 옮겨 봉안한 뒤에 어찌 전혀 일이 없을 수 있겠습니까?

저의 집안은 여러 자손들이 각 촌락에 흩어져 있고, 또 택일가擇日家가 꺼려서 길제를 지낸 날 곧장 옮겨 봉안하지 않고 별실別室로 옮겨 모시다가, 차장방次長房이 날을 가려 이안移安하면서 주과酒果를 차려 제사를 지내며 고유한 뒤에 신주를 받들어 신여神輿에 태워서 봉안하고, 그 뒤에 또 제사를 지내 고유하였습니다.

다만 지금은 차장방이 이미 가까이 있어서 길제를 마친 뒤에 집사執事들을 분정分定하여, 신주를 묻을 경우 받들어 신여에 태워서 우선 당堂 안에 봉안하고, 신주를 체천할 경우 장방이 집사들을 거느리고 신주를 받들어 해당하는 집으로 옮긴 다음, 주과를 차려 제사를 지내며 고유합니다. 그러나 고유하는 축문은 연월일年月日 아래에 단지 "아무개가 차장방으로서 봉사를 하게 되어 이제 막 사당으로 이안하고, 삼가 주과를 갖추어 경건히 위의慰儀를 거행하며 삼가 고유합니다." 하는 것이 마땅하겠습니까?

이미 잘못하신 하문下問을 받은 만큼 감히 어리석은 소견을 다하지 않을 수 없습니다. 잘 살펴 처분하면 매우 다행이겠습니다.

정가승에게 답하다[答鄭可升] 계유년(1753)

집으로 돌아온 뒤 묵은 병이 심해져서 산창 아래에 고달프게 누워 지내며 마음이 답답하기만 하였습니다. 그러던 차에 갑자기 마음속에 그리던 사람의 편지를 받고서 일어나 앉아 낭랑히 읽으니, 저도 모르게 병의 기운이 털구멍으로 빠져나갔습니다.

서원의 재실로 들어와 지내는 아후雅候가 매우 편안하다는 것을 다시 알아, 더욱 기쁘고 위로됩니다.

본원本院은 바로 우리 종족들이 존모해야 하는 곳입니다. 고명高明께서 아직 일흔의 나이도 되지 않았는데, 어찌 범연히 보고 물러나 앉아 수호하지 않을 수 있겠습니까? 더구나 선생의 속집을 수징하는 일이 아직까지 미루이지고 있음에 이겠습니까. 실로 우리 문중의 수치입니다. 이제 고명께서 원장이 되었고 승지 영감께서도 마침 물러나 쉬고 계시니, 이는 정말 속집을 편집할 좋은 기회입니다. 바라건대, 반드시 재실 안의 사람들과 의견을 모아 기일을 정하여 모임을 가질 계획을 마련하는 것이 어떠하겠습니까?

족종族從은 지난겨울에 경황없이 붙잡혀가며 추위를 무릅쓴 먼 길에 살아 돌아올 가망이 없다고 생각하였으나, 다행히도 여러 족친의 기원하는 마음과 여러 고을의 도와준 힘에 의하여 무사히 돌아올 수 있었습니다. 임명될 관직명을 중도에서 들었으나 병은 깊어 가고 행자도 다 떨어져서 받들어 부임할 계책이 없었으니, 스스로 황공하였습니다. 며칠 전 조보朝報가 도착하여 이미 저에게 내린 벼슬이 순조로이 체직되었다는 것을 알았는데, 저의 분수에 있어 다행입니다. 그러나 나아가 한마디 말을 올려 하루의 책무라도 바치지 못한 것은 참으로 한스러워할 만하다는 것은 정말 말씀하신 바와 같습니다.

말씀하신 뜻은 잘 알겠습니다. 이것이 비록 자손의 정리로 말하더라도 대수代數가 다한 먼 조상에게 해마다 한 번씩 제사를 지내는 일은 이미 주자의 정론이 있으나, 봄가을로 두 번 지내는 것은 참으로 지나친 일입니다. 다만 본원은 선생을 존모하는 뜻으로, 현인을 낳아 길러준 공을 생각하여 통상 봄가을 제향祭享하는 날에 조촐하게나마 제물을 차려 전奠을 드리는 것은 이미 선배들이 정한 의식이 있으니, 바로 중국 사람들이 주자를 위하여 계현사啓賢祠를 세운 것과 같습니다.

전례를 따라 포·식혜·적·술·과일만을 차려도 참으로 불가하지는 않으나 통제령統制令께서 위전位田[129]을 마련한 뜻이 이미 나름대로 매우 진지한 만큼 전례만을 따를 수는 없으므로, 조금 더하여 제물을 넉넉히 차려야 할 듯합니다. 비록 국·밥·채소는 차리지 못하더라도 면·떡을 각각 한 그릇씩 더 차리고 삼헌례三獻禮를 거행하는 것이 어떠하겠습니까?

부인이 벌써 한 자리에 묻혔으니, 축문에는 비록 거론하지 않았으나 제향하는 즈음에 한 잔 술을 함께 마련하는 것이야 의리에 무어 나쁘겠습니까? 문집 안에 문인 변춘정卞春亭[130] 등이 봉양부인鳳陽夫人에게 제사지낸 글이 있으며, 강동江東의 사인士人들은 지산芝山 선생의 부인 묘소를 수호하면서 제사를 지낸다고 합니다. 사림이 선생을 높이는 정성을 미루어 부인에게까지 미쳐가도 중한 쪽을 따르는 도리에는 나쁠 것은 없습니다. 모름지기 제현諸賢들과 상의하여 확정짓기 바랍니다.

정가승에게 답하다[答鄭可升] 을해년(1755)

꼼짝 않고 병석에 드러누워 지내니, 고달파서 좋은 형편이 없었습니다. 갑자기 부리는 심부름꾼이 가지고 온 편지를 받아 열어 보고, 의범이 눈앞에 있는 듯하여 문득 정신이 상쾌해졌습니다.

맑은 가을에 정양靜養하는 체후體候가 편안하다는 것을 다시 알아, 위로됨이 어떠하겠습니까?

족종族從은 여름에 걸린 적병積病[131]이 지금까지 낫지 않아서, 날마다 탕제를 복용하며

---

129) 위전(位田) : 특별한 목적에 사용하기 위하여 설정한 토지를 말한다.
130) 변춘정(卞春亭) : 춘정은 변계량(卞季良, 1369~1430)의 호이다. 자는 거경(巨卿), 본관은 밀양이다. 1385년 문과에 급제, 전교 주부·예조 우참의·대제학 등을 지냈다. 관인문학가로서 「화산별곡(華山別曲)」·「태행태상왕시책문(太行太上王諡册文)」을 지어 조선 건국을 찬양하였다. 시호는 문숙(文肅)이다. 저서로는 『춘정집』이 있다.
131) 적병(積病) : 적취(積聚)라고도 한다. 한의에서 체증이 오래되어 배 속에 덩어리가 생기는 병을 말한다.

문을 닫고 베게에 드러누워 지내니, 절박함과 괴로움을 어찌 다 말하겠습니까?

말씀하신 뜻은 잘 알겠습니다. 다만 저의 생각으로는, 이는 후인後人이 새로 세우는 일이 아니고 단지 예전의 구조를 그대로 복원한 것이므로, 후인의 문자를 들보의 사이에 넣는 것은 본 모습이 아닐 듯합니다. 어떠할지 모르겠습니다. 하물며 문집에 모고헌慕古軒 상량문은 있으나 이 정자는 일찍이 이러한 글이 없음이겠습니까? 예전대로 간략하게 하는 것이 낫겠습니다. 그러나 한 사람의 편견으로 결정할 수는 없습니다. 부디 승지 영감과 더 상의하고, 만일 지어야 한다고 여기면 족숙이나 승지 영감 중에 한 분이 빨리 지어 보내는 것이 어떠하겠습니까?

정가승에게 답하다[答鄭可升] 정축년(1757)

나라에 흉화凶禍가 들어 양대兩代의 왕비께서 한 달 안에 연이어 승하하시니, 신민들의 울부짖음이 어찌 끝이 있겠습니까?

부고를 받들던 날, 갑자기 고마운 편지를 받아보고, 행차가 옥간정玉磵亭에 머무르며 지내는 체후體候가 아주 편안하다는 것을 다시 알아, 기쁨과 감사가 참으로 깊습니다. 그러나 슬픈 데다가 또 인편마저 없어서 즉시 감사의 답장을 보내지 못하였으니, 이것이 부끄럽습니다.

족종族從은 묵은 병이 근자에 더욱 심해져서 몸을 이끌고 곡반哭班에 나갈 길이 없어 부축을 받으며 계사溪舍로 나가 근근이 성복成服을 하였으나 한 번 통곡한 뒤로 죽만 마셔도 토하니, 괴로움과 절박함을 어찌 다 말하겠습니까?

기문記文은 이미 틈틈이 얽어내었으나 여러 번 수정을 하느라 이제야 보내드립니다. 바라건대, 부디 흠이 있는 곳을 지적하여 주시는 것이 어떠하겠습니까? 보내신 편지의 말미에서 기문의 첫머리 말이 무척 온당하지 않다고 지적한 말씀대로 그 부분을 이미 지웠습니다.

다만 장인匠人들이 재능을 발휘한 일은 소홀히 지나치는 것이 또한 사실을 기록하는 도리가 아닙니다. 중수重修하면서 더 꾸민 것은 실로 후학이 스승을 존모尊慕하는 정성에서 나온 것이므로 지나치게 화려해도 괜찮습니다. 그러나 이미 예전 제도를 따른다고 말하고서 기둥과 두공이 예전의 구조가 아니라는 것을 밝히지 않는다면 평소 선생님의 검소한 덕에 손상이 있지 않겠습니까? 장인의 책임으로 돌려도 감독하는 사람에게는 나쁠 것이 없습니다. 다시 더 생각해보고 말씀해주면 매우 다행이겠습니다.

글을 수정하여 완성한 후 취사取捨를 결정할 수 있을 것입니다. 보신 후 즉시 저의 기문과 승지 영감의 이전 답서를 명고鳴皐에게 보내어 회보回報가 오기를 기다렸다가, 이곳으로 돌려보내 주는 것이 어떠하겠습니까?

중건한 뒤에 예전 시의 운韻으로 감회를 담은 율시 한 수를 지어서, 이에 보내드립니다.

권자후[132]에게 답하다[答權子厚] 신미년(1751)

친구에 대한 그리움으로 객지에서 더욱 괴로워하던 중 뜻밖에 현윤賢胤이 먼 곳에서 오는 길에 편지를 함께 가지고 와서 이야기를 나누며 읽어보니, 마치 전형典型을 직접 대하는 듯하여 사람을 매우 감격하고 후련하게 만들었습니다. 살펴보니 눈이 불편하다는 것은 역대사歷代史[133]가 빌미가 된 것이 아니겠습니까? 구구한 염려가 그지없습니다.

척종戚從은 병과 나이가 함께 더해지면서 정신과 기력이 점점 쇠약해집니다. 선생의 예서 원고를 수습하지 못할까 두려워 가까이 사는 여러 벗들과 함께 고산사高山社에 모여 같이 베껴 전하기로 하였으나, 편질編秩이 너무 많아서 일을 끝내기가 쉽지 않았습니다. 더구나 따라온 학도學徒들이 뜻밖의 질병에 걸려서 의심과 염려가 없지 않았음에 이겠습니까, 어제가 되어서야 계사溪舍로 옮겨 머무르고 있으나 이곳도 오래 머무를

---

132) 권자후(權子厚) : 자후는 권득중(權得重, 1687~1754)의 자이다. 호는 동와(東窩), 본관은 안동이다.
133) 역대사(歷代史) : 책 이름으로 여겨지나, 자세히는 알 수 없다.

형편이 아니어서 바야흐로 우선 흩어졌다가 다시 모이기로 하였습니다. 앞으로 일을 언제 마칠지 또한 알 수 없으니, 이것이 절박하고 염려스러울 뿐입니다.

함께 늙어 쇠약해지는 처지에 30리나 서로 떨어져 있으니, "꿈속에서도 길을 알지 못하네."[134]라는 시구詩句가 오늘날 우리를 위한 읊음이라고 만합니다.

덕문德門의 제군들이 번 곳에서 찾아와 위문해준 은근한 마음은 감격스러우나, 왔다는 것만 알리고 도망치듯이 가셔서 조용히 이야기를 나누지 못하였으니, 도리어 서글프기만 합니다.

권자후에게 답하다[答權子厚] 계유년(1753)

한 번의 작별 뒤 3년이 지나 그리움으로 막 괴로웠습니다. 뜻밖에 청아한 편지가 멀리서 와 사연이 정성스럽고 진지하여 봉투를 뜯자 마치 마주 대하는 듯하여 사람을 매우 감격하고 후련하도록 만들었습니다.

더구나 무더위 속에 정양靜養하는 체후體候가 쾌적하다는 것을 알아, 더욱 위로됩니다.

다만 지난겨울에 어린 아이가 세상을 떠났다니, 온화하고 너그러운 분도 이러한 화를 면하지 못하셨습니까? 놀라움과 슬픔이 그지없습니다. 척종戚從도 이러한 변고를 거듭 당하여 마음이 무너지고 병이 더하였습니다.

또 모진 추위 속에 의금부로 끌려갔다가 몸을 이끌고 살아 돌아오기는 하였으나 여독餘毒이 아직 풀리지 않았습니다. 그런데 지난달에 더위를 무릅쓰고 소명召命에 따라 나아갔다가 첫 길에 병이 발작하였으나, 길을 나선 지 사흘 만에 체직遞職되었다는 소식을 듣고 돌아왔습니다. 다행함을 어찌 다 헤아리겠습니까?

---

134) 꿈속에서도……못하네: 남북조시대 심약(沈約)의 「범안성과 작별하다[別范安成]」에 나오는 시구이다.

암행어사의 별단別單[135]은 고장의 소망과 잘 맞으니, 공도公道가 아직 사라지지 않은 것을 알 수 있습니다. 조만간 이조吏曹에서 반드시 조사하여 의망擬望(관직 후보자로 추천하는 일)을 할 것이니, 가까운 겨레붙이의 정리에 있어 기쁨과 다행함이 마땅히 어떠하겠습니까?

오시겠다는 말씀은 너무나 감사합니다. 그러나 늘 조용히 지내는 분이 쉽게 움직이지 못할 것이니, 또한 어찌 바랄 수 있겠습니까?

생질 진鎭의 죽음은 어찌 차마 말로 하겠습니까? 그의 인품과 식견은 참으로 쉽게 얻기 어려운 인물이어서, 사가私家의 기둥이 될 뿐만이 아니었습니다. 그러나 마흔을 채우자마자 서둘러 이 지경에 이르렀으니, 아프고 애석한 마음을 오랠수록 놓지 못하겠습니다.

최겸지[136]에게 답하다[答崔兼之] 계유년(1753)

백 리 밖에서 서로 그리워하며 20년 동안 만나지 못하였으니, 이 어찌 우리들이 마땅히 할 일이겠습니까? 한 번 생각날 때마다 저도 모르게 우울해졌습니다. 지금 뜻밖에 갑자기 편지를 받으니, 종이에 가득한 사연이 너무나 다정하여 마치 만나서 한바탕 즐기는 듯합니다. 감격과 후련함을 어찌 다 헤아리겠습니까?

시원한 가을에 조용히 지내며 학문을 닦는 체후體候가 아주 편안하다는 것을 다시 알아, 위로됨이 어떠하겠습니까.

척종戚從은 쇠약한 몸의 위태로운 목숨이 꺾여 다해가는 처지입니다. 일찍이 지난섣달 서울에 갔다가 몸이 손상되었는데, 그것이 이번 여름 장마의 무더위에 덧나 숟가락을

---

135) 별단(別單) : 임금에게 올리는 문서에 덧붙이는 문서나 인명부를 말한다.
136) 최겸지(崔兼之) : 겸지는 최달제(崔達濟)의 자이다. 신상은 자세히 알 수 없다.

놓은 채 자리에 드러누워 지냅니다. 정신이 흐려져서 여태까지 해오던 글줄이나 보는 일마저 아예 손을 놓고 있습니다. 어찌 늘그막에 다시 수습할 가망이 있겠습니까? 다만 스스로 두려워 마음 아플 뿐입니다.

가을께나 찾아준다는 말씀에 실로 깊이 감탄하였습니다. 만약 말씀대로 한다면 당연히 시팡이를 나란히 하여 함께 횡계橫溪로 가서 서림西林의 예전 유람137)을 이이서 히도록 하겠습니다.

용산龍山의 편호扁號는 사우士友들의 은근한 부탁을 저버리기 어려워서 결국 이미 손을 대었습니다. 그러나 다시 생각하여 보니, 온당하지 않을 듯하여 이에 그 당의 동쪽 협실夾室은 '흥인興仁'으로 고치고, 서쪽 재실齋室은 '유예游藝'로 고쳤는데, 척숙戚叔의 생각은 어떠할지 모르겠습니다.

권대용 득수에게 답하다[答權大用 得銖] 정축년(1757)

지금 일부러 사람을 보내어 전하는 편지를 받아 보고, 비로소 영감 종씨從氏가 갑자기 돌아가셨음을 알았습니다. 덕문德門의 거듭된 화가 사람을 놀라고 슬프도록 만들었습니다. 연말 복중服中에 체후體候가 편안하다는 것을 다시 알아, 실로 우러러 위로됩니다.

중기重器는 적병積病으로 괴로워하던 중에 또 감기까지 겹쳤습니다. 기침이 하도 심하여 벽에 기대어 밤을 지새우고 있으니, 괴로움과 절박함을 어찌 다 말하겠습니까?

말씀하신 뜻은 잘 알겠습니다. 다만 이와 같은 대절大節을 어떻게 어리석고 소견이 좁은 자가 억단할 수 있겠습니까? 그러나 진지한 뜻을 저버릴 수 없어 이에 감히 들은

137) 서림(西林)의 예전 유람 : 주자가 일찍이 연평(延平) 이동(李侗, 1093~1163)에게 수학하면서 유숙하였던 서림원(西林院)을 말한다. 주자가 이곳 달관헌(達觀軒)에서 지내며 유가사(惟可師)와 학문을 논하였다. 같이 횡계로 가서 학문을 논하고 싶은 바람을 담았다.

것을 대략 진술하겠습니다.

남의 뒤를 이은 사람이 본생가本生家의 친척 초상에 입는 복제服制는 성인께서 단지 백숙부伯叔父로 제한하였습니다. 그러므로 정숙자程叔子가 복원濮園을 숭봉崇奉하는 전례典禮에 대한 논의138)에서 이미 황백고皇伯考라고 일컬었으니, 이제 현백고顯伯考라고 분면粉面에 써야 합니다. 방제旁題의 경우는 사계沙溪가 비록 "방존旁尊에게는 방주旁註를 쓸 필요가 없다."고 하였으나, 주자朱子는 "방주旁註는 존자에게나 시행하고 이하는 쓸 필요 없다."고 하였습니다. 이로써 볼 때, 본생가의 부모에 있어서는 써야 할 듯합니다. 지금 다만 "종자從子 아무개가 봉사奉祀하다." 하는 것이 어떠하겠습니까?

태수 윤동함에게 답하다[答尹太守 東涵] 갑술년(1754)

병으로 깊은 산중에 엎드려 지내며 인사人事를 멀리하다 보니, 아직까지 계시는 곳으로 한 번 나아가 살펴주신 은혜에 우러러 감사드리지 못하였습니다. 죄송한 마음이 마치 음식이 내려가지 않고 속에 꽉 차 있는 듯합니다. 뜻밖에 갑자기 보내신 편지를 받아 보니, 사연이 너무나 다정하여 서너 번을 받들어 읽음에 마음의 감명이 그지없습니다.

근일 극심한 추위에 정후政候가 매우 편안하다는 것을 다시 알아, 우러러 위로되어 구구한 심정을 주체하지 못하겠습니다.

중기重器는 겨울이 된 뒤로 묵은 병이 더욱 심해져서 약을 40여 제나 복용하였는데도 조금의 차도가 없으니, 절박함을 어찌 다 말하겠습니까?

---

138) 복원(濮園)을……논의: 송나라 인종(仁宗)이 아들이 없어 복왕(濮王)의 아들을 후사로 세워서 영종(英宗)이 되었는데, 영종이 즉위한 뒤에 생부(生父)를 숭봉(崇奉)하는 전례(典禮) 문제를 제기하자 여해(呂海)·범순인(范純仁, 1027~1101)·사마광(司馬光, 1019~1086) 등은 인종을 황고(皇考), 복왕을 황백(皇伯)이라 불러야 한다고 한 일을 말한다. 정이천(程伊川)이 이에 동조한 것으로 여겨진다.

보내주신 네 가지 물건은 생각해주는 마음이 어찌 이리도 지극하십니까? 달력으로는 해를 알고, 잣으로는 정기精氣를 도우고, 어육으로는 기혈氣血을 기르겠습니다. 이는 사또께서 늙은 백성을 대우함이 한낙양韓洛陽이 노생盧生을 대우하던 방법보다 더 나음이 있어서입니다. 아무리 자주 사례해도 드릴 말씀이 없습니다.

한 해가 하룻밤 남은 오늘, 삼가 바라건대 백성 다스림에 신이 도와서 복이 냇물처럼 밀려와 온 고을 백성들의 바람에 부응하십시오.

군위 현감 남태보에게 답하다[答南軍威 泰普]

그저께 계시는 곳을 들러 아체雅體를 뵙고, 이어서 누각에 올라 함께 감상하고 나니, 한평생 사귀기를 원하던 뜻을 이제야 이루었습니다. 돌아온 뒤 기쁨과 다행스러움으로 마치 얻음이 있는 듯하였습니다. 뜻밖에 편지가 멀리 깊은 산중까지 와서 열어 보고 느낀 놀라움과 후련함이 어찌 마주 대하는 것만 못하겠습니까?

매우梅雨가 내리는 계절에 정체政體가 편안하다는 것을 다시 알아, 더욱 우러러 위로됩니다.

중기重器는 뒤숭숭한 나머지 병들고 고달픔이 너무 심하여 침상에 까무러쳐 드러누워 지내며 회복할 기미가 전혀 없으니, 절박함과 탄식을 어찌하겠습니까?

말씀하신 뜻은 잘 알겠습니다. 다만 그저께 만났을 적에 이미 글재주가 없다고 사양하였기 때문에, 이미 글을 다른 사람에게 부탁하였을 것으로 생각하였습니다. 어찌 굽어 이해하지 않고 이렇게 심부름꾼을 보내십니까? 졸필拙筆이 미담을 모아 아름다운 행실을 드러내기에 부족하다는 것은 스스로 잘 아나, 진지한 부탁을 저버리기 어려워서 함부로 훌륭한 계획에 부응하려고 합니다. 만일 많은 행적을 널리 수집하여 선택에 대비하려고 한다면 4~5일 뒤에 다시 사람을 보내주는 것이 어떠하겠습니까?

보내주신 네 가지 물건은 어찌 이리도 생각을 깊이 하셨습니까? 아무리 자주 감탄해도 사례할 길이 없습니다.

김성천 성용[139]에게 답하다[答金成天 聖鎔] 경신년(1740)

20일 전에 일이 있어 산속으로 들어가 사나흘 머무르다가 돌아와서 책상 위에 놓여 있는 편지를 보았습니다. 뜯어 읽어보니 마치 지난해 뵈었던 모습을 대하는 듯하여 놀랍고도 기뻤습니다.

다만 아체雅體가 매우 불편하다는 것을 알아, 위하여 염려가 구구합니다.

척제戚弟는 노쇠와 질병이 파고들어 문득문득 흙 인형과 같은 모습을 하고 있으니, 척형에게 말할 것이 무어 있겠습니까? 이웃에 터를 잡으려는 계획은 매우 절실하나 좌우에서 만류하고 있어서 스스로 용단을 내리기 어렵습니다. 지금은 우선 임시로 예전 별업別業에 머무르고 있으나, 집이 누추하고 비좁아서 식구들이 모두 들어앉을 수 없으니, 너무나 절박한 노릇입니다. 그러나 낙수洛水와 오산烏山이 늘 몽매간에 있으니, 어찌 조만간 서쪽으로 건너갈 날이 없겠습니까?

성술초 헌조[140]에게 주다[與成述初 憲祖] 계유년(1753)

복직復職의 명은 친구로서 기쁨이 그지없었으나 외진 산속에 있어서 소식을 가장 늦게 들었습니다. 막 만나 송별하려고 하였는데 서둘러 길을 떠났다니, 어찌 강가의 나무만이 아쉬운 정을 품었겠습니까?

여러 해 동안 병으로 조섭한 끝에 반드시 신관神觀이 손상되었을 것을 적이 생각하니, 위하여 우러러 염려됨이 그지없습니다.

---

139) 김성용(金聖鎔, 1693~?) : 자는 성천(成天), 본관은 순천(順天)이다. 1721년 문과에 급제, 병조 정랑·고성 현감을 지냈다. 고성 현감 재직 시 많은 선정을 베풀어 당시 백성들이 거사비(去思碑)를 세웠다.
140) 성헌조(成憲祖, 1695~?) : 자는 술초(述初), 본관은 창녕(昌寧)이다.

제弟는 소명召命을 받고 달려가다가 첫길에 이미 묵은 병이 덧났는데, 길을 나선지 사흘 만에 체직되었다는 통보를 받고 돌아와 누추한 집에서 마음 편히 몸을 섭양攝養하니, 다행함을 말로 다 할 수 있겠습니까?

아마 지나는 길에 청대淸臺를 방문할 터인데, 주인옹主人翁이 역병을 겪은 뒤 근력은 어떠하였습니까? 늘 그리워하는 심정이야 오매寤寐간인들 어찌 잊었겠습니까? 그러나 초봄에 돌아올 적에는 말을 빌려 옷과 이부자리를 싣고 오느라고 찾아뵙지 못하였으며, 지난달 서울 길은 중도에 돌아와서 또 찾아뵙고 이야기를 나누려던 계획을 실행하지 못하였으니, 매우 개탄스러운 일입니다. 오직 형이 빨리 지방관이 되어 금의환향하기를 축원합니다.

이처럼 대략 안부 편지를 적어 죽오竹塢 본댁에 부쳐 인편이 있으면 보내도록 하였습니다. 하지만 어느 날 계시는 곳에 도착할지 모르겠습니다.

정여장 엽[141]에게 답하다[答鄭汝章 燁] 정축년(1757)

나라의 화가 거듭 혹독하여 자전慈殿들께서 연이어 승하하시니, 신민들의 아픔이 어찌 끝이 있겠습니까?

뜻밖에 갑자기 사람을 시켜 보내신 편지를 받아 초여름 무더위에 조섭하시는 체후體候가 첨절添節은 없으시고 따님의 산통産痛 또한 그친 것을 다시 알아, 궁금하고 그립던 심정이 깊이 위로되었습니다.

종인宗人은 묵은 병이 여전하여 한창 탕제湯劑를 복용하고 있으나, 아직은 뚜렷한 약효를 보지 못하고 있으니, 무더위 속의 괴로움과 절박함이 다시 어떠하겠습니까?

---

141) 정엽(鄭燁, 1695~1775) : 자는 여장(汝章), 호는 식호와(式好窩), 본관은 영일이다. 예학에 밝았고, 수직(壽職)으로 부호군을 제수받았다. 저서로는 『식호와집』이 있다.

도원道元의 죽음은 매우 안타까운 일입니다. 더구나 막내 동생 영감께서는 부모님의 병을 간호하며 초상을 치른다고 여러 날 동안 역병의 기운을 쏘였을 것이니, 앞으로의 우려를 어찌 다 말할 수 있겠습니까? 성복成服한 뒤에 피접을 나갔다고 들었는데, 어디에 임시로 머무르고 있는지는 아직 모르겠습니다.

전에 부탁하신 서당의 기문은 벌써 틈틈이 초를 잡았으나 다만 모여 상의할 곳이 있어서 바야흐로 날을 잡아 편지로 알리려고 합니다. 이때 바로 오시면 참으로 다행이겠습니다. 사부공師傅公의 생년과 졸년은 언제입니까? 혹자或者는 찰방察訪에 임명된 적이 있다고 하는데, 임명되던 선후先後로 어디에 사셨으며, 부임 여부는 또한 어떠합니까? 시내의 발원지는 거리가 또한 몇 리입니까? 뒤에 만약 인편이 있다면 자세히 알려주기를 바랄 뿐입니다.

대상일을 잡는 것에 대한 종인의 의문은 참으로 그렇습니다. 다만 국장國葬 전에 이 대제를 지내는 것은 아무래도 예문禮文의 뜻이 아니나 조령朝令이 이미 이와 같으니, 형세로 보아 지내야 할 듯합니다. 『예기』「곡례曲禮」에서 "집안의 일은 유일柔日로 날을 잡는다."[142]고 하였는데, 제사와 같은 유은 바로 집안의 일이므로, 이미 정일丁日이나 해일亥日을 썼습니다. 그렇지만 『의례儀禮』「소뢰궤식례少牢饋食禮」의 주설註說에 나오는 "정일과 사일로써 해일에 짝하지 못한다."라는 말은 해일을 중심으로 말한 것이지, 사일에 제사를 지내야 한다는 것은 아닙니다.

또한 이제 관문關文에서 "성복일로 계산하여 27일까지 공제公除[143]를 한다." 하였기 때문에 영천 고을은 이 달 초6일에 성복하여 다음 달 초3일까지 공제하였다고 합니다.

---

142) 집안의……잡는다: 옛날에 간지(干支)로써 날을 기록하는데, 천간(天干)에서 을(乙)·정(丁)·기(己)·신(辛)·계(癸)가 든 날을 '유일(柔日)'이라고 하며, 나머지 날은 '강일(剛日)'이라고 하였다. 『예기』「곡례상(曲禮上)」에 "외사는 강일로 날을 잡고 내사는 유일로 날을 잡는다.[外事以剛日 內事以柔日]"라고 하였다.

143) 공제(公除): 임금이나 왕비가 죽은 뒤 일반 공무를 중지하고 26일 동안 조의(弔意)를 표하는 일을 말한다.

귀부貴府에서는 성복을 언제 하였습니까? 이를 근거로 계산하여 공제한 뒤 정일을 잡아 제사를 지내는 것이 마땅할 듯합니다. 어떠할지 아직 모르겠습니다.

『오복연혁도五服沿革圖』[144]는 한 번 빌려주겠다는 허락을 받은 적이 있었으니, 다음 인편에 보내주는 것이 어떠하겠습니까? 베낀 뒤에 곧바로 돌려드리겠습니다.

이흠부 유원[145]에게 답하다[答李欽夫 猷遠] 신미년(1751)

서울에서의 우연한 만남은 보고 싶던 바람을 보상받기에 충분하였으나 훌쩍 작별하고 나서 어느덧 십여 년이 흐르는 동안 이따금 한 번씩 그리워하며 답답함을 금하지 못하였습니다. 뜻밖에 작년 봄, 재작년 9월에 보내신 고마운 편지를 갑자기 받아 봉투를 뜯어보니, 마주 대하는 듯하여 감격과 후련함을 헤아리기 어려웠습니다. 그러나 깊은 산속에서 지내다보니 북쪽으로 가는 인편을 전혀 만나지 못하여 지금까지 감사의 편지마저 부치지 못하였으니, 부끄러움과 개탄스러움을 어찌 견디겠습니까?

요즈음 봄 날씨가 차가운데, 형兄의 아후雅候는 어떠한지 모르겠습니다. 그리움과 우러름이 더욱 지극합니다.

저는 나이가 70에 가까워지며 노쇠함이 날로 심해져서 고지故紙가 책상에 쌓여도 검토해 볼 만한 정신과 기력이 없습니다. 더구나 내면의 세계로 채찍질해 들어가 늘그막을 수습하는 광경을 바랄 수 있겠습니까? 스스로 두려워 떨고만 있을 뿐입니다.

선대의 산소를 개장改葬한다는 소식을 들었습니다. 효성이 흙과 나무에까지 미쳐

---

144) 『오복연혁도(五服沿革圖)』: 한강(寒岡) 정구(鄭逑, 1543~1620)가 다섯 가지의 상복(喪服)에 관한 연혁도를 작성한 책이다.

145) 이유원(李猷遠, 1695~1772): 자는 흠부(欽夫), 호는 냉천(冷泉), 본관은 재령(載寧)이다. 학문에 진력하고 위선사업(爲先事業)에 힘을 쏟았다. 저서로는 『냉천집』이 있다.

벌써 개장을 잘 마쳤으리라 생각합니다. 우러러 위로됨이 그지없습니다. 다만 선대의 지문誌文을 보내주어 어리석고 고루한 제가 훌륭한 자취를 음미하였으니, 참으로 감사하고 다행입니다. 하지만 부탁하신 만사輓詞의 경우는 스스로 적당한 사람이 아닌 줄을 알고 있습니다. 돌아보건대, 어찌 감히 쉽게 손을 대겠습니까? 그러나 두 선생의 유풍을 평소 앙모하였고, 이제 또 효성의 간절함이 깊고도 지극하니, 끝까지 글 솜씨가 없다는 핑계만을 댈 수 없어서 몇 구절의 부족한 말을 보내준 종이에 적었습니다. 하지만 어찌 낮추어 요구한 뜻에 부응하겠습니까? 더구나 이미 편지를 늦게 받아서 베껴 보내드리는 것도 가장 늦었으니, 더욱 두려움과 한스러움을 감당하지 못하겠습니다.

듣건대, 존재存齋[146] 선생의 유집을 이미 간행하였다니, 실로 사문의 경사입니다. 그러나 사는 곳이 멀어 한번 공경히 읽어볼 길이 없으니, 한탄스러울 뿐입니다.

이계백 의한에게 답하다[答李季白 宜翰] 병자년(1756)

존안尊顔을 뵙지 못한 지 몇 해나 되었는지 기억도 나지 않아, 머리 들어 남녘을 바라보며 단지 노심초사만하고 있었습니다. 뜻밖에 편지가 무하유지향無何有之鄕[147]에서 저의

---

146) 존재(存齋) : 이휘일(李徽逸, 1619~1672)의 호이다. 자는 익문(翼文), 본관은 재령(載寧)이다. 주자(朱子)와 퇴계(退溪)의 학문을 깊이 연구하여 실천하였다. 학행으로 천거되어 경기전 참봉을 제수 받았으나 사양하고 부임하지 않았다. 저서로는 『존재집』·『구인략(求仁略)』·『홍범연의(洪範衍義)』 등이 있다.

147) 무하유지향(無何有之鄕) : 유무(有無)와 시비(是非) 등 모든 대립적 요소가 사라진 이상향(理想鄕) 혹은 선경(仙境)을 말한다. "이제 당신이 가지고 있는 큰 나무가 쓸데없다 걱정하고 있는데, 어찌하여 그 나무를 아무것도 없는 고장, 광막한 들판에 심어 놓고 하는 일 없이 그 곁을 왔다 갔다 하거나 그 아래에서 노닐다가 드러누워 낮잠을 자지 않는가.[今子有大樹 患其无用 何不樹之於无何有之鄕 廣莫之野 彷徨乎无爲其側 逍遙乎寢臥其下]"에서 온 말이다.(『莊子』「逍遙遊」) 이 편지에서는 상대가

손으로 들어와 놀라 기뻐하며 한참 읽어보니 문장의 정채精彩가 사람을 비추었습니다. 아무리 보물을 준들 무엇이 이것보다 낫겠습니까?

더욱이 역병이 퍼지고 흉년이 든 중에도 아후雅候를 잘 보중保重한다 하니, 이는 참으로 올해에 듣기 어려운 일이어서 기쁨과 위로가 참으로 지극합니다. 그러나 조카가 끝내 완전히 일어날 기력을 얻지 못하였나니, 신도神道의 헤아리기 어려움이 어찌 이리도 지극합니까?

척종戚從은 나이 들어 머리는 세어가고 질병은 얽혀서 초동목수들과 어울려 지내며 성세盛世의 버려진 물건이 됨을 분수로 여기고 있었으나, 잘못알고 은명恩命이 거듭 내려져서 자리가 사람에 걸맞지 않습니다. 비록 대궐로 나아가 한 번 사은숙배하고는 싶었으나, 쇠잔한 몸의 위태로운 목숨이 자리에 드러누워 일어나기가 어려워서 신하된 도리를 조금도 펴지 못하였습니다. 너무나 황공하여 순리대로 체직遞職된 것도 감히 다행으로 여길 수 없었습니다.

보내신 편지에서 칭찬이 너무 지나쳐서 어리석고 고루한 저로서 감당할 바가 아닙니다. 어찌 그리도 사람을 적절하지 않는 것에 견주려 하십니까? 등에 땀이 나고 얼굴이 붉어져 다시 읽지 못하겠습니다. 다만 훌륭한 생각이 아직은 영화와 쇠락의 사이에서 움직임을 면하지 못한 듯합니다. 좌우左右의 높은 식견으로 어찌 서둘러 이렇게까지 하였습니까?

우리들의 사업은 덕행德行이 중요하고 과거科擧에 의하여 얻어지는 명예는 여사餘事입니다. 이제 만약 고서를 많이 보고 의리를 깊이 연구하는 것을 제일의 사업으로 삼는다면 저 화려한 관리들보다 훨씬 더 나을 것입니다. 어찌 하늘의 중中을 받고서 태어나 해야 할 일을 남에게 미룰 수 있겠습니까? 이에 감히 사리에 어두운 말로 권면하오니, 바라건대 부디 꼭 유념하십시오.

머무는 곳을 높이기 위하여 인용하였다.

이경삼 태화의 문목에 답하다[答李景三 台華 問目] 갑술년(1754)

선비先妣의 대상일이 금년 정월 초10일이었으나 집안에 천연두가 퍼져서 대상을 지내지 못하였습니다. 날을 가려 물려서 지내고 싶은데, 축문의 "세월이 멈추지 않아 어느덧 대상일이 되었습니다."라는 문구는 아무래도 이미 대상일이 지난 뒤의 문자로는 맞지 않으니, 어떻게 하면 되겠습니까?

대상을 이미 날을 잡아 물려서 지낸다면 축문은 그냥 상례常例를 따라야 합니다. 다만 사흘이나 혹은 하루 전에 아침 상식上食을 드리며 연고가 있어 물려서 지낸다는 뜻을 고하는 것이 어떠하겠습니까? 고하는 글은 "이 달 초10일이 돌아가신 지 두 해 째 되는 날이었으나 천연두가 집안으로 퍼져서 대상을 지내지 못하였습니다. 이제 27일로 날을 잡아 대상을 지내려고 하면서, 감히 고합니다."라고 하면 됩니다.

망처亡妻의 제삿날이 선비의 대상일과 같습니다. 다만 죄인罪人은 이미 망처의 상복을 벗었으나 아이들은 심제心制의 상복을 또한 정월 초10일에 벗어야 하였습니다. 그러나 천연두 때문에 지내지 못하였으니, 예禮에 기제사를 물려서 지내는 일은 없습니다. 그러면 심제의 상복은 언제 벗어야 합니까? 선비의 대상일을 가려 지낼 적에 또한 망처의 제사를 지내도 괜찮겠습니까? 대상을 지낸 이튿날 아이들의 심제의 상복을 벗는 제사를 지내는 것은 어떠하겠습니까?

현합賢閤(상대의 아내를 높여 부르는 말)의 대상과 담제를 이미 지내고 신주를 사당에 부사祔祀하였다면 비록 두 해 째이지만 이날이 바로 기일이고 보면, 물려서 지낼 수는 없을 것입니다. 영윤令胤이 입은 심제는 실로 복제에 없는 복입니다. 다만 담제를 지내야 하는 달이 다할 때까지 기다려서 다시 평상복을 입고 차야 할 것을 차는 것이 옳을 것입니다. 어떻게 변제變除의 의절이 있겠습니까?

다만 세속에서 양자를 나간 자가 본생가本生家 형제들의 담제에 곡을 하면서 변제를 하는데, 만약 무단히 평상복을 입는 것이 미안하다면 담제를 지낸 다음 달 초하루에 자리를 마련하고 곡하며 변제해도 후한 쪽을 따른다는 도리에 괜찮지 않겠습니까?

대상을 물려서 지냈다면 담제 또한 한 달을 넘겨서 자리를 마련하고 지내야 합니까? 더러 "물려서 지냈다면 담제는 지내지 못한다."고 합니다. 이는 바로 담제 지내는 달에 일이 있기 때문에 담제를 지내지 못하였다면 물려지내는 일이 없어서이기 때문입니까?

『주자가례』 '담제' 조에 "초상이 나서부터 담제를 지내는 날까지 윤달은 계산하지 않는다."고 하였습니다. 27개월째가 비록 두 해 뒤의 유월踰月이기는 하나 대상을 지냅니다. 다만 유월에 바로 담제를 지내야 하는 것은 27개월을 기준으로 한 것입니다. 더구나 날을 잡아 지내는 대상이 두 해째 되는 달에 있음에 이겠습니까. 시기를 놓치면 담제를 지내지 않는다는 설은 담제를 지낸 달에 대상을 지내는 것을 지적하여 말하였을 뿐입니다.

김미중148)에게 답하다[答金美仲] 무신년(1728)

흉악한 역도들이 갑자기 일어나 온 나라가 소란하였습니다. 나라에서 한 번 토벌하자 그날로 평정되었으니, 종묘사직의 경사는 이루 다 말할 수 없거니와 귀신과 사람의 분노도 조금은 씻을 수 있습니다.

뜻밖에 심부름꾼이 와서 편지를 받아보고, 양친을 모시고 학문하는 체후體候가 다복하다는 것을 다시 알아, 기쁨과 위로의 심정이 평소보다 만 배나 더하였습니다.

저는 초상을 치른 뒤에 이어서 의병을 모집한다고 분주히 움직이다 보니, 전에부터

---

148) 김미중(金美仲) : 미중은 김세릉(金世錂, 1696~1753)의 자이다. 호는 성재(省齋), 본관은 의성(義城)이다.

앓아오던 창후脹候[149] 증세가 다시 악화되어 배가 북처럼 부풀어 오르며 호흡이 고르지 않아서 막 약을 복용하고 아울러 중완中脘에 뜸을 뜨고 있습니다. 그러나 이처럼 무더운 계절을 맞아 덥고 습한 기운이 몸으로 침범할까 염려스럽습니다. 절박하고 어수선함을 어찌 다 헤아리겠습니까?

그 마을에 사시는 권 척장權戚丈께서 갑자기 횡액橫厄을 당하시어, 사우들 중에 놀라지 않는 이가 없습니다.

이제 들으니, 벌써 은혜로운 용서를 받았다고 합니다. 우리 성상聖上의 살리기를 좋아하시는 은덕은 실로 천고에 없는 일이니, 어찌 거룩하지 않겠습니까?

밀암密菴[150] 선생이 특별히 임명의 은명을 받았다니, 우리들의 다행함이 헤아릴 수 없습니다. 출처의 하나의 일은 아마도 이 어른 가슴속에 이미 복안이 있을 터이나, 어떻게 결정하셨는지 아직 모르겠습니다. 갈암 선생이 비록 복작復爵은 되지 않았으나, 이즈음 이렇듯 비상한 은전은 사은숙배하지 않을 수 없습니다. 사은숙배를 한 뒤에 이어서 갈암 선생의 무함誣陷을 아뢰고 사직한다면 어쩌면 신원과 복작의 계제가 되지 않겠습니까?

편지를 써서 축하하는 말을 전하며 아울러 저의 심정도 함께 말하려고 하였으나, 질병으로 자리에 드러누운 데다 인편 또한 바쁘다고 서둘러 뜻대로 하지 못하였습니다. 부끄러움과 한스러움을 어찌 다 말하겠습니까?

횡계橫溪 족형族兄들은 아직은 모두 편안하며, 금소錦韶를 위한 계책도 이와 같다고 합니다.

이 영사李令事가 석방될 분위기가 조성되었다는 소식을 들었으나 외진 산속에서 조보朝報를 아직 받아보지 못하여 그 결말에 대해서는 아직 자세히 알지 못할 뿐입니다.

---

149) 창후(脹候) : 배설 기능의 변조(變調)로 인하여 생기는 병이다. 증세는 입맛은 당기나 대소변이 고르지 않아, 뱃속에 액체나 가스 등이 차서 부어오르며 따라서 숨도 가쁘다. 때로는 열도 난다.

150) 밀암(密菴) : 이재(李栽, 1657~1730)의 호이다. 자는 유재(幼材), 본관은 재령(載寧)이다.

송백수 이석[151]에게 주다[與宋伯綏 履錫] 병자년(1756)

소식이 갑자기 끊겨 슬픔과 그리움이 지극하던 차에 갑자기 여막廬幕에서 온 이 서방을 만나 위장慰狀에 대한 답서를 받아 보았네.

겨울과 봄 이래 여러 상주들의 체후體候가 보중하다는 것을 자세히 알아, 먼 곳에서 위로됨이 참으로 깊네.

나는 해를 넘긴 묵은 병이 갈수록 더욱 깊어져 자리에 드러누워 지내며 오랫동안 탕제湯劑를 복용하고 있다네. 게다가 전례 없는 흉년이 들어서 가난한 친족들 중에 죽을 지경에 이른 이가 퍽 많네. 역병마저 크게 번져서 노복들이 울타리를 사이에 두고 앓고 있으나, 피할 곳이 없어 문을 막고 쪼그려 앉아 단지 하늘의 처분만을 기다리니, 근심하고 두려워하는 모습을 어찌 다 말하겠는가?

만사輓詞는 벌써 그럭저럭 지어 두었으나 정말 보낼 인편이 없어서 이제야 보내네. 다만 질병으로 정신이 혼미한 중에 시상詩想이 전혀 떠오르지 않아 훌륭한 덕德을 다 담지 못하였으니, 한탄스러움을 어찌 다 헤아리겠는가?

『퇴서절요退書節要』는 질병이 뜸할 때마다 조금씩 이미 받들어 읽고 있으나 아직은 다 읽지 못하였네. 우선은 보관해두었다가 병세가 좋아지면 읽기를 마칠 계획이네.

송백수에게 주다[與宋伯綏]

지난번 뜻밖에 갑자기 박마樸馬를 타고 찾아주어 매우 놀랍고 슬픈 끝에 하루 밤낮

---

151) 송이석(宋履錫, 1698~1782) : 자는 백수(伯綏), 호는 남촌(南村), 본관은 야성(冶城)이다. 1721년 사마시에 입격하였으나 벼슬길에 나아가지 않고, 성현들의 학문적 업적을 정리하는 데 전념하였다. 특히 이황의 학문에 심취하여 『퇴서절요(退書節要)』·『심경(心經)』·『퇴도언행록(退陶言行錄)』 등을 필사하였다. 저서로는 『남촌집』·『무흘서각초록(武屹書閣抄錄)』 등이 있다.

동안 조용히 회포를 풀 수 있었네. 그러나 돌아갈 기약이 너무 촉박하여 서둘러 작별하고 나니, 병든 이의 회포가 더욱 슬프고 암담하였네. 빗속에 먼 길을 나섰는데, 제 때에 잘 도착하였는가?

세월이 쉼 없이 흘러 대상일이 어느덧 다가왔으니, 추모해도 미치지 못하는 아픔이 더욱 다시 끝없을 것이라 생각하네.

나는 묵은 질병의 증세가 갈수록 심해져 약을 먹어도 효과가 없어 자리에 드러누워 지내니, 정신과 기력이 날로 줄어들고 있다네. 이제 다른 의원에게 더 물어 새로운 탕제를 복용하고 있으나 효과를 볼 수 있을지는 장담하지 못하니, 절박함과 염려를 어떻게 다 말하겠는가?

이제 조카아이에게 삼가 보잘것없는 제물祭物을 보내기는 하나 길은 멀고 날은 더워서 제물이 너무나 빈약하네. 질병은 깊어지고 정신은 혼미하여 제문 또한 간단히 지었으니, 나의 심정을 다한 것이 아니라네. 슬픔과 부끄러움을 어떻게 다 하겠는가?

부탁한 문자는 질병으로 혼미함이 이와 같아서 행장의 초고를 펼쳐보지도 못하였네. 병세가 조금 나아지면 시작할 것이네. 다만 본 초고가 자세하여 아마 반드시 빠뜨린 부분이 없을 터이네. 이것으로 지문이나 비문을 청하면 저절로 살펴볼 수 있을 것이니, 좋은 행장을 더 마련할 필요는 없을 듯한데, 자네 생각은 어떠한가? 오직 제사 잘 지내기만을 바라네.

조운경 용섭[152]에게 답하다[答曺雲卿 龍燮] 병인년(1746)

이따금씩 자양紫陽 족질을 통하여 상중의 동정을 대략 들었으나, 천연두가 방해하여

---

152) 조용섭(曺龍燮, ?~?) : 자는 운경(雲卿), 호는 묵와(默窩), 본관은 창녕(昌寧)이다. 매산과 함께 예서에 대해서 강론하고 질의하였다고 『영천지』에 실려 있다.

안부 편지 한 통도 보내지 못하였습니다.

혼자서 슬퍼하고 그리워하던 중에 뜻밖에 편지를 받아보고, 무더위 속에 상중의 체후體候가 건승하다는 것을 다시 알아, 감사한 나머지 더욱 위로되어 마음이 놓였습니다.

중기重器는 노쇠와 질병이 갈수록 깊어져서 눈도 침침하고 이도 아파 흐리멍덩하게 자리에 드러누워 지내니, 다시 깨어날 기미가 없습니다. 더구나 마을 안에 역병의 기세가 갈수록 더 퍼져서 문을 꼭 닫아걸고 지내니, 마치 바늘방석에 앉아 있는 듯하여 더없이 민망한 노릇입니다.

일찍이 좌우左右께서 예서에 마음을 두고 침잠한 힘이 퍽 있다는 것을 알고 매번 아시는 것을 한 번 물어보고 싶었으나 할 수 없었습니다. 이제 상중에 예서를 읽는 여가에 의심스러운 문구를 뽑아 어리석은 저에게 보내셔서 함께 강론하려고 하니, 학문을 좋아하는 독실함과 벗에게 구하는 지극함을 볼 수 있어서 부러움과 감탄이 그지없습니다.

이에 감히 간략하게 저의 견해를 조목마다 그 아래에 주註로 달아 좌우께서 보탬을 구하는 자료로 삼았습니다만, 어찌 주제넘다는 나무람을 면할 수 있겠습니까? 하나하나 살펴보시고 만일 잘못된 부분이 있다면 다시 가르쳐 주기를 바랍니다.

> 초상이 나서 옷을 갈아입을 때 심의深衣를 입습니다. 세속에서는 성복成服하면서 비로소 심의를 입으니, 이는 예를 따르지 못한 부분인 듯합니다. 예문대로 시행함이 어떠하겠습니까?

초상이 나서 옷을 갈아입을 때에 심의를 입는 것은 바로 옛사람들이 평상시에 백세포白細布로써 옷을 만들어 입었기 때문입니다. 성복할 때에 쓰는 심의는 바로 상복의 중의中衣를 본떠서 매우 거친 생마포生麻布로 만들기에, 둘의 제도는 같으나 실재는 다릅니다.

> 『주자가례』 '소렴小斂' 장 '괄발括髮' 조목에 "포두수布頭繻의 수는 바로 총總이니, 머리를 묶는[束髮] 것이다."고 하였습니다. 속발束髮은 바로 머리를 모아서 상투를 트는 것입니까?

소렴한 뒤 단袒·괄발括髮·문免·좌髽[153]를 하면 두수로 머리를 묶는다는 것은 비로 머리를 모아서 상투를 트는 것일 뿐입니다.

소렴한 뒤에 중주인衆主人이 포대布帶를 맨다고 하였습니다. 오늘날 세속에서 성복할 때 비로소 매는 것은 군이 그렇게 하지 않아도 되어서입니까?

고례에는 소렴 뒤 단과 괄발을 할 적에 주인은 교대絞帶(삼베 띠)를 매고 중주인은 포대를 맨다고 하였습니다. 하지만 『주자가례』는 간략한 쪽을 따랐기 때문에 오늘날 세속에서는 모두 성복할 때에 비로소 띠를 맵니다. 그러나 『봉선의절奉先儀節』[154]에서는 '소렴' 장 후미에 수질首絰과 요대腰帶를 갖춘다는 한 단락을 보충해 넣었습니다. 고례대로 질대絰帶를 매어도 세속을 어긴다는 혐의는 없을 것입니다.

참최복斬衰服[155]과 효포孝布의 안과 밖을 봉합하는 제도는 말하지 않았습니다. 이는 매우 의심스럽습니다.

효포는 고례가 아닙니다. 바로 후세에 세속을 따라 한 제도여서 『봉선의절』에서도 적용하였습니다. 그러나 이는 상주의 관冠 밑에 착용하는 것이므로 상복의 중의와 다르

---

153) 단(袒)……좌(髽) : 단(袒)은 옷을 벗어 왼쪽 어깨를 드러내는 행위이며, 괄발(括髮)은 풀었던 머리를 묶어 매는 행위이며, 문(免)은 관을 벗고 사각건을 쓰는 행위이며, 좌(髽)는 부인이 방안에서 북상투쪽을 지르는 행위를 말한다.

154) 『봉선의절(奉先儀節)』 : 갈암(葛庵) 이현일(李玄逸, 1627~1704)이 상중(喪中)에 『주자가례』의 절목(節目)에다 선유(先儒)들이 논한 것을 참고하고, 그 사이에 또 자기의 뜻을 붙여서 만든 책이다.

155) 참최복(斬衰服) : 아버지와 큰아들의 죽음에 입는 상복이다. 오복 가운데 가장 중한 복으로, 전혀 가공을 하지 않은 극추생마포(極麤生麻布)를 사용하여 상의와 하상(下裳)을 만든다. 옷의 솔기를 감치지 않은 채 그대로 놓아두고 시접을 밖으로 나오게 하여 슬픔의 극한 상태를 나타내고, 모든 장식을 하지 않는다.

지 않습니다. 비록 참최복이더라도 기워서 솔기를 밖으로 낼 필요는 없습니다.

> 대상을 지낸 뒤 새 신주를 조부의 사당에 부사祔祀할 적에 동편에 부사한다고 합니다. 동편은 조부 감실의 동편을 가리키는 듯합니다. 혹자는 동편의 벽 아래에 부사해야 한나고 하는데, 과연 그러합니까? 한 대代만을 봉사奉祀하고 있다면 새 신주를 어느 편에 부사합니까?

동편은 바로 조부 감실의 동편을 가리키는 것이나, 사가의 사당이 비좁아서 신주를 모셔 감실龕室 안으로 부사하기 어렵다면, 편의대로 동편 벽에 부사하는 것은 형세로 보아 피하지 못할 일입니다. 만약 한 대를 모신다면 아버지의 사당은 있어도 할아버지의 사당은 없습니다. 부사는 비록 소목昭穆의 순서에 따라 종가의 사당에서 지냈더라도 대상을 지낸 뒤 새 신주를 사당으로 모실 적에는 아버지 사당의 동편 벽 아래에서 부사를 지내야 합니다.

> 남의 후사後嗣가 된 자의 아내는 본생가本生家의 시아버지와 시어머니를 위하여 대공복大功服을 입는다는 명문이 있습니다. 오늘날 세속에서는 남편의 1년복을 따르고 있습니다. 이는 후한 쪽을 따른다는 뜻에 괜찮겠습니까?

퇴계 선생이 정여인鄭汝仁156)의 물음에 답하며, 후한 쪽을 따라 1년복을 입는다는 말씀을 벌써 하였습니다.

---

156) 정여인(鄭汝仁): 여인은 정곤수(鄭崑壽, 1538~1602)의 자이다. 호는 백곡(栢谷), 본관은 청주이다. 1572년 성균관의 천거를 받아 의금부 도사·관찰사 등을 지냈다. 1604년 호종일등공신에 책록되었으며, 서천부원군(西川府院君)에 추록되었다. 시호는 충익(忠翼)이며, 저서로는 『백곡집』이 있다.

남의 후사가 된 자가 초상을 당하여 아직 장사를 지내기 전에, 본생가 부모의 소상을 만나면 양가養家의 복은 변제합니까? 그렇지 않으면 심의深衣와 방립方笠 차림으로 자리에 나갑니까?

퇴계 선생이 정여인의 물음에, "후사가 되어 참최복斬衰服을 입는 자가 본생가의 소상을 당한다면 복은 변제하고 잠시 참복黲服[157]을 입고서 소상을 지내되, 소상을 지낸 뒤에는 다시 참최복을 입는다네."라고 답하였습니다. 기고봉奇高峰[158]이 참복을 입는 것으로 의문을 가지자, 퇴계 선생이 그렇지 않다고 하시고는 이어서 "오늘날 상주들이 더러 거친 삼베와 흰 옷 차림으로 여막에서 지내는데, 이대로 해도 권도에 어긋나지 않을 듯하네." 라고 하였습니다.

대개 주자朱子가 3년상의 졸곡을 지낸 뒤에는 묵최墨衰[159]를 입고 가묘家廟에서 제사지내는 것을 허락하였고 보면, 퇴계 선생이 참복을 입는다고 한 뜻도 실로 여기에서 근본하였으므로, 마땅히 이대로 거행해야 합니다. 그러나 이제 말씀하신 의문이 바로 남의 후사가 된 자가 초상을 당하여 아직 장사를 지내기 전에 있고 보면, 결코 참복을 입을 수는 없습니다. 사계후설沙溪後說을 따라 희고 거친 삼베옷과 두건 차림으로 소상을 지내는 것이 좋을 듯합니다. 만약 어쩔 수 없어서 말씀하신 대로 한다면 심의를 입어도

---

157) 참복(黲服) : 옅은 청색이나 검푸른 빛깔의 상복(喪服)을 말한다. 연제(練祭) 때부터 담제(禫祭) 전까지 입는다.

158) 기고봉(奇高峰) : 고봉은 기대승(奇大升 , 1527~1572)의 호이다. 자는 명언(明彦), 본관은 행주(幸州)이다. 1558년 문과에 급제, 승정원 주서·대사간·공조 참의 등을 지냈다. 퇴계 이황과 1559년에서 1566년까지 8년 동안에 이루어진 사칠논변(四七論辨)은 유학사상 지대한 영향을 끼친 논쟁으로 평가되고 있다. 저서로는 『고봉집』·『논사록』·『왕복서(往復書)』·『이기왕복서』·『주자문록(朱子文錄)』 등이 있다.

159) 묵최(墨衰) : 검은 상복으로, 묵최질(墨衰絰)이라고도 한다. 아버지가 살아있는데 어머니가 죽었을 경우에는 아버지에게 압존(壓尊)되어 3년복을 다 입지 못하므로, 이 묵최 차림을 하고 3년의 상기를 마친다. 또 양자(養子)로 간 자가 생가(生家)의 부모상을 당하였을 때, 소상(小祥)을 지낸 뒤에는 이 차림을 하기도 한다.

어쩌면 괜찮겠으나 방립은 쓸 수 없습니다. 차라리 효건孝巾을 쓰는 것이 낫겠습니까?

다만 『주자가례』에 우제虞祭 때부터 이미 목욕재계하는 절차가 있고, 또 『예기』「잡기雜記」에 "부모 상중에 제사를 지내려고 하는데, 형제가 죽었을 경우 빈소를 차리고 나서 제사를 지내되, 만일 한집에 산다면 비록 신첩臣妾이 죽었더라도 장사를 지낸 뒤에 제사를 지낸다."고 하였습니다. 지금 후사가 된 자가 초상을 당하여 아직 장사도 지내기 전에 본생가의 소상에 가서 참여하는 것은 미안할 듯합니다. 모름지기 당일에 본생가로 가서 빈소 밖에 영위를 마련하고 곡하며 재배하고는, 물러나와 변제한 뒤에 흰 옷과 흰 두건 차림으로 곡하며 재배한 다음 제사를 마칠 때까지 기다렸다가 물러나와 다시 상복을 입는 것이 합당할 듯합니다. 어떠할지 아직 모르겠습니다.

조운경의 문목에 답하다[答曺雲卿問目] 정묘년(1747)

대상이 다가왔는데, 갑자기 아내의 초상을 당하였습니다. 장사를 치르기 전에 대상을 지내기는 어려우니, 어떻게 해야 합니까? 『예기』「잡기雜記」에 "부모의 상중에 제사를 지내려고 하는데, 형제가 죽는다면 빈소를 차리고 나서 제사를 지내되, 만일 한집에 산다면 비록 신첩臣妾이 죽었더라도 장사를 지낸 뒤에 제사를 지낸다." 고 하고는, 그 주석에 "제사를 지내려 한다는 것은 소상과 대상을 지내려 한다는 것이다."라고 하였습니다.

이유태李惟泰가 퇴계 선생의 상제례문답喪祭禮問答을 인용하며 사계沙溪에게 "형제가 한집에서 죽어 어쩌다 장사를 제때 지내지 못하였다면 아버지나 어머니의 소상이나 대상을 이로 인하여 지내지 않는 것은 매우 어려울 듯합니다. 다만 비중이 초상에 있으므로 이웃으로 옮겨서 소상과 대상을 지내도 괜찮겠습니까?"라고 묻자, 사계가 "그럴 듯하다."고 하였습니다.

두 설이 다르니, 무엇으로 기준을 삼아야 합니까? 이제 빈소를 여러 아우들 중에 유고가 없는 집으로 옮겨서 상제를 지내려고 하는데, 어떠할지 모르겠습니다.

아내의 장사를 만약 지체하여 지내지 못하였다면 길제吉祭에 동참하는 것도 미안하지 않겠습니까?

빈소가 만약 종가에 있다면 「잡기」의 설대로 소상이나 대상을 장사 뒤에 지내는 것이 마땅하나, 당초 빈소를 지자支子의 집에 차렸다면 이미 예禮의 뜻을 어겼습니다. 이제 중부衆婦의 초상 때문에 상제를 물려서 지내는 것은 실로 미안합니다. 빈소를 지자의 집으로 옮겨서 차리고 지내는 것도 역시 마땅함을 잃은 듯합니다. 빈소를 종손의 집으로 옮겨서 소상이나 대상을 지내고 가묘에 부사하는 것만 못합니다. 어떠할지 모르겠습니다. 담제禫祭는 비록 1년상의 장사 전이더라도 참여해야 하나 길제吉祭의 경우라면 이미 종손과 유고가 없는 지자가 있는데, 자신이 비록 참여하지 않기로서니 무어 나쁘겠습니까?

조운경의 문목에 답하다[答曺雲卿問目]

아내의 초상을 당하였는데, 다음날 또 아버지의 초상을 당하였습니다. 성복成服하는 일은 어디를 먼저 하고 어디를 뒤에 합니까? 사계沙溪가 강석기姜碩期[160]의 물음에, "만약 할아버지의 초상이 조금 먼저였는데, 종손宗孫이 부모의 초상을 당하여 머리를 풀어헤치고 있을 때라면 서둘러 할아버지 할머니의 성복을 지내어 그 슬픔을 줄일 수는 없으므로, 성복일을 기다렸다가 할아버지를 먼저 하고 아버지를 뒤에 하는 것이 마땅할 듯하다."고 답하였습니다. 이로 미루어 본다면 아내의 초상이

160) 강석기(姜碩期, 1580~1643) : 자는 복이(復而), 호는 월당(月塘), 본관은 금천(衿川)이다. 1616년 문과에 급제, 교리·대사성·이조 판서 등을 지냈다. 시호는 문정(文貞)이며, 저서로는 『월당집』이 있다.

> 비록 먼저 났더라도 승중복承重服의 성복을 아직 지내기 전에는 감히 아내의 성복을 지내지 못합니까? 선후 두 글자를 초상이 난 선후로 보아서 대처하는 것이 이와 같습니까? 세대의 선후로 보아서 대처하는 것이 이와 같습니까?

사계가 이른바 할아비지를 먼저 하고 아버지를 뒤에 한다 함은 세대의 순서를 가리킨 것입니다. 이는 같은 날 성복하나 존자尊者를 먼저 하는 것이지, 초상이 먼저 나서가 아닙니다. 아내의 초상이 비록 먼저 났더라도 아버지 초상의 성복을 마칠 때까지 기다렸다가, 비로소 성복하는 것이 마땅할 듯합니다.

> 아내 초상의 성복을 아버지 초상의 성복하는 날로 물려지낸다면 그 아들도 어머니 초상의 성복을 하지 못하고 아버지를 따라 물려서 지냅니까? 사계가 논한 대로 조부의 초상이 조금 먼저 난 경우라면 제부諸父와 제형손諸兄孫을 승중복으로 얽맬 수는 없으므로, 날을 물려 성복한다는 말로 살펴본다면 그 아들은 혹시 아버지의 성복을 기다리지 않고 먼저 성복하는 것입니까? 아니면 아버지에게 압존壓尊되어 지내지 못하는 것입니까?

아버지가 아직 성복하지 않았다면 아들이 먼저 성복을 지낼 수는 없으므로, 당연히 아버지를 따라 함께 지내야 할 듯합니다.

> 적자嫡子는 아버지가 죽어야 아내의 초상에 상장喪杖을 짚는데, 아내가 아버지의 초상 하루 전날 죽었다면 바로 아버지가 살아계실 때여서 이 경우는 참으로 상장을 짚지 못할 듯합니다. 그러나 『의례경전통해儀禮經傳通解』의 소문疏文에 아버지가 죽고 3년 안에 어머니가 죽는다면 또 1년복을 입는다고 하였습니다. 이로 살펴볼 때, 만약 아내가 아버지의 3년상 안에 죽었다면 어쩌면 상장을 짚지 못하는 것입니까?

아버지 초상이 나기 하루 전날 아내가 죽었다면 상장을 짚지 못한다는 말씀은 당연한 말씀입니다. 그러나 아버지의 3년상 내에도 오히려 아내의 초상에 상장을 짚지 못한다고 한 말씀 또한 예설을 미루어 밝힘이 매우 정미합니다.

망부亡婦[161]는 바로 증조할머니를 이은 맏며느리입니다. 혹자는 죽은 이 섬기기를 살아 있는 경우와 같이 한다는 뜻으로 미루어볼 때 두 빈소에 다 같이 고기반찬을 쓰지 말아야 한다고 하는데, 이는 근거할 만한 것이 있습니까? 신도神道는 살아 있는 사람과 다릅니다. 어떠한지 모르겠습니다.

아내에게 올리는 전奠에 장사 전까지 고기를 쓰지 않는 것은 참으로 마땅하나, 시아버지에게 올리는 전이라면 맏며느리의 일로 고기를 쓰지 않을 수는 없습니다.

조운경의 문목에 답하다[答曺雲卿問目] 무진년(1748)

『의례문해疑禮問解』[162]에 "아버지 초상의 장사를 아직 지내지 않았는데, 어머니의 산소를 옮겨 아버지와 함께 장사 지낼 경우 장사는 비록 먼저 죽은 이의 비중이 가볍지만, 전奠은 먼저 죽은 이의 비중을 무겁게 해야 합니다. 그러나 새로 당한 초상의 우제虞祭는 집에서 지내야 하고 개장改葬의 우제는 여막廬幕에서 지내야 하니, 이는 형세로 보아 서로 맞지 않는 점이 있습니다. 어떻게 해야 합니까?"라고 물으니, "『예기』나 주자朱子의 설을 근거로 한다면 아버지의 우제는 장사를 지내는 날 반혼返魂한 뒤에 지내고 어머니의 우제는 이튿날 지낸다."고 답하였습니다.

---

161) 망부(亡婦): 아버지가 살아 있고 아내의 상을 당하였을 경우 신주에 적는 호칭이다.
162) 『의례문해(疑禮問解)』: 예론(禮論)을 모은 책으로, 사계(沙溪) 김장생(金長生)이 편찬하였다. 전대(前代)의 예서(禮書)를 널리 참고하고 여러 사람의 예에 관한 설을 모아 분류한 것으로, 1646년에 간행하였다.

만약 어머니의 장사에 아버지를 개장한다면 또한 전奠은 먼저가 비중이 높고 뒤가 가볍다는 의리를 따라야 하니, 어머니의 우제를 이튿날에 지내야 합니까? 개장의 우제는 당연히 묘소 가의 여막에서 신주는 없이 영위를 마련하여 지내야 하나, 만약 이튿날 지낸다면 또한 묘소 가의 여막 가에서 지내야 합니까? 집에서 신주를 모셔내어 지냅니까?

『의례문해』에 "장사를 마치고 가묘에 고유한다면 곡하는 절차가 있으니, 신주를 모셔내야 한다."고 하였습니다. 신주를 모셔내는 하나의 일은 신구의 장사에 따라 다름이 없겠습니까? 주인이 슬프게 곡하면 손님은 들어가서 절을 해야 하는데, 신주 없는 영위에 절하는 것과 관 앞에 절하는 것 중 어느 것이 마땅합니까?

아버지의 초상에 어머니를 옮겨 함께 장사 지낼 경우 사계의 설대로 이튿날 어머니의 우제를 지내야 하는데, 묘소의 여막 가에서 지내야 되지, 어떻게 집에서 지낼 수 있겠습니까? 만약 어머니의 초상에 아버지를 옮긴다면 평토平土한 뒤에 곧장 새 신주를 제주題主하고, 묘소가 조성되면 먼저 아버지의 우제를 지낸 다음, 이어서 새 신주를 모시어 반혼제返魂祭를 지내고 나서 초우初虞를 지내는 것이 아마도 괜찮을 듯합니다. 대개 이미 장사를 지낸 뒤에는 우제를 지내어 편안히 하는 것이 매우 급한 일이므로, 벌써 아버지의 우제를 지냈다면 어머니의 우제를 물려서 이튿날까지 기다릴 수 없을 듯합니다. 어떻겠습니까?

다만 묘소의 봉분이 아직 조성되지 않아서 아버지의 우제를 저물녘까지 지내지 못하여 반혼제를 지내기 어렵다면 이튿날까지 기다렸다가 초우를 지내도 좋으나, 『주자가례』의 여관에서 우제를 지낸다는 뜻으로 살펴보면 그날 묘소 아래의 숙소에서 우제를 지내야 할 듯합니다.

장사를 마치고 가묘에 고유하는 절차의 경우는 만약 길이 멀거나 혹은 장사의 일이 아직 끝나지 않았다면 비록 여러 날이 지나더라도 집으로 돌아오기를 기다려서 지내야 할 것입니다. 그렇지 않다면 이튿날 새벽에 지내는 것이 좋겠습니다.

신구의 장사는 길흉吉凶이 달라서 서로 겹쳐 지낼 수 없습니다. 새로 장사지낸 신주를 어떻게 밖으로 모셔내는 일이 있겠습니까? 단지 개장하는 신주를 밖으로 모셔내는 것이 마땅할 것입니다.

신구의 장사 모두 영위靈位를 마련하여 주인이 곡을 하거나 친척과 손님이 들어가 절하는 일은 모두 이 자리에서 거행해야 합니다. 구장舊葬의 영위를 비록 신주 없이 마련하였더라도 이를 놓아두고 굳이 관 앞에 절할 수는 없습니다.

조운경에게 답하다[答曺雲卿] 경오년(1750)

질병으로 지쳐 누워 지내던 중에 갑자기 편지를 받아보고, 여름 가을 이래로 어른 모시며 지내는 체후體候가 복되다는 것을 다시 알아, 매우 답답하던 나머지 감격과 후련함이 참으로 많았습니다.

저는 묵은 질병이 여름이 되자 더욱 심해져서 한 달이 지나도록 고통으로 신음하니, 정신과 기력이 소진되었습니다. 탕제를 마시며 조섭하여 최근에는 약간 좋아졌으나, 마시고 먹는 일은 아직까지 어려우니, 건강을 회복한다는 것은 쉽지 않습니다. 이제부터 늘그막의 몰골이 덧없이 무너져 갈 것이 무어 괴이쩍겠습니까?

보내주신 의문에 대한 문목問目에서 정미하게 강구한 흔적을 엿볼 수 있어서 함부로 사리에 맞지 않는 말을 조목마다 적어 보내니, 만일 잘못된 곳이 있다면 바라건대, 문답을 더 반복하는 것이 어떻겠습니까?

> 『주자가례』 오복도五服圖에 형제의 딸이나 손녀와 증손녀에 대한 복제服制는 자세히 실려 있으나, 유독 자신의 손녀나 증손녀와 현손녀에 대한 복제는 언급하지 않았습니다. 그 복제가 여러 손녀들의 복제대로 해야 하기 때문입니까?

오복도는 그 중간에 두 줄이 위층을 받치어 할아버지 할머니와 아버지 어머니를 나누어 배치하고 내려가면서 아들 및 며느리까지 배치하였습니다. 그러므로 딸 자손들의 복제는 미처 기록하지 않았으나, 그 왼쪽의 방주旁註에 "고모·자매·여자 중에 시집가지 않은 이는 복제를 남자와 같이 한다."고 하였고 보면, 시집을 가서 한 등급 강복降服하는 것은 말하지 않아도 알 수 있습니다. 이미 여자라고 말하였다면 손녀 또한 그 속에 포함되어 있습니다. 『상례비요喪禮備要』에 조금 더 자세합니다.

> 부모가 남의 후사後嗣가 된 아들에게 상장喪杖을 짚지 않는 1년복을 입는 것은 강복降服하지 않아서입니다. 양자 나간 아들에게는 강복하지 않는데, 시집간 딸에게 강복하는 것은 어째서입니까?

남의 후사가 된 아들은 백숙부모伯叔父母의 예로 본생가의 부모를 섬깁니다. 그러므로 강복하여 상장을 짚지 않는 1년복을 입습니다. 본생가의 부모가 입는 보복報服[163]은 형제의 아들에게 입는 복과 같습니다. 이는 출가한 딸에게 강복하는 것과는 다른 점이 있을 것입니다. 『주자가례』 오복도의 "남자가 남의 후사가 된다."의 주석에서 말한 "본생가의 부모 역시 남의 후사가 된 아들에게 상장을 짚지 않는 1년복으로 강복하다."는 오류가 매우 분명합니다. 혹시 '강降' 자가 '보報' 자의 오류는 아니겠습니까? 『상례비요』에서 '강복降服' 두 글자를 지운 것은 잘한 일입니다. 대체로 『주자가례』 오복도는 주자의 손에서 나온 것이 아니고 후인들의 손에서 나온 것입니다. 그러므로 의심스러운 곳이 많으니, 다 믿을 수는 없습니다.

> 데려온 숙질이나 형제가 죽어 주재할 사람이 없을 경우 자신이 빈소를 차려야 하는데, 철거는 언제 합니까? 『의례문해疑禮問解』에 "일찍 죽은 이의 빈소는 장사 뒤에 철거한다."고 하였으나, 이미 일찍 죽은 자가 아니라면 복의 기간이 다하는 날 철거하는 것이 옳을 듯합니다. 그 사이에 소상이나 대상의 의절儀節은 없습니까?

163) 보복(報服) : 나를 위해 참최·자최·기년·대소공복을 입을 비속(卑屬)이 죽으면 존속도 같은 복을 입어서 보답하는 것을 말한다.

일찍이 『예기』를 보니, 대공복大功服을 입는 자가 남의 초상을 주재할 경우 3년복을 입는 자가 있다면 그를 위하여 소상과 대상을 지내며, 붕우朋友는 비록 친하더라도 삼우三虞와 부사祔祀만을 지낸다고 하였습니다. 본문을 다 쓰지는 않았으나 큰 뜻은 이와 같습니다. 데려온 친척이 만약 아내나 아들이 있어 3년복을 입어야 한다면, 비록 나의 집에 빈소를 차렸더라도 소상과 대상을 지내야 합니다. 아니라면 복이 다하여 철거해야 할 것입니다. 대개 소상과 대상이라는 것은 3년복에 행하는 예식인데, 이미 3년복을 입을 자가 없다면 첫해나 두해 째에는 기제사만을 지낼 뿐입니다. 어찌 다시 소상과 대상의 의절이 있겠습니까?

이근중 행원에게 주다[與李近仲 行遠] 기사년(1749)

지금 운거雲擧 집의 인편을 통하여, 늦더위에 부모님 모시는 체후體候가 매우 편안하다는 것을 대략 알아, 그리움이 쌓이던 나머지 기쁨과 위로를 어찌 다 헤아리겠습니까?

저는 야위어 뼈만 남은 목숨이 습한 더위마저 먹어서 곡기를 물리치고 드러누웠으니, 소생할 기미가 전혀 없습니다. 더구나 막내아우가 초여름부터 우연히 모를 괴질에 걸려서 연이어 탕제를 써보아도 드러나는 효험이 조금도 없으니, 형제간의 근심을 어찌 형언할 수 있겠습니까?

『주서간보朱書刊補』는 벌써 베꼈으나 이제야 돌려 드립니다. 바라건대, 부디 보아주십시오.

삼가 생각건대 선선생先先生께서는 넓은 학문과 높은 식견으로 조예가 정미하고 깊은데다 경사經史와 외서外書를 널리 인용하여 의리를 분석하고 증거를 밝힘이 남김없이 환하니, 후학들에게 훌륭한 은혜를 끼친 것이 지극합니다. 음미하며 소리 높여 왼다면 바닷가의 단방單方164)과 같을 뿐만이 아니나, 다만 그 책을 살펴보면 해시亥豕의 오류165)

가 없지 않습니다. 이미 좌우左右로부터 교정을 보라는 가르침을 받았기에 고서에서 근거할 만한 것은 바로 지워 고치고, 아니면 그때마다 종이를 붙여 의문을 표시하였습니다. 바라건대, 더 교감을 하는 것이 어떠하겠습니까?

또 그 사이에 더러 안자按字(참고어)를 써야 하나 쓰지 않은 곳이 있고, 더러 안자를 쓰지 않아야 하나 쓴 곳이 있습니다. 이는 곧 베껴 쓰면서 생긴 오류이나, 행여 사람들의 구실을 만들까 염려스럽습니다. 만약 좌우 및 이경문李景文 등과 한자리에 모여 상의할 수 있다면 완벽한 하나의 판본을 수찬修撰해내어 세상에 전파할 수 있습니다. 그러나 산천이 서로를 막고 있어서 모이기가 쉽지 않으니, 탄식만 간절할 뿐입니다.

전날의 부표付標166)는 누구의 손에서 나온 것인지 아직 모르겠으나, 또한 채택할 만한 것이 꽤 있으니, 경문景文과 한번 만나서 의논하는 것이 좋겠습니다. 다만 부표하여 둔 종이가 세월이 오래 되면서 떨어져나가 끝내 찾지 못하게 될까 염려스러울 뿐입니다.

우러러 사모하는 정성은 늙을수록 더욱 간절해집니다. 이제 이 글에서 더욱 독실이 믿고 매우 아끼는 마음이 생겨서 감히 어리석은 견해를 경솔히 드러내었습니다. 굽어 살펴주시겠습니까?

---

164) 단방(單方) : 여러 가지 약(藥)을 섞지 아니하고 단 한 가지 약만으로 처방한 방문이다. 더없이 신효한 약을 말한다.

165) 해시(亥豕)의 오류 : 글자의 형체가 서로 비슷함으로 인하여 오류를 쉽게 범하게 됨을 뜻한다. 자하(子夏)가 일찍이 위(衛)나라에 들렀을 때 그곳에서 『사기(史記)』를 읽는 자가 "진나라 군사가 진나라를 치려고 삼시에 하수를 건넜다.[晉師伐秦 三豕渡河]"고 읽었다. 이를 들은 자하가 삼시(三豕)가 기해(己亥)를 잘못 읽은 것이라고 바로잡아 주었던 고사에서 온 말이다.(『孔子家語』「七十二弟子解」)

166) 부표(付標) : 문서 중에 중요한 부분이 있어 그곳에 쪽지 등을 붙여 두는 것을 말한다.

서거원 지연에게 답하다[答徐巨源 至淵]

지난번에 외진 산촌을 멀리서 찾아주어 반나절 동안 이야기 나누었는데, 그 뜻이 참으로 너무나 진지하였습니다. 외진 곳에서 병으로 누워 지내는 사람이 어찌 갑절이나 감명 받지 않았겠습니까?

바로 또 편지를 받아보고, 흙바람이 부는 요즈음 아후雅候가 매우 편안하다는 것을 다시 알아, 이미 축하하고 또 위로됨을 주체하지 못하겠습니다.

저는 여전히 지친 몸으로 장시간 자리에 누워 지내며 책상에 고지故紙가 쌓여가도 뒤져볼 계책이 없습니다. 가련해하고 탄식한들 어찌하겠습니까?

살핀 바 좌우左右께서는 문장이 풍부하고 몸가짐도 법도가 있거니와, 근래에 또 성현의 서적에 마음을 두었다니, 지향하는 뜻의 우뚝함을 엿볼 수 있습니다. 세속의 유생이 따라 잡을 바가 아니니, 부러움과 감탄을 어찌 다 헤아리겠습니까? 바라건대, 부디 더욱 스스로 분발하여 대업을 이루는 것이 어떠하겠습니까?

근래에 많은 영재들이 대부분 과거에 마음을 빼앗겨서 다시는 자신을 향상시키는 일에 뜻을 두지 않으니, 비록 친구 간에 절차탁마의 도움을 받으려 해도 또한 어떻게 할 수 없습니다. 이 때문에 제가 좌우에게 기대하는 것이 실로 얕지 않습니다. 굽어 이해하여 주실 수 있겠습니까?

서거원에게 답하다[答徐巨源] 병자년(1756)

지금 고마운 편지를 받아보고, 뜻밖에 사당에 불이 났다는 것을 알아, 놀라움과 아픔을 어떻게 말해야 할지 모르겠습니다. 그러나 신주는 모시고 나왔다니, 이는 참으로 불행 중 큰 다행이어서 우러러 위로됩니다.

이안移安 뒤에는 위안 고유제慰安告由祭를 지내야 하나 벌써 종가의 사당에 이안하였다면 더는 논의할 수 없습니다. 『예기』「단궁檀弓」의 "삼일을 곡한다."는 말과 『전한서前漢書』

의 "한 선제漢宣帝가 5일 동안 소복素服을 입었다."는 설은 대개 신주가 불에 탄 경우를 말하였으므로, 이제 원용하여 법으로 삼는 것은 마땅하지 않습니다.

다만 한강寒岡이 일찍이 묘소에 불이 난 뒤의 의절儀節에 대하여 "소복素服을 입고 곡하며 위안 고유제를 지낸다. 소복은 사흘 동안 입고 벗는다."고 논하였습니다. 이번에 겪은 일은 이 예에 의하여 의절을 거행해야 할 것입니다. 그러나 신주가 이미 무사하니, 곡할 필요는 없습니다. 이안한 뒤의 위안 고유제도 소급하여 지낼 수는 없습니다. 단지 소복을 입고 소식素食을 행하다가 사흘 뒤에 벗어야 합니다. 아직 좌우의 생각이 어떠한지 모르겠습니다.

이경오 국재의 문목에 답하다[答李景五 國栽 問目] 신미년(1751)

질의하신 의례疑禮는 삼가 이미 자세히 알았습니다. 다만 이렇게 얕은 식견으로 어찌 감히 쉽게 판단하겠습니까. 그러나 멀리서 질의한 뜻을 저버릴 수 없어 감히 들은 바를 근거로 각 조목 아래에 대략 주를 달았습니다. 바라건대, 더 헤아려주십시오.

> 할아버지의 초상에 아직 소상을 지내지 않았는데, 또 아버지의 상을 당하였습니다. 대상을 지낼 때의 변제와 담제를 지낼 때의 의절儀節은 어떻게 합니까?

비록 아버지의 상중이더라도 할아버지의 상복은 변제하지 않을 수 없습니다. 대상을 지낼 때는 할아버지 초상의 최복衰服을 입고 들어가 곡한 뒤, 잠시 담제관禫祭冠과 담제복禫祭服을 착용하고 의절에 따라 상제를 마치고 다시 아버지 초상의 최복을 입는 것이 어떠하겠습니까? 담제의 경우 아버지의 상중인데 길관吉冠과 길복吉服을 착용하고 담제를 지낼 수는 없습니다. 그러므로 담제의 변제는 하지 않습니다. 이것은 바로 신배들의 정론입니다.

졸곡을 지낸 뒤 아직 부사를 지내지 않았으므로 이제 대상을 지낸 뒤 부사를 지내야 하나, 종손이 막 아버지상을 당하여 장사를 아직 지내지 못하였습니다. 부사는 지내지 않아야 합니까?

대상을 지낸 뒤에는 신주를 받들고 사당으로 들어가야 하나, 부사를 아직 지내지 않았다면 사당에 들어가는 것은 미안한 일입니다. 예禮에 지손들이 각각 떨어져 사는 경우 종손이 그 집으로 가서 지방紙榜을 써 부치고 부사를 지낸 뒤, 부사를 마치면 지방은 불사릅니다. 지금 종가에 초상이 나서 아직 장사를 지내지 못하였다면 상주는 형세로 보아 그 집에서 대행해야 합니다.

축문에 "효현손孝玄孫 아무개가 종제從弟 아무개를 시켜서 삼가 ……"라고 하며, 망자亡者에게는 "종손從孫 아무개가 종제 아무개를 시켜서 슬픈 마음으로 제물을 차려 현종조고모관부군顯從祖考某官府君에게 부사를 올립니다."라고 고하면 어떠하겠습니까?

상주의 복색服色은 대상 때 착용하였던 담복禫服과 담관禫冠을 착용하는 것이 합당합니다. 대상을 지내는 날 영위靈位를 치우지 않고 이어서 저녁 상식을 드리고 다음날 아침에 부사를 지내고 곧장 사당으로 들어갑니다. 이것이 바로 한강의 가르침입니다.

이맹유 홍리[167]에게 답하다[答李孟猷 弘离] 기사년(1749)

지난해 찾아주신 마음은 매우 진지하였으나 훌쩍 작별한 뒤로 다시 만날 길이 없어서, 머리를 들어 동녘을 바라보며 다만 간절히 그리워할 따름이었습니다. 갑자기 이렇

167) 이홍리(李弘离, 1701~1778) : 자는 맹유(孟猷), 호는 용와(慵窩), 본관은 월성(月城)이다. 문장이 뛰어났고 성리학을 탐구하여 『천인보전(天人寶詮)』·『훈춘록(薰春錄)』·『가례지남(家禮指南)』 등을 지었다. 저서로는 『용와집』이 있다.

게 뜻밖의 편지를 받고서야 봄에 명고鳴皐로 가는 길에 이곳을 들를 생각이 있었으나 중도에 병이 나서 바로 돌아갔다는 것을 알았습니다. 생각해주는 마음이 이처럼 다정하다는 것을 충분히 알았습니다. 그러나 곧바로 만남도 운수가 있다는 것에 한번 탄식할 뿐입니다.

조용히 지내시며 이치를 탐색하는 동정動靜이 쾌적하다는 것을 다시 알아, 더욱 기쁘고 위로됩니다.

저는 나이가 많고 병마저 더해져서 정신과 기력이 날로 줄어들고 있습니다. 깊은 산의 적막함 속에 때때로 책을 펼쳐보나 책을 덮으면 그만 잊어버려 끝내 나의 것이 되지 않으니, 비록 정미하게 연구하고 오묘한 곳을 찾아내어 내면의 세계로 파고들어서 늘그막의 공부를 조금이나마 수습하려고 한들 될 수가 있겠습니까? 단지 스스로 크게 탄식할 뿐입니다.

다시 생각건대 훈수塤叟·지수篪叟 두 선생께서 서당을 여신 날에 이끌어 계발해주신 것이 오로지 성리서性理書를 주로 삼았습니다. 과거 공부 같은 것은 비록 금하지는 않았으나 남은 힘이 있으면 곁들여 하여 완물상지玩物喪志[168]하려고 하지 않았으니, 이는 정자程子나 주자朱子의 문하에서 남긴 법칙입니다. 후생들이 만약 이러한 뜻을 안다면 마땅히 위기지학爲己之學[169]에 전념하고 분수에 따라 과거에 응시하여, 상채上蔡[170]처럼

---

168) 완물상지(玩物喪志) : 작은 기예에 탐닉한 나머지 원대한 뜻을 잃는 것을 말한다. 송나라 유학자 사량좌(謝良佐)가 사서(史書)를 잘 외우며 박학다식한 것을 자부하자, 정명도(程明道)가 "잘 외우고 많이 알기만 하는 것은 장난감을 가지고 놀면서 본심을 잃는 것과 같다.[以記誦博識 爲玩物喪志]"고 경계한 일에서 온 말이다.(『程氏遺書』)

169) 위기지학(爲己之學) : 남이 알아주기를 바라서 공부하는 '위인지학(爲人之學)'과 상대되는 말로, 오직 자신의 덕성을 함양하기 위하여 공부하는 것을 말한다. "옛날의 학자들은 자신을 위한 학문을 하였는데, 지금의 학자들은 남에게 보여 주기 위한 학문을 한다.[古之學者 爲己 今之學者 爲人]"에서 온 말이다.(『論語』「憲問」)

170) 상채(上蔡) : 사양좌(謝良佐, 1050~1103)이다. 자는 현도(顯道)이고, 상채(上蔡) 사람이다. 정호(程顥)가 지부구사(知扶溝事)로 있을 때 수학하였다. 상채학파(上蔡學派)의 비조이며 상채 선생으로 불렸다. 시호는 문숙(文肅)이다. 저서로는 『논어해(論語解)』가 있다.

외우기만 잘한다는 기롱을 받는 일은 스스로 면해야 합니다.

그러나 근래 선비들의 기풍이 날로 내려앉아 모두 과거 공부에 골몰하며 이치를 궁구하고 몸을 검속하는 방도에는 다시 힘을 쏟지 않고 있습니다. 심지어는 완전히 잊어버린 자도 넘쳐나고 있으니, 이 어찌 선생께서 평소 애써 교화하여 이끌어주시던 뜻이겠습니까? 저는 사사로이 마음속으로 개탄스러워 한 지가 오래입니다.

이제 보내준 편지에서 평소의 뜻을 이루지 못하여 엎어버릴 지경이라는 말씀을 읽어보니, 척연히 머리를 돌려 위로 향하려는 의지가 있습니다. 여기서 지난번 선생 문하에서 얻은 힘이 얕지 않았다는 것을 엿볼 수 있으니, 부러움과 축하가 그지없습니다.

다만 하나의 이름도 세우지 못하였다고 탄식하는데, 이 이름이 무슨 이름인지 모르겠습니다. 만약 선명善名이라면 군자가 세상을 마칠 때까지 일컬어지지 않는 것을 미워하는 뜻이므로 반성하여 스스로 격려하는 도리에 나쁠 것이 없습니다. 그러나 만약 이명利名이라면 이는 자장子張이 녹을 구함과 통달함을 물은[171] 일입니다. 보이는 명예를 사모하는 마음이 아직 다 사라지지 않은 것에 가깝지 않겠습니까?

좌우左右의 맑고 아름다운 글재주로 가정의 어른의 명을 받들어 과장科場에 들어선 지가 여러 해이고 보면, 급제하는 일은 한 호흡의 사이입니다. 하지만 이제 여러 번 낙방한 일로 실의에 빠져 힘들어 한다면 번뇌심煩惱心과 상실감喪失感은 진실로 상정常情으로서는 면하지 못할 일입니다. 그러나 군자가 스스로 닦는 도리로 말한다면 단지 운명에 부쳐야 하지 구구히 득실得失을 가슴속에 담아 두는 것은 마땅하지 않습니다. 저는 좌우의 탄식이 여기에 있고 저기에 있지 않다는 것을 분명히 알고 있습니다. 오직 바라건대, 좌우께서는 더욱 스스로 힘써 노력하여 덕업을 닦아 선생께서 기대하시던 마음을 저버

---

171) 자장(子張)이……물은: '간록(干祿)'은 벼슬을 구하는 방법을 말한다. "자장이 녹을 구하는 방법을 배우려고 하였다.[子張 學干祿]"에서 온 말이다.(『論語』「爲政」) '문달(問達)'은 자신의 덕이 상대에게 믿음을 주어 행할 수 있음에 대하여 물은 것을 말한다. "자장이 '선비가 어떠하면 달이라고 이를 수 있습니까?[子張 問士何如 斯可謂之達矣]'"에서 유래한다.(『論語』「顏淵」)

리지 않는 것이 어떠하겠습니까?

편지에서 반복하여 한 말씀은 비록 우매하고 고루한 제가 감당할 바가 아니나, 또한 나를 도외시하지 않는 의리를 엿볼 수 있으니, 감히 듣기만을 좋아하고 생각을 다 털어놓지 않겠습니까? 의문을 변론하여 서로 개발함은 본래 고인古人의 일이나, 요즈음 우리 영남의 법도 있는 가문이 거의 다 무너져 능히 이러한 일로 서로 강마한다는 이야기가 전혀 들리지 않습니다.

더구나 외지게 지내는 이 사람은 너무 쓸쓸히 살아 멍하니 혼자 앉아서 더불어 입을 열어 의리를 논할 자가 없음에 이겠습니까? 책상에 앉아 책을 펼칠 때마다 날로 둔하고 막힌 사람이 되어 가는 것을 느낍니다. 만약 좌우께서 때때로 편지를 보내어 누의하여 준다면 게으름을 깨우치고 어리석음을 일깨워주는 효험이 어떠하겠습니까? 마땅히 손에 못이 박히고 입에 거품을 물 지경이 되도록 살펴보겠습니다.

이맹유에게 답하다[答李孟猷] 경오년(1750)

역병의 기운이 온 세상을 뒤덮어 하나의 그물을 만드니, 동서로 분주히 피해도 머무를 곳이 없습니다.

이즈음에 갑자기 편지가 풍체風遞편으로 와 놀라 일어나 뜯어 읽어보고, 조용한 생활이 쾌적하고 학문하는 맛이 매우 좋다는 것을 자세히 알았습니다. 이는 정말 금년의 좋은 소식이니, 위로됨이 어떠하였겠습니까? 그 후 또 석 달이 지났는데, 근래의 정황은 다시 어떠한지 모르겠습니다. 더욱 그립고 궁금합니다.

저는 최근에야 겨우 임시 거처를 정리하고 집으로 돌아왔으나 집안에 연거푸 초상이 나서 서글프게도 좋은 일이 없습니다. 더구나 노쇠와 초췌가 날로 더 심하여 정신과 기력이 다 소진되어서 비록 고지故紙를 뒤적여 보고 싶어도 눈이 흐릿하여 보지 못하고 있음에 이겠습니까, 단지 우두커니 멍하게 앉아 있을 뿐이니, 어찌 말씀드릴 만한 것이 있겠습니까?

질의한 의문에 대한 문목問目은 모두 의문儀文 중에서도 번다하면서 중요한 부분인데도 핵심을 잘 규명하였으니, 여기서 생각이 신중하고 변론이 분명하다는 것을 엿볼 수 있었습니다. 다만 이렇게 적고 얕은 식견으로 어떻게 다른 견해들을 판별하여 공안公案을 단정할 수 있겠습니까? 그러나 부족한 이에게 물어주는 훌륭한 뜻을 저버리기 어려워 사리에 어두운 말로 각 조목 아래에 대략 주註를 달았습니다. 어찌 주제넘다는 나무람을 면할 수 있겠습니까? 단지 스스로 나의 어리석음을 드러내어 약석藥石[172]이 오기를 기다리려는 것입니다. 바라건대, 답장으로 하나하나 파헤쳐주는 것이 어떠하겠습니까?

『주자가례』 '부제祔祭' 조목의 할아버지와 할머니에게 고유하는 축문에 "효자孝子 아무개가 모고모관부군某考某官府君에게 간다."고 하였으나, 퇴계 선생은 『경서석의經書釋義』에서 "효자라고 일컬은 것은 대개 그 제사가 아버지를 올려 부사祔祀하는 것을 주로 하여 말해서이다."고 하였습니다. 그러나 『의례儀禮』의 부사 축문에는 "효손孝孫 아무개가 황고皇考에게 간다." 하였고, 구씨의 『가례의절家禮儀節』에는 "효손 아무개가 현증조고顯曾祖考에게 간다." 하였으며, 사계의 『상례비요喪禮備要』에는 "고자孤子 아무개가 현증조고에게 간다."고 하였습니다. 또 『한강집』을 본 적이 있는데, "서천군西川君[173]이 선비先妣를 부사하면서 축문에 효증손孝曾孫 고자孤子 아무개가 현증조비顯曾祖妣에게 간다."고 한 것이 있었습니다. 이와 같이 다른 것은 어째서입니까? 『의례』는 성인께서 제정한 것인데, 주부자가 굳이 효손孝孫을 효자孝子로 고친 것은 무슨 뜻이며, 『가례의절』이나 『상례비요』에서도 『주자가례』를 따르지 않은 것은 또 무슨 이유입니까? 서천西川이 이미 효증손이라 쓰고 또 고자라고 쓴 것은 또한 중복인 듯합니다. 바라건대, 분명한 근거를 상세히 보여주는 것이 어떠하겠습니까?

---

172) 약석(藥石) : 병을 치료하는 데 쓰는 약과 침으로, 잘못을 바로잡게 해 주는 좋은 말을 말한다.
173) 서천군(西川君) : 서천부원군(西川府院君)에 추록된 정곤수(鄭崑壽, 1538~1602)를 말한다.

『주자가례』에서 효자라고 일컬은 것은 위 문장의 "종자宗子가 주재한다."를 이어서 말하였기 때문에 효자라고 범칭泛稱하였으니, 이는 대개 첫 편 사당장祠堂章의 "일이 있다면 고유한다."는 것에 대한 주석, "단지 효자 아무개가 밝게 모친某親에게 고유한다."를 예로 삼은 것입니다. 그 아래 문장에서 고조高祖·증조曾祖·조부祖父 앞이라고 말함은 대수를 따라 달리 일컬은 것입니다. 부사에서 효자라고 일컬은 것은 이러한 예를 따라서입니다. 그 아래에 "모고某考에게 간다."라고 하였고 보면, 범칭인 것을 알 수 있습니다.

또 종자가 만약 자질子姪을 아버지 어머니에게 부사한다면 또한 효자라고 일컫는 곳도 있습니다. 『의례』에서 효손이라 일컬은 것도 오히려 『주자가례』에서 한 세대를 들어 예로 삼은 것이지, 세대마다 모두 효손으로 일컫는다는 말은 아닙니다. 『상례비요』에서는 삼우三虞 축문 아래에 부쳐 넣은 것을 이미 옳지 않다고 하였으나, 또한 모손某孫이라고 말하지도 않았으니, 이는 매우 소루疎漏합니다. 『가례의절』만이 매우 자세히 갖추고 있으나 효자孝字 아래에 증자曾字를 떼어냈습니다. 대체로 『의례』·『가례의절』·『상례비요』는 모두 한 투식이나, 독자가 융통성 있게 보지 못하였을 뿐입니다.

정 서천鄭西川의 문목은 『퇴계집』에 있는 것이 이와 같고, 『한강집』에는 없습니다. 서천이 종가로 양자를 나가 양아버지의 참최복斬衰服을 입고서 생가 어머니의 부사를 주재하였기 때문에 그 설이 이와 같습니다. 만약 종손이 스스로 그 아버지를 부사한다면 당연히 『의절』과 같이 "효증손孝曾孫이 증조曾祖의 앞에서"라고 하거나 "고자孤子가 선고先考의 앞에서"라고 하였을 것입니다.

『주자가례』 '증주인贈主人' 조에 현훈玄纁[174]을 다만 "주인이 받들어 관棺의 가에 둔다." 하였고, 『상례비요』에서는 『개원례開元禮』[175]를 인용하여 "축관祝官이 받들어

---

174) 증주인(贈主人)……현훈(玄纁) : 『매산집』에는 '증현훈(贈玄纁)' 조라고 하였으나, 『주자가례』에는 '증주인(贈主人)' 조에 이 내용이 나와, 고쳐 번역하였다.

175) 『개원례(開元禮)』: 당나라 개원(開元) 20년에 중서령(中書令) 소숭(蕭嵩) 등이 칙명(勅命)을 받아 만든

관의 동편에 둔다."고 하였습니다. 처음에는 현훈을 각각 둔다는 글이 없었으나, 오늘날 세속에서는 혹은 현玄을 위에 두고 훈纁을 아래에 두거나, 혹은 현을 왼편에 두고 훈을 오른편에 두기도 합니다. 좌우左右에 대한 논리도 다름이 있어 혹은 살아 있는 사람의 좌우로 여기고 혹은 죽은 자의 좌우로 여기기도 합니다. 바라건대, 의문을 풀어 주십시오.

『개원례』에는 "관의 동편에서 올린다."고 하였고, 퇴계 선생이 이평숙李平叔의 물음에 "관의 좌우에 둔다."고 답하였습니다. 만약 『개원례』의 설을 적용한다면 현을 위에 놓고 훈을 아래에 놓아야 하며, 만약 퇴계 선생의 가르침을 따른다면 현은 왼편에 놓고 훈은 오른편에 놓아야 합니다. 대개 『서경』「무성武成」에 "현황玄黃을 담아 온다."의 주석에 "천지의 덕을 본떴다."고 하였고, 『예기』「잡기雜記」에는 "현으로 세 번 매고 훈으로 두 번 맨다."는 설이 있으며, 질쇄質殺[176] 또한 현을 위로 하고 훈을 아래로 하였으니, 모두 현을 중시한 것입니다. 좌우는 바로 관의 좌우이지, 살아 있는 사람을 가리켜 말한 것은 아닙니다.

『주자가례』'습襲' 조목에 자리를 만드는 차서에 대하여 자세히 말하였으나, 그 뒤에는 다만 들어가 자리로 나간다고만 말하고 우제虞祭에 가서 이내 "그 자리에 있는 사람은 모두 북쪽을 향하여 복의 무게에 따라 늘어선다."[177]라고만 말하였고 보면, 『주자가례』의 뜻은 모두 염습斂襲할 때와 자리가 같은 것을 말한 듯합니다. 그러나 염습할 때에는 시상尸牀이 마루의 중심에 있어서 머리가 남쪽을

『대당개원례(大唐開元禮)』를 말한다. 개원은 현종(玄宗)의 연호이다.

176) 질쇄(質殺) : 사람이 죽었을 때 시신을 싸는 주머니를 모(冒)라고 하는데, 모는 다시 상반신을 싸는 질(質)과 하반신을 싸는 쇄(殺)로 나뉜다.

177) 그……늘어선다 : 『주자가례』 "축출신주우좌 주인이하 개입곡(祝出神主于座 主人以下 皆入哭)" 조에 나온다.

향합니다. 남자는 시상의 동쪽에서 남쪽을 윗자리로 하여 서쪽을 향하며, 여자는 시상의 서쪽에서 남쪽을 윗자리로 하여 동쪽을 향하되, 항렬이 높은 경우 여자는 시상의 서북쪽 벽 아래에서 남쪽을 향하며, 남자는 시상의 동북쪽 벽 아래에서 남쪽을 향합니다. 타성他姓의 경우 여자는 시상의 휘장 밖의 서남쪽에서 북쪽을 향하며, 남자는 시상의 휘장 밖의 동남쪽에서 북쪽을 향합니다.

이것으로 살펴볼 때, 시상을 둘러싸고 동서남북 모든 방향에 곡하는 자리가 있으니, 이는 모두 마루의 위쪽을 가리켜 한 말입니다. 게다가 영위靈位가 또 시상의 앞에 있고 보면, 이 마루 위가 아주 길고 넓어서 이들을 수용한 연후에야 예에 따라 행사할 수 있으니, 오늘날 사대부들이 기거하는 당실堂室의 규모가 이미 예전과 같지 않아서 예문과 같이 자리를 만들지 못하는 것은 진실로 당연합니다.

가령 마루의 규모가 아주 커서 자리를 만드는 일이 어렵지 않다면 염습斂襲할 때에 마루 위에 자리를 마련하는 것이 참으로 편리하지 않음이 없으나, 성복成服한 뒤에 그대로 마루 위에서 절하고 곡하는 것은 마땅하지 않을 듯합니다. 『주자가례』에서 마루 아래에 자리를 만드는 일을 말하지 않은 것은 어째서입니까? 오늘날 세속에서 대체로 영위 앞의 마루 중간에 곡하는 자리를 마련하니, 남자는 동쪽에 여자는 서쪽에 자리하는 것이 매우 편리한 듯합니다. 그러나 예禮에 명문明文이 없고 또 남자는 서쪽을 향하고 여자는 동쪽을 향하므로, 전奠을 드린 뒤 재배할 적에 모두 영위를 향하지 않게 되니, 너무나 의미 없는 일이 되어버립니다. 예를 지키는 가문의 친구와 이 문제를 논의한 적이 있었으나, 또한 의문을 풀지 못하였습니다. 바라건대, 자세히 언급하여 주십시오.

말씀하신 것은 매우 자세하고 의문을 가진 것도 참으로 그렇습니다. 대개 『주자가례』에서 위차에 대하여 자세히 말하지 않은 것은 한강寒岡도 의문을 가진 적이 있습니다. 『의례』「사상례士喪禮」에 다음과 같은 내용이 있습니다. "아침저녁으로 곡을 할 때 여자는 나아가 마루에서 동쪽을 향하여 자리하되 남쪽을 윗자리로 하며, 남자는 나아가 문밖에서 서쪽을 향하여 자리하되 북쪽을 윗자리로 하며, 외형제外兄弟들은 그 남쪽에 있되 남쪽을 윗자리로 한다. 주인은 문으로 들어가 곡하고는 바로 마루를 내려와 동쪽 마루에서 서쪽을 향하여 서며, 형제들은 모두 바깥 자리와 같이 나아가 자리한다." 대개 빈소를 차린 뒤라면 북쪽이 윗자리가 되어야 하니, 율곡栗谷[178]·사계沙溪·여헌旅軒[179]의 논리가 모두 이와 같습니다. 다만 여자의 경우 예전대로 남쪽을 윗자리로 하였으니, 이는 아직 이해할 수 없습니다.

고인古人이 살던 마루의 규모는 아주 너르고 커서 염습할 때의 위차가 이와 같습니다. 마루에 빈소를 차리고 나서 여자는 마루에 있고 남자는 마루 아래에 있는 것은 마루 아래의 행랑채에 마루가 있기 때문입니다. 오늘날 사람들의 경우 마루가 매우 좁고 또 행랑채에 마루도 없기 때문에 방 안에 빈소 및 영위를 마련하니, 남녀 모두 마루 위에 자리하는 것은 형세로 보아 어쩔 수 없습니다.

남자는 동쪽에 여자는 서쪽에 자리하는 경우를 국소자國昭子가 어머니 초상을 당하여 자장子張에게 의절을 물었는데, 자장이 공자孔子가 사도경자司徒敬子의 초상을 도우면서 남자는 서쪽을 향하고 여자는 동쪽을 향하게 한 일로 말한[180] 것이 『예기』「단궁檀弓」에 실려 있으니, 대개 고례古禮에는 그러하였습니다.

주부자가 조석으로 곡하며 절하지 않는 것에 대하여 "살아 있을 때 자제들이 부모에게 절하고자 할 적에는 모름지기 부모가 일어나 의복을 갖출 때까지 기다려야 하니, 지금 아마도 차마 귀신으로 섬기지 못하기 때문에 또한 절하지 않는 듯하다."라고 논한 것을

---

178) 율곡(栗谷) : 이이(李珥, 1536~1584)의 호이다. 자는 숙헌(叔獻), 본관은 덕수(德水)이다. 1558년 문과에 급제, 이조 좌랑·대사헌·이조 판서 등을 지냈다. 시호는 문성(文成)이다. 저서로는 『율곡전서』가 있다.

179) 여헌(旅軒) : 장현광(張顯光, 1554~1637)의 호이다. 자는 덕회(德晦), 본관은 인동(仁同), 시호는 문강(文康)이다.

180) 국소자(國昭子)가……말한 : 『매산집』에서는 공자가 직접 국소자의 초상을 도운 것으로 나오지만, 『예기』「단궁」을 살펴보면 자장이 공자가 한 일을 국소자에게 전달한 것으로 나온다. 본 번역에서는 『예기』를 따라 고쳐 번역하였다. "국소자가 어머니 초상을 당하자 자장에게 '장사에 산소를 만들고 남자와 여자는 어디 자리하는가?'라고 물었다. 자장이 '사도경자의 초상을 부자께서 도우며 남자는 서편에 여자는 동편에 하였습니다.'라고 하였다.[國昭子之母死 問於子張曰 葬及墓 男子婦人安位 子張曰 司徒敬子之喪 夫子相 男子西鄕 婦人東鄕]"에서 유래한다.(『禮記』「檀弓」)

본 적이 있습니다.

생각건대, 조석으로 전奠을 드리며 절하는 것은 살아있을 때 술잔을 올리는 예를 따라 하는 것이요, 동서東西로 나누어 서는 것은 살아있을 때 곁에서 모시는 뜻을 따랐습니다. 그러나 제주題主를 한 경우라면 신도神道로써 섬겨야 하기 때문에 비로소 북쪽을 향하여 서는 것이 아니겠습니까?

『예기』「상대기喪大記」의 '소렴小斂' 조에 왼쪽으로 옷섶을 여미고 옷고름은 매지 않은 채 이불로 싸서 끈으로 묶지도 않고 얼굴도 가리지 않다가, 대렴大斂을 하면서 바로 끈으로 묶어 얼굴을 가린다고 하였습니다. 그러나 요즈음 세속에서는 대체로 소렴하는 날 바로 묶습니다. 비록 예를 지키는 집안이더라도 잘못되었다고 여기는 것을 아직 보지 못하였으니, 이 의미가 어떠할지 모르겠습니다.

구씨丘氏의 『가례의절家禮儀節』에 "『의례』에서는 끈으로 묶지 않는다와 얼굴을 가리지 않는다는 설이 없다. 『주자가례』는 대개 『서의書儀』[181]를 기본으로 지었다. 만약 무더운 때를 만난다면 『의례』를 따라 염습을 마치는 것이 옳다."고 하였습니다. 대개 『주자가례』의 뜻은 효자의 지극한 심정을 펴고 싶으나, 오늘날 세속에서 관을 짤 때 반드시 소렴을 기다려 관의 길이와 넓이를 맞추기 때문에 염습斂襲을 마치는 일에 급급합니다. 비록 『주자가례』의 뜻은 아니더라도 복의復衣를 걸치고 있을 때는 마루에 휘장을 쳤다가 소렴을 할 때에는 휘장을 걷어내는 뜻으로 고례古禮를 살펴본다면 이는 염습을 마친 것입니다.

『주자가례』에 모든 초상에서 아버지가 있으면 아버지가 주재한다고 하였습니

181) 『서의(書儀)』: 송(宋)나라 사마광(司馬光)이, 고례(古禮)에 근본하고 당시의 행할 만한 것을 참작하여 만든 책이다. 표주(表奏)·공문(公文)·사서(私書)·가서(家書)의 서식(書式) 1권, 관의(冠儀) 1권, 혼의(婚儀) 2권, 상의(喪儀) 6권 등 도합 10권으로 되어 있다.

다. 그렇다면 아버지가 있는데 어머니의 초상을 당하면 아들은 주재할 수 없으므로, 대상이나 담제의 축문도 당연히 아버지로 해야 합니다. 허나 오늘날 세속에서는 모두 아들이 어머니에게 고하는 내용으로 축을 쓰고 있습니다. 어떠할지 아직 모르겠습니다. 이것이 만약 예에 어긋난다면 맏아들이 죽고 맏손자가 있는 경우에도 아버지가 있으면 아버지가 주재한다는 의리로 미루어 축문에 적손으로 쓰지 않습니까?

남편이 아내에게 입는 상복이나 아버지가 있는데 어머니에게 입는 상복은 다 같이 1년이므로, 모두 11개월 만에 소상을 지내고 13개월 만에 대상을 지내며, 15개월 만에 담제를 지냅니다. 제주題主·삼우三虞·졸곡卒哭·소상小祥·대상大祥·담제禫祭를 모두 아버지가 주재하는데, 어떻게 아들의 이름이 적힌 축으로 고하겠습니까? 세속의 잘못된 관례는 따를 수 없습니다. 초하루에 지내는 큰 전奠도 아버지가 주재하고 조석으로 드리는 전만은 모두 아들이 맡아 지낼 뿐입니다.

적자의 초상이 나서 아버지가 참최斬衰 3년복을 입는 경우에는 축문으로 고하는 모든 행사를 아버지가 주재합니다. 손자는 당연히 할아버지를 따라 변제해야 합니다. 만약 아버지가 참최복을 입는 경우가 아니라면 1년 만에 변제해야 합니다. 손자는 3년상을 지내는 자여서 스스로 소상·대상과 담제를 주재하며 그의 이름을 쓴 축으로 고해야 할 듯합니다. 어떠한지 모르겠습니다. 『예기』「상복소기喪服小記」[182]에 "아내의 초상에 삼우와 졸곡은 남편이나 아들이 주재하고, 부사는 시아버지가 주재한다."고 하였습니다. 이로 미루어보면 이와 같이 해야 할 듯합니다.

상장喪杖을 짚는 1년복의 정복正服[183]은 아내에게만 입는 복입니다. 만약 강복降服

182) 「상복소기(喪服小記)」: 아래의 인용 문구는 『예기』「상복」에 나온다. 예전에는 「상대기(喪大記)」편과 구분하기 위해 소기(小記)를 붙였다.

한다면 아버지가 있는데 어머니가 죽은 경우입니다. 아내에게 입는 복이 비록 상장을 짚는 1년복이더라도 대부大夫의 맏아들이 아버지가 있을 경우 상장을 짚지 못하는 것은 아버지에게 압존壓尊되기 때문입니다. 여러 아들은 아버지에게 압존되지 않기 때문에 비록 아버지가 있더라도 아내를 위하여 상장을 짚습니다. 그러나 아버지와 함께 지내는 경우에는 또한 감히 상장을 짚지 못합니다. 이에 근거한다면 아버지가 있는데 어머니가 죽어서 비록 강복은 하나, 상장을 짚는 1년복을 입습니다. 만약 아버지가 빈소에 있다면 또한 상장을 짚고 자리에 나아가는 것은 마땅하지 않습니다. 어떠한지 모르겠습니다.

예禮에 맏손자가 아버지의 상을 당하였는데, 만약 할아버지가 빈소로 들어온다면 손자가 감히 상장을 짚고 자리로 나갈 수 없다고 하였습니다. 이로 미루어보면 말씀하신 대로, 아버지가 빈소에 있다면 아들은 감히 상장을 짚고 자리로 나아가지 않는 것은 예의 뜻에 매우 잘 맞습니다. 자못 감탄하며 살펴볼 만합니다.

영위靈位를 궤연几筵이라고 일컫습니다. 궤几라는 것은 무엇을 가리켜 한 말이며, 연筵이라는 것은 절하는 자리를 가리킨 것입니까? 만약 절하는 자리라고 한다면 지봉祗奉이라고 하는 것은 어째서입니까?

『예기』「단궁」의 '궤연' 주석에 궤는 신이 의지하는 것이요, 연은 신이 앉아 있는 자리라고 하였습니다.

복의復衣는 바로 시신을 덮는 것이나 염습할 적에 제거하니, 이는 시신을 씻기기 위해서입니다. 『상례비요』에 "복의로 염습하지 않는다."고 하였으나, 두는 곳을 말

183) 정복(正服) : 예의(禮儀)에 규정된 바의 올바른 복장으로, 조복(朝服)·제복(祭服)·상복(喪服) 등에 있어서 각자에게 해당되는 복식을 입는 것을 말한다.

하지 않고 쓰는 곳도 말하지 않았습니다. 오늘날 사람들은 복의를 혼백을 두는 상 아래에 두는데, 이것도 근거가 있습니까? 장사를 지낸 뒤에 혼백을 묻는다면 복의는 어디에 보관합니까? 더러 혼백과 함께 묻기도 하나 예에 명문明文이 없습니다. 혹자는 묻을 만한 이치가 없으므로, 마땅히 곡노哭奴에게 주어 입도록 해야 한다고 하면서, 드디어 근세 예를 지키는 원로들을 끌어대어 증거로 삼고 있습니다. 어떤지 모르겠습니다.

사계가 복의를 혼백상자에 넣는 문제에 대한 혹인或人의 질문에, "예에 의복을 남겨서 반드시 영위에 둔다고 하였으니, 지금 복의를 영위에 두는 것은 아마도 괜찮을 듯하다. 다만 혼백과 함께 묻는다면 옳지 않다."고 답하였습니다. 그러나 이미 묻지 않는다면 어떻게 처리해야 하겠습니까? 고례에 사람이 죽음에 중重(임시로 만든 신위)을 마련하였다가 삼우三虞를 지내면서 상주桑主[184]로 중을 바꾸고 소상을 지내면서 또 밤나무로 바꾸며, 바꿀 때마다 반드시 묻습니다.

오늘날은 복의로 시신을 덮었다가 염습할 적에 제거합니다. 이날 혼백을 모시고 장사 뒤에 쓸 신주神主를 만들며, 삼우를 지낸 뒤에는 혼백을 묻습니다. 이는 바로 예전에 신주를 만들고 중重을 묻던 일의 남긴 뜻입니다. 복의가 비록 혼백을 만드는 이유는 아니나 세속에서 혼백을 담는 상자 안에 넣어 두는 것은 아무래도 의미가 있습니다.

혼백과 함께 묻는 일은 사계의 생각대로 하지 않을 수 없을 듯합니다. 대개 복復이라는 것은 지하에서 돌아오기를 바라기 때문입니다. 돌아오기를 바라며 묻는 것은 차마 하지 못할 바이나 이미 장사 지낸 뒤에는 지하에서 돌아올 바람이 끊겼기에 신도神道로 섬기고 보면, 이에 묻는 것이 사랑을 다하는 도리에 나쁠 것은 없을 듯합니다.

---

184) 상주(桑主) : 뽕나무로 만든 신주로, 우제(虞祭)때 사용하는 신주이다. 사람이 죽어 이미 장사를 지낸 뒤에 집으로 돌아와 빈궁(殯宮)에서 지내는 제사를 우제라고 하는데, 이때 사용한 신주는 기년(期年)이 되어 연제(練祭)를 지낼 때 땅에 파묻는다.

곡노哭奴에게 준다는 설의 경우는 크게 잘못되었습니다. 예에 제복祭服이 헤지면 묻는 것은 제복을 함부로 다룰 수 없어서인데, 하물며 복의이겠습니까? 근세의 원로는 아직 어떤 사람인지 모르겠으나, 혹자或者가 댄 증거가 길에서 듣고185) 잘못 원용한 것이 아닐까 적이 염려스럽습니다.

이맹유에게 답하다[答李孟猷] 신미년(1751)

초여름에 받은 답장은 뜻이 매우 주도면밀하고 진지하여 봉투를 뜯어 한동안 읽어봄에 한바탕 만나는 것과 다름이 없었습니다.

더구나 무더운 계절에 아후雅候가 좋다는 것을 알아, 또한 위로됨이 얼마였겠습니까?

저는 여름 더위가 점점 찌는 듯하면서 이런저런 질병이 번갈아 침범하니, 정신과 기력이 소진되어 열흘에 아흐레는 누워 지내고 있습니다. 잠깐씩 서책을 펼쳐보아도 책을 덮으면 그만 잊어버리니, 어찌 한 푼의 진전이라도 있겠습니까? 단지 스스로 부끄럽고 서글플 따름입니다.

선생의 예서 원고는 여러 벗들과 두세 달 동안 교감하여 원집 9책은 겨우 묶었으나 별집 3책은 날이 덥고 재원이 다하여 가을철 선선하기를 기다리기로 하였습니다. 다만 좌우께서 함께 일하지 못한 것이 한스러울 뿐입니다.

별지別紙로 물은 것은 모두 의문儀文 중에서도 매우 긴요한 부분입니다. 돌아보건대, 이 짧은 식견으로 어찌 감히 쉽게 입을 열겠습니까? 그러나 부족한 이에게 물어주는 지극한 뜻을 저버릴 수 없고, 또 서로 자라나게 하는 조언이 기뻐서 사리에 어두운 말로 각 조목 아래에 대략 주를 달았습니다. 바라건대, 부디 헤아려보고 다시 가르쳐 주십시오.

185) 길에서 듣고 : '도청(道聽)'은 근거 없이 떠도는 이야기를 말한다. "길에서 듣고 길에서 말하는 것은 덕을 버리는 것이다.[道聽而塗說 德之棄也]"에서 온 말이다.(『論語』「陽貨」)

가씨賈氏(가공언賈公彦)가 "비록 외친外親이더라도 이통二統이 없다."고 말하였습니다. 이미 후사가 된 어머니 집안의 복을 입었는데, 또 낳아준 어머니 집안의 복을 입는다면 이통입니다. 이에 근거한다면 낳아준 어머니의 집안에는 과연 복이 없습니까? 어머니의 형제와 자매는 우선 논하지 않더라도, 어머니의 부모에게도 복을 입지 않는다면 너무 소홀할 듯합니다. 어떠한지 모르겠습니다.

비록 외친이더라도 이통이 없다는 것은 정씨鄭氏의 설입니다. 사계와 우복은 모두 한 등급을 내려야 한다고 여겼습니다. 어머니의 부모와 형제·자매 모두에게 강복降服하여 종형제에게 입는 시마복緦麻服을 입는다면 복이 없는 것과 마찬가지입니다.

오늘날 남의 후사가 된 자의 양부모가 또 남의 후사가 된 자라면 양아버지 생가의 부모에게도 상복을 입는데, 그 상복은 예에 근거가 없습니다. 혹자는 생가 조부모의 경우를 따라 대공복大功服을 입는다고 여기나 이는 억설臆說입니다. 선배들의 정론이 반드시 있을 것입니다. 알려주는 것이 어떠하겠습니까?

이는 비록 선배들이 말하지 않은 바이나, 예에 이미 남의 후사가 된 자가 친속親屬이나 조카이고 보면, 양아버지 생가의 부모는 자신 생가의 조부모로 여겨야 한다고 하였으니, 다시 무어 의심하겠습니까? 더구나 두 남자가 각각 양자를 나와도 재차 강복降服하지 않는다고 하였음이겠습니까? 결코 재차 강복할 이치는 없습니다.

장례葬禮의 비중은 먼저가 가볍고 나중이 무겁습니다. 이는 바로 아버지와 어머니의 상을 함께 당한 경우에 이러한 예문禮文이 있습니다. 오늘날 아버지와 아들의 초상이 동시에 나도 먼저가 가볍고 나중이 무겁다는 설로 논합니다. 저는 이것이 잘못되었다고 생각합니다. 어떤지 모르겠습니다. 오늘날에는 아침저녁으로 드리는 전奠에도 먼저가 가볍고 나중이 무겁다는 말을 합니다. 이러한 의리는 또한 어떠합니까?

장례의 비중이 먼저가 가볍고 나중이 무겁다는 것은 바로 아버지와 어머니가 함께 죽은 경우를 말한 것이지, 아버지와 아들의 경우를 말한 것은 아닙니다. 그러나 장사는 먼저가 가볍고 나중이 무거움이 마땅할 듯합니다. 전奠을 드리는 경우라면 『예기』「증자문曾子問」에 "전은 먼저가 무겁고 나중이 가볍다."고 하였습니다. 다시 무슨 의문이 있겠습니까?

『의례』「상복喪服」 소疏에 "아버지가 죽고 3년 안이더라도 어머니가 죽으면 다시 어머니의 1년복을 입고 모름지기 아버지의 상복을 변제變除하고 나서 어머니가 죽었다면 3년복을 입을 수 있다."고 하였습니다. 이에 근거하면 비록 어머니의 초상이 아버지의 대상일 수삼일 전에 났더라도 서둘러 3년복을 입지 못하는 것이 분명합니다. 그러한 이유는 대개 그 어버이의 죽음을 차마 인정하지 못한다는 의미입니다. 그러나 아버지의 상복을 이미 변제하였는데도 어머니에게 1년복을 입는다는 것은 결코 편치 않을 줄로 압니다. 반드시 선현들의 논리가 있을 것입니다. 바라건대, 보여주어서 의문을 풀어주십시오.

「상복」 소의 설이 이와 같으나 두원개杜元凱[186]는 아버지의 장사를 벌써 지내고 나서 어머니가 죽는다면 당연히 3년복을 입는다고 여겼습니다. 대개 졸곡卒哭과 부사祔祀를 지낸 뒤의 제사에 벌써 길복吉服을 입었고, 또 부사를 지내서 신으로 모셨고 보면, 이미 죽은 이를 섬기는 예로 섬긴 것입니다. 두원개의 설은 또한 따를 수 있을 듯하나 다만 사계는 오히려 결연히 따르지 않고, 단지 "아버지의 상이 끝나 가는데 어머니의 상을 당한 것도 아버지상의 3년 안이므로 다시 1년복을 입는 것이 과연 정리에 합당하겠는가?"라고 하였습니다. 이 또한 분명치 않습니다.

만약 「상복」 소의 설이 정설이라면 비록 단지 대상을 지내기 하루 이틀 전이더라도

186) 두원개(杜元凱) : 원개는 진(晉)나라 두예(杜預, 222~284)의 자이다.

참으로 강복降服해야 하며, 만약 두원개의 설이 정설이라고 한다면 부사祔祀를 기점으로 하여 3년복을 입어야 합니다. 저의 생각은 두원개의 설을 따르는 것이 마땅하다고 여겨집니다.

> 예소禮疏에 "복은 중한 쪽을 따르기 때문에 참최복斬衰服의 초상을 아직 마치지 않았는데, 어머니 초상을 당한다면 다시 참최복을 입는다."고 하였습니다. 그러나 아버지의 상중에 만약 할머니가 죽는다면 이는 승중복承重服이 또한 중합니다. 그렇다면 참최복을 벗고 자최복齊衰服을 입을 수 있습니까?
>
> 저는 아버지가 죽고서 할머니가 죽는다면 장사를 지내고 안 지내고를 따지지 않고 할머니의 자최복을 입고 상장喪杖은 짚지 않아야 한다고 생각합니다. 만약 아버지의 전奠을 드리거나 아버지의 장사를 지내거나 아버지의 소상과 대상을 지내는 경우에는 모두 참최복을 입고 대지팡이를 짚되, 일을 마치고는 할머니의 상복으로 돌아오는 것이 어떠하겠습니까?
>
> 이는 참으로 그럴 듯하나 만약 할머니가 먼저 죽었는데, 아버지가 또 죽는다면 아직은 아버지의 장사 이전이어서 서둘러 승중복承重服을 논할 수는 없습니다. 저는 아버지에게 입는 상복을 입고 아버지를 장사 지낸 연후에 할머니에게 입는 상복을 받아서, 이때부터 다시 자최복을 입고 상장은 짚지 않는다고 생각합니다. 이 또한 예에 괜찮겠습니까?

말씀하신 대로 할머니가 먼저 죽었는데 아버지가 또 죽는다면 아버지의 장사 이전에는 승중복을 논할 수 없습니다. 아버지의 장사를 지낸 뒤에 할머니에게 입는 상복을 받는다는 이 설은 예의 뜻에 맞습니다. 『의례경전통해속편儀禮經傳通解續編』의 송민구宋敏求의 의議 및 송조宋朝의 『복제령服制令』[187]에서 벌써 자세히 말한 것입니다.

---

187) 송민구(宋敏求)의……『복제령(服制令)』: 송나라 인종(仁宗) 황우(皇祐) 원년(1049)에 대리평사

다만 말씀 중에 또 아버지의 장사를 지낸 뒤에는 항상 자최복을 입고 상장은 짚지 않아야 한다고 하셨는데, 이는 아마도 그렇지 않을 것입니다. 대개 참최복이 본래 중하고 또 할머니에게 입는 상복은 소상을 지내려 하거나 혹은 소상을 지내고 나면 바로 슬픔이 점차 줄어드는 시기인데, 어떻게 중복重服을 놓아두고 항상 경복輕服을 입을 수 있겠습니까? 단지 늘 참최복을 입고 있다가 할머니의 영위靈位에 일이 있을 적에만 자최복을 입고, 일을 마치면 다시 참최복을 입을 뿐입니다.

만약 아버지의 상중에 할머니 초상을 당한 경우라면 한강寒岡이 임탁이任卓爾[188]에게 답한 말이 있습니다. 그 말에 "아버지의 초상을 당하여 이미 장사를 지낸 뒤에 승중承重의 자최복을 입는다면 아직 장사 전에는 자최복을 입고 이미 장사 지낸 뒤에는 참최복을 입는다. 할머니의 영위에 일이 있다면 자최복을 입고서 일을 처리한다."고 하였습니다. 이대로 시행해야 할 듯합니다.

> 송민구의 의議에는 아들이 아버지 상중에 죽으면 맏손자는 승중을 하므로, 그 장례로 인하여 다시 참최복을 마름질한다고 하였으며, 『의례』「상복」 소에서는 아버지가 죽고 3년 안에 어머니가 죽으면 다시 1년복을 입는다고 하였습니다. 『상례비요』에서는 "3년 안에 아들이 차마 그 어버이의 죽음을 인정하지 않는 뜻은 마땅히 다름이 없으나, 송민구는 참최복을 다시 마름질한다고 하였으며, 「상복」 소에서는 다시 1년복을 입는다고 하였다."고 하였습니다. 두 책의 뜻을 자세히 살펴보면 대체로 손자는 할아버지에게 바로 승중한 자라고 하였습니다.

(大理評事) 석조인(石祖仁)이 조부 석중립(石中立)이 죽고 숙부 석종간(石從簡)이 성복한 뒤에 죽어 승중(承重)을 시행해야 할지 상소하여 정해줄 것을 청하였다. 이에 박사 송민구가 한 논의와 이를 바탕으로 조칙을 내린 영을 말한다.(『儀禮經傳通解續』「喪服圖式」)

188) 임탁이(任卓爾) : 탁이는 인흘(任屹, 1557~1620)의 자이다. 호는 용담(龍潭), 본관은 풍천(豊川)이다. 1582년 생원시에 합격하였으나 출세에 뜻이 없어 낙향하였다. 임진왜란 때 의병을 일으킨 군공으로 전옥 참봉(典獄參奉)을 제수받았으나 나가지 않았다. 저서로는 『용담집』이 있다.

> 아버지가 죽었는데 1년 만에 영위를 철거할 수는 없습니다. 또 3년 동안의 제사에 주재자가 없을 수도 없습니다. 이는 송민구가 의議에서 장례로 인하여 참최복을 마름한다고 한 이유입니다. 만약 어머니라면 아버지의 상중에는 참으로 아버지에게 압존壓尊되니, 이는 1년복을 입을 뿐이라고 한 이유가 됩니다. 사계가 이른바 다름이 없다고 한 것은 깊이 고찰할 수 없었습니다. 어떤지 모르겠습니다.

저도 이 구절에서는 일찍이 매번 의문을 가졌으나 그 설의 뜻을 아직 알지 못하고 있습니다. 지금 말씀하신 변석辨析이 이와 같으니, 정미하게 살폈다고 할 만합니다. 그러나 『상례비요』의 말은 모두 깊이 고찰하였으니, 이는 선유들의 여러 설이 각자 다른 것은 절충하기가 어렵기 때문입니다.

『통전通典』에서 유울지庾蔚之[189]는 논論에서 맏손자가 승중하고 죽으면 다음 손자에게 승중하지 못한다고 하였으며, 의議에서는 "유부猶父(아버지의 형제)가 적자 대신 상을 치르다가 죽으면 아들에게 승중하지 못한다."고 하였습니다. – 이 말이 비록 어디에 나오는지 알지는 못하나 뜻이 매우 분명하다. – 하순賀循[190]은 "아버지가 죽고 빈소를 아직 차리지 않았는데 할아버지가 죽었다면 할아버지의 복은 1년으로 하고, 이미 빈소를 차렸는데 할아버지가 죽었다면 3년으로 한다."고 하였으며, 서막徐邈[191]은 "1년 만에 이미 변제變除하고서 소복素服 차림으로 제사를 지내며 심상心喪의 예를 따라 3년을 마친다."고 하였습니다. 이를 근거로 하면 비록 대복代服[192]하지 않더라도 오히려 일을 대행하는 데는 결례가 없으나, 다만 황면재黃勉齋[193]가 이미 송민구의 의와 송조의 『복제령』을 취하여

---

189) 유울지(庾蔚之) : 남조 송(宋)나라 때의 사람으로 예학과 경학에 밝았다.
190) 하순(賀循, 260~319) : 동진(東晉)의 회계(會稽) 산음(山陰) 사람이다. 자는 언선(彦先)이다. 시호는 목공(穆公)이다. 박학하고 예학에 뛰어나 유종(儒宗)으로 추대받았다. 개부의동삼사(開府儀同三司)를 지냈다.
191) 서막(徐邈, 171~249) : 삼국 시대 위(魏)나라의 대신이다. 자는 경산(景山)이다.
192) 대복(代服) : 손자가 아버지 대신 복을 입고 상을 치르는 것을 말한다.
193) 황면재(黃勉齋) : 면재는 황간(黃幹, 1152~1221)의 호이다. 자는 직경(直卿), 시호는 문숙(文肅)이다.

『의례경전통해속편』에 편입하였고, 퇴계 선생이 논의한 바도 이와 서로 일치하니, 참으로 이대로 대복을 해야 합니다.

아버지가 죽고 3년 안에 어머니의 상복을 입는 경우라면 「상복」 소의 설과 두원개杜元凱의 의議가 같지 않습니다. 만약 『통전』의 "아버지가 죽어 이미 빈소를 차렸다면 할아버지에게 3년복을 입는다."는 말로 미루어 본다면 두원개의 설이 따를 만할 듯합니다. 이는 앞 단락에서 말한 것입니다.

『예기』「상복소기」의 주에 괄발括髮이란 마麻로 만든 끈을 목 뒤에서 앞으로 끌어와 이마 위에서 교차시키고는 다시 뒤로 넘겨 상투에 감아 돌려서 마치 초두를 쓴 모습과 같은 것이라고 하였습니다. 그러나 만약 이 설과 같이 한다면 먼저 상투를 틀고 뒤로 넘겨서 괄발을 하는 것이 됩니다. 소렴을 하고서 빙시憑尸(시신을 안고 곡하는 것)할 적에 상주는 괄발을 하나, 오늘날 세속에서는 마로 된 끈으로 목 뒤의 머리를 묶고 나머지 머리는 풀어 흩트려 두었다가 대렴을 한 뒤에 바로 상투를 틉니다. 이는 필시 거리의 예이므로 의논할 것이 없으나, 일찍이 예를 지키는 집안사람들과 논의해도 또한 그 옳고 그름을 가리지 못하였습니다. 어떤지 아직 모르겠습니다.

주자가 "괄발은 머리를 묶어 상투를 트는 것이다."라고 말하였습니다. 대개 상투[髻]는 바로 상투[紒]입니다. 『예기』「잡기雜記」 '소렴小斂' 조의 '환질環絰' 소疏에 처음 죽으면 관을 벗기고 소렴에 가서 환질[194]을 두른다고 하였으며, 『예기』「상복소기喪服小記」 "괄발은 마麻로써 한다."의 주에 소렴을 마치고 괄발을 한다고 하였으니, 이는 대개 처음 죽으면 관을 벗기고 소렴에 가서 비녀나 머리싸개를 제거하기 때문에 소렴을 마치고 비로소 괄발을 하여 정돈한다고 한 것입니다.

---

194) 환질(環絰) : 한 가닥의 삼줄을 바탕으로 하고 다시 그것을 다른 삼줄로 감아 상복의 허리나 머리에 두르는 띠를 말한다.

『주자가례』에서는 소렴할 때 환질을 두르는 일에 대해서는 말하지 않았고, 단지 소렴을 마치고 빙시憑尸한 뒤에 별실別室에서 단袒·괄발括髮·문免·좌髽를 한다고만 말하였습니다. 대개 고례에는 피발被髮[195]을 하지 않았기 때문에 소렴할 적에 소관素冠을 쓰고 환질을 둘렀으나, 괄발하여 정돈하는 경우라면 반드시 소렴을 마친 뒤에 합니다. 『주자가례』에는 피발하는 일이 있기 때문에 환질하는 하나의 절차를 없앴으나, 또 머리를 거두는 때를 말하지 않았으니, 이는 단지 괄발·면·좌를 할 때에 비로소 머리를 거두어 상투를 틀고는 마麻로 묶으려고 한 것입니다.

『상례비요』에서는 고례대로 소렴할 때 상투를 틀고 건질巾絰을 매려고 하였습니다. 어버이의 시신이 소렴을 아직 하지 않았는데, 먼저 자신의 풀린 머리를 거두는 것은 실로 너무 성급합니다. 반드시 고례를 그대로 따르고 싶다면 피발하는 절차를 없애야 하는데, 아마도 『주자가례』의 고금을 참작한 뜻은 아닐 듯합니다.

오늘날 세속에서 머리를 묶고 나머지를 풀어 흩뜨린 채 대렴까지 가는 것은 습속을 따른 지 너무 오래여서, 비록 초상에는 슬픔이 지나쳐야 한다는 뜻에는 괜찮겠으나, 고례를 기준으로 한다면 너무 벗어났습니다. 소렴한 뒤에 머리를 모아서 마로 된 끈으로 묶고 수질首絰을 두르는 것이 괜찮을 듯합니다. 어떠한지 모르겠습니다.

『주자가례』「우제虞祭」'담禫' 조에는 옷을 바꾸어 입는다는 글이 없으나 『상례비요』에서는 퇴계 선생의 설을 따라 막차幕次를 설치하고 길복吉服을 늘어놓는다는 하나의 조목을 넣었습니다. 이른바 길복은 검은 갓과 검은 띠를 가리키는 것이 아닙니까? 세상 사람들은 더러 검은 띠를 매고 제사를 지내는 것은 미안하므로 마땅히 흰 띠를 매고서 그달을 넘겨 다음 달까지 기다렸다가 검은 띠를 매는 것이 옳다고 합니다. 이는 퇴계 선생의 학설과 서로 반대됩니다. 어떠한지 모르겠습니다.

---

195) 피발(被髮) : 머리를 땋거나 틀어 올리거나 하여 꾸미지 않고 자연대로 늘어뜨려 두는 것을 말한다.

퇴계 선생의 설은 두 가지가 있습니다. 김경부金敬夫[196]에게는 "구씨丘氏의 『가례의절家禮儀節』을 따라 소복素服을 입는다."고 답하였고, 정한강鄭寒岡에게는 "막차를 설치하고 길복을 늘어놓는다."고 답하였습니다. 『예기』「잡기雜記」와 「간전間傳」의 여러 학설로 살펴보면 뒤의 말씀이 옳을 것입니다. 순길純吉[197]의 복장으로 담제를 지내야 하나, 담제를 마치고나서 다시 미길微吉의 복장으로 지내다가 길제 때에 가서 차야 할 것을 다 착용합니다. 사계는 "담제를 지낸 뒤에 거칠고 검은 갓을 쓰다가 길제 때에 가서 길복과 길관을 착용하는 것이 무방하다."고 하였습니다.

> 『주자가례』 '진다進茶' 조에는 "아버지와 어머니의 앞에 나누어 드린다."라고만 하였고, '참례參禮'와 '우제虞祭'에도 점다點茶의 절차는 있으나 밥을 만다는 글은 없습니다. 나라의 풍속에 장수漿水를 사용함은 차를 대신하는 것이나, 밥을 조금 떠서 장수漿水에 마는 경우는 근거할 만한 곳이 없을 듯합니다. 『주자가례』에는 또 국을 물린다는 글이 없으나, 오늘날은 국을 물리니 또 무슨 근거입니까?

퇴계 선생이 정도가鄭道可에게 "오늘날 사람들이 끓인 물을 드리는 것은 예전에 차를 사용한 뜻이다."고 답하였으니, 하신 말씀이 옳습니다. 밥을 마는 의절의 경우는 바로 고인들이 늘 먹는 전례를 따른 것입니다. 『예기』「옥조玉藻」 반손飯飧의 주에 "손飧은 만 밥을 마신다. 예에 식사를 마치면 다시 삼손三飧을 하여 배가 부르도록 돕는다."고 하였습니다. 「잡기」에 이른바 "공자가 소시씨小施氏의 집에서 밥을 먹으며 제사를 지내고 말아 먹었다."는 것이 이것입니다. 대개 물로 밥을 마는 것은 살아 있을 때의 상례常例입니다. 그러므로 제사를 지낼 때에도 또한 살아 있을 때 그대로 하는 것입니다.

---

196) 김경부(金敬夫) : 경부는 김우굉(金宇宏, 1524~1590)의 자이다. 호는 개암(開巖), 본관은 의성(義城)이다. 1566년 문과에 급제, 정자·대사간·홍문관 부제학 등을 지냈다. 저서로는 『개암집』이 있다.
197) 순길(純吉) : 상복을 벗고 완전한 길복(吉服)으로 갈아입는 것을 말한다.

국을 물리거나 차를 드리는 일도 나라의 풍속에는 살아 있을 때의 일입니다. 그러므로 상중에 상식上食 및 제사를 지낼 때 또한 따라서 관례가 된 것이 아니겠습니까? 『의절儀節』에 차를 수저의 가에 둔다고 하였습니다. 이를 살펴본다면 국을 물리지 않았다는 것을 알 수 있습니다. 그러나 이와 같이 잗다란 예절로서 의리에 나쁘지 않은 조목은 단지 세속을 따라 시행하는 것이 마땅하므로 깊이 캐물을 필요는 없습니다.

> 『주자가례』에 부사를 지낸 신주는 모두 본감本龕 안으로 들인다고 하였습니다. 이를 근거로 논한다면, 본위本位에 부사祔祀해야 할 후손이 비록 두서넛이 되더라도 한 감실 안에 함께 넣는다는 것은 의심이 없습니다. 만약 그렇다면 반드시 비좁을 우려도 있거니와, 또 주인에게 죽은 아내가 있어 이미 할머니에게 부사하였고, 또 죽은 형제가 있어 할아버지에게 부사하는 경우 비록 동서東西로 자리를 다르게 한다고 하더라도 수숙嫂叔이 한 방에 있게 되니, 분명 미안한 일입니다. 어떨지 모르겠습니다.

예전에는 대代마다 사당을 각각 달리하였습니다. 그러므로 부위가 비록 많더라도 부위를 수용할 수 있었습니다. 오늘날은 사당의 규모가 매우 협소한데, 어찌 부위를 본감本龕에 모두 들일 수 있겠습니까? 단지 부위를 본감 앞의 남쪽 벽 아래에 두어야 한다고 하나 이 또한 협소하여 불편합니다. 부위를 동서東西의 벽 아래에 나누어 두었다가, 제사를 지낼 적에 섬돌 아래에 자리를 마련하는 것이 낫습니다. 수숙嫂叔이 나란히 앉는 것은 참으로 미안합니다. 만약 판자로 막거나 혹은 장막을 친다면 무슨 혐의가 있겠습니까?

조천응 용석[198]에게 답하다[答曺天應 龍錫]

답장을 받자마자 또 안부 편지를 받아보고, 그 동안 부모님 병환으로 염려가 작지 않다가 금방 편안해졌다는 것을 다시 알아, 놀라워하고 염려하던 나머지 이어서 위로와 축하를 드립니다.

향해鄕解[199]에서는 이미 입격자를 호명하였다고 들었는데, 귀현貴縣이나 저희 군은 모두 산 너머에 있어서 매우 개탄스럽습니다.

저는 탈 없이 그럭저럭 지내나, 조카 빈鑌이 먼 울산蔚山에서 묵은 병이 다시 위독해져서, 조카 건鍵이 약을 가지고 남쪽으로 갔습니다. 하지만 병의 뿌리가 깊어 고질이 되었으니, 낫기는 아마도 쉽지 않을 듯합니다. 십기十起[200]의 근심을 다시 어떻게 해야 하겠습니까?

물으신 개장改葬의 절차와 신구의 묘소를 합장하는 일은 한강 선생이 벌써 시행하였고, 선배들의 문답 편지 중에도 이 일을 논의한 곳이 많습니다. 속설의 모순이 무슨 의문거리가 되겠습니까? 다만 고위考位가 정맥正脈을 차지해야 하고 비위妣位는 방혈傍穴에 부장祔葬해야 합니다. 이는 단지 풍수가의 설이 그러한 것이 아니라, 예의 뜻이 참으로 이와 같습니다. 하신 말씀이 벌써 알고 계신 듯합니다. 시말始末의 여러 절차들은 『주자가례』·『의절』·『상례비요』에서 찾아볼 수 있습니다.

이제 의문을 가진 것은 생각건대, 두 어른을 합폄合窆하는 일에 있습니다. 예전에 선생께서 일찍이 이 예식을 거행하시고 개장하는 의절儀節을 한 권의 책으로 만들었는데, 퍽 자세히 갖추어져 있어서 볼 만합니다. 아직 횡계서사橫溪書舍에 있습니다. 바라건대, 빌려오셔서 따라 거행하는 것이 어떻겠습니까?

다만 오늘날 신구新舊의 묘소를 합장하는 일은 이와는 조금 다르니, 신구의 초상에는 각각 영위靈位를 마련해야 합니다. 새 초상은 혼백魂帛이 있고 예전 초상은 지방紙榜을

---

198) 조용석(曺龍錫, 1705~1774) : 자는 천응(天應), 호는 북계(北溪), 본관은 창녕(昌寧)이다. 현고정사를 짓고 도의를 강명하고 후진들을 양성하였다.

199) 향해(鄕解) : 향시(鄕試)로, 지방의 각 고을에서 그 지방에 사는 선비들을 대상으로 보이던 과거 시험을 말한다.

200) 십기(十起) : 걱정이 크다는 것을 말한다. 후한 제오륜(第五倫)이 형의 아들이 병을 앓자 밤중에 열 번이나 찾아가서 살펴보았던 '오륜십기(五倫十起)'의 고사가 있다.(『後漢書』「第五倫列傳」)

마련합니다. 먼저 제주題主를 거행하고 전奠을 드린 연후에 바로 개장改葬의 우제虞祭를 지내는 것이 합당합니다.

곽槨을 같이 하는가 하는 의문의 경우는 세상에 많이 있습니다. 다만『예기』「단궁檀弓」에 "공자가 말씀하였다. '위衛나라 사람들은 합장하면서 관을 떨어지게 하고, 노魯나라 사람들은 합장하면서 관을 나란히 붙인다. 노나라의 경우가 좋구나.'"라고 하였습니다. 주에서 떨어짐이란 한 곽 속에 관을 두면서 어떤 물건을 두 관의 사이에 넣어서 가리는 것을 말하며, 노나라 사람의 경우는 두 관을 한 곽 속에 나란히 두고서 별도의 물건으로 가리는 것은 없습니다. 대개 부자가 이미 노나라의 경우를 좋다고 하였고 보면, 곽을 같이하는 것은 참으로 의문이 없습니다.

오늘날 사람들은 더러 나중에 부장하는 경우에 어쩔 수 없이 예전 광壙의 회격灰隔을 깨고 곽 밖에 함께 합장을 하나, 이제 이미 같은 날에 합장한다면 곽을 같이 하는 것이 '노나라가 좋다.'는 뜻에 부합할 듯합니다. 어떠하겠습니까?

말씀하신 중에 조목을 열거하여 보여 달라는 말씀이 있으나, 예절은 단서가 많아서 다 기억하기 어렵습니다. 그 중의 의문스러운 점을 더 조목조목 보여주신다면 당연히 좁은 저의 억견臆見을 다하겠습니다.

이를테면 한 사인士人이 남의 후사後嗣를 잇는 문제에 대한 설은 참으로 어려운 점이 있습니다. 어찌 감히 어리석고 사사로운 견해로 쉽게 판단하겠습니까? 그러나 질의하신 뜻을 또한 저버릴 수 없기 때문에 감히 끝까지 침묵할 수 없어서 대략이나마 이렇게 함부로 진술하겠습니다.

예전 사람들은 남의 후사가 된 자가 생가에 후사가 끊기면 생가로 돌아와 제사를 받들었습니다. 우리나라의 국법도 그러하여 후사를 세운 집이 세운 후사를 바꾸는 것을 허락하고 있습니다. 지금 이 사람이 생가로 돌아가 제사를 받들며, 양가의 후사를 다시 세워서 함께 양가의 일을 분담하고 양가의 제사를 돌아가며 지내어서 양육해준 은혜에 보답하는 것은 실로 바꾸지 못할 큰 법도입니다.

다만 생각건대, 예사禮斜(입후 허가 문서)의 문자를 만들어 둔 지 너무 오래되어서, 장가를 들거나 가문을 잇는 일을 이미 양가 위주로 하였다면 하루아침에 변혁하는 것은 또한 사세로 보아 매우 불편한 점이 있습니다. 만약 스스로 양가의 제사를 받들며 생가의 후사를 세우고 제전祭田을 마련하여 제사를 받들도록 한다면 또한 권도權道의 한 방법입니다. 이 두 가지 경우는 오직 당한 사람이 스스로 어떻게 가리는 가에 달려 있을 뿐입니다.

조천응에게 답하다[答曺天應] 정묘년(1747)

30리 거리에서 서로 바라만 보면서도 오히려 1년 동안이나 만나지 못하여 친구간의 그리움이 매번 저절로 가슴에 맺혔습니다.

지금 고마운 편지를 받아보고, 추운 계절에 어른들을 모시는 기거가 매우 복되다는 것을 바로 알아, 이미 감사하고 또 위로되어 너무나 후련합니다.

이어서 영사令嗣에게 관례冠禮를 올린다니, 이는 바로 삼대에서 행한 고례이나, 진한秦漢 이래로 폐기되어 시행하지 않았던 일입니다. 당나라 때 손창윤孫昌胤[201]이 분발하여 시행하고 나서, 심지어는 경조윤京兆尹 정숙칙鄭叔則에게 홀을 잡아끌리는 노여움을 당하였고 보면, 좌우께서 이러한 예식을 거행하려고 하니 어찌 옛것을 좋아하고 경전을 믿는 독실함이 아니겠습니까? 사문師門에 교화된 것이 얕지 않음을 알 수 있어 예를 위하여 행하는 것이 가상하기 그지없었습니다.

집안에 일찍이 관례홀기冠禮笏記가 있었으나 아이가 옛집으로 가 돌아오지 않아서 찾아 보내지 못합니다. 다음 인편을 기다려야겠습니다.

---

201) 손창윤(孫昌胤) : 당시에 폐해진 관례(冠禮)를 스스로 행하고 이튿날 조정에 가서 내 아들이 관례를 마쳤다고 하니, 이를 들은 정숙칙이 화를 냈다고 전해진다.

조천응의 문목에 답하다[答曺天應問目] 병자년(1756)

내외분의 상을 함께 당하면 어머니는 강복降服해야 합니까? 빈소를 함께 설치하는 것은 어떠합니까?

아버지 초상의 장사를 지내기 이전에 어머니의 초상을 당한다면 당연히 어머니에게 상장喪杖 짚는 1년복으로 강복하여, 11개월 만에 소상을 지내고 13개월 만에 대상을 지내며, 담제는 없습니다. 대상 뒤에는 바로 영위靈位를 치우고 신주를 별실로 옮겨 두었다가, 아버지의 초상이 마칠 때를 기다려 함께 사당으로 모시는 것이 옳습니다.

대상을 지낸 뒤에 횡거橫渠의 설을 따라 3년상을 마칠 때까지 상식上食을 드리고 싶다면 자질子姪들이나 아니면 부녀자를 시켜 별실에서 거행하는 것이 마땅할 듯합니다. 그러나 만약 대의大義로써 말한다면 영위를 치운 뒤에는 상식은 드리지 않고 삭망朔望만 지내는 것이 옳습니다.

빈소는 각각 설치해야 하니, 이는 소상과 대상을 지낼 때 구애되는 것이 있기 때문입니다. 지금 이미 그렇게 하지 못하여 빈소는 함께 하고 교의交椅만 따로 하였다면 어머니의 소상을 지낼 적에 빈소 밖에 장막을 설치하고는 신주를 밖으로 모셔내어 제사를 지내고, 제사를 마친 뒤에는 환안還安하면 됩니다. 대상을 지낼 때도 신주를 밖으로 모셔내어 지낸 다음, 다시 별실로 옮기는 것이 어떠하겠습니까?

장사를 지낼 적에 각각 해당하는 상복을 입어야 합니까? 발인發靷과 하관下棺이며 전헌奠獻을 드리는 절차는 어디를 먼저하고 어디를 뒤에 해야 합니까?

『예기』「증자문曾子問」에 "장례葬禮의 비중은 당연히 먼저가 가볍고 나중이 무거우며, 전헌奠獻의 비중은 먼저가 무겁고 나중이 가볍다."고 하였으며, 「상복소기喪服小記」의 주에 "어머니를 장사 지내며 또한 참최복斬衰服을 입는 것은 무거움을 따라서이니, 아버지의 장사 전에 감히 변복變服하지 못한다."고 하였습니다. 이를 근거로 하면 비록 어머니의 장사를 먼저 지내더라도 감히 참최복을 벗을 수는 없습니다. 더구나 같은 날 함께 장사 지내는 경우임에 이겠습니까?

초우初虞를 지내면서부터 비로소 각각 해당하는 상복을 입어야 합니다. 먼저 아버지의 우제虞祭부터 지내고나서 자최복齊衰服으로 갈아입고, 어머니의 우제를 지낼 뿐입니다. 정우복이 "비록 같은 날에 장사를 지내더라도 발인과 하관은 모두 먼저가 가볍고 나중이 무겁다는 원칙을 따라야 한다."고 하였습니다. 이로써 본다면 먼저 가벼운 초상의 혼백을 받들어 신여神轝에 싣고 발인제를 지낸 다음, 다시 무거운 초상의 혼백을 받들어 신여에 싣고 발인제를 지냅니다. 가벼운 초상을 먼저 발인하고 무거운 초상을 뒤에 하니, 하관할 적에도 역시 그러할 것입니다.

김창언 도창의 문목에 답하다[答金昌彦 道昌 問目] 병진년(1736)

아들이 어머니의 상중에 죽었는데, 소상을 지내기 이전이라면 적손으로서 승중承重하는 자는 할머니의 소상을 지내는 날에 비로소 상복을 받아야 합니까? 아니면 아버지 초상의 졸곡卒哭을 지내는 날에 상복을 받아야 합니까? 벌써 승중을 하였다면 일이 있을 때에 그 상복을 입고 곡하는 것만이 아니라, 평소 출입하면서도 승중복을 입어야 합니까?

『의례경전통해儀禮經傳通解』의 송민구宋敏求의 의議에 "그 장사로 인하여 다시 참최복을 만들어 3년을 입는다."고 하였으며, 송나라 『복제령服制令』에 "적손이 승중하였는데, 소상을 지내기 이전이라면 소상을 지내는 날 상복을 받는다."고 하였습니다. 이른바 그 장사로 인하여 참최복을 만든다는 것은 대개 아버지의 죽음이 할아버지의 장사 전이라면 장사에 상주가 없을 수 없기 때문에 할아버지의 장사로 인하여 참최복을 만듭니다. 지금과 같은 경우 승중하는 시점이 장례는 벌써 지났고 소상은 멀지 않았으니, 아마도 송나라 『복제령』의 설을 따라 소상을 지낼 적에 상복을 받는 것이 마땅할 듯합니다.

어떠할지 모르겠습니다.

퇴계 선생이 "대상代喪을 한다는 뜻으로 두 빈소에 고유하고, 다시 상복을 받아 입고서 바로 전奠을 드리는 것이 마땅할 듯하다."고 하였습니다. 이로 미루어 본다면, 소상 하루 전날 새벽에 먼저 대상을 한다는 뜻으로 고유하고 상복을 받은 뒤에 제사를 지내는 것은 어쩔 수 없을 듯합니다.

예에 중상重喪의 변제變除를 아직 하지 못하였는데, 경상輕喪을 당한 자는 경상의 상복을 만들어 입고 곡하면서 예식을 마치고 나면 다시 중상의 상복을 입습니다. 지금도 이대로 시행해야 하나 한강의 문인이 할머니의 초상을 중상으로 여겨서 자최복齊衰服을 늘 입으려고 하자, 한강 선생이 "참최복斬衰服이 무거우냐? 자최복이 무거우냐?"는 말씀으로 나무랐습니다. 이를 근거하면 평소 출입할 적에는 늘 참최복을 입으나, 할머니의 영위를 출입할 적에는 자최복을 입는 것이 마땅할 듯합니다.

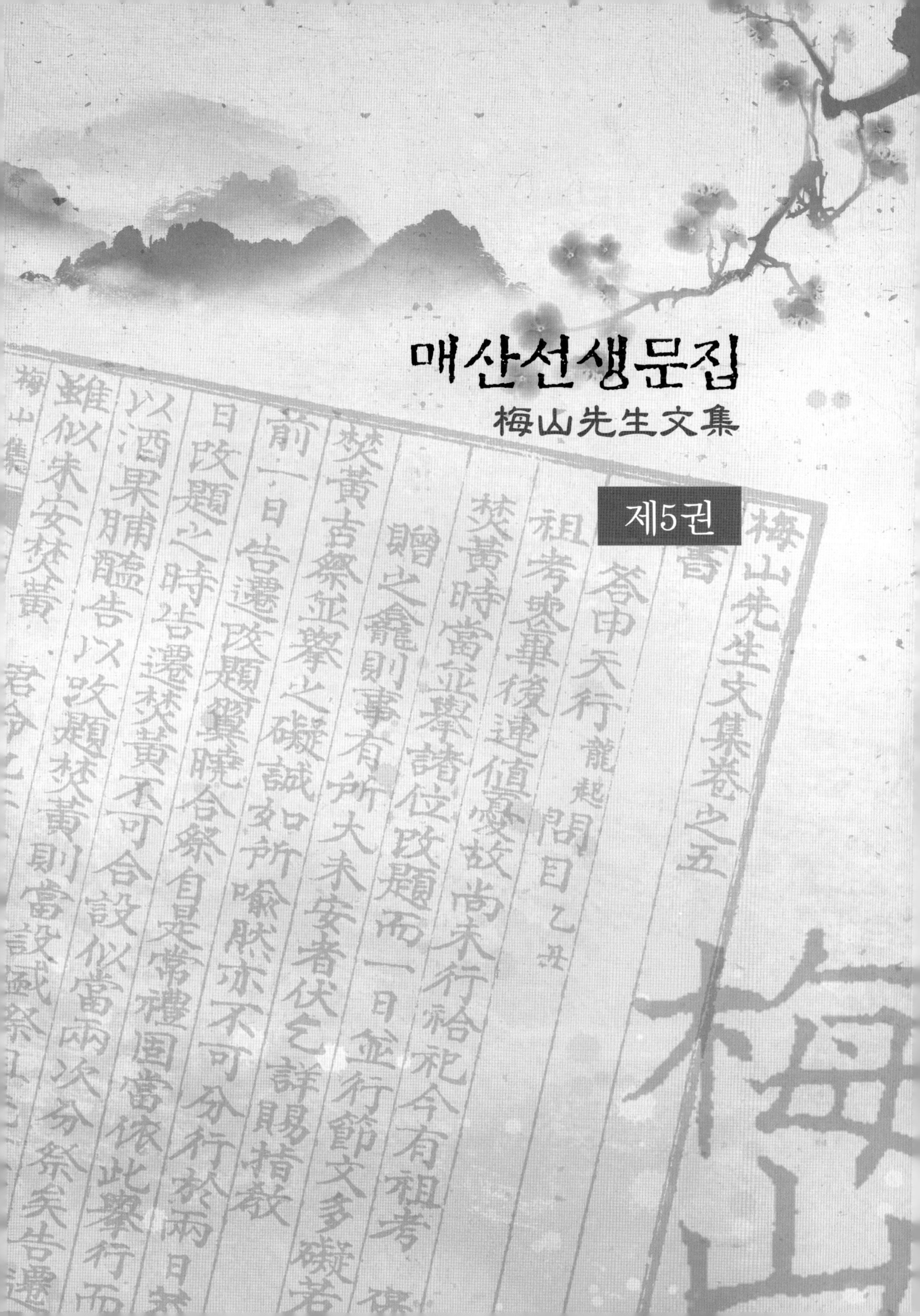

매산선생문집

梅山先生文集

제5권

매산선생문집 제5권

서書

신천행 용기의 문목에 답하다[答申天行 龍起 問目] 을축년(1745)

> 할아버지의 상을 마친 뒤에 연이어 상을 당하였기 때문에 부사祔祀를 아직 지내지 못하였습니다. 이제 할아버지에게 포증褒贈(표창하여 증직함)하는 은전이 내려 분황焚黃할 적에 당연히 여러 신주의 개제改題를 함께 거행해야 하나, 같은 날 함께 거행하면 예식에 구애되는 부분이 많고, 만약 포증을 받은 감실부터 먼저 한다면 일이 크게 미안한 바가 있습니다. 바라건대 자세히 가르쳐 주십시오.

분황과 길제吉祭를 함께 거행할 때 구애되는 점은 참으로 말씀하신 바와 같습니다. 그러나 이틀에 나누어 거행할 수도 없습니다. 대개 길제 하루 전날 고천告遷[1]과 개제를 하고, 다음날 새벽에 합제合祭하는 것은 원래 상례常禮이므로 참으로 이를 따라 거행해야 합니다. 그러나 하루 전날 개제할 적에 거행하는 고천과 분황은 합설合設할 수 없으므로 두 차례로 나누어 제사를 지내야할 듯합니다. 고천에는 술·과일·포·식혜만을 차려서 개제改題한다고 고하고, 분황에는 큰 제사를 차려야 합니다.

또 포증을 받은 분의 신주를 먼저 고치는 것은 비록 미안할 듯하나, 분황은 군주의

---

1) 고천(告遷) : 신주를 사당에서 옮긴다고 고유하는 의식을 말한다.

명이고 고천은 사가의 예입니다. 그 날 새벽에 포증을 받은 분의 신주를 청사廳事로 모셔내어 분황제를 거행하고서 신주를 우선 청사에 모셔두고, 바로 사당에 가서 다른 신주에 고천과 개제를 거행한 뒤에 포증을 받은 분의 신주를 종전의 자리로 환안還安하는 것이 어떠하겠습니까?

다시 답하다[再答]

> 말씀하신 중에 술·과일·포·식혜만으로 고천告遷하고 개제改題하라는 가르침이 있었습니다. 그러나 원래 부사祔祀 하나의 일에 대하여 언급하지는 않았습니다. 합제合祭는 큰 제사인데, 술과 과일만으로 지낼 수 있습니까? 이제 만약 말씀하신 대로 같은 날 함께 제사지낸다면 그 사이의 예식이 번거롭고 또 고유하는 말을 만들기 어렵습니다. 친구가 더러 분황焚黃을 먼저 거행하고 조금 뒤로 날을 잡아 고천하라고 권합니다. 이 뜻은 어떠할지 아직 모르겠습니다.

앞 편지에서 포증을 받은 분의 신주를 종전의 자리로 환안還安한다는 문장 아래에 다음날 합제한 뒤 차례대로 각 감실로 옮긴다고 말해야 하였습니다. 그러나 병으로 혼미하던 중에 미처 언급하지 못해서 제시한 설이 소략하게 되었으니, 부끄러운 노릇입니다. 그렇지만 상단에서 이미 "길제 하루 전날"이라고 하였고, 또 "하루 전날 개제할 적에"라고 하였으니, 다음날 아침에 합제한다는 뜻은 말하지 않아도 상상할 수 있습니다.

소목昭穆의 차례를 바꾸는 일이 얼마나 큰일인데, 개제할 적에 술과 과일만을 차리고 큰 제사는 지내지 않겠습니까? 고천이라고 말한 것은 '관계의 호칭[屬稱]'으로 개제하고 "다음날 자리를 옮긴다."는 뜻으로 고유해서입니다.

두 제사의 날을 각각 잡는다는 설은 매우 좋습니다. 하지만 할머니의 신주는 비록 분황할 적에 개제를 같이 해야 하나, 합독合櫝하는 절차의 경우는 당연히 길제를 지내는 날까지 기다려야 합니다. 또 이미 관계의 호칭으로 개제한 뒤에 여러 날 동안 정감正龕으로 옮기지 않는 것도 미안한 일입니다. 아마도 길제 하루 전날 함께 거행하는 것이 더 편리할 듯합니다.

고유하는 말을 만들기 어렵다는 표현은 참으로 말씀하신 것과 같습니다. 길제 날을 잡은 뒤에 그 달 초하루부터 미리 길제를 준비하였으나 유고가 생겨 미루어 이제야 비로소 거행하니, "조고祖考 모관某官 – 예전 직함을 쓴다. – 부군府君께서 새로 포증을 받아서 같은 날 개제와 분황을 하게 되었다."는 뜻으로 말을 만들어 고유하는 것이 어떠하겠습니까? 이는 시제時祭를 지낼 날을 잡은 뒤에 고유하는 예가 있기 때문입니다.

길제의 절차는 『상례비요喪禮備要』에 자세히 실려 있습니다. 고축문告祝文은 당연히 이 책을 따라 써야 하나, 담제 이후에 바로 거행하는 것과는 다른 점이 있으므로 조금 고쳐 거행하는 것이 마땅할 듯합니다.

분황과 고축은 『의절儀節』에 자세히 실려 있으므로, 참고하여 근거로 삼는 것이 좋겠습니다. 그러나 이번의 증직은 조정에서 덕을 기리는 뜻에서 나온 것으로 자손에 의한 추은推恩과는 다르니, 『의절』의 내용을 그대로 적용할 수는 없습니다. 당연히 축문을 따로 지어서 써야 하니, 헤아려 처리하기 바랍니다. 지난날 저의 집안에서 분황할 적에도 축문을 따로 지어서 썼습니다.

> 아내가 남편의 관직을 따르는 것은 관례입니다. 할아버지의 증직이 비록 할머니가 이미 돌아가신 뒤에 내려졌더라도 또한 공인恭人(5품)이라고 제주題主할 수 있습니까? 적이 듣자니, 김표은金瓢隱[2] 공이 정3품에 증직되었기 때문에 그 부인의 신주에 숙인淑人으로 썼다고 합니다. 모르겠습니다. 횡계橫溪에서도 개제할 적에 이 관례를 따랐습니까?

---

2) 김표은(金瓢隱) : 표은은 김시온(金是榲, 1598~1669)의 호이다. 자는 이승(以承), 본관은 의성(義城)이다.

아내가 남편의 관직을 따르는 것은 행직行職이나 증직贈職이나 같습니다. 저의 집안에는 선대가 증직을 받을 때 부인에게도 증직한다는 교지가 있었습니다. 다만 당하관堂下官이라면 행직과 증직 모두 교지가 없습니다. 지금 증직인 공인으로 개제하는 일을 무어 의심할 수 있겠습니까? 주자가 고비위考妣位에 고하는 축문에서 "황비 유인 증석인 축씨皇妣孺人贈碩人祝氏"라고 하였습니다. 중국의 예는 정말 부인에게도 행직과 증직의 봉호封號를 함께 적었습니다.

그러나 우리 조선의 풍속은 모두 증직을 앞에 쓰고 행직을 뒤에 썼습니다. 퇴계 선생이나 김사계의 집안은 모두 풍속을 따라 썼습니다. 그러므로 저희 집안 역시 이전부터 풍속을 따라 비위妣位의 봉호에 단지 증직의 봉호만을 쓰고 행직의 봉호는 쓰지 않았으니, 이는 품계의 고하와 일의 선후가 모두 도치되기 때문입니다. 덕문德門의 예전 관례는 어떠한지 아직 모르겠습니다.

만약 행직을 먼저 쓰고 증직을 뒤에 쓴다면 이러한 구애가 없으므로 "유인 증공인孺人贈恭人"이라고 써야 합니다. 그러나 만약 증직을 먼저 쓰고 행직을 뒤에 쓴다면 단지 "증공인贈恭人"이라고만 써야합니다.

과명科名[3]이 비록 작위와 다르더라도 이미 나라의 은전이고, 또 살아 있을 적에 실제로 불렸으므로 행직과 증직을 함께 쓰는 관례를 따라 '성균생원成均生員' 네 글자를 쓰는 것이 어떠합니까?

> 5대조 할아버지가 대진代盡(제사지낼 대수가 다함)하여 조천祧遷하려고 합니다. 그러나 최장방最長房이 매우 가난할 뿐만 아니라 또한 편히 모실 사당이 없습니다. 처음에는 사당을 묘소 아래에 지어서 향화香火를 받들려고 하였으나, 일의 형편과 재력이 미치지 못하여 아직 성사시키지 못하였습니다. 이제 별실에 임시로 봉안하려고 하나, 최장방이 이미 자신의 집에 봉안하지 못한다면 주제主祭할 수 없다는

---

3) 과명(科名): 과거에 급제된, 진사(進士)·명경(明經) 등의 분과별 명목을 말한다.

말이 과연 사계沙溪의 설에 있습니다. 만약 제사를 주관하던 자가 부르는 관계의 호칭대로 개제한다면 또 5대조를 제사지내는 참람함이 있습니다. 반복하여 생각해 보아도 끝내 합당한 방도를 알지 못하겠습니다. 바라건대, 상세히 가르쳐 주는 것이 어떠하겠습니까?

조천하는 신주를 최장방에게 받들어 옮기는 것은 본래 상례常禮입니다. 그러나 이제 이미 그렇게 하지 못하였다면 종가의 곁에 별묘別廟를 세워서 향화를 받들어야 합니다. 별실에 임시로 봉안하는 경우는 퇴계 선생이 우경선禹景善의 질문에 답하면서 끝내 마땅한지 아닌지를 기필하지 못하겠다고 하였으니, 허락하지 않은 것을 알 수 있습니다. 그러나 일은 급하고 힘은 부쳐서 별묘를 세우기 어렵다면 우선 별실에 임시로 봉안하고 서둘러 별묘를 짓는 것이 어떠합니까?

개제改題하는 일은 사계가 장방長房의 이름으로 개제한다고 하였는데, 그 설이 참으로 마땅합니다. 그러나 영남의 오래된 집안 중에는 더러 개제하지 않은 집도 있으니, 각각 선례先例를 따라도 괜찮을 듯합니다.

주제主祭의 경우는 비록 별실에 임시로 봉안했더라도 장방이 주제해야 합니다. 제사지낼 대수가 다한 종손이 주제할 수는 없을 것입니다. 다만 합제合祭의 축문에 "모친某親 모某의 방房으로 옮기려고 한다."는 말이 있습니다. 이 말을 왜 하였는지, 십분 자세히 생각하여 합당하도록 하기에 힘쓰기를 천만 바랍니다.

류호이 호와 사윤 연에게 답하다[答柳浩爾 灝 士潤 㷰] 병인년(1746)

여러 해 동안 교유하고 싶던 나머지 형제분들이 찾아주고, 그 길로 베개를 나란히 하고 책상을 함께 하여 선덕先德을 묻고 고적古蹟을 이야기하면서, 오래된 집안의 남은 규범이 아직 성대히 남아 있음을 알 수 있었습니다. 감격과 기쁨이 오래되어도 잊기 어렵습니다. 그 뒤로 인편을 통하여 또 보내신 고마운 편지를 받아 생각해주는 마음을 더욱 알게 되었습니다. 그러나 외진 곳에 인편이 없어서 지금까지 감사의 편지 한 장도 보내지 못하였습니다. 부끄러움과 탄식을 어찌 다 헤아리겠습니까?

요즈음 가을이 점차 서늘해지는데, 여러분들이 기거하는 형편이 어떠한지 모르겠습니다. 궁금한 마음이 더욱 간절합니다.

저는 노쇠와 피곤이 더욱 심하여 지난해보다 또 한층 더해졌습니다. 눈은 어둡고 정신은 흐릿하여 고지故紙 한 쪽도 보지 못하니, 퇴물이 되고 말 것을 스스로 알고 있습니다. 두려움과 서글픔을 어찌 다 말하겠습니까?

매번 계시는 곳을 한 번 들러서 병산사屛山祠에 향화香火를 받들고 선현께서 남긴 향기를 차분히 쐬며, 명승지를 마음껏 유람하고 아울러 산음山陰 어른을 찾아뵙고 싶었습니다. 그러나 질병과 나이가 함께 더해져 아직까지 지연하고 있으니, 이는 과연 티끌세상의 종적이 선경의 좋은 유람에 인연이 없어서입니까? 앞으로 아주 위독한 지경이 되지 않는다면 반드시 이 계획을 저버리지 않을 것입니다. 다시 좋은 만남 가지기를 바랄 뿐입니다.

이경문 상정[4]에게 답하다[答李景文 象靖] 갑술년(1754)

제 고향(연일)의 사또로 부임하였다는 소식을 듣고 저만의 기쁨과 다행함이 더욱더 있었습니다. 이어서 왕래하는 인편을 통하여 고을을 다스리는 여러 정황도 많이 들었습니다. 지난겨울 선영에 성묘하려던 계획은 대개 계시는 곳을 찾아가 묵은 회포를 아울러 풀어보고 싶어서 한 것이었습니다. 그러나 마침 상을 당하여 중도에 그만두었습니다.

---

4) 이상정(李象靖, 1711~1781) : 자는 경문(景文), 호는 대산(大山), 본관은 한산(韓山)이다. 1735년에 문과 급제, 연일 현감을 지냈다. 이후 벼슬하지 않고 제자들과 함께 강학에 힘써 당세의 종사로 일컬어졌다. 시호는 문경(文敬)이다. 저서로는 『대산집』·『이기휘편(理氣彙編)』·『제양록(制養錄)』·『퇴계서절요(退溪書節要)』·『사례상변통고(四禮常變通考)』·『병명발휘(屛銘發揮)』 등이 있다.

동쪽을 바라보며 서운해 하던 그 마음이 지금까지도 풀리지 않고 있습니다.

뜻밖에 일부러 보낸 심부름꾼이 산을 넘어 정다운 편지를 가지고 와서, 손에 들고 봉투를 뜯어 여러 번 읽어보니, 마치 20년 전의 그 모습을 뵙는 듯하였습니다. 감격과 후련함을 어찌 다 헤아리겠습니까?

선달 추위에 정사를 살피는 체후體候가 매우 좋다는 것을 다시 알아, 더욱 기쁘고 위로됩니다.

중기重器는 일흔의 나이에 질병이 감싸고 있는데, 머리가 뜨겁고 가슴이 답답한 증세가 특히 깊은 고질이 되었습니다. 탕제를 많이 써 보았으나 괴롭게도 드러나는 효험이 없습니다. 지난날 하던 학업도 일체 버려두고 있으니, 어찌 한 푼의 진보를 바랄 길이 있겠습니까?

보내주신 편지에서 깊이 나아가고 스스로 체득하였다고 한 말씀은 꼭 맞는 말이 아닌 듯합니다. 도리어 두려워서 땀이 나고 얼굴이 달아올랐습니다. 동지들 중에서 좌우 같은 분은 일찍 법문法門에 유학하고 식견이 해박하니, 만약 한적한 곳에서 자주 만나 성리학의 지결을 토론한다면 일깨워주는 도움이 반드시 적지 않을 것입니다. 그러나 거리가 조금 떨어져 있어서 만날 길이 없는 데다 실낱같은 늙은 목숨이 많이 남지 않았으니, 저의 이 계획이 어찌 반드시 이루어진다고 보장하겠습니까? 스스로 그리워하며 서글퍼할 뿐입니다.

이백용 헌묵[5]에게 주다[與李伯容 憲默] 경오년(1750)

진흙 속의 용이 오랫동안 웅크렸다가 한 번 뛰어 날아올라 승정원·사헌부를 거쳐

---

5) 이헌묵(李憲默, 1714~1788) : 자는 백용(伯容), 호는 안계(安溪), 본관은 여강(驪江)이다. 1750년 문과에 급제, 사간·호조 참판·도승지 등을 지냈다. 저서로는 『안계집』이 있다.

예문관에 이름을 올렸다니, 대선생大先生[6]의 집안이 이로부터 더욱 빛날 것입니다. 원근의 사우들이 다 같이 축하하는데, 나와 같은 친척의 기쁨이야 어찌 말로 다할 수 있겠습니까?

지금 듣건대, 수연을 열어 색동옷을 입고 헌수獻壽를 하면서 또 여러 어른들을 초청한다고 하니, 참으로 조랑말을 타고 가서 손님들의 뒤를 따라 어른께 축하를 드려야 할 일입니다. 그러나 마침 발병한 어깨의 통증으로 뜻대로 하지 못하였습니다. 참으로 서글프고 한스럽습니다.

소시召試[7] 날짜가 벌써 잡혔다는데, 어찌하여 참여하려고 하지 않습니까? 질병으로 사양하고 참여하지 않는 것은 참으로 겸손히 물러나는 도리에는 나쁘지 않으나 신하된 도리로는 미안한 바가 있을 듯합니다. 어떠할지 아직 모르겠습니다.

이백용에게 답하다[答李伯容] 임신년(1752)

멀리서 그리워하던 중 불현듯 백씨伯氏가 왕림하는 걸음에 편지가 뒤이어 와서, 사람을 감격하고 후련하도록 만들었습니다. 다만 부모님의 병환이 더 위독하고 현합賢閤(상대의 아내에 대한 경칭)이 또 홍역을 겪고 있다고 하니, 염려가 그지없습니다.

사헌부에 임명한다는 명은 비상한 은총입니다. 친척으로서 기쁘고 다행함을 어찌 다 말하겠습니까? 다만 거취의 어려움은 참으로 말한 대로 입니다. 더구나 약을 달여 드리는 우려가 있으니, 이 일로 면직免職을 청하는 것은 실로 정리情理에 맞습니다. 모름지기 알아서 처리하는 것이 어떠하겠습니까? 여러 가지 곡절은 이미 백씨와 충분히 논의하

---

6) 대선생(大先生) : 이언적(李彦迪, 1491~1553)을 말한다. 자는 복고(復古), 호는 회재(晦齋), 본관은 여강(驪江), 시호는 문원(文元)이다.
7) 소시(召試) : 임금이 앞에 불러다 놓고 물어서 시험하는 것으로, 선비를 채용하는 특별 방법이다.

였습니다.

척戚은 홍역이 사방으로 번지고 아이들도 이제 홍역에 걸려서 우려를 스스로 진정시키지 못하니, 내 자신의 병은 말할 겨를도 없습니다.

이맹윤 세택[8]에게 답하다[答李孟潤 世澤] 갑술년(1754)

명고鳴皐에서 심부름꾼이 돌아오는 길에 보낸 편지를 받아 생각해주는 지극한 뜻을 충분히 알았습니다. 펼쳐보며 느끼는 기쁨과 후련함이 어찌 만나는 것보다 못하겠습니까?

해가 어느덧 새로워진 이즈음 멀리서 어른 모시며 지내는 동정이 매우 복스럽다니, 우러러 축하하고 또 궁금합니다.

저는 나이 일흔을 꽉 채우면서 정신과 혈기가 줄어들어 감을 더욱 느끼니, 남은 날이 많지 않음을 스스로 알겠습니다. 어찌 다시 나아갈 가망이 있겠습니까? 참으로 크게 탄식할 만합니다. 답장이 전해지지 않은 것은 먼 곳에서 전하는 편지일수록 으레 이런 우려가 많습니다. 어찌 아쉬움이 있겠습니까?

서책을 펼쳐 공부를 한다니, 이 뜻은 매우 좋습니다. 재주가 영민하고 자질이 온수溫粹한 그대가 만약 뜻을 독실이 하고 책을 부지런히 읽어서 한결같이 나아간다면 큰 사업을 이루어 위로 가업을 이어 받을 수 있을 것입니다. 바라건대, 부디 마음을 더 쏟아서 멀리서의 바람과 어버이께서 바라던 일에 부응하여 끝내 함께 이룬다면 참으로 기쁘고 다행일 것입니다.

그때 찾아오겠다고 하신 말씀은 실로 딴 사람으로 여기지 않는 정성에서 나왔을 것입

---

8) 이세택(李世澤, 1716~1777) : 자는 맹윤(孟潤), 호는 조은(釣隱), 본관은 진성(眞城)이다. 1753년 문과에 급제, 검열·우부승지·대사헌 등을 지냈다. 저서로는 『조은집』·『청량산지(淸涼山誌)』 등이 있다.

니다. 혹시나 한번 만나 조용히 토론한다면 아마 답답한 마음을 조금이나마 풀 수 있을 것입니다. 다행함이 어떠하겠습니까?

이맹윤에게 주다[與李孟潤]

궂은비로 미끄러워진 고갯길을 넘어 행차가 멀리서 찾아주어 자리를 마주하고 베개를 나란히 하여 고금의 일을 충분히 이야기하였습니다. 늙고 못난 사람이 어떻게 좌우에게 이러한 대우를 받을 수 있었는지요? 쓸쓸히 지내며 꽉 막혀가던 중에 저의 비루함과 인색함이 모두 사라지는 것을 불현 듯 느꼈으니, 그 기쁨과 다행스러움은 가수嘉樹를 잘 기른[9] 것에 견줄 뿐이 아니었습니다.

무더위가 점점 더 심해지는 계절에 어른 모시며 공부하는 체후體候는 어떠한지 모르겠습니다. 더욱 간절히 궁금합니다.

저는 여전히 꼬꾸라져 지내다가 여름이 되어 더욱 심해져서, 기진맥진 자리에 드러누워 스스로 떨치고 일어나지 못하여 고지故紙의 두어 쪽도 읽어볼 길이 없으니, 단지 여울물에 떠내려가는 배 모습[10]을 하고 있습니다. 그러니 말할 것이 무어 있겠습니까?

우리 그대와 같은 분은 나이가 젊고 힘이 넘치는 데다가 또 가정의 가르침을 받았습니다. 진실로 마음을 다잡고 공부하여 그것이 쌓여서 해박한 경지에 이른다면, 이치를

9) 가수(嘉樹)를 잘 기른: 서로 친밀한 교정(交情)을 잘 키워가는 것을 말한다. 춘추 시대 진(晉)나라 한선자(韓宣子)가 노(魯)나라에 사신으로 오자 계무자(季武子)가 주연을 열었는데, 그 정원에 서 있는 아름다운 나무를 보고 좋다고 칭찬하니, 계무자가 "숙이 감히 이 나무를 잘 길러서 「각궁」편을 노래하여 주신 당신의 은혜를 깊이 새기지 않겠습니까?[宿 敢不封殖此樹 以無忘角弓]"라고 한 고사에서 유래한다.(『春秋左氏傳』「昭公」 2年)

10) 여울물에……모습: 사람이 죽어 관구(棺柩)를 배에 싣고 가는 모습을 말한다. 이 편지에서는 죽을 날이 얼마 남지 않은 자신의 처지를 비유적으로 설명하였다.

밝히고 덕에 나아가는 일과 가학을 계승하는 임무에 있어 어찌 다른 사람에게 양보하겠습니까? 오직 바라건대, 천만 노력하여 옛 친구의 바람에 부응하여 주십시오.

이휴문 광정11)에게 답하다[答李休文 光靖] 을해년(1755)

연전에 행차가 근처에서 머물던 날, 병든 몸을 이끌고 나아가 이야기를 나누지 못한 것은 너무 늦게 알았기 때문입니다. 바야흐로 이 일을 개탄스러워하던 중에, 이렇듯 뜻밖에 멀리서 보내준 편지를 받았습니다, 말뜻이 곡진하여 마치 대하는 듯 봉투를 열어보니, 좁은 가슴을 씻어내고 답답하던 회포를 풀기에 충분하였습니다. 감격을 어찌 다 헤아리겠습니까?

다만 칭찬한 말씀이 너무 지나치고 기대하는 바람이 걸맞지 않아서 어리석고 비루한 저로서는 감당할 바가 아닙니다. 현자도 이에서 또한 실언을 면하지 못하는 것인지 적이 염려스럽습니다. 사람을 부끄러워 움츠러들게 만듭니다.

초여름에 학문하는 체후가 매우 좋다는 것을 다시 알아, 더욱 기쁘고 마음이 놓입니다.

저는 나이 일흔을 넘기면서 병마에 시달리며 자리에 드러누워 지내다보니, 지기志氣가 흐려지고 게을러져만 갑니다. 비록 어릴 적에 일찍부터 부형과 사우의 곁에서 속학俗學 이외에 나름대로 몸을 편안히 하고 천명을 세울 곳이 있다는 것을 대략 들었으나, 풍진에 잘못 떨어진 데다가 연이어 상사와 질병을 겪으면서 마음을 다잡아 책의 내용을 연구하여 조그마한 효험도 엿보지 못하였습니다.

이제 늙고 쇠약해서는 눈이 어둡고 정신이 흐릿하여 전부터 해오던 공부조차도 완전

---

11) 이광정(李光靖, 1714~1789) : 자는 휴문(休文), 호는 소산(小山), 본관은 한산(韓山)이다. 과거에 불운하여 은거하며 강학에 힘을 쏟았다. 만년에 학행으로 천거되었으나 모두 사양하였다. 저서로는 『소산집』이 있다.

히 놓아버렸으니, 하우下愚[12]가 됨을 면하지 못할 것을 스스로 알고 있습니다. 고인古人이 외진 집에서 슬피 탄식하며 한 경계를 생각할 때마다 저도 모르게 두려워서 떨립니다.

오직 바라건대, 한창의 나이와 높은 재주를 지닌 그대가 진덕수업進德修業[13]하는 일에 더 노력하여 다산 선생茶山先生이 백공伯恭에게 기대하며 권면한 뜻을[14] 저버리지 않는다면 어찌 오당吾黨의 다행이 아니겠습니까?

연일 현감延日縣監[15]께서는 근래에 정사를 보는 체후가 어떠하십니까? 외지고 궁벽한 산속에서 지내다보니, 만나볼 길이 없고 다만 걱정만 더해집니다.

홍상륜의 문목에 답하다[答洪尙倫問目] 정묘년(1747)

작은아버지가 작은할아버지의 후사가 된 뒤, 지난해에 양가 어머니의 초상을 당하여 이미 연제練祭를 지냈고, 또 생가 아버지의 초상을 당하여 아직 장사지내지 못하였는데, 양가 어머니의 상제祥祭를 지낼 날이 어느덧 다가왔습니다. 비록 후사가 된 것이 중하다고는 하나 본가 아버지의 장사를 지내기 전인데, 세수한 뒤에 백립白笠을 쓰고 상제를 지내는 것이 예禮에 어떠하겠습니까? 이것이 만약 불가하다면 상제를 지내는 날에는 단지 조촐한 제물을 차려 술이나 한 잔 올렸다가, 장사를 지내고 난 뒤에 날을 가려 거행합니까?

---

12) 하우(下愚) : 타고난 자질이 흐리고 어긋나서 변화하지 않는 어리석은 사람을 말한다. "매우 지혜로운 사람과 매우 어리석은 사람은 변화하지 않는다.[唯上知與下愚 不移]"에서 온 말이다.(『論語』「陽貨」)

13) 진덕수업(進德修業) : 도덕(道德)을 증진시키고 공업(功業)을 세우는 것을 말한다. "군자는 도덕을 증진시키고 공업을 세운다.[君子 進德修業]"에서 온 말이다.(『周易』「乾卦·文言」)

14) 다산(茶山)……뜻을 : 다산은 송나라 증기(曾幾)의 호이고, 백공은 여조겸(呂祖謙)의 자이다. 기대하며 권면한 일 무엇인지 자세히 알 수 없다.

15) 연일 현감(延日縣監) : 소산 이광정의 형인 대산(大山) 이상정((李象靖)을 말한다.

물어 언급한 의례疑禮에서 부족한 저에게 묻는 훌륭한 뜻을 깊이 입었습니다. 다만 짧은 식견과 얕은 소견으로 어찌 감히 쉽게 입을 열겠습니까? 그러나 멀리서 물어주신 뜻을 저버릴 수 없어서 삼가 들은 바를 상고하여 말씀드리겠습니다. 바라건대, 헤아려 취사하는 것이 어떠하겠습니까?

『예기』「잡기雜記」에 "3년상이 겹쳐서 날 경우에는 이미 갈질葛絰을 하고 나서 연제와 상제를 모두 지낸다."라고 하였는데, 그 주석에 "앞서 난 초상과 뒤에 난 초상이 모두 3년의 복이라면, 뒤에 난 초상에 이미 갈질을 받은 뒤라면 앞서 난 초상의 상복으로 연제와 상제를 지낼 수 있다."라고 하였습니다. "이미 갈질을 하고 나서"라는 말은 우제虞祭를 지내고 나서 수복受服할 적에 갈질로 허리의 마질麻絰을 바꾸는 일입니다. 그러나 갈葛이 없다면 경潁[16]으로 대신합니다. 사계는 "그 나머지 초상에 대해서는 애당초 거론하지 않았다. 그러니 빈殯을 한 뒤에 연제와 상제를 지낼 수 있다는 뜻을 이에 의거해서 알 수 있다."라고 하였습니다.

이제 귀하의 작은아버지가 이미 남의 후사가 되었다면 생가 어버이에게는 저절로 1년복을 입게 되니, 3년상을 기준으로 삼지 못한다는 것을 알 수 있습니다. 비록 장사 지내기 전이더라도 상제 하루 전에 대충 씻고서 담제복禫祭服을 입고 상제를 지내되, 일을 마치고 나서 다시 최복衰服을 입는 것은 그만둘 수 없을 듯합니다. 그러나 이는 바로 저의 억단臆斷이니, 주제넘었다는 나무람을 어떻게 면할 수 있겠습니까? 부디 예를 아는 곳에 널리 물어서 일을 그르쳤다는 후회가 없도록 하기 바랍니다.

담제의 경우는 바로 길복吉服으로 갈아입을 수 없으니 저절로 담제를 없애야 하며, 길제의 경우는 심제心制[17]가 끝나기를 기다린 뒤에 지내는 것이 마땅하지 않겠습니까?

---

16) 경(潁): 모시풀 비슷한 식물로서, 껍질을 까서 갈포의 대용품으로 사용한다.
17) 심제(心制): 마음으로 입는 정복(情服)을 말한다.

송학렴[18])에게 답하다[答宋學濂] 을해년(1755)

5월 초열흘께 재종再從이 돌아와서야 비로소 귀하의 할아버님의 병환이 가볍지 않다는 것을 삼가 듣고는, 구구한 염려가 밤낮으로 놓이지 않았습니다. 그러나 오직 덕의德義를 갖춘 분은 신이 도와주어 반드시 회복하는 경사가 있을 것이라고 기원하였습니다.

이달 초에 뜻밖의 부고가 인편으로 전달되어 와서 놀란 나머지 엎어져 통곡하며 마음을 진정시키지 못하였습니다. 평소 간담상조하던 우정은 친척의 사정私情만이 아니었으나, 근래에 쇠약과 질병이 너무 심해져서 만나 강토講討하려던 계획을 이루지 못하였습니다. 이렇게 갑자기 유명을 달리하시니, 한없는 이 고통 죽지 않고서야 어찌 멈추겠습니까? 마땅히 한 노복을 즉시 보내어 위장慰狀을 올려야 하나, 많지 않은 노복들이 전염병에 걸려 일어나지 못하고 있어서 여태까지 이렇게 지체하고 있으니, 바야흐로 이것이 한스러웠습니다.

뜻밖에 보내준 편지로 멀리서 장삿날을 알려 주니, 봉투를 열며 부끄러움으로 땀이 흘러 말할 바를 알지 못하였습니다.

만사輓詞는 본래 정이 두터운 사람이 운구運柩를 도우며 하는 말입니다. 장사지내는 날을 이미 알았으니, 일부러라도 사람을 보내 즉시 만사를 올려야 합니다. 그러나 이번 여름이 덥고 습하여 오랫동안 임시 거처에서 지내고 있는 데다가, 묵은 병이 크게 덧나서 여러 증세들이 번갈아 일어나 밥을 끊고 약만 복용하다보니, 정신과 생각이 흐려져서 시기를 맞출 길이 없습니다. 조금 회복되기를 기다려서 제 심정을 담아 보내도록 하겠습니다. 오직 장례를 순조롭게 잘 모시기만 축원합니다.

---

18) 송학렴(宋學濂, 1719~?) : 자는 영심(令尋), 호는 문양(文陽), 본관은 야로(冶爐)이다. 1759년 생원시에 입격하였다.

최종겸[19]에게 답하다[答崔宗謙] 정사년(1737)

전번 편지에 아직 답장도 못했는데, 뒤에 보낸 편지가 또 오니, 멀리서도 지극한 뜻을 잘 알겠네. 감사하는 마음이 참으로 깊네.

막 추워지는 이즈음에 부모님을 모시는 새미가 좋다는 것을 다시 알아, 더욱 기쁘고 마음이 놓이네.

병으로 괴로워하던 감아鑑兒[20]에게 최근 설사와 기침 등 딴 증세가 더해져서 한 달이 지나도록 위독하니, 나는 경황이 없어서 어쩔 줄을 몰라 하였네. 며칠 전부터 설사와 기침은 조금 멈추었으나 원기가 소진되어 회복이 아직은 쉽지 않으니, 절박함과 우려를 어찌 다 헤아리겠는가?

『시경詩經』을 막 읽기 시작하였다고 들었는데, 참으로 마음을 가라앉히고 푹 익혀서 넉넉히 영탄한다면 사람을 흥기시키는 것이 저절로 적지 않으며, 문장을 짓는 데에도 도움 되는 것이 많다네. 바라건대, 부디 읽은 뒤에 재삼 익숙히 읽어서 『시경』 311편의 자자구구를 모두 자신의 가슴속 물건으로 만드는 것이 어떠한가? 어렸을 적에 노력하지 않는다면 늙은 뒤에는 비록 후회해도 돌이킬 수 없네. 천만 노력하고 노력하게.

최종겸에게 답하다[答崔宗謙] 계해년(1743)

막 사람을 보내어 소식을 알아보려고 하던 차에 갑자기 일부러 보내준 심부름꾼에게서 문안 편지를 받았네. 지난해에 벌써 돌아와 궤연几筵을 모시며 기력을 유지하는 줄 알았

---

19) 최종겸(崔宗謙, 1719~1792) : 자는 백원(伯源), 호는 제암(霽岩), 본관은 경주이다. 1748년 「오잠(五箴)」을 짓고, 예설(禮說)을 널리 채집하여 「소목변(昭穆辨)」·「인심흑백도(人心黑白圖)」를 지었다.

20) 감아(鑑兒) : 매산의 맏아들 정일감(鄭一鑑, 1719~?)을 가리킨다. 자는 심여(心如)이다.

으니, 당초 염려하던 심정으로 말한다면 어찌 하늘의 도움이 아니겠는가?

누이의 집안도 아직은 숨을 부지하고 있다니, 참으로 위로되고 다행이네. 그러나 큰 병을 겪은 뒤에 여태까지 완전히 회복하지 못하였다니, 간호하는 방도는 오직 여러 상주들의 손에 달려 있네. 부디 잘 위로하여 밥을 더 먹고 조섭하기를 지극히 축원하네.

언급한 의례疑禮는 모두 큰 절목이나, 창졸간이어서 널리 고찰하여보지 못하고 별지別紙로 대략 답하니, 끝까지 더 헤아려 보아야 할 것이네.

예에 "상이 함께 난 경우, 빈소는 같이 차리고 궤연几筵은 따로 쓴다."고 하였으니, 이제 이를 따라 빈소를 같이 차리면서 아버지는 서편에 모시고 어머니는 동편에 모셔야 되네. 궤연은 의자 두 개와 탁자 두 개를 마련하여 각각 전을 올릴 자리 마련하되, 장막으로 두 탁자 사이를 가리면 되네. 조석으로 곡하고 절하는 경우에는 장막을 걷고 함께 거행하네. 이는 아버지 앞에는 남자 손님이 들어와 곡을 하며 전을 드리는 경우가 있기 때문에 장막으로 가릴 뿐이네.

문목에 답하다[答問目]

종겸宗謙의 죄역罪逆이 깊고 무거워서 재앙이 양친에까지 뻗쳐서, 어머니의 초상이 난지 한 달이 지나 또 아버지의 초상을 당하였습니다. 이 또한 아버지가 살아있는데 어머니가 죽은 예를 적용하여 어머니께는 3년상을 지낼 수 없습니까?

『통전通典』[21]에서 유씨庾氏가 "어머니상의 소상이 이미 지나서 아버지가 죽었다면, 어머니상의 13개월에 이르러 3년복을 입을 수 있는가?"라고 묻자, 서광徐廣이

21) 『통전(通典)』: 당나라의 두우(杜佑, 735~812)가 지은 책이다.

“하순賀循은 ‘아버지상에 아직 빈소를 차리지 않았는데 할아버지가 죽으면, 승중한 적손이더라도 오히려 1년복을 입으니, 이는 아버지가 계실 때의 예를 차마 바꾸지 못해서이다’라고 했다. 저절로 아버지가 계실 때 어머니의 복을 입는 예를 적용하니, 궤연几筵을 3년 동안 두지는 못한다.”라고 대답하였습니다.

유울지庾蔚之는 “아버지가 죽고 아직 빈소를 차리지 않았는데 할아버지가 죽으면, 할아버지를 이은 적손이더라도 감히 할아버지에게 무거운 복을 입지 못하는 것은, 아버지가 계실 때의 예를 차마 바꾸지 못해서이다. 더구나 아버지가 살아있던 날 어머니가 죽은 지 이미 오래되었으니, 어찌 아버지가 죽었다고 예를 바꿀 수 있겠는가?”라고 하였습니다.

사계는 “예에서 모든 복은 처음 정한 복제로 결정한다.” 하였습니다. 이에 근거하면, 어머니가 먼저 죽고 3년 안에 아버지가 또 죽는다면 이어서 어머니에게 1년복을 입게 되니, 3년복을 다하지 못하는 것은 분명합니다. 만약 고례古禮를 따라 어머니의 복을 1년으로 한다면 죽은 아버지가 주재하는 것입니다. 그렇다면 제주題主할 적에는 어떻게 써야 합니까? 우제虞祭·부제祔祭 및 연제練祭·상제祥祭·담제禫祭는 누가 주재하며 축문의 글은 어떻게 씁니까? 일의 불편함이 많아도 결코 죽은 아버지에게 주재하도록 할 수는 없습니다. 아직 모르겠습니다. 별도의 분명한 조문이 있습니까?

예가 비록 이와 같으나 정리情理로 헤아려보면 끝내 미안한 점이 있습니다. 또 송민구宋敏求의 논의에 “할아버지의 상중에 아버지가 죽으면 승중한 적손嫡孫은 할아버지의 3년복을 입는다.”고 한 말로 미루어보면, 어머니 상중에 아버지의 죽은 자는 3년복을 입어서 자식으로서의 인정을 펴는 것이 또한 주자朱子가 말한 “후한 쪽을 따른다.”는 뜻에 나쁠 것이 없지 않겠습니까?

이는 큰 절목이어서 선배들도 함부로 가벼이 논의하지 않았는데, 이제 어떻게 쉽게 논단할 수 있겠는가? 소설疏說에서 이미 “1년복을 입는다.”고 말하였고, 또 “모든 복은 모두 처음 정한 복제로 결정한다.”고 하였고 보면, 이어서 1년복을 입는 것이 분명하네. 그러나 제주·우제·부제의 경우는 모두 아들이 주재해야지, 어떻게 죽은 아버지가 주재할 수 있겠는가?

말한 대로, 송민구가 논의한 "할아버지의 상중에 아버지가 죽으면 승중한 자는 3년복을 입는다."는 말을 끌어들여 3년 복제를 시행하려고 한다면 이 뜻은 또한 좋네. 그러나 다만 할아버지는 아버지보다 높고 아버지는 어머니보다 높으니, 압존壓尊하여 굽힌다는 뜻과는 약간 다를 듯하네. 그러므로 더러 늘이거나 더러 줄이는 차이가 있는 것인가? 그렇지 않다면 고인들이 반드시 논의한 적이 있었을 텐데, 한 마디의 말도 예서禮書에 보이지 않는 것은 어째서인가?

두원개杜元凱의 설은 1년복을 입지 못한다는 뜻이나, 이는 아버지를 장사지낸 뒤에 어머니가 죽은 경우이네. 오늘의 일과는 같지 않으니, 끌어다가 사례로 제시할 수는 없을 듯하네. 그러나 급작스럽게 찾다보니 억견臆見으로 결정하기는 어렵네. 또 소상이 아직 멀었으니, 이 뒤에 마땅히 더 생각하여 편지를 보내겠네.

> 작은아버지의 초상에 작은 어머니의 병환 때문에 즉시 성복成服하지 못했습니다. 그러므로 근간에 성복하고 싶으나, 밖으로 초상을 주재할 사람이 없고 단지 네 살 된 아이만이 있습니다. 아이가 비록 예를 지키지 못하더라도 또한 아들이 없다고 볼 수도 없습니다. 『예기』「상대기喪大記」에 "아들이 무지하면 최복衰服으로 감싸 안는다."고 하였고, 유지劉智[22]는 "어린아이는 무지하나 그 부모 초상의 경우 최복으로 감싸 안는다."라고 하였습니다. 아들 된 정리情理로 일이 이와 같아야 하니, 고례古禮를 따라 거행하는 것은 어떻겠습니까?
>
> 또 『개원례開元禮』에는 "적자嫡子가 어려서 스스로 상장喪杖을 짚지 못하면 다른 사람이 대신 잡아 준다." 하였고, 『예기』「문상問喪」에는 "집안일을 주관하는 동자가 비록 어리더라도 최복으로 감싸 안고, 또 상장이 있다." 하였으니, 이는 적자의 경우를 말합니다. 그렇다면 아버지의 뒤를 이은 맏아들도 상장을 짚을 수 있습니까?

---

22) 유지(劉智) : 육조 시대(六朝時代) 진(晉)나라 사람으로, 자는 자방(子房)이다. 시중 상서(侍中尙書)를 지냈는데, 어려서 집이 가난해 나무 짐을 등에 지고 글을 읽었다. 저서로는 『상례석의(喪禮釋疑)』가 있다.

제주題主의 경우에는 주자가 이계선李繼善[23]에게 보낸 편지에 의하면, 아이 이름을 봉사자奉祀者로 쓰고서 섭주攝主[24]가 대신 고유하는 예禮가 분명합니다. 그렇다면 축문에도 아이 이름으로 주재한다고 쓰고서 섭주가 대신 고유합니까?

아버지를 이은 맏아들은 저절로 적자가 되는데, 어떻게 상장이 없을 수 있겠는가? 제주 및 축문에는 모두 아이의 이름으로 쓰고서 섭주가 대신 고유해야 하네. 다만 사자謝慈[25]는 "아직 8세가 되지 않은 아이는 베로 된 심의深衣를 입는다. 비록 최복을 만들어야 하나 예를 따를 필요는 없고 세속을 따라 만든다. 또 상장을 준비하여 빈소 곁에 둔다." 하였네. 최복으로 감싸 안는 절차의 경우는 임시에 참작하는 것이 옳네. 섭주는 가까운 친족 여러 사람 중에 한 사람이 해야 하네. 그러나 자네는 이미 참최斬衰의 중복을 입고 있으므로, 자네의 종형제가 비록 남의 후사로 나갔더라도 경복을 입고서 그 일을 맡는 것이 마땅할 듯하네.

예에 동자는 상장을 짚지 않는다고 하는데, 이는 서동자庶童子[26]들입니다. 비록 딸의 경우는 말하지 않았더라도 여자 동자도 상장을 짚지 않는 것은 또한 분명합니다. 『예기』「상복소기喪服小記」에 "딸이 출가하기 전에 부모의 초상을 당한 경우에, 그 초상을 주재하는 사람이 상장을 짚지 않는다면 딸 가운데 한 사람이 상장을 짚는다." 하였습니다. 만약 남자 형제가 최복으로 몸을 감싸 안겨서 상장이 없다면 이는 상을 주재하는 자가 상장을 짚지 않는 격입니다. 딸이 상장을 짚는 것은 의문이 없으나, 어머니가 살아있는데 초상을 주재한다면 초상을 주재하는 사람이

---

23) 이계선(李繼善) : 계선은 주자의 제자 이효술(李孝述)의 자이다.
24) 섭주(攝主) : 다른 사람을 대신하여 일을 주관하는 사람을 말한다.
25) 사자(謝慈, ?~?) : 삼국 시대 오나라의 팽성(彭城) 사람이다. 자는 효종(孝宗)이다. 중서랑(中書郎)을 지냈다. 저서로는 『상복도급변제(喪服圖及變除)』가 있다.
26) 서동자(庶童子) : 맏아이가 아닌 여러 동자를 말한다.

상장을 짚지 않는다고 말할 수는 없습니다. 그렇다면 딸도 상장을 짚지 못하는 것입니까?

적자가 비록 어리더라도 이미 최복과 상장을 준비하였다면 딸이 상장을 짚을 필요는 없네.

1년상의 상복은 따로 만들어야 하나 3년상을 연이어 당하다 보니, 형세가 미치지 못하여 상복을 만들지 못하였습니다. 성복하는 날 심의深衣 위에 질대絰帶를 매고 거행해야 합니까? 또 예에 비록 "각각 그 상복을 입는다."고 하였으나, 장사지내기 전에 무거운 복을 완전히 폐지하는 것은 미안할 듯합니다. 교대絞帶[27] 위에 1년복에 쓰는 질紩을 띠고 성복을 지내는 것이 어떠합니까?

예에, 중복重服을 입고 있는 중에 경복을 입어야 하는 초상을 당한 사람은 그 상복을 만들어 두었다가 성복하는 달의 초하루에 그 상복을 입고 곡을 하고는, 마치고 중복을 다시 입는다네. 비록 장사지내기 전이더라도 잠시 최복을 벗어 두고 1년복을 입었다가 성복한 뒤에 다시 최복을 입는 것이 옳네. 그러나 이제 이미 1년복을 만들지 못하였다면 성복할 적에 어쩌면 포직령布直領[28]에 1년상의 질대紩帶를 매는 것이 마땅하지 않겠는가? 심의의 경우는 바로 중상重喪을 위하여 준비하는 것이므로, 한 때에 경복과 중복을 겹쳐 입을 수는 없네.

아버지 장사를 아직 치르지 못하였다면 참최복斬衰服을 입고서 어머니의 빈소에 제사지내는 것이 예입니다. 그렇다면 1년상의 삭망朔望에 드리는 전奠도 참최

---

27) 교대(絞帶) : 참최복(斬衰服)의 하나로, 씨가 달리는 삼을 섞어 꼬아 만든 요질(腰絰)을 말한다.
28) 포직령(布直領) : 외의(外衣)에 깃을 다는 양식 가운데 하나로, 곧은 깃을 말한다.

복을 입고서 드려야 합니까? 참최복을 입고 1년상의 전을 드리면 의리에 미안하므로 참석할 수 없는 것입니까? 1년상을 마치기 이전에 밖으로 초상을 주재할 사람이 없다면 또한 모른 척하고 참석하지 않을 수 없습니다. 어떻게 변례變禮에 대처합니까?

참최복을 입고서 1년상의 전을 드리는 일이 의리에 미안한 것은 참으로 말한 바와 같네. 그러나 이미 초상을 주재할 사람이 없고 보면, 또한 참석하지 않을 수 없네. 오늘날 세속에서 상중에 있는 사람이 더러 친척이나 친구의 상을 당하여 심의深衣에 교대絞帶를 맨 차림으로 곡을 하네. 만일 끝내 1년복의 의상을 준비하지 못하였다면, 차라리 세속을 따라 심의에 교대를 맨 차림으로 참석하는 것이 낫지 않겠는가? 그러나 1년복을 만드는 것이 매우 마땅하네.

종자宗子가 부모의 상을 치르는 중에 연제練祭를 아직 지내지 않았는데, 또 1년상이나 대공상의 부제祔祭를 지내야 한다면 어떤 상복을 입고 제사를 지냅니까? 사계는 "제사지낼 적에는 부제를 지내는 대상에게 입는 상복을 입는다." 하였습니다. 아니면 혹여 1년상이나 대공상의 부제를 지내는 대상에게 입는 상복을 입습니까? 혹자는 묵최墨衰(검은 최복)를 입는다고 합니다. 어떠할지 아직 모르겠습니다.

종자宗子가 상중에 1년상이나 대공상의 부제를 지내야 한다면 1년상이나 대공상의 의상을 입어야 하네. 대개 고인의 오복五服[29]에는 모두 걸 맞는 의상이 있네. 사계가 이른바 "부제를 지내는 대상에게 입는 상복을 입는다."는 것이 바로 이것이네. 부제를

29) 오복(五服) : 친소(親疏)의 차등에 따라 입는 다섯 가지 상복으로, 참최복(斬衰服)·자최복(齊衰服)·대공복(大功服)·소공복(小功服)·시마복(緦麻服)을 말한다.

지내는 대상에게 입는 상복은 부제를 지내는 친속親屬을 위하는 일이네. 성복할 적에 진작 만들어 둔 상복이 있는데, 어떻게 묵최墨衰를 쓸 수 있겠는가? 1년복의 옷을 만들지 않으면 일마다 구애되네. 바라건대, 힘써 만들어 입는 것이 어떠하겠는가?

> 복의復衣는 땅에 묻지 않는 것이 예입니다. 오늘날 세속에서는 혼백魂帛과 함께 땅에 묻는데, 어쩌면 마땅하지 않을까 염려됩니다. 만약 고례古禮를 따른다면 입던 의복과 함께 사당 안에 보관해야 할 듯합니다. 그러나 복의는 입던 의복과는 또 다르니, 어디에 두어야 합니까? 살아 있는 사람에게 쓰는 것은 혹시 불가합니까?

복의는 예에도 두는 자리를 밝힌 글이 없으나, 오늘날 세속에서는 혼백과 함께 땅에 묻네. 일찍이 이것의 의미를 갈암葛庵 선생에게 물었더니, 또한 묻어 두는 방법 이외에 달리 처리할 만한 방도가 없다고 가르쳐 주셨네. 살아 있는 사람이 쓰는 것은 결코 불가하며, 입던 의복과 같이 보관하는 것도 미안할 듯하네. 혼백과 함께 땅에 묻는 것이 아마도 합당할 듯하네.

> 빈소를 차린 뒤에 관棺을 당堂 안에 두는데, 서쪽으로 조금 물려 머리를 남쪽으로 두는 것이 예입니다. 오늘날 사람들은 더러 바깥 사랑에 빈소를 마련하기도 하고 토실에 빈소를 마련하기도 하기 때문에 일을 행할 때 비좁은 경우가 많아 관을 당 안으로 옮기는데, 머리를 동쪽으로 두거나 머리를 서쪽으로 두는 문제는 끝내 정론이 없으니, 어느 것이 옳습니까? 상례도喪禮圖로 살펴보면 대개 "머리를 남쪽으로 둔다."의 '남南' 자는 바로 영좌靈座의 앞을 가리켜 한 말입니다, 오늘날의 빈청殯廳이 너무 좁아서 이미 서쪽으로 조금 물려 머리를 남쪽으로 두지 못한다면 동서남북 어디에서든지 또한 당의 앞에 머리를 두는데, 머리를 남쪽으로 둔다는 뜻에 어긋나지 않습니까?

사당의 위차位次는 모두 앞쪽이 남쪽이 되네. 시신을 넣은 관의 머리를 남쪽으로 둔다면 영좌는 관의 남쪽에 마련해야 하네. 그러나 민가의 당실堂室 제도가 옛날과는 다르니, 오늘날 세속에서는 편리함을 따라 자리를 마련하는 경우가 많네.

> 무릇 초상이 그믐에 나면 성복은 다음 달 초에 합니다. 1년상 이상의 햇수로 계산하는 초상은 달수를 세지 않아 상복을 죽은 날에 벗어야 하며, 대공복 이하의 달수로 계산하는 초상은 날수를 세지 않아 상복을 성복한 달로 계산하여 벗어야 합니까? 사계는 "모두 죽은 날을 기준으로 한다." 하였으나, 아마도 합당하지 않을 듯합니다. 어떠할지 아직 모르겠습니다.

사계의 "죽은 날을 기준으로 한다."는 설은 참으로 잘못되지 않았네. 그러나 오늘날에는 초상이 그믐에 났는데, "산 사람은 죽은 다음날부터 따진다."는 설로 살펴볼 때 달을 세는 것은 다음날부터 계산해야 하네.

> 1년상에 아들이 어려서 상주 노릇을 하지 못한다면 제가 초상을 주재할 수 있습니다. 그러나 막 중복重服을 입었다면 어떻게 해야 합니까? 사계는 "비록 중복을 입었더라도 상을 주재할 수 있을 듯하다. 그러나 배빈拜賓하는 예라면 할 수 없다." 하였습니다. 이 설은 어떠합니까? 배빈이라는 것은 혹시 조문을 받는 예절입니까?

배빈이라는 것은 조문 받을 적에 절하고 인사하는 것을 말하네. 고례古禮에 부모의 초상에는 맏아들이 아니면 배빈하지 못한다고 하였네. 근래의 예법가禮法家들도 이 예를 따르고 있으니, "1년상에 배빈을 할 수 없다."는 사계의 설은 옳네. 그러나 1년상의 궤연几筵에 이미 초상을 주재할 사람이 없더라도 혹 조문하러 오는 사람이 있다면 또한 맞이하지 않을 수 없네. 만약 의상을 만들지 못하였다면 세속을 따라 심의深衣 차림으로 맞이하고 시시 곡하는 것은 그만둘 수 없을 듯하네.

최종겸에게 주다[與崔宗謙]

전번에 보여준 의례疑禮는 그 때 온 심부름꾼이 선 채로 답장을 재촉하여 갑작스럽게 나의 억견臆見으로 답하였으니, 주제 넘는다는 나무람을 면할 수 있겠는가? 다만 제1조에 논한 것은 바로 큰 절목이어서 쉽게 판단할 수 없었네. 그러므로 단지 고어古語를 따라 급하게 써서 답장을 보냈네. 그 뒤에 더 생각해보니, 처음 정한 복제로 결정하는 것은 끝내 미안한 바가 있었네.

대개 『의례』 「상복喪服」 소疏의 "이어서 1년복을 입는다."는 설은 실로 그 어버이의 죽음을 차마 인정하지 못하는 뜻에서 나왔네. 그러나 「단궁檀弓」에서는 "은나라 사람은 1년이 되어서 부제祔祭를 지내고 주나라 사람은 졸곡卒哭을 지내고 부제를 지냈는데, 공자는 은나라의 예가 좋다고 하였다." 하였고, 소疏에서 "1년 만에 신으로 섬기는 거이 인정人情이다." 하였네. 대개 장사를 지내고 부제를 지냈다면 이는 신도神道로써 대우한 것이네.

오늘날 은나라의 예는 이미 없어졌고, 주나라의 예를 적용하여 졸곡을 지내고 부제를 지냈으면, 이미 신으로 여긴 것이네. 이 때문에 장사지내기 전이라면 모든 일은 살아있을 때에 견주고, 우제虞祭에 비로소 제례祭禮를 적용하네. 만약 어머니의 복을 입는 절차에만 살아있을 때 섬기던 도리에 견주어 적용한다면 아마도 두터운 쪽을 따르는 뜻이 아닐 듯하네.

편지에서 3년복을 입고 싶어 한 것은 또한 마땅함을 잃지 않은 듯하네. 다만 경상輕喪을 장사지내기 전이라면 전奠을 드릴 적에는 소찬을 차려야 하고, 우제에 비로소 고기를 쓸 수 있을 것이네.

최종겸에게 답하다[答崔宗謙]

금방 편지를 받아 보고 비로소 장사지낼 날이 이미 정해졌음을 알아 참으로 위로되었네. 그러나 다만 천연두가 갑자기 퍼져서 미리 발인하여 산 아래에 빈소를 차리려고 한다니, 이는 형편상 어쩔 수 없는 일이네. 하지만 장사지내는 날이 아직은 먼데, 조전祖奠[30]과 견전遣奠을 미리 거행하는 것은 마땅하지 않네. 단지 천연두가 퍼져서 빈소를 옮긴다는 뜻으로 아침 전奠이나 혹은 상식上食을 드리며 고유한 연후에 발인하면 되지, 따로 성대한 전을 차릴 필요는 없네. 장사지내기 하루 전날에야 비로소 조전을 마련하는 것이 마땅하네.

자최齊衰에 3년을 다해야 한다는 설은 앞 편지에서 벌써 다 말하였네.

축문에 고애자孤哀子라는 호칭도 함께 써야 하네. 그러나 다만 어머니에게 제주題主하고 지내는 제사를 살아있을 때에 견주어 소찬으로 차린다면 축문에는 우선 애자哀子라고 일컬어야 할 듯하네. 우제虞祭 때가 되어서야 비로소 고애자라고 일컫는 것이 어떠할지 아직 모르겠네.

물어준 의절疑節은 대충대충 살펴 답을 하는 것이니, 잘 헤아려 처리하면 다행이겠네.

> 부모의 상을 함께 당한 경우에 발인 및 장사를 지내며 어느 상을 먼저 지냅니까? 사계는 "길을 떠날 때는 아버지를 먼저 하고 하관할 적에는 어머니를 먼저 한다." 하였고, 한강은 "발인할 적에는 경상輕喪을 먼저 해야 한다." 하였으니, 어느 설이 맞는지 모르겠습니다. 공자가 "장사는 경상輕喪을 먼저 하고 중상重喪을 뒤로 한다." 하였는데, 이는 하관하는 경우만을 말하고 길을 떠날 때를 말한 것은 아닙니까?

『예기』에 공자가 증자의 물음에 "부모의 상이 함께 나는 경우, 장사는 경상을 먼저 하고 중상을 뒤로 하며, 우제는 중상을 먼저 하고 경상을 뒤로 한다."고 답하였네. 장사는 하관을 말하네. 발인하여 길을 떠나는 경우에는 경상을 먼저 해야 할 듯하네.

---

30) 조전(祖奠) : 상제(喪制)의 한 절차로, 사자(死者)를 장례 지낼 때 발인(發靷) 하루 전에 전물(奠物)로 써 행하는 제사를 말한다.

최종겸에게 주다[與崔宗謙]

막 심부름꾼을 보내려고 하던 참에 중씨仲氏가 도착하여, 이어서 슬픔 속에서도 체후는 보중하고 있으나 누이동생의 병이 지금까지도 나아졌다 나빠졌다고 하니, 멀리서 걱정하고 초조해하며 스스로 진정시키지 못하고 있네. 세월은 쉽게 흘러가서 종매씨從妹氏의 초기初期가 어느덧 다가왔으니, 생각건대 애통함이 더욱 새롭겠네.

복제服制에 대한 한 조목은 어떻게 대처하였는가? 지난봄에 물었을 적에는 처음에 강복降服한다고 답하였네. 그러나 다만 제주題主 및 우제虞祭·부제祔祭·연제練祭·상제祥祭·축문祝文 등의 의절만은 매우 어려운 부분이어서 반드시 후한 쪽을 따라 3년복을 입고 싶다고 말하였기 때문에 다시 후한 쪽을 따라도 나쁘지 않다는 뜻으로 따라 말하였을 것이네.

근래에 예서를 자세히 살펴보다가 또 퇴계 선생이 한강에게 답한 편지를 보니, 바로 이 일과 서로 부합하였네. 대개 한강은 어머니의 상중에 아버지의 초상을 당한 자는 어머니의 1년복을 입고 상복을 벗은 뒤 심상心喪을 다해야 한다고 여겼네. 그러나 퇴계가 답하였네.

> 이미 '1년 만에 상복을 벗고 심상 3년을 다한다.'고 말하였다면 1년이 되어서는 참색黲色의 담제복禫祭服을 입습니다. 비록 중복重服을 입었더라도 상복을 바꾸거나 상복을 벗는 절차에는 본래 각각 맞는 복을 입었다가, 일을 마친 뒤에 중복을 다시 입는 것이 옳지 않겠습니까? 비록 어머니의 빈소가 있더라도 항상 입는 복은 중복이 마땅할 듯합니다. 그때마다 중복을 벗고 참색의 복을 입을 수는 없습니다. 상식上食 등과 같이 궤연几筵에 일이 있을 경우에는 또한 참색의 복을 입어야 합니다. 이는 이미 참최복斬衰服을 입고 들어갈 수도 없고, 또 다른 복장을 할 수도 없기 때문입니다.

이로써 살펴본다면 강복을 해야 하는 것이 분명하네. 또 두원개杜元凱가 논의한 것은 아버지를 장사지내고 나서 어머니가 죽은 경우로 이와 서로 비슷하지 않네. 당연히 서광徐廣과 유울지庾蔚之의 "아버지가 있을 적에 어머니가 죽은 지 너무 오래되었다."는 하나의 설로 기준을 삼아야 하네.

자네의 생각이 비록 후한 쪽을 따르는 뜻을 지키고 싶더라도 인정을 따라 곧장 시행할 수는 없을 듯하네. 다만 나의 견해로 남에게 예를 함부로 허락하여 11개월에 연제를 지내도록 하였으니, 너무나 잘못되었네. 이는 내가 예를 익힌 것이 분명하지 않은 죄이네. 부끄러움과 두려움을 어찌 다 헤아리겠는가?

그러나 3년을 넘겨서 장사를 지내는 자는 다음 달에 연제를 지내고 또 다음 달에 상제를 지낸다는 글이 있네. 오늘날 만약 고례古禮를 따라 강복降服한다면 연제를 지낼 달이 비록 지났더라도 "예송禮訟이 아직 결정 나지 않아서 연제를 지낼 달을 넘겼다."는 뜻으로 미리 궤연几筵에 고유하고, 빨리 날을 잡아 연제를 거행하며 되네. 그러나 1년이 되는 날에 상제를 거행하는 것은 장횡거張橫渠의 설에 의해서이네. 궤연은 치우고 신주를 별실로 옮겨서 3년을 마칠 때까지 상식을 드리는 것이 어떠한가? 이와 같이 한다면 예제禮制와 인정人情을 모두 다하게 되니, 서운함은 없을 것이네.

축문은 아들이 어머니에게 하는 것과 남편이 아내에게 하는 것이 다르지 않으니, 또한 연제·상제·담제 등의 절차에 있어 아들이 주재해야 하네. 그러나 이미 중복重服을 입고 있는 중이어서 저절로 담제는 없네.

연제의 복장은 연복과 심의를 함께 착용하는데, 『주자가례』에는 간략한 쪽을 따라 연관練冠과 연대練帶만을 착용한다고 하였네. 만약 다급하여 준비하기 어렵다면 『주자가례』를 따르는 것도 좋겠네.

담제의 복장은 퇴계 선생이 『주자가례』를 따라 참색黲色의 복장을 입도록 하였네. 그러나 『오례의五禮儀』에서는 흰 베로 만든 옷과 띠를 착용한다고 하였으니, 이를 따르는 것이 마땅하네. 하지만 백립白笠은 쓰기 어려울 듯하니, 흰 베로 만든 두건으로 대신하는 것이 어떠하겠는가?

좁은 견문과 얕은 식견으로 예를 고증하다보니 정밀하지 못하여 큰일을 그르칠까 염려되어 이에 알리네. 부디 자세히 생각하고 잘 처리하여 예를 아는 사람에게 기롱을 받지 않도록 하게. 그러면 매우 다행이겠네.

최종겸의 문목에 답하다[答崔宗謙問目]

노형운盧亨運이 "한 칸 사당의 한쪽 벽은 네 개의 감실을 놓기에 너무 좁아서 수용하기 어렵습니다."라고 묻자, 한강 선생이 "일찍이 중국의 예문을 보니, 고조할아버지는 가운데에 자리하여 남쪽을 향하고 증조할아버지와 아버지는 동편에 자리하여 서쪽을 향하며, 할아버지는 서편에 자리하여 동쪽을 향하네."라고 답하였습니다. 그렇다면 오늘날 아버지와 어머니만을 제사지낼 경우, 동편에 자리한 아버지 감실에 봉안해야 하는 것은 의문의 여지가 없습니다. 그러나 세상에서 흔히 가운데 자리한 고조할아버지의 감실 자리에 바로 봉안하므로, 다른 날 자손을 부묘祔廟할 적에는 체천遞遷한다는 뜻이 없고, 조주祧主[31]를 봉안하는 날에도 또 불편한 점이 있습니다. 어떠할지 아직 모르겠습니다.

한강이 답한 말은 대개 4대를 봉사하는 경우를 말한 것이네. 만약 지자支子가 비로소 소종小宗이 된다면 본래 정남향에 자리해야 하네. 다른 날 자손을 부묘할 적에는 다시 조금 서쪽으로 옮기는 것이 옳네.

민가에서 봉사奉祀하는 자가 더러 신주를 임시로 초당草堂에 봉안하였다가 세월이 흐른 뒤에 비로소 가묘를 세운다면 이안할 때와 봉안한 뒤에 고유하는 말이 있어야 하는데, 만약 절일節日(명절)을 만난다면 또 어떻게 말을 만들어야 합니까? 중월仲月[32]은 시제를 지내는 달이니, 축문 안에 "새로 봉안한다."는 내용을 넣어야 합니까?

---

31) 조주(祧主) : 체천(遞遷)하는 신주이다. 여기서는 봉사손이 친진(親盡)한 5대조의 신주를 아직 친진하지 않은 최장방의 집으로 옮겨지는 신주를 말한다.

32) 중월(仲月) : 사당에서 철마다 시제(時祭)를 지내는 시기로, 각 계절의 가운데 달인 2, 5, 8, 11월을 말한다.

이안하려고 할 적에 먼저 "임시로 봉안한 뒤 세월이 흘러서 이제야 비로소 가묘를 세웠습니다. 이제 좋은 날을 잡아 이안하려고 감히 고유합니다."라고 고유하고, 이안한 뒤 제사를 지내면서는 "새로운 가묘가 이미 완공되어 신도神道가 편안히 계실 곳이 생겼습니다. 이에 옮겨 봉안하오니 감격과 그리움을 견디지 못하겠습니다. 삼가 술과 과일로, 혹은 맑은 술과 포·식혜로, 경건히 의절儀節을 폅니다."라고 고하면 되네. 비록 절일이더라도 이를 따라 고유하네. 만약 시제라면 절차가 당연히 달라서 이안한 뒤에 행해야 하므로, 축문 아래에 넣지 않아야 하네.

최종겸에게 주다[與崔宗謙]

앞 편지에서 물은 의례疑禮에서 정밀히 익히고 연구하는 자세를 엿볼 수 있어 매우 가상하였네. 그러나 보낸 심부름꾼이 바로 돌아가서 급히 답장을 쓴다고 소략함을 면하지 못하였으니, 탄식할 만하네.

한강 선생이 인용한 중국의 예문禮文은 대개 4대의 제사를 지내는 사람을 위하여 한 말이네. 다만 『주자가례』 사당장祠堂章에 "집이 가난하고 자리가 협소하여 한 칸의 사당을 세우고 동서의 벽 아래에 두 개의 상자를 두어 유서遺書와 제기祭器를 보관한다." 하였는데, 이 경우에도 네 개의 감실은 모두 남쪽을 향하고 있네. 이 때문에 그 아래에 "대종大宗의 대수가 아직 차지 않으면 또한 그 서편 감실을 비워두니, 소종小宗의 제도와 같다." 하였네. 그러나 한 칸 사당 안의 위차位次에 대해서는 다시 논의하지 않았네.

오늘날 지자支子로서 비로소 소종이 된 사람이 만약 세 칸의 사당을 세우고 네 감실을 마련하거나 아니면 한 칸을 세우고 모셔도 네 감실이 모두 남쪽을 향한다면 『주자가례』를 따라 아버지 감실의 자리에 모시는 것이 옳네. 만약 한 칸이 너무 좁아서 네 감실을 한 줄로 배치하지 못한다면 살아서는 집을 세우고 죽어서는 사당을 만든다는 것과 다름이 없는데, 어찌 4대를 봉안하는 경우의 소목昭穆의 의절을 따라 네 감실을 마련할 필요가 있겠는가? 만약 군이 이렇게 하여 아버지의 감실이 서쪽을 향하여 자리하게 한다면 『주자가례』의 '아버지 위차가 남쪽을 향한다.'의 뜻과 다르네.

더구나 지자가 소종의 조상이 되어 위로 존위尊位가 없는데도, 물러나 서쪽을 향하는 배위配位 자리에 있다는 것은 미안할 듯하네. 단지 감실을 마련하지 않고 교의交椅를 마련하여 세속을 따라 가운데서 남쪽을 향하는 자리에 봉안한다면 의리에 있어 나쁠 것은 없을 듯하네.

다른 날 아들은 동편 벽의 정중앙에 부祔하고 손자는 서편 벽의 정중앙에 부하며, 증손자를 동편에 부하고 아들과 손자는 함께 북쪽으로 조금 옮겨서 서원에서 추향追享하는 의절과 같이 한다면, 여러 위를 비록 혹여 모두 옮겨 개제하지 않더라도 아버지가 할아버지가 되니, 여기에는 번갈아 옮기는 뜻이 있네.

대개 예전에 천자와 제후를 모시는 태묘太廟의 제도는 태조太祖가 가운데에 자리하여 옮기지 않고, 새 신주가 소묘昭廟에 들어오면 두 소昭는 번갈아 옮기되 두 목穆은 옮기지 않으며, 목묘穆廟에 들어오면 두 목穆은 번갈아 옮기되 두 소昭는 옮기지 않았네. 오늘날 사가의 한 칸 사당에 4대를 모셔서 모두 번갈아 옮겨야 한다면 참으로 태묘와는 다르네. 그러나 다만 두 소昭와 두 목穆을 번갈아 옮기지 않을 때도 있기 때문에 우선 원용하여 증거로 삼았을 뿐이네.

앞 편지에서 이른바 조주祧主를 봉안한다는 것은 최장방最長房이 봉사하는 경우를 말하는 것인가? 만약 조주를 봉안한다면 아버지의 신주는 동편에 봉안하고 조주는 서편에 봉안해서 그 가운데를 비워 두어야 하네.

최종겸에게 답하다[答崔宗謙]

계군季君이 누이를 모시고 오는 길에 소매 속에서 편지를 전해주어, 서늘한 가을 날씨에 아체雅體가 매우 좋다는 것을 다시 알아, 기쁨과 위로를 헤아리기 어렵네.

종구從舅[33]는 여러 해 동안 만나지 못하여 그리워하던 차에 누이를 만나서 기쁘고 서글픈 심정을 자못 가누기 어려웠네. 그러나 집안에 우환과 병환이 서로 이어지고 아이는 막 볼기에 난 종기로 드러누워 신음하니, 절박함과 염려를 다 말할 수 없네.

부탁한 문자는 지식이 얕고 문장이 졸렬한 내가 감당할 일이 아니어서 참으로 쉽게 받아들일 수 없네. 그러나 읽어보고 싶어서 우선은 선대의 행장을 남겨두었을 뿐이네.

양산梁山으로 편지를 보내는 일는 본래 어려운 일이 아니나, 평생 관아에서 문건을 정리하는 사람에게 편지를 보내어 수납酬答하는 번거로움을 끼친 적이 없었기 때문에 파계破戒하지 못하였네. 그러나 요청한 일이 어찌 나의 도움말을 기다려서야 되겠는가? 아마도 반드시 허락을 받을 것이네.

최종겸에게 답하다[答崔宗謙]

적이 보내온 편지를 자세히 살펴보니, 반드시 고례를 따르고 싶어하는 뜻은 아름다운 일이네. 그러나 『의례儀禮』는 매우 번거로워서 『주자가례』에서도 다 따르지 못하고 오직 간략한 쪽을 취하였으니, 이는 고금의 마땅한 것을 참작해서이네.

지금 자네 집에는 이미 며느리가 사당의 시아버지와 시어머니를 뵙는 예가 없으니, 참으로 『의례』「사혼례士昏禮」의 묘현례廟見禮를 따라야 하네. 그러나 다만 예전에는 할아버지와 아버지의 사당이 달랐기 때문에 그 예가 이와 같네. 오늘날에는 4대가 한 사당에 함께 있어서 주자가 『의례』의 이 일을 논의하며 "예전에는 종자宗子가 아니면 녜묘禰廟만 있었다." 하였고, 또 "어떻게 녜묘만 알현하고 조묘는 알현하지 않겠는가?" 하였네. 대개 이 말의 뜻은 시부모의 사당에 전채奠菜[34]하는 절차를 꼭 따라할 필요가 없다는 것이네.

---

33) 종구(從舅) : 최종겸이 종누이의 아들이어서 붙인 호칭이다.

34) 전채(奠菜) : 시집온 새댁이 돌아가신 시댁 조상의 사당에서 나물을 광주리에 담아 제전(祭奠)을 드리는 것을 말한다.

더구나 예에서 이미 “며느리가 시아버지와 시어머니를 뵙는다.” 하였고, 또 “사당에 알현한다.” 하였음에랴. 이는 시아버지와 시어머니가 비록 살아 있더라도 또한 조묘에 알현하는 것이 분명하네.

전채의 의절은 4대의 사당에 함께 거행할 수 없네. 또 먼저 시아버지와 시어머니의 신주를 모셔내어 전채를 딴 곳에서 거행한 뒤에 할아버지 이상의 어른에게 절을 올릴 수도 없네. 사계沙溪의 이른바 “주자의 설을 함께 참작하여 본다.”는 것도 나름대로 의미가 있네.

내 생각으로는 전채의 의절을 거행하지 말고 『주자가례』 묘현례의 의절만을 따라 거행하되, 고유하는 글은 “현손 아무개의 아내 모씨가 감히 알현합니다.” 하는 것이 어떠하겠는가. 『주자가례』에 “다음날 며느리가 시아버지와 시어머니를 뵙고 나서 여러 존장들을 뵙는다.” 하였다고 하여, 만일 사당에 알현하지 않고 존장들에게 절하는 것을 혐의스럽게 여긴다면 다음날 새벽에 묘현례를 거행한 뒤에 비로소 존장들을 뵈어도 좋을 것이네.

최종겸에게 답하다[答崔宗謙] 경오년(1750)

여러 달 동안 소식이 끊겨서 그리움이 막 간절하더니, 뜻밖에 보낸 편지를 불현듯 받아보고, 첫 추위에 형제들의 정황이 매우 좋다는 것을 다시 알아, 기쁨과 위로가 참으로 깊네. 다만 촌락에 홍진 기운이 다시 발작한다고 하니, 멀리서 염려스럽네.

나는 오랜 병증이 근자에 조금 회복되었으나, 집 짓는 일은 아직 멀었는데 추위는 점차 매서워져서 절박함과 우려를 다 말할 수 없네.

자네 종형宗兄의 흉보凶報에 놀라움과 슬픔이 그지없네. 더구나 그 뒤의 일을 아직까지 결정하지 못하였다니, 어찌 자네 집안 여러 어른들의 책임이 아니겠는가? 종손을 의논하여 세우는 일은 원래 당당한 대의大義인데, 어떻게 나쁘게 될 우려가 있겠는가?

물어준 의목疑目은 집 짓는 일로 한창 소란스러워 자세히 검토할 겨를이 없이 단지 억견臆見으로 대충 살펴서 책임을 모면하다 보니, 쓸데없고 지나쳐서 부끄럽기만 하네.

대종大宗은 바로 시조의 종통을 이으니, 『주역대전周易大傳』에서 말한 바도 대개 이를 지적한 것이네. 그러나 오늘날의 사대부 집에는 대종이 드물고 종실만이 남아 있네. 공신功臣과 명현名賢의 불천위不遷位 경우는 비록 예전의 대종과는 다르지만 바로 중시조中始祖이네. 여러 일족들이 종손에게 시마복緦麻服을 입는 것은 실로 종宗을 존중하는 뜻이므로 입는 것이 좋네.

『예기』「상복소기喪服小記」에 "부모의 상을 함께 당하면, 먼저 장사지낸 분의 우제와 부제는 지내지 않고 뒷일을 기다린다." 하였고, 소疏에서 "어머니의 장사를 지낸 사람은 우제와 부제를 지내지 않고 아버지의 장사가 끝나기를 기다렸다가, 아버지의 우제를 먼저 지내고 어머니의 우제를 뒤에 지낸다." 하였네. 이로써 살펴보면, 부모의 장사는 먼저 지내되 우제와 졸곡은 할아버지의 우제와 졸곡이 끝나기를 기다렸다가 비로소 지내는 것이 옳네.

부모의 장사를 지내고 반곡反哭[35]하는 날 저녁에는 단지 성대한 전奠만 차리고 장사지내기 전의 삭망朔望 예와 똑같이 축문 없이 단헌單獻을 올리네. 그러나 우제와 졸곡은 할아버지의 졸곡을 지낸 이튿날 비로소 초우를 관례에 따라 지내네. 그러나 부제는 아버지의 졸곡을 지낸 이튿날 할아버지의 부제를 먼저 지내고, 또 이튿날 아버지의 부제를 지내는 것이 어떠하겠는가?

밀양密陽의 이 서방을 꼭 한 번 보고 싶은데, 만약 서사書舍로 와서 머무를 수 있다면 얼마나 다행이겠는가.

---

35) 반곡(反哭) : 장지(葬地)로부터 집에 돌아와 신주(神主)와 혼백상자를 영좌(靈座)에 모시고 곡하는 것으로 장례 의식의 한 가지 절차이다.

김일행에게 답하다[答金馹行] 계유년(1753)

언급한 의례疑禮의 일은 벌써 지나갔을 것이니, 억견으로 더는 말하고 싶지 않습니다. 그러나 뜻이 기어코 익숙히 강론하고 싶은데 있으니, 또 어떻게 끝까지 침묵할 수 있겠습니까?

다만 이 일에는 두 설이 있습니다. 하나는 "대복代服하지 않아야 한다."이며, 또 하나는 "대복해야 한다."입니다.

두씨杜氏의 『통전通典』에는 "아버지가 죽어서 아직 빈소를 차리지 못하였는데, 할아버지가 죽는다면 1년 동안 할아버지의 복을 입고 섭사攝事를 빠뜨리지 않는다. 1년 만에 상복을 벗고 나서는 소복素服 차림으로 제사를 지내되, 심상心喪의 예를 따라 3년을 마친다." 하였고, 또 장손長孫이 죽고 차손次孫이 전중傳重[36]하는 일을 논하면서 "장손이 이미 종통의 중임을 맡았다면 차손은 중임을 전해 받지 못한다. 이는 아버지가 적자嫡子로서 초상을 치르다가 죽으면 아들은 중임을 전해 받지 못하는 것과 같다." 하였습니다.

정우복鄭愚伏은 "이로써 살펴보면 장손이 추복追服[37]하는 것은 마땅하지 않다. 소상 전에는 본래의 상복으로 전奠을 드리고 소상 뒤에는 소복을 입고 지내도 일을 망치는 데에는 이르지 않는다. 그러나 다만 이 말의 내력이 어디에서 나왔는지를 알지 못하니, 아쉽다고 할만하다." 하였으니, 이는 대복하지 않는다는 설입니다.

송나라의 예관禮官 송민구宋敏求의 헌의獻議에는 "아들이 아버지 상중에 죽으면 적손은 당연히 그 장사로 인하여 다시 참최복을 만들어 3년 동안 입는다." 하니, 조서詔書를 내려 이 설을 따랐습니다.

또 송나라 『복제령服制令』에 "적자가 죽어 소상을 지내기 전이라면 적손은 소상에 상복

---

36) 전중(傳重) : 조상의 제사를 이어 받드는 것을 말한다.
37) 추복(追服) : 상을 당했을 때 부득이한 사정으로 성복(成服)하지 못한 사람이 추후에 상복을 입는 것을 말한다.

을 받고, 소상을 지낸 뒤라면 심상을 다한다." 하였습니다. 황면재黃勉齋가 『경전통해經傳通解』에 그 내용을 수록하였고, 퇴계 선생이 논의한 것도 이와 일치합니다. 사계는 또 죽은 시점이 연제 뒤여서 단지 심상을 다한다는 설은 합당하지 않다고 하였으니, 이는 대복해야 한다는 설입니다.

대저 효자가 어버이의 죽음을 차마 인정하지 못한다는 뜻의 입장에서는 고례를 따르는 것이 마땅합니다. 그러나 『예기』「단궁檀弓」에서 "공자가 은나라 사람이 연제를 지낸 뒤에 부祔한 것을 잘한다고 하였다."고 하였고, 그 주에 "1년이 되어 신으로 여기는 것이 인정人情이다."고 하였습니다. 주자는 은나라의 예가 이미 없어져서 그 본말을 살펴볼 수 없다고 하였습니다.

오늘날 삼우와 졸곡 모두에 주례를 적용하니, 이 경우에만 유독 은나라 예를 적용하지는 못합니다. 지금 『통전』에서는 고례가 비록 이와 같으나 경전의 글이 떨어져나가서 살펴볼 길이 없다고 말하였고, 『경전통해』에서는 만약 한 왕조의 제도라면 단지 이를 따라야 할 뿐이라고 하였습니다.

상가에서 장사지낼 때 상복을 받는 하나의 절차를 시행하는 것은 참으로 아주 좋습니다. 그러나 장사의 경우는 먼저 지내는 장사가 참최상斬衰喪이므로, 승중상承重喪의 장사를 지내기 하루 전날 상복을 받아 장사를 지내야만 변례變禮를 잘 거행하였다고 할 수 있습니다.

왜냐하면 『예기』「증자문曾子問」에서 "부모의 상을 함께 당하면 장사는 경상을 먼저 하고 중상을 뒤로 하며, 우제는 중상을 먼저 하고 경상을 뒤로 한다."고 하였습니다. 존비로 말한다면 승중상이 높고 참최상이 낮으니, 낮은 쪽을 먼저 하고 높은 쪽을 뒤로 하는 것이 "상을 함께 당하면 경상을 먼저 하고 중상을 뒤로 한다."는 뜻에 합당합니다.

「상복소기」에서는 "부모의 상을 함께 당하면 먼저 장사지낸 분의 우제와 부제는 지내지 않고 뒷일을 기다린다." 하였고, 소疏에서 "어머니의 장사를 지내고 나서 곧장 우제와 부제를 지내지 않고 아버지의 장사가 끝나기를 기다렸다가, 아버지 우제를 먼저 지내고 난 뒤에 어머니 우제를 지낸다." 하였습니다.

이를 기준으로 삼는다면 참최상의 장사를 지낸 뒤에 우제와 부제는 우선 멈추고 반곡하는 날에 하나의 성대한 전만 차리며, 승중상의 장사 뒤에 우제와 부제가 끝나기를 기다렸다가 비로소 참최상의 우제와 부제를 지내는 것이 옳습니다.

상주께서 이미 일가日家[38]에 구애되어 권도를 따라 거행하였으니, 이는 참으로 사세에 구애되어 그런 것이므로 말해보아도 돌이킬 수 없습니다. 그러나 물음을 받았으므로 저의 어리석은 견해를 대략 드러내었습니다. 주제 넘는다는 기롱을 면할 수 있겠습니까?

족제 종만 중주[39]에게 답하다[答族弟宗萬 重周] 경술년(1730)

하룻밤 함께 자며 답답하던 회포를 조금은 풀었으나 작별한 뒤의 남은 아쉬움이 지금까지도 풀리지 않았었네. 바로 맏아들을 만나 아울러 편지를 받아 펼쳐보는 순간의 기쁨이 참 모습을 대하는 것과 어찌 다르겠는가?

그동안 부모님 모시고 기거가 편안하다는 것을 다시 알아, 더욱 우러러 위로되네.

나는 신방新昉에서 돌아온 뒤로 갑자기 감기에 걸렸다가 이제야 비로소 조금 나았네. 막내 아이가 또 물 마마를 앓아 증세가 심상치 않으니, 또한 걱정이 없을 수 없네.

편지에서 말한 뜻은 잘 알았네. 비록 여러 달 동안 머무르며 가르치더라도 꺼릴 것이 무어 있겠는가? 그러나 다만 교명教命이 없는데 어찌 감히 대장大匠을 대신하여 깎겠는가?[40] 여동래呂東萊가 어머니의 상중에 있을 적에 주선생朱先生이 맏아들 수지受之

---

38) 일가(日家): 시일(時日)의 길흉을 점치는 사람으로, 장사를 지낼 적에 택일(擇日)을 한다.

39) 정중주(鄭重周, ?~?): 자는 종만(宗萬), 호는 구계(龜溪), 본관은 영일이다. 은거하면서 예를 강론하고 『의례문해(疑禮問解)』를 저술하였다.

40) 대장(大匠)을 대신하여 깎겠는가: 다른 사람을 대신해서 감당키 어려운 일을 해 나가는 것을

를 보내 배움을 청하였네. 지금 비록 중복重服의 장사를 지내기 이전이라서 상중과는 다르더라도 만약 가서 가르침을 청한다면 반드시 허락할 것일세. 부디 시켜서 보내는 것이 어떠하겠는가?

족제 윤문에게 답하다[答族弟允文] 을축년(1745)

얼마 전 병으로 누워 정신이 없던 중에 편지와 시를 받아 보았네. 그 뒤에 또 보낸 편지를 받아 정성스러운 마음이 참으로 고마워하였으나 침석에 드러누워 있어서 답장을 하지 못하였네. 병이 조금 나은 뒤에도 인편이 없어 답장을 못하여 막 부끄러워하고 있었네. 이제 이 조카가 오는 길에 또 안부 편지를 보내오니, 은근한 마음이 어찌 이리도 지극한가? 자꾸 말해도 사례할 길이 없네.

삼가 어머님의 병환이 아직까지 완쾌되지 않고 자네의 묵은 병도 자주 발작한다는 것을 다시 알아, 우러러 걱정되고 또 염려되네. 요즈음 가을 기운이 서늘해지니, 저절로 하나하나 나아서 건강해질 것이네. 이것으로 우러러 축원하네.

삼종형은 올해의 액운이 심상치 않네. 봄부터 여름까지 등에 종기가 재발하였네. 가을이 된 뒤로는 또 괴질을 얻어서 몸 왼쪽의 한 편이 머리부터 허리까지 오르락내리락하며 번갈아 아프니, 먹어도 삼키지 못하고 누워도 잠들지 못한 지가 수십 여일이나 되었네. 원기가 크게 손상되어 비록 약의 힘을 얻어 최근에 겨우 조금 멈추었으나, 정신이 어지럽고 다리가 떨려서 지팡이를 짚고서야 겨우 일어나니, 절박함함과 괴로움을 어떻게 말로 다 하겠는가?

보내준 시詩와 소서小序는 전아典雅하고 담박澹泊하여 여러 번 읊어보니, 사람의 기운과

말한다. "대장 대신 나무를 깎으면 손을 다치지 않는 때가 거의 없다.[夫代大匠斲 希有不傷其手矣]"에서 온 말이다.(『老子』)

정신을 맑게 하네. 다만 너무 지나친 칭찬은 어리석고 비루한 내가 감당할 바가 아니어서 부끄러워 움츠려들 지경이네. 곧장 차운하여 보내고 싶었으나 병중에 시상이 전혀 떠오르지 않아 뒷날을 기다려야 하겠네.

물이 떼어가고 바람이 훼손한 것은 모두 괴상한 변고이네. 자네가 사는 곳에도 여러 집이 재난을 심하게 당하였다고 하니, 참으로 한심한 일이네. 자네가 강의 남쪽으로 옮겨 지낼 계획을 세웠다고 들은 듯한데, 그러한가? 자네를 위하여 임시변통으로 생각한 것이라면 괜찮거니와, 실로 자손을 위한 오래고 먼 계책은 아니네. 이 고장 안의 헐한 곳을 찾아 터를 잡고, 여러 종반들을 데리고 가서 함께 한 촌락을 만들어 굳건히 하는 것이 낫네. 어떠할지 아직 모르겠네.

종제 경묵 중언과 막내아우 미옹 중보에게 주다[與從弟景黙 重言 舍季美翁 重簠] 신해년(1731)

지난 달 12일에 당후堂后[41]에 있으면서 편지 한 통을 써서 관편官便으로 보냈는데, 이미 받아 보았는가?

이 달 초10일에 지난 달 22일 두 차례 보낸 편지를 받아보고, 온 집안이 두루 편안하며 경묵景黙의 집에서는 순산하여 사내아이를 얻었다는 것을 알아, 위로와 기쁨을 다 말할 수 없네.

다만 우리 집의 내환內患이 아직 완전히 회복되지 않았고, 또 다리 통증과 다른 증세가 있다 하니, 멀리서 놀라고 염려한 나머지 이번 길을 대책 없이 나선 것이 깊이 후회되네. 근래에는 병의 차도가 어떠한가?

---

41) 당후(堂后) : 승정원 주서(承政院注書)가 근무하는 방을 말한다.

나는 초9일 입시入侍하였을 적에 능陵을 옮길 때 입는 복색服色의 한 조목에 대한 논의가 일치하지 않았기 때문에 대략 진달한 일이 있었네. 주상께서 이 일을 입시한 사관史官을 시켜 대궐 밖에서 지내는 대신 및 유신들에게 문의하라고 특명을 내리시어, 승지가 예조의 낭관을 대신 보낼 것을 청하였으나 윤허를 받지 못하였네. 이는 어쩌면 예절을 익히는 일이라고 잘못 판단하였기 때문이네.

12일에 길을 떠났으나 13일 뒤로 연이어 큰 비를 만나 불어난 물을 자주 건넌다고 고생을 실컷 하며 강화江華에서 충주忠州까지 무려 13개 고을을 지났네. 28일 2경 무렵에 서계書啓를 쓰서 복명復命하고 3경에야 비로소 나와 관복을 벗었네. 심하게 고생하던 설사는 돌아와 머무른 뒤에 조금 그쳤네. 이어서 일기를 제출하라는 독촉이 하도 급해서 아침저녁으로 붓을 잡아 어제서야 겨우 일을 마쳤네.

6월에 내리는 비는 비록 너무 늦은 감은 있으나 여러 도道를 두루 적셔주었네. 그러나 영천과 경주 등 여덟 고을에는 비가 내리지 않았다고 하니, 수 백리 안에서 가뭄과 물난리가 어찌 이리도 너무나 다르다는 말인가? 서울에는 7월에도 비가 많이 왔는데, 그곳에는 7월의 비도 내리지 않았는가? 이미 옮겨 심은 모는 가뭄 살을 면하였겠으나 기장이나 조는 또한 다 버리지나 않았는가?

우리 집안은 비록 풍년이 들더라도 오히려 굶주림을 겪는데, 하물며 이렇게 참혹한 흉년에 앞으로 어떻게 죽음을 모면하겠는가? 비록 여러 집이 힘을 합쳐서 소와 말을 준비하여 곡식을 윗 지방에서 사 오더라도 이 방법이 아주 좋네. 이외에는 다른 계책이 없을 것이네.

봉익鳳翼도 구미龜尾에 오래 머무르기 어려워 우선은 나와서 종형宗兄이나 명언明彦 종씨에게 수학하고 있으니, 봉명鳳鳴도 세월을 그냥 보낼 수는 없네. 자네들도 부디 부지런히 가르쳐 일과를 폐하지 말기를 또한 바라네. 운경雲慶 남매의 살아갈 길이 매우 어려우니, 우리 두 집안에서 함께 보살피며 생사를 같이 해야 할 것이네.

신申 서방은 근래에 혹시 한번 왔는가? 만약 딸을 데려가고 싶어 한다면 행장을 꾸려서 보내는 것이 옳네. 그러나 우리 집안에 이미 꾸려 보낼 만한 재물이 없는 형세이고 보면, 이 또한 어려울 것이네. 그러나 저 집의 형편이 조금 낫다면 이곳에 있으며 굶어죽기보다는 예전에 길을 떠날 때처럼 간편하게 행장을 꾸려 보내는 것이 낫네.

막내아우 미옹에게 주다[與舍季美翁] 갑인년(1734)

얼마 전 제우濟郵편을 통하여 보내온 편지를 받아보고, 그동안의 여러 일들을 자세히 알았네. 그러나 그 뒤로 또 수십 일이 지났으니, 모두들 편안한지 모르겠네. 멀리서의 염려를 다 말할 수 없네.

나는 초1일에 삼창三倉을 순찰하고 13일에 병영으로 돌아와서 모레 서울로 떠나야 하나, 무더위 속의 먼 길이 참으로 괴롭네.

아이들은 일과를 폐하지 않았는가? 때를 놓친 공부는 일각이라도 지나치면 매우 절박해지네. 모름지기 날마다 엄히 감독하는 것이 아주 좋은 일이네.

서울의 어떤 선비의 말을 들어보면 최 상崔相이 일찍이 "아이들에게 일과를 매겨서 가르치는 방법은 재주에 따라 분량의 다소를 정하여 날마다 일과로 가르치되, 반드시 100번을 한정하여 읽히는 것이 가장 좋다." 하였네. 아이들에게 이것으로 법규를 정하라는 뜻으로 명언明彦에게 말하는 것이 좋겠네. 봉명鳳鳴도 이를 따라 가르치는 것이 좋겠네.

막내아우 미옹에게 주다[與舍季美翁] 신미년(1751)

성경聖卿이 돌아가는 길에 편지 한 통을 부쳤는데, 이미 받아 보았는가? 지내는 여러 형편은 어떠한가?

나는 얼마 전 경연經筵에서 한 말이 잘못 전달되어 두 편이 서로 언쟁을 하다가, 심지어는 영상이 조사하자는 차자箚子까지 올리게 되었네. 주상께서 비록 따르지 않기는 하였으나 정세로 보아 편안하기 어려우니, 반드시 체직되어 돌아가려고 하였네.

이달 초5일 밤 영상과 좌상이 입시하였을 적에 좌상이 말을 잘못 전한 주서注書를 파직하자고 청하였는데, 나도 편치 않아서 이러한 뜻으로 진고陳告(죄인을 고발함)하고 먼저 나왔네. 승지는 "겸춘추 중에 상번上番이 인혐引嫌하지 말아야 할 일을 자책하고 곧장 먼저 나갔으니, 청컨대 추고推考[42]하여 주십시오."라고 하였고, 좌상은 "이 또한 영남 사람이 할 만한 일입니다."라고 하였네. 주상께서 "추고하지 말라."고 하시고는 주서를 시켜 불러서 입시하라고 하시어, 어쩔 수 없이 다시 입시하여 나아가 엎드렸네. 여러 사람의 논의가 다 같이 "처벌은 돌아갈 곳이 따로 있다."고 하였네. 주상의 교지 또한 이와 같아서 체직되어 돌아갈 수 없다고 하였네. 그러므로 우선은 다시 머물러 있을 계획이네.

아이들에게 책 읽기를 권면하고, 함부로 놀러 다닐 생각을 갖지 말라고 엄하게 단속하는 것이 매우 좋네.

막내아우 미옹에게 답하다[答舍季美翁]

대동 색리大同色吏 편에 두 통의 편지를 받아보고, 지내는 여러 정황이 고루 좋다는 것을 다시 알아, 위로와 기쁨이 참으로 깊네.

나는 지난달 보름 전에 벌써 춘추관의 겸직兼職에서 체직되어 밖으로 나와 사관舍館에 머무르고 있으며, 내외사內外司에서 당직 서는 일이 가끔 있고 또 매일 출근도 하고 있네. 그러나 예전에 비하면 조금은 한가하네.

승전비勝戰碑에 대한 일은 백교伯敎[43]의 편지로 영천 관아와 감영에서 제목을 정하려고

---

42) 추고(推考) : 벼슬아치의 죄과(罪過)를 자세히 따져서 고찰하는 것을 말한다.
43) 백교(伯敎) : 정일탁(鄭一鐸, 1711~?)의 자이다. 본관은 영일이고, 송안(松岸) 정중록(鄭重祿)의 아들이고 매산의 재종질이다.

한다는 것은 알았으나 어느 정도까지 진행되었는지는 아직 알 수 없네. 그러나 우리 집안 선대의 사적은 윤문允文과 여러 사람들이 반드시 『한강집寒岡集』 안의 "영천에서의 승리는 오로지 선비들에 의하여 얻었다."는 말과 최인재崔訒齋[44]가 최벽남崔壁南에게 보낸 편지·신 교리申校理의 일기 및 『해동야사海東野史』 등의 글을 가지고 들어가서 주장해야 하며, 또 비문은 공정한 문장가에게 부탁해야 한다는 뜻으로 극력 요청하는 것이 아주 좋네.

대개 영천의 승리는 오로지 영천의 의병에 의하여 얻었네. 그러나 권공權公이 이미 좌도左道의 도의장都義將이었고 보면, 비면碑面에는 당연히 '좌도 도의병장 화산군 권공과 영천 의병장 증 병조 판서 정공의 승전비[左道都義兵將花山君權公本府義兵將贈兵曹判書鄭公勝戰碑]'라고 쓰는 것이 옳네. 이와 같이 하면 권공이 제1이 되고 우리 선조께서 제2가 되니, 권공에게는 조금의 손상도 없을 것이네. 이러한 취지로 서로 의논하게.

저들이 만약 따른다면 좋을 것이요, 만약 따르지 않는다면 감영에 극력 주장해야 하네. 감영에서 만약 저들을 돕고자 한다면 향중의 사람들과 서로 의정議定하여 선비 한 사람을 보내서 상소하여 품정稟定해야 하네. 이러한 뜻은 감영에도 전달하는 것이 좋네.

족질 일규[45]에게 주다[與族姪一珪] 임자년(1732)

나는 통곡하며 말하네. 사도斯道가 불행하여 선부군先府君 노선생께서 갑자기 후생을 버리시니, 하늘이 무너지고 심장이 찢어지는 아픔이 어찌 끝이 있겠는가!

---

44) 최인재(崔訒齋) : 인재는 최현(崔晛, 1563~1640)의 호이다. 자는 계승(季昇), 본관은 전주, 시호는 정간(定簡)이다.

45) 정일규(鄭一珪, 1701~1780) : 자는 백옥(伯玉), 본관은 영일이다. 지수(篪叟) 정규양(鄭葵陽)의 아들이며, 매산의 문인이다.

6월 초에 국량國良이 와서 모진 병을 여러 번 겪으신 뒤로 황달과 설사 증세가 연이어 발작하여 자못 가볍지 않다고 하여, 멀리서 놀라움과 우려로 마음이 타는 듯하였네. 6월 보름 경에 고을의 아전이 돌아가는 편에 한 통의 편지를 써서 보내고, 그 동안 연이어 군저인郡邸人에게 물어보고 오는 인편도 애써 탐문하며 병이 나으셨다는 소식을 듣기 바랐네. 유림의 운수가 이다지 막히고 가문의 복이 없이서 시둘러 이런 끔찍한 소식을 듣게 될 줄이야 어찌 생각이나 했겠는가?

슬픈 이 소자小子는 장차 어디에 의지하겠는가? 동쪽을 바라보며 통곡을 하니, 오장이 찢어지는 듯하네. 멀리서 생각건대, 효심이 순수하고 지극한 자네가 사모하는 마음과 호곡號哭하는 슬픔을 어떻게 감당하는가? 더구나 평소 기력이 강건하고 편안하시어 달리 큰 병이 없었으므로 자제들이나 문도이나 모두 상례에 쓰일 도구에까지는 생각이 미치지 않았음에랴.

그러나 천만 뜻밖에 갑자기 이런 변고를 당한 데다 거듭된 흉년까지 겪은 나머지 각 집에 아무것도 없는 지경이니, 상례에 필요한 경비 마련이 뜻대로 되기 어려울 것이네. 생각이 여기까지 미치니 소회할 바를 알지 못하겠네. 또 국량의 말을 들어보면 집안에 전염병의 의심이 없지 않고, 이웃에 또 천연두를 앓는 사람이 있다고 하는데, 어머님과 자네는 무사히 보중하고 있는가?

초상을 당하였을 적에는 비록 다급하여 경황이 없었겠으나 성복成服 뒤에는 즉시 인편을 찾아 이곳으로 부고를 보냈을 터인데, 아직 받아보지 못하였네. 이제 도중道中이 반인泮人에게 부친 편지에서 비로소 부음을 들었네. 그러나 당초 증세는 어떠하였으며, 초상을 치르는 여러 절차들은 어떤 모습인지와 빈소를 차린 뒤의 제반 곡절들을 자세히 알 길이 없어 슬프고 답답한 심정을 스스로 진정시키지 못하겠네.

나는 가르치고 길러주신 은혜를 입음이 이미 깊고도 두터우나 보잘것없는 관직이 사람을 얽어매어 해가 넘도록 모시지 못하였네. 병상에 계실 적에도 이미 약을 달이거나 부축해드리지 못하였는데, 돌아가신 뒤에도 또 내 손으로 반함飯含을 하고 염습殮襲을 해 드리지 못하였네. 심지어 부음마저 반달이나 지난 뒤에 들었네. 단지 숙소에서 자리를 만들어 곡을 하고 상복을 입는 절차만을 근근이 행하였으니, 한평생 가슴에 맺힌

이 한이 어찌 끝이 있겠는가?

정리로는 관직을 버리고 영위靈位로 달려가 곡을 해야 하나, 함부로 맡은 자리를 뜨는 자는 잡아다가 국법으로 다스리니, 반드시 휴가를 받은 뒤에나 갈 수 있네. 그러나 지금 막 경휘전敬徽殿의 담제禫祭와 태묘太廟에 부사祔祀를 지내는 예식이 있어서 휴가를 받지 못하였네. 이 시기가 지난 뒤에나 휴가를 받아 내려가야 하니, 장사는 그냥 지나치게 되었네.

이 심부름꾼이 선 채로 재촉하여 소회를 다 쓰지 못하네.

족질 일규에게 답하다[答族姪一珪]

지금 문안 편지를 받아보고, 며칠 전부터 어머님의 병환이 깊어지고 있다는 것을 다시 알아, 구구한 놀라움과 염려가 그지없네.

종숙從叔은 종기에 뜸을 떠서 겨우 나았으나 그 곁의 작은 종기가 또 독을 내뿜는 형세여서 막 조섭하고 치료하는 중이니, 참으로 괴롭기만 하네.

편지로 말한 것은 잘 알겠네. 예에 제사를 받을 자가 죽은 자에게 복服이 없다면 제사를 지낸다고 하였는데, 주자가 "기제사는 상례를 치른 뒤의 남은 제사여서, 제사를 지내도 혐의는 없을 듯하다." 하였네. 그러므로 선유들이 중복重服의 장사 이전에 기제사만을 허락하였고 보면, 딴 제사는 지내지 않는 것이 분명하네. 대전大田 종가와 다른 사가私家의 사당에 계신 분이 모두 제사를 받아야 되는 중복重服이니, 기제사 이외에 삭참朔參[46]이나 절사節祀를 장사 이전에는 지내는 것이 마땅하지 않을 듯하네. 이를 헤아려 조처하는 것이 어떠하겠는가?

46) 삭참(朔參) : 매달 음력 초하루에 사당에 참례(參禮)하는 것을 말한다.

족질 일규에게 답하다[答族姪一珪] 무진년(1748)

지금 보낸 편지를 받아보고, 매서운 추위 속에서 상주의 체후體候가 보중하다는 것을 다시 알아, 참으로 위로와 안도가 지극하였네.

나는 종기가 난 자리는 겨우 다 나았으나 누경의 묵은 병이 재발하여 이전보다 더 심하니, 심난함을 다 말할 수 없네.

외가의 기제사는 본손의 후사가 끊어진 경우 이외에는 당연히 지내야 하는 제사가 아니네. 단지 제수를 보태고 제사에 참여해야 할 뿐이네. 그러나 길이 멀다면 또한 어떻게 하지 못하네. 자네 집은 다른 집과 다르니, 3년 안에는 전례前例를 따라 차려서 지내야 할 듯하네.

묵최墨衰는 따로 최복을 만들어 검은 물을 들인 것으로 갑자기 마련하기 어렵고, 또 집안에 자제가 없는 사람이 부득이하여 장만하는 것이네. 만일 대행할 만한 자제가 있는 사람이라면 어떻게 슬픔을 무릅쓰고 지낼 수 있겠는가? 3년 뒤라면 아마도 머뭇거리며 상례常例로 여겨서는 안 될 듯하네. 어떠할지 아직 모르겠네.

족질 일규에게 답하다[答族姪一珪] 신미년(1751)

뜻밖에 심부름꾼이 와서 편지를 받아보고, 조섭을 하여 조금 차도가 있다는 것을 자세히 알아, 감사와 위로가 함께 지극하였네.

나는 함경 도사咸鏡都事에 제수한다는 명이 지난달 25일에 나와 이달 초2일에 저인邸人이 관교官敎(왕이 직접 내리는 임명장)와 선천령宣川令의 편지를 가지고 왔네. 비록 나이가 젊고 병이 없는 자라도 무더위 속의 2천리 길을 결코 감당할 바가 아닌데, 하물며 나와 같이 늙고 병든 사람이 어떻게 무더위를 견디며 달려갈 수 있겠는가? 즉시 선천령에게 간절한 편지를 보내어 이조吏曹에 사직서를 올리도록 하고는 빨리 체직되기를 기약하고 있네. 그러나 만약 혹시라도 기한 내에 체직되지 않아서 다시 독촉을 가한다면 참으로 난처할 것이네. 노경에 이런 곤란을 당할 줄을 어떻게 알기나 했겠는가?

예서禮書를 지금 막 펼쳐 보니, 대제목大題目 중에 빠진 곳과 잘못된 부분이 많이 있어서 간간이 고치고 보충하였네. 그러나 조목조목 대조해보지 못해서 이 뒤에 한 번 교정하는 일은 늦출 수 없을 듯하네.

언급한, 윤달에 기제사를 지내는 문제는 선유들이 이미 논의하였네. 그 달에 만약 혹여 지내기 어려운 중요한 단서가 있어서 어쩔 수 없이 제사를 지내지 못했다면 지방紙榜을 써서 아쉬운 대로 지내야 되지, 일부러 윤달을 기다릴 수는 없네. 만약 혹여 제사를 빠뜨린 것이 마음에 걸려서 윤달의 당일에 제사를 마련한다면 주인의 입장에서 추모의 심정은 어쩌면 조금 풀리겠으나, 본래 예를 강론하는 자가 가르칠 일은 아니네. 어떠한가?

족질 일규에게 답하다[答族姪一珪] 임신년(1752)

현빈賢嬪의 초상이 났으니 온 세상의 슬픔을 어찌 다 말하겠는가? 부음을 들은 뒤로 전임 관료들과 유생들이 즉시 객사客舍의 바깥뜰에서 애도의 의식을 거행하고 나흘 만에 성복成服하였다고 하네. 그러나 예리禮吏가 의주儀注(예식행사의 순서)와 관문關文을 써 보내지 않아서 이제 방금 재촉하였으나 아직도 오지 않았네.

읍성邑城으로 들어가 성복해야 하나, 병의 통증이 막 심해져서 다리를 움직이지를 못하네. 어제 벌써 계사溪舍로 나가서 애도의 의식을 거행하였고 내일 성복할 계획이며, 집의 아이는 이제 벌써 읍성으로 들어갔네. 다만 그 복제服制는, 만약 기유년의 옛 관례를 따라서 동궁東宮의 초상 때와 똑같이 한다면 백립白笠과 소대素帶를 하였다가 이레 만에 변제를 하네. 그러나 빈嬪이고 보면 동궁과 달라서 줄이는 절차가 있을 듯하네. 읍성에서 관문을 베껴 보내기를 기다려서 조처해야 할 것이네.

자네들이 비록 읍성에는 들어가지 않았더라도 공사公舍에서 고을 안의 유생들과 함께 모여서 성복하는 것이 좋을 듯하네. 그러나 반드시 복색服色을 탐문한 연후에 성복할 수 있으니, 잘 달리는 사람을 명고鳴皐에 보내어 탐문한 연후에 하는 것이 좋네.

예서를 수정하는 일은 우환이 이와 같은 데다가 또 길이 뚫리지 않았으니, 조금 늦어져도 상관이 없네.

장사 이전에는 연회를 열 수 없는데, 혼례의 날을 받은 집은 어떻게 해야 되는지 아직 모르겠네.

> 성복하는 의절은 서쪽을 향하여 차례로 서서 슬픔을 다하여 곡하고 나서 곡을 그치고 재배하네. 관문을 더듬어 보니 유생의 복색에 대해서는 말하지 않았네. 단지 "감사와 수령은 성복할 적에 삼베로 오사모를 감싸고 삼베 단령團領[47]에 세 겹으로 된 생마 띠를 맨다." 하였으나, 관가官家에서도 그 절차를 몰라서 서둘러 감영에 사람을 보내 탐문하여 온 뒤에 성복하였네. 하지만 유생은 흑립黑笠에 흰 삼베 띠[白布帶]를 맨다고 하네.

족질 일규에게 답하다[答族姪一珪]

소식이 궁금하던 차에 편지를 받아보고, 지내는 정황이 매우 좋다는 것을 다시 알아, 위로와 후련함이 참으로 지극하였네. 그러나 방존旁尊(근친 중의 어른)의 병환이 깊어서 이것이 우려스럽네.

나는 다행히도 그럭저럭 세월을 보내던 중에 뜻밖으로 제수한다는 명이 내려와서 사람을 아주 두렵게 만들었네. 그러나 산야에서 한가로이 지내며 꿈에서도 티끌세상 일을 끊은 지가 이미 오래인데, 어떻게 흰머리를 들고 긴 옷자락을 끌며 후배들의 무리

---

47) 단령(團領) : 문무 관원들이 입었던 공복으로 깃이 둥글고 소매가 넓으며 길이는 발뒤꿈치까지 내려오는 위아래가 붙은 포(袍)를 말한다.

속에 늘어설 수 있겠는가? 이미 사직소를 써서 성군成君에게 보내어 조리曹吏를 시켜 올리도록 하였으니, 아마도 주의한 대로 될 것이네. 비록 올리지 않더라도 30일이 지나도록 사은숙배하지 않으면 체차遞差되는 것이 본래 중앙 관료의 관례이므로, 외직의 관리와는 다르네.

족질 일규에게 답하다[答族姪一珪] 계유년(1753)

바로 보내준 편지를 받아보고, 지내는 정황이 매우 좋다는 것을 다시 알아, 기쁨과 위로가 참으로 지극하였네.

종숙從叔은 비석에 글씨 쓰는 일을 살펴보기 위하여 초9일에 하천夏泉에 들어가 백교伯教를 시켜 그 전면에 글씨를 쓴 뒤 벌써 새기는 일을 시작하였는데, 아직 글자가 깨지는 걱정은 없으니, 이는 다행스러운 일이네. 여러 아이들이 모두 일이 많아서 내가 머물며 감독하려고 하네.

그저께는 뜻밖에 저보邸報를 받았는데, 이달 초2일의 도목정사都目政事에서 지평持平으로 수망首望에 올라 비점을 받았다고 하니, 두려움과 절박함을 다 말할 수 없네. 하유下諭[48]는 비록 아직 내려오지 않았으나 초9일에 여름 대제大祭를 지낼 적에 친림親臨하시는 자리에서 정탈定奪(아뢰어 결제를 받음)하였고 초1일에 이미 서계誓戒[49]를 거행하였으니, 양사에서 필시 이미 출사의 유지諭旨를 보내어 20일 전에는 당도할 것이어서, 이제 막 길을 나설 준비를 하고 기다리고 있네.

---

48) 하유(下諭) : 지방의 관리에게 상경(上京)을 명하던 왕명(王命)을 말한다.

49) 서계(誓戒) : 국가의 대제(大祭)를 7일 앞두고 제관(祭官)으로 임명된 관원들이 의정부에 모여서, 술과 고기를 먹지 않고, 조상(弔喪)이나 문병(問病)을 하지 않고 옥사(獄事)나 송사(訟事)를 처결하지 않겠다는 등의 내용을 서약하는 것을 말한다.

예서를 교정하는 일에는 비록 나가 참여하고 싶으나 며칠 더 머무른다 해도 또한 어떻게 하지 못하니, 매우 개탄스러운 노릇이네. 그러나 명고 영감께서 홀로 한 번 훑어보았으니, 만일 편차가 잘못된 부분이 있을 경우에는 지두紙頭(책장 윗부분의 여백)에 표지를 붙여 두고, 그 간에 의논해야 할 것은 논의할 내용을 종이에 써서 붙여 두어서 모두 모일 때를 기다리는 것이 괜찮을 듯하네.

다만 생각건대, 여러 조목이 초고본의 각권에 흩어져 있어서 찾아내고 교정하는 일이 쉽지는 않을 듯하네. 단지 새로 묶은 책이 읽어보아서 분명히 빠트린 곳이 없다면 대충 지나가고, 만약 껄끄러워 문리에 맞지 않은 곳이 있다면 초본을 꺼내어 꼼꼼히 대조하는 것이 좋겠네.

명고 영감께 저번에 편지를 쓰서 이러한 뜻을 말하고 싶었으나 분주하여 하지 못하였네. 20일 경까지 만약 하유下諭를 받들지 못한다면 한 번 나아가서 물어보아야 되겠네. 예서 12책과 문집 1책을 함께 보내네.

재종질 일진에게 답하다[答再從姪一鎭] 신유년(1741)

천리 밖에서 그리워하던 중에 불현듯 편지를 받아보고, 기력을 보중하고 있다는 것을 알아, 먼 곳에서 위로가 참으로 깊네.

다만 상주尙州에 사는 종씨從氏의 질병이 비록 조금 수그러들기는 하였으나 아직까지 완전히 회복되려면 멀었다고 하니, 참으로 염려스러운 일이네. 약을 지을 재료들은 본래 궁핍한 집에서 쉽게 마련할 것이 아닌데, 무엇으로 조처하려고 하는가? 더욱 우려되고 민망한 노릇이네.

숙叔은 며칠 전 능행陵幸을 할 적에 금훤禁喧(시끄러움을 막는 일)하는 임무를 맡았다가, 다행히도 무사히 마쳤네. 그러나 피로가 매우 심하여 음식을 완전히 물리고 있으니, 매우 민망한 일이네.

장삿날을 벌써 잡았다고 하는데, 이런저런 일들을 무엇으로 계획하고 있는가? 멀리서 관직생활하다 보니 마음대로 벗어날 길이 없어서 끝내 장사에 가서 영결하지 못하니, 통한의 마음을 어찌 다 말로 하겠는가?

편지에서 말한 의례疑禮에 대한 답은 별지에 써서 보내니, 부디 살펴서 처리하게. 당직 중에 일이 많아 등잔불 밑에서 대충 적었네.

별지別紙

토지신土地神에게 제사지내는 일과 옛 묘소를 여는 일이 만약 같은 날이라면 "두려워 말고 놀라지 마십시오."라는 축문으로 옛 묘소에 고유한 연후에, 잔디를 대략 절반 정도 열어놓고 새 묘소의 금정金井(광중壙中)을 여는 날을 기다려 다 파는 것이 좋네. 만약 그렇게 한다면 고유제는 더 지내지 않아도 되네.

만약 일관이 새 묘소의 금정을 여는 날 옛 묘소를 파내야 된다고 한다면 풀을 베고 봉분의 흙을 파내는 날에 단지 "고위에 합장하려고 합니다."라는 뜻으로 말을 만들어 고유하되, 두려워 말고 놀라지 마시라는 글은 축문에 쓰지는 않네. 묘소를 열 때에 이르러서야 비로소 이 축문으로 고유제를 지내는 것이 좋을 듯하네.

선영의 묘사일이 새 장사의 졸곡卒哭 이전인 경우에는 바로 묘사를 지내기가 너무 촉박한 듯하네. 그러나 또한 전혀 제사가 없을 수는 없으니, 경복輕服을 입은 사람으로 하여금 제수를 소략히 진설하고 축이 없는 단헌單獻으로 지내도록 하는 일은 그만둘 수 없을 듯하네. 다만 3년 안에는 합설合設할 수 없으므로, 두 위를 각각 차려야 하네. 길제吉祭를 지내고 합독合櫝한 이후에야 비로소 묘사를 합설하여 지낼 수 있네.

사위 신용경50)에게 주다[與外甥申龍慶] 을묘년(1735)

소식을 들은 뒤 열흘이 넘었는데, 어른 모시고 지내는 기거가 어떠한지 모르겠네.

한양으로 가는 길은 어떻게 결정하였는가?

도중道中이 예랑禮郞에 임명되어 한양으로 가던 길에 체직되었다는 소식을 듣고 돌아와서 서울에 천연두가 퍼졌다는 소식을 편지로 전하며 "옥윤玉潤[51]을 회시會試에 보내지 마십시오."라고 하였으니, 이는 바로 사랑이 깊어서이네.

자네의 나이 겨우 스물로 앞길이 만 리 같이 정말 먼데, 참으로 과거의 운수가 있다면 조금 늦어진다고 무어 나쁘겠는가? 더구나 내년에 또 반드시 증광시增廣試가 있음에랴. 이는 세자를 책봉하는 의논이 있기 때문이네. 어떻게 위로 어머님의 명을 어기고 이 위험한 길을 나설 수 있겠는가? 할머님과 어머님을 모시며 만약 혹여 근심을 끼친다면 불효가 이보다 크지 않을 것일세. 과거가 무엇이라는 말인가? 천만 깊이 생각하여 우러러 어머님의 뜻을 따르고 또 할머니의 경계를 들어서 용기 있게 걸음을 멈추게. 서책을 가지고 와서 서너 달 머무르며 수십만의 말을 자네 것으로 만들어 내년 과거 응시의 바탕으로 삼기를 더없이 바라고 바라네.

나는 여러 해 서울에 있으며 세상일을 두루 겪었거니와, 이러한 일도 몸소 직접 경험하여 본 것이 많이 있네. 가령 봉익鳳翼이 천연두를 겪지 않았는데, 이번 지방시에 입격하였다면 결코 보내지 않았을 것이네. 자네가 어찌 봉익보다 못하겠는가? 사람들 중에는 비록 더러 참여하기도 하나 운수가 각각 다르므로 결코 남을 따라하며 몸을 잊을 수는 없네.

---

50) 신용경(申龍慶) : 용경은 통덕랑 신황(申熿, ?~?)의 자로 여겨진다. 본관은 아주(鵝洲)이다.

51) 옥윤(玉潤) : 사위를 말한다. 진(晉)나라 때 위개(衛玠)가 총각(總角) 머리에 양(羊)이 끄는 수레를 타고 시내로 들어가니, 보는 사람마다 옥인(玉人)이라고 하였다. 또 위개의 장인인 악광(樂廣)은 해내(海內)에서 중망(重望)을 받았다. 그래서 사람들이 "장인은 빙청이요 사위는 옥윤이다.[婦公氷淸 女婿玉潤]"한 일에서 온 말이다.(『晉書』「衛玠列傳」)

신 서방에게 주다[與申甥] 병진년(1736)

뜻밖의 흉한 변고로 조부 진사進士 부군께서 갑자기 세상을 떠나셨다는 부고를 받고 놀라움과 슬픔을 억제하지 못하였네. 생각건대, 순수하고 지극한 효심에 애통하고 찢어지는 심정을 어떻게 다 감당하였는가? 변고가 창졸간에 일어나서 염습殮襲과 하관下棺 등의 여러 의절은 어떻게 심정을 다하여 처리하였는가? 먼 곳에서의 염려를 말로 다하기 어렵네.

더구나 전염병이 크게 번지는 중인데도 자네가 위험을 무릅쓰고 달려 들어가 딸아이의 해산을 돌보고, 겨우 나흘이 지나서 이러한 화를 당하였음에랴. 훌륭한 집안의 액운이 이다지 참혹한 지경에 이를 줄을 어찌 생각이나 했겠는가? 심담心膽이 싸늘해지며 내려앉아 놀라움으로 스스로를 진정시키지 못하겠네. 자네는 어머님께서 계시는데 어찌하여 어머님의 말씀을 따르지 않고 심정대로 곧장 들어갔단 말인가?

퇴계 선생이 일찍이 염병이 도는 중에 어버이의 초상을 당한 사람은 나와서 피한다는 한 조목을 논의하며 "예를 들어 남과 지친至親이 함께 물과 불의 위급한 상황을 만났을 때 참으로 불에 타는 것과 물에 빠지는 것을 피하지 않고 서로 건지거나 구출해야 하네. 불에 타거나 물에 빠진 자를 구해내지 못한 채 우연히 죽음을 벗어난 자가 염습하고 빈소를 차리고 나서 다시 스스로 물이나 불속으로 곧장 몸을 던진다면, 처신한 바의 득실이 어떠하겠는가?"라고 하였네. 비록 상주喪主이더라도 오히려 이와 같은데, 더구나 중손衆孫의 처지에 있음에랴. 부디 성복成服한 뒤에 즉시 피하여 어머님께 걱정을 끼치지 않기를 더없이 바라고 바라네.

즉시 영위靈位로 나아가 곡을 하고나서 자네 어머님을 위로하고는 다시 자네를 임시 거처로 끌어내려고 하였네. 그러나 이곳도 아이의 병이 근래에 더욱 심해진 데다가 또 내 몸에 병이 있어 뜻을 이루지 못하여, 바라만 보며 애를 태우다 보니, 마음이 다 끊어질 뿐이네.

신 서방에게 답하다[答申甥] 기미년(1739)

소식이 끊긴 뒤로 계절이 바뀌어서 막 심부름꾼을 보내어 물어보려고 하였으나, 전염병에 구애되어 하지 못하였네.

뜻밖에 사람이 와서 고마운 편지를 받아보고, 첫 무더위에 어른 모시며 형제들의 체후體候가 잠깐 불편하였다가 금방 회복되었다는 것을 다시 알아, 놀라고 또 위로되어 마음을 진정시키지 못하였네. 이는 필시 술이 빌미가 되어 일어난 일이니, 천만 경계하고 조심하여 더는 재발하지 않도록 하는 것이 지극히 좋고 좋을 걸세.

나는 통곡을 하면서도 죽지 않아서 아이가 떠난 날을 다시 맞으니, 문드러지고 남은 장기마저 그만 재가 되어버렸네. 어찌 다시 한 푼이라도 세상살이에 마음이 있겠는가? 그러나 죽을 날은 멀지 않고 손자는 어려서 만약 빨리 살터를 잡지 않는다면 선대의 사당을 지키지 못하게 될까 매우 두렵네.

얼마 전의 빙동氷洞 걸음은 정말 어쩔 수 없어서였네. 그렇지 않았다면 이렇듯 병들고 쇠약한 사람이 어떻게 한가로운 걸음을 할 수 있었겠는가? 처음에는 길을 둘러 자네가 사는 곳에 가보고 싶었으나 저곳에 도착하자마자 마침 천연두가 촌락으로 번져서 위험을 무릅쓰고 가지 못하였으니, 지금까지도 한스럽네.

사품촌沙品邨 동쪽의 어떤 한 구릉이 살만한데, 일찍이 들어보니, 선산의 최인재崔訒齋도 좋은 자리라고 극구 칭찬하였다고 하네. 나의 보통 눈으로도 퍽이나 특이하여, 막 술사術士를 불러서 집의 중심 자리를 정할 생각이네. 그러나 쓸데없는 일이 서로 방해하여 아직도 하지 못하고 있네.

선조 회당悔堂[52] 선생의 유고遺稿를 간행하려는 움직임이 있는 줄 아는데, 매우 훌륭한

---

52) 회당(悔堂) : 신원록(申元祿, 1516~1576)의 호이다. 자는 계유(季綏), 본관은 아주(鵝洲)이다. 퇴계 이황이 풍기 군수로 재임할 때 백운동서원(白雲洞書院)에 머물며 강론하였다. 학행으로 관학의 교수(敎授)를 지냈다. 저서로는 『회당집』이 있다.

일이네. 어떻게 기뻐 놀라지 않겠는가? 사우록師友錄 속에 우리 선조께서도 실려 있어서 매번 보려고 하였으나 볼 수 없었네. 이제 함께 간행하고 싶어하는 뜻을 알고 나니, 처창한 사모의 정이 더욱 간절해지네. 행적을 모은다고 하니 베껴 보내야 하나, 이번 인편이 하도 서둘러서 대강만을 가려 별지에 써서 보내네. 만약 행장을 초록抄錄하는 일이 있다면 다음 인편에 당연히 써 보내겠네.

신 서방에게 주다[與申甥] 병인년(1746)

인편이 돌아온 지 열흘 동안 무더위가 더욱 뜨거웠는데, 어른 모시고 지내는 즐거움은 어떠하며, 보살피는 가족들도 어떻게 지내는지 모르겠네. 그리운 마음이 더욱 많네.

나는 노쇠와 질병이 서로 찾아들다가 더위를 맞아 더욱 더하여 자리에 드러누워서만 지내니, 하나의 시체가 되어버렸네. 더구나 가뭄이 혹독하여 모가 모두 말라가고 있음에랴. 거듭된 흉년 끝에 인심은 흉흉하고 토지세와 환곡還穀은 불길 같이 징수를 독촉하니, 민가의 광경이 시름겹고 참혹하여 말로 다하지 못하겠네. 그러니 산속에 사는 사람인들 어떻게 편히 지낼 수 있겠는가?

아침저녁의 먹을거리는 어떻게 마련하고 있는가? 가난은 선비의 상도常道이나 먹고 입는 데 필요한 재물이 조금은 있고 난 연후에 불의不義한 데에 빠지지 않을 수 있네. 이렇게 하는 방도는 오직 절약을 실천하며 농사에 힘을 쏟는 데 있을 뿐이니, 천만 유의하여 장부가 스스로 먹을거리를 마련하지 못하는 근심은 면하도록 하는 것이 어떠하겠는가? 이천伊川[53]이 집 식구 80명을 데리고도 굶주림을 면할 수 있었기 때문에

53) 이천(伊川) : 송나라의 유학자인 정이(程頤, 1033~1107)의 호이다. 자는 정숙(正叔), 시호는 정공(正

문인들이 그 재주 많음을 칭송하였고, 주자朱子도 일찍이 친구 중에 집안의 재산이 본래는 넉넉하였으나 낭비를 하여 가난하게 된 사람을 꾸짖었으니, 이는 참으로 선비 된 자가 반성하고 생각해야 할 바이네.

신 서방에게 주다[與申甥] 정묘년(1747)

어저께 아침에야 칠석날 아이에게 보낸 편지를 비로소 받아보고, 어머님의 편찮은 체후가 열흘을 끌었으며, 딸아이 또한 등에 난 종기로 근심하고 있다는 것을 자세히 알아, 멀리서 놀라움과 염려를 스스로 진정시키지 못하였네. 편지를 보낸 후 여러 날이 지났는데, 어머님의 병환은 이미 나아가며 딸아이의 종기도 익어 터졌는가? 이 무더위에 종기를 치료하기는 매우 어려울 것이고, 또 궁핍한 계절을 당해서 치료할 방도가 뜻대로 되기 어려울 것이니, 더욱 민망한 노릇이네.

늙은 나는 지난달부터 오랫동안 입맛을 잃은 데다가 연이어 독감을 앓아 고통이 갈수록 심하여 정신을 놓고 자리에 드러누워 지내니, 한 푼의 소생할 기미도 전혀 없네. 더구나 새로 심은 벼가 익지 않아서 거친 보리밥이 입에 맞지 않음에랴. 평생에 매번 호강후胡康候[54]가 가난을 말하지 않은 일로 스스로 노력하였으나, 가난이 눈앞에 닥쳐 파계를 면치 못하니, 이것이 부끄러울 뿐이네.

듣건대, 광양光陽에서 객사한 분의 관을 배로 싣고 벌써 돌아왔다고 하니, 나도 모르게 눈물이 주르륵 흐르네. 그 해박한 지식과 아름다운 행신을 어찌 이 세상에서 다시 볼

公)이고, 낙양인(洛陽人)이다.

54) 호강후(胡康侯) : 강후는 호안국(胡安國, 1074~1138)의 자이다. 호는 무이(武夷)이고, 복건성(福建省) 숭안인(崇安人)이다. 정이(程頤)의 학문을 사숙하고 사양좌(謝良佐)·양시(楊時)·유작(游酢)과 교유하였다. 시호는 문정(文定)이고, 『춘추호씨전(春秋胡氏傳)』을 지었다.

수 있겠는가? 게다가 10년 동안 산림에 묻혀 지낸 억울한 심정을 아직 다 밝히지 못하였으니, 이 무슨 하늘의 도란 말인가? 더없이 원통하네.

신 서방에게 답하다[答申甥] 무진년(1748)

막 아랫사람을 보내려는 즈음에, 보낸 심부름꾼이 갑자기 와서 편지를 받아 봉투를 열어보고, 어른을 봉양하는 즐거움이 평소와 같은 줄을 자세히 알아, 기쁨과 위로를 다 헤아릴 수 없네.

늙은 나는 근래 시원해진 날씨 덕분에 약간의 회복 기미가 있으나, 아이가 다리에 난 종기로 고통스러워하고 있네. 이외에도 쓸데없는 근심거리가 많아서 자못 괴로움과 절박함을 느끼고 있네.

가뭄이 막 혹독하여 가을에 수확할 가망이 없어졌으니, 이 무슨 광경이란 말인가? 대책 없는 나라 걱정도 저절로 적지 않으니, 어찌 다만 많은 식구들에 대한 염려뿐이겠는가? 도중道中이 발탁되어 승진한 일에서 공도公道가 아직 무너지지 않았음을 알 수 있으니, 유독 우리 가문만의 영광이고 행운이 아니네.

두 손자 아이들은 읽은 책이 얼마나 되는가? 주선생朱先生이 어린 아들을 채계통蔡季通[55]에게 보내어 유학시키면서 처음에는 짧은 시를 짓도록 하였으니, 아이들에게 시 짓는 법을 일찍부터 깨닫도록 하지 않을 수 없네.

분황焚黃할 때 지은 시에 차운을 이미 얽어 놓은 지가 오래이나 운이 어렵고 말이

---

55) 채계통(蔡季通) : 계통은 채원정(蔡元定, 1135~1198)의 자이다. 호는 서산(西山)이고, 건주인(建州人)이다. 주희에게 종유(從遊)하였는데, 주희가 제자로 여기지 않고 노우(老友)로 대우하면서 함께 학문에 대해서 논하였다. 시호는 문절(文節)이고, 저서로는 『율려신서(律呂新書)』·『팔진도설(八陣圖說)』·『홍범해(洪範解)』 등이 있다.

졸렬하여 남에게 보여주기 어려지만 끝까지 감출 수 없어서 이제야 써서 보내네. 하지만 훌륭한 자취를 더럽히기에 알맞을 뿐이지, 어찌 볼 만하겠는가?

신 서방에게 답하다[答申甥] 신미년(1751)

보낸 편지를 바로 받아보고, 꽃샘추위에 어른을 보살피는 체후가 좋다는 것을 다시 알아, 마음 놓이는 점이 참으로 많네.

나는 노쇠와 질병이 갈수록 깊어져서 누워 있을 때가 많고 일어나 있을 때는 적으니, 이치인 것을 어찌하겠는가?

손자 아이가 어느덧 성인이 되었고 또 관례冠禮를 마쳤다니, 기쁘고 다행스러운 심정을 가누기 어렵네. 그러나 관례를 치를 적에 연일 비가 내려서 아이가 자네에게 가려고 하였으나 가지 못하였네. 세초에 쓸데없는 일들이 연이어 끌어당겨서 한 심부름꾼도 지금까지 늦추고 있으니, 마치 서로 잊고 지내는 듯하여 매우 개탄스럽네.

부디 공부를 권면하고 행동을 단속하여 처가에 자주 가지 못하도록 하게. 비록 가더라도 하루나 이틀만 머무르다가 돌아오는 것이 더없이 좋고 좋네. 『논어』에는 "여색에 있다."는 경계[56]가 있고 왕길王吉[57]의 상소에는 조혼早婚을 금지하자는 내용이 있으니, 이는 조심하지 않을 수 없네.

빈賓이 이미 지은 자字를 더 논의할 필요는 없으나, 만일 온당한 글자로 고치고 싶다면

---

56) 여색에 있다는 경계: "군자에게 세 가지의 경계가 있으니 젊을 때에는 혈기가 아직 안정되지 않았으므로 경계함이 여색에 있다.[君子有三戒 少之時 血氣未定 戒之在色]"에서 유래한다.(『論語』「季氏」)

57) 왕길(王吉, ?~B.C.48) : 자는 자맥(子陌), 서한의 낭야고우인(琅琊皐虞人)이다. 오경(五經)에 능통하였으며 현량(賢良)으로 천거되어 창읍왕 중위(昌邑王中尉)를 지냈다. 선제(宣帝) 때에 간대부(諫大夫)가 되어 상소로 황제의 득실(得失)을 논하였으나 황제가 이를 받아들이지 않자 병을 핑계로 낙향하였다.(『漢書』「王吉傳」)

당연히 예전 경전에서 내력을 취하되 "도로 마름하는 것이 교[修道之教]"58)라는 의미를 최상으로 하고 "오교를 공경히 편다.[敬敷五教]"59)는 내용을 다음으로 하게. 큰 아이는 '수修' 자 위에다 항렬에 해당하는 글자를 더하고, 작은 아이는 '부敷' 자 위에다 더하는 것이 좋겠네. 그러나 자네 집안에서 피해야 하는 글자를 아직 몰라서 감히 딱 잘라 말하지 못하겠네.

신 서방에게 주다[與申甥] 임신년(1752)

편지가 온 지 열흘이 지났는데, 어른을 모시는 동정이 어떠한지 모르겠네. 궁금함이 참으로 지극하네.

딸아이는 이미 약속한 날짜가 있으므로 이렇게 보냈으나, 날이 개이지 않고 비가 내려서 산길은 미끄러운 데다가 빌린 말들도 모두 부실하여 중도에 넘어지는 일이나 생기지 않을까 걱정이니, 이것이 염려가 되네.

창손昌孫이 오래 머무르지 못하고 서둘러 돌아갈 것을 생각하니, 매우 서운하네. 다만 문장이 아직은 멀었으니, 이는 재주가 모자라서가 아니고 바로 배움에 힘을 쏟지 않아서 그런 것이니, 어찌 부형들의 잘못이 아니겠는가? 바라건대 더욱더 유의하여 과업課業을 권장하게.

현아顯兒는 퍽이나 총명하고 민첩하여, 만약 때에 맞추어 과업을 독려한다면 또한

---

58) 도(道)로……교(教) : "하늘이 명부한 것을 일러 성이라 하며 성을 따르는 것을 일러 도라 하며 도로 마름하는 것을 일러 교라고 한다.[天命之謂性 率性之謂道 修道之謂教]"에서 유래한다.(『中庸』)

59) 오교(五教)를……편다 : "순이 설에게 '백성들이 친하지 않으며 오품이 순하지 않음으로 너를 사도로 삼으니, 오교를 공경히 펴되 너그럽게 대하라.'라고 명령하였다.[舜 命契曰 百姓不親 五品不遜 汝作司徒 敬敷五教 在寬]"에서 온 말이다.(『小學』「立教」)

크게 성취할 수 있으니, 부디 엄하게 가르쳐서 방종하지 말도록 하는 것이 매우 좋겠네. 가을 사이에 만약 큰 질병이 없다면 신접살이하는 곳에 한 번 들르고 싶네. 이 계획이 만약 이루어진다면 자네 백씨와 함께 산천의 승경지를 유람할 수 있을 것이네.

맏아들 일감에게 부치다[寄長子一鑑] 갑인년(1734)

근래에 너희들은 별고 없느냐?

너희들의 나이가 스물이 되어 가는데도 학문은 아직 어리석음을 벗어나지 못하고 있으니, 다른 집 아이들과 견주어보면 용과 돼지의 현격한 차이뿐이 아니다. 이것이 내가 밤낮으로 걱정하고 탄식하며 먹어도 맛이 달지 않고 누워도 편안하지 않는 이유이다. 너희들이 어떻게 아비의 마음을 헤아리지 않고 한갓 놀이만 일삼느냐? 만약 서너 살의 어린 아이더라도 아비의 명을 따르지 않으면 불효가 되고, 불효의 죄는 천지간에 용납되지 못한다. 두려워하지 않을 수 있겠느냐?

너희들은 꾸준히 전날의 명을 따라 날마다 부지런히 읽던 책을 읽어서 빨리 마치되, 반드시 100번은 읽어라. 그런 뒤에 다른 책으로 바꾸어 읽되, 또한 앞서와 똑같이 하여라. 『고문진보후집』도 밤마다 이어서 암송하여라. 명아鳴兒도 밤에는 고시古詩를 암송하고 낮에는 『통감』을 읽도록 하되, 다 같이 100번으로 한정하는 것이 더없이 좋겠다.

5월 그믐께 내가 내려가게 되니, 너희들이 읽는 책을 만약 푹 읽지 않았다면 반드시 회초리로 다스릴 것이다. 각별히 마음을 내어 날마다 부지런히 읽어야 된다.

막내아들 일찬에게 답하다[答季子一鑽] 신유년(1741)

지난달 14일에 보낸 편지를 바로 받아 보고, 온 집안이 편안한 줄을 알아, 더없이 위로된다.

나는 아직 조사曹司의 직임을 벗지 못하여 28일 능행陵幸 때에 저절로 금훤禁喧을 맡게 되었는데, 주상의 분부가 지엄하여 마음이 더욱 두려웠다. 다행히도 병조의 당상관 및 여러 승지들이 힘을 합쳐서 함께 금훤함을 힘입어 무사히 일을 마쳤으니, 이는 실로 큰 다행이다. 사람들이 모두 와서 축하해주었다.

다만 한밤에 모시고 나서서 40리 길을 갔다가 온 데다가 또 세 능陵에 전배례展拜禮를 거행하고 나서 이경二更이 끝나갈 무렵 비로소 궁궐로 돌아오느라, 말을 빨리 달리며 음식을 전혀 먹지 못하였다. 돌아온 뒤로 설사가 심하다가 이제야 겨우 나았으나, 4일에 한 번씩 나가고 궁궐에 오래 있어야 하니, 이것이 절박한 노릇이다.

산속의 고요함은 공부하기에 정말 좋은 환경이니, 『시전』 중 읽지 못한 권卷을 여가가 나는 대로 부지런히 읽되, 먼저 언해를 보고 또 주석을 보아라. 그래도 더러 이해되지 않는 부분이 있다면 명언明彦이나 안중安仲에게 물어보는 것이 좋다.

난정첩蘭亭帖은 날마다 써보는 것이 또한 좋다. 이번에 보내온 편지의 글씨가 거칠고 엉망이어서 글자의 모양을 이루지 못하였으니, 이후로는 반드시 반듯이 쓰는 것이 매우 좋겠다.

막내아들 일찬에게 답하다[答季子一鑽] 임술년(1742)

백교伯敎가 오는 걸음에 편지를 받아보고, 편안하다는 소식을 알아, 매우 다행이다.

나는 아직 겸춘추兼春秋에서 체직되지 못하였는데 백교가 벌써 왔으니, 조만간 체직되어 나오고 싶을 뿐이다. 시정時政의 시비는 네가 알바가 아니다. 더구나 전해들은 이야기는 대부분 허망한 말임에랴. 이후로는 단지 집안의 안부만을 말하고 이러한 일은 언급하지 않는 것이 더없이 좋겠다.

집에서 조용히 지내며 날마다 글을 읽어서 아비의 바람을 저버리지 않는 것이 바로 효도이다. 하필이면 산속의 집으로 간 연후에야 책을 읽을 수 있겠느냐? 전에 읽던 『시전』을 200번 숙독한 뒤에 『고문진보후집』 중 일찍이 읽은 편을 읽는 것이 좋겠다.

막내아들 일찬에게 부치다[寄季子一鑽]

수백守白이 갈 때 부친 두 통의 편지는 과연 받아보았느냐? 근래에 집안에는 별일 없느냐? 멀리서 염려가 그지없구나.

나는 아직은 편안하나 역병이 크게 돌아서 사환使喚[60]이며 서리와 종들이 연이어 통증으로 나가는 자가 있으니, 절박함과 염려를 어찌 다 말하겠느냐?

단오가 지난 뒤에 솔선率善이 공무로 올라온다니, 건질鍵姪이 오고 싶어 한다면 함께 오는 것이 좋겠으나 더위 속의 천릿길은 각별히 조심하지 않을 수 없다. 인동仁同에 와서 하룻밤 잔 뒤에 즉시 출발하여 새벽에 길을 나서서 저물녘까지 가되, 한낮에는 멈추어라. 도로에서 금마禁馬하는 곳을 어기지 말고 행인들과 서로 따지지 말며, 물을 만나서는 함부로 건너지 말고 다리를 만나면 반드시 도보로 건너라. 무릇 위험한 곳이나 관의 행차를 만나면 또한 말에서 내려서 오는 것이 더없이 좋겠다.

또 역병이 여기저기 돌고 있으니, 반드시 돌고 있는 지를 자세히 물어서 들어가는 것이 좋다. 만약 역병이 막 지나갔다면 반드시 무사하다는 말을 들은 뒤에 꼭 깨끗한 곳을 꼼꼼히 찾아 들어가서 자는 것이 또한 좋겠다. 도중에 모든 일을 천만 삼가서 늙은 아비에게 근심을 끼치지 말아라. 『명사明史』를 가지고 오면서, 네가 보던 서책도 함께 가지고 오너라.

외손자 신창교와 신홍교에게 답하다[答外孫申昌敎弘敎] 신미년(1751)

종이 오는 편에 편지를 받아보고, 너희들이 어른을 모시며 편안하다는 것을 알아,

60) 사환(使喚) : 가까이 두고서 부리는 사람을 말한다.

매우 기쁘구나.

나는 노쇠와 질병이 갈수록 깊어져서 말할 만한 것이 없다.

맏이는 이미 성인이 되었고 막내도 나이가 점점 들어가니, 제때에 학업을 열심히 하지 않을 수 없다. 함부로 놀 생각만 하지 말고 밤낮으로 부지런히 책을 읽어서 너희 집안의 명성을 실추시키지 않는 것이 더없이 좋겠다.

울산 사림들에게 답하다[答鶴城士林] 기미년(1739)

얼마 전 이 사문李斯文이 찾아와 소매 속에서 꺼내준 편지를 받아보고, 봄추위에 여러 분들의 기거가 매우 편안하다는 것을 다시 알아, 우러러 감축되고 위로되는 저의 마음을 견디지 못하겠습니다.

저는 너무 부끄럽게도 좋은 재미가 없으니, 무어 말씀드릴 만한 것이 있겠습니까?

말씀하신 뜻은 잘 알겠습니다만 이 못난 사람이 이러한 문자를 감히 감당할 수 없습니다. 그러나 훌륭하신 부탁이 이미 진지하고 또 흠모의 정성도 있어서 감히 이렇게 졸작을 얽어 보내드리니, 삼가 바라건대, 헤아려보고 취사선택하는 것이 어떠하겠습니까?

욕례縟禮(성대한 의식)가 잘 거행되기만 오직 축원합니다.

명산 종중에 주다[與鳴山宗中] 을해년(1755)

요즈음 가을 날씨가 청량한데, 여러분들의 체후는 건승하십니까?

흥해興海 종중의 통문과 편지를 바로 보니, 그 지역이 홍수로 흉년이 들었기 때문에 단사壇祀 제수의 품수를 줄이고 싶어서 이에 심부름꾼을 시켜 통문과 편지를 보내왔습니다. 바라건대, 모두 모여서 답장을 써서 보내주는 것이 어떠하겠습니까? 저들의 의견을 따를지 여부는 오직 여러분들의 의논 여하에 달려있지, 한 사람이 독단할 수 있는 것은 아닙니다.

그러나 저의 의견으로는 이 일은 지난 40년 동안 이미 거행해오던 의식이므로, 비록 나라의 금령禁令 때문에 희생으로 쓰던 소와 밀과密果는 감히 사용하지 못하더라도 그 나머지는 개감한 것이 없었습니다. 어떻게 한 지역의 말 때문에 가볍게 바꿀 수 있겠습니까? 더구나 4년에 한 번 차리는 제사여서 앞서의 재물이 반드시 남아 있음에 이겠습니까. 한 해의 흉년으로 서둘러 품수를 줄이자는 의논을 낼 수는 없습니다. 여러분이 모인 중에서도 각자 의견이 있을 터이니, 헤아려 회답하여 주시면 좋겠습니다.

매산선생문집

梅山先生文集

제6권

매산선생문집 제6권

잡저雜著

의계의 약문[義契約文]

계회契會를 설립하면서 '의義' 자로 이름하였고 보면, 조약 역시 '의'로 정해야 할 것이다. 만일 '의'가 아니라면 우리가 계회를 설립하는 본래의 취지가 아니다. 왜냐하면 때에 맞게 제사지내는 것은 근본에 보답하는 지극한 심정이요, 길흉 간에 서로 부조하는 것은 일족을 화목하게 하는 큰 절목이다. 그러나 더러 재력이 모자라고 예절이 번거롭다면, 비록 한위공韓魏公[1]과 같이 조상을 잘 받들고 화수가花樹家[2]와 같이 일족을 후하게 대하는 자더라도 어쩌면 그 마음에 맞지 않거나 심정대로 하지 못할 수 있으니, 이는 참으로 한빈한 집안의 통한通患이라서 자로子路의 아프다는 탄식[3]을 어쩔 수 없이 이때에

---

1) 한위공(韓魏公) : 송나라 때 위국공(魏國公)에 봉해진 한기(韓琦, 1008~1075)를 말한다. 자는 치규(稚圭)이고, 상주인(相州人)이다. 약관의 나이에 진사시에 입격하여 가우(嘉祐) 연간에 정승에 제수되었다. 덕량(德量)과 문장(文章)·정사(政事)와 공업(功業)에 있어서 송나라 제일의 정승으로 일컬어진다. 시호는 충헌(忠獻)이다.

2) 화수가(花樹家) : 화수회(花樹會)를 결성하여 화수 아래에서 친족을 모아 놓고 술을 마신 당나라 때의 망족(望族)이던 위씨(韋氏)의 집안을 말한다. 잠삼(岑參)의 「위원외랑 집안의 화수가[韋員外家花樹歌]」에 "그대의 집안 형제 훌륭하구나, 경도 있고 어사도 있고 상서랑도 있네. 조회에서 돌아와 꽃이 낄리니 늘 손님을 모으고, 옥항아리에 꽃이 널어서 봄 술이 향기롭네.[君家兄弟不可當 列卿御史尙書郎 朝回花底恒會客 花撲玉缸春酒香]"라고 하였다.

3) 자로(子路)의……탄식 : 자로가 "아프구나! 가난이여. 어버이가 살아 계실 때에는 제대로 봉양할 수 없었고, 돌아가시고 나서는 제대로 예를 행할 수 없습니다.[傷哉 貧也 生無以爲養 死無以爲禮]"라고

토하게 된다.

반드시 미리 쌓아서 급할 때를 대비하며 힘을 모아서 쓰임을 나누고 난 뒤에야, 궁핍한 즈음에 인정을 거의 다할 수 있으며 갑작스러운 사이에 스스로 의식儀式대로 할 수 있다. 이 때문에 사마광司馬光은 재물을 쓰는 법을 제정하고, 이학사李學士[4]는 하나의 창고로 모으는 법규를 만들었다. 고인의 구획하는 방도가 이와 같이 치밀하니, 후세의 준칙이 아니겠는가?

우리 정씨는 또한 영남의 오래된 집안이다. 가학이 찬란히 빛나고 벼슬이 화려하게 이어져서 지금까지 수십 대를 서로 전해왔다. 우리 고조할아버지 백암공柏巖公께서는 충효로 몸을 바쳤으며, 우리 증조할아버지 현감공縣監公께서는 청백 정신을 집안에 전하였다. 그 때문에 조상을 받들고 일족을 대하는 것이 모두 극진하여 유감이 없었으니, 신의 도움을 남몰래 받아서 후손에게 복을 남겨주었다.

우리 할아버지에게 이르러서는 형제분이 셋이었고, 우리 아버지에게 이르러서는 한 집의 종형제가 갑절로 늘어났으며, 우리들 대에 와서는 재종형제가 또 갑절로 늘어났으니, 적선지가積善之家의 남은 복[5]을 여기에서 입증할 수 있다.

그러나 다만 대대로 검소하게 살며 생산을 더는 도모하지 않다보니, 먹는 것은 구덕舊德뿐이요 지키는 것은 선업先業뿐이었다. 세속을 따라 부산스럽게 자손을 위하여 돈을 모으는 계책의 경우라면 너무나 소홀하였다. 이 때문에 사람은 더 늘었는데 생산은 더 줄어서, 조상을 받드는데 제수의 가짓수가 더러 감소하고 일족을 대하는데 혼례와 상례의 부조가 더러 빠졌으니, 정성이 선조에게 박하거나 인정이 일족에게 얕아서가 아니라 참으로 '가난[貧]' 한 글자에 꺾여서이다.

탄식하자, 공자가 "콩죽을 끓여 먹고 물을 마시더라도 기쁨을 다해 드린다면 그것이 바로 효이다.[啜菽飮水盡其歡 斯之謂孝]"라고 위로했던 고사에서 유래한다.(『禮記』「檀弓下」)

4) 이학사(李學士): 누구인지 자세히 알 수 없다.

5) 적선지가(積善之家)의 남은 복: 자손이 번성함을 말한다. "선을 쌓은 집안에는 반드시 남은 복이 있다.[積善之家 必有餘慶]"는 말에서 유래한다.(『周易』「坤卦·文言」)

우리 제부諸父께서 병으로 오래 누워계셨는데, 하루는 여러 자질子姪들을 모아놓고 명하기를 "제사와 부조에 반드시 성의를 다하는 것은 모두 나의 뜻이었으나, 다만 그렇게 하지 못한 것은 다름이 아니라 살림이 없어서였다. 너희들의 형제가 이제 열네 재종반이나 되니, 만약 각자 약간의 곡식을 출연하여 수년 동안 불린다면 그 수가 적지 않아 제사를 돕거나 길흉 간에 부조하는 일에 자못 적정이 없을 것이다. 옛날 범 문정공范文正公[6]이 의전택義田宅을 마련하고는 의계義契라고 이름 붙인 적이 있으니, 좋지 않겠느냐?"라고 하였다. 여러 자질들이 모두 한 목소리로 "감히 명을 빨리 따르지 않겠습니까?"라고 대답하였다.

드디어 물러 나와 서로 의논을 모아서 해마다 곡식을 모으고 불려서 나머지로 쓰임에 대비하기로 하였다. 의논이 정해지자 한 책자를 가져다가 형제들의 이름을 항렬 순서대로 쓰고는 그 위에 '선원의계안仙源義契案'이라고 제목을 썼으며, 또 절목을 새로 만들어서 그 끝에 부쳐두었다. 이를테면 집행하는 규례規例라면 당연히 두서가 조금 갖추어지기를 기다려서 여동래呂東萊[7]의 종법宗法 조목을 그대로 따르되, 제부들께 여쭈어서 참작할 것이다.

아! 이 의계의 설립이 어찌 그저 하는 일이겠는가? 늙으신 어른을 위한 계획도 아니요 재물을 불리기 위한 방법도 아니다. 단지 제사지낼 제물을 마련하지 못한 사람을 위하여 여기에서 마련하여 주고 길흉 간에 부조하지 못하는 사람을 위하여 여기에서 부조를 하여, 제물祭物에 격식을 어기는 우려가 없게 하고 혼례나 장례에 때를 넘기는 탄식이 없게 하자는 것이다. 의계의 역할이 이와 같으면 그만이지 달리 또 무엇을 바라겠는가?

---

6) 범 문정공(范文正公) : 문정은 북송의 범중엄(范仲淹, 989~1052)의 시호이다. 자는 희문(希文)이고, 소주 오현인(吳縣人)이다. 2세 때에 아버지를 잃어 어머니가 데리고 개가하여 의부(義父)의 성을 따라 주씨(朱氏)로 행세하다가 장성해서야 알고 본성을 따랐다. 진사(進士)에 입격하여 벼슬이 참지정사(參知政事)에 올랐다.

7) 여동래(呂東萊) : 동래는 남송의 여조겸(呂祖謙, 1137~1181)의 호이다. 자는 백공(伯恭)이고, 수주인(壽州人)이다. 주희(朱熹)·장식(張栻)과 더불어 동남삼현(東南三賢)이라고 불렸다. 시호는 성(成)이다. 저서로는 『고주역(古周易)』·『동래박의(東萊博議)』·『춘추좌씨전설(春秋左氏傳說)』 등이 있다.

진실로 이렇게 한다면 제물이 향기롭고 집안이 화합하여 위로는 조상을 받드는 예를 다하고 아래로는 일족을 돈독하게 하는 도가 닦여진다. 우리 사람이 의리상 먼저 해야 할 바가 어찌 다시 이 일보다 더한 것이 있겠는가? 우리 계회의 이름을 '의義'라고 한 것은 참으로 착실한 제목이라고 할 만하다.

무릇 우리 여러 형제들이 다 흐뭇하게 한 목소리를 내고 확고히 뜻을 함께하여, 재물을 재물로 여기지 않고 그 재물을 의로 여기며 곡식을 곡식으로 여기지 않고 그 곡식을 의로 여길 수 있어서, 의로써 모으고 의로써 흩으며 베풀 적에는 의로써 고루하고 사용할 적에는 의로써 조절한다면 그 계의 이름에 거의 부합할 것이다.

혹시라도 많고 적음을 비교하며 크고 작음을 계산하여 하찮은 차이로 혀를 움직이고 보잘것없는 것에 마음이 멀어진다면 이는 이利일 뿐이지 우리의 이른바 의가 아니다. 우리 형제들이 모두 독실하고 후덕한 사람이어서 나는 반드시 이러한 일이 없을 줄을 분명히 안다. 그러나 끝내 만약 불행히도 있게 된다면 우리가 차라리 계회가 없는 것이 낫지, 이러한 모습은 차마 볼 수 없다. 어찌 서로 함께 경계하지 않겠는가?

또 대저 인가의 사변事變은 일례로 단정할 수 없으니, 더러는 제사가 아니나 조상을 위하는 일과 관계 있으며 길흉이 아니나 일족의 친목과 관련된 일이 있고 보면, 시기를 따르고 형세를 살펴서 적당함을 짐작하여 재물을 출연해야 한다. 이는 또한 의속의 한 의이니, 더욱 알지 않을 수 없다.

또 한 설이 있다. 지금 우리의 계회는 본종本宗을 대상으로 하고 외성外姓을 넣지 않았으며 가까운 친척만을 대상으로 하고 먼 집안은 함께하지 않았는데 이는 참으로 제사를 위하여 설립하였기 때문이다. 우리의 제사만을 위해서가 아니라 실은 우리 일족을 화합하기 위해서이다.

일족을 화합하는 방도도 근본이 있으니, 어찌 다만 길흉사 간에 서로 부조하는 일뿐이겠는가? 반드시 거처함에 서로 모이고 출입함에 서로 따르며, 질병에 서로 부지하고 환난에 서로 달려가며, 근심과 즐거움을 함께하고 죽음과 삶을 함께 하여 온 집안에 다른 의논이 없어 여러 일족에 두 마음이 없게 되고 나서야 바야흐로 일족을 화합하는 방도를 다하였다고 할 수 있는데, 실로 우리들이 계회를 설립한 제일의 뜻이다.

만일 혹시라도 이렇게 하지 않고 단지 약간의 재물을 가지고서 저울로 달고 말로 되어 고르게 나누고는 "의가 이만하면 충분하다."고 한다면, 이는 도척盜跖[8]이 주장하는 인의仁義와 다름이 없으니, 군자의 의에는 거의 천 리나 떨어지게 된다.

우리들은 아주 가까운 친척이어서 아직은 이런 과오를 면할 수 있다. 두어 대를 내려가서 우리 아들이나 손자의 경우라면 우리들보다 조금 멀어져서 화목한 가풍이 반드시 오늘과는 다를 것이다. 그러나 우리 고조할아버지로부터 본다면 똑같은 한 사람의 몸이어서 여러 손자들을 보실 때 참으로 피차의 차이가 없을 것이다. 진실로 선조의 마음으로 자신의 마음을 삼을 수 있어서, 족인이 길흉이나 화복을 겪을 적에 그 기쁨과 슬픔이 자신에게 있는 듯이 한다면 선조의 영혼께서 또한 은근히 기뻐하며 "나에게도 후손이 있구나."라고 할 것이다.

행여 이와는 반대로 친해야 할 곳에 소원하고 후해야 할 곳에 박하여 무심히 지나쳐보며 보살피지 않는다면, 장차 무슨 면목으로 조상의 사당에 들어갈 것이며, 또한 어떻게 조상의 음덕을 받아 그 복을 누릴 수 있겠는가? 또 더구나 고인 중에 9세가 함께 산 사람[9]이 있음에랴. 이로써 미루어보면 이 뜻은 더욱 무궁할 것이다.

계회를 설립하던 처음에 말로써 서로 약속하고 나서 또 글을 지어서 기록하는 만큼 무릇 우리 형제들과 여러 자손들은 마음에 담아두고 공경할 것이며, 만일 좋지 않은 마음이 생긴다면 우리 계회의 이름을 한 번 보아라.

신묘년(1711) 10월 보름에 중기重器가 삼가 쓰다.

---

8) 도척(盜跖) : 춘추 시대 노(魯)나라 사람, 혹은 황제(黃帝) 때 사람이라고 한다. 무리 수천 명을 모아 가지고 천하에 횡행하며 온갖 못된 짓을 하고 또 무고한 사람을 많이 죽였다고 전해지는 인물이다. (『史記』 권61」)

9) 9세가……사람 : 단주(鄆州)에서 수장(壽張)하며 9세가 한 집에 살았던 장공예(張公藝)를 말한다. 고종(高宗)이 그 집에 찾아가 한집에서 화목하게 살 수 있는 비결을 물으니, 그가 지필(紙筆)을 청한 뒤 '인(忍)' 자만 100여 번 쓰자, 고종이 눈물을 흘리며 비단을 하사했다는 고사가 있다.(『舊唐書』 「張公藝列傳」)

중월을 하여 담제를 지내는 데 대한 논설[中月而禫說] 임인년(1722)

사마온공司馬溫公이 말하였다.

"『의례』「사우례士虞禮」에 '중월中月을 하여 담제를 지낸다.[中月而禫]' 하였고, 정씨鄭氏[10]의 주에서 '중中은 사이[間]와 같다. 초상부터 담제까지 모두 27개월이다.'라고 하였다.

살피건대, 노나라 사람 중에 아침에 대상을 지내고 저물녘에 노래한 자가 있어서 자로가 비웃으니, 공자가 '달을 넘겼다면 괜찮다.' 하였다. 공자가 대상을 지내고 5일 만에 거문고를 탔으나 노래하지 않다가, 10일 만에서야 생황笙簧을 연주하며 노래를 불렀다.

『예기』「단궁檀弓」에 '대상을 지내며 호관縞冠을 쓴다.'고 하였고, 또 '담제를 지낸 다음 달에 음악을 연주한다.' 하였다. 「삼년문三年問」에 '3년상은 25개월 만에 마친다.'고 하였다. 그렇다면 이른바 '중월을 하여 담제를 지낸다.'는 것은 대개 담제가 대상을 지내는 달 안이라는 것이다. 역대로 대부분 정씨의 설을 따랐으며, 오늘날의 율칙律敕에 3년상은 모두 27개월이 되어서 상복을 벗는다고 하였으므로 어길 수 없다."

주자가 말하였다.

"25개월 만에 대상을 지낸 뒤 바로 담제를 지내어, 왕숙王肅[11]의 설[12]을 따라야 한다. 이 달에 담제를 지내고 다음 달에 음악을 연주한다는 설이 순리이나 오늘날은 정씨의 설을 따랐으니, 비록 예는 당연히 후한 쪽을 따라야 하나, 마땅하지는 않다."

---

10) 정씨(鄭氏) : 후한 말기의 경학자 정현(鄭玄, 127~200)을 말한다. 자는 강성(康成)이고, 고밀인(高密人)이다. 재야에서 연구에 몰두하여 한나라 경학을 집대성하였고 교육에 평생을 바쳐 정현학파를 이룬 인물이다.

11) 왕숙(王肅, 195~256): 삼국 시대 진(晉)나라 경학자이다. 자는 자옹(子雍)이고, 동해군(東海郡) 담인(郯人)이다. 숭문관 좨주(崇文館祭酒)를 지냈으며, 고귀향공(高貴鄕公)을 맞아들여서 난릉후(蘭陵侯)에 봉해졌다. 여러 경전에 대한 주석을 내었다.

12) 왕숙(王肅)의 설 : 중월(中月)을 월중(月中, 그 달의 안)으로 보아야 한다는 설을 말한다.

정씨의 주에 중中을 사이[間]로 새겨서 27개월 만에 상복을 벗는다고 하였으니, 그 설이 반드시 근거한 바가 있다. 그러나 왕숙은 '대상을 지낸 그 달'이라 여겼고, 사마온공은 또 「단궁」과 「삼년문」의 여러 설들을 증거로 삼아 정씨 설에 오류가 있다고 의심하였다.

내 생각은 그러하지 않다.

왜냐하면 「상복소기喪服小記」에 "중일中一하여 부祔하니, 부祔는 반드시 소목昭穆으로 하기 때문이다." 하였으니, 이른바 중일中一이라는 것은 한 대를 건너는 것을 말한다. 이것으로 살펴보면, 중월中月이 한 달 건너서라는 것은 이미 아주 자명하다. 「잡기雜記」에 "1년상은 11개월 만에 연제를 지내고 13개월 만에 상제를 지내며, 15개월 만에 담제를 지낸다." 하였다. 1년상이 가벼운데도 변제를 오히려 차츰차츰 해서 상제를 지낸 뒤 3개월 만에 담제를 지낸다. 하물며 중상重喪인 참최상斬衰喪에 대상을 지낸 뒤 곧바로 담제를 지낼 수 있겠는가? 정씨 주석의 설이 더욱 분명하여 의심이 없다는 것을 느낀다. 오직 「단궁」과 「삼년문」의 여러 설이 저와 같으니, 이는 참으로 이해할 수 없다.

가만히 공자가 대상을 지내고 5일 만에 거문고를 탔다는 설을 살펴보니, 만약 기록한 자의 착오가 아니라면 필시 전하고 익히는 사이에 와전된 것이다. 『예기』「단궁」에 "담제를 지내고 다음 달에 음악을 연주한다."는 글이 있고 보면, 성인 공자가 반드시 한 달을 넘기기 전에 음악을 연주하지 않았다. 가령 대상이 그 달의 마지막 날이어서 대상을 지낸 뒤 며칠 만에 바로 담제를 지내고 담제를 지낸 다음날 바로 달이 바뀐다고 해도 아마 5일 안에 바로 거문고를 탔을 리는 없다. 더구나 위의 문장에 "맹헌자孟獻子가 담제를 지내고도 악기를 걸어둔 채 연주하지 않자, 공자가 '다른 사람보다 한 등급 뛰어나다.'고 칭찬하였다."고 하였음에랴. 만약 담제를 지낸 뒤 하루나 이틀이 지나서 바로 거문고를 탔다면 어찌 다시 맹헌자를 선하다고 했겠는가?

내 생각으로는 "이미 대상을 지냈다.[旣祥]"의 '상祥' 자는 필시 '담禫' 자이니, 이는 그 아래의 "유자有子가 이미 대상을 지냈다."라는 문장 때문에 생긴 착오이다. 위 문장의 맹헌자의 담제를 이어받아 공자의 담제를 말한 것도 같은 유끼리 서로 따랐다는 것을 알 수 있다. 비록 "이미 담제를 지냈다."를 가지고 말하더라도, 만약 달을 넘긴다는 제도를 기준 한다면 오히려 담제가 그 달의 마지막에 있다고 해야지, 어찌 대상을 지내고 5일 만에 거문고를 탔다고 말할 수 있겠는가? 오기임에 분명할 것이다.

노나라 사람이 아침에 대상을 지내고 저물녘에 노래하였을 적에 자로가 비웃으니, 공자가 "네가 남을 꾸짖는 일을 끝내 그만두지 못하는구나." 하였다. 이는 비웃지 않아야 하는 일에 비웃은 것을 매섭게 꾸짖은 것이다. 내 생각으로는 "아침에 대상을 지낸다.[朝祥]"의 '상祥' 자도 역시 '담禫' 자이다. 대개 대상을 지낸 날에 노래하였다면 자로의 비웃음은 당연할 것이므로 공자가 이와 같이 매섭게 꾸짖을 필요는 없을 듯하나, 만약 담제 지낸 날에 노래함을 비웃었다면 그 비웃음은 지나칠 것이다. 공자의 꾸짖음이 마땅하지 않겠는가? 이어서 "달을 넘겼다면 좋다." 하였는데, 담제를 지내고 달을 넘겨서 음악을 연주한다는 말과 서로 딱 부합하니, "아침에 대상을 지낸다."가 "아침에 담제를 지낸다."임을 또한 입증할 수 있다.

"이달에 담제를 지내고 다음 달에 음악을 연주한다."는 설의 경우는 『예기』가 한漢나라 유학자들이 이것저것 모은 고어에서 나와 문리文理가 대부분 연결되지 않는다. 내가 보기에 "대상을 지내며 호관을 쓴다.[祥而縞]"[13]의 세 글자가 저대로 한 구절이 되고 "이달에 담제를 지낸다."와 "다음 달에 음악을 연주한다."의 두 구절이 또 저대로 한 구절이 되어 본래 서로 이어지지 않았던 듯하다. 아래의 한 구절은 단지 담제를 지낸 달에 음악을 연주하지 않는다는 뜻을 말하였으나 고인의 문법이 대부분 이와 같으니, 이를테면 "공자가 이날에 곡을 하셨다면 노래를 부르지 않으셨다."[14]가 바로 이것이다. 그렇지 않다면 그 위에 혹 오탈이 있는 것이다.

3년상을 25개월 만에 마친다는 것은 「삼년문」에 나오는데, 그 위에 "참최복斬衰服과 저장苴杖은 지극한 아픔을 꾸미기 위해서이다."라는 문장이 있고, 그 아래에 "죽은 이를 보내면서 그침이 있다."라는 문장이 있으니, 이는 「삼년문」을 지을 적에 필시 당시 재아

---

13) 대상을……쓴다 : "대상을 지내며 호관을 쓰고 이달에 담제를 지내며 그 다음 달에 음악을 연주한다.[祥而縞 是月禫徙月樂]"에서 온 말이다.(『禮記』「檀弓上」)

14) 공자가……않으셨다 : 『논어』「술이(述而)」에 나온다.

宰我가 물었던 것[15]처럼 3년이 너무 길다고 하는 사람이 있었기 때문에 답하는 사람이 단지 참최복을 벗고 저장苴杖을 끊고서 영위를 치우는 시한만을 거론하여 25개월 만에 마친다고 여겼을 뿐이다.

더구나 그 아래에 또 "조수鳥獸가 무리를 잃어버리다."의 증거와 "사마駟馬가 틈을 지난다."의 비유를 거론하고는 공사가 재아를 꾸짖은 말로 끝마쳤음에랴. 이는 참최복을 입는 기간이 길지 않음을 우선 거론하여 그 몽매함을 깨우쳐준 것이다. 이 때문에 장자張子가 "3년상을 25개월 만에 마치더라도 정은 그만둘 수 없다." 하고, 또 "두 달 만에 담제를 지낸다." 하였으니, 횡거橫渠의 뜻을 여기서도 찾아볼 수 있다.

마씨馬氏[16]가 3년상의 담제와 1년상의 담제가 같지 않음을 논하여 "1년상은 아버지가 있는 상황에서 어머니의 초상에 입어서 줄이는 것이 있으며, 3년상이 25개월로 하여 끝까지 다 채우는 것은 그 예가 그냥 넘길 수 없어서이다. 3년의 사랑을 1년 만에 끊더라도 그 심정은 오히려 펼 수 있다." 하였는데, 이 말은 또한 통하지 않는다. 대저 1년상에 15개월 만에 담제를 지내는 경우는 아버지가 있는 상황에서 어머니의 초상만이 아니라, 남편이 아내의 초상을 당한 경우도 함께 지적하여 한 말이므로 그 "3년의 사랑을 1년 만에 끊는다."는 표현은 본래 말이 되지 않는다.

「상복소기喪服小記」 "3년이 지난 뒤에 장사지내는 사람은 반드시 두 번의 제사를 지내는데, 그 제사를 동시에 지내지 않고 상복을 벗는다."의 주에서 '이달에 연제를 지내고 다음 달에 상제를 지낸다.' 하였다. 대저 3년이 지난 뒤에 지내는 연제와 상제는 당연히 급하나 그래도 기어코 동시에 지내지 않았고 보면, 상제를 지낸 달에 바로

---

15) 재아(宰我)가 물었던 것 : 3년상의 기간이 너무 오래다고 재아가 묻자, 공자가 "재여의 인하지 못함이어! 자식이 태어나 3년이 된 이후에야 부모의 품을 벗어난다. 3년상은 천하의 공통된 상이다." 라고 대답한 것을 말한다.(『論語』「陽貨」)

16) 마씨(馬氏) : 후한의 유학자 마융(馬融, 79~166)을 말한다. 자는 계장(季長)이다. 유학에 정통하여 노식(盧植), 정현(鄭玄) 등을 가르쳤으며, 유가의 경전들을 주석하였다.

담제를 지내는 것은 결코 점차 줄여가는 도리가 아니다. 또 담제를 지낸 달에 길제를 지내고도 아직 배향하지 않다가 꼭 달을 넘긴 뒤에 배향한다면 담제를 상제를 지낸 달에 지내지 않아야 하는 것은 더욱 분명하다.

정강성鄭康成이 살던 시대는 고대에서 멀지 않아 반드시 전하여 받은 바가 있을 것이나, 왕숙王肅이 그저 「단궁」과 「삼년문」의 여러 학설의 오류를 그대로 해석하여 그 달의 안이라고 하였으니, 정밀히 가리지 않았음이 심하다.

역대로 대부분 정씨의 설을 따랐는데, 다만 정씨의 설만이 그러해서가 아니다. 한나라 문제文帝가 날로 달을 바꾸는 제도를 제정하면서 또 27일로 하였고 보면, 문제보다 앞 시대의 제도에는 27개월로 한 것이 분명하다. 『주자가례』에서 이미 율칙律敕을 따라 정씨의 설을 적용하였으나, 집주輯註에 "예는 비록 후한 쪽을 따르나 마땅하지는 않다."는 말이 있으니, 이는 필시 초년의 확정하지 아니한 논설을 후인들이 경솔히 채택하여 부치고는 『주자가례』를 정론으로 삼아야 된다고 한 것이다.

또 이를테면 "대상을 지낸 날에 거문고를 연주하다.[祥之日鼓素琴]"의 '상祥' 자는 필시 '담禫' 자이다. 「단궁」에 이미 "이달에 담제를 지내고 다음 달에 음악을 연주한다." 하였고 보면, 대상을 지낸 날에 거문고를 연주하는 것은 그럴 리가 만무하다.

대상을 지낸 뒤에 비로소 술을 마시고 고기를 먹는다는 설[祥後始飮酒食肉說]

『예기』「간전間傳」에는 "담제를 지내고 나서 비로소 단술을 마시고 마른 고기를 먹는다." 하였고, 「상대기喪大記」에는 "대상을 지내고 나서 술을 마시고 고기를 먹는다.[祥而飮酒食肉]" 하였다. 『예기』의 설이 어찌 이리도 서로 큰 모순이 있는가?

선왕이 제정한 예는 반드시 법전의 명문과 같아 한 번 정하면 바꾸지 못한다. 부모의 초상에는 더욱더 엄격하고 신중히 제한을 두었을 터인데, 술을 마시고 고기를 먹는 절목에서 어찌 혹은 대상 혹은 담제라고 엇갈리게 말하였겠는가?

「간전」의 설이 이미 자세하고 명백하니, 이는 실로 바꾸지 못할 확정된 제도이다.

나는 「상대기」의 '상祥' 자가 바로 '담禫' 자의 오자라고 생각한다. 『주자가례』에서 이 한 조목을 '대상'조 뒤에 기록한 것은 대개 사마온공司馬溫公이 처음에 「상대기」의 설을 인용하여 『서의書儀』를 지었는데, 주자가 초년에 『서의』를 바탕으로 『주자가례』를 짓고는 다시 수정하지 못해서이다.

다만 사마온공이 상을 치르며 먹고 마시는 절목을 논의하면서 「간전」을 그대로 따랐으니 후대의 정론임을 알 수 있으며, 주자가 다시 취하여 『소학』에 편입하였는데 이는 (초년에 지은 『주자가례』와 달리) 바로 만년에 엮은 책이다. 구준丘濬[17]의 『가례의절家禮儀節』에서 「간전」의 설을 적용하여 담제 뒤로 옮겨 부친 것이 어찌 주자의 남긴 뜻을 소급하여 예의 정론을 얻은 것이 아니겠는가?

고례古禮에는 대상에서 길제 때까지 무려 여섯 번의 변복變服을 하는데, 담제를 지내고도 아직 슬픔을 잊지 못하여 도리어 검은 날줄에 흰 씨줄로 된 고운 삼베를 입는다. 음식의 경우에 있어 어떻게 대상을 지낸 뒤라고 바로 평상시 대로 할 수 있겠는가? 「상대기」의 '상祥' 자가 오기임이 매우 분명하다.

다만 선배들이 명확히 가려서 증정證正하지 못한 것을 아쉬워할 뿐이다.

『근사록』에 대한 대책문[對近思錄策] 정미년(1727) 회시會試

묻는다.

『근사록』 한 책은 사현四賢[18]의 격언을 모아서 만세토록 몽학蒙學들을 열어주었

17) 구준(丘濬, 1418~1495) : 명나라 학자이다. 자는 중심(仲深), 호는 심암(深菴)이고, 경산인(瓊山人)이다. 문연각 태학사(文淵閣太學士)를 지냈다. 저서로는 『대학연의보(大學衍義補)』·『가례의절(家禮儀節)』 등이 있다.

18) 사현(四賢) : 주돈이(周敦頤, 1017~1073), 정호(程顥, 1032~1085), 정이(程頤, 1033~1107), 장재(張載,

으니, 돌아보건대 오도吾道에 관계있음이 크지 않은가?

한천정사寒泉精舍에 머무르면서 함께 편집한 사람은 누구인가? 예전에 들은 것을 참고하여 집해集解를 만든 사람은 누구인가? 그 말이 광대廣大하면서도 굉박宏博하나 이름을 근사近思라고 한 것은 무슨 의미인가?

책의 앞부분에 음양의 변화에 대한 내용을 실어서 초학자에게 서둘러 보여준 것은 무슨 뜻인가? 14편의 앞뒤 차례는 일일이 지목할 수 있으나 600조목의 정미하고 중요한 뜻도 자세히 말할 수 있는가? 본래 전서全書가 있는 데다 초록抄錄을 만들면서 이미 강령을 나누어 놓고 편의 이름을 정하지 않은 것은 어찌해서인가?

이단異端에 대한 논척은 마땅히 격치格致[19]의 안에 있어야 하고, 계근戒謹[20]의 방도는 또한 존양存養의 공부에 관계되는 일이나 별도로 편집한 것은 어째서인가? 수기修己·치인治人의 대요大要는 『대학』의 삼강령三綱領·팔조목八條目을 본뜨고, 성인과 현인의 도통道統은 『맹자』의 마지막 편을 따르면서 자세함과 간략함의 차이가 있으니, 이를 논할 수 있겠는가?

염계濂溪[21]가 말한 '무극無極' 두 글자는 『주역』에 없는 것임에도 취한 것은 어찌해서인가? 이천伊川이 지은 『역전易傳』의 여러 설들이 『본의本義』와는 다름에도 수록한 것은 어찌해서인가? 명도明道의 「정성서定性書」[22]에서 강론한 것은 무슨

1020~1078)를 말한다.

19) 격치(格致) : 『대학』의 격물치지(格物致知)의 준말이다. 유형(有形)한 사물의 이치를 궁구하여 무형(無形)한 지식을 완전하게 함이니, 곧 격물(格物)은 사물의 이치를 터득하는 것이고, 치지(致知)는 나의 지(知)를 다하는 것을 말한다.

20) 계근(戒謹) : 항상 삼가서 잠시라도 도에서 떠나지 않아 본래적인 자아를 회복하여 가는 자세를 말한다.

21) 염계(濂溪) : 주돈이(周敦頤)의 호이다. 자는 무숙(茂叔)이고, 누전보인(樓田堡人)이다. 시호는 원(元)이다. 『태극도설(太極圖說)』과 『통서(通書)』를 지었는데, 『태극도설』이 우주론을 설명한 반면, 『통서』는 윤리론을 이야기하였다.

22) 「정성서(定性書)」 : 송나라의 정호(程顥)가 장재(張載)에게 회답한 편지이다. 그의 스승 주돈이(周敦頤)의 『태극도설』과 표리 관계를 이룬다는 평가를 받고 있다.

설이며, 횡거橫渠의 「정완訂頑」[23] 편에서 발명한 것은 무슨 이치이기에, 굳이 『근사록』 안에 수록하였는가?

사마군실司馬君實[24]은 남에게 말할 수 없는 것이 없다고 하였으며, 강절康節[25] 선생은 선천先天[26]의 학을 밝혔음에도 왜 그의 말을 기록하지 않았는가? 혹자는 하나의 경經이라하고 혹자는 사서四書에 견주는데, 그 뜻을 얻이 들을 수 있겠는가?

대체로 이 책은 체용體用이 모두 완전하고 본말本末이 두루 갖추어져 크게는 성명性命의 근원을 작게는 사물의 이치를 말하며, 안으로는 수기修己를 밖으로는 치인治人을 말하며, 꿰뚫어 다 열거하지 않음이 없고 보면, 진실로 육예六藝의 요체要諦이자 사문斯文의 준적準的이다. 참으로 후학들에게 몰입하고 반복하며 조용히 탐색하고 충분히 이해하여 한결같이 과급科級[27]을 따라 상달천리上達天理의 경지로 나아가 멈추지 않게 한다면 비록 훌륭한 스승과 좋은 벗의 도움이 없더라도 거의 이 책을 통하여 도에 들어가 우뚝이 서게 된다.

---

23) 「정완(訂頑)」: 완(頑)한 자를 고쳐 준다는 뜻으로 장재(張載)가 지은 것인데, 뒤에 「서명(西銘)」이라고 제목을 고쳤다.

24) 사마군실(司馬君實): 군실은 송나라 사마광(司馬光, 1019~1086)의 자이다. 호는 제물자(齊物子), 봉호는 온공(溫公)이고, 속수현인(涑水縣人)이다. 한평생 말을 함부로 하지 않았는데, 내가 남보다 나은 것은 없으나, 한평생 해 온 일을 남에게 말할 수 없는 것은 없다고 말한 적이 있다.(『宋史』「司馬光列傳」)

25) 강절(康節): 송나라 유학자 소옹(邵雍, 1011~1077)의 시호이다, 자는 요부(堯夫), 호는 안락(安樂)이고, 하남인(河南人)이다. 이정지(李挺之)에게서 도가(道家)의 도서선천상수(圖書先天象數)의 학을 배웠고, 신비적인 수리 학설을 세워 역학(易學)의 대가가 되었다. 저서로는 『황극경세(皇極經世)』·『관물편(觀物篇)』·『선천도(先天圖)』·『이천격양집(伊川擊壤集)』 등이 있다.

26) 선천(先天): 소옹이 『주역』의 괘도(卦圖)를 해설할 적에 선천도(先天圖)와 후천도(後天圖)를 구분하면서 복희씨(伏羲氏)의 팔괘(八卦)를 선천(先天)이라고 하였다.

27) 과급(科級): 단계를 밟아 순서에 따라 차근차근 공부해 나가는 것을 말한다. 동래(東萊) 여조겸(呂祖謙, 1137~1181)이 「근사록서제(近思錄書題)」에서 "강학하는 방법과 일상생활에 몸소 행하는 실제여서 모두 등급이 있다. 이를 따라 나아가 낮은 데에서 높은 곳으로 오르고 가까운 데에서 먼 곳으로 이른다면 거의 이 책을 찬집한 본의를 잃지 않을 것이다.[講學之方 日用躬行之實 具有科級 循是而進 自卑升高 自近及遠 庶幾不失纂集之指]" 하였다.

그러나 곡사曲士와 속유俗儒들은 대부분 글자와 글줄의 사이에서 겉 의미만을 찾아 의리의 깊은 뜻을 음미할 수 있는 사람이 드물다. 그래서 상자만을 사고 구슬은 돌려보내는[28] 자가 도도하여 모두 이러하고, 흐름을 거슬러 근원을 찾아가는 사람은 적막하여 들리지 않으니, 이 어찌 주부자가 찬집纂輯한 본래의 뜻이겠는가?

이제 이 책을 읽는 자로 하여금 글자에서 그 뜻을 찾고 글귀에서 그 뜻을 탐구하여, 오묘한 경지를 깨달아 깊이 이해하고 자신에게 돌이켜서 힘써 실천하며, 가까운 데를 말미암아 먼 데에까지 미쳐서 박약博學과 약례約禮를 모두 끝까지 성취하려고 한다. 주자周子·정자程子·장자張子·주자朱子의 학문이 이 세상에 크게 밝혀지도록 하려면 그 방법은 어떠해야 되겠는가?

제생諸生들은 반드시 이 책을 음미하고 이 학문에 뜻을 둔 적이 있을 것이니, 각자 평소에 얻을 바를 글로 표현하라.

대답하겠습니다.

아름답도다. 집사執事의 물음이시여!

대저 결승 문자結繩文子를 대체한 이래로 전적이 하도 많아져서 무릇 그 전적이 일천 채의 집에 넘치고 만 마리의 소를 땀나게 할 지경이니, 자못 하인을 바꿔가며 세어도 다 셀 수 없습니다. 그러나 만약 사문斯文에 근본이 되는 것과 오도吾道에 요령이 되는 것으로 말한다면, 『주역』으로 음양陰陽을 밝힐 수 있고 『서경』으로 정사政事를 말할 수 있으며, 『시경』으로 성정性情을 바룰 수 있고 『예기』로 절문節文을 다할 수 있으며, 인仁을 도탑게 하고 의義를 넓게 하는 길은 『논어』에 있고 인욕人慾을 막고 천리天理를 보존하는

28) 상자만을……돌려보내는: 귀중하게 여겨야 할 것을 천하게 여기고, 천하게 여겨야 할 것을 귀중히 여기는 것을 비유한 말이다. 춘추 시대 정(鄭)나라 사람이 초(楚)나라 사람에게서 궤[櫝]를 사오면서 그 궤에 장식되어 있는 좋은 구슬들은 모두 본 주인에게 돌려주고 궤만 차지하였던 고사에서 유래한다.(『韓非子』「外儲說」)

길은 『맹자』에 있으며, 규모를 크게 하고 절목節目을 자세하게 하는 길은 『대학』만한 것이 없고 정미함을 다하고 고명함을 지극히 하는 길은 『중용』만한 것이 없으며, 일통一統을 내세워 생살生殺을 엄격히 하는 큰 권한은 『춘추』만한 것이 없습니다. 이러고 보면 대책문對策文을 지으라는 윤음綸音을 받들어 여러 선비들과 함께 도를 강변講辨하는 것도 마땅히 이들 넷 권의 서책에서 벗어나지 않아야 하나, 굳이 이 『근사록』 한 책만으로 물으시는 것은 어찌해서입니까?

아! 성현의 학문하는 방도는 반드시 가까운 데를 말미암아 먼 데까지 미쳐가고 낮은 곳에서 높은 곳까지 올라가서 그 선후와 본말의 차례는 저대로 일정하게 바뀌지 않는 법이 있게 되어 절차를 건너뛰고 등급을 뛰어넘을 수 없는 점이 있습니다. 그러므로 천지간의 허다한 사물은 학자가 모두 이해해야 될 것입니다. 그러나 행여 가까운 데를 버려두고 먼 데를 쫓아가거나 낮은 곳을 싫어하고 먼 곳을 좋아하여 자신 심신心身상의 근본 자리로 나아가 착실히 용력用力하지 않고 생각을 드넓고 휑뎅그렁한 곳으로 치달려가게 놓아둔다면, 공허함에 떨어지지 않고 기마병이 너무 멀리 나왔다는 우려29)를 면할 자가 얼마이겠습니까?

이제 대저 『근사록』이라는 하나의 책은 성정性情의 오묘함을 먼저 말하여 그 큰 근원을 소급하며, 몸을 수양하고 살피는 요체를 다음으로 논의하여 치인의 경지에까지 미루어 갑니다. 내면으로 깊이 탐구하여 밖으로 달려가는 의사가 전연 없이 자신에서 간절히 연구하여 쓸데없는 이야기를 언급하지 않는 것이 실로 도를 구하는 자가 최초로 손쓸 곳이고 보면, 이 책이야말로 초학자에게 제일의 문로門路가 아니겠습니까?

---

29) 기마병이……우려: 학문을 범범히 하지 말고 정밀히 하는 자세를 말한다. "치지의 요령은 지선의 있는 바를 알아야 하니, 아버지는 인자한 데에 그치고, 아들은 효도에 그쳐야 하는 따위와 같다. 만약 이에 힘쓰지 않고 다만 범범하게 만물의 이치를 살피고자 힘쓴다면 나는 대군의 기마병이 너무 멀리 나가서 돌아오지 못하는 경우가 될까 염려스럽다.[致知之要 當知至善之所在 如父止於慈 子止於孝之類 若不務此 而徒欲汎然以觀萬物之理 則吾恐其如大軍之遊騎 出太遠而無所歸也]"고 한 말에서 유래한다.(『四書或問』)

이 때문에 육경六經이 매우 넓으나 그 뜻은 매우 간략하여 반드시 사서四書를 말미암은 연후에 육경의 뜻을 찾아낼 수 있으며, 사서가 매우 분명하나 그 말은 지극히 은미하여 반드시 이 책을 말미암은 연후에 사서의 말을 깊이 이해할 수 있습니다. 주부자朱夫子가 고생하며 편집하여 후학들에게 은혜를 베푼 이유이니, 그 공로가 어떠하겠습니까?

허노재許魯齋[30]가 '의리가 정미하다'고 말한 것과 설경헌薛敬軒[31]이 이른바 '도에 들어가는 요체'라는 것은 참으로 착실한 제목이라고 할 만합니다. 세상의 학자들이 진실로 신명같이 믿으며 부모같이 사랑하여 적확한 연원에 침잠하고 참맛을 씹어본다면 사서와 육경에 어찌 언 얼음이 녹듯이 하여 즐거이 마음에 무젖지 않겠습니까?

저는 이러고 나서야 집사께서 질문하신 뜻을 거의 분명히 엿볼 수 있었습니다. 비록 그러고 나서라도 주부자朱夫子가 문인에게 답한 편지에서 "만약 『근사록』을 꿰뚫어 환히 알 수 있다면 저절로 유추하여 두루 통하게 된다." 하였고, 또 일찍이 정숙자程叔子의 "문자를 보고 마음을 바꾸어 이치를 살핀다."는 설을 제3편 '치지致知'조에 실었고 보면, 무릇 이 책을 읽고 이 책의 요지를 찾고 싶어 하는 사람은 단지 껍데기에서 좇아갔다 좇아와 잔다란 말을 취하였다는 나무람을 들을 수 없는 것이 분명합니다. 이는 또한 후학들이 경계해야 될 일이 아니겠습니까?

또 저는 이 책에 남모르는 감회가 있습니다. 예전 우리 선조대왕께서 즉위한 첫날 여러 신하들과 이 책을 강론하시니, 그 길로 간행하여 나라 안에 반포할 것을 명하여 이 책의 교화가 세상에 크게 밝아졌습니다. 또 우리 숙종대왕께서는 강연할 적마다

---

30) 허노재(許魯齋) : 노재는 원나라 학자 허형(許衡, 1209~1281)의 호이다. 자는 중평(仲平)이고, 하내현(河內縣) 사람이다. 국자 좨주(國子祭酒), 중서 좌승(中書左丞) 등을 지냈다. 정주학(程朱學)을 신봉하여 유인(劉因)과 함께 원대(元代)의 이대가(二大家)로 불렸다. 시호는 문정(文正)이다. 저서로는 『노재유서』·『독역사언(讀易私言)』·『노재심법(魯齋心法)』 등이 있다.(『元史』「許衡傳」)

31) 설경헌(薛敬軒) : 경헌은 명나라 학자 설선(薛瑄, 1389~1464)의 호이다. 자는 덕온(德溫)이고, 하진현(河津縣) 사람이다. 예부 우시랑 겸 한림원 학사(禮部右侍郎兼翰林院學士)를 지냈다. 정주(程朱)에 근본하여 복성(復性)에 힘쓰면서 함양을 위주로 하였다. 시호는 문청(文淸)이다. 저서로는 『설문청집』·『독서록(讀書錄)』 등이 있다.(『明史』「薛瑄傳」)

또한 반드시 이 책을 중히 여기더니, 일찍이 「신독재慎獨齋」 시를 지어 "우러러 편액을 보고 굽어 생각하니, 절실하고 가까운 공부 이보다 나은 것이 없네.[仰瞻扁額俯而思 切近工夫莫若斯]"라고 하였고, 또 성상께서 잠저潛邸 시절에 '양성養性' 두 글자로 작은 헌함을 명명하고, 특별히 존양存養의 의미를 담아 시를 지어 권면한 적이 있었습니다.

그 이외의 학문에 대하여 발명한 말씀이 어느 것이던 이 책 안에 쑥 부젖어 나온 것이어서 모두가 이 세상을 창도하기 위한 것이 아니겠습니까? 이러고 보면 오늘날 선비들이 마땅히 우리 선왕들께서 남긴 뜻을 우러러 체득하여 척연惕然히 이 책에 힘을 쏟아야 하나, 우선 당세를 살펴볼 때 어찌 이리도 적막하기만 합니까?

지금 집사께서 물어 언급하셨습니다만, 아! 집사께서는 섭평암葉平巖[32]이 송 이종宋理宗에게 표문表文을 올린 것처럼 선왕의 남긴 뜻을 계승하고 우리 군주를 찬양贊襄하여 한 세대를 고무시키려고 하십니까?

저는 청컨대 평소 강구한 것으로 집사를 위하여 진술하겠습니다. 적이 생각건대, 『근사록』은 주렴계周濂溪·정명도程明道·정이천程伊川·장횡거張橫渠 네 군자의 글이나 학자에게는 가장 중요합니다. 왜냐하면 네 군자의 도는 성문聖門에서 전해지지 않은 실마리를 얻어 그 학문은 절근切近하면서 멀지 않고 그 말씀은 순수하면서 섞임이 없어서, 모두가 학자의 법도가 될 수 있습니다. 그러나 은미한 말씀이 여러 책에 흩어져 있어서 말학末學이 그 요령을 알기 어렵기 때문에 주선생이 그 격언을 채택하여 하나의 책으로 합쳤습니다.

자신에게 절실한 가르침을 모아서 이에 만세를 가르치고 착실한 말을 모아 이에 여러 몽학들을 열어주었고 보면, 『근사록』이 오도吾道에 관계되는 영향이 크지 않겠습니까? 이 때문에 말은 유끼리 모으고 편은 차례로 나누었으니, 채록採錄이 법도가 있어 큰

32) 섭평암(葉平巖) : 평암은 송나라 섭채(葉采)의 호이다. 자는 중규(仲圭)이다. 주자와 여조겸(呂祖謙)의 공저인 『근사록』에 최초의 주석을 단 사람으로, 현재 우리나라에 유행하고 있는 『근사록집해(近思錄集解)』가 그의 저작이다.

규모가 이미 드러났으며 강령綱領이 요체가 있어 자세한 절목이 더욱 자세해졌습니다. 대체大體와 관계가 있는 내용은 모두 실었고 일용日用에 절실한 내용은 모두 수록하여 체용이 겸비되고 본말이 다 열거되었습니다.

학문을 하는 계급階級이 이 책으로 인하여 분명해지고 도에 들어가는 문호門戶가 이 책으로 인하여 열어졌고 보면, 후학으로서 가까운 곳에서 생각하려고 하는 사람이 이 책을 놓아두고 무엇으로 하겠습니까? 비록 그러하나 그냥 책을 읽기만 하고 그 이치를 밝히지 않는다면 우선 문자도 이해하지 못하는데 더구나 문자를 음미할 수 있겠으며, 그냥 말을 외우기만 하고 그 마음을 바루지 않는다면 우선 구두도 떼지 못하는데 하물며 체득하여 실행할 수 있겠습니까? 그렇다면 『근사록』을 읽고 가까운 곳에서 생각하는 학문을 구하는 사람은 '이치를 밝혀 마음을 바룬다.[明理正心]'는 네 글자에서 벗어나지 않아야 할 뿐입니다.

청하여 사뢰겠습니다. 말을 타고 동쪽으로 와서 분암墳庵에 모여 전서全書를 강론하고 편차하려는 뜻을 들은 사람은 여동래呂東萊가 아닙니까? 주자를 사숙하여 남긴 책을 충분히 익히고 은미한 뜻을 풀이하여 『근사록집해近思錄集解』를 지은 사람은 섭중규葉仲圭가 아닙니까?

아! 주선생이 평생 남의 말을 즐겨 취하였으니, 이를테면 『사서집주四書集註』를 지을 적에 간혹 문인이나 친구들에게 질정을 청하여 산개刪改한 것이 수없이 많았고 보면, 한천정사에서 함께 일한 뜻이 대개 또한 이와 비슷한 일일 것입니다. 허나 다만 편차할 때에 두어 단락의 설을 과거가 사람의 심성을 무너뜨린다는 곳에 넣고 싶어 하였으나, 백공伯恭이 달가워하지 않자 끝내 자운子雲에게 보낸 답서에서 개탄스럽다는 말을 하였고 보면, 당시 취사의 뜻을 대개 알 수 있을 것입니다.

그러나 섭씨葉氏가 엮은 주해註解의 경우는 3년 동안 침잠하여 비로소 책을 만들었으나, 주자의 예전 주해를 근본으로 하고 문하에 들어가 들은 것을 참착하였고 보면, 발휘하고 천명한 것 중에 대저 어느 것이 주자가 남긴 뜻이 아니겠습니까? 사현四賢의 남긴 글이 광대하고 굉박하여 마치 강하와 같이 끝이 없고 보면 근사近思라는 이름은 알맹이를 잃은 듯하며, 첫 편에 실려 있는 논설의 핵심이 음양의 변화를 분석하였고 보면 서둘러 초학자에게 말한 것이 지나치게 높은 수준인 듯합니다.

아! 허다한 문집의 내용이 아무리 넓고 크다 하더라도 채택한 것은 단지 근사와 관련 있는 말이고 보면, 편을 이름 지은 뜻은 주부자의 소서小序에서 알 수 있습니다. 그러나 본원本原의 대체를 편의 끝에다 배열하여 다만 읽는 사람으로 하여금 그 이름의 뜻이 지향하고 희망하는 바가 있다는 것만 알도록 하였고 보면, 서문을 쓴 취지를 우리는 여선생의 남긴 설에서 찾아야 할 것입니다.

14편으로 엮어서 선후 차서를 정리하였고 별도의 조목이 600 남짓하여 의리의 정요精要한 부분이 아주 많습니다. 아! 단서를 찾은 뒤에야 용력用力할 수 있고 용력한 뒤에야 처신處身과 치인治人할 수 있으며, 이단을 분변하고 성현을 관찰하는 방법은 바로 덕을 이루는 일이 되기 때문에 이로써 끝을 맺었고 보면, 선후의 순서를 분명히 찾아볼 수 있습니다. 그러나 옛 사람이 양구산楊龜山[33]에게 "『논어』 20편 중에 무엇이 요긴하고 절실합니까?"라고 물으니, 구산이 "모두 요긴하고 절실하다."라고 답하였습니다. 주자가 강은군江隱君에게 답한 편지 속에서 명언名言이라 일컬었고 보면, 저는 이 책에서 또한 반드시 622조목이 다 요지라고 말하겠습니다.

사현四賢의 전서가 각각 있으나 초절抄節[34]하는 공로는 도리어 수고로웠으며, 한 책의 강령은 이미 나누어졌으나 여러 편의 이름을 정하지는 못하였습니다. 아! 여러 책들이 너무 많아 맥락을 찾기 어렵습니다. 이를테면 정문程門의 『정씨외서程氏外書』나 『어록語錄』은 기록의 오류가 많고 횡거橫渠의 『정몽正蒙』은 이치가 깊어서 더러 지나치게 고원한 흠이 있고 보면, 초록하여 유끼리 모은 것이 미로에서 지남거指南車[35]가 될

---

33) 양구산(楊龜山) : 구산은 송나라 학자 양시(楊時, 1053~1135)의 호이다. 자는 중립(中立)이고, 검남인(劍南人)이다. 그의 학문은 나종언(羅從彦)과 이동(李侗) 등을 거쳐 주희에게로 이어져 이학(理學)의 형성과 발전에 중요한 영향을 끼쳤다. 시호는 문정(文靖)이다. 저서로는 『구산집』·『구산어록(龜山語錄)』·『이정수언(二程粹言)』 등이 있다.

34) 초절(抄節) : 어느 한 대목만을 가려 기록하는 일을 말한다.

35) 지남거(指南車) : 황제(黃帝)가 치우(蚩尤)와 탁록(涿鹿)에서 싸울 때 만들었다고 전하는 수레이다.

것입니다.

편을 엮는 강령이 이미 정해지고 서설序說이 이에 지어졌습니다. 이를테면 용력用力의 강령 속에 치지致知와 존양存養의 구별이 있고, 처신處身의 편 안에 극기克己와 가도家道의 다름이 있습니다. 비록 편의 이름을 따로 정한 적이 없더라도 『소학』의 「입교立敎」·「명륜明倫」과 같은 경우이니, 어찌 강령은 있으나 조목은 없다고 할 수 있겠습니까?

사특함을 밝히는 일이 바로 궁리窮理와 격치格致의 공부이고 보면 이단을 논척하는 한 절목은 마땅히 그 편에 부쳐야 하나 도리어 따로 기록하고, 계근지도戒謹之道라는 이름은 바로 존양할 때의 기상이고 보면 경계를 논의하는 한 항목은 당연히 이 권에 부쳐야 하나 도리어 또 각 편으로 나누었습니다. 아! 성인의 시대가 멀어지고 말이 묻혀서 사설邪說이 함께 일어나니, 비록 훌륭한 군주 효종孝宗을 현명한 신하 왕응진汪應辰이 보좌하였어도 점점 노불老佛에 빠져듦을 면하지 못하여, 도리어 우리 유학을 상담常談이나 사법死法으로 취급하며 심지어는 자정子靜[36]이 눈썹을 추켜세우고 눈을 부릅떴으며 동보同父[37]가 철을 주워 은을 만든다고까지 하였습니다. 모두가 불법이나 권모술수의 설에 빠짐을 면하지 못하였고 보면, 별도로 한 편을 만들어 후련히 물리치는 것이 바로 사도斯道를 지키는 길입니다.

그러나 『중용』에서 계신戒愼을 보지 않고 듣지 않는 곳에서 하라고 말하였고 보면, 이는 고요할 적에 존양하는 공부입니다. 그런데 이 책에서는 계근戒謹을 수기修己와 치인治人에서 말하였고 보면, 이는 움직일 적에 성찰하는 일입니다. 그 이름은 비록 같으나

일정한 방향을 향해서 나아가도록 만들어졌다.

36) 자정(子靜) : 남송의 학자 육구연(陸九淵, 1139~1192)의 자이다. 호는 존재(存齋) 또는 상산(象山)이고, 금계인(金溪人)이다. 국자 정(國子正)·장작감 승(將作監丞) 등을 지냈다. '심즉리(心卽理)'설을 주장하였고, 그 결과 유교의 고전인 육경(六經)조차도 '내 마음의 주각(註脚)'이라 하여 주자와 대립하였다. 저서로는 『상산집』·『어록(語錄)』 등이 있다.

37) 동보(同父) : 남송의 학자 진여능(陳汝能, 1143~1194)의 자이다. 호는 용천(龍川)이고, 영강인(永康人)이다. 공리주의적 입장을 취하여 주희의 이학을 공리공담이라고 반대하였다. 저서로는 『용천집』·『용천사(龍川詞)』 등이 있다.

그 실상은 서로 다른데, 집사께서는 어찌하여 이것으로 의문을 가지십니까? 또한 우생愚生을 일부러 시험하시는 것은 아닙니까?

수기와 치인의 법은 『대학』에서 알 수 있어서 이 책이 전범으로 삼았고, 성현이 도통의 전함은 『맹자』에서 끝을 내어서 이 책이 준칙으로 삼았습니다. 아! 네 선생의 학문이 바로 공씨孔氏와 증씨曾氏의 학문이었고 보면, 그 말씀이 하나의 궤비에서 나온 것처럼 서로 부합하는 것은 참으로 당연합니다. 그래서 엮어 기록하며 법칙으로 취하였습니다. 『맹자』의 맨 끝 '진심'장을 『논어』 '요왈'장과 같이 헤아렸고 보면, 이 책이 『맹자』를 답습한 것도 어찌 『맹자』가 『논어』를 답습한 것과 다르겠습니까?

'무극無極' 두 글자는 『주역』에 실려 있지 아니하나 책의 첫머리에 두었으며, 『역전易傳』의 여러 설이 『본의本義』와 같지 아니하나 채록한 부분이 특히 많습니다. 아! 중추中樞여서 태극이라 말하고 무형無形이여서 무극이라 말하였고 보면, 무극이 바로 태극입니다. 어떻게 모순될 우려가 있겠습니까? 오로지 의리만을 말한 것은 정자의 『역전』이고 상점象占을 함께 설명한 것은 주자의 『본의』입니다. 이치를 따르면 길하고 이치를 거스르면 흉한 것이 바로 『주역』의 시의時義이고 보면, 주자의 『본의』는 단지 정자의 『역전』을 근거로 미루어 규명하였을 뿐입니다. 혹시 이른바 같지 않은데도 같다는 것이 아니겠습니까?

강학의 자리가 한 번 끝나면서 외루外累에 대한 질문이 있어서 「정성서定性書」가 지어졌고, 학당의 서쪽 창에 경계의 말을 걸고서 「정완訂頑」이라는 이름이 지어졌습니다. 아! 본성이란 내외 없이 자리를 따라 모두 안정되고 보면, 발하여 절도에 맞으면 동動해도 안정되고 고요하여 잃음이 없으면 정靜해도 안정되니, 강론하는 뜻이 대체로 이와 같습니다. 그런데 주부자가 이 편을 명도 선생이 23세에 지은 것이라고 하였고 보면, 그 총명한 자질의 신묘함과 도를 들은 조숙함이 또한 어찌 안자顔子의 자질에 많은 사양을 하겠습니까?

「서명西銘」의 경우 인仁의 체體를 발명하여 '이일분수理一分殊'의 의미를 끝까지 말하여 『중용』의 이치에 부합되고 보면, 이전의 성인이 발명하지 못한 것을 넓혔습니다. 정숙자程叔子의 말과 같이 맹자의 성선性善·양기養氣의 논의와 공로가 같습니다.

독실이 배우고 힘써 행하여 말이 반드시 성실함에서 나왔고 보면, 사마광司馬光의 말도 마땅히 받아들여질 수 있을 듯하나 한 구절도 수록하지 않았습니다. 바람을 타고 우레를 채찍질하여 학문이 이미 선천의 학을 전하였고 보면, 소옹邵雍의 글도 마땅히 채택할 수 있을 듯하나 한 편도 채택하지 않았습니다. 아! 사마광은 8, 9분의 사람으로 자질은 청명함이 모자라고 이치를 살핌은 투철하지 못해서, 이를테면 잠허도潛虛圖의 무리가 양웅揚雄[38]을 따라 함을 면치 못한 것과 같습니다. 소옹의 일배一陪로 계산하는 방법은 단지 상수象數 중의 학술일 뿐이어서, 이를테면 『황극경세서皇極經世書』[39]의 논의가 원회元會와 운세運世의 수에서 벗어나지 못한 것과 같습니다. 그리하여 뛰어난 자질과 빼어난 기상으로도 편백수단偏伯手段[40]을 면하기 어려웠고 보면, 이 책에서 누락된 것이 또한 무어 괴이쩍겠습니까?

체體와 용用을 서로 담고 이치를 육경에 근본하고 보면 송나라의 한 경經이라고 일컬을 만하며, 『맹자』와 『논어』의 묘한 비결과 천 년이 지나서도 부합하고 보면 사서四書에 나란히 기려질 만합니다. 아! 『서경』을 출입하고 『주역』을 우익으로 삼아 엄연히 정대한 규범이 있고 보면, 자못 문중자文中子의 속경續經[41]의 유는 아닙니다. 공자와 안자의 도를 밝히고 자사와 맹자의 뜻을 열어 정밀하면서도 간략하고 적절하여 물을 담아도 새지 않아서 진한秦漢 이래의 제자諸子들로서는 이를 수 있는 바가 아니고 보면, 선유先儒들의 찬미한 말이 또한 견해가 친절하였다고 말할 만합니다.

---

38) 양웅(揚雄, B.C.53~A.D.18) : 자는 자운(子雲)이다. 동한 말의 문학가이자 사상가이다. 성제(成帝)의 지우를 받았으나 뒤에 황위를 찬탈한 왕망(王莽)의 대부를 지냈다고 비난을 받았다. 저서로는 『태현경(太玄經)』·『법언(法言)』 등이 있다.

39) 『황극경세서(皇極經世書)』 : 요(堯) 시대부터 후주(後周)까지의 역사와 율려(律呂)·관물(觀物)을 합쳐서 서술한 12권의 책을 말한다.

40) 편백수단(偏伯手段) : 편백은 멀리 외따로 떨어진 변방의 지방 장관을 말한다. 여기서는 정통을 벗어나는 이상한 말을 하여 꾸미는 것을 말한다.

41) 문중자(文中子)의 속경(續經) : 문중자는 수(隋)나라 사상가 왕통(王通)의 사시(私諡)이다. 속경은 『예론(禮論)』·『악론(樂論)』·『속서(續書)』·『속시(續詩)』·『원경(元經)』·『찬역(贊易)』 등 이른바 왕씨육경(王氏六經)을 말한다.

대저 이 책이 학문하는 데 있어 어찌 중요하고 절실하지 않겠습니까? 사현四賢의 말씀이 하나의 책에 모아져 있고 수많은 이치의 미묘함이 하나의 책에 갖추어져 있으며, 체와 용이 겸비되어 빠진 것이 없고 본과 말이 서로 따라서 순서가 있어서, 크게는 성명性命의 근원이 요연히 나누어져 분명해지고 작게는 사물의 정조精粗가 찬연히 밝아져 드러납니다. 이로써 내면에 수신의 방법과 외면에 치인의 방도까지 조목조목 꿰뚫고 하나하나 분석하지 않음이 없고 보면, 선배들이 말한 육예의 묘리妙理와 사서의 계제階梯라는 것이 참으로 우리를 속이지 않았습니다.

주부자朱夫子가 정력을 다하고 필묵을 써서 긴요히 후학을 위한 기반을 닦은 것이 어떻다고 해야 하겠습니까? 후세의 학문에 뜻을 둔 선비가 진실로 능히 격언에 침잠하고 묘리를 탐색하여 마치 강하처럼 콸콸 흐르고 단비처럼 흠뻑 젖어서 과급科級을 따라 어긋나지 않게 천도天道에 이르기까지 그침이 없다 보면, 비록 외진 고장에서 뒤늦게 입문하여 갓 배우는 소생小生이 훌륭한 선생이나 뛰어난 친구의 도움이 없더라도 거의 이 책을 말미암아 그 문로門路를 알고 이 책을 음미하여 그 표준을 보아 우뚝이 크게 수립하는 힘이 있게 됩니다.

그럼에도 오늘날 고루하거나 부정한 선비들이 도리어 크게 그렇지 않은 것은 어째서입니까? 아! 글줄이나 글자에 얽매이어 세상에 관중關中 유자儒者[42]처럼 풀이하는 일이 많고, 귀로 듣고 곧장 입으로 말하여[43] 사람들 중에 호학湖學[44]처럼 의리를 음미하지

---

42) 관중(關中) 유자(儒者) : 관중 땅에 장재(張載)의 제자들을 말한다. 이들은 글을 볼 적에 자기 마음대로 풀이하였다고 한다. 정자가 장재의 문인들이 글을 볼 적에 자기들 마음대로 해석하여 고경(古經)의 내용이 이렇게도 되고 저렇게도 되게 한다고 비난한 일에서 유래한다.(『朱書箚疑』)

43) 귀로……말하여 : 음미하고 소화하여 자기 몸을 아름답게 하지 못하고 그저 앵무새처럼 되뇌며 자기 과시를 하는 것을 말한다. "소인의 학문은 귀로 듣고 곧장 입으로 말한다. 입과 귀 사이가 4치 밖에 안 되는데, 어찌 7자 되는 몸을 아름답게 할 수 있겠는가.[小人之學也 入乎耳 出乎口 口耳之間則四寸耳 曷足以美七尺之軀哉]"라고 한 데서 유래한다.(『荀子』「勸學」)

44) 호학(湖學) : 송나라의 학자 호원(胡瑗, 993~1059)이 호주(湖州) 학당의 교수가 되어 수(隋)·당(唐) 이후 경업(經業)을 멀리 하고 문사(文辭)만 숭상하는 학풍을 바로잡기 위하여 엄한 규약을 정한

않아서, 상자는 사고 구슬은 돌려보내는 풍습이 한결같이 서로 이어지고 원류를 거슬러 근원을 찾는 아름다운 학풍을 전혀 들을 수 없고 보면, 주선생이 고생하며 찬술撰述한 뜻이 과연 어디에 있겠습니까?

아! 책은 그냥 폐지되는 법이 없어서 폐지하는 자가 사람이고 보면, 이 어찌 책의 죄이겠습니까? 책의 말이 반드시 그 이치가 있으나 이치는 본래 나에게 있는 이치이며, 책의 글이 반드시 마음에 근본하나 마음 또한 나에게 있는 마음입니다. 나에게 있는 이치를 밝힌 연후에 책에 있는 이치를 비출 수 있으며, 나에게 있는 마음을 바로잡은 연후에 책에 있는 마음을 엿볼 수 있습니다. 그렇다면 독서하는 방법의 요체는 명리明理와 정심正心에 있습니다. 『근사록』을 읽는 사람이 명리·정심을 하지 않고 근사近思의 뜻을 알 수 있겠습니까?

반드시 먼저 궁리窮理·격물格物의 공부를 하여 몽각夢覺의 관문을 통과하고, 또 성의誠意·정심正心의 힘을 더하여 인귀人鬼의 길목을 지나가야 합니다. 이를 말미암아 나의 지식을 해박하게 하고 이를 말미암아 나의 성정을 함양하여 책을 대해서는 글자에서 그 훈을 찾고 책을 펼쳐서는 글귀에서 그 뜻을 찾습니다. 앞에서 알지 못하면 감히 그 뒤에서 찾지 않고 이것에서 통하지 않으면 감히 저것에 뜻을 두지 않기를 마치 맹장猛將이 군사를 부림에 곧바로 한바탕 격전을 벌이듯이 하고 또 혹리酷吏가 법을 적용함에 곧바로 끝까지 추궁하듯이 한다면, 문자의 심오함과 지의旨義의 오묘함을 비로소 뛰어오르듯이 엿볼 수 있고 얼음이 풀리듯이 두루 이해하게 될 것입니다.

그것으로써 마음에 체득하고 몸에 실행한다면 대저 어떻게 어긋나거나 막힐 우려가 있겠습니까? 진실로 혹여 이치가 아직 완전히 통하는 경지에 이르지 못하고 마음이 아직 순수하게 바르지 못하여 내면에 일정한 주관이 없이 책 속으로 치달려가 한순간 읊조리고는 귀로 듣고 곧장 입으로 말한다면, 비록 『통서』나 『정몽』의 말을 입술이

뒤, 모든 것을 솔선수범하면서 경의재(經義齋)와 치사재(治事齋)를 두어 교육 방법을 둘로 분류하여 가르치니 사람들이 호학이라고 하였다.(『宋名臣言行錄』)

부르트도록 읽게 하고 유서遺書나 『주역』의 책을 손이 터지도록 넘기도록 하더라도, 또한 어떻게 한 점의 의리를 엿보고 반 촌寸의 공정을 실행하여 사현四賢의 유훈遺訓에 비슷하기라도 할 수 있겠습니까?

무엇으로 그러함을 밝힐까요? 사현의 학문하는 자세는 언제나 다 같이 명리明理·정심正心의 공부에 힘을 다하였기 때문에 육경과 사시의 뜻을 체득할 수 있어서 『근사록』에 채록된 말이 더불어 부합될 수 있었고, 주부자朱夫子가 학문할 적에 또한 일찍이 명선明善·성심誠心의 방법에 정력을 다 쏟았기 때문에 사현의 말을 환히 알아보아서 『근사록』을 엮어 만들었습니다. 주자보다 뒤에 태어나 이 책을 읽고 싶어 하는 사람이 명리·정심을 우선으로 하지 않고 장차 어느 곳에서 손을 대겠습니까?

저는 세상의 학자들이 이 책의 이해하기 어려움을 걱정하지 말고 오직 나의 이치가 밝지 못함을 걱정하며, 이 책의 체득하기 어려움을 걱정하지 말고 오직 나의 마음이 바르지 못함을 걱정해야 한다고 생각합니다. 뭇 사물의 정조精粗를 꿰뚫고 자신의 마음을 맑게 한다면 거의 깊이 숨은 뜻을 밝혀내어 내면에서 외면으로 이를 수 있고, 절실하고 요긴한 공부를 체득하여 낮은 곳에서 높은 곳으로 올라가고, 사현의 『근사록』을 통한 가르침을 저버리지 않아 염락濂洛의 학문이 세상에 다시 환히 밝아질 것입니다.

집사께서 저에게 바라시는 것도 아마 이를 벗어나지 않을 것입니다. 이 글의 마지막이 되어 다하지 못한 생각을 덧붙이겠습니다.

아! 명리明理·정심正心이 비록 학자가 근사近思하는 방법이 되더라도 윗사람이 창도하지 않는다면 무엇으로 한 세대를 새롭게 할 수 있겠습니까? 당우唐虞 시대에는 정일집중精一執中의 학문이 있었기 때문에 곧게 바로잡아 보좌하는 교화가 행해졌고, 주나라 문왕文王은 즙희경지緝熙敬止의 학문이 있었기 때문에 훌륭한 선비가 많이 배출되는 아름다운 풍습이 일어났습니다. 이 어찌 후세의 전범이 아니겠습니까?

우리 성상께서 참으로 능히 당요唐堯의 정일집중의 학문을 본받고 주나라 문왕의 즙희경지의 학문을 이어받아서 모범의 바탕으로 삼으셨고 보면, 무릇 그 아래에 있는 사대부들이 대체 누구인들 이 학문에 고무되고 흥기되어 집집마다 주자와 장자의 글을 외우고 가문마다 이락伊洛의 글을 말하지 않겠습니까?

그러므로 『대학』의 가르침은 반드시 군주가 몸소 행하고 마음으로 얻는 것에 근본을 두었습니다. 저는 『근사록』의 가르침 또한 이와 같다고 생각합니다. 집사의 생각은 어떠하신지 아직 모르겠습니다.

아! 삼가 대답합니다.

영천 의진에서 안동 의진에 보내는 답문[永川義陣答安東義陣文] 무신년(1728) 4월

이달 초이튿날 밤에 창의하여 역적을 토벌하자는 뜻의 통문을 귀부貴府와 여러 고을에 두루 전하였습니다. 4일 오시午時에 뜻밖에 여러 군자들께서 창의한다는 글이 신녕新寧에서 와서 받고 보니, 국가를 위하여 목숨을 바치고 흉악한 역적에게 분노하는 마음은 기약하지 않고도 서로 부합한다는 것을 알 수 있었습니다. 더구나 그 말 속에 충의忠義로 분발하여 늠름한 가을 서리와 뜨거운 해 같은 기상이 있었음이겠습니까? 참으로 여러 선정先正의 가정의 가르치신 은택에 물든 근본이 있고 여러 군자의 강마의 힘에 함양된 바탕이 있지 않았다면, 어떻게 사생의 기로에서 경중의 판단을 깔끔히 한 칼로 가른 듯이 할 수 있겠습니까?

절반도 읽기 전에 많은 선비들을 격려하고 여러 고을에 사기를 더하기에 충분하였습니다. 다만 우리 고장은 멀고 외져서 윤음綸音과 관첩關帖[45]을 즉시 받아 보지 못하기 때문에 사기事機의 완급을 까마득히 알지 못하여 가장 늦게 통문을 보내었고 일의 모의도 서투르니, 어찌 얼굴을 붉히지 않겠습니까?

이제 흉악한 역적의 한 무리가 또 강우江右 지방에서 나왔다고 하는데, 우리 영남에도 하늘까지 뻗치는 교활한 괴수가 있을 줄 어찌 생각이나 하였겠습니까? 300년을 이어온

---

45) 관첩(關帖) : 관문(關文)과 첩문(帖文)을 말한다. 관문은 상급 관청에서 하급 관청으로 보내는 공문서이며, 첩문은 7품 이하의 관아에 보내는 공문서이다.

예의禮義의 지방을 하루아침에 더럽혀서 영남의 산천이 농서隴西의 부끄러움[46]을 두루 느끼게 되었고 보면, 비록 부녀자·어린아이·하인들이더라도 모두 마음이 괴롭고 머리가 아픕니다. 무릇 사대부 반열에 오른 사람으로서 누구인들 그 가죽을 깔고 그 고기를 먹어서 위로는 국가의 근심을 풀고 아래로는 영남의 수치를 씻어내고 싶어 하지 않겠습니까?

수일 전 통문을 보내는 날에는 거사하는 일에 급해서 널리 물어볼 겨를이 없었으므로 대충대충 연명聯名을 하였습니다. 지금은 온 고장 사람들이 모여서 한마디로 합의하여 한목소리로 의병을 일으켜 토벌해야 한다고 말하고 있습니다. 그러나 적이 생각건대, 귀부에 이미 안무사按撫使가 머무르고 또 호소사號召使의 군진이 있어서, 모든 일을 처리하는 즈음에 반드시 정정당당亭亭當當[47]한 규모가 있을 것입니다.

삼가 바라건대, 하나하나 알려주어서 한 군대에 두 군법이 없도록 하는 것이 어떠하겠습니까? 이후로 또 자주자주 연락을 취하여 조련하는 여러 절차를 익혀야 하며, 행군하는 날과 집결하는 자리에 있어서도 또한 반드시 상의하여 미리 통지하여 주면 천만다행이겠습니다.

혼례의 납징서[昏禮納徵書] 경신년(1740)

삼가 말씀드립니다. 두 성을 합하여 기쁨을 나누면서 특별히 소원을 들어주는 은혜를 입어 여피儷皮[48]로써 예를 거행하고, 이에 혼례를 정하는 글로 외람되이 훌륭한 집안에

---

46) 농서(隴西)의 부끄러움 : 농서군(隴西郡) 성기현(成紀縣) 사람 이릉(李陵)이 흉노에 항복하였다는 소식을 들은 한나라 조정에서는 이릉의 모친과 처자를 몰살하였다. 이후로 이씨 집안의 명성은 쇠락하였고, 이씨 집안의 문객으로 있었던 농서의 사대부들은 모두 이 일을 수치로 여겼다는 고사에서 유래한다.(『史記』「李將軍列傳」)

47) 정정당당(亭亭當當) : 속어(俗語)로 불편불의(不偏不倚)함을 말한다.(『朱子語類』)

48) 여피(儷皮) : 암컷 수컷 한 쌍의 사슴 가죽을 말한다. 『의례(儀禮)』「사혼례(士冠禮)」의 "주인이 빈에

의탁하니, 한미한 집안이 스스로 부끄럽습니다. – 더러 "없던 인연이 이미 이루어지니, 평소의 정의가 더욱 돈독해졌습니다."라고 하기도 한다. – 적이 생각건대, 저의 몇째 아들 아무개의 직분은 제사를 받드는 일에 있고 나이는 약관이 되었습니다. – 더러 "관례를 올릴 나이가 되었으나 혼례가 늦어지고 있습니다."라고 하기도 한다. – 공손히 들은 바, 현합賢閤의 몇째 젊은 낭자가 규방의 범절을 잘 닦고 가훈도 근본이 있다고 하여, – 더러 "유순한 용모가 이미 단정하고 온순한 덕도 또한 성대하니"라고 하기도 한다. – 문득 짝으로 걸맞지 않다는 생각은 잊어버리고 망령되이 동기同氣가 되기를 요청하려고 합니다. 중매인을 보내어 – 더러 "중매인에게 부탁하여"라고 하기도 한다. – 감히 선도할 것을 요청하였습니다만, 겸덕謙德한 분께서 서둘러 들어줄 줄이야 생각이나 하였겠습니까? 이에 선대의 의절儀節을 따라 경건히 납징納徵하는 심부름꾼을 보냅니다. 해가 떠오르는 새벽에 기러기가 울어[49] 만복의 근원이 되고, 근배巹杯[50]를 나누어 들고 한 그릇의 음식을 먹어[51] 백년해로할 것입니다. 이같이 보잘것없는 폐백은 별전別牋에 갖추 적었습니다. 삼가 바라건대, 존자尊慈께서 특별히 굽어 살펴주십시오.

결성현에서 각 면에 방시하는 글[結城牓示各面文] 임술년(1742)

인륜을 도타이 하고 풍속을 바르게 하는 방도는 오로지 그 고장을 규찰糾察하는 일에

게 답례하며 속백과 여피로 한다.[主人酬賓 束帛儷皮]" 주에서, 여피는 두 장의 사슴 가죽이라고 하였다.

49) 해가……울어 : 혼례를 올리는 것을 말한다. 고대에 신랑집에서 신부집에 청혼할 때 산 기러기를 이른 아침 해돋이에 보내는 것이 상례(常禮)였다. "기럭기럭 우는 기러기는 해 돋을 때 쓰는 것이요.[雝雝鳴鴈 旭日始旦]"라고 한 데서 온 말이다.(『詩經』「邶風·匏有苦葉」)

50) 근배(巹杯) : 혼례식에서 신랑 신부 앞에다 따로따로 놓는 잔을 말한다.

51) 한……먹어 : 한 마리의 희생을 함께 먹어 신분의 존비를 동일시하는 것을 말한다. "한 그릇에 음식을 함께 먹고[共牢而食]"라는 말에서 유래한다.(『禮記』「昏義」)

있으나, 대저 향약이 폐지되면서부터 다시 진작시킬 방도가 없습니다. 비록 벼슬한 세족의 집안이더라도 스스로 천품이 뛰어나 학식이 해박하지 않으면 법도를 준수할 수 있는 사람이 드뭅니다. 더구나 어리석은 백성들이 선은 할 만하고 악은 해서 안 된다는 것을 어떻게 알겠습니까?

본 현이 비록 외진 바닷가에 위치하고 있으나 명가名家와 거족巨族이 성대히 서로 바라보니, 실로 충청도의 훌륭한 고장입니다. 중간에 혁제革除[52]의 변고가 비록 뜻밖에 일어났으나, 난새 무리 속의 한 마리 올빼미와 무엇이 다르겠습니까?

제가 이 고을이 회복된 바로 뒤에 외람되이 지방관의 책무를 맡아서 교화를 펴고 풍속을 도타이 하는 정사를 펼치려고 합니다. 그러나 지금 이윤里尹[53]의 무리들은 직급이 낮고 식견이 없어서 이 일을 함께 의논하기 어렵습니다. 이에 감히 각 면의 존위尊位들을 번거롭게 하는 것이오니, 이는 부서기회簿書期會[54]하여 서로 복잡하게 하려는 것이 아니라 실로 주부자朱夫子가 여씨향약呂氏鄕約[55]을 가감하여 남긴 뜻입니다. 부디 여러 존위들께서는 저를 비루하다 여기지 말고 더불어 일을 같이 한다면 어찌 저의 영광이 아니겠습니까?

약간의 조건을 뒤에 나열하여 기록하니, 이를 따라 거행한다면 천만 다행이겠습니다.

---

52) 혁제(革除) : 제거한다는 의미로, 주로 난에 의하여 왕통이 바뀌는 경우에 사용한다. 이 글에서는 이인좌(李麟佐)의 난으로 결성의 격이 떨어진 것을 말하는 것으로 여겨진다.

53) 이윤(里尹) : 주(周)나라 때 향관(鄕官)으로서 한 마을의 정사를 주관하였던 여서(閭胥)나 한 마을의 장(長)인 이재(里宰) 등을 말한다.

54) 부서기회(簿書期會) : 1년의 회계(會計)를 장부에 기입해서 기일 안으로 보고하는 것을 말한다.

55) 여씨향약(呂氏鄕約) : 송나라 때 남전에 살던 여대충(呂大忠)·여대방(呂大防)·여대균(呂大鈞)·여대림(呂大臨) 형제가 그 고을 사람들과 서로 지키기로 약속한 자치 규범이다. 덕과 업을 서로 권하고[德業相勸], 허물과 그른 일을 서로 경계하고[過失相規], 예의 바른 풍속으로 서로 사귀고[禮俗相交], 근심스럽고 어려울 때 서로 구한다[患難相恤]는 네 조목을 기준으로 하였는데, 후세 향약의 기준이 되었다.(『小學』「善行」)

절목 십조節目十條

하나. 본 마을에서 권장하고 규찰하는 일은 존위들이 주관하여 절목에 따라 거행하되, 작은 일은 스스로 결정하고 큰 일은 보고할 것.

하나. 효제孝悌는 백행의 근원이므로 맨 먼저 권장해야 한다. 마을에서 독실이 효도하고 온순히 공경하는 사람은 첩牒에 초록하여 보고한다. 그러나 사대부가는 이러한 일이 다반사이므로 기이하여 보통을 벗어난 경우만을 가려서 보고하되, 이를테면 집이 가난한 데도 진심으로 부모를 봉양하거나 거상居喪을 아주 엄격히 하거나 부모의 병중에 손가락을 끊는 일과 같은 유이다. 상민 중에 효순孝順하여 부모를 잘 봉양하는 자는 또한 매우 가상히 여길 만하므로 효자와 효부는 꼼꼼히 찾아 보고하고 열녀 중에서 특출한 경우도 함께 보고하여 알릴 것.

하나. 중인 및 상민들 중에 더러 부모에게 불손하고 형제간에 불화하며, 참최복斬衰服과 자최복齊衰服을 입지 않고 상중에 시집이나 장가를 간 자나, 아내 중에 가장家長에게 욕설을 한 자와 남편 중에 정처正妻를 내친 자가 있으면 하나하나 초록하여 보고할 것.

하나. 사대부가의 후진後進은 예법을 지키고 문학을 높이는 일로 급선무를 삼아야 하는데, 만일 거만하여 예법을 따르지 않고 게을러서 문학을 일삼지 않는 자가 있으면 존위들이 불러 직접 꾸짖되, 그래도 고치지 않는다면 초록하여 보고할 것.

하나. 선비들 중에 애써 공부하는 자는 저절로 농사일을 돌볼 겨를이 없다. 더러 나이가 들도록 배움의 시기를 놓쳤거나 천성이 둔하여 이루기 어려운 자는 농사에 종사하여 자신의 힘으로 먹고 사는 것이 옳다. 그러나 근래 사족의 집안이 교만과 게으름이 습관이 되어 바둑과 장기 놀이 등으로 시간을 허비하면서도 도리어 농사일은 부끄럽게 여겨서 전연 마음에 두지 않다가, 심지어는 가업을 무너뜨리기까지 한다. 이 어찌 증자曾子가 들에서 경작한 일과 도연명陶淵明이 몸소 곡식을 심은 일의 남긴 뜻이겠는가? 이러한 사람은 각각 따로 경계하고 바로잡을 것.

하나. 조카로 숙부를 능멸하는 자, 아우로 형을 능멸하는 자, 종족이나 이웃들과 화목하지 않는 자, 젊은이로 어른을 능멸하는 자를 사족이라면 벌을 시행하여 꾸짖되 복종하지 않는 자는 관아에 보고하고, 중인이나 상민이라면 경중을 가려 결태決笞[56]하되, 복종하지 않는 자는 관아에 보고한다. 서자로 적자를 능멸하는 자, 술을 마시고 서로 다투는 자, 여인을 함부로 희롱하는 자 또한 경중에 따라 결태하되, 복종하지 않는 자는 관아에 보고할 것.

하나. 서인庶人이 도포道袍를 입고 당혜唐鞋를 신는 것을 일체 금지하여, 영을 따르지 않는 자는 결태하되, 복종하지 않는 자는 관아에 보고할 것.

하나. 사족 중에 세력을 믿고 서민에게 포악하게 구는 자, 면임面任[57] 중에 민간에서 재물을 거두는 자, 아전들 중에 사족을 능멸하고 서민에게 해를 끼치는 자는 찾아내어 관아에 보고할 것.

하나. 이웃 간에 서로 돌보는 일은 본래의 도리이므로, 혼인과 상사에서 더러는 재물로 서로 돕고 더러는 힘을 보태어 일을 서로 하며, 만약 수재나 화재를 당하거나 도적이 드는 일이 있으면 또한 반드시 힘을 다하여 서로 구하되, 혹시 무관심하게 서로 돌보지 않는 자가 사족이라면 벌을 시행하고 중인이나 상민이라면 결태할 것.

하나. 장례의 절차는 민가에서 더욱 큰일이다. 만약 미리 입약立約을 하지 않는다면 경황이 없는 즈음에 제대로 지내기가 어려우므로, 각 마을마다 위아래를 통틀어 함께 계契를 모아서 하루는 흙을 모으고 하루는 봉분을 짓는 일의 바탕으로 삼되 혹 80집 혹 70집을 합쳐서 하나의 계를 모으는데, 마을이 크다면 두 계로 나누고 마을이 작다면 가까운 이웃 마을과 합쳐서 계안契案을 마련하여 입약하고 그것을 관아에 고하여 관인을 받아 영원히 준행할 것.

---

56) 결태(決笞) : 조선 시대의 형(刑)에는 죄의 경중과 형구(刑具)에 따라 태형(笞刑), 장형(杖刑), 곤형(棍刑)의 세 종류가 있었다. 결태는 상대적으로 가벼운 태형을 가하는 것을 말한다.

57) 면임(面任) : 지방의 각면(各面)에서 호적, 그 밖의 공공(公共) 사무를 맡아 보던 사람을 말한다.

이정실[58] 대유의 자사[59][李鼎實大有字辭]

계해년(1743) 12월에 이씨의 아들이 관례를 올리니 이름이 '정실鼎實'이네. 친한 벗이 자를 지어주니 이에 자가 매우 아름답네. 대유大有라고 자를 지었으니 그 뜻이 무엇인가?

대체로 살펴보면 대저 정鼎의 법상法象은 그릇이네. 속을 비우고 채움을 받아들여 삶고 익힐 뿐이나, 여기에 서직黍稷을 삶고 여기에 어육魚肉을 익혀서 이것으로 사람을 양육하고 이것으로 천제에게 제향을 드리니, 만약 그 도량을 말한다면 군자일 것이네. 강건剛健 중정中正이 바로 그 채움이니, 실덕實德이 이미 갖추어지고 나면 큰 쓰임이 넓으나, 덕을 품은 자가 드무니 누가 채울 수 있겠는가?

화풍火風 정괘鼎卦는 음효가 오직 둘이 있고 양효가 중에 자리 잡아서 덕이 넉넉하고 재주가 온전하며, 바름을 지키고 사특함을 멀리하여 군주의 신임을 얻어 도를 행하니, 채워서 끝까지 길하네.

이 정鼎의 보배로움을 내가 그 상象에서 취하였네. 정鼎이 몸에 있으면 뜻을 세움에 반드시 강건하고 일을 처리함에 반드시 적중하며, 홍의弘毅[60]를 저절로 지키니 외부의 유혹이 어떻게 가해지겠는가? 평평탕탕平平蕩蕩[61]하여 치우치지 않으니, 모든 일이 어긋나지 않네. 인人이건 정鼎이건 채움은 이에 있네. 이미 나에게 소유하고 나면 그 시행할 적에 두터워 나가서 세상에 쓰이면 바로 소금과 매실[62]이 되니, 채움이 있는 효과가

---

58) 이정실(李鼎實, 1724~1789) : 자는 대유(大有), 본관은 여강(驪江)이다.

59) 자사(字辭) : 관례(冠禮) 때 자(字)를 명명하고 그 의미를 적은 글이다.

60) 홍의(弘毅) : 선비의 자세를 말한다. "선비는 도량이 넓고 뜻이 굳세지 않으면 안 되니 책임이 무겁고 길이 멀기 때문이다.[士不可以不弘毅 任重而道遠]"고 말한 데서 온 말이다.(『論語』「泰伯」)

61) 평평탕탕(平平蕩蕩) : 공평하고 광대하여 더할 나위 없이 바른 준칙을 말한다. "편벽됨이 없고 편당함이 없으면 왕도가 탕탕하게 되며, 편당함이 없고 편벽됨이 없으면 왕도가 평평하게 된다.[無偏無黨 王道蕩蕩 無黨無偏 王道平平]"는 말에서 유래한다.(『書經』「洪範」)

62) 소금과 매실 : 음식의 양념으로, 임금을 잘 보좌하여 좋은 정사를 베풀도록 하는 것을 말한다. "내가 국을 만들려고 하거든 그대가 소금과 매실이 되어라.[若作和羹 爾惟鹽梅]"는 말에서 유래한다.(『書經』「商書·說命」)

크지 않은가?

또 나에게 소유한다는 것은 반드시 학문을 근본으로 하네. 성인의 방책이 원대하여 서책에 널려 있으니, 텅 빈 큰 배에 높이 높이 실으면 충실하여 가득차서 살찌지 않음을 어찌 근심하겠는가? 정鼎도 채워지지 않으면 튀어나온 세 발뿐이고 사람도 채워지지 않으면 꿈틀대는 일곱 구멍[63]뿐이네.

채움이여! 채움이여! 어찌 또한 노력하지 않을 수 있겠는가? 네 주인은 네 솥이고 우아한 자품에 나이마저 젊네. 더구나 너희 집안의 가학은 문원공文元公[64] 같은 분이 높은 벼슬이 빛나고 문묘에 배향되었으며, 또 설천공雪川公[65]이 급제하여 벼슬하였으며, 대대로 그 그릇을 지켜서 네 아버지에게 이르렀음에랴.

네가 만약 분발하지 않는다면 너의 정鼎은 비게 될 것이니, 어찌 부지런히 취하여 소유하지 않겠는가? 소유하고 또 소유하면 큼에 이를 수 있을 것이다. 나의 말을 믿지 못하겠거든 이 『주역』의 괘를 살펴보아라.

종형제의 아내를 위하여 시마복을 입는다는 설[爲從父兄弟妻服緦說]

『주자가례』 오복도五服圖에는 종형제의 아내에게 복이 없으니, 이는 성복成服의 시마緦麻 조목 아래에 이러한 설이 없기 때문이다. 다만 『의절儀節』의 시마 조목에 "종형제의 아내에게, 남편의 종형제에게"라는 말이 있고, 도圖에서도 "종형제의 아내에게 시마복을, 남편의 종형제의 아내에게 시마복을"이라고 하였다. 그러나 종자매從姊妹에게 시마복을

63) 일곱 구멍: 인간의 감각 기관인 귀·눈·입·코의 일곱 개 구멍으로, 인체를 말한다.

64) 문원공(文元公): 이언적(李彦迪, 1491~1553)의 시호이다. 자는 복고(復古), 호는 회재(晦齋). 본관은 여강(驪江)이다.

65) 설천공(雪川公): 설천은 이의활(李宜活, 1573~1627)의 호이다. 자는 호연(浩然), 본관은 여강이다. 1618년 급제하여 흥해 군수를 지냈다. 저서로는 『설천집』이 있다.

입는다는 말을 하지 않았으니, 이는 매우 의심스럽다.

대개 고례에는 수숙嫂叔 간에 본래 복이 없었는데, 훗날 현인이 소공복小功服으로 정하여 자매와 복을 같게 하였다. 그러나 종수숙從嫂叔 간은 언급하지 않았기 때문에 『주자가례』에서도 이로 인하여 빠트린 것이다. 어쩌면 『의절』은 이어받은 바가 있어서 『주자가례』의 빠진 부분을 보충한 것인가? 아니면 『황명통기皇明通紀』[66]의 제도만을 따라서 보충한 것인가? 우리나라 또한 명나라의 제도를 따라서 세상에서 준행하는 자가 많다.

대저 수숙이 이미 자매와 복이 같고 보면, 종수숙에게도 미루어 적용하고 또 종자매와 복이 같아야 저절로 점점 줄이는 의리에 맞으니, 이것으로써 준행하면 아마도 불가하지는 않을 듯하다.

"남편의 종형제의 아내를 위하여"라는 한 구절의 경우는 『주자가례』에는 실려 있으나 『의절』에는 빠져있으니, 이는 필시 우연히 빠뜨린 것이므로 『주자가례』를 근거로 바로잡아야 할 것이다. 혹자가 "나라 제도에 외숙의 아내에게 시마복을 입으니, 이 또한 따를 수 있습니까?" 하니, 주자가 "시어머니의 자매와 남편의 외숙모에게는 복이 없으므로 미루어 적용할 수 없습니다." 하였으니, 이는 참으로 그러할 것이다.

다만 외숙은 생질부에게 시마복을 입으나 생질은 외숙모에게 복이 없으니, 정리에 있어 혐의가 있을 듯하다. 또 생질부는 생질로부터 미룬 것이고 외손부는 외손으로부터 미룬 것이고 보면, 외숙모 또한 외숙으로부터 미루어야 하니, 고모부와 자형 매부를 미루기 어려운 것과는 다를 듯하나 함께 미룰 수 없다고 말하였으니, 이는 이해할 수 없다.

『개원례開元禮』 및 나라의 제도에 시마복을 입는다는 글이 있기 때문에 오늘날 풍속에서 대부분 따르고 있다. 비록 그것이 반드시 예의 뜻에 합당한지는 모르겠으나, 또한 예가 의심스러우면 후한 쪽을 따른다는 뜻에는 나쁘지 않으니, 우선 함께 기록하고 훗날의 고증을 기다린다.

---

66) 『황명통기(皇明通紀)』: 명나라 진건(陳建)이 찬술한 편년체(編年體)로 된 명나라 사서(史書)이다.

아버지의 상중에 어머니를 개장할 경우에 상복 차림으로 사당에 고하는 일에 대한 변[父喪改葬母凶服告廟辨] 경오년(1750)

김사계金沙溪[67]가 송경보宋敬甫[68]의 물음에, "아버지의 상중에 어머니를 개장하는 사람이 사당에 고할 적에는 주과酒果를 해당 감실龕室의 상에만 진설하고 주인이 직접 고해야 하네. 상복 차림으로 사당에 들어가는 일은 부제祔祭에서나 볼 수 있네. 장사를 마치고 사당에 고한다면 곡읍哭泣하는 절차가 있어서 신주를 정침으로 모셔내야 한다."라고 답하였으니, 이 설은 아마도 미안할 듯하다.

『주자어류朱子語類』에 "개장할 적에는 반드시 사당에 고하고 묘소에 고하며, 구묘舊墓를 파내어 개장할 때는 개장을 마치고 전을 드린 다음 돌아와서 또 사당에 고하되, 곡을 한 뒤에 일을 마친다. 제사를 올려 고할 때에 신주를 정침으로 모셔낸다."라고 하였으니, 이는 일이 없을 적에 개장하는 경우에도 역시 신주를 모셔내어 고해야 한다고 말한 것이다. 아버지의 상중에 있는 사람이 어떻게 최질衰絰 차림으로 사당에 들어가서 제사를 올려 고하겠는가?

퇴계 선생이 일찍이 김백영金伯榮[69]의 물음에, "상관喪冠과 교대絞帶 차림으로 사당에 들어갈 수 없네. 자제들을 시켜 신주를 모셔내어 소복素服 차림으로 전을 드려 고하고, 또 자제들을 시켜 신주를 모셔 들이도록 하게."라고 답하였으니, 이는 『주자어류』의 뜻을 깊이 이해한 말이다.

---

67) 김사계(金沙溪) : 사계는 김장생(金長生, 1548~1631)의 호이다. 자는 희원(希元), 본관은 광산(光山)이다. 시호는 문원(文元)이다. 저서로는 『사계전서』·『상례비요(喪禮備要)』·『가례집람(家禮輯覽)』·『전례문답(典禮問答)』·『의례문해(疑禮問解)』·『근사록석의(近思錄釋疑)』·『경서변의(經書辨疑)』 등이 있다.

68) 송경보(宋敬甫) : 경보는 송준길(宋浚吉, 1624~1672)의 자이다. 호는 동춘당(同春堂), 본관은 은진(恩津)이다. 김장생의 문인이다. 시호는 문정(文正)이다. 저서로는 『동춘당집』·『어록해(語錄解)』 등이 있다.

69) 김백영(金伯榮) : 백영은 김부인(金富仁, 1512~1584)의 자이다. 호는 산남(山南), 본관은 광산(光山)이다. 이황의 문인이다. 1549년 무과에 급제, 해주 판관·경상좌도 병마절도사 등을 지냈다.

사계 선생이 어쩌다 잘못 본 것인가? 부제는 졸곡卒哭 뒤에 지내는데, 고례에는 목욕을 하고 머리를 빗는 일이 있다. 그러므로 『주자가례』에 비록 사당에 들어가 작헌酌獻하도록 하였으나 계독啓櫝·출주出主와 제사를 마치고 납주納主하는 일은 모두 축관에게 시켜서 하였으니, 삼우三虞·졸곡卒哭·상제祥祭·담제禫祭도 또한 그러할 것이다.

시제時祭와 기제忌祭에서 주인이 직접 염독斂櫝과 봉주奉主하는 의절과는 다름이 있으니, 상복 차림으로는 신과 교감할 수 없다는 뜻을 여기에서 찾아볼 수 있다. 그러나 『주자가례』의 묵최墨縗 차림으로 사당에 들어간다는 설은 또한 장사지낸 뒤를 가리켜 말한 것이지, 장사지내기 전에 시행할 수 있다는 것은 아니다.

지금 아버지의 초상에 장사를 아직 지내지 못해서 머리는 빗지 못하고 얼굴은 매우 검어서 부제에서 목욕하고 머리를 빗은 때와 다르고 보면, 어떻게 사당에 들어가 직접 고할 수 있겠는가?

단지 아버지 사당만을 모시고 있는 사람이 일이 없을 적에 개장한다면 주인이 사당으로 들어가 직접 고해도 된다. 그러나 만약 아버지의 초상 중에 어머니를 개장하거나 어머니 초상 중에 아버지를 개장한다면 퇴계 선생의 설을 따라 신주를 모셔내어 고해야 한다.

『주자가례』에서 부제는 자리를 대청에 마련하나, 신주를 모셔낼 적에는 또한 고하는 말이 없으니, 이를 따라 축관에게 시켜 고하는 일 없이 신주를 정침으로 모시고 나온 다음에 상주가 제사를 올려 고하는 것이 마땅할 듯하다. 만일 굳이 고하려고 한다면 『의절』의 다른 자리로 나아가 꿇어앉아 고하는 사례를 따라 축관에게 시켜 구두로 고하되, "감히 청하건대, 신주께서는 정침으로 나와 주십시오." 하는 것이 어쩌면 옳지 않겠는가?

제사를 올려 고하는 축문에는 비록 주인의 이름으로 주재하나, 분향焚香·강신降神·작헌酌獻 등의 일은 축관에게 시켜서 하고 주인은 단지 향탁香卓 남쪽에서 배례를 하여, 마치 제주題主할 때 전을 올리는 의절과 같이 함이 바야흐로 온당할 것이다.

"주과酒果를 해당 감실의 상에만 진설한다."고 한 것은 더욱 이해할 수 없다. 구씨丘氏

의 『가례의절』 '고사당告祠堂' 조에 단지 "개장하는 분의 신주만을 모시고 나온다."고 하였는데, 사계 선생의 설은 대개 여기에서 나온 것이다. 그러나 구씨의 설은 본래 소략하다. 왜냐하면 『의례』 「사혼례士昏禮」에는 "시부모가 이미 세상을 떠났다면 며느리는 3개월 만에 사당으로 들어가 바로 전채奠菜[70] 한다."고 하였는데, 주자가 논의하기를 "예전에는 종자宗子가 아니면 아버지 사당만 두었기 때문에 그 예가 이와 같다. 지금은 할아버지와 아버지가 사당을 함께 하는데, 어떻게 아버지만을 배알하고 할아버지는 배알하지 않겠는가?"라고 하였다.

이로써 살펴보면, 개장을 하고 제사를 올려 고할 적에 해당하는 감실에만 전을 드리는 일이 불편하기는 하나, 네 감실에 두루 전을 드리는 것도 의의가 없는 일이니, 이것이 『주자어류』에서 반드시 축관을 시켜서 신주를 모셔내라고 한 이유이다. 사계의 설이 어찌 그리도 너무 집착되었는가?

그의 생각이 대개 사당 안으로 올려 부제祔祭하였으므로 단지 할아버지 한 위에만 제사 드린다고 여긴 것이라면 오늘날 제사를 올려 고할 적에 해당 감실에만 전을 드려도 괜찮을 것이다. 그러나 적이 생각건대, 예전에는 세대마다 각기 사당을 따로 하였기 때문에 할아버지의 사당 안에서 부제를 드린 것으로 여겨진다.

『서의書儀』에서는 고례를 널리 받아들였으나, 『주자가례』에서 이를 따라 이어받으면서도 자리를 대청에 마련한다는 말이 있으니, 이는 반드시 사당 안에서 거행하지 않으려고 한 것이다. 어떻게 『주자어류』의 가르침을 버려두고 부제로써 증거를 삼을 수 있겠는가?

---

70) 전채(奠菜) : 나물을 광주리에 담아서 제전(祭奠)하는 것으로, 대개 근(菫)을 쓴다.

정침에 대한 설[正寢說] 신미년(1751)

오늘날 사람들은 모두 내당內堂을 정침이라고 여겨서 신주를 모셔내어 제사를 지낼 때 반드시 내당으로 간다. 이 설은 『의례』 적침도適寢圖의 "연침燕寢은 뒤에 있고 정침은 앞에 있다."는 설과 맞지 않으니, 『주자가례』에 이른바 전당前堂이라는 것이 이를 말한다.

『예기』「내칙內則」에 "아내가 출산일이 다가오면 측실側室에 거처하다가 아이를 낳은 지 3개월 만에 아내가 아들을 아버지에게 보여주면 아버지는 웃으며 이름을 짓고 아내는 드디어 침소로 간다." 하였는데, 주에서 "측실이라는 것은 연침의 곁방이다. 아내가 드디어 침소로 간다는 것은 남편의 연침으로 돌아감이다." 하였고, 경원보씨慶源輔氏[71]는 "출산할 시기가 되면 연침을 피하여 측실에 머무른다." 하였다.

대개 연침은 부부가 함께 거처하는 방으로 오늘날의 내당이 이것이며, 정침은 사사로이 집안일을 보는 곳으로 오늘날의 외당이 이것이다. 퇴계 선생이 이미 '정침은 오늘날 손님을 맞이하는 곳'이라고 분명히 말하였다. 그러나 세속에서 잘못된 설을 믿은 지가 벌써 오래되었는데도 제대로 분변하지 못하니, 개탄스러운 일이다.

만약 경대부卿大夫 이상의 경우라면 연침 뒤에 또 부인의 침소가 있으니, 이는 지위가 높으면 방 또한 갖추는 것이다. 오늘날은 예전과 달라서 사대부 집에는 단지 내실을 연침이라 하고 외당을 정침이라 해야 한다.

서얼의 복제에 대한 설[庶孽服制說] 병자년(1756)

『예기』「단궁檀弓」에는 "현자縣子가 '예전에는 강복하지 않아서 상하가 각자 그 친소에

---

71) 경원보씨(慶源輔氏) : 경원은 송나라 학자 보광(輔廣)의 본관이다. 자는 한경(漢卿), 호는 잠암(潛庵)이고, 주희의 문인이다. 전공을 세워 좌무대부(左武大夫)·소주 방어사(邵州防御使) 등을 지냈다.

따라 입는다.'고 하였다." 하였고, 『주례』에는 귀함을 기준으로 천한 자에게 강복하고 적자를 기준으로 서자에게 강복한다고 하였으니, 은나라 이전에는 비록 귀함을 기준으로 천한 자에게 강복하지 않았더라도 이로써 살펴보면 주나라에는 서자에게 강복하는 예가 있었다.

그러나 오직 『예기』의 "대부는 그의 서자에게 강복한다."고 한 구절 이외에는 나시 논의한 곳이 없고, 「잡기雜記」의 진씨陳氏 주에 "대부가 방친旁親에게는 강복하고 시마복을 입는 형제에게는 복이 없다."고 하였다. 그렇다면 서자에게 강복한 주나라의 제도는 단지 차차 한 등급씩을 강복한 것이겠는가?

퇴계 선생이 정자중鄭子中[72]에게 "『주자가례』·『의례경전』·『대명률大明律』 등의 책에는 모두 그러한 내용이 없으니, 어쩌면 적자와 서자의 구분이 비록 엄정하더라도 골육의 은혜는 다름이 없기 때문에 그 복제에 차별이 없는 것이 아니겠는가?"라고 답하였다. 이는 대개 강복하지 않는 은나라 예의 뜻이다. 온 나라가 다 따르면 되지 다시 무슨 의문을 가지겠는가?

다만 오늘날 국법에 양첩良妾의 아들과 천첩賤妾의 아들이 받는 직첩職帖은 고하의 구별이 있다. 이른바 천첩의 아들은 바로 속바치고 양인이 된 자이나 오히려 차등이 있으니, 만약 공천이나 사천을 면제받지 못한 자라면 본복을 함께 입고 강복하지 않는 것이 꼭 마땅할지 아직은 모르겠다. 차차로 한 등급씩 강복해야 하는 것이 예에 맞을 듯하기에 우선 의문 나는 점을 써서 예를 아는 사람의 강정講定을 기다릴 뿐이다.

---

72) 정자중(鄭子中) : 자중은 정유일(鄭惟一, 1533~1576)의 자이다. 호는 문봉(文峯), 본관은 동래(東萊)이고, 이황의 문인이다. 1558년 문과에 급제, 예안 현감·대사간·이조 판서 등을 지냈다. 저서로는 『문봉집』이 있다.

『태극도설』의 웅씨[73] 주에 대한 변[太極圖說熊氏註辨]

주註는 『성리군서性理羣書』에 있다.

「태극도太極圖」의 하단에 주자가 풀이하기를 "음양은 하나의 태극이니, 정추精粗와 본말本末에는 피차가 없다." 하였는데, 웅씨가 주석을 달기를 "태극은 정이 되고 음양은 추가 되며, 태극은 본이 되고 음양은 말이 된다." 하였다.

지난해 김진백金振伯이 일찍이 이를 거론하여 편지로 지수篪叟 선생에게 "이 설을 율곡栗谷·사계沙溪·갈암葛庵은 틀렸다고 하고, 우복愚伏·현석玄石은 틀리지 않다고 하였습니다. 어느 설이 옳습니까?"라고 물었다.

지수 선생께서 "이미 음양은 하나의 태극이라고 하고 이어서 정추와 본말에는 피차가 없다고 하였고 보면, 웅씨의 설과 같이 보아야 어맥語脈이 순하네. 그러나 고인이 리와 기를 정추로 나눈 곳을 보지 못하였네. 예를 들어 이른바 만물의 표리·정추 및 사물에 본말이 있다는 등의 말은 모두 사물 상에서 말한 것이므로, 이치는 그 안에 담겨있네. 대개 정추를 말하자마자 바로 형이하形而下가 되네. 그러나 단지 리에 정추의 원리가 있기 때문에 기에도 정추가 있고, 리에 본말의 원리가 있기 때문에 사물에도 본말이 있네. 이 때문에 태극과 음양이 혼륜渾淪하여 이곳저곳이 따로 자리가 없는 것이네. 다만 틀렸다고 하는 사람의 말뜻이 무엇이며, 틀리지 않다고 하는 사람이 무슨 증거가 있는지 아직은 모르겠네."라고 답하였다.

고루한 말학이 절충하지 못하여 늘 스스로 마음속에 의문을 가진 지가 오래였는데, 주자가 여백공呂伯恭에게 답한 편지를 읽어보니, "도체道體는 혼연하여 정추·본말·빈주·

---

73) 웅씨(熊氏) : 송나라 웅화(熊禾, 1247~1312)이다. 자는 거비(去非), 호는 물헌(勿軒)이고, 건양(建陽) 사람이다. 뒤에 이름은 화(鉌)로, 자는 위신(位辛)으로 고쳤다. 송나라가 망하자 무이산(武夷山)에 집을 짓고 독서를 전념하였다. 저서로는 『물헌집』·『예고이(禮考異)』·『춘추논고(春秋論考)』·『경서학해(經序學解)』 등이 있다.

내외를 갖추지 않은 것이 없어서 털끝만큼의 차이도 있을 수 없다."라는 내용이 있었다. 그제야 비로소 지수 선생의 설이 도설圖說에서 풀이한 뜻을 깊이 알았음을 깨달아서 통쾌하게 의문이 없어졌으나, 그래도 세 현인의 틀렸다고 한 말뜻이 무엇인지는 알지 못하였다.

이윽고 정수몽鄭守夢[74]이 지은 『근사록석의近思錄釋疑』를 살펴보니, "사계가 '웅씨의 주석은 틀린 듯하다.' 하였고, 율곡은 일찍이 '정추와 본말은 기로써 말한 것이다. 하나의 리는 정도 없고 추도 없는 영역에 두루 통하여 본말·피차의 사이가 없다.' 하였다. 그 뒤에 주자의 편지를 읽어보니 '기운의 정추를 막론하고 이 리가 있지 않은 데가 없다.' 하였다. 율곡의 설은 실로 여기에서 나온 것이니, 웅씨의 설을 따를 수 없다." 하였다.

율곡과 사계가 틀렸다고 한 것도 대체大體에서 보면 옳다. 그러나 "하나의 리는 정도 없고 추도 없는 영역에 두루 통하여 본말·피차의 사이가 없다."는 것은 바로 주자의 뜻과 서로 반대된다. 주자의 이른바 "이 리가 있지 않은 데가 없다."는 것은 대개 리가 본래 정추의 구분이 있음을 말한 것이나, 율곡은 리가 정도 없고 추도 없는 영역에 두루 통한다고 여겼다. 사계의 이른바 실로 주자에게서 나왔다는 것은 꼭 마땅함을 알지 못해서이다. 반드시 지수 선생이 논한 것과 같이한 연후에야 비로소 흠 없이 완비될 뿐이다.

우복愚伏과 현석玄石이 틀리지 않다고 한 것은 무슨 증거가 있어서 이렇게 말하였는지 모르겠다. 주자가 여백공에게 답한 여섯 번째 편지에서 "성현의 말씀에는 처음부터 이치와 사물에 대한 정과 추의 구별이 없었네." 하였으니, 우복과 현석이 어쩌면 여기에서 본 것이 있어서일까? 다만 정추라고 하는 것은 정미하여 깊음과 거칠어 얕음을 말한다. 대개 성현의 말씀은 두루 다하고 밝게 갖추어서 리가 심오하다고 해서 깊이 말하지

---

74) 정수몽(鄭守夢) : 수몽은 정엽(鄭曄, 1563~1625)의 호이다. 자는 시회(時晦), 본관은 초계(草溪)이다. 1583년 문과에 급제, 형조 좌랑·도승지·우참찬 등을 지냈다. 시호는 문숙(文肅)이다. 저서로는 『수몽집』·『근사록석의』 등이 있다.

않고 사물이 드러난다고 해서 얕게 말하지 않으니, 모두 지극하고 자세한 논설이어서 더러 깊거나 얕다는 분별이 없다는 것이지, 이치와 사물을 정과 추에 분속分屬하여 말한 것은 아니다.

정과 추는 현격한 차이가 있는데, 만약 웅씨의 설과 같다면 태극은 정에 치우치고 음양은 추에 치우치는데, 어떻게 피차가 없다고 할 수 있겠는가? 형이상形而上과 형이하形而下는 본래 선후로 논할 수 없고 또 본말로 나누어 말할 수도 없다. 그러나 본과 말은 또 서로 같지 않아서 더욱더 피차를 구분하여 말하지 않을 수 없으니, 틀리지 않다고 한 뜻은 이해할 수 없는 점이 있다.

혹자는 "정은 기氣이므로 '리理' 자 위에 둘 수 없다."고 하는데, 이는 매우 그렇지 않다. 대개 '정' 자에는 두 가지의 뜻이 있으니, 정미精微와 정밀精密의 뜻이 있으며, 정신精神과 정상精爽의 뜻이 있다. 더러는 리의 자리에서 말하고 더러는 기의 자리에서 말한다. 『주역』에 "깨끗하고 정미한 것을 역易이라고 이른다."를 두고 주자가 백공의 편지에 답하면서 "정명精明하고 순수純粹하여 상대가 없는 도를 알 수 있네." 하였으니, 이는 리로써 한 말이다. 『주역』에 "남자와 여자가 정기를 합하였다." 하였고, 『태극도설』에 "음양·오행의 정기이다." 하였으니, 이는 기로써 한 말이다.

이해한 바로 말한 것은 각자 지적하는 부분이 있으니, 치우쳐 하나의 뜻을 주장하여 서로 통하지 못하도록 할 수 없음이 분명하다.

책문策問

묻는다.

마음을 다스리는 요체가 『심경心經』 한 책에 실려 있으니, 격언格言을 모아서 후학들에게 은혜를 베푼 뜻이 진지하다고 할 만하다. 정밀히 하고 전일이 하라는 가르침으로 시작하여 덕성을 높인다로 끝을 맺었는데, 그 뜻을 마음에 새겨 자세히 말할 수 있겠는가?

목야牧野에서 전쟁을 독려하며 한 경계[75]와 위衛나라 무공武公이 스스로 경계한 시[76]가 과연 성인의 심법에 합당한가? 「문언文言」과 「대상大象」의 글이 『주역』의 뜻을 도왔으나 마음은 말하지 않았으며, 안연顔淵과 중궁仲弓의 물음이 인仁을 논하였으나 마음은 언급하지 않았는데, 어찌하여 취하였겠는가?

『중용』에서는 기쁨·노함·슬픔·즐거움이 일어나는 것만을 말하였는데, 어떻게 인심人心과 도심道心의 구별을 알겠으며, 『대학』에서는 성의誠意와 정심正心만 취하고 격물格物과 치지致知는 취하지 않았는데, 어떻게 유정惟精과 유일惟一의 나뉨을 알겠는가?

『예기』「악기」에서 예악으로 마음을 다스린다 하였는데 다스리는 것이 무슨 도이며, 『맹자』에서 산의 나무[77]로 마음을 비유하였는데 비유하는 것은 무슨 뜻인가? 염계濂溪의 「양심설養心說」에 나오는 과욕寡欲은 『맹자』에 나오는 과욕과 다른 점이 있으며, 이천伊川의 「동잠動箴」에 나오는 "생각에 성실하다."는 부자가 생각[思]을 언급하지 않은 점과 어긋나니, 어째서인가?

『주역』 찬언贊言의 발명과 『서경』의 상배相配[78]가 다 같이 이 『심경』에 도움이 있다고 할 수 있는가? 「심학도心學圖」의 서문이 과연 단서를 구하는 공효는 있으나 『심경부주心經附註』에 보태어 넣은 것이 또한 옥상옥屋上屋의 실수는 없는가? 순부純夫의 딸이 마음을 안 것[79]과 서암瑞巖의 승려가 불러 깨웠던 일[80]도 또한 심학心學에서 안 것이 있어서인가?

---

75) 목야(牧野)에서……경계: 목야는 조가(朝歌)의 남쪽 지역으로, 주나라 무왕(武王)이 은나라 주왕(紂王)과 전투를 벌인 곳이다. 무왕이 전투를 벌이기 전에 군사들에게 맹세한 내용은 『서경』「목서(牧誓)」에 실려 있다.

76) 위(衛)나라……시: 춘추 시대 위나라 무공(武公)이 나이 95세가 되어서도 자신을 경계하며 「억(抑)」편을 지었다.

77) 산의 나무: 『맹자』「고자상(告子上)」에 나오는 제나라 도성(都城)의 동쪽에 있는 산인 우산(牛山)에 있는 나무를 말한다.

78) 상배(相配): 오행(五行)이 상생(相生)의 관계로 배합하는 것을 말한다.

79) 순부(純夫)의……것: 순부는 송나라 정치가 범조우(范祖禹, 1041~1098)의 자이다. 범조우의 딸이 "맹자는 마음을 알지 못한다. 마음이 어찌 출입이 있겠는가?[孟子不識心 心豈有出入]"라고 한 일을 말한다.

80) 서암(瑞巖)의……일: 서암은 절 이름이고, 조석으로 스스로에게 깨어있는 지를 묻고는 깨어있다고 답하였던 승려는 사언(師彦)이며 법호는 공적(空寂)이다.

대저 마음을 다스리는 요법이 경전에 흩어져 있어서, 예전 성현의 수많은 언어가 모두 후학들을 아주 요긴하게 열어주는 곳이나, 마음을 보존하고 끌어주는 방도에 가장 절실함이 이 하나의 경전만한 것이 없으니, 참으로 이른바 남쪽을 가리키는 수레이고 어둠을 밝히는 거울이다. 진실로 그 말에 푹 잠기고 음미하여 몸에 체득할 수 있다면, 예전 성인이 마음으로 얻어 전한 것을 어떻게 알지 못할까 근심하겠는가?

우리 조정의 열성조列聖朝께서 이 책을 서로 받들어 경연에서 강론하였고 명현이 배출되어 이 책으로 민가에서 가르쳤으니, 마땅히 집집마다 『심경』의 가르침을 외우고 사람마다 심학을 알아서 성대히 많고도 빛나는 아름다움이 있어야 하였다. 그러나 어쩌다가 근년 이래로 선비들의 취향이 더욱 하락하고 학술이 점점 잘못되어 철을 은으로 바꾸어 말하면서 의리의 구분을 알지 못하고 귀로 듣고 입으로 말하면서 조존操存·성찰省察[81]하는 방도에는 전연 어두우며, 감자甘蔗를 먹듯이[82] 깊은 맛을 들이는 효과는 전연 들리지 않고 상자는 사면서 구슬은 돌려보내는 근심이 도도히 모두 이러하니, 선배들이 애써서 모아 엮은 뜻이 돌아보건대, 어디에 있는가? 이는 과연 말뜻이 은미하고 심오하여 사람이 더불어 알지 못해서 그러한 것인가? 아니면 또 강구해도 그 도를 알지 못해서 그러한 것인가?

만일 선비 된 자에게 구절에서 그 뜻을 찾도록 하고 글자에서 그 가르침을 캐내어 몸에 돌이켜 체험하고 심학의 요체를 깊이 알아서 이 『심경』의 가르침을 저버리지 않도록 하려면 그 방도는 어디에서 찾아야겠는가?

제생들은 반드시 완미하고 탐구하여 스스로 얻은 바가 있을 것이니, 각자 자세히 진술하고 숨기지 마라.

---

81) 조존(操存)·성찰(省察) : 마음을 보존하고 사욕의 기미를 살피는 일을 말한다.

82) 감자(甘蔗)를 먹듯이 : 점입가경(漸入佳境)과 같은 뜻으로, 갈수록 흥미진진함을 말한다. 진(晉)나라 고개지(顧愷之)가 사탕수수[甘蔗]를 꼬리 부분부터 맛보자, 어떤 사람이 그 이유를 물으니 "점점 더 좋은 맛을 보려고 해서이다.[漸至佳境]"라고 대답하였던 고사에서 유래한다.(『晉書』「文苑傳」)

서序

『주자서절요집해』 서문[朱子書節要集解序]

지난날 우리 퇴도 노선생은 주부자의 전서全書를 너무 좋아하여 푹 잠기고 무젖어 전해지지 못한 비결을 깊이 알게 되었다. 일찍이 편지의 가르침이 세밀하면서도 두루 갖추어져서 학자에게 더욱 절실하다고 여겨 번다한 부분을 잘라내고 요체만을 채택하여 24편을 만들었다.

지극한 이치의 빗장과 바른 학문의 지름길에 있어 거울을 걸어서 그윽함을 비추어고 촛불을 들어서 어두운 길을 밝히듯이 하였으니, 실로 사서四書와 육경六經의 계제階梯가 된다. 그 긴요히 사람을 배려한 기반이 어찌 『심경心經』과 『근사록近思錄』의 아래에 있겠는가?

하지만 은미한 말과 오묘한 뜻이 대부분 숨어 있어서 밝히기 어려운 데다가 끌어다 비유하고 증거로 댄 것이 더러 잡서雜書나 방언方言에서 나와 한 순간에 이해할 수 없는 점이 있다. 당시 문하에 들어간 제공諸公들이 선생에게 학업을 청하여 각자 질문을 하고는 물러나와 그 들은 바를 써서 세상에 전하였으니, 이것이 이른바 『강록講錄』이라는 것이다.

그런데 기록하는 즈음에 더러 선생의 뜻을 제대로 알지 못하여 선후가 도치되거나 번간煩簡이 고르지 않았다. 이것을 베껴 유포하자 와탈訛脫이 더욱 심해졌고, 또 경사經史의 내력을 밝힌 부분을 더러는 빠트리고 다 수록하지 못한 점이 있으니, 이것이 천고에 남겨질 한이 아니겠는가?

중기重器는 말학의 얕은 식견으로 일찍부터 이 책을 받아 복습하고 탐구한 지가 대개 또한 여러 해나 되었다. 매번 이 『강록』을 책상 가까이 두고 여러 판본을 널리 취하여 약간의 교감을 가하였고, 이어서 또 여러 전적을 뒤져서 아직 갖추 기록하지 못한 부분을 모아 하나의 책자로 만들어서 혼자 볼거리로 삼았다.

이윽고 서울을 유람하다가 송우암宋尤庵의 『주자대전차의朱子大全箚疑』를 얻었고, 안동에서 밀암密菴[83]의 『주서강록간보朱書講錄刊補』를 얻었는데, 두 공이 이미 나보다 먼저 이러한 유의 책을 만들었다. 이에 더욱 나의 책자가 추구芻狗[84]임을 느껴서 드디어 모두 버려버렸다.

이에 세 책을 모아서 단락을 따라 통틀어 엮으면서, 먼저 『강록』으로써 주를 삼고 겸하여 문집 안에 실려 있는 남에게 답한 말 및 『심경질의心經質疑』에서 이 책에 언급한 것과 『주자대전차의』와 『주서강록간보』 두 책의 해석을 두루 채택하여 그 빠진 부분을 보충하였다. 또 예를 들어 『우복집愚伏集』과 『훈지록塤篪錄』에 있는 답문答問 약간 조목과 기타 여러 유현들도 더러 한두 마디 해석한 것을 함께 그 사이에 집어넣었다. 그리고 만약 몇몇 책에서 언급하지 못한 부분이 있다면 그때마다 외람되이 나의 기록을 붙여 두었으며, 문의文義를 억지로 통할 수 없거나 사실의 증거를 찾아 고찰하지 못하는 경우에는 또한 의문을 모두 써 두고서 후인을 기다린다. 애써 모으기를 여러 해 만에 비로소 일을 마치니, 모두 다섯 책이다.

만들고 나서 시험 삼아 이것으로 풀이하여 읽어보니, 주부자의 출처出處·진퇴進退의 큰 절개와 논변하고 왕복한 글의 은미한 뜻이며, 전기傳記의 고증과 자구字句의 해석이 모두 역력히 단락이 있어 차례대로 찾아 탐구할 수 있었다. 『주서절요』를 읽음에 있어 아마 약간의 도움은 없지 않을 것이다.

---

83) 밀암(密菴) : 이재(李栽, 1657~1730)의 호이다. 자는 유재(幼材), 본관은 재령(載寧)이다.

84) 추구(芻狗) : 풀을 묶어서 개 모양으로 만든 것을 말한다. 옛날에 제사를 지낼 때 쓰던 것인데, 제사가 끝나고 나면 바로 내버리기 때문에, 소용이 있을 때만 이용하고 소용이 없을 때는 버리는 물건의 비유로 쓰인다.

그러나 늙고 병들어 드러누워 지내는 데다가 정력이 이미 소진되어서 검증하고 취사取捨하는 즈음에 반드시 오류 없기를 보장할 수 없으니, 어찌 감히 남의 이목을 번거롭게 하고 밖으로 알려서 가십거리가 되도록 하겠는가? 단지 스스로 고찰하고 열람하기 편리하게 하여 늙어서 탐구하는 자료로 삼고 싶을 뿐이다.

또 나는 여기에서 적이 개탄스러운 점이 있다. 『강록』을 더러 『질의質疑』라 하고, 또 그 속에 "혹자가 묻기를 이러이러하다거나, 선생이 답하기를 이러이러하다."고 한 곳이 한 둘이 아니고 보면, 문인들의 기록에서 나온 것은 분명 의심의 여지가 없으나, 『주자대전차의』에서 바로 『주자서절요기의朱子書節要記疑』의 내용을 가리켜 사문수록師門手錄이라고 하면서 서둘러 비방을 가하니, 어디에서 듣고 착각이 여기까지 왔는지 모르겠다. 행여 후인들이 오류를 답습할까 싶어서 함께 써서 기록한다.

무진년(1748) 3월 하한下澣에 후학 오천烏川 정중기가 삼가 쓰다.

『가례집요』 서문[家禮輯要序]

예전에 우리 대성大聖께서 예를 제정하고 가르침을 세워서 삼백三百과 삼천三千[85]이 넉넉히 그 큼을 다하여, 마치 해와 별이 하늘 높이 걸려 있어 눈 있는 사람이라면 다 같이 보는 것과 같았다. 그러나 모든 경전이 진秦나라의 불길[86]을 한 번 거치면서 남은 것이 전연 없으니, 비록 한漢나라와 진晉나라의 여러 선비들이 불탄 나머지에서 수습하였

---

85) 삼백(三百)과 삼천(三千): 삼백은 경례이니 예(禮)의 강령이며, 삼천은 곡례이니 강령을 실천하기 위하여 필요한 절목이다. "경례가 삼백 가지이고 곡례가 삼천 가지나 되지만 그 극치는 하나이다.[經禮三百 曲禮三千 其致一也]"고 한 데서 온 말이다.(『禮記』「禮器」)

86) 진(秦)나라의 불길: 진 시황(秦始皇)이 사람들이 정치에 대하여 비평하는 것을 막기 위하여 천하의 시서(詩書) 및 백가(百家)의 서책들을 모두 모아 불태웠던 사건을 말한다.(『史記』「秦始皇本紀」)

더라도 남아 있는 것은 열에 하나뿐이었다.

예교禮敎가 어두워진 지 거의 1500년이 지났으나 천명하지 못하였다. 자양紫陽 주부자朱夫子가 오직 이 일을 마음 아파하며 고금을 참고하고 정문情文[87]을 참작하여 『주자가례』 한 책을 지으니, 규모와 절목이 정연히 분명하게 갖추어져서 비록 성인께서 다시 일어나더라도 더할 수 없다. 그러나 안타깝게도 초년에 지은 것을 동항童行[88]이 훔쳐가서 다시 수정하여 후인들에게 아름다운 은혜를 드리우지 못하였다.

이것이 비록 천고의 한이기는 하나 돌아보건대, 그 대강大綱은 이미 이루어졌고 그 사이의 잗다란 절목節目 또한 만년의 정론이 있으니, 오늘날 부주祔註[89] 속에서 차근차근 고찰할 수 있다. 그런데도 시골의 선비들이 갑작스러운 때를 당하면 쉽게 찾아 고찰하지 못한다. 그래서 경산씨瓊山氏[90]가 『가례의절家禮儀節』을 지어 그 의미를 발휘하였고, 우리 해동의 신의경申義慶[91]과 김장생金長生 두 사람이 또 『상례비요喪禮備要』를 저술하여 신종추원愼終追遠[92]의 도리를 다할 수 있도록 하였으니, 공력도 많이 들었고 세교에 보탬 또한 지극하다.

다만 구준丘濬의 『가례의절』은 틀린 부분이 오히려 많고, 『상례비요』는 「통례通禮」를

---

87) 정문(情文) : 질(質)과 문(文)으로, 내용과 형식을 말한다.

88) 동항(童行) : 『주자가례』의 주에 "항(行)은 또래이며, 동항은 어린아이의 무리라는 말과 같다." 하였다. 유공(劉珙)은 시에 "머리를 깎고 나서 사찰로 들어가고, 검정 옷을 걸치고 아이무리 되었네.[削髮入空門 被緇爲童行]"라고 하여, 동자승의 의미로 사용하기도 하였다.

89) 부주(祔註) : 신재(信齋) 양복(楊復)이 지은 『가례잡설부주(家禮雜說附註)』를 말한다.

90) 경산씨(瓊山氏) : 경산은 명나라 학자 구준(丘濬, 1418~1495)의 호이다.

91) 신의경(申義慶, 1557~1648) : 자는 효직(孝直), 호는 서파(西坡), 본관은 평산(平山)이다. 1620년 사마시에 입격한 뒤 학행으로 천거 받아 사헌부대관을 지냈다. 예학에 조예가 깊어 김장생이 도움을 많이 받았으며, 사대부의 상(喪)에서 집례(執禮)한 경험을 바탕으로 『상례비요(喪禮備要)』를 저술하였다. 이 책은 후에 김장생이 고증하고 수정하여 완성하였다.

92) 신종추원(愼終追遠) : 종(終)은 부모의 죽음을, 원(遠)은 선조를 말한다. 부모의 상을 당했을 때와 선조의 제사를 지낼 때 애통함과 경건함을 극진히 하며 예법에 맞게 행하는 것을 말한다. "마침을 삼가서 치르고 돌아가신 분을 추모하면 백성들의 덕이 후한 데로 돌아갈 것이다.[愼終追遠 民德 歸厚矣]"라는 데서 온 말이다.(『論語』「學而」)

떼어 내어 「제례祭禮」로 옮겨 합치면서 『주자가례』의 본뜻을 너무 잃어 버렸으며 「상례喪禮」는 비록 퍽 자상하고 세밀하기는 하나 굳이 고례를 다 적용하고자 하여 주부자가 임종 때에 머리를 전 뜻[93]을 어긴 점이 있다. 그 이외에도 뒤섞인 설로 사람을 그르친 것이 또한 더러 있으며, 관례와 혼례 두 예절은 또한 전혀 기록하지 않았다. 우리 선군자先君子(정석달鄭碩達) 및 훈수塤叟(정만양鄭萬陽)·지수篪叟(정규양鄭葵陽) 두 선생과 예학을 익힌 분들이 적이 이를 병통으로 여겨서 한 번 바로 잡고 싶어 한 적이 있었으나 끝내 하지 못하였다.

지수 선생이 관례와 혼례에 관한 의절儀節 약간 조목을 대강 정리하였으니, 이는 『상례비요』의 빠진 부분을 보충하려고 한 것이었으나, 탈고하지는 못하였다. 『상례비요』에 있어서는 또한 손질하지 못하였으니, 어찌 후학의 불행이 아니겠는가?

들은 것도 없는 투미한 중기重器가 어찌 감히 예의禮儀의 사이에 참여하여 논의하겠는가마는 다행히도 가정에서와 사문에서 남은 실마리를 들을 수 있었다. 이제 노쇠한 나이에 날이 갈수록 황폐하고 실추됨을 느껴 삼가 선군자 및 두 선생이 엮은 예서를 취하여 굽어 읽고 우러러 생각하며 그림자는 대략 엿보았다.

감히 『주자가례』와 『전서』의 예전 조목을 그대로 따라 차례를 매겨서 '사당祠堂'장을 도로 권 첫머리에 돌려 두고 『상례비요』의 주석을 취하여 그 빠지고 소략한 부분을 보충하였다. 이어서 심의제도深衣制度와 거가잡의居家雜儀를 조금 줄여서 넣고, 관혼례冠昏禮는 지수 선생이 남긴 의절을 채택하되, 간간이 미비한 곳이 있으면 그때마다 감히 고례 및 선현의 설로써 보태었고, 상례는 『상례비요』를 그대로 채택하되, 번다함은 줄이고 잘못됨은 바로잡았으며, 제례에 있어서 또 『상례비요』의 내용을 따르되, 약간은 수정하고 윤색하였다.

---

93) 주부자가……뜻: 제자들이 주자에게 묻기를 "만일 돌아가신다면 『서의』를 따라야 합니까?[萬一不諱 當用書儀乎]" 하니, 주자가 머리를 흔들었던 일을 말한다.(『朱子家禮』)

일을 마치고 나서 "『가례집요』"라고 이름을 붙이니, 모두 세 책이다. 대저 그러한 연후에 편장篇章이 그 차례를 찾아 갈리어 찢어지는 폐단이 없어졌으며, 의문儀文도 그 절목을 다하여 빠뜨리는 실수가 없어졌다. 우리 주부자가 명분名分을 삼가고 애경愛敬을 숭상하여 불필요한 글은 생략하고 본질을 펴신 뜻을 여기에 이르러 다시 찾을 수 있을 것이다.

그러나 이 일은 감히 많음을 자랑하고 기이함을 뽐내어 적이 찬술纂述의 마지막에 부치려는 것이 아니라, 단지 예전에 들은 것들을 취하고 남긴 뜻을 따라 기술하여 한편으로는 늘그막에 빠뜨리거나 잊어버릴 우려에 대비하고 한편으로는 사가私家의 갑작스러운 쓰임에 자료로 삼고자 하는 것이다. 같은 뜻을 가진 선비들이 어찌 서로 변증하여 바로잡지 않겠는가?

내가 여기서 또 매우 두려워함은 『상례비요』가 바로 선배들이 이미 만들어 놓은 책인데, 이제 보잘것없는 식견으로 함부로 수정을 가하였으니, 반드시 참람하다는 비난을 면치 못한다는 것이다. 그러나 그 책에서 잘된 부분은 그대로 잘되어서 내가 높이고 믿는 바이며, 잘못된 부분은 그대로 잘못되어서 남들이 가리기 어려운 바이다. 세상에서 대안大眼을 닦고 공심公心을 잡은 사람이 더러 죄로 삼지나 않겠는가?

하물며 또한 그 책이 『주자가례』를 강綱으로 삼았으나 절반은 얻고 절반은 놓쳐버린 아쉬움을 면치 못하였음에랴. 어쩌면 혹시 당시에는 우선 어려움을 먼저 다루고 쉬움을 나중에 다루다가 그 일을 끝마치지 못한 것인가? 만약 이러한 뜻으로 당시에 나아가 질정을 받았다면 두 어른께서도 반드시 빙그레 웃으며 머리를 끄덕였을 것이다.

비록 그러하더라도 오늘날 투미한 내가 이 일을 이루어 낸 것은 두 어른의 공이 또한 어찌 적다고 할 수 있겠는가? 우선 편집한 뜻을 써서 예를 익힌 사람의 평가를 기다린다.

임신년(1752) 8월 하한下澣에 후학 오천烏川 정중기가 삼가 서序한다.

기記

현고서당 기문[賢皐書堂記]

가숙家塾과 당서黨序[94]의 법이 무너지면서부터 서당의 제도가 만들어졌으니, 대개 장수藏修[95]하고 강습講習하는 장소로 여겨서이다. 우리 해동이 이를 사모하고 본받아서 세운 것이 오래인데, 그 중에서도 우리 영남에 가장 많이 있다.

현고서당은 바로 그 중의 하나이다. 서당은 신녕현新寧縣에서 동쪽으로 20리 지점 한천漢川 마을에 있다. 마을 안에 사는 명문가는 조씨曺氏와 김씨金氏 두 성만이지만, 조씨 일족이 더 번성하다.

하루는 모여서 의논하기를 "우리 마을에 서당이 없을 수 없으니, 어찌 서로 함께 경영하지 않겠는가?" 하니, 모두들 "맞습니다." 하였다. 드디어 현고賢皐의 언덕에 터를 잡았는데, 그 터는 동남 방향을 등지고 서북 방향을 향하여 있어서 흐르는 시내를 지고 울창한 산을 마주하여 퍽이나 그윽하고도 고요하다.

이에 또 돈과 곡식을 약간 출연하여 재목과 기와를 사서 서당을 지었다. 좌우에 방이 있고 중앙에 당을 만드니, 모두 다섯 칸이다. 병진년(1736) 8월에 시작하여 정사년(1737)

---

94) 가숙(家塾)과 당서(黨序) : 고대의 학교 제도를 말한다. 25가에는 숙이 있었고 500가에는 서가 있었다. (『禮記』「學記」)

95) 장수(藏修) : 언제나 학문에 마음 두는 자세를 말한다. "군자가 학문에 있어서 장하고 수하고[君子之於學也 藏焉 修焉]"라는 말에서 유래한다.(『禮記』「樂記」) 그 주석에서 장이란 언제나 마음에 학업을 생각하고 있음을 말한 것이요, 수란 학습을 폐하지 않음을 말한 것이라고 하였다.

4월에 일을 마쳤다. 부로父老들은 이곳에서 주연을 열고 자제들은 이곳에서 글을 읽으니, 하루도 빈 적이 없었다.

부엌과 창고를 짓고 하인을 두어서 선비를 기르는 계책으로 삼으려고 한다. 상량을 할 적에 원외랑員外郎 정권鄭權이 상량문을 지어서 일을 도왔고, 그 뒤로 본 현의 수령 강봉래姜鳳來 군이 들러서 감상하고는 사운四韻의 시를 지어 그 일을 기술하였다.

당을 지은 지 수년이 지나서 조용석曺龍錫 군이 나를 매산梅山 아래로 찾아와서 단정히 앉아 말하였다.

"우리 지방에는 현에 세워진 학교가 있고 또 이선생李先生을 모신 서원이 있는데, 모두 육예六藝를 닦을 만한 장소입니다. 그러나 근래에 선비들의 논의는 갈라지고 학교의 규칙은 무너져서 읍하고 사양해야 할 곳이 모두 다툼의 장소가 되었습니다. 저희들은 결코 함께 부침할 수 없어서 한 마을의 동지들과 함께 학교나 서원을 찾지 않고 이 서당에서 노닐고 강토講討하고 싶어서 이 서당을 지은 것입니다. 원컨대, 집사께서 한마디 말로 기문을 지어 주십시오."

내가 말하였다.

"그러하네. 대저 국가가 현에 학교를 세운 것은 본래 인륜을 밝히기 위함이네. 그러나 이미 성시城市의 속에 자리하였고 또 관장官長이 제정한 법령으로 제제를 가하기 때문에 산림 속의 뜻 있는 선비는 더러 출입하기를 달가워하지 않네. 퇴도 선생이 오직 이것을 우려하여 주신재周愼齋와 함께 서원을 창건하여 선비들을 그윽하고 한적한 자리에서 도를 강론하도록 만들었네.

학자를 위하는 토대가 지극하지 않은 것이 아니었으나 세도世道가 점점 가라앉고 사습士習이 점점 무너져 참으로 자네가 말한 것과 같은 일이 있고 보면, 서원 또한 이미 그 도가 무너졌네. 이제 인리仁里의 여러 군들이 유풍流風의 부침을 부끄러워하여 이 서당을 마을 안에 짓고 동지들과 노닐며 강토하고 싶어 하니, 그 생각이 참으로 아름답고 그 의리가 참으로 고고하네.

그러나 저 학교와 서원의 규칙이 무너진 것은 그 또한 연유가 있으니, 일 없이 학교나 서원에 머무르는 사람이 이름은 선비이나 선비의 실재는 없기 때문이네. 이제 이 서당에 머무르는 사람들이 만약 저들의 행동을 반성하지 않는다면 비록 다투는 시끄러움은 없더라도 저들의 혼탁함과 또한 어떻게 서로 멀리 떨어지겠는가?

대저 선비가 선비 됨은 갓을 쓰고 도포를 입어서만이 아니라, 책을 읽고 학문에 힘을 쏟아서이네. 참으로 『소학』이나 『주자가례』를 우선으로 하고 사서四書와 오경五經에 나아가 구절을 따라서 의리를 탐구하고 말을 외워 맛을 알며, 이륜彝倫에 근본 하여 효제충신孝悌忠信의 도를 닦으면서 남은 힘을 미루어 문장이나 글씨를 익힌다면, 막혀서 때를 만나지 못하더라도 향리鄕里의 선사善士는 될 수 있고 나가서 쓰이게 된다면 조정의 영걸英傑이 될 수 있네.

대저 그러한 연후에야 바야흐로 선비의 본분을 저버리지 않아서 그 이름에 걸맞을 것일세. 제군들이 어찌 이에 독실이 하지 않겠는가? 또 게다가 노선생의 사당이 소 울음소리가 들릴[96] 정도로 가까운 곳에 있고, 황금옹黃錦翁[97]이 펼친 현가絃歌[98]의 교화가 또 100여 년에 불과하며, 근세에 훈수·지수 두 선생께서 횡계橫溪의 가에서 가르침을 열어 제군들 중에 또한 문하로 찾아가 직접 배운 사람이 많음에랴.

그 중에 자질이 빼어나고 뜻이 큰 사람이 또 가까이는 횡계를 따르고 멀리는 금수錦水로 찾으며, 위로 퇴계 선생의 참된 근원을 거슬러 올라간다면 어찌 분발하고 흥기하여 끝내 큰 선비가 되지 않을 수 있겠는가? 원컨대, 제군들은 노력하게나."

조군이 응답하기를 "집사의 말씀이 확실합니다." 하였다.

드디어 써서 돌려보낸다.

을축년(1745) 3월 어느 날에 매산산인梅山散人 정중기가 기록한다.

---

96) 소……들릴: 큰 소 한 마리의 울음이 미치는 거리로, 일우후지(一牛喉地) 또는 일우명지(一牛鳴地)라 하며, 대략 5리쯤의 거리를 말한다.

97) 황금옹(黃錦翁): 황준량(黃俊良, 1517~1563)을 말한다. 자는 중거(仲擧), 호는 금계(錦溪), 본관은 평해(平海)이다. 1540년 문과에 급제, 성균 박사·신녕 현감·단양 군수 등을 지냈다. 저서로는 『금계집』이 있다.

98) 현가(絃歌): 금슬(琴瑟)을 연주하며 노래하는 것으로, 예악으로 교화함을 말한다. 공자의 제자 자유(子遊)가 무성(武城)이란 고을의 읍재(邑宰)로 있으면서 현가로 백성을 교화하는 수단을 삼았다.(『論語』「陽貨」)

열녀 하씨의 정려각 기문[烈婦河氏旌閭閣記]

경주부 황남리皇南里에 단청한 현판과 붉은 기둥이 우뚝이 높게 솟아서 빛나고 있는데, 이는 열녀 하유인河孺人의 정려각이다. 유인은 본관이 진주晉州이고 창녕昌寧의 사인士人 용징龍徵의 딸로 태어났으며, 영의정 진산부원군晉山府院君 륜崙[99]의 후손이다.

어려서부터 곧고 조용하며 숙덕淑德[100]이 있었다. 자라서는 도사圖史[101]를 즐겨 보아 예전 부녀의 열행烈行과 효행孝行을 많이 알았다. 나이 14세에 어머니의 상을 당하여 예법에 맞게 집상執喪을 잘하였다. 아버지가 홀아비가 된 이후로 언니가 병이 든 데다가 집안 또한 가난하였으나 봉양과 제사에 반드시 힘을 다하여 음식과 제수를 장만하였다.

정미년(1727) 겨울에 아버지의 병이 심해지자 월성月城 손희천孫喜天 군과 혼사를 정하니, 손희천 군은 바로 이조 판서 경절공景節公 휘 중돈仲暾[102]의 후손이다. 무신년(1728) 정월이 되어 아버지가 끝내 돌아가시니, 통곡하며 가슴을 쳐서 거의 기절할 뻔 하고 몸소 염습을 하며 반드시 정성을 다하였다. 장사를 지내고 나서 남편의 집에서 맞이하여 시어머니를 뵙게 하려고 하니, 유인이 아버지의 상기를 마쳐서 사사로운 정을 펴도록 해줄 것을 청하였다. 남편의 집에서 가련히 여기어 허락하였다.

이해 12월에 남편의 병이 갑자기 위독해져서 유인이 소식을 듣고 바로 허겁지겁 동쪽으로 달려갔으나 시댁에 이르기도 전에 세상을 떠났다는 소식이 오니, 유인이 가슴을

---

99) 하륜(河崙, 1347~1416) : 자는 대림(大臨), 호는 호정(浩亭), 본관은 진양(晉陽)이다. 1365년 문과에 급제, 고려조에서 전의부령(典儀副令)·대사성 등을 지내고, 조선이 개국하여 영의정까지 올랐다. 시호는 문충(文忠)이다. 저서로는 『호정집』이 있다.

100) 숙덕(淑德) : 여인으로서 갖추어야 할 덕을 말한다.

101) 도사(圖史) : 도(圖)는 열녀의 행적을 그림으로 표현한 것이며, 사(史)는 열녀의 일대기를 쓴 역사책을 말한다.

102) 손중돈(孫仲暾, 1436~1529) : 자는 대발(大發), 호는 우재(愚齋), 본관은 경주이다. 1489년 문과에 급제, 헌납·상주 목사·이조 판서 등을 지냈다. 월성군(月城君)에 봉해졌고, 시호는 경절(景節)이다. 저서로는 『우재집』이 있다.

치고 뛰며 하늘에 부르짖다가 혼절하여 깨어난 것이 여러 번이었다.

당시 유인은 임신을 한 지가 벌써 여섯 달째여서 시어머니 조씨曺氏가 눈물을 흘리며 타이르기를 "죽은 사람이 너무나 참혹하다. 만약 유복자를 보호하지 않아서 그 후손이 끊어진다면 어찌 거듭 참혹하지 않겠느냐? 너는 슬픔을 억제하여라." 하니, 유인이 이에 억지로 한 움큼의 쌀을 삶은 미음을 먹었다.

이듬해 4월에 해산하여 남자 아이를 얻었다. 수개월이 지나 아이가 점점 성장하여 방긋방긋 웃자, 유인이 죽 즙을 만들어 아이에게 먹이니, 아이가 잘 넘겼다. 유인이 빙긋이 웃으며 "너는 이제 죽지 않을 것이다." 하였다.

장사지내려고 장삿날을 9월 1일로 잡았는데, 유인이 마음속으로 남몰래 함께 묻힐 것을 스스로 맹세하였다. 장사지내기 6일 전에 시어머니 및 시비들이 잠깐 나간 사이를 엿보아 몰래 방안으로 들어가 진한 간장 한 사발을 마셔서, 시어머니가 놀라 달려 들어가 구하였으나 이미 어쩔 수 없었다.

이에 앞서 시어머니가 행여나 스스로 목숨을 끊을까 두려워서 번갈아 지키며 목숨을 보존하여 아이를 길러야 한다고 타일렀는데, 말이 매우 처절하였다. 유인이 거짓으로 대답하고 일어나 장사에 필요한 물건을 챙겨서 시어머니가 염려를 조금 놓아 단속을 처음같이 하지 않으니, 유인이 이 틈을 봐서 자결한 것이다.

이때에 와서 사람들이 전날 아이가 잘 먹는 모습을 보고 빙긋이 웃은 것이 함께 묻히려는 계획을 이룰 수 있었기 때문에 웃었다는 것을 비로소 깨달았다. 이 날은 바로 기유년(1729) 8월 25일이며, 나이 겨우 28세였다. 이 소식을 들은 사람으로서 눈물을 흘리지 않는 이가 없었다. 그 집에서 드디어 장삿날을 다시 잡아 선영 가까이에 합장을 하였다.

장사를 마치고 그 지방 사람들이 그 의로움을 흠모하여 경주 부윤에게 알려 부윤은 관찰사에게 보고하고, 관찰사는 다시 조정에 아뢰었다. 그리고 10년이 지나 정사년(1737) 12월에 특명으로 정려를 하여 그 정려문의 문미에 "열부 사인 손희천의 아내 하씨의 정려[烈婦士人孫喜天妻河氏之閭]"라고 썼다. 여기에서 절개를 숭상하는 경주의 풍속이 다른 고을이 따를 바가 아니라는 것을 찾아볼 수 있으니, 위대하지 않은가?

대저 부인이 남편에게 있어 수화水火의 난리나 도적을 만나 남편을 따라 목숨을 함께 하는 것은 당연하다. 그렇지 않다면 정절만 지킬 뿐이지 죽을 필요는 없다. 지금 유인은 마땅히 동해東海 고행녀高行女[103]들처럼 죽음을 참고 몸을 지켜서 시어머니를 봉양하고 아이를 키우며 남편의 상을 마치고 남편의 제사를 받들어 스스로 편안하게 여기는 도를 다해야 하였다.

허나 이렇게 하지 않고 굳이 급급히 명을 재촉한 것은 어찌해서인가? 이는 그 마음에 반드시 우리 부부가 혼인을 한 지 겨우 1년이고 제때에 신행新行을 하지 못하여 남편이 건강할 적에는 이미 음식을 마련하여 드리지 못한 데다가 병이 났을 적에도 또 약을 달여 드리지 못해서, 생시에 한 가지 일도 정을 다하지 못하였으니, 내가 차라리 같이 죽어 함께 묻혀서 저승에서나마 수발을 들고 부부의 정을 나누는 것이 좋다고 여겨서이다. 단지 이 하나의 생각만이 마음속에 분명히 응어리져서 오직 빨리 훌쩍 죽는 것이 후련하다고 여겨서 시어머니와 아이는 생각할 겨를이 없었을 뿐이다.

남편이 세상을 떠나고부터 분묘를 마련하기까지 무려 아홉 달이 지났으나 이 뜻을 이루었고 보면, 웅어熊魚[104]를 판별함은 이미 남김없이 깊이 생각한 것이다. 이 어찌 창졸간의 강개한 심정으로 한 일이겠는가? 이제 경전에 실려 있는 내용으로 고찰하면, 평소의 뜻을 잘 지켜 바꾸지 않은 사람에는 위나라의 공강共姜[105]과 조씨 집안의 영녀令女[106]

---

103) 고행녀(高行女) : 전국 시대 위(魏)나라에서 과부에 대한 존호(尊號)로 사용하였다.

104) 웅어(熊魚) : 목숨과 의리의 사이에서 판단하여 취하는 것을 말한다. "물고기도 내가 좋아하고 웅장도 내가 좋아한다. 그러나 두 가지 모두를 가질 수 없을 경우에는 물고기를 버리고 웅장을 취하겠다. 사는 것도 내가 좋아하고 의리도 내가 좋아한다. 그러나 두 가지 모두를 가질 수 없을 경우에는 삶을 버리고 의리를 취하겠다.[魚我所欲也 熊掌亦我所欲也 二者不可得兼 舍魚而取熊掌者也 生亦我所欲也 義亦我所欲也 二者不可得兼 舍生而取義者也]"고 한 데서 유래한다.(『孟子』「告子上」)

105) 공강(共姜) : 위(衛)나라 세자 공백(共伯)의 아내로, 공백이 일찍 죽어 과부가 되자 그 부모가 개가시키려고 하였으나, 듣지 않고 「백주시(柏舟詩)」를 지어 죽음으로 절개를 지킬 것을 맹세하였다.(『詩經』「鄘風·柏舟」)

106) 영녀(令女) : 조위(曹魏) 때의 절부(節婦)이다. 영녀는 하후문녕(夏侯文寧)의 딸로 조상(曹爽)의 종제인 문숙(文叔)에게 시집갔는데, 문숙이 일찍 죽자 머리를 깎아 수절의 결심을 보이고 정절을 지켰다. 친정에서 개가시키려 하자, 칼로 두 귀를 잘라 버리고 종시숙인 조상에게 의지하여 살았다. 그 뒤 조상이 복주(伏誅)되어 일가가 멸문의 화를 당하자, 영녀의 친정 숙부가 다시 개가시키려 하였다.

같은 분들이 대단하다. 그러나 남편을 따라 죽어 같은 날에 합장하였다는 말은 듣지 못하였다. 이를테면 하 유인이 한 일이야말로 어찌 그리도 남다르며 어찌 그리도 절개가 곧다는 말인가?

조정에서 정려한 지가 벌써 15년이나 지나 덮고 있는 지붕이 비바람에 날려가서, 이제 마을 안의 여러 선비들과 사손嗣孫 우각友覺이 그 집을 새로 짓기로 협의하고 기와를 올렸다. 아무 달 아무 날에 현판을 걸기로 하고 그 사손을 보내 나에게 일의 전말을 기록하여 줄 것을 청하였다. 사손은 바로 유복자인데, 지금은 이미 아내를 맞이하여 아들을 두었다. 이는 유인의 곧은 행실과 아름다운 절개가 신명을 감격시켜 도움을 받음이 있어서가 아니겠는가?

나는 죄악이 쌓이고 운명이 기구하여 맏아들은 일찍 세상을 떠났고 며느리는 곡기를 끊어 목숨을 버리고 남편을 따랐다. 이제 유인의 행록行錄을 읽음에 저절로 목이 잠기고 눈물이 흐름을 막지 못하겠으나, 차마 그 청을 거절하지 못하고 감회를 대략 써서 돌려보낸다. 아! 슬프도다.

영귀정 기문[詠歸亭記]

영귀대詠歸臺는 군위군軍威郡의 서쪽 7~8리에 있으니, 바로 류서애柳西厓107) 선생이 노닐며 감상하던 곳으로, 본 현의 남숙도南叔燾 사또가 처음 정자를 지었다고 한다.

군위는 본래 산수의 고장이라고 일컬어지나 남계南溪가 가장 뛰어나다. 송현산松峴山의

영녀가 이번에는 스스로 코를 자르고 수절하다가 국가의 특명으로 양자를 들여 조씨의 대를 이었다. (『三國志』「魏書·曹爽傳」)

107) 류서애(柳西厓) : 서애는 류성룡(柳成龍, 1542~1607)의 호이다. 자는 이현(而見), 본관은 풍산(豊山), 시호는 문충(文忠)이다.

한 줄기가 서쪽에서 동쪽으로 뻗어와 산기슭은 비탈지고 암벽은 뚝 끊어진다. 그 위가 조금 널찍하여 앉을 만한데, 주변에는 바위를 깨고 터를 닦은 흔적이 있으나, 어느 시대에 누가 한 것인지는 자세하지 않다. 이곳이 바로 영귀대이다.

눈앞에는 10리의 너른 들이 멀고 넓게 탁 트여 있고, 앞으로 푸른 들판과 누른 밭둑이 뒤섞여 시야에 들어온다. 그 사이를 흐르는 큰 강의 이름이 탄서歎逝이다. 들판을 가로질러 서쪽으로 달리다가 영귀대 아래에 부딪쳐 물이 고여서 깊은 소를 이루는데, 밝은 거울처럼 맑아서 때때로 물고기가 소에서 뛰어오르고 백로가 모래톱에서 조니, 다 같이 저대로 만족하고 편안하다.

또 겹겹이 늘어선 상봉우리들이 아스라이 구름 너머에서 읍을 하니, 올망졸망 여러 상투머리가 뛰쳐나와 영귀대로 오르는 듯하다. 사방을 둘러보면 하도 깨끗하여 풍진세상을 벗어났다는 생각이 드니, 참으로 세상 밖의 신령스러운 명소라고 할 만하다.

류선생이 선영先塋이 가까이 있어서 정사精舍[108]를 지어 쉬는 장소로 삼아 매번 독서하는 여가에 이 대臺로 올라 읊조리다가, 이름을 짓고 시를 읊어 유유자적하는 즐거움을 부쳤다. 오늘날 유집遺集에서 살펴볼 수 있다.

선생이 세상을 떠나자, 본 현의 선비들이 선생의 풍운風韻을 사모하여 서원을 지어 향사를 드리고, 또 이 영귀대에 정자를 짓고 싶어 하였으나 힘이 부쳐서 오랫동안 이루지 못하여 식자들이 한스러워하였다. 이제 남숙도 사또가 이 읍을 다스리면서 자상하고 화락하여 덕정德政을 잘 베풀었다. 농업과 잠업을 권장하여 백성을 기르고 서당을 여기저기 지어서 선비들을 공부시키니, 예전 훌륭한 관리의 풍도가 퍽이나 있었다.

또 쉬는 날에는 남계를 찾아 사당에 참배하고 드디어 여러 유생들과 이 대에 올라 배회하며 감개한 생각을 잊지 않았다. 이윽고 탄식하며 "이곳이 황폐해진 것이 어찌

---

108) 정사(精舍) : 『서애집』「연보」의 '병술년'조를 살펴보면, 3월에 선영의 아래에 남계서당(南溪書堂)을 지었는데 동쪽 바위에 영귀대가 있다는 설명이 나온다. 다만 이 글의 정사가 남계서당인지는 알 길이 없어 밝혀두기만 한다.

다만 많은 선비들의 부끄러움만이겠는가? 또한 고을을 다스리는 자의 책임이다." 하였다. 이에 녹봉을 출연하여 재목과 기와를 사서 두어 칸의 작은 정자를 대 위에 짓고는, 예전 이름 그대로 문미에 편액하고는 서원의 여러 유생들을 이 정자에서 노닐며 선생께서 남기신 흥취를 더듬을 수 있도록 만들었다.

아! 증점曾點의 뜻[109]을 선생이 얻었고, 선생의 뜻을 남 사또가 알았단 말인가? 서원이 세워진 지 이제까지 100여 년이 되도록 그 동안 이 고을을 다스린 사람이 모두 몇이었던가? 선철先哲을 경모하고 아름다운 자취를 천명한 사람이 적막히 들리지 않다가 이제야 비로소 남 사또를 만난 것이다.

참으로 현인을 숭모하고 덕을 좋아하는 성의가 내면에 쌓인 사람이 아니라면 할 수 있었겠는가? 예전에 주부자朱夫子는 지남강군사知南康軍事로 있으면서 유서간劉西磵 부자[110]의 묘소를 단장하고 정자를 세워서 드러내었고, 장남헌張南軒[111]은 또한 지방관이 되어서 학사學舍를 증축하였으니, 남 사또 또한 고인의 마음을 잘 안 것이다.

올해 초여름에 내가 소명召命을 받들고 서울로 가다가 병산屛山에 이르러 체직당하고 돌아오는 길에 군위군 경계에 들어서서, 부녀와 아이들이 사또의 덕을 기리는 소리를 듣고서 말을 멈추고 관아를 찾았다. 이어서 함께 준희루畯喜樓에 올라 즐겁게 감상하며 하루는 보냈는데, 이 누각 또한 남 사또가 지은 것이다.

사또가 막 목수를 불러 정자의 재목을 다루며 예전 일을 퍽 자세히 말하고는 이어서

---

109) 증점(曾點)의 뜻: 고상한 뜻을 가지고 자연 속에서 즐기는 낙을 말한다. 공자의 제자인 증점이 "늦은 봄에 봄옷이 이루어지거든 관자 5~6인, 동자 6~7인과 함께 기수에서 목욕하고 무우에서 바람을 쐬고 읊으면서 돌아오겠습니다.[暮春者 春服既成 冠者五六人 童子六七人 浴乎沂 風乎舞雩 詠而歸]"고 한 데서 유래한다.(『論語』「先進」)

110) 유서간(劉西磵) 부자: 송나라 때 구양수(歐陽脩, 1007~1072)와 동년(同年) 진사(進士) 출신으로, 30년 동안 여산(廬山)에서 은거한 유환(劉渙)과 노친을 위하여 남강(南康)의 군주(軍酒)로 자리를 옮긴 유서(劉恕)를 말한다.

111) 장남헌(張南軒): 남헌은 장식(張栻, 1133~1180)의 호이다. 자는 경부(敬夫)이고, 금죽(錦竹) 사람이다. 1165년 유공(劉珙)의 추천으로 악록서원 교사(敎事)가 되어 이부원외시랑(吏部員外侍郎)·우문전 수찬(右文殿修撰) 등을 지냈다. 저서로는 『남강문집』이 있다.

정자의 기문을 부탁하였다. 내가 글재주 없어서 감히 짓지 못한다고 사양하였는데, 그 뒤 십 수 일이 지나서 사또가 또 사람을 보내와 "정자가 완공되어 갑니다. 감히 전에 청하였던 기문을 다시 청합니다." 하였다.

내가 남 사또의 훌륭한 정치를 부러워한 데다가 또 류선생이 남긴 덕을 흠모하여 부득이 전말을 대략 써서 요구에 책임막이를 하기는 하나, 유람하는 사람들의 웃음거리는 되지 않겠는가? 남 사또의 이름은 태보泰普이고 숙도叔燾가 자이다.

계유년(1753) 5월 16일에 오천烏川 정중기가 기문을 짓다.

징심정 기문[澄心亭記]

내가 일찍이 군위군을 지날 적에, 군의 동쪽 효령부孝嶺部 죽리竹里 시냇가에 징심정이 우뚝 서 있었는데, 고故 생원生員 이공李公[112]이 쉬던 곳으로, 중간에 허물어진 것을 이제 다시 세웠다.

이공은 만력萬曆 연간에 문장과 덕행으로 세상에서 칭송을 받았는데, 바로 송오공松塢公[113]의 아들이자, 태학사太學士 오봉五峯[114] 상공相公의 재종손再從孫이다. 어려서부터 가훈家訓

112) 이공(李公): 이충가(李忠可, 1575~1629)를 말한다. 자는 가이(可移), 호는 징심정(澄心亭), 본관은 연안(延安)이다. 1617년 생원시에 입격하였으나 대비를 폐출하는 논의가 일자 분개하여 군위 효령면 중리에 둔구정(遯構亭)을 지어 은둔하고는 후학을 가르쳤다.

113) 송오공(松塢公): 송오는 이진(李軫, 1536~1610)의 호이다. 자는 군임(君任), 본관은 연안이다. 1593년 임진왜란 당시 좌랑(佐郎)으로 양곡수송 임무를 담당하였고, 1597년 정유재란에 정읍 현감(井邑縣監)으로서 왜적과 맞서 싸웠다. 저서로는 『송오실기』가 있다.

114) 오봉(五峯): 이호민(李好閔, 1553~1634)의 호이다. 자는 효언(孝彦), 다른 호는 남곽(南郭), 본관은 연안이다. 1584년 문과에 급제, 이조 좌랑·좌찬성 등을 지냈다. 시호는 문희(文僖)이다. 저서로는 『오봉집』이 있다.

에 물들어 시와 서를 익히고 청렴과 의리를 가다듬었다. 일찍이 소과小科에 참여하였다가 오봉이 시험을 주관하는 것을 보고 과장에 들어가서 시권試券을 제출하지 않았으니, 실로 가정의 가르침이다.

광해군 정사년(1617) 비로소 소과에 입격하였으나, 막 입격자 명단을 발표할 즈음에 문득 서궁西宮[115]의 유폐 논의가 있다는 소식을 듣고는 곧바로 분연히 창방唱榜에 응하지 않고 돌아오니, 오봉이 술잔을 들고 축하하며 "송옹松翁에게 훌륭한 아들이 있습니다."라고 하였다. 이로부터 과거 공부를 그만두고 진성眞城의 산속에 은거하였다.

이윽고 죽리竹里의 예전 거처로 돌아와 작은 정자를 시내 굽이 벼랑 끝에 지었는데, 멀리로는 여러 산봉우리가 보이고 아래로는 푸른 소를 굽어보았다. 그 문미에 '징심'이라고 편액 하니, 이는 물빛과 하늘빛이 헌함의 창을 비추어 진세의 생각을 씻어내기에 충분해서이다.

날마다 그곳에 거처하면서 서사書史를 뒤적이고, 오직 촌락의 수재를 가르치고 이끄는 것으로 일을 삼으니, 성취한 바가 많이 있었다. 또 더러 낚싯대를 드리우거나 달빛 실은 배를 띄워 읊조리며 유유자적하였다. 사람들이 벼슬하기를 권유하면 그때마다 머리를 내저으며 "여기서 늙음이 나의 즐거움인데 무엇 하러 벼슬을 하겠는가?"라고 하니, 담담히 영달에는 마음이 없었다.

원근에서 고상한 뜻을 사모하여 사대부들 중에 동남쪽으로 가는 사람은 이 정자에 와서 예를 차리지 않는 이가 없었다. 만사晩沙 이경의李景義[116] 또한 일찍이 암행어사로서 찾아와 시를 지어 벽 위에 남기고는, 이어서 사람들에게 "이 어른의 기상은 높고 높아

115) 서궁(西宮) : 광해군이 선조(宣祖)의 계비(繼妃) 인목왕후(仁穆王后)를 유폐(幽廢)하였던 궁의 이름이다.

116) 이경의(李景義, 1590~1640) : 자는 자방(子方), 호는 만사(晩沙), 본관은 연안(延安)이다. 1619년 문과에 급제, 성균관 전적·경상도 어사·홍주 목사 등을 지냈다.

일사逸士의 풍도가 있다."라고 하였는데, 이는 바로 공언公言이지 어찌 친족이라 하여 두둔한 것이었겠는가?

공이 세상을 떠난 지가 벌써 100여 년이 지나고 정자 또한 오래되어 허물어졌다. 여러 후손들이 바야흐로 재목과 경비를 마련하여 중건할 것을 모의하였다. 마침 남태보南泰普 사또가 이 현에 부임하여 겨우 두어 해만에 오직 흥학興學을 급선무로 삼아 각 부部에 서당을 설치하여 선비를 길렀다.

효령부孝嶺部에 와서는 바로 "이 부部의 선비들은 모두 이공의 후손이며, 죽리의 아무 터는 또한 이공의 유허지이니, 이곳에 서당을 짓는다면 예전의 정자를 복원하여 후진들을 장려하는 것이 또한 일거양득이 아니겠는가?"라고 하고는, 드디어 공사를 돕고 감독하니, 여러 후손들도 함께 기뻐하며 일을 감독하였다.

신미년(1751) 가을에 시작하여 금년 여름에 와서 공사를 마쳤다. 당실堂室은 통틀어 모두 10칸이다. 정자의 앞면에는 '징심'이라는 예전 현판을 걸고 대문에는 '죽리서사竹里書舍'라는 패를 거니, 모두 남 사또의 뜻이다. 고인高人의 다니던 자취가 여러 세대를 거치며 거의 묻힐 뻔하다가 이제 집채가 우뚝이 서니, 시내와 산이 모습을 바꾸었다. 앞으로 지나가는 나그네가 정자를 가리키기며 "이 은군자李隱君子의 이름난 정자이다."라고 한다면 어찌 아름다운 일이 아니겠는가? 남 사또가 남의 아름다움을 이루어주기를 좋아한다고 말할 만하다.

공의 현손玄孫 이태규李台揆가 나를 비루하게 여기지 않고 멀리서 찾아와 정자의 기문을 부탁하고는, 족손族孫 이광규李光珪를 보내어 계속 재촉하였다. 내가 이 일에 적당한 사람이 아닌 줄을 스스로 알고 있으나, 아름다운 시를 평소 흠모하였기에 감히 끝까지 사양하지 못하고 줄거리를 그 끝에 대략 쓴다.

받들어 축하한다.

이 정자에 올라	登斯亭也
부지런하여 태만함 없고 방종함 없이	孜孜焉無怠無荒
새론 지식 열고 나쁜 옛 모습 씻어내어	開新知濯舊染

우리 정자 이름 더럽히지 말고 無忝我亭名
훌륭한 사또의 아름다운 뜻 저버리지 말라 無負賢太守美意

계유년(1753) 6월 어느 날 오천烏川 정중기가 기문을 짓다.

옥간정 중건 기문[玉磵亭重建記]

옥간정은 횡계橫溪의 영과담盈科潭 가에 있는데, 바로 우리 훈수塤叟·지수篪叟 두 선생께서 도를 강론하던 장소이다. 수석의 빼어남과 풍광의 아름다움은 두 선생께서 지은 「소기小記」와 율시律詩 및 십경十景의 읊조림에서 벌써 다 표현하였으니, 이제 더는 군말을 하지 않겠다.

정자는 병신년(1716)에 지었는데, 시내를 굽어보는 곳에 바위를 쌓아 초가 두 칸을 지어 마루와 방을 만드니, 구조가 아주 소박하였다. 군수 신의집申義集 사또가 방문하였다가 협소한 것을 민망하게 여겨서 재목을 내주어 네 칸을 더하였다.

두 선생께서 밤낮으로 함께 지내며 이곳에서 우애를 나누고 이곳에서 절차탁마하며 후생을 이곳에서 가르쳐서 덕이 더욱 증진되고 도가 더욱 높아졌으므로, 사람들이 이 정자를 바라보고 흠앙欽仰하지 않는 이가 없었다.

경술년(1730) 훈수 선생께서 돌아가시어 지수 선생께서 상복을 입고 여막에 머무르는 사이, 이듬해에 정자를 지키는 자가 불을 내어 불길이 북쪽 방까지 번진 것을 껐다. 임자년(1732) 지수 선생께서 또 돌아가시고 그 다음해에 또 불이 나서 정당正堂이 재가 되어버리고, 단지 주춧돌 서너 개만이 남아 있다.

문하의 여러 유생들이 선생께서 돌아가신 아픔을 겪은 데다가 또 담장을 보며 추모할 곳[117]마저 잃어버려서 더 낙담하고 상기喪氣하였으니, 어찌 다만 계산이 참담하게 빛을 잃었을 뿐이겠는가? 원근의 사대부로서 유허지에 오른 사람들 또한 모두 탄식하고 슬퍼하며 그때마다 중건重建의 일로 우리들에게 독촉을 하였다. 우리들인들 어찌 하루라도 잊은 적이 있겠는가. 다만 힘이 부쳐서 시행하지 못하여 20년을 끌어오면서 늘 마음속으로 부끄러워하고 두려워하였다.

계유년(1753) 여름, 승선承宣 영공令公이 여러 벗들과 함께 서사書社에 모여 유집을 교정하였는데, 나도 가서 함께 하였다. 드디어 더불어 "서사書社의 곡식을 출연하여 정자를 중건하는 일은 많은 선비들의 지극한 바람이어서, 서둘러 따르지 않을 수 없습니다. 더구나 지금 서사의 유사를 잘 얻었고 시기 또한 놓칠 수 없음에 이겠습니까?" 하니, 승선이 "좋습니다." 하여 의논이 드디어 결정되었다.

이 당시 정제鄭梯[118] 군 및 정일전鄭一銓[119]·정일형鄭一珩을 장이長貳[120]로 삼으니, 모두 정성을 다하여 경영을 해서 2년이 지나 비로소 재목과 기와를 마련하였다. 군수 윤동함尹東涵[121] 사또가 마침 또 와서는 나무를 베고 녹봉을 출연하여 도와주었다. 이에 날을 잡아 예전 터에서 일을 시작하니, 바로 을해년(1755) 가을이었다.

칸살과 기둥의 위치는 모두 예전 제도대로 하였으나 용마루 길이를 늘려 조금 더 넓게 하였다. 위에는 기와를 이어서 비바람의 흔들림에 대비하고, 앞에는 작은 난간을 둘러서 떨어짐을 방비하였으며, 서북쪽 귀퉁이에 판자문을 만들어 달아서 이전의 섬돌과 예전의 길을 대신하였으니, 이는 겉모습을 꾸미는 방도에 있어 부득이한 바가 있어서이다. 기둥과 두공을 받쳐 용마루를 높이 올린 경우는 장인이 재주를 뽐내어 너무 사치스럽게 된 것이지, 예전 제도는 아니다.

---

117) 담장을……곳 : 선생을 추모하는 것을 말한다. 요(堯)임금이 죽은 뒤에 순(舜)임금이 지극히 사모한 나머지 "자리에 앉으면 담에서 요임금의 모습을 보고 밥을 먹으면 국에서 요임금의 모습을 보았다.[坐則見堯於墻 食則覩堯於羹]"는 고사에서 유래한다.(『後漢書』「李固列傳」)

118) 정제(鄭梯, 1689~1785) : 자는 가승(可升), 호는 남창(南窓), 본관은 영일이다.

119) 정일전(鄭一銓, 1714~1796) : 자는 공택(公擇), 호는 축와(縮窩), 본관은 영일이다. 1753년 생원시에 입격하였으나 출사에 뜻을 두지 않았다.

120) 장이(長貳) : 해당하는 일의 책임자와 보좌관을 말한다.

121) 윤동함(尹東涵, 1695~1761) : 자는 사양(士養), 본관은 파평(坡平)이다. 1723년 진사시에 입격하여 금부 도사·정읍 현감·영천 군수 등을 지냈다.

일은 크고 물자는 다하여 여러 번 짓다말다 하는 동안 장이와 제군들이 서로 번갈아 왕래하며 감독하였다. 금년 5월이 되어서야 비로소 공사를 마쳤으니, 그 마음 씀이 진지하고 또 지극하다.

제군들이 나에게 부탁하기를 "이 일을 후세에 알리지 않을 수 없으니, 자네가 기문을 짓도록 하게." 하였다. 나는 처음에는 병이 깊어서 감당하지 못한다고 사양하였다. 그러나 스스로 생각해보니, 숨이나 헐떡이는 늙은이가 죽지 않고 우뚝한 모습을 볼 수 있으니, 다행이 아닌가? 드디어 병을 무릅쓰고 그 전말을 대략 써서 마음속의 기쁨을 적는다.

아! 이 정자의 흥폐興廢가 어찌 우연이겠는가? 거듭된 화재로 여러 해 동안 상도喪道의 운수를 당하였다가, 두 사또의 어진 이를 높이는 힘을 얻어서 다시 지어졌으니, 한 번 폐하고 한 번 흥함도 그 또한 운수가 있어서가 아닌가?

정자를 세우지 않았을 적에는 풀과 나무가 무성하고 대臺와 단壇이 썰렁하여 지나가는 사람들이 보고 그저 솟아있는 하나의 거친 언덕으로만 보고 도를 강론하던 장소였음은 알지 못하였을 것이다. 정자가 이미 세워졌을 적에는 높은 창문이 예전과 같고 선생께서 계시는 것 같아서 물빛과 산 그림자 속에서 마치 가르침을 받들고 글을 읽는 소리가 들리는 듯할 것이다.

선비들이 우러러 사모하고 감탄하는 것을 절로 그만두지 못할 바가 있거니와, 비록 보잘것없는 부녀자와 아이들 및 아랫사람도 기뻐서 서로 축하하지 않는 자가 없으니, 어찌 덕을 좋아하는 본성을 다 같이 하늘에서 얻어 지우智愚와 귀천貴賤의 차이가 없음이 아니겠는가? 후세의 군자들이 참으로 마음을 모아 진지하게 수호하고 무너질 때마다 보수하여 이 정자를 백세의 뒤까지 전한다면, 실로 또한 사문斯文의 다행일 것이다. 오당吾黨의 여러 군자들은 힘쓸지어다.

정축년(1757) 3월 하순에 문인 정중기가 삼가 기문을 짓다.

하계서사 기문[霞溪書舍記]

지난날 우리 문강공文康公 여헌旅軒 장선생張先生이 낙동강의 동쪽 물가에서 도를 강론할 때, 낙동강의 좌우에서 문하에 이른 자가 매우 많았으나, 오직 경주의 징사徵士 정공鄭公122)의 이름이 가장 드러났다. 하계서사霞溪書舍는 바로 정공이 은거하던 곳이다.

시내의 근원은 도덕산道德山의 서쪽 기슭에서 시작하여 자옥산紫玉山과 삼성산三聖山의 두 골짜기 사이로 흘러나와 몇 십 리를 지나 물이 조금 많아지면서 이 시내가 된다. 시내 동쪽에 있는 큰 반석이 넓고 평평하여 작은 마당과 같고, 조금 내려와서는 삼층의 대가 시내 중심에 솟아 있다. 시내 서쪽에는 푸른 산이 병풍처럼 둘러 있어 층대와 바로 마주하고 있다.

시냇물이 돌에 부딪쳐 콸콸 울리며 남쪽으로 흘러들어 잔잔한 여울이 되었다가, 드디어 떨어져서 작은 폭포를 만든다. 폭포 아래의 깊은 소는 맑고 넓어서 마치 네모난 거울과 같다. 소와 폭포 동서쪽에는 석벽이 갈라져 동문洞門을 이루었으며, 남쪽에는 5층의 대가 있고 대 아래에 또 깊은 웅덩이가 있는데, 상하 몇 리 사이에는 천석泉石이 많아서 볼만한 곳이다.

징사공이 이 시내의 빼어남을 사랑하여 시내 동쪽의 잔잔한 여울 가에 바위를 의지한 채 돌을 쌓아 서사書舍 세 칸을 지어서 책을 읽고 심성을 기르는 장소로 삼았으니, 이는 만력萬曆 말년쯤의 일이다.

이 서사는 동쪽으로 자옥산을 지고 서쪽으로 삼성산을 바라보며, 오른쪽에 큰 너럭바위와 층대가 닿아있고 왼쪽에 떨어지는 폭포와 맑은 소를 굽어보니, 골 안의 모든

---

122) 정공(鄭公) : 정극후(鄭克後, 1577~1658)를 말한다. 자는 효익(孝翼), 호는 쌍봉(雙峯), 본관은 영일이다. 높은 학문과 올바른 행실로 천거되어 대군 사부(大君師傅)가 되었다. 만년에 오로지 문장을 익히며 저술을 자신의 소임으로 여겼다. 저서로는 『쌍봉집』·『서악지(西岳誌)』·『역년통고(歷年通攷)』·『문묘향사지(文廟享祀志)』 등이 있다.

풍광이 한눈에 들어온다. 또 세 칸의 집을 서사의 북쪽에 지어 승려들이 지키도록 만들었다.

좋은 나무를 앞 섬돌 가에 섞어 심고, 동남쪽에 담장을 쌓아 꽃은 안에 심고 대나무는 밖에 심으니, 녹음이 사방에 깔리고 맑은 바람이 방에 가득하다. 시내의 서쪽 언덕에는 높은 나무가 하늘과 닿고 나조落照가 스며들어 수면에서 일렁이니, 모두 즐길게 완상할 만하다.

징사공이 날마다 그 속에서 지내며 바깥일을 사절하고 밝은 창 아래의 책상에서 장시간 책을 마주하며 속인들이 맛보지 못한 바를 맛보았다. 바람이 부드럽고 날씨가 따뜻하면 지팡이를 짚고 나가서 운림雲林과 연수烟水의 사이를 노닐며 읊다가 돌아오는 것도 잊었으니, 스스로 깨달아 마음에 유쾌한 것이 어떠하였겠는가?

조정에서 그 훌륭함을 듣고 자주 관직을 내려 불렀으나 오히려 나가지 않다가, 말년에 잠깐 나갔다 바로 돌아왔다. 관리나 선비로서 이곳을 지나는 사람은 모두 이 서사를 찾아 예를 갖추었다. 징사공이 세상을 떠나고 나서도 대대로 수호하였다.

우리 경종景宗 계묘년(1723)에 공의 내손來孫 정엽鄭燁이 서사를 중수하면서 작은 난간을 새로 달았고, 기유년(1729)에 승려들이 기거하는 집도 고쳐지어서 더는 흠결이 없게 되었으니, 긍구肯構[123]하려는 정성이 가문의 명성을 떨어뜨리지 않았다고 할 만하다.

나는 같은 문중의 후생으로서 적이 징사공의 남긴 덕을 흠모하여 외람되이도 유집遺集을 교정한 적이 있고, 또 서사를 한 번 방문하여 맑고 깨끗한 계당溪堂과 그윽하고 깊숙한 암학巖壑이며 은은히 비추는 연하烟霞와 진토塵土가 날리지 않는 풍경을 본 적이 있다. 이에 비로소 당일에 함양한 힘이 굳이 임천林泉에서 조용히 지내는 중에서 얻은 것이 아니라고 하지 못함을 깨달았으니, 공경하지 않을 수 있겠는가?

---

123) 긍구(肯構) : 자손이 선대의 유업을 잘 계승하는 것을 말한다. "만약 아버지가 집을 지으려고 이미 그 규모를 정하였는데도 그 아들이 기꺼이 당기를 마련하지 않으면서 하물며 기꺼이 집을 짓겠는가?[若考作室 旣底法 厥子乃弗肯堂 矧肯構]"에서 온 말이다.(『書經』「大誥」)

정엽 등이 서사의 기문을 나에게 부탁하였으나 병으로 눈이 어두우며 노쇠하고 지쳐서 10년이라는 오랜 세월 동안 짓지 못하였다. 금년 봄에 정엽이 아우 정욱鄭煜의 편에 편지를 보내와 거듭 기문을 청하니, 내가 감히 효성을 저버릴 수 없어서, 드디어 병을 무릅쓰고 붓을 잡아 600여 글자를 써서 돌려보낸다.

훗날 이 서사에 오르는 자가 반드시 석인碩人의 훌륭한 자취를 생각하여 별천지의 아름다운 풍경을 생각 없이 지나쳐 보지 않는다면, 거의 흥기하는 단서가 있을 것이다.

정축년(1757) 5월 하순에 족손族孫 정중기가 기문을 짓다.

발跋

영양[124] 윤씨 족보 뒤에 짓다[題永陽尹氏族譜後] 갑자년(1744)

예전에 정부자程夫子가 "천하 사람의 마음을 통괄統括하려면 모름지기 보계譜系를 밝히고 세족世族을 모아야 한다. 보첩譜牒이 사라지면서부터 사람들은 유래한 곳을 알지 못하여 백 년을 유지하는 집안이 없게 되었다."고 하였다. 내가 일찍이 이를 의심하였는데, 이제 윤씨尹氏의 족보를 살펴보고 믿게 되었다.

대저 윤씨는 바로 영천永川의 드러난 집안이다. 죽재공竹齋公[125]은 바로 우리 성종成宗 때의 명신이다. 당시 한훤당寒暄堂[126]과 일두一蠹[127] 두 선생이 도학을 강론하여 밝혀서 우뚝이 해동의 주자朱子와 장자張子[128]가 되었으나 세상에서 제대로 아는 이가 없었다. 죽재공만이 유독 그 훌륭함을 잘 알아서 먼저 일두 선생을 조정에 천거하였으니, 백옥伯玉

---

124) 영양(永陽) : 영천(永川)의 구호이다.

125) 죽재공(竹齋公) : 죽재는 윤긍(尹兢, 1432~1493)의 호이다. 자는 경부(敬夫), 본관은 파평(坡平)이다. 1450년 문과에 급제, 헌납·이조 참의·호조 판서 등을 지냈다. 시호는 공간(恭簡)이다.

126) 한훤당(寒暄堂) : 김굉필(金宏弼, 1454~1504)의 호이다. 자는 대유(大猷), 본관은 서흥(瑞興)이다. 1494년 유일(遺逸)로 천거되어 주부·형조 좌랑 등을 지냈다. 1610년 문묘에 배향되었다. 시호는 문경(文敬)이다. 저서로는 『한훤당집』이 있다.

127) 일두(一蠹) : 정여창(鄭汝昌, 1450~1504)의 호이다. 자는 백욱(伯勗), 본관은 하동(河東)이다. 1490년 문과에 급제, 예문관 검열·시강원 설서·안음 현감 등을 지냈다. 시호는 문헌(文獻)이다. 저서로는 『일두집』이 있다.

128) 장자(張子) : 북송의 철학가 장재(張載, 1020~1078)를 말한다. 자는 자후(子厚), 호는 횡거(橫渠)이다. 관중(關中)에서 강학하였으므로 그의 학문을 '관학(關學)'이라 부른다. 시호는 헌공(獻公)이다.

이 공자를 알아보고 태중太中이 염계濂溪를 알아본 일과 무엇이 다르겠는가? 그러나 불행히도 보첩을 중간에 잃어버려 세계世系가 매우 소략하니, 선비로서 공의 의로움을 사모하는 사람들이 적이 개탄한 지가 오래다.

작년에 죽재공의 후손 윤천각尹天覺이 승문원 정자承文院正字가 되어 서울에서 지내며 고적古蹟을 힘써 찾아 다시 시조 이하 9세의 세계를 알아내었는데, 높은 벼슬이 구슬처럼 이어지고 비단처럼 화려하여 고려의 혁혁한 명문가였다. 죽재공이 순수한 정기를 모아 타고 태어나 당세에 큰 이름을 떨친 것이 어찌 연유한 바가 없다고 말할 수 있겠는가?

죽재공의 후손 중에 또 송파공松坡公129)은 산림에 은거하며 효도와 우애를 독실이 실행하였으며, 남명南冥130)을 선생으로 섬기고 지산芝山131)을 벗으로 삼아 학문을 강론하고 연마하였으니, 또한 그 연원이 맑고 흐름이 깨끗함을 알 수 있다.

이제 정자 군이 젊은 나이로 과거에 급제하여 앞길이 매우 창창하고 그 여러 일족들 또한 점점 번성하니, 참으로 위로 유래한 바를 잘 좇아서 감모하고 흥기하였다고 할 만하다. 집에서는 효도를 다하고 화목을 닦아서 송파공의 남긴 법도를 따랐으며 조정에서는 절개를 굳게 지키고 충성을 바쳐서 죽재공의 남긴 공열을 이었고 보면, 세상 사람들이 반드시 서로 앞다투어 "영천의 윤씨는 바로 500년 오래된 집안인데, 어떻게 참으로 영기가 서리지 않겠는가?"라고 칭찬할 것이다.

정자正字 군이 열심히 찾아내어 세계를 보충하였으니, 이는 성효誠孝의 지극함과 신명神明의 도움에서 나와서이나, 수정하여 완전한 족보를 만들고 장차 인쇄하여 오래도록 전하

---

129) 송파공(松坡公) : 송파는 윤빙(尹聘, ?~?)의 호이다. 본관은 파평이다. 병중에 있는 모친이 한 겨울에 붕어를 먹고 싶어 하자 울면서 붕어를 구하러 다니니, 몇 마리의 붕어가 얼음 위로 뛰어나왔다고 전해진다.

130) 남명(南冥) : 조식(曺植, 1501~1572)의 호이다. 자는 건중(楗仲), 본관은 창녕(昌寧), 시호는 문정(文貞)이다.

131) 지산(芝山) : 조호익(曺好益, 1545~1609)의 호이다. 자는 사우(士友), 본관은 창녕, 시호는 문간(文簡)이다.

고 싶어 하는 것은 참으로 정부자의 남긴 뜻을 잘 알아서이다.

정자 군이 죽재공과 송파공의 일고逸稿 약간 편을 함께 취하여 족보의 끝에 붙이고 스스로 서문을 지어 그 일을 기록하고는, 또 중기重器가 외람되이도 외손의 반열에 있음을 이유로 교감을 부탁하고는, 이어서 한마디 말의 발문을 요구하였다. 중기가 이미 정자 군이 조상의 공덕에 보답하려는 정성을 가상히 여긴 데다가 또 외가 선대 어른들의 집안을 위한 성대한 계책을 사모하여 느낀 바를 대략 써서 돌려보낸다.

『개장비요』 뒤에 짓다[題改葬備要後] 경오년(1750)

개장改葬은 정례正禮가 아니나 예전 성현들도 하였으니, 이는 인정의 부득이함에서 나온 것이다. 예의 변함과 일의 어려움이 이보다 더 중대한 것이 어디에 있겠는가? 그러나 경전에 기록된 것은 단지 『의례』「상복喪服」 기記의 한 구절만이며, 『의례경전통해儀禮經傳通解』에도 이 한 절목은 빠졌으며, 『주자어류』에 보이는 것은 겨우 몇 줄에 불과하니, 효자와 자손慈孫으로서 개장에 예를 다하고 싶어 하는 자가 장차 무엇을 기준으로 삼겠는가?

다행스럽게도 경산씨瓊山氏132)가 『가례의절家禮儀節』에서 위로는 「상복」 기를 소급하고 다음으로는 『주자어류』의 가르침을 취하여 한 편으로 만들어서 세상에 전하였는데, 수말首末과 강령綱領이 분명하고 또 갖추어지지 않은 것이 없다. 그러나 돌아보건대, 그 문자는 간략하고 절목은 소략하여 매 조목마다 단지 "처음 장사 때의 의절과 같다."라고만 하였고, 고묘告廟·계묘啓墓·개렴改斂·설궤전設饋奠 등의 일은 처음 장사 때와는 서로 크게 다르지만, 모두 그 잔다란 부분을 자세히 말하지 않았다.

---

132) 경산씨(瓊山氏) : 명나라 구준(丘濬, 1418~1495)을 말한다.

신의경申義慶과 김장생金長生의 『상례비요喪禮備要』에 조금 더 덧붙였으나 오히려 섬세하고 치밀한 면은 보이지 않으니, 갑작스럽고 슬퍼서 경황이 없는 즈음에 어떻게 꼼꼼히 찾고 두루 살펴서 큰일에 정성을 다할 수 있겠는가?

우리 훈수塤叟·지수篪叟 두 선생께서 일찍이 개장하면서 오직 이를 두려워하려 드디어 구씨의 『가례의절』에다 『주자가례』의 처음 장사지낼 때의 의절을 보태고 또 고금의 중요한 말들을 고찰하여 조목조목 분속分屬하였다. 대저 그러고 난 뒤에 자질구레한 문구와 잔다란 절목을 남김없이 포괄해서 처음으로 책을 펼쳐보아도 일목요연이 눈에 들어와서, 장사를 지내거나 면례緬禮[133]를 행하는 사람이 반드시 성신을 다하여 유감이 없을 수 있도록 만들었으니, 예교禮敎에 도움이 되는 것이 그 어떠하겠는가?

문하에서 수학한 제생들이 이미 유집을 편수하고 또 이 책을 선사善寫[134]하고 싶어 하였으나, 당초의 초본을 아직 재차 수정하지 못하여 나에게 교감과 정리를 맡겼다. 내가 감히 사양하지 못하여 손을 씻고 엄숙히 읽어가며 그 오탈을 대략 교감하여 고산서사高山書舍에 받들어 간직하려고 한다. 후세의 사람이 반드시 높이 올려두고 수용하는 자가 있을 것이다.

잠와[135] 최 정무공 묘갈 뒤에 짓다[題潛窩崔貞武公墓碣後] 신미년(1751)

공의 증손자 최적기崔迪基가 오 대감[136]에게 비명을 받아 비석을 세우려고 하면서,

---

133) 면례(緬禮) : 산소를 다른 곳으로 옮기는 일을 말한다.

134) 선사(繕寫) : 모아진 글의 부족한 점을 바로잡아 정서(淨書)하는 것을 말한다.

135) 잠와(潛窩) : 최진립(崔震立, 1568~1636)의 호이다. 자는 사건(士建), 본관은 경주이다. 임진왜란 때 의병을 일으키고 정유재란 때 왜적을 물리쳤다. 1636년 공주 영장으로 병자호란을 맞자 감사 정세규(鄭世規)를 따라 참전하여 용인 험천(險川)에 이르러 청군을 만나 끝까지 싸우다 전사하였다. 병조 판서에 추증되었다. 시호는 정무(貞武)이다.

글자가 많은 것을 염려하여 나에게 고쳐 짓기를 부탁하기에 내가 걱정스럽게 말하였다.

"정무공은 온 몸이 모두 의리입니다. 살아서는 청백淸白하고 돌아가서는 충렬忠烈하여 높이높이 우주에까지 뻗쳐서 비명으로는 경중을 다투기 부족합니다. 더구나 지문誌文이 광중壙中에 있고 신도비神道碑가 사당 앞에 세워져 있으며, 『정무공실기』가 또 인쇄되어 널리 배포되어 있음에 이겠습니까? 비록 비석이 없기로서니 어떻게 추만보郰曼父의 어머니를 기다려서 위치를 알겠습니까?[137] 그러나 군이 비석을 세우겠다면 연릉延陵의 비문[138]으로도 충분합니다. 무엇하러 내용을 바꾸어 새기려 합니까?"

최적기가 정무공의 관급官給과 포전褒典은 빠뜨릴 수 없다고 하며, 굳이 오 대감의 글을 산삭할 것을 요청하였다. 내가 사양해도 되지 않아, 드디어 손을 씻고 필삭筆削한다.

『점필재문집』 뒤에 짓다[題佔畢齋文集後]

내가 일찍이 점필재佔畢齋[139] 선생의 문집을 읽어보고 시와 문이 모두 풍만하면서도

---

136) 오 대감: 오광운(吳光運, 1689~1745)을 말한다. 자는 영백(永伯), 호는 약산(藥山), 본관은 동복(同福)이다. 1719년 문과에 급제, 수찬·대사헌·예조 참판 등을 지냈다. 시호는 충장(忠章)이다. 저서로는 『약산만고(藥山漫稿)』가 있다.

137) 추만보(郰曼父)의……알겠습니까: 공자가 어머니께서 돌아가시고 난 이후 아버지 산소의 위치를 추만보의 어머니를 통하여 알게 된 일을 말한다. "공자가 어려서 아버지를 여의고 그의 무덤이 어디에 있는지 알지 못하였다. 그래서 어머니의 빈소를 오보의 거리에 차렸다가 추만보의 어머니에게 물은 연후에 방의 아버지 무덤에 합장하였다.[孔子少孤 不知其墓 殯於五父之衢 問於郰曼父之母然後得合葬於防]"는 데서 유래한다.(『禮記』「檀弓上」)

138) 연릉(延陵)의 비문: '연릉'은 춘추 시대 오(吳)나라 왕 수몽(壽夢)의 넷째 아들로, 왕위도 사양하며 현자(賢者)로 칭송받았던 오계찰(吳季札)이 봉해진 지역이다.(『史記』「吳太伯世家」) 공자가 오계찰의 산소에 들러 비문을 써서 세웠다. "계찰의 묘소는 강음 신포에 있는데, 공자가 그 비석에 쓰기를 '아! 연릉 계자의 묘소이다'라고 하였다.[季札墓 在江陰申浦 孔子題其碑曰 嗚呼有吳延陵季子之墓]"는 데서 유래한다.(『春秋戰國異辭』) 비문에 적는 내용이 이와 같으면 충분하다는 의미이다.

진실하여, 문장가 글의 허랑하고 화려한 모습이 없는 것을 사랑하였다. 퇴도退陶 이선생李先生이 "전아典雅하여 도에 가깝다."고 칭송한 것이 참으로 이 때문이다.

다만 그 출처의 대절大節은 후인들이 상당한 의문을 가졌으나, 이선생이 일찍이 문인에게 "점필재 선생의 일은 참으로 남명南冥이 말한 것과 같은 바가 있네. 그러나 또한 세도世道를 붙잡아 세운 점이 많이 있어서, 서원을 짓고 사당을 세우지 않을 수 없네."라고 답하였는데, 내가 이선생의 가르침에 처음에는 역시 이해하지 못한 점이 있었다.

이윽고 『이준록彝尊錄』을 읽고서, 을해년(1415) 단종이 세조에게 선위禪位한 뒤에 강호江湖[140] 선생이 즉시 관직을 버리고 고향으로 돌아온 사실을 알았고, 그 뒤에 두 아들에게 "너희들은 과거에 응시하지 않을 수 없다."고 당부하였으니, 이는 세상의 화가 미칠 것이 염려스러워 이러한 당부를 한 것이다.

또 이 문집에 도연명陶淵明의 「술주시述酒詩」에 화운한 시와 소서小序가 있어 도공의 뜻을 밝혔는데, 여기에서 살펴보면 점필재 선생의 작품은 다만 도공의 뜻을 밝혔을 뿐만 아니라, 곧 스스로 자신의 뜻을 밝힌 것이다. 세조의 질문에 곧 대답할 적에 "성삼문成三問[141]은 당세의 난신이요, 후세의 충신입니다."라고 하고, 또 "혹시라도 다급한 일이 있다면 신은 당연히 성삼문이 될 것입니다."라고 하였다. 이는 바로 당시 조정의 신하들이 감히 말하지 못할 바이나 능히 말하였으니, 이것이 세도를 붙잡아 세운 것이 아니겠는가?

「조의제문弔義帝文」의 경우는 무슨 마음으로 지었는지 모르겠으나, 이 때문에 화가

---

139) 점필재(佔畢齋) : 김종직(金宗直, 1431~1492)의 호이다. 자는 계온(季昷), 본관은 선산(善山), 시호는 문충(文忠)이다.

140) 강호(江湖) : 김숙자(金叔滋, 1389~1456)의 호이다. 자는 자배(子培), 본관은 선산이다. 1419년 문과에 급제, 선산 교수·성균관 사예 등을 지냈다. 『소학』의 실천을 중시하는 학문자세를 길재에게 받아 아들 김종직에게 전하였다. 저서로는 『강호선생실기』가 있다.

141) 성삼문(成三問, 1418~1456) : 자는 근보(謹甫), 호는 매죽헌(梅竹軒), 본관은 창녕(昌寧)이다. 1438년 문과에 급제, 홍문관 수찬·집현전 부제학 등을 지냈다. 단종 복위를 꾀하였으나 밀고로 실패하였다. 시호는 충문(忠文)이다. 저서로는 『매죽헌집』이 있다.

지하에까지 가혹히 미쳤고 문도들이 모두 죽음을 당하였으니, 100년이 지나서도 오히려 사람들을 목이 메여 눈물짓도록 만든다.

또 한 가지 의심이 가는 일이 있으니, 문집 안에 경자년(1480)과 신축년(1481) 사이에 수창한 시가 여러 편 있다는 것이다. 이때는 바로 점필재 선생이 어머니의 상을 당하여 시묘살이하던 때어서, 사모하고 슬퍼하던 중에 당연히 읊조릴 겨를이 없었을 것임에도 오히려 또 읊조렸으니, 혹시 당시의 습속이 이와 같아서 점필재 선생 역시 습속을 따름을 면치 못해서인가?

『예기』「곡례曲禮」에 "장사지내기 전에는 상례에 관한 책을 읽고 장사지내고 나서는 제례에 관한 책을 읽으며, 상을 마치고 평상을 돌아와서는 항상 악장樂章[142]을 읽는다." 하였다. 『주자어류』에서 혹자가 "3년상 안에 제문을 지어 친구를 제사지낼 수 있습니까?" 라고 물으니, 주자가 "고인은 전혀 조문하거나 제전하지 않았으나, 오늘날은 어떻게 하지 못한다. 호적계胡籍溪[143]는 '단지 산구散句[144]로 짓고 운韻을 맞추지는 않는다.'고 하였다."라고 답하였다.

또 선배들의 문집을 살펴보니, 매성유梅聖兪[145]가 상중에 시를 지어 슬픈 마음을 드러내니 당시 사람들이 비난을 하였으며, 황노직黃魯直[146]은 어머니의 상을 당하여 전혀 시를 짓지 않았다. 만약 점필재 선생이 이 의미를 알았다면 반드시 이러한 일은 하지 않았을 것이다. 이는 대개 중국의 문자가 우리나라로 유포되지 않아 점필재 선생이 보지 못해서가 아니겠는가?

---

142) 악장(樂章) : 악서(樂書)의 편장(篇章)으로, 시(詩)를 말한다.
143) 호적계(胡籍溪) : 적계는 송나라 학자인 호헌(胡憲)의 호이다. 이락(伊洛)의 설을 익혀 학문에 오로지 마음을 두어 부지런히 닦고 후학을 가르쳤다.
144) 산구(散句) : 압운(押韻)이나 대구(對句)를 하지 않은 시구를 말한다.
145) 매성유(梅聖俞) : 성유는 북송의 시인 매요신(梅堯臣, 1002~1060)의 자이다. 사람들이 완릉선생(宛陵先生)이라 불렀다.
146) 황노직(黃魯直) : 노직은 북송의 시인 황정견(黃庭堅, 1045~1105)의 자이다. 호는 산곡도인(山谷道人)이다. 기교를 중시하는 강서시파(江西詩派)의 대표 시인이다.

또 기녀에게 준 여러 작품은 도정절陶靖節의 한정閒情의 누를 면치 못할 듯한데, 혹시 젊은 시절에 지은 것인지 또한 알 수 없다. 이제 그 편차가 많이 도치된 것을 살펴볼 때, 화난禍亂 끝에 유문遺文들이 흩어지고 없어진 것을 한훤당과 일두의 여러 원고와 같이 뒤늦게 수습하다보니 지은 때를 정확히 알지 못하여 선후의 차례를 잃어버리고, 또 더러는 잘못 전하여져서 모록冒錄[147)]이 있어서가 아니겠는가?

안타깝다. 인쇄할 적에 안목 있는 사람에게 바로잡히지 못하고 급히 간행하여 반포한 것을 뒤에 다시 간행하는 사람이 행여나 자세히 상고하여 잘못된 부분을 고쳐 바로 잡을 수만 있다면 어찌 사문의 다행이 아니겠는가? 우선 의문 나는 점을 써서 적어둔다.

『잠와 최정무공실기』 뒤에 짓다[題潛窩崔貞武公實記後]

이상 『실기』 한 책은 바로 우리 정무공의 평생의 전말이다. 빙벽氷蘗[148)] 같은 말끔한 지조와 송백松柏 같은 늠름한 절개가 여러 명공들의 찬술贊述 속에 분명히 실려 있으니, 참으로 한 마디의 말도 더는 필요 없다. 그러나 다만 공이 수립한 우뚝한 절개는 갑작스런 강개함 속에서 힘을 써서 된 것이 아니요, 평소 기른 바가 있어서이니, 대개 공의 마음에 터럭만큼 이利의 의사가 없고 단지 하나의 의義만이 있어서일 뿐이다.

30년 동안 관직 생활을 하며 하루 같이 청백하였으니, 이것이 뒷날 순절하는 근본이 되었을 것이다. 진실로 재물에서 이로움을 잊지 못하였다면 어떻게 어려움을 맞아 몸을

---

147) 모록(冒錄) : 사실이 아닌 것을 기록함을 말한다.

148) 빙벽(氷蘗) : 절조를 굳게 지키면서 청백하게 사는 것을 말한다. 당나라 백거이(白居易)의 "삼년 동안 자사로 지내며, 맑은 얼음물을 마시고 쓰디쓴 소태를 씹었네.[三年爲刺史 飮氷復食蘗]"라고 한 데서 유래한다.(『白樂天詩集』「三年爲刺史」)

잊을 수 있었겠는가? 내가 일찍이 백이·숙제의 일을 논하기를 "고죽군孤竹君의 아들이 굶어 죽은 대절은 나라를 사양하던 날에 벌써 기반을 다졌다." 하였는데, 이제 이 『실기』에서 또 이렇게 말한다.

이 책이 오랫동안 세상에 배포되지 못하여 식자들이 한스러워하였는데, 지난해 공의 현손 최경로崔慶老가 북쪽 고을의 수령으로 나가서 정성을 다하고 녹봉을 출연하여 각수들에게 일을 맡겼다.

권 영공權令公이 서문을 이李 어른이 발문을 지어 벌써 다 말하였다. 그러나 다만 유문 및 잡록 중에 아직 빠지고 다 수록하지 못한 부분이 있어서 공의 증손 최적기崔迪基 등이 이 결유를 아쉽게 여기고 바야흐로 빠진 부분을 더 넣어서 보각補刻할 것을 도모하였다. 과연 할 수 있다면 맑은 인품과 위대한 공이 이로부터 빠짐없이 갖추어져서 장차 태사공太史公이 청운靑雲의 인사에게 전한[149] 것과 같이 천지간에 전해질 것이니, 어찌 훌륭하지 않겠는가?

최적기 등이 중기重器에게 그 일을 기록할 것을 요청하며 독촉이 매우 진지하였다. 중기는 이 일에 있어서 스스로 적당한 사람이 아닌 줄은 아나, 적이 생각건대, 나의 선조 백암공栢巖公께서도 전투에서 순절하신 적이 있어서 공의 『실기』를 읽을 적마다 흠모의 눈물을 흘리지 않은 적이 없었다. 이제 끝까지 사양하지 못하고 경건히 느낀 바를 써서 돌려보낸다.

신미년(1751) 3월 하순에 오천 정중기가 삼가 짓다.

---

149) 태사공(太史公)이……전한: 공자의 말에 의지하여 백이·숙제의 일화가 전해졌듯이, 청운의 인사의 손을 빌려 일화가 전해짐을 말한다. "백이·숙제가 비록 어질었다고 하더라도, 공자가 인급해 주었기 때문에 그들의 이름이 더욱 드러났다. ……청운의 인사에게 의지하지 않는다면, 어떻게 후세에까지 이름을 전할 수 있겠는가.[伯夷叔齊雖賢 得夫子而名益彰……非附靑雲之士 惡能施于後世哉]"라고 한 데서 유래한다.(『史記』「伯夷列傳」)

손노잠[150]의 유고 뒤에 짓다[題孫魯岑遺稿後] 병자년(1756)

『노잠유고魯岑遺稿』는 고故 처사 손공孫公이 저술한 것이다. 손공은 우재愚齋 경절공景節公의 후손으로 대대로 문학의 업을 이었고, 또 이선생의 고향에서 태어나 가학의 유풍을 익히 들어서 어려서부터 경전의 가르침을 외우고 유자의 행실을 알았다.

자라서는 입암立巖의 산속으로 들어가서 조용히 살며 서책을 탐독하였다. 비록 과거에는 낙방하였으나 또한 득실에 개의치 아니하고 여러 대현들의 문집을 두루 열람하였다. 장여헌張旅軒 선생의 유서遺書를 더욱 익혀서 성리학의 근원과 상수학의 이치를 주의 깊게 연구하지 않음이 없었으니, 그 안에서 스스로 얻은 것을 어찌 시인 묵객들이 쉽게 엿볼 수 있었겠는가?

이 때문에 몸가짐과 사람을 접하는 도리에 반드시 질직質直과 관후寬厚를 주로 하여 남다른 행동을 한 적이 없이, 스스로 법도의 안을 벗어나지 않았다. 사람들 중에 그 문에 들어가서 그 말을 들은 자로서 누구인들 군자라고 칭찬하지 않았겠는가?

유문遺文이 모두 흩어지고 수습하지 못하여 남아 있는 것이 단지 약간의 편이나, 그 의미와 문장이 평실平實하고 아담雅淡하여 대부분 유가의 글을 따라 나와서 조금도 세속의 꾸미는 모습이 없으니, 참으로 덕 있는 사람의 말이라고 할 만하다.

지난날 나의 선군자께서 공에게 고종 육촌 형제가 되어 나이 차이는 비록 많으나 뜻은 오히려 서로 맞아서 매번 자주 왕래하며 경전의 뜻을 강론하고 토론하였다. 중기重器는 이 당시 앞에서 수발을 들어서, 높이 우러른 것이 일찍 부터였다.

공이 세상을 떠난 지 이제 어느덧 40여 년이 되었는데, 공의 맏이 손시완孫是梡씨가 유고를 가지고 누추한 집으로 찾아와서 검토하는 일을 부탁하며 이어서 한 마디의 서문을 지으라고 하였는데, 중기가 고사해도 되지 않았다. 이에 감히 오탈을 교정하

150) 손노잠(孫魯岑) : 노잠은 손여두(孫汝斗, 1643~1713)의 호이다. 자는 망지(望之), 본관은 경주이다. 손중돈(孫仲暾)의 6세손이고, 이현일(李玄逸)의 문인이다. 저서로는 『노잠집』이 있다.

고 편차를 바로잡고는 평소 느낀 바를 대략 적어 책의 끝에 붙여서 경모의 마음을 담았다.

노잠은 바로 여헌 선생이 명명한 소로잠小魯岑이다. 공이 소로잠 기슭에서 지냈기 때문에 지방 사람들이 노잠 어른이라고 일컬었고, 공 또한 일찍이 스스로 노잠노인魯岑老人이라고 하였다.

상량문上樑文

상충사 상량문尙忠祠上樑文 정사년(1737)

나라에 큰 공을 세웠으나 오랫동안 표충表忠의 은전이 지연되었네. 영궁靈宮을 마을에 세워서 제향의 의절을 공경히 거행하려 하네. 많은 선비들이 한 목소리를 내고 사방의 사람들 반색을 하였네.

적이 생각건대, 지중추원사知中樞院事 이공李公[151]은 자취는 도필刀筆[152]도 못하였으나 재주는 간성干城의 재간을 간직하였네. 태수를 풍랑 속에서 보호하니 일찍이 유평劉平[153]이 상관을 위하여 죽은 일을 본받았으며, 완악한 왜적을 충신忠信으로 감화시키니 마침내 소무蘇武[154]처럼 고향으로 돌아왔네. 훌륭한 명성이 위로 임금께 알려지니 특별히 관적에 높은 벼슬로 올랐네.

---

151) 이공(李公) : 이예(李藝, 1373~1445)를 말한다. 호는 학파(鶴坡), 본관은 학성(鶴城)이다. 울산의 기관(記官) 출신으로, 회례사(回禮使)·중군병마부수사(中軍兵馬副帥使)·동지중추원사(同知中樞院事) 등을 지냈다. 일본을 자주 왕래하였다. 시호는 충숙(忠肅)이다.

152) 도필(刀筆) : 법령을 다루거나 행정 서류를 작성하는 일선 관리를 말한다.

153) 유평(劉平) : 송나라 장수이다. 자는 사형(士衡)이고, 상부(祥符) 사람이다. 조원호(趙元昊)의 군대가 침공하였을 때 사로잡혀 죽었다. 시호는 장무(壯武)이다.(『宋史』)

154) 소무(蘇武, B.C.140~B.C.60) : 한 무제(漢武帝) 때 중랑장(中郎將)으로서 흉노(匈奴)에게 사신 갔다가 19년 동안을 잡혀 온갖 곤욕을 다 치렀으나 끝까지 절개를 굽히지 않고 버티고 살았다. 그 후 소제(昭帝)가 즉위하여 흉노와 화친을 맺은 후에야 비로소 머리와 수염이 다 허연 영감이 되어 돌아왔다.(『漢書』「蘇武傳」)

사명을 받아 배를 타니 반모反旄[155]할 때까지 몸이 얼마나 야위었으며, 부월을 잡고 전투를 도우니 위엄이 다시 훈혈燻穴[156]에 떨쳐졌네. 흉악한 왜적이 변란을 일으키던 날에는 훌륭히도 붙잡아 심문하는 공을 세웠네. 의상을 간직하라는[157] 천자의 은혜를 입고 이어서 군주를 잘 섬기라는 유지諭旨가 내려졌네.

남월왕南越王 조타趙佗가 한나라로 귀순하니 육가陸賈의 훌륭한 사령辭令[158]을 볼 수 있었으며, 진 문공晉文公이 주왕周王에게 작위를 받으니 참으로 호언狐偃[159]의 묘책을 힘입어서였네. 이에 상공上功의 포상이 내려지니 곧바로 높은 작위로 뛰어 올랐네. 일이 천하에 알려지니 어찌 다만 한 때의 성대한 영예만이겠는가?

영광이 역사에 남을 것이니 미명美名이 천고토록 영원히 드리워지겠네. 더구나 이 상재桑梓[160]의 고향땅은 남은 향내가 넉넉히 퍼짐에랴. 풍성風聲이 미치는 곳에 어찌 흠모하는 마음 없겠는가마는 의열義烈이 이와 같은 데도 보답하는 예우가 아직까지 없었네.

---

155) 반모(反旄) : '모'는 장수(將帥)가 왕명을 받으면서 함께 받는 흰 깃대[白旄]를 말한다. '모를 돌린다' 고 함은 임무를 마치고 돌아옴을 말한다.

156) 훈혈(燻穴) : 옹립된 제왕이 있는 곳을 말한다. "월나라 예왕이 산중으로 도망하여 진심으로 원하지 않고 다른 사람으로 대신하기를 바랐으나, 월나라 사람들이 동굴에 연기를 피워서 마침내 피하지 못하고 억지로 군주가 되었다.[越王翳逃山中 至誠不願 自冀得代 越人燻其穴 遂不得免 强立爲君]"고 한 데서 유래한다.(『論衡』「命祿」) 여기서는 왜적의 소굴을 말하는 것으로 여겨진다.

157) 의상을 간직하라는[在笥] : '재사'는 황제가 덕 있는 신하에게 하사하기 위하여 보관하여 두는 의상(衣裳)을 말한다. 은(殷)나라 부열(傅說)이 고종(高宗)에게 "의상을 상자에 잘 보관해 두시라.[惟衣裳在笥]"고 한 데서 온 말이다.(『書經』「說命中」)

158) 남월왕(南越王)……사령(辭令) : 한(漢)나라 때 남월왕 조타(趙佗)가 스스로 황제라고 칭하고 황제의 의장을 썼는데, 문제(文帝)가 육가(陸賈)를 사신으로 보내 타이르자 황제의 호칭을 버리고 신(臣)이라 칭한 고사를 말한다.(『史記』「陸賈傳」)

159) 호언(狐偃) : 춘추 시대 때 진(晉)나라 사람으로, 자가 자범(子犯)이며, 문공(文公)의 외숙이므로 구범(舅犯)이라고도 한다. 일찍이 뒤에 진 문공(晉文公)이 된 진나라의 공자(公子) 중이(重耳)가 어려운 처지에 빠져 적(狄) 땅으로 도망갈 적에 중이를 따라갔다. 진 문공이 귀국하여 임금이 된 뒤에는 문공을 도와 주(周)나라 왕실의 난을 평정하고 패업(霸業)을 이룩하였다.

160) 상재(桑梓) : 뽕나무와 가래나무로 조상이 살았던 곳을 말한다. "부모께서 심은 뽕나무와 가래나무, 반드시 공경하네.[維桑與梓 必恭敬止]"라고 한 데서 온 말이다.(『詩經』「小雅·小弁」)

인정이 시대를 뛰어넘어 서로 교감하니 한 고장의 의논이 비로소 일치하였으며, 일이 오늘날을 기다림이 있으니 사전祀典이 장차 거행되려 하네. 저 태화강太和江의 남쪽 언덕을 바라보니 실로 말릉秣陵[161]의 옛 터와 가깝네. 아무 물가 아무 언덕은 아직도 낚시질하며 노닐던 곳으로 기억되니[162] 우레가 되고 비가 되어 응당 오르고 내리는 정령精靈이 있을 것이네.

이에 가시나무 황폐한 곳에 터를 닦아서 바야흐로 집 짓는 공사를 일으켰네. 공장工匠들이 힘을 다하니 공기工期를 앞 다투어 하루가 못 되어 이루어지고, 사민士民들이 정성을 바치니 모두가 소문을 듣고 일어난 사람들이네. 처마와 기둥이 우뚝하니 묘우廟宇의 새로워진 모습이 기쁘고, 강산이 갑절 빛나니 물색物色이 예전 같은 것을 느끼겠네. 장차 성대한 의식이 빨리 거행됨을 볼 것이니 아마 정령께서 의탁하실 곳 있게 될 것이네.

살아서는 몸을 나라에 맡겼으니 비록 배우지 않은 중인中人[163]이더라도 나는 반드시 배웠다고 하겠고, 돌아가셔서는 묘우에서 제향을 올리니 이른바 향선생鄕先生[164]이 여기에 있는 것이 아니겠는가? 큰 집이 솟아오르니 우뚝하기가 적을 상대하던 기상이고, 신좌神座가 엄숙하니 늠름히 나라를 보위하던 충정이네.

다만 이전의 공렬功烈을 선양하자는 것만이 아니라 참으로 후진들이 보고 느끼게 하기

---

161) 말릉(秣陵) : 후한(後漢) 헌제(獻帝) 건안(建安) 16년(211)에 오(吳)나라 손권(孫權)이 말릉으로 천도하고 이름을 건업(建業)으로 고쳤는데, 진(晉)나라에 의하여 평정되었다. 상충사가 있는 울산이 옛 신라에 통합된 이서국(伊西國)의 지역이었음을 말하기 위하여 언급한 것이다.

162) 아무……기억되니 : 한유(韓愈)의 「송양거원소윤서(送楊巨源少尹序)」에 "지금 그대가 고향에 돌아가서는 나무를 가리켜 말하기를 '아무 나무는 우리 선인께서 심은 것이요, 아무 물과 아무 언덕은 내가 어렸을 때에 낚시질하며 놀던 곳이다.[今之歸 指其樹曰 某樹 吾先人之所種也 某水某丘 吾童子時所釣遊也]' 하겠지."라고 한 데서 온 말이다.

163) 중인(中人) : 이예가 기관 출신으로 뛰어난 인물이어서 한 말이다. "자질이 중인 이상인 사람에게는 상학을 말할 수 있으나 중인 이하인 사람은 상학을 말할 수 없다.[中人以上 可以語上也 中人以下 不可以語上也]"라고 한 데서 온 말이다.(『論語』「雍也」)

164) 향선생(鄕先生) : 옛날 치사(致仕)한 뒤 시골에 내려온 중대부(中大夫)를 태사(太師)로 삼고 치사한 사(士)를 소사(少師)로 삼아 향학(鄕學)에서 자제들을 가르치게 하였는데, 이 노인들을 명명하여 향선생이라고 하였다.(『儀禮』「士冠禮」)

위해서이네. 향화香火를 끊지 않으니 소리와 냄새[165]가 아직도 남아 있음을 느끼겠으며, 모범이 여기에 있으니 풍화風化에 보탬이 있기를 지켜보겠네.

이에 축하의 말을 올려 들보 올리는 일을 돕는다.

제물을 들보 동쪽으로 던지니	抛樑東
하늘 너머 삼산[166]이 바다와 닿았네	天外三山碧海通
염치아[167]의 부중에 설교[168]가 있어	染齒部中有雪窖
거센 파도 출렁이며 큰 바람이 부네	鯨波震盪吹長風

들보 서쪽으로 던지니	抛樑西
달이 첩첩의 봉우리 아래로 비껴 숨네	月輪斜隱亂峯低
아득히 바라보니 장안이 어디인가	長安遙望是何處
대궐 그리는 단심은 더 또렷하네	戀闕丹忱耿不迷

들보 남쪽으로 던지니	抛樑南
천 길의 불광이 푸른 남기에 떠 있네	千丈佛光浮翠嵐
대마도와 유구[169]가 시야에 들어오고	馬島琉球入指顧

---

165) 소리와 냄새 : 도의 자취를 말한다. “『시경』에 ‘덕의 가볍기가 터럭과 같다.’ 하였는데, 터럭도 오히려 비교할 만한 것이 있으니, ‘상천의 일은 소리도 없고 냄새도 없다.’고 표현해야 지극하다고 할 것이다.[詩云德輶如毛 毛猶有倫 上天之載 無聲無臭 至矣]”라고 한 데서 유래한다.(『中庸』)

166) 삼산(三山) : 삼신산(三神山)의 줄임말로, 봉래(蓬萊)·방장(方丈)·영주(瀛州) 등을 말한다. 자라 등 위에 얹혀서 바다에 떠 있다는 전설이 있다.

167) 염치아[染齒] : 이를 물들인 자이니, 왜적을 말한다. 남쪽 오랑캐들은 종류가 많아 다 적을 수가 없는데, 크게 나누면 흑치(黑齒)·금치(金齒)·은치(銀齒)의 세 종류가 있다.(『新唐書』「南蠻傳下」)

168) 설교(雪窖) : 눈 쌓인 움막으로 적을 구금하는 곳을 말한다. 한 무제(漢武帝) 때 소무가 흉노에 사신을 갔는데, 선우(單于)가 억류하고 항복시키려 하였으나 끝까지 굽히지 않자, 큰 움막 속에다 감금하고 음식을 주지 않았다. 소무는 눈과 털방석을 섞어 먹고 살았다. 흉노에 억류된 지 19년 만에 흉노와의 화친으로 귀국하였다.(『漢書』「蘇武傳」)

옥절[170]을 흔들며 난참[171]을 타네　飄颻玉節駕鸞驂

들보 북쪽으로 던지니　抛樑北
고성이 은은히 비치는 맑은 강물　古城隱映淸江色
끝없이 만 굽이 흘러 바다로 향하니　沔流萬折解朝宗
당년의 사대 정성을 본받은 듯하네　若效當年事大悃

들보 위쪽으로 던지니　抛樑上
여러 별의 은하수 나한장[172]과 같네　列宿銀河羅漢將
정령이 변하여 절도의 정기 되니　英爽化爲節度精
광채를 토해내어 아득히 찬란하네　吐芒流彩遙相盪

들보 아래쪽으로 던지니　抛樑下
옥영과 금대가 들판에 묻혀있네　玉纓金帶閉原野
아득한 저승에서 누구와 노닐까　冥冥脩夜孰從遊
박망[173]과 종동[174]이 옷소매를 잡네　博望終童袖互把

---

169) 유구(琉球) : 대만과 일본 사이에 있는 여러 섬을 통틀어 유구군도(琉球群島)라고 하는데, 1879년에 일본이 점령하여 충승현(沖繩縣)으로 고쳤다.
170) 옥절(玉節) : 옥으로 만든 부절(符節)인데, 천자의 사신을 옥절사(玉節使) 혹은 옥절랑(玉節郎)이라고 한다.
171) 난참(鸞驂) : 사신이 타는 수레를 말한다.
172) 나한장(羅漢將) : 부처의 명을 받들어 세간에 영주(永住)하면서 정법(正法)을 수호하는 임무를 맡는다는 16인의 아라한을 말한다. 아라한은 범어(梵語) arhat의 음역으로, 세간의 대공양(大供養)을 받을 만한 성자라는 뜻이다.
173) 박망(博望) : 한(漢)나라 장건(張騫)의 봉호이다. 무제(武帝) 때 대월지국(大月氏國)에 사신으로 갔다가 흉노(匈奴)에게 포로가 되어 고절(苦節)을 굳게 지키다가 13년 만에야 돌아와서, 서역(西域) 제국에 국위를 크게 선양한 공으로 박망후에 봉해졌다.(『漢書』「張騫傳」)
174) 종동(終童) : 한 무제(漢武帝) 때 간의대부(諫議大夫)를 지낸 종군(終軍)을 말한다. 그의 나이 20여 세 때인 B.C.113년에, 자기에게 긴 밧줄 한 가닥을 주면 남월왕(南越王)을 포박하여 한나라 대궐까지

삼가 기원하건대, 상량한 뒤로 귀신이 문에서 지키고 교룡은 골짜기로 도망가게 하소서. 향기로운 제수를 백세토록 드려서 사사祀事가 매우 정갈해지고, 충의忠義를 여러 사람에게 권장하여 인륜이 다시 닦여지리라.

숙경재 상량문熟經齋上樑文 신미년(1751)

큰 바닷가에 고을이 있어 사람들이 바야흐로 풍속의 비루함을 오랫동안 탄식하였네. 정사精舍를 세워 선비를 양성하니 이에 사또의 훌륭함을 알겠으며, 문풍文風을 일으킬 단서를 여니 먼 변방의 백성들이 반색을 하네.

적이 생각건대, 봉래蓬萊[175]의 중진重鎭은 실지로는 영남의 맨 끝 변방이라네. 대마도의 안개와 파도가 닿으니 물고기와 패류가 서로 어울리고, 일본 땅과 배로 통하니 봉홧불이 자주 올라 놀랐었네. 마침내 조정에서 무기戊己[176]의 울타리를 설치하니, 백성들이 병기와 갑옷을 깔고 죽음[177]을 노래하였네.

서울에서 천 리 밖에 떨어져 있어 역복棫樸[178]의 교화를 입지 못하고, 태평성대 200년

끌고 오겠다고 자청하였다. 종군은 결국 남월에 사신 가서 왕을 회유하여 중국에 복종하게 만들었다. (『漢書』「終軍傳」)

175) 봉래(蓬萊): 동해 동쪽의 해도(海島)로서 신선이 살고 있다고 전해지는 섬이다. 숙경재의 위치가 동해 바닷가에 있음을 말한다.

176) 무기(戊己): 무기영(戊己營)의 준말로, 한(漢)나라 때 서역(西域)에 주둔시킨 군영(軍營)이다. 무기는 곧 오행상으로 중앙(中央)에 해당하기 때문에 중앙에서 사방을 진압한다는 뜻을 취한 것이다.

177) 병기와……죽음: 주변 환경으로 인하여 사람들이 강포해짐을 말한다. 자로(子路)가 공자(孔子)에게 '강(强)'에 대해 묻자, 공자가 '강'을 설명하는 말에 "병기와 갑옷을 깔고 죽더라도 싫어하지 않는 것은 북방의 강이다.[衽金革 死而不厭 北方之强也]"라고 한 데서 유래한다.(『中庸』)

178) 역복(棫樸): 군주의 성대한 덕에 감화되어 인심이 모여드는 것을 말한다. "무성한 떡갈나무를, 섶으로 베어 쌓도다. 아름다운 군왕이여, 좌우에서 달려오도다.[芃芃棫樸 薪之槱之 濟濟辟王 左右趨之]"라고 한 데서 온 말이다.(『詩經』「大雅·棫樸」)

을 거치면서 연계蓮桂[179]의 선발이 오랫동안 끊어졌네. 비록 향교의 시설은 있다하더라도 법령에 구애됨이 많으며, 공부하는 집이 지어졌더라도 규모는 크지 않았네. 훌륭한 선비는 아득하여 희망이 끊어지고 문장은 적막하여 전함이 없었네.

다행히도 부임한 우리 조趙 사또가 송나라 청헌淸獻[180]의 고상한 운치를 닮아서, 경연에서 임금을 보필할 적에는 논사論思[181]의 정성을 거의 다하고, 바닷가 고을을 맡아 다스릴 적에는 유아儒雅한 다스림을 잘 펼쳤네. 탐천貪泉을 마시고도 마음이 맑으니 오은지吳隱之의 깨끗한 지조[182]를 추앙하며, 각양춘脚陽春과 같이 화기가 흐르니 송경宋璟의 인자함[183]을 본받았네.

백성이 많고 재물이 넉넉하니 어찌 교육의 대책을 늦추리오. 예와 문으로써 교화하려면 마땅히 진작시킬 방도를 먼저 세워야 하네. 다만 생각건대, 공부는 장소가 있어야 하니 비유하자면 공장에서 지내며 기술을 익히는 것과 같네.

상나라와 주나라의 당서黨序의 규모는 예전의 것이어서 회복하기 어렵고, 호안정胡安定의 호주湖州의 학제[184]는 지금의 것이어서 따를 수 있네. 녹봉을 출연하여 경영하니 모든

---

179) 연계(蓮桂): 연방(蓮榜)과 계방(桂榜)을 말한다. 연방은 생원시(生員試)나 진사시(進士試)에 입격한 것이고 계방은 대과(大科)에 급제한 것이다.

180) 청헌(淸獻): 송나라 정치가 조변(趙抃, 1008~1084)의 시호이다. 자는 열도(閱道)이고, 서안인(西安人)이다. 전중시어사(殿中侍御史)가 되어 탄핵할 적에 권귀(權貴)도 꺼리지 않으니, 사람들은 '철면어사(鐵面御史)'라고 불렀다.(『宋史』「趙抃傳」)

181) 논사(論思): 임금과 같이 국사를 의논하고 생각한다는 말이다. 흔히 홍문관의 관원을 논사관(論思官)이라고 한다.

182) 탐천(貪泉)을……지조: 진(晉)나라 오은지(吳隱之)가 부패 풍조가 만연된 광주(廣州)의 자사(刺史)로 가서, 마실수록 탐욕을 일으키게 된다는 탐천(貪泉)의 샘물을 떠 마시고 시를 짓기를 "백이 숙제에게 마시게 하면, 끝내 마음이 뒤바뀌지 않으리라.[試使夷齊飮 終當不易心]"라고 하였던 고사에서 유래한다.(『晉書』「吳隱之傳」)

183) 각양춘(脚陽春)과……인자함: 봄날의 따뜻한 기운이 만물에 미쳐가듯이 백성을 어루만지는 것을 말한다. 『개천유사(開天遺事)』에 종경(宋璟)이 태수가 되어 애민휼물(愛民恤物)하니 당시 사람이 그를 일러 유각양춘(有脚陽春)이라고 한 고사에서 유래한다.

184) 호안정(胡安定)의……학제: '안정'은 송나라 학자 호원(胡瑗, 993~1059)의 별호이다. 자는 익지(翼之)이다. 일찍이 소주(蘇州)와 호주(湖州)의 교수(敎授)가 되어 학문을 가르쳤는데 제자가 1,000명을

재목이 다 갖추어지고, 지방의 선비를 모아 자문하니 여러 의논이 참으로 일치하였네.

이에 안락서원安樂書院의 옛 터에 터를 잡아 학문을 닦을 새집을 특별히 지었네. 재당齋堂이 환히 드넓으니 선비들이 많이 기거함에 대비한 것이고, 고주庫廚가 늘어 있으니 나물과 소금[185] 같은 여러 먹을거리를 쌓아 두려는 것이네. 논 수백여 무畝를 위토로 두니 저절로 재원이 없을 우려가 사라지고, 경서 48편을 하사 받으니 오로지 공부에 선념하도록 할 것이네. 회계 같은 잗다란 절목은 유사有司가 있으며, 과목을 따라 가르치는 큰 규모는 노사老師가 와 있네. 많은 선비들이 소문을 듣고 많이 일어나니 일이 하루가 못되어 이루어질 수 있었네.

절병통節甁桶과 망새가 날아오를 듯하니 큼과 아름다움[186]을 모두 갖추어서 기쁘며, 산은 밝고 물은 맑으니 거처와 수양이 함께 좋아지는 것을 보겠네. 읍양揖讓하는 많은 선비 의절에 맞아 비루한 풍습이 말끔히 씻어지는 것을 보겠고, 현송絃誦의 소리 넘쳐나 귀에 가득하여 장차 훌륭한 인재가 많이 나올 것을 기약하겠네.

변경卞京[187]에서 배우던 과목이야 따르기 무어 어렵겠는가마는 횡거橫渠의 깊이 반복하라는 가르침을 가장 잘 따라야 하네. 다만 고을에만 영광이 있을 뿐 아니라, 또한 나라의 다스림에도 보탬이 있을 것이네.

헤아릴 정도였으며, 사부(辭賦)가 유행하던 당시에 경의재(經義齋)와 치학재(治學齋)를 두어 경학을 가르쳤다. 시호는 문소(文昭)이다. 저서로는 『주역구의(周易口義)』·『홍범구의(洪範口義)』 등이 있다.(『宋史』「胡瑗傳」)

185) 나물과 소금: 학교에서 공부하는 선비에게 제공하는 먹을거리이다. 한유(韓愈)의 「송궁문(送窮文)」에 "태학에서 4년을 공부하는 동안 아침에는 부추를 먹고 저녁에는 소금국을 먹었다.[太學四年 朝虀暮鹽]" 라고 한 데서 유래한다.

186) 큼과 아름다움[輪奐]: 건물의 규모가 크고 아름답다는 것을 말한다. 진(晉)나라 헌문자(憲文子)가 저택을 신축하여 준공하자 대부들이 가서 축하하였는데, 이때 장로(張老)가 "규모가 크고 화려하여 아름답도다. 제사 때에도 여기에서 음악을 연주하고, 상사 때에도 여기에서 곡읍을 하고, 연회 때에도 여기에서 국빈과 종족을 모아 즐기리로다.[美哉輪焉 美哉奐焉 歌於斯 哭於斯 聚國族於斯]"고 한 데서 유래한다.(『禮記』「檀弓下」)

187) 변경(卞京): 북송(北宋)의 수도를 말한다.

무성武城의 한 경내는 자유子游의 좋은 풍교[188]를 입었으며, 여산廬山은 오랜 세월 회옹晦翁의 남긴 법도를 이었네. 생각건대, 저 여대輿儓[189] 같은 천한 자들도 오히려 흠모하며 감탄할 줄 아는데, 하물며 우리 위포韋布[190] 차림의 선비들이 누구인들 기뻐서 손뼉 치지 않겠는가?

이에 좋은 송축시를 노래하여 들보 올리는 일을 돕는다.

어여차 제물을 들보 동쪽으로 던지니　兒郎偉抛樑東
닭 울자 동녘에 새벽 해가 붉게 솟네　雞唱扶桑曉旭紅
창가에 차분히 앉아 성인의 책 읽으면　靜坐明牕讀聖訓
자식은 효자 되고 신하는 충신이 되네　子當爲孝臣當忠

어여차 들보 서쪽으로 던지니　兒郎偉抛樑西
한 줄기 시루봉이 검푸르게 내려앉네　一髮甑岑翠黛低
계곡에 남긴 묘우 높이 우뚝 서 있어　泉谷遺祠高突兀
높고 웅장한 절개 상산[191]과 나란하네　磊磊壯節常山齊

어여차 들보 남쪽으로 던지니　兒郎偉抛樑南

188) 무성(武城)의……풍교: 공자의 제자 자유(子游)가 무성현의 읍재(邑宰)가 되어 예악을 바탕으로 잘 다스렸는데, 공자가 현가 소리를 듣고 그 다스려짐을 극찬하였다.(『論語』「陽貨」)

189) 여대(輿儓): 고대 중국에서 열 등급으로 나눈 백성들 중 가장 아래의 두 등급에 속하는 천민(賤民) 계급을 말한다.

190) 위포(韋布): 가죽 띠와 베옷 차림이니, 벼슬하지 않은 선비를 말한다.

191) 상산(常山): 죽음을 두려워하지 않는 절개를 말한다. 당나라 안녹산(安祿山)이 반란을 일으켰을 때, 상산 태수(常山太守) 안고경(顔杲卿)이 그에게 대적하다가 포로가 되었다. 안녹산이 그에게 "내가 너를 추천하여 상산 태수가 되게 하였는데, 네가 어찌 나를 배반하느냐?" 하니, "천자의 은혜를 입었을 뿐이거늘, 네 놈을 배반한 것이 무엇이냐?" 하면서 혀가 끊어질 때까지 준열하게 꾸짖다가 죽은 고사에서 유래한다.(『新唐書』「忠義傳, 顔杲卿」)

기이한 봉우리 아련히 아침 남기 비치네	奇峯縹緲暎朝嵐
온갖 시내 넘실넘실 쉼 없이 흘러서	百川混混進無舍
푸른 바다로 들어가 하늘이 함께 잠기네	流到滄溟天共涵
어여차 들보 북쪽으로 던지니	兒郎偉抛樑北
윤산이 우뚝한 곳에 북극을 이고 있네	輪山矗處戴宸極
그대는 별들이 함께 에워쌈을 보았나	君看列宿共環圍
멀거나 가깝거나 연주의 정성 어찌 다르랴	遐邇寧殊戀主悃
어여차 들보 위쪽으로 던지니	兒郎偉抛樑上
하늘은 사사로움 없어 사방이 탁트여있네	天無私覆廓虛曠
빛나는 저 규벽[192] 화이를 다 비추는데	煌煌奎壁照華夷
어찌 유독 이 고장만 비추지 않으랴	豈獨玆鄉光不放
어여차 들보 아래쪽으로 던지니	兒郎偉抛樑下
홍관[193]과 서책이 큰 집을 채웠네	虹貫芸編充大廈
밤낮으로 읽어 입을 멈추지 않으니	夙夜伊吾口不停
응당 태을의 청려장 불빛[194] 쏟아지겠네	也應太乙藜光瀉

192) 규벽(奎壁) : 28수(宿) 중의 두 가지로, 규는 문장을 맡은 별이고, 벽은 정치를 맡은 별이다.

193) 홍관(虹貫) : 서화(書畫)를 말한다. 북송(北宋)의 서화가인 미불(米芾)이 항상 배에다 서화를 싣고서 강호를 유람했던 '미가선(米家船)'의 고사가 전하는데, 송나라 황정견(黃庭堅)의 「미원을 마주하여 주다[對贈米元章]」에 "창강에 밤새도록 무지개가 달을 꿰니, 정녕코 미가의 서화 실은 배로세.[滄江盡夜虹貫月 定是米家書畫船]"라고 한 데서 온 말이다.

194) 태을(太乙)의……불빛 : 불을 밝혀 공부를 도와줌을 말한다. 한 성제(漢成帝) 말년에 유향(劉向)이 천록각(天祿閣)에서 교서(校書)의 직책을 수행하면서 매일 밤늦게까지 연구에 몰두하였는데, 어느 날 밤 태을지정(太乙之精)을 자처하는 황의 노인(黃衣老人)이 나타나 청려장(靑藜杖) 지팡이 끝에 불을 붙여 방 안을 환히 밝힌 다음 『홍범오행(洪範五行)』 등 고대의 글을 전수하여 주고 사라졌다는 전설에서 유래한다.(『拾遺記』)

삼가 기원하건대, 상량한 뒤에 귀신이 수호하여 토목이 굳건해지소서. 반딧불 주머니[195] 아래에서 열심히 공부하여 거리에는 경전에 능통한 선비가 모이고, 금방金榜[196]에 이름을 올려 대대로 세상에 쓰이는 호걸이 나오게 하소서.

---

195) 반딧불 주머니[螢囊] : 반딧불을 담은 주머니를 말한다. 진(晉)나라 차윤(車胤)이 학문에 힘썼는데 집이 가난하여 기름을 살 수 없는 형편이라 여름이면 반딧불을 주머니에 넣어서 그 빛으로 책을 보았다는 고사에서 유래한다.(『晉書』「車胤傳」)

196) 금방(金榜) : 과거 급제자의 명단을 붙이는 방을 말한다.

매산선생문집

梅山先生文集

색인

색 인

가나다 순

㉠

ⓛ

ㄹ

ㅁ

ⓑ

ㅅ

◎

㉧

ㅎ

매산선생문집

梅山先生文集

영인

目次

梅山先生文集 卷之二

詩

梅山先生文集 卷之三

疏

書

梅山先生文集 卷之四

書

梅山先生文集 卷之五

書

梅山先生文集 卷之六

雜著

序

記

跋

上樑文

梅山先生文集序

古語有之科擧累人嗟乎豈其然哉若近世良巢先生鄭公雖曰科第進人之視之若束帛之聘蓋公家世嶺南鄉號鄒魯又父涵溪而師埴菴其學一以經傳爲宗而輔以洛建之書蔚然爲當世醇儒及應試對近思錄策居前列以素講非臨時掇拾者比也始登　朝以小官與聞邦禮已出宰巖邑以古道申鄉約兆足以行而卒不得施退而棲遲德日益尊望日益隆著述日益富今所傳梅山集十二卷皆闡暢典贍粹然一軌於正足以垂世範俗益達者兼善窮者獨善公則處乎窮達之間而惟其立乎　本朝選事考言信而有徵故其退而野也人皆悒望歎惜恨其用之不究譬之良玉剖璞孚尹旣露而不能承以繅

藉薦于清廟命也亦時也公棄後學四十年公之孫夏澗奉其家大人命命家煥序公遺集家煥受而證明之曰君子之學知所先務人莫重乎禮家禮輯要成而學者有所持循學莫切於朱書節要集解出而朱書之微旨與退門之講錄益明爲　宗社至計者莫先於輔導　儲君癸酉上書反復乎精一執中之訓昌言遠猷有爲萬世開太平之意讀公之文者必以是觸類則思過半矣

上之二十年丙辰春正月　日資憲大夫工曹判書驪興李家煥齋沐拜撰

梅山先生文集目錄

卷之一

詩

卷之三

疏

書

卷之六

雜著

序

記

跋

上樑文

卷之七

祝文

梅山先生文集目錄終

梅山先生文集卷之一

詩

閒中書事 庚辰

園林寂寂草堂虛數疊千頭萬卷書圖外日長人不到閒抽素帙任蠹漁

敬次師門平字韻二絶 癸未

道在吾身本坦平實非高遠最難行劉跟若得尋安地步進竿頭自不傾

吾道瞭然一貫平人生何日不由行行行各有當行地纔繆毫釐便側傾

謹次寒暄堂金先生讀小學韻

灑掃分明是理機斯須不敬便歸非莫言蒙養工夫小培得根來葉正肥

乙酉八月二十二日夜夢得須就丹田厭飫仁一句遂補成一絶

天賦吾人自不貧豈曾虛了百年身神明晬夜丁寧戒須就丹田厭飫仁

輓李敬仲 之燔 丁亥

君不見徐卿之子生絶奇食牛豪氣天麟兒又不見馬氏之兒稱其家眉眼如畫春蘭芽雖然有素茂繪事畢竟徒是繁華子吾兄早生詩禮門雪月襟抱波精神有祖新安朱有父籍溪胡從來妙質自不揉況又耳目薰陶久雍容進退謹唯諾蒙年已欲窺坏樸入則孝出則恭孜孜如不逮而忠信篤敬乃兄之肉菜彼俗子兮紛紛乎群居競葩藻視之曾不如腐草清圖端坐恣舌耕直將千古期平生問君何所欲碧海明珠崑山玉前程萬里復萬里人曰斯人傳世美馨蘭猗猗得春麗豈意中宵風折之璋於癸亥纔丁亥巫峽層峯才一倍天生兄果何意乎豈弟音容今也無行人聞之且揮涕矧我金蘭契輪車既載向九原欲助紼謳將何言君非學仙流豈欲長存厭長休子安身世夢寂寥伯道墳草風蕭蕭況是阿連更聯柩忍看北堂號其右吾兄死有知也應泉下潛涕洟噫吁戲古今冤魄豈獨爾受之端中皆夭死積善餘慶更無憑悲希夷巫陽亦不得究其徵已焉哉薤露曲且莫揚擧頭問天天蒼蒼

花山紀行 戊子

黃鼠秋九月吉日維庚辰鄭子將遠遊肇發永之濱春庭拜告出兩僕隨行塵溪山媚清秋錦葉紅紛繽踰嶺望橫溪駐馬辭丈席西踏新寧界細穿巖穴隙盧峴何太高勢作青鳧脕徐驅止毛渠青山倏已夕朝登花木路晩過松蹄郵重重聳群岳曲曲鳴清流家君昔停驂作詩歌勝遊何年起小築抱書來優遊奇巖迄路畔故人畱妙墨摩挲久竚立恍若眞顏色千甛墨溪倚有社祀金玉徽嚮疋起懦勝賞能集日暮過錦水攬涕空徊徨葛翁秉皐比懿範今茲茲千載退陶教匪公幾荒唐遺墟豈忍過正學難可忘黃昏到臨河甥館多舊要殘燈半壁夜青眼聊相照佳辰屬重陽美景供詩料陶花縱可餐劉糕還堪笑

時時展清眺歷歷尋往躅佔安困六出藥翁詠九曲剏又瓢老
風隔世如新浴浮圖古誰設弊廨今猶宿行軒更北指落帽後
三覓偶然八仙洲傑閣干青冥昔年將軍宅今時諫議亭主人
致禮貌後期申丁寧邂逅有蘭契見我顚衣裳投轄不能留學
頭頻相望路出道洞下寂寂禹祠凉易學吾宣忽一式欽遺芳
西遵洛水墳夜投桃木村村有裵氏老館余談愈溫曰昔兩世
祖同聯鴈塔巾亦或講戚誼日午猶逡巡行度夕陽橋再亂清
江水宣城忽入望闕里知遠邇遲威悤日暮但覺山川美暝暝
浮羅樹隱隱安仁里遙瞻谷口巖飛割江中月門牆鬱岧嶢粉
額揹間設躋躇起敬慕疑立河南雪寒齋卧曲肱畢宵孤夢潔
晨興振衣巾祗謁尚德祠先生坐北壁月老侍弖楯平生幾仰

止今日幸登斯肅然炷鑪香悅襲春風姿嗟哉性命秘先生闡
如日遺言落人間橫目免烏鵲如何不百年異說爭盪潏願從
几席下一質四與七嘉誨閑難承舊蹟吾當尋時有龜城客爲
我先登臨書堂寂無人節社烟空沈葦杖獨究爾撫玩增霑襟
俄登龍雲舍遂向天淵臺崢嶸碧宇濶澹湛明鏡開欲究飛躍
妙須向此中來風光浩無極俯仰長徘徊遙瞻愛日堂步步遵
江澳聾巖起萬丈汾院在其足皤皤雪鬢翁凜然綃一幅高風
諒可畏起拜聊致肅川砂有姊家姊沒兒猶在驅驪更泝流千
渡廣瀨灘姊夫握余手喜氣加一倍愀然念吾姊嗚咽情難宰
諸朋更亍亍挐我恣勝觀北登有砂峽南望有月瀾誇余紫霞
谷指余清凉山歸來揭夜燈談討仍爛漫翌曉理征鞭馬首恣

霞絳退溪接溫溪總是顏之巷遺宅至今存淳風猶未降緬懷
古人心尚可發吾靄龍嶺入雲際上下愈飄灑嶠南六十郡眼
底風斯下登盡復漸低硼谷自清湯行行望一縣云是乃城野
夜泊酉谷村朝謁荷塘老荷塘氣高潔望若商山皓文章入蘇
室一唾人爭寶我亦負家乘願得高人草庭蘭引我西西有靑
巖亭清池碧四環石橋橫一塹陶詩與眉篆左右輝楣楹斯地
得斯人造物若有情蒼翁暮始歸剪燭談徹夜兩許實聯芳地
望無相亞況又溪門錄纖悉非疊架欣然襲蘭臭鄙吝都已化
晚出石泉洞馳向三溪院嗟嗟忠定公萬古稱鐵面淸風縱已
遠餘澤尚可見懿範溢家庭貞行在隸賤回來里彥集箇箇金
玉士談論劈千古出入經若史伐木樂雖淡望雲思未已厥明

告别語歸路更邐迤三宿至川前靑老家聲大庭前挺五常鶴
翁德業最賢孫有大瓢奇節終古龤毛俊一何多人擬西山蔡
至今舊宅里來雲襲餘芬彬彬兩學士皎皎一騁君歷路暫一
叩禮遇頗慇懃悤悤說未盡來宿河之濆朝起詣秋月密菴於
馮息英資兼積力家學淵源是洛朔互傾軋圭璋委荊棘身貽
志不改苦節良可式兩日越川原來泊古窩傍墳麓共聯榻簡
編積滿牀學者迭來從晝夜絃誦洋水聲山影裡講討樂未央
大昕忽辭退反面涵溪舍雙闌幸康寧渾室皆欣迓僕夫久息
肩征馬已稅駕余亦入書室對案頗清暇飜思遊歷富頓覺心
期遠哲人名勝迹都在雙眸宛古蹊日塞茅今人誰發鍵俛仰
空嘆息天陰秋日晚

高山書堂次諸益韻 己丑

寂寞空山夜悠然倚小亭風多喧磵語雲破露峰形片月三更白孤燈一點青數篇談共罷高詠步中庭

雨中杜鵑花一枝先開崔兼之達濟吟一絶以示遂次其韻

一枝春色最先來巖杏溪桃暗欲猜自是山靈多好事故催微雨向人開

次國坦上人韻 坦云儒釋同道故云云

吾道明如日瞿曇鼓異端法從空影繫心作死灰寒冰炭何相並薰蕕自不干願君捐舊學須向聖門攀

烏川書院展廟雷宿仍訪青林舊址徘徊感悵伏次始祖

知奏事公韻以寓懷

青林曉日紅來訪古墟中露濕莓苔地烟沈蓬藋叢育堂知幾代遺廟想高風況又家聲大賢孫有圃翁

金山宗人家得敎導先祖遺詩一絶謹繼其韻

雅望爭推通德門緇帷關處後髦紛當年寶唾都漫滅何幸今朝見此文

簪纓十世舊名門詩敎傳庭森桂紛從此墨莊垂累世孱孫猶解誦經文

還歸里 庚寅

毋爲雲孫互送迎 毋子雲住兩山之餘支相會而送迎 平郊十里一川橫紫陽縣廛無改 究理內古之紫陽縣還歸市乃縣市也 丹穴祥傳寺有名 俗傳鳳鳥巢於梧坊探竹實於郡南竹林而歸休子還歸後山故名焉古有寺今爲里名 坪楔尚知楊孝子 縣監楊公培居坪本村有孝行朝家樹楔旌閭 巷碑咸仰鄭先生 愚巷乃圃隱先生胎降之地今有碑閣 一區文行今猶盛三百年來幾箇英

東都懷古

雞林搖落月城荒徐伐繁華夢一場國富千年同楚郢家官三姓效虞唐悲風蕭瑟將軍墓老草離披學士莊山水即今都似舊欲尋陳迹更蒼茫

春日偶吟

昨夜東風小雨零千峰萬壑一時青龍眠不得摹真面始信乾坤造化靈

輓李上舍以直 敬中

文星昨夜忽虧精驚却吾兄已九京聲譽洛陽才子賈典刑伊上舊家程千秋玉樹眞朝暮一朶蓮花豈重輕有老無兒年更短雪川嗚咽下哀情

輓崔善建 立基 戊戌

昔登六宜亭緬懷詩翁躅賢孫趾餘美湖林風味足佚宕文墨場恢曠忌局束石交多名勝令節樽酒綠回首末路輩巧險徒碌碌云胡司命薄未老登鬼錄遐邇共嗟惜況我姻誼篤悲悰化寸鐵割我腸一曲

寓次有感 癸卯

吾祖何年入永川思來疑自版圖先 圃翁及吾典工公兩派皆居永川疑自版圖公已來居矣 工曹基業開錢野 小判書公遺基在郡南錢村 敎導家聲振大田魯巷絃

歌繞四葉(忠順公自大田移居書巷)仙源淸白又三傳(曾王父縣監公始卜仙源)如今僾
作無巢客何處江山更有緣

先世墓道吟

八代墳塋遠莫詳只今猶保永州鄕工曹元墓曾孫右李氏唐
丘冢子傍龜洞生員長水宅龍山忠順五公藏惟吾祖父分雙
兆上在雲峯下鎖坊

輓姑夫李公(德祺)

晦翁庭裡有高人雅標淸襟逈出倫文墨贍推潘陸友規模要
作洛閩臣堪嗟美玉空三刖那意遐籌只五旬白鹿院中遊行
地唐卿餘範却成塵

梅谷寓舍

重巒環擁小溪回有谷其間號是梅丹穴巢空猶舊樹(谷中有梧坊俗傳鳳鳥巢於梧樹云)黃堂人去但荒臺(壬辰之亂郡太守來寓此地常坐石臺上布政且築小城於村中以衛之今遺址尙存)村依巖藪長生霧路絶輪蹄半掩苔僦屋四經霜葉
落何如谷口子眞來

閑中謾興(甲辰)

溪邊矮屋小如舡上對層巒下石矼雲帶水聲晨滴硯月搖林
影夜窺囱案中有友書千卷門外無人鷺一雙藥醲解教閑客
醉時抽傑句付長杠

伏次玉磵亭韻

光霽胷襟逈出塵別區烟月有佳因書中沿泝千餘世身上提
撕十二辰跡似商山肥遯客心如沂水詠歸人少微昨夜祥輝

動來照荊花滿樹春

輓申上舍士範(重模)

江南人物最吾兄不是尋常上舍生風範已收章甫望文華能
主藝園盟堪嗟桂籍終無分那意春闈遽失明十許年前同日
喜追思今夕倍沾纓

謹次龜村族父(碩玄)五懷堂韻

至樂融融在孔懷有時豪宕外形骸一行鴈序秋空闊五朶荊
花晩景佳南極老星前夜照西園芳宴此堂偕家猷克守三休
敎和氣盈門永不乖

輓李丈(敏中) 乙巳

海東咸仰體仁祠闕里遺孫行亦奇二酉芸編眞活計三春蘭
樹好風儀金門未奏賢良策野隧空題處士碑先契如今那忍
說一聲鄰遂使人悲

輓蒼雪權丈(斗經)

徵士飜爲學士身冲翁賢裔葛門人天資贍得三光粹地望爭
推五絶彬百里撫摩遺愛在 兩朝規諫大疏陳堪嗟素蘊終
無展忍見蒼軒却掩塵

輓孫持平丈(德升)

人品超然末路間英豪氣槪好容顔龍墀早獻中興賦烏府旋
登御史班桑海風波千里闊梅湖烟月半生閑如今舊榭空寥
落長使親知涕淚潸 空

春日謾吟(丙午)

藜杖行休石逕斜洞天佳景望中奢溪邊影轉千年樹岸上香浮三月花浴水閒鷗明勝雪繞林輕靄薄如紗索居無與同芳餞時遇田翁謾自誇

艮巢 新構小屋負艮山故名之

洞天幽邃石溪淸負艮開巖架數楹黃鳥止來知擇善 內體八卦之艮爲止黃鳥知止乃明善之事 青山兼處驗存誠 重艮艮背爲閒邪存誠乃誠身之事 物成終始功逾晉 內體 時協行藏道乃明 重卦 古聖旣垂觀玩戒棲遲要不隳斯名

輓曺屛厓先生善長

先子於公早許心共修經學梅山林高情屹若千尋壁懿行精如百鍊金根接紫芝靈馥遠波連丹海的源深從今後死將焉仰回首屛厓涕滿襟

夏泉齋舍謹次進士族父 碩臨 韻

習火墳菴久再營今朝幸見數楹成松楸一壑樵蘇遠霜露千秋昷祖明瞻護煩緇同發舍追思貽後等甄塋長房勤孝堪爲則惟願諸孫各盡誠

永州七勝吟

毋山南走二川回天作名州傑閣開宙畓千頭嵐翠映田平十里稻香來騷翁倚檻風驚筆貴客當筵月滿杯玉笛聲殘人不見登臨斜日更遲徊

右明遠樓 用圃隱先生韻

突兀高臺百尺餘前臨鄉里後墳廬數層磯伏宜投釣一面潭淸可玩魚蕨老首陽砥柱屹奎明洛水鬼妖除故山佳處今猶在瞻仰仁祠覺起余 明道辛㶚石佛斂光 指圃翁斥佛之事 翁

右釣翁臺 先生淮陰舟中詩有故里多佳處之句故用其韻

卜築非眈選勝遊好將墳典託藏修奇巖卓立臨流屹疊嶺重遮隔世幽竹月松風供雅趣淵魚雲鶴作閒儔秖今休老壇前樹長帶寒烟晝日愁

右日躋堂 用旅軒張先生無題詩韻

棲峽要辭世累搖輪蹴曾不過前橋潭淸桃映紅霞色洞邃芝抽紫玉苗逐水野鷗來忽去隔林禪磬近還遙櫂歌逸響如盈耳猶想當年道味饒

右忘懷亭 用芝山曺先生題靈芝菴韻

登登終日去忘還地勢淸高眼界斑千仞巉巖垂絶壁萬重丘垤伏羣山天低廣壑圍成幕雲掩危矼鎖作關廬㑽壯觀寧勝此泰翁藜杖不辭艱

右上峯菴 用柳泰齋登大王峯韻

何年藏六此棲遲勝界風光哲士宜巖麓磊嵬山盡處溪流澄澈雨來時煙洲好與沙禽狎繡陌寧隨寶馬馳幸見賢孫能肯構壁間重揭鳳吟奇

右玩龜亭 用曺南冥寄題韻

林臺蕭灑壓湖頭杖屨逍遙閱幾秋世泰早全頤性樂 國危終抱戀 君愁閒雲舒卷青螺影明月沈浮碧玉流石老遺詩空三復辱孫感慕未曾休

右紫湖精舍 用先祖湖叟公韻李蒼石過此有詩

將赴公車行至漢江偶吟 丁未

山水重重馬首搖郊原新綠漸肴饒西京道路餘千里南客行
裝滿十朝華岳雲深佳氣鬱漢江春晩碧波遙元來得喪無非
命僾覺宵中意像迢

三江書院

洛水洋洋鏡面平二川來會是爲名江山萬古風烟美祠屋三
間俎豆明正學淵源兩夫子中興賢相一先生登臨却遣醫頑
習頓覺仙區分外淸

榮歸之日祗拜湖叟公廟庭宗族畢集塤叟先唱一律荒
叟和之謹繼其韻

先德純深積世滋餘休幸發小孫兒蕃多 楓陛頒花日感切
桑鄉拜廟時致澤豈宜凡質辨榮名不是素心期鱣堂妙訓眞
家學願且終身敬守之

李夏至橫溪宗族儕友皆會飮酒懽娛塤篪丈席各賦一
律謹繼其韻

我非經濟手惟願作漁郎 聖主恢天網恩霑到僻鄉林間開
族會巖隙酌流觴先祖湖翁澤肴來且未央
鳳闕新 恩降鱣堂喜氣呈鈍鉞非射斗麤璞愧連城自識才
調下寧堪世路行多愆不寐語虛託遠期情

與諸益遊陶淵 鳴于直卿敬伯敬汝沃汝啓汝及諸少友來會

松桂交陰覆鶴汀名區伐木叟丁丁落河噴雪千層白危壁摩
雲萬仞靑處士遺墟今栗里仙翁芳躅古梅亭 梅福避世逃隱其地有挹仙亭
淸風颯颯來吹鬢頓覺塵襟次第醒

曲江書院

九曲淸江注海層丹靑祠屋幾經春晦翁道學承濂洛龍老文
章逼漢秦樓榭卽今扶敎化山川終古倍精神風光已近重陽
節其奈身愆姪杜人 杜工部九日遊曲江

浦項村

走馬兄山江水湄平沙十里夕陽時烏川形勝控徐伐鰈海風
濤漾島夷漁屋近千紈被壁商船餘百桌爲維通衢西徹長安
道行旅如雲望酒旗

入迎日縣拜始祖祭壇轉造烏川書院謁廟守仍遇宗人

同宿大松村舍

曉渡兄江水來尋桑梓鄉壇前纔致肅廟下更焚香小堞碑文
沒靑林歲月荒宗人偕我宿終夜共沾裳 迎日城舊在古邑移築時撤墓前石物入于堞中云而今無推見之路極可痛心書院東有靑林舊基而先代幾世居住無由詳知是亦可慨耳

登嶺南樓次壁上韻二首

危樓俯壓碧江橫十里烟波鏡面平城外紺園知不遠晩風吹
送小鐘聲

凝江高閣冠南天閣起崖頭江在前眼界蒼茫臺海外風光浩
蕩鷺洲邊淸流金碎孤輪月遠藪紗橫一抹烟漁子歌中鐘響
至却勝絲竹動華筵

輓金戍汝 啓鎔

平生韻趣契牙期早服高情不染時孙老木鐘曾沐化屛翁氷
玉夏交輝十年荊水愁孤鴈半夜巴山哭子規茅宅荒凉遺嗣
弱忍着丹旐故原歸

湖賊猝起來據江右數邑從墳蔍雨安八郡城募義兵將
討賊忽聞巡討使領大軍勦滅遂罷歸後數日丈席吟示
一絶謹繼其韻

二皓旗前戴羽冠欲揮長釼掃兇頑　王師卽日先飛捷空使
書生倍汗顔

自去冬已有腹脹之候連服藥物從倡義所歸頓覺添劇
遂灸中脘穴五百餘壯且服丸藥而今夏暑滯非常沈綿
益甚伏枕昏眩未得赴進賀會盟之時惶懍不自安作詩

寓懷

百年黎庶不知兵邪意今時逆竪横半月妖氛清鼠窟五雲佳
氣鬱神京　龍庭拜手千官賀麟閣圖形一席盟獨有小臣罹
重疾遠違班列但沾纓

仙源宗兄 重祿 強疾來訪留叙兩晝夜而去以詩謝之

德義才華總是兄奚論七歲已先庚一般韻趣諧流水半世心
腸映紫荊還愧少陵虛竊祿敢望雙許共聯名况承庭訓嚴宗
法頗守遺模永盡情

自我飄零會面疎忽驚藜杖過蓬廬三庚老暑方殘後七月微
凉乍起初對榻共談新舍勝懸燈仍講古人書應知別後池塘
夢飛繞梅山烟樹虛

輓谷川金處士 尚禹　己酉

錦水清波沐浴餘谷川茅屋閉門居撿身繩準九容目玩理洍
濳四子書誰惜林間芳蕙老忽驚天上少微虛年來先友多淪
謝翹首南州淚滿裾

鷗江書院敬次墳変韻

大賢前後起遺廟鶴城間水似濂溪水山疑雲谷山淵源通一
脈風範格羣頑末學偏多感胷中百慮閒

又次蒼雪權丈韻二首

遠峀重重四面回仙區光景一望開鷗邊二水環洲合鼇背三
山聳海來俎豆馨香夫子廟衿紳彬蔚俊英才登樓盡日忘歸
去頓覺風流未易裁

筵鶴何年去不回仙區還見學堂開十洲風露侵書潤三島烟
霞入硯來天地別慳奇勝界古今能產幾英才武夷祠屋丹青
炳須取餘模次第裁

輓金蔚山休伯 始鎭

勿老家庭鵠吉祥天分奎宿放休光高名早占神童榜直節俄
封御史章繞見文翁來蜀邑豈料平仲死留陽應知清白江中
月流照鷗江萬古長

橫溪書舍諸生共習鄉飲酒投壺兩禮罷虎変爲詠一律謹
繼其韻

松桂陰陰玉磵垠法門羣彥盛儀紜席間投矢爭由禮階下迎
賓酢有文綿縷育教通野並草光遙自密鄉分堪嗟善教空埋

沒抛却殘編蜀隱君

謹次宗兄立春韻 庚戌

冬去春來在片時此間惟有化翁知陽噓地面梅魂動斗轉天心歲舍隨青萊登盤遵舊俗素戕題祝揭新詞昭蘇氣像從今始漸看囪前日影遲

輓墳安先生

天資溫雅挺儒眞師友相磨亦有因始把文章思濟世終明心學欲安身招賢幣至操逾確詔後書成業不貧昨夜德星光忽薄棣華虧却半邊春

赴洛將發謹次上舍族父贈行韻

憂國平生只寸忱贈言今日警偏深因知忠孝爲先業却怕行

藏負素心駑駕豈馳千仞坂鷦棲堪託一枝林才微位小眞吾分不恨多年末僚沈

輓密菴李丈 裁

九峯蒼翠出西山松桂陰中日月閒學術遠求閩洛際文章高步漢秦間繞聞杞棗從天隕忽報荷衣入地還先友年來淪謝盡玉亭餘淚更潸潸

送金鼎甫 夏九 之海南任所

殘雪初收歲暮天使君行旆政翩翩鵷趨 北闕雲瞻五島向南溟路隔千刃大自能宰小肋壺清何畏酌貪泉偏憐逆旅相隨地十數人中少一賢

槐院直中謹步贈行前韻呈上舍族父

江湖猶自抱葵忱禁直經旬戀更深風引鑪香微惹袖鐘傳宮漏暗醒心葱籠瑞日明深殿藹蔚祥雲繞上林此地周旋皆
聖澤宦津何復問升沈

送李文輔鎭周之眞寶任所二絶

玉殿寒梅欲綻唇清香暗襲 陛辭人南行寄著軒中藥民草應成百里春

十室眞城縣雙旌太守行漢江冰正白前路一般清

歲末受暇南歸次鄭子成 玉 送別韻二首

數朔攀清袂今朝返故居關河經百舍時序屬三餘何必嬰華紱惟堪理好書升沈不足恨萬事有乘除

蘭襟欣暗契萍迹恨離居金榜聯名後槐院並步餘何時一罇

酒無路數行書肝肺遙相照深情老未除

奉 命問禮將向江都至金浦阻雨留宿次館舍壁上韻二絶 辛亥

翠峀重環野清江半接天南風一陣雨驚起白鷗眠

聖主躬壇祀純誠格上天桑林靈雨下終夜喜無眠 時大旱 上親禱南壇臣重器以史官隨 駕仍受 命出使翌日大雨故云云

江都鎭海樓有感

疑是金鰲背上浮截然天險冠青丘層城雲聳留都府畫角雷鳴鎭海樓誰遣胡兒潛渡水堪嗟豎子不知謀千秋志士無窮恨倒盡滄溟洗未休

自金灘乘舟至驪江偶吟 六月二十九日乃 敬徽殿小祥也百官當變除而二十六日

至金灘鄭相家問議從陸路難以復命於練前遂乘舟還洛

雨後滄江水没涯風前輕帆疾如馳雙雙白鳥逢還失點點青山看忽移寺古神僧曾住錫樓清圃老尚留詩 王京此去知無遠底趁 魂宮釋服時 清心樓有圃隱題詠甓寺即無學所占

九日偶吟一絶呈鄭道中 權直盧後改名幹字道直

清秋零露冷如霜楓帶微紅菊吐黃半載洛城歸未得故山虛負此重陽

道中和示叟步前韻奉呈

萬木凋零昨夜霜獨憐瓊蕊滿枝黃由來晩節眞堪貴願保丹心共向陽

次柳仲新 愚茂 重陽韻二首

一朶霜天菊正當百卉衰孤香眞可愛遲發未爲悲留得餘春意嬋成九日期插花分韻興知者在今誰

昨夜霜風急前林半欲衰壁隅虫語澁天外鴈聲悲菊解重陽節人忘一會期旅囪空寂寞罇酒送來誰

次金守夫 啓白 韻

微官何與廟堂謀中夏西來又度秋未效陶牛眠草計空懷越鳥戀枝愁丹忱耿耿徒盈腹素髮星星欲遍頭西舍僚郎頻叩我客中羈緖一般不

次柳仲新冬至韻

純陰終未遏陽和至理曾聞邵子歌雷響重泉能起否天心半夜正如何灰飛葭管候先至魂返梅梢香暗多贊化神工知有道閑關當日息行車

又次柳仲新二首

永水遙遙漢水陰班荊忘却雪寒侵高談立索十年事密契峨洋一片心愧我鹵姿叨桂籍多君芳譽聳藝林人生會合誠難得願把淸罇共一斟

歲色闌珊日易陰寒囪偏覺客愁侵鷄鶩素乏青冥足鷗鷺難忘綠水心三秀何時尋玉嶺一枝無意借瓊林分明飮水非由外寒煖年來愧未斟

次張天應 緯恒 韻

碧嶺千重隔紅塵十丈高淸霄明日月宦海息風濤正屬陶冶會其誰識務豪榮名非我志奚望鶴鳴皐

次李平卿 權 韻二絶示同遊諸益

山澤中閒一散人偶霑微祿際 昌辰自知菅蒯終無用鏡裡霜毛白似銀

客裡相逢總故人十年青眼即今辰追遊肯作閒酬酢義理須分鐵與銀

次金仲默 景沈 韻

伏炎化臘雪烏兎走何忙偶出田翁舍來遊宦客場衣霑九陌土靴滿五更霜夜夜南歸夢尋梅到故鄕

安生克孝袖示其先祖思齋堂詩謹次其韻 思齋公即靜菴門徒

漢山蒼翠映湖山元裕餘風海外還堪惜黨碑多少士幾人能得採漁閑

翠烟溪鎖舊江山仙鶴何年去不還蕭灑一堂游詠地竹風松
月自如閒

又次金河西題永思亭韻 永思公即思齋公之子

孝子承賢父登亭致四思千秋山斗筆重揭邵南詩

除夕金景初 用杜少陵韻詠懷投示次韻却寄

此歲惟今夕閒愁暗暗生蓂殘一片葉鐘促五更聲剪燭憐烕
淚看星怕啓明無端添鬢雪何事滯 王城

次金仲黙元朝韻 壬子

三更残臘去堂堂鶩起雞聲蹴卧牀萬室籌燈光炫燿九門金
鼓響鏗鏘斗星暗逐東風轉瑞旭仍含淑氣長華祝今朝無别
語 紫宸千歲儼垂裳

李平卿贈以一黑絛吟寄一絶次韻却寄

碭色華絛數尺犄繞腰添得好風儀故人情旣誠非偶一遍摩
挲一遍思

送姜而直 杭 歸覲商山

槐院名僚盛惟君獨妙年幾宵同旅枕今日戒歸鞭晴雨荆花
裡春風寸草邊舍人遺緖在長路莫迍邅

槐院香壇與道中平卿聯句

嘉木堂前立 翁 蒼陰庇小囱 中 髯疎呈老態 平 榦直蘊丹腔 翁
陶柳還除二 中 杜柟更贖雙 平 拳彎蹲似虎 翁 髯鬐茂如尨 中
馥烈隨風播 平 聲寒得雨撞 翁 根通九地蟄 平 梢拂三辰扛 中
隱隱垂青幕 中 童童峙碧幢 翁 培封渾用石 中 霑溉豈須缸 平
苦節排霜凜 翁 芳心遇火焢 中 宋廷辭晏復 平 夏陛抗龍逄 翁
松竹弟兄廁 中 檟梧臣妾降 翁 幽宜栽閬苑清合倚湘江 翁 胡
把仙庭賫 中 却投闤市哤 平 聾聽迷缶磬 平 肉眼混珉玒 中 可
惜棲鸞樹 翁 翻為繫馬樁 中 蠹螬穿腹齧 平 糞土没鱗胮 翁 顧
我愁塵鬧 中 看渠喜谷跫 平 編櫻張日蓋 翁 剪蔓濕星釭 中 手
把輕烟冪 平 神惺爽籟淙 翁 繞軒光冉冉 中 侵榻影摐摐 平 嚼
葉全疑柏 翁 嗅香絶勝茳 中 猿吟惹桂蛩 平 蟻夢蛻槐邦 翁 偶
爾襟期契 中 居然氣味厖 平 奚論麟閣魏 翁 擬逐鹿門龐 中 近
熱炙誰手 平 乖昏高幾肛 翁 柳麾終適越 平 韓棹亦浮瀧 中 終
古多貽戚 翁 對君寧不雙 中 何緣移野塲 平 共與老溪矼 翁 嵒
坐相嘆息 中 題詩筆若杠 平

登望鄉臺

春到長安客未回望鄉今日獨登臺東風吹送清明雨起處應
從二水來

聖上躬行 敬徽殿朔奠百官陪祭道中吟成一律遂和
其韻

靈宮逢月朔 聖嗣奠殷菲鶩起三更鼓催隨九路騶鸞班庭
外列 仙仗燭中依祭罷歸來早西天河漢巍

次金守夫韻三首

玄圃烟霞映短簷晩天踈雨更纖纖柴門有客詩朋半柳巷無
塵吏隱兼迹似飛蓬風裡轉心如止水月中恬此閒清趣君知
否莫向人前過自謙

三六

空庭寂寞雀啼簷步月看雲恨未纖常報客廚薪米絶何如山
味果魚兼風塵謾抱奔馳苦林壑還慙勇退恬惟有一團葵悃
在此身於此未曾謙
官閑日日卧茅簷十斗吾知祿不纖位小未謀經國遠才踈敢
望濟時兼過從無地身長逸通塞隨天志却恬堪笑九街鳴玉
處謾張虛譽不曾謙

次安典籍希中聖時韻

悠悠西海闊湫湫洛江㶑偶向清班會仍從旅舍尋家傳汾水
業詩得杜陵心叓面何曾貴君須聽我琴

三月晦日次道中送春韻

綠遍千山紅亂飛淡風微雨送春歸莫言便向晨鐘斷留得餘

光待晩菲

追步鄭子成贈別韻二首奉寄栗峯郵軒

薄宦風埃走飛仙山水居傷心千里外分手一年餘塵掩龍脣
匣雲迷鴈足書何時文酒會消破積愁除
雅範遙相隔羇蹤久索居夢驚鐘斷後神往鳥嚶餘謾詠曾留
句時披舊講書吳州見月處離恨未應除

次柳仲新八日觀燈韻

蔥嶺何年渡鴨水揭燈環觀倣元宵千尋脩竹當空立萬點淸
釭徹曉燒錯落飛螢棲老樹分明列宿映層霄太平盛事君休
詑邦禁宣先設玉條

輓任正郞實夯華世

蓮塘風露灑門闌君擷餘芳紉作冠名籍少年高第日跡潛儀
部上郞官貳身縱有三珠美五紀翻如一夢殘徐伐他年東去
路忍聽斜日笛聲寒

輓崔雲程南斗

屈指東都士公居一隊先風儀梧峙鵠詞翰玉生烟累下劉蕡
第終慳管輅年神逵猶不爽雙璧耀青氈

送道中南歸

銀臺槐院並㮏遊今日君歸我獨留莫作雲林長往計 聖王
隆眷可無酬

道中臨行留詩爲別遂次其韻

門黨衣冠一院仙多君冰操暖波堅英聲珥筆都俞地 睿奬

談經咫尺天厭拖華紳趨 闕下好回初服向山前還慚往日
同來者經歲遲徊繡陌邊

送李平卿歸覲漆谷

託契于今十載過知君材器世無多高名早占黃金牓雅致孤
吟白雪歌共院方欣聲臭似分襟其柰去留何石潭舊派須沿
泝泗水猶存不盡波

柳仲新以七夕策製居魁 賜第仍以 御筆書雖露好
氣象五字于試券安希中作詩爲賀遂次其韻二首呈仲
新

鵬程暗與鵲橋通紫氣遙遙射碧空自是桂香登暮歲何須桃
蕚笑春風雄篇獨冠群儒上 華袞交輝五字中懷傑良猷應

見採玗着　仁后濟吾東

雲漢昭回壁沼通廣寒蟾桂一枝空蛩吟正娭新秋夜鵬翮方
搏北海風飇飇丹衷傾腹裡煌煌　御墨耀篇中風期偶屬雙
星會盛事千秋震大東

輓權進士 龍燮

子安詞翰伯豐賢壁沼光增一朶蓮片石高山遙望處忍着千
里返啼鵑

輓權丈 斗緯 二絶

冲翁庭裡萃群英人說藍田四弟兄器度文華眞定價莫將窮
達斷平生

桂坊搖落又荷塘尚喜孫根蔵暮芳七十七年非上壽詩義林爭

惜善徵荒

菴窔先生輓詞 三首

張谷雲相接鄭鄉草復榮的源承叔祖麗澤有賢兄肯作他歧
誤終着大道明瑤琴絃斷絶誰復理餘聲

手大巖廊器身潛雲水扃傷時懷蟻悃謝幣任鴻冥名入　君
王筆光增處士星伯淳終不福其奈濟生靈

先公曾託契小子早登門妙訓雖抽鍵愚衷尚戴盆鞭繩方數
紀梁木奄重原後死將焉仰西林獨斷魂

輓金正字 仲默

開老家中紱冕傳愛君脩佩旻翩翩銀河沐粹非凡骨金榜題
名趁妙年會着霜蹄將萬里誰料玉樹遽重泉偏傷鶴髮垂垂

處長抱孤孫泣暮天

在堂后酬權佐郞士恢基孝憲韻 士恢以燕春秋入直史室

仙閣聯翩襲賸薰鏘鏘環珮暗相聞鷦枝敢望隨鵬路鳧脛還
慚廁鶴群簪筆攜從　螭陛共衣香惹自獸鑪分丹忱一片公
如我只願同寅報　聖君

待漏院更步前韻

曉拂朝衣簉裡薰禁門殘漏夢中聞祥光繞　闕雲成五玉珮
盈庭鳳作群自卜鹵姿荒野棄還慚小祿太倉分卯申奔走無
絲補猶有微忱解戀　君

鄭直講思大來住鄰舍會叙宗誼仍步前韻要和於余及
道中遂以奉酬

懸榻前宵尚帶薰今驚囱外屐聲聞羞吾冷跡長爲客憐子清
詞卓不群葦族幸成千里會蘇宗初自一人分此來爲坐誠非
偶便覺秋毫總我　君

自堂后申退私次中夜忽蒙　頒柑之命道中述初呼韻
即席口占仍示李注書壽海金內翰漢喆鄭注書基安

晡時退自四仙堂　恩賜中宵出上陽玉顆團團遙渡海金皮
燦燦早經霜倒衣驚處肌淪湿正席啖來腹滿香異數如今寧
獨享更分餘味及鄰郞

除夜與德而希中道中聯句

滚更寂寂旅愁生 德而 共酌清尊瀉不平 道翁 團會五人同嶺海 希中
流行一氣換元貞 道中 方知此夜眞堪惜 德而 默數吾年却自驚 道翁

三八

爆竹藏鉤俱俗戲 希中 挑燈分韻到雞鳴 道中

再疊

宇宙居然老此生 道中 世間何限事難平 希中 客中歲月跳丸走 道翁 圖上元亨碩果貞 德而 寶匣青萍吟愈壯 道中 明銅華髮覓還驚 希中 一鐏相對畱今夜 道翁 却怕街樓曉鼓鳴 德而

三疊

落盡江梅春欲生 希中 皇天多意四時平 東西南北人同會 德而 風雪乾坤志共貞 消長有時何足惜 道翁 窮通關數不須驚 玉樓今夜寒多少 道中 坐待晨斑釦珮鳴 希中

梅山先生文集卷之一

梅山先生文集卷之二

詩

大殿春帖子四首 癸丑

玄律將窮欲動春忽看祥靄繞　楓宸和風藹藹噓群物　聖
德熙熙浹萬民沴氣已隨殘雪盡洪休暗與瑞暉新應知東土
三千里咸囿吾　王一箇仁
銅壺聲暗轉葭管氣初分晷永三竿日祥騰五色雲晝筵求道
切宵枕念民勤千載華封祝今朝獻我　君
昨夜東風入紫宮朝來喜氣滿城中臘前瑞雪三盈尺爭賀從
今歲屢豐
鳳闕梅心動龍池柳眼舒講筵淸晝永催進聖賢書

謹次先祖湖叟先生焚黃時韻二首 并小序

我五世祖進士府君當壬辰之亂首揭義旗有永慶全
捷之功使嶺左一路按堵耕作以給江右軍餉終至恢
復全嶺克贊中興之業其鴻勳偉烈爲如何哉況於月
城之役府君以先鋒將摧破勁賊卒陷圍中我高祖生
員府君賈勇潰圍脫府君而身死之此莫非府君忠義
之氣有以致之而其忘生冒危戮力討賊之實亦可以
想見矣若論其忠勇功勞則固可以畫煙閣銘彛鼎而
府君以山林耆德斂迹晦養其執戈從軍專出於敵愾
而非爲榮身計也凡所斬獲皆推之諸將不以報聞于
使臺故爵賞不及焉梧相所慰薦不過一郵官而歿後
又無人建白未蒙　褒奬之典識者之嗟惜久矣今
上辛亥八月行幸　長陵重器以槐院郞籲于　駕前
上下其事于銓部使卽稟處而伊時銓長久缺越明年
九月始得回　啓請贈崇秩以樹風聲　上命之遂
贈以大司馬噫百年幽鬱之跡至今日始彰者莫非我
聖上崇烈顯忠之恩則惶隕感祝之情寧復有涯際耶
十月重器謁告奉　命書南下十二月祗行焚黃禮于
蓮岳長房內外孫將事者凡幾十人族父上舍公洎月
城孫明甫俱賦律詩各一篇詠其事繼而和之者殆數
十餘篇長房叔父遂錄成一冊以爲傳家之計此誠美
意也重器以休暇有限卽還仕次未得駿奔於當日俄

蒙長房叔父寄示諸作謹續貂寫呈以寓感慕之忱云
列城潰日吾祖刱奇勳火烈船燒魏兵精象走昆露霑黃壤
路香動紫泥文兩世蒙　殊渥榮光震一門
　右次上舍族父韻
丹靑麟閣幾崇勳疇若初頭撲燎原二邑尓除荊棘惡一方重
覩漢儀存湮沈久結儒林恨褒奬今蒙　聖主恩自此幽光彌
炳著孱孫揮淚望　天門
　右次孫明甫韻
次堂后壁上韻
小案蜀唉院芳鄰接史臺鎖滾宵獨宿漏盡曉雙來登　陛恐
虧體秉毫要竭才旨兼上下寫條逐短長裁政席邀恒去候班

罷始回客顔看宣語隷唱聽堪咍苦被諫官廹徧驚　内侍催
挑燈睚輒試抱案首無擡罰重收寒圍榮多奉法杯寧論眞假
異莫使神精頽

大王大妃殿端午帖四首

萱閣深深瑞日長一年佳節屬端陽梅露好雨田疇潤槐送薰
風殿閣涼閒寢尓停調樂嵩呼嵩仍進泛蒲觴瓊粻百斛曾添
賑　令德應傳壼史香
瑞萱抽五葉靈芝挂千扆十載臨長樂三朝惜寸暉壽杯香酷
烈彩縷影依微九閣懽聲動遲遲晝漏稀
聖母雍容御法宮陰功暗暗扇仁風溫柔至德人咸仰堯舜分
明在女中

萱階回勝節佳氣鬱紅霞環珮盈庭賀彤闈日未斜

送柳令公允卿升鉉之咸安任所

雙旌晚出漢江津風掃炎雲雨洗塵　丙枕特憂遐徼地田廬
重起舊臺臣面前縱有三年旱脚下將成百里春叢棘樓鸞還
可惜上林應借一枝新

又次金振伯聖鐸送別允卿韻並呈

南民爭賀得賢侯美政曾彰關北州處野幾多憂國日分符正
屬報　君秋還同永叔投邊郡不是羊公鎭上游雞肋牛刀游
刃足竚看鴻績徹　龍樓

次姜令子淳樸贈別韻

簪盍今雖晚神交昔已深節追東漢軌詩壓盛唐音江渭千重
路雷陳一片心臨分申致語寶匣理瑤琴

玄都觀次壁上韻二絶

空庭寂寞斷跫音印匣長封塵掩深盡日衙門無一事只將黃
卷且娛心
揮却羅帬與管音官軒還似釋家深莫言使客風流少競戰乎
生只此心

冬至後二十日未見新曆戲吟二絶

洛下三經短至天青臺每見瑞萱傳幕賓却似山中隱寒律將
窮不識年
來作玄都觀裡人人間甲子聽無因蟠桃庭下應無恙會待花
開始占春

和徐參奉宗之海朝

玄都空館絶埃塵千里逢飄只此身賴有城南　眞殿下時時
相對意中人

與道中約會松廣寺再從弟李方自永同來會用前韻詠
一絶示兩君

偶然宗黨合三人千里紺園若有因剪燭談懷通夕盡覊愁融
作一堂春

徐宗之聞吾輩會遊欲爲並赴而無馬未果歸後更步前
韻以示恨意遂和呈

偶入桃源脫世塵渾疑軒冕是前身白雲深處雙仙會鸞背還
嫌少一人

自湖南謁告歸家上舍族父寄示一律謹以和呈

北風吹雪凍雲沈田里歸來喜氣深魚鳥不驚前度面松篁如契暮年心才疎敢望匡時策位小猶懷戀闕忱驛路奔馳非我願誓將投紱臥烱林

西赴完山至金山鳳溪訪上舍族叔偶會叙宗人席上次上舍公韻二首 甲寅

疎竹當軒傍老梅偶從原隰駐驂來譜同張藝親情密時蜀蘭亭勝會開句就唱酬馳健筆興濃談笑倒深杯驛程有限離懷苦將發征轅更轉徊

森桂芳叢蔚幾條君承遺馥不寥寥鳳生丹穴祥毛潤釼晦豊城俊彩饒可惜劉蕡乖上第誰援脊蘇總群僚吾知無用還爲

用不必莊生剖大瓠

次沃川喚仙樓壁上韻

一江風露滿高樓玉舃遐蹤度幾秋翠靄輕盈松桂聳碧波微漾荳蘭洲武陵尚有炊丹地洛浦曾留駕鶴遊此客優同槎上老試從河渚問牽牛

法浦分載後與靈光倅鄭君 匡濟 咸平倅金君 五應 及安都事 后奭 同遊船上吟成一律要和

湖水澄清碧峀圍勝區芳會足忘機六節亂擁漕官節雙綬交輝太守衣海吐早潮帆共駛烟籠疎雨鷺齊飛羽觴傳處清吟動日晩前程未便歸

次滌愁樓板上韻

驛程飛馹苦相催今日高亭任轉徊選勝却忘鄉思鬧憑虛能起客心摧長堤柳線隨風舞半沼荷錢點水開愁去懽來哦詠久登樓愧之仲宣才

自京南歸至木川館次壁上張尚書雲翼韻

二子當年不食周羅時五姓更齊休殷人莫說西山蕨木岳蒼松葉葉秋

道中由歸邇迫於永同翌日並轡至金山界道中於馬上用姜子淳韻要和遂倉卒口占

參商分忽聚客路喜逾深浮水寧尋跡霜鐘暗動音奔川東注意倦鳥暮歸心親戚須吾輩開罇共抱琴

夕至鳳溪村宗人齊會團圝是日卽七夕也上舍族叔詠

一律志喜遂續貂以呈

聯駕同來訪水涯偶然芳會趁佳期罇前穩討傾丹悃座上清歡溢皓首爲問鵲橋雙宿喜何如花樹一場奇團圝不覺銀河落醉把長杠共賦詩

七月十一日到家卽呈辭狀八月十八日始聞遞職之報遂作詩詠懷

昨夜梧桐一葉秋居然投紱返林立陳編滿架曾遮眼雜菜登盤素慣喫幾歲風塵長局束半溪烟月足優游庭邊松菊猶無恙永託幽襟好作逑

輓趙文瀣

黔翁遺澤久猶長豈弟如公更襲芳礪世高風蘭作佩傳家懿

範墨爲莊繞看薦日登　朝著那意銘旌掩斧堂他日洛江西
畔路不堪重叩舊廬荒

高祖考　贈左承旨府君焚黃日謹次上舍族父韻并小
序　乙卯

昔在執徐之變我五代祖進士府君首倡義旅我高王
父生員府君實從之慶州之役進士府君爲先鋒鏖賊
大破之俄而陷圍中甚急府君遂奮勇潰圍進士府君
賴以得全而府君爲賊所執大罵不屈而死時人謂之
忠孝俱全是歲十月　行朝因招諭使狀聞　贈戶曹
正郎盖一時例典也物論頗以爲歉今　上辛亥幸
長陵重器以兩世事籲于　駕前　上下該曹稟處遂

丞　贈隆秩府君爲左承旨誠異數也孱孫感祝之懷
當如何哉焚黃之節當如禮亟擧而宗孫遠歿未能卽
行卒畢後序當祧遷堂叔父十八公以長房主祀事今
擧焚黃儀如式子孫宗族將事者凡幾十人是日也鄕
黨來觀者皆咨嗟愴慕之不已在我子孫之情寧不爲
之痛泣耶族父上舍公爲賦律詩一篇傳示席上謹繼
其韻以抒感懷

當年殉義爲　君親忠孝雙全世孰倫烈烈高名輝竹帛堂堂
奇節貫星辰版郎更進銀臺秩　明主重推　聖祖仁宣　誥
凜然精爽在常山堪作柏巖鄰

輓李直長平卿

石潭之水本清漪更有餘波映岸奇香烈桂林春色早珠明驪
穴瑞光滋方看鵷鷺將高翥那意蜉蝣遽短期望子山前秋夜
月隻鸞啼向杜鵑悲

輓金參奉光甫 景溫

浮生草草一何悲君齒於吾少七霜韋曲家中傳紱冕眉山筆
下贊文章荷香未徹金門籍蘭佩飜爲玉寢郎故宅空餘詩卷
在不堪回首白雲央

臨皐書院改摹圃隱先生遺像卜日還安士林畢集上舍
族父爲詠一律遂次其韻

載道其文貫日忠重摹遺像揭祠中肖疎可占胸襟大面粹從
看德義崇茂叔精神輝霽月西山正氣灑清風誰知一幅丹青

上只寫儀形未寫衷

輓李參奉 樛

籍溪家學自康侯德義文章世罕儔場屋和光忘得失江皐頤
性任優游弓旌永被　明時奬杖舄飜藏學夜脩斤世法門消
敗盡青山幾處白雲愁

送道中赴北幕 并序　丙辰

古之任方面者必有副貳以佐之我　朝素重是選而
於北路尤加重焉吾族人員外君忽除北藩之佐盖重
之也員外君與我居同郡齒亦少我七歲又同遊於塤
篪兩先生之門文學以相磨德義以相勗怡怡切切殆
若天倫然豈亶玄衆輩同宗誼哉頃年占司馬聯榻旣

而取大第亦先後間一歲以至槐院之直堂后之役亦與之聯翩出入及夫出而外也君郵官我幕僚而亦同出於湖南一路吾兩人蹤跡一何相隨哉余之家食已數載君亦乍進旋退輒相聚於山林靜散地共討性理文字仍校師門遺集未嘗閱一月不相遇其相與之樂蓋白首如一日也今君辭騎郎歸纔數月又有是命君聞　命而起無逡巡顧望意夫殫心盡瘁不擇夷險即君之素志也三庚酷暑不足為君慮絶塞重關不足為君勞數千里別離之情不足為君悲而以余之所嘗期者則竊為之慨然也向君之未筮仕也既才氣敏充養厚蔚蔚乎其文之富也優優乎其識之廣也耿耿

乎其行之修也兩先生每以經濟器稱之逮其任記注也雖緊辭劇語鑿鑿無一字遺於時事觸忤處亦直書無畏忌其應講試也達　威顏咫尺沿經義大進規戒自此廷臣聳歎　聖主嘉奬特以稀世才歸之余意蘭臺之選玉署之薦且當朝夕至矣而今　朝廷之所以待之者乃如是何其與素相期者左歟今夫楩柟之樹擢千章蔽萬牛可以任棟樑而必先以霜雪摧剝之然後乃成其材莫邪之劍含清霜耀紫氣可以剸蛟龍而必先以硎錯磨淬之然後乃發其鋩穎者　朝廷將欲擢之而姑以此先試之歟　聖明在上喆輔布列一脈公道未必全泯於今日吾且於君而占之矣今於君之

行又何足以慨然為哉雖然程伯子嘗為鄠縣主簿初未見知於令及決藏錢事令大奇之夫簿佐一縣者而明道猶謹其職況於佐大藩總一路者乎許太傅之入幕也黄勉齋以格致誠敬等語贈之士君子一去就間何處非學耶君其勉之哉其別也遂成一篇詩以贐仍序其意詩曰

關河重阻路迢迢何事蒸炎遠北軺螭陛談經　天奬大騎曹投笏地望遙英才合置登瀛選薄宦翻為入幕僚周咨須盡分訏着新　命促還朝

輓李進士季實 恒培

君家文采世稱爛淑氣偏輸兩白山錦綺佳篇騰藝苑菁莪懿

範振賢關鳳毛成列庭雖潤鵬翮無風鬢易斑可惜重泉今永隔却驚樑月異眞顔

次族弟明仲昌陽大田舊庄詠梅韻

暘老遺庭一朶梅塤翁去後積塵堆今君封植知多意芳信應從月下回

輓上舍申文濂 丁巳

堂翁瀛士盛名傳餘範今看上舍賢大鵠停梧英表秀孤冰雷壑難操堅　丹墀未售三千字白屋閒吟八十年最是平生無限痛一枝瑤樹隕庭前

輓申進士達仲孝源 幷小序　庚申

鵝洲申君達仲吾表從姪也頃在癸丑歲始相遇於洛

中見其姿地英妙識度宏遠文詞尤蔚然贍麗占漢城
試高等聲名播人口吾心竊愛之君亦傾心於我源源
迭往來不休也後二歲魁嶺解是年秋得司馬又明年
中廷試旣坼號旋以多取見拔盖取三人已有 先朝
故事而是選取五人故論者斥其多然君之名實爲第
三人則照故事固在數例之內而幷君名黜之只取二
人以此人皆惜之然君之才每選每捷若使天假之年
其不爲蓬蒿人決矣而今也一疾無端遽然若朝露天
之降斯人抑何意哉況達仲上有七十萱闈下焉二男
兒俱弱尤可悲己今聞其屬纊之日呼筆書所相愛數
人氣窒未了而止雖未知其所欲言者何事其耿耿不

相忘之意抵九死猶未已也如不佞亦參其中聞來寧
不益爲之酸噎耶其葬也宜臨壙哭訣而病憊不能起
嗟哉吾其負達仲矣夫謹以數句語和淚而題之達仲
有靈其尚知之也否詩曰

西山頹日影闌珊何事斑衣不盡歡妙質玲瓏凝粹璞淸詞彬
蔚壓騷壇蜚英璧沼爭推袂獻賦瑤墀竟虩攀聞道公車方
大選忍看秋峀獨懸棺

朱子大全有十二辰詩謹效其體

鼫鼠饕音厲階由不若芳郊眠草牛身逃虎尾謝軒冕手染兎
毫點索丘龍肉坐談愧知味蛇足添畫怕成疣柴門罕見馬喧
鬧菜畦豈夢羊蹴蹂閒聽猴聲辨畧刻叟將雞骨占田疇肥遯

願追劉安犬木石與處豬與遊

謹次鳳溪上舍族叔韻五首 幷序

吾先祖吏部公三子其仲又繼爲吏部自暘谷西遷于
金陵之鳳沙上舍公卽其仍孫也於吾爲八從叔姪焉
盖自我知奏公肇起于迎珪組相繼蔚然爲麗朝巨室
中間自迎而移于永分爲兩派圃隱先生家爲宗居郡
東愚巷吾典工判書府君爲支居郡南錢村典工公之
嗣仕 本朝又爲正卿至其孫敎導公移卜暘谷五子
皆有文登第者三而冢嗣及次孫又捷重試乃吏部公
父子也鳳沙一派世襲詩禮迄于今科第不絶而上舍
公尤穎拔不凡爲山南大手嘗遊泮齋應 旨獻賦居

魁故事齋儒魁者當 賜第 命官取京華子弟非齋
儒者代之而反黜公物論寃之然公不以是介于懷歸
臥故廬取洛建書沉潛以自娛因以敎誨子姪推而及
之於門黨後進由是鳳沙文學之盛在吾門爲最云公
今年六十有六歲矣慕先之誠猶亹亹不衰以瘦驢弱
僮衝風雪越川嶺至永而展先壠尋舊基轉而走迎邑
謁烏川之祠訪靑林之墟且於往返時拜臨皐書院賞
橫溪遺跡仍又歷叩東都宗人及其歸也會永中諸族
于暘谷留數日講睦昭穆列坐打酒敍懽怡怡焉竟晷
徹宵所居雖異於張公藝同室而其心則實百忍之遺
也酒半酣公遂出律詩數篇傳示于座中其韻淸朗淇

語溫柔追遠反始之意藹然溢於詞句至於敦族也尚
賢也亦莫不從性情流出意今之世如吾公者幾人哉
自世教衰士大夫不忘本者蓋寡矣往往不知其所
自出又或祖免未窮而視之如路人道學至純而斥之
為大禁讀公之詩者能不勵頑性而激頹習乎可尚已
余自少時早荷公容接妄嘗續貂賭祭者數矣今於是
作烏可無一言以應之乎

三百年前遠祖基今公來訪意勤斯學文詩在欽嘉訓森桂坊
高想令儀穩步溪山閒倚杖仍携宗族細傾卮衰遲此會知難
再臨別悠悠倍我思 敎導公始卜此基有戒子詩曰衰微至此問何故只在其人不學文吏部公三昆季登第故第二聯云云

右暘谷舊基

松價陰陰翳洞門曾孫祔祖占雙原尚書厚德 清朝老吏部
高文藝苑昆幽宅未聞藏石誌短碑終恐掩苔痕唐峰龜麓遙
相望遍拜知公孝思敦 判書公始仕本朝吏部公亦經館閣故云云

右元堂先塋

青林自是鄭公鄉名祖賢孫並擅芳四十字媒忠悃著億千齡
啓道源長一家正氣遙傳脈萬世靈宮永薦香我昔晨瞻尋舊
跡山阿寂寂海波洋 知奏公石竹花詩佔畢翁謂之四十字媒

右烏川書院

潭如洙泗岳尼丘夫子當年此釣遊大道日明昏夜裡精忠柱
屹巨波頭仁祠眞影偏多感故里青山尚帶愁我忝傍支無外
裔漢墻遐慕老彌悠 先生朝天至淮陰有詩曰卧思故里多佳處恠底青山獨負余

右臨臯書院

圃老名家後兩賢的脈承經明超厚鑑德邵邁玄輿棣萼推何
日林泉愴却增遠來穿複嶂高義薄雲層 漢儒有鄭玄鄭興宋儒有鄭鑑而鄭孚亦古之名流

右橫溪有感

騎省直中偶吟 辛酉

徹霜昨夜冷穿衣騎省堂前木葉飛故壑蒼松無恙否應留清
樾待人歸

九日思家

京華旅食欲何為兄弟妻兒苦遠離夢為思悠踰嶺易書緣天

闊到家遲山前紫葉知多樹階上黃花問幾枝回首江東秋己
晩季鷹仙帆也難追

以兼春秋直藝文館九月十三日 大殿誕辰伏蒙 賜
送酒肴不勝惶感吟成一律奉呈玉堂直廬求和

白首騎郎攝史臺欣逢 聖節此重回鷺班共祝千年退 螭
陛俄頒五味來彩動珍肴堆廣案香凝玉露透溪杯 盛恩如
海無絲補惶隕終宵不自裁

次鄭校理宅之俊一玉署直中韻

風裁遙壓漢當時晩翠孤松豈恨遲懿望特膺儒雅選丹忱偏
荷 聖明知書成諫草呈 金閣講罷 經帷下玉墀家學淵
源今尚在須思道義莫牽私

送書吏部李明命敬赴嶺營　宣諡仍向永州故鄉
君令銜　命向南州雪嶺冰灘路正悠形勝幷隨珂馬指風烟
盡入錦囊收淩長洛水眞源在石聳烏山壯節留此去優懷桑
梓感舊墟尋處更先丘
永州曾說兩家聲中世高門振上京雖社有盟追舊槩鶯斑傾
盖託新情憐吾久困東華食羨子今成晝錦行某水某丘無恙
否歸來向我語分明
　騎省直中次吳佐郎敬叔命脩韻
寒風淅瀝霤霜繁暖室薰鑪亦　聖恩五色祥雲浮四殿一輪
明月耀千門銅壺晝滴隨時報金皷宵鳴逐點喧　前席耿光
頻入夢也知微悃發精魂

　柳佐郎仲新與吳敬叔命書吏占韻賦詩遂和以呈
三僚鼎坐臂相交談屑淋漓勝酒肴環珮步遲朝後散宮鐘響
急日中敲詩成朗詠新篇寫文入鬼評古簡抄浮世功名何足
說好將忠義莫虛抛
　次柳仲新藥房聯句韻
蘭臺叨攝日藥院　診參辰提擧聯三席醫官列十人共聞丹
鼎訣疑作廣庭身一出虹橋斷蓬山隔世塵
　用鳳溪上舍族叔韻寄道中茂松任所二首
金蘭密契映心肝兩地分離繫小官蝦海烟濤千里闊漢城霜
月五更寒神交飛蝶穿湘樹墨借歸鴻度越山一榻琴書眞可
樂故園何日與同還

徵忱耿耿早銘肝白首來潛騎省官九陌塵多烏帽沒三冬雪
積紫袍寒日催短景沉西谷雲曳輕陰過後山愁坐客窗無與
語愛他林鳥倦飛還
　以兼春秋下番入直堂后忽得鳳溪上舍族叔用前韻詠
　示再和以呈壬戌
栽花不欲向春陽却怕淸渠染汚潢帶雪寒松寧改色經秋殘
菊尙含香天長烏道迷鄉信月隱瓊林惱客腸宮漏忽驚蘆渚
夢五更簷拂滿靴霜
　崔信仲憑遠寄二絶次韻以謝
一出雲林入帝州逢春難遣望鄉愁誦君佳句如相對忘却山
南道路悠

半年江漢未歸人臺曆居然又換新皓首紅塵非我樂逝將投
紱趁花春
　二月十四日在堂后忽蒙潔城之　除廿八日辭　陛翌
　日至果川望京師馬上口占潔城結城舊號
遽辭堂后職遙向海濱來華岳行行遠回頭更轉徊
　寒食日在途中次唐詩
洛下半千里湖西百五春先塋辭幾日經歲未歸人
　到結城偶吟
一麾南走是何緣數雉孤城隱海邊春晩小林花作霰潮生極
浦水連天北瞻帝里雲迷五東望家山路隔千空舘寂寥無與
語使君風味淡如禪

向巡營過青陽憶道中

烟花三月過青陽昨歲吾宗宰是鄉遺愛即今猶不泯仁風雷
與一春長

歸路至錦江船上偶吟

晩出公山郭聊乘片舸回遠峰迷翠靄奇石隱蒼苔水滌軒裳
累風梳驛路埃沙禽如會意來去不相猜

仙源再從兄仲悅重學再從弟明彥重玉寄示一絶一律
遂次其韻

到老來監古潔州濟民無術但搔頭不如歸卧梅山下昆季欣
指久別眸

簿牒紛紜絶少閒重茵列戟却非懽謾將齊魯要臨蜀誰識麕

鷴不若鸞俗訴未除天水擾吏奸難遏嫠尾銖瞞壽民妙訣施無
地袖裡空藏一片丹

次金時卿兩潤韻

此來相聚事何奇若在京師我鎖陲自恨龜跗離水誤休嗟鵬
翮遇風遲升沈只合都隨分俯仰寧須巧偶時浮世功名眞可
笑緣苔埋沒峴山碑

次潔城館壁上韻

古州今作縣孤館倚山前花發千林雨鷗穿半浦烟寒潮噓有
節滄海闊無邊太守多閑趣登臨眼豁然

銅川道上偶吟

解綬西城匹馬歸秋風蕭瑟謾吹衣斜陽偶入江郊路白鳥無
心向我飛

輓曺雲路龍翰

昔在師門日知君第孚有資如思叔雅業效季隨專感鳥空成
賦斟蛇遽當年靈春堂上老含淚入重泉

輓李掌令瀣

驪江華閥耀東韓淸苦如公美更完政績再攻傳遞馬風裁
頻奮憲文冠方嗟野渡虛舟繫忽見荳弧瑞宿殘仁里昔年叨得
御不堪回首淚闌干

夢中得秋字一聯仍以補成癸亥

小齋新築傍林丘山水環圍物色幽梧老古坊留鳳穴瀑穿溪
聲作龍湫地開窈窕梅花洞天入蒼茫桂樹秋魚鳥不猜眠俗

厚且將編簡任優游

遊龍湫占韻賦成

兩岸奇巖鬼劈開小潭溪處激湍來神龍飛去知何日但見蒼
烟鎖綠苔

敬次退陶先生鳴玉臺韻二絶并小序

臺在鶴駕山先生遊賞留詩 顯廟乙巳拙齋柳公元
之與諸士友作舍臺上使僧守之名曰蒼巖精舍其後
頹廢今聞本府諸丈欲爲重建發文求助於列邑遂用
遺韻以寓艷慕之懷云

杖屨芳蹤問幾年風光蕭瑟舊臺前灘頭自有眞源在長注清
波萬古懸

蒼巖起舍事眞奇無沒難堪後學悲今幸諸公能肯構也知興
廢亦關時

輓金鳴于 世鏞

昔我叨傾蓋惟公便忘年錦翁型範在葛老眼藏傳蕙珮人誰
玩蔡姜口有緣衡門今寂寞從此斷牙絃

輓趙進士 後龍

漁翁風節卓餘慶蜀靑氊早建騷壇幟晩抽壁沼蓮高文憎達
命雅質嗇遐年況我聯花甲題詩涕倍漣

埧安先生焚黃之日族弟允文 重稷 吟呈一律於座上謹
次其韻

焚黃盛禮占辰良異典今逢 聖代昌玉磵亭空經學梅霜臺

秩煥士林光題新粉面靈如在宣罷 綸音墨有香母岳蒼蒼
川水闊應知美跡與同長

高山書堂用朱子西林韻以寓感懷

曾隨杖屨幾裵回梧月松風滿小臺往事如今都寂寞不堪揮
淚上階來

輓朴持平王汝 戍玉

槐垣仙侶子居尤識省家聲世趾休器量海洲飄鴈鴨文章波
肆敝瓊珠臺端會見呈金矢天上飜催記玉樓已矣牙絃今斷
絶淡雲何處共閒愁

曉省一抹雲掩洞門戱吟

洞僻林深隔世喧重巒環作別乾坤山靈或恐塵蹤至故遣閒
雲鎖石門

清夜偶吟

虛堂秋夜向深更竹月松風分外清飮罷罇前仍醉臥滿腔塵
累散輕輕

輓李進士美甫 德祿

東都文獻耀祥奎艷子靈源出紫溪美質蔚如停鵠樹雄詞健
若駕風蹄時韜未售公車選望卲頻登吏部提天理如今誰復
詰粉蕵空帶上庠題

再從弟明彦來訪贈詩次韻以酬二首

柴扉長掩不曾開犬吠知君泝澗來携手共探三逕菊淸香滿
袖興難裁

重修初服返林丘卻悔年前繡陌留誨幼只希資四益欽蹤何
敢學三休風烟滿壑看無盡蔬菜盈畦喫且優若得惠連鄰我
卜願將餘日共淸遊

次黃典籍仲梅 沈 贈鳳溪族叔彩竹杖歌 甲子

嶰谷遺種幾千歲託根靑丘根不細香筍滋長雨露潤老節不
受苔蘚翳琅玕六尺直且勁可把可倚協杖制良工得之善粧
點丹黑靑黃耀櫟裔陸離殆若震鱗彩璀璨無讓鮫人涕至寶
人間占第一幽壑應爲神鬼睨杜桃韓藤縱云美若比於此總
廝隷異物寧爲俗子有付之金陵天所諦金陵老人儘高潔早
服經訓通六藝奇才抹摋不遇時棐几淸編爲家計此翁端合
得此杖閒去閒來隨意曳或從幽磵采蘭芷或陟高岡訪松桂

或挂花圃檢灌澆或植禾畦看樹埶枌社槐市且不往野鹿溪鷗同作儷杞菊養精書養心行年七十童顏麗無乃太乙眞人幻青藜吹出烱光谿無泥抑亦逢萊仙子借綠玉分與刀圭耄益銳若使此翁杖於朝百萬蒼生庶拭瞖我是同源講睦人猥託心期暗相契從今永謝風塵隨公去一鼓滄浪烟水枻

次賢皐書堂韻 乙丑

薫序新開花縣裏養蒙美待我求童會文洋溢絃歌響觀善薰成禮讓風化遠準刀恩錦老祠萬鹿院挹陶翁衰遲久遯窮山下却喜芳鄰臭味同

謹次申持平焚黃時申文奎震亟韻

明明我　后樂崇賢雨露遐垂及壤泉封紫誥新同袞煥埶黃

儀古異萃纏高風足令懦夫起懿跡應輸太史傳回首故閭雙綽楔一家眞脉遠栢聯

次族弟允文韻

占得巖棲俯碧灣去年何事遠離山寧隨涼齋斟行止謾逐風埃報往還繡陌已成千里隔雲林要做一生閒義經觀玩非無意其奈愚蒙未易攷

夢拜退溪先生

夢中親拜李先生手把璿璣指玉衡靈訓丁寧昭在耳覺來危坐起徵誠

輓南舜會 國衡

異事曾聞八馬碑今看玉樹有高枝好將郇墨承先業恥把嚴

金立後基庭下衣胄丹桂喜墳前遽鎖白楊悲分明昨夜東遊夢謾拖征鞭叩冷扉

除夕在高山精舍再從兄仲悅與黃仲晦歷叩橫溪書堂而來仲晦用玉磵亭舊韻以示感慕之懷遂以奉和

懷昔師門共掃塵廿年重會杳無因雖欣芝宇逢今夕其奈鱣堂隔異辰君作西州揮涕客我為林院愴心人遺文藏在尼山下一髮青峯聳萬春

高山精舍與仲晦守歲仲晦再疊前韻又和之

山齋寂寞掩苔塵德芾南來有好因守歲燈殘消永夜催晨雞唱報元辰深情話處雖開臆往事追來易感人滿篋遺編相對玩却疑同坐一堂春

元日仲晦用損齋錄中己亥除夕韻以示余遂以奉和 丙寅

篝燈明滅耿無眠往事蒼茫一愴然講學只須資勝友省身何敢望前賢多慚故步全迷路但覺殘骸更得年吾輩自新寧可緩胸中猶有未昏天

初二日道中亦來留初四日仲晦將歸又疊眠字見贈却次以寄

四夜山囱並枕眠別來懷緖更愀然髭毛英雄屈今皆命窮餓玉成古有賢須信密工收晚景且攜陳簡送餘年平生偲切非無意其奈參商阻各天

輓孫丈 漢機

聞說靈車向九原吾鄉耆老更誰存詞章美譽登文苑忠信休
風襲孝門花甲七旬添八歲蘭香二子又諸孫平生遺恨知何
在寶璞荊山謾泣寃

次族弟明仲見贈韻二首

偶出山扃驛路奔歸來閒卧水東村素心自喜陶牛草浮念寧
求衛鶴軒種秫石田糾老僕抽書塵案教兒孫淸啚畫永無人
到一任溪風掩啓門

才學平生我自知愚忱無計答淸時目前險路眞堪畏身外浮
榮豈足爲靜處默探洙泗訓興來閒詠洛閩詩階邊梅竹非塵
物永把殘年結好期

輓權平仲 后準 丁卯

早荷恩年誼高風每起余家傳名祖緖丌積古人書抱玉潛荒
野滋蘭占大閭七旬寧稱德回首淚霑裾

輓權監察萬則 大規

弱歲相隨共結歡服公胸海大更寬芙茄早襲春光綠桂芳仍
聯棣樹丹雉性恥爲墦裡客浮名終止殿中官停雲舊想今成
謬梁月驚來涕自汍

輓張慈仁 天應

憶曾携八 大明宮法酒仙飽拜受同詞翰可追名匠軌典刑
能繼古家風菊畦疎影吟邊老槐穴浮榮夢裡空離闊十年成
永隔此生何處更論衷

輓李處士 彥煥

仁山門路做翁知家法傳來有白眉口喫陳編留黍悅身嬰長
珮莅蘭垂懷材不入良工睨守薄終悲李女飢數十年前相好
意愧投塵網阻書帷

輓金振伯二首

瓢翁庭下有賢孫錦水從遊泝的源妙質天成金玉美眞工日
就準繩存 宸章特侈延瓊閣丹筆胡遲解鬼門衡岳桂峰今
已折士林相吊暗聲呑

弱歲傾心到晩暉金蘭相契兩無違方首馬帳開師座邪意鮑
幡惹禍機輿國好期嗟未遂春陵歸旐遽先飛僻居竟失江頭
哭梁月依然淚滿衣

孫上舍賚予 命說來住丹湖元日寄詩來賀次韻却寄 戊

辰

寂寥氷壑裡寒盡春又生柳色鞢千線梅香點數莖佳辰逢易
失良友會難成覽物寧無感嚶嚶山鳥鳴

半月違靑眼新元倏已生星移躔一次陽動管三莖同老情逾
綣重尋計未成詩來哦詠久頻覺擲金鳴

謹次趙相公題權孝子 穆行錄韻

至行人誰識天敎烈火彰序逢寒食節地埒會稽鄕奉攽誠如
在焚身鬼不亾千秋華楔煥應入汗靑揚

李上舍會嘉 亨運 遠寄一律奉和以呈

早歲詞鋒若電奔騷壇老將奏降旛枯榮從古無非命得失如
今豈足論愧我鹵資叨末契荷君淸什慰羇魂分携六載關河

隔何日談文共一醻

輓金佐郎源仲 景泌

開老家庭積慶綿翠蓮丹桂影相連行遵儒軌長垂珮文壓騷
壇早執鞭郱意騎衙持被客遽為蟾殿記樓仙昔年槐院曾埋
玉餘淚重霑薤露篇

梧麓書堂書事 己巳

靈禽古樹尚留名為作書堂起數楹峀露鬟尖千點翠湖開鏡
面十分清娟娟皓月窺簷入謁謁浮嵐繞宅生境僻林深塵事
絕願携黃卷會群英

梧麓書堂雜詠 并記

母子山永之望也子山一枝南出而為梅山分為東西

兩峽殘麓相向環抱四塞其中頗幽邃寬曠自成一洞
壑洞外梅谷聚僅二里南距郡治三十五里郡人稱之
曰梧坊蓋以其山素多梧桐古者飛鳳遊永州栖此地
梧樹取竹實於郡南竹林故有梧竹兩坊事在輿地誌
云或曰堪輿家以郡基是鳳形故置此坊名未知其孰
是也兩坊俱有寺乃所謂梧井竹林者而今竹存而梧
廢東西峽分開處有一岡中出浮霞栖其巔朝暮紫翠
交映者曰紫霞峰峰趾有一頃平田前有砌傍有井即
梧寺舊址也東來第一麓最高者曰吐月峰峰之脚坼
為兩崖級級低垂遮擁南北虛其中為數畝架堂稍寬
平可居正與西麓向日峰者相對北崖下有石泉從林

薄瀉出清冽味甘可汲而飲也磵水自紫霞峰下觸石
穿礫琮琤而鳴者是為北磵野人塞其下為陂塘以溉
水田每春水至漲溢澄泓渟可四五丈廣可百餘步名
之曰桐湖蓋因坊號而推之也余自入山之後愛其林壑
窈窕湖水明澈每與冠童數輩逍遙哦咏欲置數架亭
屋以為讀書養病之所而家貧無資財久而未就心竊
恨之子姪輩知余意協謀捐貲買人舊屋遂就吐月峰
下誅茅結舍經始於戊辰二月其夏四月工乃訖舍凡
六間南四間為房北二間為廚榜其楣曰梧麓書舍舍
後又立五間屋使道釋輩數四人守之舍既成遂探幽
選勝取其可玩者而命之名北磵之北林益茂壑益深 五二

者曰採芝洞磵之東有巨巖依岸下臨清流磐石者曰
清心臺也舍西斷麓臨湖水光焊映北瞰芝洞南頫原
野一壑群巒皆歷歷在眼擬構小茅亭名以枕湖仍造
小漁艇泛月衝烟客從湖外至亦可載以迎送而力屈
姑未暇湖之東崖有山麓陡起十餘丈高壓湖心夏秋
則清湍猗猗冬春則積水皚皚登臨令人心悸足栗者
戰兢臺也湖之西岸有小磯臨水旁有茂林清樾可坐
而投綠竿者大釣磯也湖之南沿磵行百餘步有兩岸
蒼崖壁立如削中有激湍落為澄潭渟滀如方鏡者俗
所稱龍湫也稍南有巖崖上平可以休憩者招隱臺也
其下磵流清淺石梁錯落者尋眞橋也橋外原野稍平

廣麥疇稻畝交錯如綺有時農歌隱隱遠響於林數間及日至黃雲滿野亦粲然可賞也余賦質虛脆自少多病且承父兄師友之教早知經學之爲可貴山林之爲可樂固已澁懶於名利之途而中歲爲宗族朋舊所迫出入擧場叨竊科第顚倒浮沈於風埃間者前後十許年矣旣歷世路備嘗物情自知才短無裨於　國事性迂不合於時樣解紱歸鄕寄分耕鑿不欲求知於世自此而山林之計益不得不深遂更修梅谷草廬奉祠廟挈家累入處而顧此書舍之作閱七年今始苟完矣每於病間之日抱書來往見其雲烟掩藹草樹蒙密輪蹄斷絶庭戶闃寂明囱靜几端坐開卷熟複其辭句沈潛其

旨義則昔之恍惚疑信者益覺漸次融會間有未透處亦且虛心下氣反復硏賾以竢其怡然理順而不敢挨排牽合又或延朋友而講禮論文檢童蒙而教字課藝閱月經時久而忘歸亦足以開病懷而滌世慮矣至若磵花芬芳山鳥嚶鳴則泝流披襟登臺御風悠然若沂上之詠歸也時物暢茂綠樹交陰則垂釣苔磯漱口清波灑然若洛園之濯熱也金風颯而水月凝輝則嘯侶劇飮天湖之觴發矣凍雪霏而千巖同縞則扶藜朗吟灞橋之肩聳矣隨時遊衍無時而不怡隨處徜徉無處而不適今年如是明年又如是不知年齡之衰筋力之疲而往來偃息於斯將以沒齒爲期點檢所學不見其銖

五三

寸進益而其所以休神氣養性情者自別於城市閭井之喧鬧矣雖於古人之樂不敢窺見其藩籬而亦何可謂之全然無所樂哉遂作雜詠十八絶識其處仍又爲之記留作山中故事云己巳中元後三日梅山小隱記

十八絶

梧坊

鳳鳥何年去靑山有老梧隨時隱復見衆鴟豈嚇吾

書舍

茆屋雲間靜負山控碧波藏書仍會友於焉可琢磨

桐湖

方湖鏡面開深可負漁艇俚號類嚴江清風覺喚醒

吐月峯

石上素輪生來照梧桐樹邵子一般心千載誰復遡

石泉

岸底亂石多涓涓滴靈液挹取漱瓊瑤頓覺風生腋

紫霞峯

高峯逼霄漢紫霞蒸不開應有羽衣客飄然駕鶴來

採芝洞

采采入洞天石罅多芝草可笑安劉翁却非眞四皓

挹仙臺

矯首望丹丘松喬不可際悄悄晦翁心謾託參同契

北磵

兩崖翳翠林中有一道水觸石落層湍飛雪灑萬畾

清心臺

銀波注玉盤巨石臨其沚不待讀義經靈臺無點滓

枕湖亭

小亭浮水面飄若不繫蓬無限湖山勝都輸一望中

漁艇

瀲灩烟波闊扁舟可泝洄何年泛月夜親唱棹歌回

向日峰

曉旭出滄海穹岑先受光誰知樵牧社亦抱戀君腸

大釣磯

日暖清波靜垂絲泛自如忘機惟取適非是爲求魚

戰兢臺

臺下深淵碧登臨若隕空平生持此意眞箇是英雄

龍湫 故老云曾爲深潭今則沙覆水淺云

震鱗潭底伏飛瀑吼成雷一躍藏何地鮨鰭舞鬐來

招隱臺 淮南小山作招隱士辭首句云桂樹叢生兮山之幽偃蹇連蜷兮枝相繚末句云攀援桂枝兮聊淹留虎豹鬬兮熊羆咆王孫兮歸來山中兮不可以久留此蓋招隱出山而亦不敢遽必其來矣今則反其意以爲不當招也

山中叢桂老誰說不可留熊虎慣已久招招莫浪咻

尋眞橋

白雲濃滿地何處是仙家虹橋猶未斷不必泝流花

謝李乃貞 晩松 來訪

洞僻雲長鎖君何泝峽來徹宵談舊誼囪外月徘徊

輓權梁山 一甫 萬

中翁德儀盛餘澤裕門墻奐矣靑巖樹蔚然森桂坊箕裘襲往緒奎璧孕奇祥恢豁昂鍾量孏爛錦繡腸儒楷敦習曾詩格妙侵唐射策取高第喚名登 九閽蹤踈遇險路手大困潛郎晩擢耆英選久居兼史廂從容侍 王扆咫尺襯 龍光 筵對有倫脊 袞襃極焜煌俄腰南郡綬細櫛黎民瘍譊舌反交構悳風終未張方期應駟 召胡遽蛻蟬蛻無乃棣華痛暗催榆景藏悳文違漢府粉黻缺 虞裳年位未充德化機何戾常顚余抱黑窣交臂自靑陽我每服君義君能容我狂安中覵與棄絃上契峨洋敢望石攻玉自慚難伴凰所居異建浙相望阻參

商簡牘雖連續風儀迥渺茫凝川昨歲面莊蝶片時場皓髮悄相對赤心談未遑將分別繾綣後會指淸凉佳約尙留耳訃聲胡在傍西望發一慟老淚瀉千行睠彼白岡麓飄然卅旐颺還嗟馬枕病虛負穜綿觴瀝肝寫萬里白雲天外長

族弟子郁 重岐 取其兄子爲後會宗族朋舊設小酌相慶吟一絶句次韻 奉賀 庚午

衆支誰不出吾宅互繼能敎一氣傳況是兄兒同已子對着瓜瓞永緜緜

李文爾章 之烜 遷葬輓

鶴峀祥雲出一枝東浮海上叟藏縱佳孫岐嶷輝蘭玉弱歲薰陶習禮詩肯構方看傳往緒修文胡遽嗇遐期幸今賢器移眞

宅餘慶從知永世滋
　庭菊十月始開
問渠何事負重陽苦待初冬始吐黃萬卉千葩搖落後獨持孤
節戰風霜
誰說純陰盡剝陽東籬猶有數枝黃生生至理何曾息一脈春
藏滿地霜
　高山書舍會諸友修整師門禮稿遂吟一絶以示 辛未
重尋山社感懷深舊物惟存老樹陰共抱遺編勤校檢多君先
獲慕賢心
　有一衲進酒遂用前韻
疊嶂周遮玉洞深千層綠葉已成陰況今諸勝來相會共酌仙

醪細話心
　移會梧麓書舍朴天壽 存 鄭可升 梯 李明安 景曾 朴子準
　標 皆來留可升吟一律遂次其韻
三百三千只一欽師門昔日已傳心朱編尒就滄洲舍魯獄翻
摧日觀岑却怕篋中蟲蝕爛敢望胸裡學源深掃塵徵勸君休
說慵後弘功匪自今
　又和可升二絶
清湖繞舍碧山遮二老相逢喜氣多義易周儀同點檢桑榆麗
澤樂如何 時可升持啓蒙來講
青山環繞去如迴數畝澄湖鏡面開活水源頭流不舍任他光
影共浮來

　罷會將别可升又吟一律遂和以示
鱣堂昔日比肩遊倏忽流光皓盡頭耳畔尚留清磬在眉間未
見瑞雲浮遺篇埋沒塵埃架往蹟荒凉烟水區却愧後生蒙陋
甚茫茫墜緒更誰收
　書堂歸路見家僮插秧偶吟
宣尼斥圃農勉老扶沮溺閉户與纓冠隨時各異則
　山水亭
自是雲林有宿盟層臺高處結茅楹青山屹立千年邑碧磵長
奔萬里聲觀象敢窺仁智妙開軒徧受峙流清世間榮利非吾
願好把殘篇了此生
　正月四日復會梧社修整禮書可升詠一律以示遂次其

韻 壬申
昨年游衍地今日共重回烏弄前聲喚湖呈舊面開芸編今古
並天秩始終該此事非私計青襟濟濟來
　可升與諸君遊龍湫題名翠壁仍書一絶遂以奉和
兩崖如削夾潭開龍去無雲半掩苔巖隙留名仍寫句千秋應
說老仙來
　龜溪族叔 碩憲 來遊梧社詠示一絶奉和以呈
山水何曾有主人詩豪來處舊顔新登臨竟日同哦詠管領風
光問孰真
　次張上舍天輅 東載 蘿月精舍韻
江纏峰下宅清福厚如淡綺葉團成帳金輝散滿篩酒斟眠起

後詩詠興來時蕭灑閒中意世人知不知

又次七灘韻二絶

羊裘當日臥江湖閒弄脩竿獨自娛今子亦知垂釣趣俚稱宜襲美名呼

洋橋蹤落水雲間都把閒情付釣竿若使此心無外慕今人灘亦古人灘

次可升遊橫溪韻

聞君芳躅趁春華溪上風光十倍加只恨病蹤違勝會數重雲嶺望中遮

山水亭雜詠 幷記

梅之谷四面皆山而一帶小溪水瀉其間溪之西曲有

一岡麓低垂陡斷而爲層巖巖上蒼簷蕭然獨立負山而臨水者山水亭也始余卜築於是谷往來栖息者殆二十年矣庚申冬乃移家奠居嘗其水石林巒之勝擬構小窩於山溪間以爲晚景休養之所而家貧力屈久而未成辛未夏買人舊屋遂就第一層鑿崖築基而營之子姪添費董事書社僧相其役至翌年秋工始訖亭凡三間中一間爲堂左右兩夾爲室前附一架以廣堂之廡扁其堂曰山水亭右曰智及齋左曰仁守齋蓋取魯論二樂之訓總稱於堂分排於兩夾也亭後又結草屋數間以居守者亭下第二層曰聽琴臺第三層曰詠歸臺亭之西有石罅成坎細消自湧者曰渫泉塞其下種蓮爲沼者曰君子塘亭之北拓崖側種竹成行者曰高賢社臺之南又有山麓回抱兩岸相對如門中有微徑自溪緣磴而上可喚爲石門石門之間谷水落崖數丈爲飛瀑每急雨至聲琮琤可聽中臺之上雜植花卉幽香散播下臺之傍老木環擁綠葉成陰溪邊盤石平鋪二十餘步坦然如廣庭水色山影交映於其間皆可以上下盤旋而助山水之趣矣余素有山水癖每遇雲嶺複疊烟水浩蕩則未嘗不窈然而喜豁然而舒吟哦玩賞之不置而中罹疾病晩墮風塵及夫投閒之後筋力又已衰矣無由扶藜杖理蠟屐以恣選勝之樂姑且隱伏於屛岑細流之中隨分採釣謝絶世事日取古人

書籍俯而讀仰而思沈潛反復若有默會於中者夫然後始覺小溪山亦自有山水之理何必窮名山歷大川如子長遊而後可哉於是乎依玆山傍玆水而爲之亭居於斯寢於斯讀書養性於斯開囱而山面入目矣倚檻而水聲在耳矣觀乎山而求仁者之氣象玩乎水而想智者之胸次于以託幽情而娛暮景是則山水之樂不專在於山水而在於吾之心也雖然於水徒見其澄澈而不究乎周流無滯之用則何以謂之樂水也於山徒仰其嵬卓而不體夫厚重不遷之德則何以謂之樂山也必須致力於格物之工貫通該洽專意於居敬之方持守堅確然後可以窺仁智之體而語山水之理矣如

吾鹵識淺學老而無聞何敢與議於仁智之妙而自幼少時從父兄師友之側得聞至訓竊有所感發而慕尚之者矣及此衰朽之年血益耗神益昏而猶不敢自棄自畫以負平日誘掖之意方欲就此靜僻之地習經傳會朋友冀或絲毫有資於益智輔仁之力朱夫子所謂我憖仁智心偶自愛山水者乃夫子自謙語而在愚蒙眞箇是着題矣玆賦小詩十二篇記其事以自省水神山靈其肯許我而佑我否時維壬申重陽後二日山水主人記

十二絕

梅山

北嶽分雙峽東西互送迎雍容藏淑氣雲雨此間生

梅溪

石磵清波注眞源在上頭瑩然明似玉泥滓不曾留

山水亭

屋上有崇山屋下有流水二樂吾何望惟思探至理

智及齋

智周萬事通如水流無滯窮格苟殫工昭原庶可詣

仁守齋

仁是吾安宅如山峙不移要須持敬久造次恒於斯

聽琴臺

堂上罷讀書携琴倚花樹峨峨復洋洋若會山水趣

詠歸臺

浴水風於林暮春和氣穰如何點也心却契唐虞像

磐石

大磐平若砥萬古常堅完誰使飛鴻漸能措國勢安

高賢社

賢者引而高此君乃有似嵬嵬託峻崖氣凜風霜裡

君子塘

號爾爲君子濂翁豈我欺淤泥終不染惟有暗香奇

潔泉

靈液穿巖出性淸味更甘處幽人不識徒付野禽含

石門

雲擁關長鎖苔荒路亦疑晨門雖昧聖猶自善觀時

輓朴天壽

如君資質本淸眞何事蓬廬屈蠖伸詩格遠尋韓杜響襟期頻似葛懷氏蘭香早殞餘三桒緗笄終虧未七旬梧社分携成永訣追思舊誼倍霑巾

鄭參伏先生嘗過松都謁圃隱先生書院後用圃隱完山壁上韻以寓悲惋之懷今年秋道中令從西關歸拜松都書院權台仲台聞之又用其韻述二篇寄道中仍要不佞共和遂詠以呈

澤宮當日說縱橫理學師宗服衆情才大豈無經國手運終其奈復隍城丹心曲裡纔言志碧血橋頭已舍生崧下遺祠眞像

在日星千古煥西京

臘月廿日被　拿西行至鳥嶺書事

雪山冰路仰崢嶸度僕顚僵馬不行白首奔馳緣底事自憐科
目誤平生

在禁府答安僉正希中以詩寄問　癸酉

萍蹤昔一散不知存與否書來疾開緘乃是吾知舊來從太常
署攢眉仍縮首憶曾傾盖日罇酒互追後惟茲一片心耿耿無
左右涇渭泯清濁施嫫任姸醜墜履復見收　聖恩非不厚顧
玆負版漢奈之補　衮手逝將出圓扉歸讀參同部從此成永
訣嗟哉兩畸叟

輓安處士國華　命夏

佔老遺風在密州如君志行出凡儔摳衣錦水尋源早撰屨橫
溪講道優可惜工師無大眼竟抱杞梓隕荒丘峨洋舊曲從今
絕回首南天涕自流

四月二十二日承　召至幷山道上偶吟

塵土盈襟暑焰熇驛程遙指漢師連何如山水亭中月細酌松
醪半醉眠

次孫戚兄夏叔是梲遊伽倻山韻二首

插天神岳勢嶢巖泄霧晴朝便作雱學士高風空寂寞遊人清
致豈塵凡仙笻不厭千林遍道眼能周十勝咸瓊什吟來豪興
發謾教清夢繞松杉

半世仙山夢居然到老殘羡君尋羽客開邑受金丹

輓金美仲　世鍐

禍酷焚蘭又折萱那知君遽掩荒原守身世襲瓢翁範問路親
薰密老門二筭尚虧周甲子千章堪惜老林園葭莩舊誼今寥
落不忍重過河上村

輓朴同知　泰斗

曾遊丹海叩清軒柏府餘風在後昆雅範整冠修素履高名射
策入金門栖投枳棘才難施光爛苴弧爵竟尊可惜雙蘭俱短
折只將遺緒付兒孫

輓權正郎　萬斗

昔歲京華始遇公一瞻知有丈夫風翠蓮香徹黃金榜列宿光
浮百里銅夢受絹籌仙老在杖捐榆社達尊空却嗟偉器終埋

坳誰把玄機問化翁

輓李進士會嘉

氣數人才互係關如何天意在公慳家聲迴出崔盧右詞格優
居李杜間鶴髮蕭疎心益壯鵬圖遼廓路終艱宏談博識今無
見手把瑤琴淚自潸

次月城任丈之重重牢韻　幷小序　甲戌

月城任丈以厚德享大年設重牢宴于癸卯春二子群
孫舞斑衣迭獻壽詩鄉之大夫士爭為詩以賀之此誠人
間稀闊事而不佞在鄰鄉未參末席常以是為恨今讀
其詩卷怳然若親覩盛儀其艷慕喜幸何如也遂用權
台仲追和韻書于卷末而歸之

五八

赤松王母一堂仙重把蒼杯兩不愆灼灼桃華回令節煌煌燭
影傚初筵休言綠髮爲黃髮正是新緣續舊緣當日衆賓皆賀
語至今人誦滿筵篇

次可升韻 時有 召命

病卧經年懶倚亭滿階秋草掩幽扃肯教雲作太虛兩非是山
舍不老青 聖主胡爲垂誤眷疲駑無望騁脩程清詩詠罷消
塵想頓覺昏眸一倍明

輓李謙如 益中

東都髦俊盡吾游梅老家中得子優雅行惟持莊士範清詞更
拔藝園儔懷珍却恨無奇眼夢絹終悲缺兩籌十載睽違今永
隔不堪揮淚望新丘

輓權子厚 得重

紛紛澆俗總冥趨君獨潛藏守懿模史欲博通非淅訣儀常雅
飭似湖儒繞聞皐鶴聲蒐徹忽見汀蘭葉暗枯戚誼交情寧忍
說泣題悲闋餞幽都

可升來寓梧社余往訪留宿而歸可升以二絕寄來遂次
其韻 乙亥

鬢髮重重鏡面開爲尋良友度雲來清囪講罷前賢語松桂陰
中共轉徊

昨承芝宇對牀開今荷瓊詞滿握來矯首若將乘興去起扶藜
杖也徘徊

二月二十八日詩塚立碣後允文爲詠一律遂次其韻

壯節當年聳見聞於 君於父一心存鶴翁啓目揚忠烈梧老
哀詞復孝魂 聖主加褒榮竹帛文衡揭筆耀楸原孱孫涕泣
封斯石匪爲私家墓貌尊

可升再到梧社留滯數月題詩壁上次韻以呈

勝地芳蹤續好因今年春似去年春花糚嫩色如相待鳥弄清
音倍欲親自是胸襟無俗累方知哦詠得天眞風光處處皆公
物玩賞何曾有主人

輓宋進士 命基

英才超卓世堪需儒望南州似子無啞老庭中承遠緒陶翁書
裡見眞腴好將德義爲茶飯羞把詞章問琵竽雅標清襟何處
去只留明月照琴湖

輓張進士天輅二首 丙子

大賢垂懿範名俊世繩休麗藻傾儒苑清標蛻俗流詠詩離月
下投釣洛灘頭可惜神逵舛淤難未得秋

吾祖鄭巖社提壺水石濱世交來已久姻好講還新契義方祈
壽修文遽促辰高風何處見回首淚霑巾

輓李訥隱 光庭

巴音滿耳競啾嘈幸見吾南白雪高金石風流珠遠散山林標
致玉淚韜旌招杳至猶跟止絹限繞周已復皐未遂江齋相訪
約北瞻眞宅淚霑袍

鄭承旨玉八 侍時命進其先祖藥圃相公遺像仍 親
製八句銘使玉書于幀上許上舍敍爲詠律詩一篇歌其

事遂次其韻呈子戍令公

陶山時雨養衿紳　穆廟名臣出幾人　聖眷特優先正裔
彩眉懽對舊儀眞　英風宛接趨三畫　盛際還疑隔一晨　嵬倬
天章垂片幅　南州草木煥增神

玉磵亭重建後用舊韻呈書社長貳諸君以賀之丁丑

古亭遺址但灰塵　計屈重修廿載因　水石凄凉論道地　衿紳悵
望執經辰　幸成棟宇恢前制　長使風聲聳後人　入戶肅瞻聯几
處　僾然如襲一團春

次霞溪書舍韻

霞翁書室境幽深　碧石磵聲中翠岧陰　盛馥已收人艷慕　妖氛應
被鬼訶禁　立巖烟月光相照　軒老源流響豈沈　往迹百年今尚

在　登臨竟日起余心

梅山先生文集卷之二

梅山先生文集卷之三

疏

請贈先祖湖叟柏巖兩世上言 辛亥

伏以奬褒忠烈 國家之令典顯揚先蹟子孫之至情臣之五代祖進士臣世雅當壬辰之亂率其子生員臣宜藩首倡義旅父有討賊復城之功子有殉 國死親之節而只緣其時登聞之爽實世雅止於督郵之 除宜藩止於郎署之 贈未蒙別樣 優異之典此南土人士之所共嗟惜者也茲因 動駕之日敢籲私悃伏願 聖明垂察焉嗚呼島夷之變尚忍言哉列壁瓦解八路橫潰一時握兵之將守土之臣擧皆鳥竄鼠伏莫敢有抗其兇鋒者而世雅卽吏曹佐郞從韶之玄孫而文忠公

鄭夢周之旁裔也生長夢周之鄕世襲忠義之訓及聞 大駕西巡奮然語其子宜藩曰 主上蒙塵吾輩豈宜草間求活耶若不幸而事不濟則有死而已遂慷慨投袂而起一鄕年少才俊之士皆挺身響應推世雅爲義兵將世雅雪涕登壇指天誓日義旗一揮壯士景從於是傾盡家財修器械募兵食或出奇而抄擊或設伏而剪攻斬獲漸多充斥少挫賊自軍威稱封庫御史馳下新寧諸將莫有悟者世雅曰此詐也追至朴淵急擊大破之自是兵聲益振左兵使朴晉頻沮遏之世雅使人書伏夜行奉書于招諭使文忠公臣金誠一願奉節制且陳諸守將意忌沮抑之狀誠一擊節歎曰非忠義內激能若是乎時賊屯據永川城四出剽掠世雅與族弟大任謀曰城中茅屋相接若乘風縱火則永川可復也衆皆曰諾計策旣定請援于權應銖應銖率其兵而至世雅遂與應銖大任等合勢並進令諸義士分伏城外世雅躬率兵登山順風勢飛塵沙賊迷亂不敢出蟻聚內埤世雅遣敢死者數十人踰城縱火大烈風迅一時蔽城賊兵爛死者殆過半冒焰烟而逃者隨出隨斬其餘溺水死者亦多無一人生還伏屍丘積腥血川流故相臣李恒福所謂倭變後十年惟永川鳴梁之捷最爲快壯者是役之謂也自是以後賊路中斷軍威之賊退屯于開寧安東醴泉義城之賊退屯于尙州嶺左列邑之得全氣勢之稍蘇者皆永川大捷之力也是年八月左兵使朴晉率諸邑官軍將攻慶州世雅與大任領兵五千人合應銖兵並進諸將畏賊盛莫肯居前世雅策馬爲

先鋒將揮旗奮釰殊死督戰賊衆死者過半俄而賊出奇兵襲後官軍大潰世雅幕下義士十餘人皆力戰死之世雅獨在圍中與賊血戰宜藩見其父危急躍馬揮釰而進張弦射賊發必洞胸賊忽大亂橫潰走入城中世雅乃麾兵少退而宜藩則不復出矣世雅益發憤揮涕更與諸將協心規畫以爲掩擊殲滅之計賊度不能支遂棄城遁走於西生浦此雖曰朴晉震天雷之力而世雅等力戰摧破之功實爲居多以故相臣柳成龍懲毖錄所謂收復慶州後應銖大任等幷蒙 褒典者觀之則義兵立功之實亦可驗矣逮賊鋒稍緩 車駕還都世雅歸臥紫陽舊隱淡然自守若將終身故相臣李元翼以遺逸擧爲黃山察訪歿後以其子守藩貴 贈兵曹參判非賞其戰勞也嗚呼

永慶二邑實爲賊路咽喉故兩邑旣復之後安東諸賊退屯江右蔚山沿海之賊不敢更向慶州一路得以蘇安其功績之超卓義烈之磊落爲如何哉而旌美之典獨不及焉者盖亦有由焉世雅早承家庭之訓惟以詩禮自持當島夷搶攘之日奮不顧身以徇 國家之急者實由於胸中一義字有以激之而若夫乘亂幸功以爲榮進計則非其志也及上功之時凡義兵將斬獲皆不以自居而有若初不同事者然故諸將或有封君者餘皆次第陞秩而世雅則無與焉畢竟名堙沒而不稱此固當世之所共慨然者也是以故文穆公臣鄭逑嘗著金誠一行狀而略述其事曰永陽之捷專由士子倡義先登及移討東都爭先馳赴鄭宜藩等十七人同日被害儒生忠烈可尚故監司臣

崔晛與體察使李元翼書曰永邑旣捷之後江左諸賊次第退遁一路獲蘇設伏討賊者比比不絶是皆永川爲之先倡也況永邑起事之時首謀倡義者皆是一境士子則環一郡無非五百義士也然而 褒異之典只加乎二三將士而課績不循乎公論邑號不升於州府以此公論頗鬱深惜其時巡察轉 聞之失實也夫鄭逑崔晛俱以碩德鴻儒居在嶺南目擊當時之事而其言如此則此足爲千古斷案矣至於宜藩之捐軀效節則尤有懲切卓異者隨父起義前後討賊之勞甚多而慶州之戰見其父陷圍中躍馬潰圍射賊必中賊亦大亂崩挫而宜藩與父相失身被數十創橫突遍求旣出復入者三矣顧其奴億壽曰父已亾矣吾將隨父俱死汝盍去之億壽泣而不去曰奴

六二

主之分與君臣父子奚間焉遂策馬而前益慷慨討賊旣而矢盡弓折奴主俱爲賊所獲奮罵不屈而死此非隨衆赴戰倉卒罹鋒鏑者比故承旨臣申之悌所謂忠之大孝之篤者可見其一時公論而當初 行朝因金誠一狀 啓只循例 贈職而止其他節死之臣亂定後俱蒙 異數如柳宗介以同時例贈之人加 贈崇秩樹以綽楔而以宜藩孝烈之彪炳尚未蒙優異之典此又輿情之所共傷憐者也頃在乙酉年間本郡章甫裒足叫 閽請建祠以享之 肅宗大王特命該曹稟處該曹請令道臣採公論 啓聞道臣採取道內公論按考名賢遺稿詳細 啓聞而該曹未卽覆 啓公論鬱抑至今未已而此乃士林間事固非子孫之所可與論者矣至於爵諡之 贈門

閭之旌則因子孫仰籲而特蒙 異典者亦多有之玆敢略擧故蹟仰暴憋鬱之情伏乞 聖明俯賜澄省念世雅倡義復城之功憐宜藩殉 國死親之烈或加其 贈典或表其門閭以礪世道以淑人心事云云

嶺南搢紳辨誣疏

兵曹正郎金五應 司憲府監察張緯恒 成均館典籍李世垕 東學訓導朴時泰 奉常直長鄭重器 承文院著作金極齡 議政府司錄鄭權 成均館學正成憲祖 學錄南至 承文院副正字李櫂 等

伏以臣等伏聞頃於正月十三日次對時 筵臣有以嶺南事陳達蓋甄拔調用之請而第其行辭遣語之際不無忌壓意思靈城君朴文秀以爲難處者嶺南也豐原君趙顯命以爲天下事變難知當爲鎭定之道臣等卽嶺南人也未知吾嶺何如而

難處亦有何樣事變之難知而乃欲鎭定之耶 臣等未詳其指意之何在而無乃以兇逆希亮聖佐之出而盡疑嶺南人乎 臣等自聞此言竦懍崩霣毛髮洒淅身骨俱靑直欲剖心抉腸一暴至寃深痛而不可得也噫嶺南素稱鄒魯之鄕而近來人才之盛風俗之美比曩時可謂風斯下矣然 祖宗培養之澤猶存儒先倡作之風未衰父之詔子兄之戒弟不出忠孝二字且其山川軟順風氣柔弱故開闢以來絶無乖常悖倫之事此非嶺人之私談卽國人之所公誦也不幸頃年逆顯逆麟輩流託湖嶺之交潛圖不軌暗結亮佐釀成兇亂此實千古所未有之變怪也一方汚衊挽河難洗雖然賊亮居安陰聖佐居陜川安陜卽江右之僻邑而仁弘遺臭之地也盖有一種盭氣停蓄其

間生出此梟獍之徒而兩賊家又富厚所與通家接姻多在圻湖間此逆顯逆麟輩誘脅之兇謀只及此類者也當其變生之初列郡人士爭先倡義紙旗木干在在團束雖緣 王師迅掃未及赴賊效死而亦可見一路忠義之氣未嘗亾也然則亮佐之爲兇爲逆自有一脈帶來處而南土人心固自若也有何難處有何事變之難知而可以費 國家鎭定之策耶噫亂逆之罪天地之所不容而春秋之所深誅也凡在家在國人得而討之而是名也亦豈可錯擬而勒加之者耶一家盡逆則擧一家誅戮之可也一州盡逆則擧一州誅戮之可也一道盡逆則擧一道誅戮之亦可也如其不然一道人盡爲逆而只有一人不爲逆則雖盡誅一道人待此一人以平人可也況可以一二兇

逆之出而盡驅一道人於黯黮之中哉噫湖南出幾箇逆湖西出幾箇逆京城出幾箇渠魁而不可以此盡疑兩湖京城之人則何獨以亮佐兩賊之潛伏一隅爲逆顯逆麟輩脅從而盡疑七十州許多粹白之人乎第此陳奏兩臣卽戊申後繼按嶺藩者也而其言乃如此則此非倉卒閒信口辨出者豈其耳目所及眞有難處難知之迹耶若然則何不明言某事有難處之證某人有難知之形直請鞫覈揀別玉石而反欲以區區爵祿啗誘而鎭安之耶雖云甄拔調用之請非爲顧籍於嶺人也非欲需用於國家也特慮人心之靡定欲施羈縻之術而已直與待夷狄者奚擇焉 臣等嘗聞孔夫子之訓而亦嘗莊誦 御製勘亂錄序文及前後 綸音矣凡鄙夫之心患得故患失患失故

無所不至若使嶺人眞懷患得患失之心致有難處難知之慮則兩臣檢擧之請政得鎭定之策而顧嶺人雖無他長粗識廉義之可貴於聲名利祿了無躁競貪戀之習用之則隨分仕宦舍之則安意耕鑿故白衣踰嶺從古爲恥豈可謾投有心之餌反誘無心之魚哉噫挽近以還朝著閒相擠相誣者必以逆之一字動輒相加驅人於不當驅之域而其於嶺南躪藉偏酷凡於章奏中醜詆誣辱靡有紀極此固時象之痼弊世道之極變而嶺南之素所腐心痛骨者也至如兩臣自以爲處心公平超出俗套而今此語意猶不免拖泥帶水此誠何心哉夫秉彝之心不以窮通而有嗇豐忠愛之心不以遠近而有淺深則嶺人雖疎逖卑微其戀 君憂國之誠不必多讓於當路之諸臣而

兩臣乃反無端惹疑於不當疑之地哉臣等於往年伏讀前佐
郎臣李知聖等疏　批開釋備至及今兩臣之陳達又有其言
過矣之　敎臣等固知　聖鑑之於嶺人照燭無餘臣等感激
銘髓涕淚盈襟而惟此兩臣之言實非爲人臣者所忍聞若不
一經辨雪則實難頃刻自立於覆載之間豈可以自反之縮
而嗇無一言乎臣重器於伊日以假注書入侍而越班有嫌忍
默而退　筵話嚴秘亦不得容易流播晩始語及於臣等輿情
痛鬱按住不得玆冒猥瀆之誅敢陳寃苦之辭伏乞　聖慈亟
命兩臣詳陳其難處難知之端仍令嚴加勘覈夬辨忠逆無使
一道之人盡歸暗昧之科千萬幸甚臣等無任云云

辨前監司權𢢜詆誣嶺人疏 正郎金聖鐸李世瑗監察宋儒式金極齡典籍朴時泰成憲祖都事鄭重器文秉河大淵等

伏以臣等頃伏見慶尙道前監司臣權𢢜前後三疏其疏輒以
嶺人爲言有曰一道儒生惡毒次骨假託他道儒名陰囑同志
朝紳迭出而構誣又有曰鎭服偸俗曰益怒生釁曰隱憂益深
曰元龜之誣蠛未必不由於嶺人之慫慂末乃以不知有幾武
弼等語詬辱狼藉必欲驅嶺人於罔測之地臣等讀之未半愕
眙驚懍不覺毛骨之竦淅也噫重臣之請罪嶺儒乃其按藩時
事去今殆將二十年則其所謂假託他道陰囑朝紳者雖未知
其所指者何地所目者何人而言議是非人各有意見彼他道
之儒搢紳之流誰肯聽人頤指強貫牙頰耶重臣之必以此抑
勒嶺人眞其所謂疑團臆逆此則臣等付之一笑不欲與之呶呶強

辨而其曰隱憂曰鎭服曰生釁云者語極深緊意極危險直以
化外異域待之若有奸萌禍機潛伏於其間者然噫嘻亦甚矣
此何等口氣此何等心事也嶺南一域素稱文獻之鄕大賢輩
出遺風藹然頃年一二兇逆之出於一僻邑實是千萬古所未
有之變在而多士雪涕義旗相望必欲寢皮而後已比歲荐飢
之餘死亡雖多而絃誦猶在禮俗如故州里案堵人心晏然則
嶺之南七十餘州無非耕鑿中自在之民耳有何隱憂之可言
有何鎭服之可議而若其生釁之說此乃古人爲夷狄設者今
重臣其將夷狄我嶺南耶三百年冠裳之地一朝受此惡辱是何
我　殿下大公率物之日而吾嶺一方獨不見容於世耶若使
嶺人眞有隱伏之憂將生之釁則覆載之間決不可少須臾容

其假息其不可徒懷隱憂姑事鎭服也明矣夫以重臣斷斷憂
國之誠何不明言其某事可憂某人可慮挺身勇赴汲汲譏訶
聲罪致討絶　朝家南顧之憂而乃反拘拘於一身之利害徒
爲此規避之態也耶目見其可憂而避事不赴則是不忠也心
知其無罪而陷人不測則是不仁也不仁不忠君子之所不爲
重臣何不審愼於此而容易發口耶至於慫慂元龜不知有幾
武弼之說臣等尤有所痛心顚膽而不自忍者元龜以梟獍之
孼爲奴邊邑雖廝隸下賤尙不欲與之近狎則嗾此奴而構人
其謂嶺中士大夫爲之耶若必曰元龜聽嶺人之慫慂而誣引
重臣則極賊之構誣嶺人也又誰爲之慫慂耶武弼之兇逆不
道合生之所同憤而此不過么麽一輿儓耳固不足關係於嶺

俗之醇疵而以其不幸而出於嶺南故臣等之憤痛比他人尤甚今重臣一併混斥之曰不知有幾武弼噫兇逆之人實是天地間極罪其不可無端誣擬於人也决矣況可擧一道而混擬之耶罔極之誣人莫不痛心己所痛心者不忍加於人向重臣之被誣元龜也獨不痛心乎而今乃以此輕加之於人耶近來世道日乖時象不佳擠排之際必以此等惡套相誣而獨於嶺人蹈藉偏甚頃者前監司臣柳復明之疏亦有過疑臆勒之語而此特一時粗率之致臣等不欲多辨矣豈料重臣疏意再三煩複可駭可怕之語愈往而愈濺耶臣等不勝痛鬱之情即欲疾聲仰暴而以道民訴道伯事體有嫌泯默以度矣今於處分之後始敢冒死齊籲伏乞 聖明特垂財察亟命究覈如有潛

伏之憂可慮之釁一如重臣之言則嚴加誅討夬正 王法如或不然則誣人之罪自有所歸 明賜勘處以伸一道憤寃之情千萬幸甚臣等無任云云

荅曰省疏具悉往者權[illegible]之疏其無義過中業已洞知於嶺人何有哉

仁山書院訟寃上言 代寧海士林作 辛酉

伏以限年毁院 國家之成命抱寃欲伸臣民之常情惟我本州仁山書院即 孝廟朝徵士臣李徽逸之所享也建院立祠已至五十餘年之久而以其中間移建之故混入於本道查啓中將至撤毁其爲寃悶莫此爲甚盖徽逸早事文學擅名儒林自崇禎丙子以後不復應擧隱居修身惟以訓誨後進爲事不求聞達於世矣吏曹參判臣崔惪吉爲本府府使時應 旨進疏而疏末極言徽逸讀書修行恬静自守之狀力請收用則 孝廟以禮招任職俾爲觀感之地 批下仍以禮招事下禮曹禮曹以禮招之擧前無所據令廟堂酌定指揮何如回 啓備局以令該曹隨其才除授相當職然後知委本道使之上送何如稟達此事始末詳載於順治癸巳正月二十五日六日政院日記矣銓曹即授 齋郎大臣亦爲屢薦而徽逸謝病不就仍即早歿其所論著編緝有詩文若干卷及洪範衍義二十卷識者以爲關治道裨世敎而尤有光於父師來東立極之敎自 崇陵壬子道內士子等已有尸祝之議逮至 明陵丁卯始建書院于徽逸所居之地因其村名名之曰仁山書院故司諫

臣任元耇適莅本府捐俸以助費又作文集後序以寓欽賞之意其後壬午自纂修廳移關本府令進遺集本廳諸臣見之稱賞恨未及得見其人其學問之醇德業之盛於此可驗而祠享之出於公議亦可知矣第以本院基址中有圮水之憂頃在丙辰年間本府多士改卜新基于舊院東一里許方始移建之役矣翌年丁巳秋因其弟玄逸書院毁撤之 命即撤玄逸祠版而將毁徽逸書院盖緣玄逸初無別設書院之事而曾於戊戌年追享於徽逸書院故也徽逸之主院獨享已過三十二年之後以玄逸追配則不可以兄弟之故而相蒙幷毁故士子等即爲移安於改卜處究厥創始年條實在甲午 禁令前三十年而曾所避水移建者也 朝家事目既無舊院移建處幷毁之

命則本院宜不擧論於查 啓中而今乃不分年條一倂混
入於禁令後新創之科五十餘年祠享之神旋將至埋安之境
神理人情寧不寃枉玆敢千里裹足冒萬死哀籲於 法駕之
前伏乞 聖明俯垂諒察念 先朝禮遇徵逸之意亟令本院創
建限前之實斷自 宸衷分揀勿毁以慰一方多士抱鬱之心
事云云

辭司憲府持平書 癸酉四月承 召至比安縣聞有在外遞差之 命故未果上

通訓大夫行司憲府持平臣鄭重器誠惶誠恐頓首頓首謹再
拜上書于 王世子邸下伏以臣以駑才蠢識倖竊科第叨玷
仕籍內而兩曹郎署外而幕僚縣宰碌碌充位無一事效職退
蟄鄉廬隨分偃息年衰病加世念都灰頃年北幕之 除騎省

之 命俱不得承膺咬菜飮水自分爲 聖代棄物而昨年冬
薇垣顯秩忽及於窮山樵牧之蹤臣聞 命驚隕雖知人器之
不稱惟違傲是懼方擬待 下諭詣 闕而此際遽承禁推之
譴蒼黃就理繞蒙 宥釋卽尋鄕路栢府 除命繼以又降
而旋以在外遞差歸伏田疇歌詠 聖澤自幸其安意畢命矣
今於千萬意外又伏承 誤恩回授前職 諭以乘馹上來是
何老敗蠢愚之物反被此牽復之榮耶臣駭惶震越不知所以
措躬也伏念臣性質昏劣素乏稽古之力鄕習鄙野又無需世
之才雖付之驅策使令之役猶且不能堪顧此風憲之任所繫
不輕自君德之闕百僚之失以至生民之利害風俗之汚隆宗
社之大計皆所當言則其可以昏劣鄙野者苟然備數以駭人
觀聽而壞 國家官方哉臣之自知甚明自量已審 寵命之
下其不可冒昧承當也決矣況臣受氣虛薄自少多病稍壯又
得風濕痰火之證及其衰暮氣血俱耗右脚偏枯羸瘠骨立不
觸風寒屈曲不能伸今又頑痰塞胸哮喘裂喉絶食仆席作一
僵屍此實鄕邦之所共知而怵分畏義不敢坐違 嚴命力疾
跨馬行到嶺底則氣息奄奄更無前進之勢玆敢封短章 縣
道仰暴危懇伏乞 睿慈察臣才分之難堪憐臣老病之難强
亟命鐫削臣職名仍治臣蹇慢之罪以肅 朝綱以安私分千
萬幸甚臣於乞免之章不宜贅附他語而臣冬春以來再叨言
地皆卽罷遞未嘗進一言効一日之責虛負 盛恩愧悚並至
玆始敷肝瀝血畧陳憂愛之忱伏惟 离明垂察焉臣伏念我

大朝殿下睿筭漸高聖體康寧而猶慮夫萬機之或倦命
邸下代理 邸下年雖冲子哉而所受者大事也所承者丕基
也書所謂無疆惟休亦無疆惟恤者今在我 邸下此誠敬德
祈天迓續景命之時也其可不兢兢業業夙夜祗懼思所以不
負 付託之重哉臣聞先儒之言曰天下萬事之本在於人主
之一心誠以君心旣正然後朝廷正四方正而萬事萬民無不
正也古昔帝王莫盛於堯舜禹而其授受之際丁寧告戒不越
乎人心惟危道心惟微惟精惟一允執厥中十六字商湯之建
中周武之建極大學之止至善中庸之致中和皆是之謂也千
聖相傳之心法夫孰有加於此者乎夫中者不偏不倚無過不
及之謂也人心道心人之所不能無者而不有精一之工則人

六六

心勝道心消而發於事者未能皆合於理必有或過或不及之
患矣必也精以擇之然後可以約人心之熾而不雜矣大學之
格物致知卽惟精之謂也一以守之然後可以持道心之正而
不離矣大學之誠意正心卽惟一之謂也旣精矣旣一矣則道
心爲主人心聽命動靜語默之際政事號令之間無一時之或
偏或倚而自無過不及之差矣雖然所謂中者本無定體隨時
而異宜隨事而異則如以一堂言之則自有一堂之中以一舟
言之則自有一舟之中躋堂而處乎中然後可以洞闢四門遍
察幽隱有明目達聰之美矣乘舟而處乎中然後可以均載四
隅斟酌輕重有濟川越險之利矣其或不然則牆㢆迭礙瞻前
失後而壅蔽之患作矣風波乍起浮東沈西而傾覆之禍至矣

夫躋堂乘舟事之小者而中與不中之間利害之相懸如此而
況莅萬民之衆總萬事之繁而其可不處乎中哉昔我 仁祖
大王告于 孝廟曰精一執中帝王之學 孝廟奉 至訓用
力于是中而世世貽謨以及我 大朝然則執中二字實是我
邸下家學也臣愚死罪以爲 邸下正心出治之要無過於
此苟能節飮食以調氣血遠聲色以養精神追夏后之惜陰念
殷宗之典學日開書筵頻接講官勉勉乎窮格之工乾乾乎誠
正之方則學日進德日邵古聖王執中之大法忽然在 睿襟
中而風動草偃之化自捷於影響矣臣鄰之在下者誰敢不精
白一心共趨於大中之域哉況今朝議分裂爲 國家大患者
殆將二百年矣始分而爲二末又分而爲四其始也雖各有些

箇所執其終也率皆偏倚失中轉相乖激究其情則不過爲爭
名利患得失之歸耳然而這箇四般人同是 祖宗朝遺臣也
同是世祿家裔冑也同是有願忠之心者也同是有可用之才
者也甲未必優於乙左未必劣於右若能俱收竝用矯其偏而
抑其過使之比肩同朝則酸醎辛苦互濟其味大小長短各適
其用庶可以消朋比之習致寅協之美而如或不然用其三而
遺其一則是棄一邊之人才也用其二而遺其二則是棄半國
之人才也用其一而遺其三則是棄全國之人才也世道波頹
人物眇然假令盡用一世之才猶不能了得一世之事寧可以
私滅公或用或遺使朝無登俊之美野有遺賢之歎乎肆惟我
大朝殿下以生成萬物之仁高出百王之智灼知其如此自

臨御以來克盡執中之道大開蕩平之政我 國家膏肓之病
其將自此而有瘳矣太平萬歲方且爲 宗社誦之而奈之何
公道不張舊習未祛銓選之官拘攣私意全棄疎遠之蹤言議
之臣固守偏見反襲排擊之風至使杞梓朽死於空谷風浪震
盪於平地我 大朝三十年苦心血誠辛勤懇惻於調劑之道
者爲如何哉而乃敢違越而破壞之者抑何心哉今日朝廷之
偏倚不中固已久矣以四方言之則生民休戚係於守令而不以
勸農桑爲先惟侵漁是急使閭里愁怨不以興學校爲務惟
私黨是植使絃誦寂寥守令黜陟在於監司而貪暴肥己之輩
挾勢縱恣者則十考而連上廉謹愛民之人失勢孤弱者則徵
事而罷遞今日四方之偏倚不中吁亦甚矣近年以來天災時

變式月斯生水旱疾疫無歲不作可見人心物情之鬱抑感傷天地之和氣而然也安知非朝廷四方之偏倚不中者有以致之耶不然是何哉　大朝天覆之下　重离煥照之日而乃有此非常之警耶卽今消災之道莫如修德政以和人心而其要在於正朝廷夫釋憾忘嫌欲贊哉　大朝蕩平之政者公心也黨同伐異欲壞哉　大朝蕩平之政者私意也公私之間賢愚可辨用舍之際勸懲自著何難乎矯偏而就中也何難乎祛私而歸正也伏願　邸下體　大朝之志承　大朝之訓銳意於講學著力於執中每於晨昏問　寢之時密贊　平蕩建極之謨請以諸臣中公正寬厚者並列於公卿侍從之位至於內外百官亦皆俱收而並用之則熏蒸透徹之化下洽於臣僚自

然消融其習氣蕩滌其痼弊百工允諧庶績咸熙措　國勢於泰山磐石之安矣哉　邸下執中之効當與勛華比隆豈不猗歟休哉臣人微位卑妄言至此干冒　尊嚴罪合萬死要伏望　睿慈不以人廢言幸甚臣無任祈懇屛營之至謹昧死以

聞

辭刑曹參議書

伏以臣賦質虛脆自少多病六十以後痰火益熾三膲痞滯一脚枯澁蟄伏窮廬望絶名塗頃年北幕及騎銓兩省之　除俱不得承膺以至徽垣柏府五次叨冒而或病未卽赴致蒙禁推之　譴或承　召在塗旋被變通之　令終未得發　黽進一言以効一日之責虛負　聖眷但切慙悚春裡　覃恩特荷優老之典至有進階之榮臣蹈舞　洪休歌詠　盛澤只冀優游耕鑿以畢餘生前月十二日忽伏蒙隸院之　除同月二十二日院隸齎致職帖臣感激　隆恩鐫骨銘髓而宿疾方劇憂添別證無以詣　闕拜　命敢從縣道署陳短章雖在奄奄昏倒之中方且嚴畏分義恭竢鈇鉞之誅書未及上徹而秋曹參佐之　命又下於一旬之內是何老病垂死之臣荐叨此非常之　異渥耶臣驚惶蹙蹙益不知所以措躬也如臣愚陋之質素無學識又乏材諝其於明刑弼敎之地協議審獄之職千不近萬不似雖當壯盛之日固無擔夯之理況臣今年已踰七十致仕之法昭揭禮經平生所誦着在方寸豈可身犯大防自傷其廉義哉且臣沈痼之疾月加日漸氣血耗竭精力澌鑠全却

食飮貼在牀席淺息如縷去鬼關只爭一髮雖欲扶曳殘骸祗肅　禁扃其勢末由玆敢不避僭猥疾聲呼籲伏乞　离明俯燭血懇憐臣瀕死之危病察臣致仕之實年由思保全特　許休退亟　命刊削臣職名仍治臣蹇慢之罪以肅朝綱以安私分千萬幸甚臣無任屛營祈懇之至謹昧死以　聞

書

上麓安先生 辛亥

鄕耗久斷瞻慕方切今初十日伏承六月十三日下書仍審道體尒來康福雖是暑月偶感下情驚慮不能自定伏未認近來加減更何如千里隔闊無由源源承候徒切煎灼而已歲月如流初一日練祭已過伏惟天倫如割之痛益復斬新其何以自

六八

裁也縻此未職不能一慟於是日回顧情禮悲恨無已重器奉
命問禮之行正當浹旬霖雨冒濕涉漲飽經危險廿八日夜
始得復 命而泄痢連作皆憊特甚加以日記督促甚急晨夕
握管汩汩無暇昕纔畢役矣鎭江宗台極言門下德義之盛繼
之以衢戀雖至盡聲無期李領府事亦以為聞風欽歎已久而
為學節度言論風旨無由得聞閔判府事亦以聞名為言耳六
月十三日之雨仍作長霖處處雖皆移秧節已晚矣猶不免大
凶而永慶以下則尚不得犁雨云赤地之慘不問可想闔門諸
族必將有塡壑之患未知何以救得耶先人行狀既蒙俯垂留
納感銘心肺無以仰喩秋間下去時或得奉玩全篇則何幸如
之 長陵遷厝定在八月晦日啓 陵在十六日其時有 舊
陵擧動上言可為於此時而若干槖資已盡於帽袍帶靴辦備
之事無他變通之路是為懋然道中初十日殿講時因文義陳
戒 天褒炳煥朝望隆重柏悅之情有不可勝言

上麓安先生

八月以後便信苦阻即因道元書伏聞德體以脚疽症常下情
驚慮不能自定而關河迥隔無由頻頻探候不審腫情濃斂近
復何如千里煎灼之忱夙宵靡已重器中秋旬後以分史官詣
舊陵克襄後復 命修納日錄又費一旬兒馬之 命雖是
舊例惶蹙不自安兼槐院實職陞附已月餘祼將之儀賀慰之
班自當奔走厠列故松楸省掃之節亦不得任意徑行殆若野
鳥之在樊籠斯已懋矣而今得家書室人瘧患一向無瘳意雖
欲圖罷解歸以為醫治之道亦未得勇決尚此遲徊其為憂慮
何可勝喩先稿想已一閱而行狀亦得落筆否邈在遠地未克
登時奉玩不勝慨恨明春當乞暇歸拜伊時當盥手襲藏而來
耳先代事纔已上言於八月 陵幸時數昨 啓下吏曹明間
欲往叩銓長而回 啓遲速姑未可卜其善 啓與否亦不可
知是慮是慮饑荒之慘聞來寒心竊伏想簞瓢之匱在稔歲尚
屢況此無前之凶家口不少救荒之道何以經紀耶諸族塡壑
之慮俱可關念而至於鄙家身既在遠主饋者又病瑣細諸事
無人監當顧領之患自當不後於人此中旅況亦甚艱苦無由
自家中助此槖資亦可悶耳

答麓安先生

月前兩便皆甚悤卒立草數字於家季未克上候儀於門下方
自悚歎卽伏承本月初二日下書仍審向來腫候已底完斂冬
後氣體連享萬康千里慕仰之中無任慰賀之忱門運不淑族
叔母兩房相繼違世士由從又以昔疾不起此何司命也此弟
乃吾親黨中所倚仗者而一名無成遽作未五十之鬼其為驚
悼何可勝喩重器粗保旅狀而寒館苦況日益難堪當姑觀勢
以為中春由還之地耳上言事銓長未出之前次堂無覆 啓
之例當待其備位而姑無先容之路未卜其結末如何伏悶伏
悶春秋適得四傳一番看過而北程涉獵掩卷茫然方欲再次
溫繹而職事多掣賓友過從且煩亦未得如意始知讀書一節
自是林下事而非風塵中所宜辦也懼歎無已樞機之敎敢不

銘念珮服耶但似有爲而發無或有人言耶歲除不遠伏祝道
體迓新增福

上篪叟先生 壬子

八夏後便信頻絶伏未審道體頤養何如區區下情不任瞻慕之至春來瘟疫並熾嶺中尤甚云仁閭其得免此患否屢空之苦計到百尺竿頭雖知大君子至樂不以是有損而目前救死之道亦不當恝然無麵不托其何以處之耶程叔子率家累八十餘口俾無飢凍先儒稱叔子才大處並擧此一事而我東士夫家規模氣勢與中國大異雖有麤拳亦何能措得耶寤寐間未嘗不爲之仰慮也重器旅食經年鄕思日促切欲休暇待次而千里來往無力可辦姑且遲徊以爲經夏之計寒館苦況去

益難堪道中又且下去頻無更來之意若爾則此中蹤跡益復凉凉矣憫歎何喩上言回 啓事銓長尚不出如是差池是可悶耳行狀想已修就耶道中若或上來則欲令家弟寫一通付來於其便以爲奉玩之地未知如何秋間竊擬請由下去而其能如計亦未可預卜瞻望門墻徒增慕菀

與李判書 德壽 壬戌

昔歲壬子執事爲 動駕時祗送住蹕槐院伊時重器直在院中獲承淸誨以平日山仰之誠實深得御之喜而翌年南還不復入脩門無由叩軒屛候寒溫屈指頃年倏已十改星矣彼時半餉閒酬酢其何能記有之耶卽日春寒伏未審台體動靜何如仰慕區區無任下忱重器八載屛蟄之餘忽承騎郎之 命黽勉五朔又已經歲而蹤跡凉踽愁態度日何足仰 喩仍伏念執事文章風節卓冠當世一國淸議之流皆莫不翹首傾心以重器言之則慶州權氏卽重器之母族而從曾祖參奉公諱信爲淸江先生孫婿外家於德門實有潘楊之誼欽艶慕悅之情烏得不倍蓰於他人耶昨秋之來洛也擬欲先自通於隷人而肥遯之行已飄然於霞外矣職事縻身難以擅離雖欲束生芻隨白駒而不可得第有一段私悃是十許年經營而未遂者竊恐一向遷就永爲千古之恨玆敢替送從姪拜門下仰乞未知執事其肯容納而頷許否吾先祖 贈判書府君以林下隱遯之士當壬辰之亂慷慨倡義有全城恢復之功而恬雅自守以勳名爲恥不以所斬獲報聞方岳遂盡讓於同事諸武將以此

爵賞不及窮約以沒身而不悔焉今於諸名賢記述文可班班考也頃年鳴寃於 駕前特蒙大司馬 贈秩 朝家尙忠之典實爲曠世殊榮固當刻之幽竁之石以垂永久而第此誌銘若不得大君子信筆是猶無誌也敢以一通家牒浼案徼惠伏望執事無惜黃絹之語一賜落筆則先祖百年潛光自此其不朽矣不肖輩銘骨之感爲如何哉千萬祈懇之至

與李訥隱 甲子

洛下一別于今二十餘年每思昔日遊從之好未嘗不引領馳神而繼之以黯然也卽日春意向和未諳靜中學履何如重器碌碌無聞奄作六十歲老翁齒牙脫落形神凋弊從前尋數之業亦一向放下寧復有桑榆收拾之望哉只自凜惕而已竊念

老兄隱居三十年從事簡編日有沈潛玩賾之工其必有超然獨得而人不得與知者矣區區欽艷之誠益復倍蓰於疇曩而川途遼闊衰病侵尋尚未得一造衡門穩承宏博之論其視古人千里命駕之義寧不騂然汗顔乎先祖魯村公壙銘尚未埋藏諸族方謀累代誌役必欲得作者秉筆之語以為闡幽垂後計玆遣從姪仰請伏乞特諒輿情毋惜幼婦之辭如何如何

與權清臺 相一 癸酉

春裡伏承辱覆書具審職名解脫燕養超勝遠想高致令人欽艷而伊後音阻閱夏及秋悠悠懸仰夙宵不自弛也頃因風便忽伏聞令體愆和有日其或避近客感耶區區驚慮有不可量也將攝得宜神明垂佑近間想已帖然穌歇以是仰祝重器夏

初承 召西赴擬即辭退意謂歸路可以歷叩海留講得若干經義而行至昇山聞遞報而歸欲俟秋涼策款段訪高栖奚暑溽乖常宿疾越添卻匙負席昏昏若泉下氣像雖値金氣尚無穌意末由扶曳強進於數百里之外吾輩一會合亦自有數耶追思古人千里命駕之義不覺背汗顔騂冬間若無大段疾病必欲一遂素計耳前冬令公寄宣令書中有竹橋詩並和之教諷詠瓊什益為之愴然垂涕蓋重器另支而又外裔也謹已忘拙續貂而無便未付今始錄在別紙幸一粲焉嘗見圃隱集續附錄載 列聖褒典仍錄 肅廟御製詠圃翁諸篇而用愚伏此韻之作入於其中盥手擎讀 天章昭回想令公或未之奉玩故玆敢謄呈耳

與權清臺 甲戌

昨秋修一書付幽谷便而尚未承辱覆其必浮沈矣即見仁里蔡君來訪槩聞令體頤養萬相極慰遡仰之情且知近日有京兆參佐之 命可見朝廷不遺耆成之美意為之喜幸竊念幽貞之志必不少回想今已得解免否重器私門不幸喪禍荐疊去冬哭姪婦今春失堂姪衰病悲傷倍益難堪加以賤疾自客臘添劇沾漉至今精力日鑠雖欲看文字纔閱數板輒有頭烘膈滯之證只合眼癡坐作一土偶人每記古人老大悲歎之戒不覺瞿然一進講討之計經營已久而衰病憂患迭次纏綿每每敗人意只有一片心憧憧來往於清臺烟水間也此有小水石在弊廬數百步許數年前結得茅屋三間負山臨流取曾論

二樂之意名之曰山水亭時時居宿頗有蕭散之趣只恨地步夐闊不得與吾令公共之耳

與趙相國 顯命 壬戌

赤煒受代品物流形伏惟台體動靜對時萬安仰慰且遡無任下情重器伏蒙下念僅得無事赴任而風土不佳賤疾添劇民瘼如毛拙手難醫以私以公斷無久住之勢伏悶何喩一出都門久未接邸報忽因風便伏聞大監累疏辭職之餘至有金吾待 命之舉塗聽之說雖未知其的否而其在慕仰之情曷得不驚震憂灼耶竊伏念 聖上之眷注倚重既如是隆至巽章靳允承宣久臨大監雖欲遂勇退之計其不能得請決矣以大監憂 國之誠豈宜一向固讓仰貽 九重之勞念哉伏乞

抑志逌勉以扶　國事如何愛慕之至敢陳愚衷倘蒙俯恕不以僭猥罪之否先墓銘文朝夕誦玩益覺筆法之簡嚴有非近來金石家所及感鐫心骨罔知攸報堂叔謝書今始來到玆敢專人呈納自餘伏祝加護飮食以慰具瞻

答宋相國 寅明　壬戌

前月十九日因邸人便伏承下惠書拜受擎讀怳若親奉音旨感激惶隕罔知攸報仍伏審緬禮有期軒馭已發僑訃誠孝攸格大事已得克襄而號慕奔遑之餘必有致損於神觀伏未委台體動靜若何尊從氏大諫令監意外傾背承來不勝驚惶伏惟友愛無間悲痛難堪爲之仰念無已重器伏蒙下眷粗得支保而民瘼如毛拙手難醫爝火熏天危怖日深伏悶何喩先祖

誌銘遠荷投寄盥手莊誦感銘心骨況又敍事記蹟纖備周詳自此可以傳萬世而不朽矣雖隋珠楚璧之寶何足以喩其奇乎第其中有一二合商量處別紙仰稟伏望更加照勘如何

答朴判書 文秀　辛未

數昨伏聞軒馭來住鄙郡十年違阻之餘非不欲趨進拜謁而病蟄窮山無由動脚方以是爲歎忽此意外伏承手書下問辭旨勤懇擎讀感暢有若親奉德誨況伏審原隰驅馳之中台體益膺蔓福可見爲　國保民之誠見佑神明區區下情不任欣賀之至重器年老病加精力消鑠尸作山澤間一癯漢案上故紙亦不得隨意遮眼寧有閒居悰況耶秖自悼歎而已數日內若得日氣稍溫當力疾進候耳

與吳參判 光運　癸亥

歸伏田園坼嶺逈隔且所居深僻無由討官便付候札只有一段懸遡之心憧憧往來於軒屛間也卽日秋序已晩伏不審台體動靜何如昨秋以後癘疫益復熾張高栖其得淸淨無事否益爲之仰念不已重器海邑瘴祟添卻宿疾衰悴轉甚精力俱弊從前尋數之業亦且全然放下何足向喩高王考詩塚碑銘大筆揄揚無復餘蘊感銘厚眷仰謝無地而第有數條商量之事曾果臚列仰稟矣猥蒙俯採許以修潤事當委遣子姪謄傳奉來而家窮路遠尚此未遂其爲愧悚何可勝喩今因科便始遣從姪一鎭仰請伏望付寄如何

答吳參判 甲子

夏初因族人茂長守下來便伏承辱惠書並寄墓銘可見台慈垂眷之意拔出常例拜受擎讀感戢難量而僻居窮厓絶無便風尚未得奉一書以謝愧歎何已信後夏秋遞嬗伏未審台體動靜何如千里慕仰之誠未嘗食息少弛也重器今年恰滿六十筋力之衰固也無足恠而惟是眼隔昏霧心墮死灰從前尋數之業殆將一併放下雖欲效老蠹魚活計亦不可得矣慄惕何喩碑文獲蒙修潤之惠筆法簡嚴詞致煥燁自此可以鏤貞珉揭幽宅爲百世不朽之資感鐫心骨無以仰謝第其中有數字句當添改處蓋緣狀本之漏傳寫之誤也其他數處亦有愚見之可稟者玆敢別紙錄呈伏望更加照勘如何昔退陶先生撰趙靜菴行狀因僚友及本孫輩請質而釐改者甚多蓋此大

文字將以垂示無窮故必欲其極盡無遺漏也竊仰盛度素有
採蕘之美不計煩瀆冒陳至此極涉妄率還切悚仄本草謹此
寶藏別謄一本呈上點竄還擲至幸至幸冬初欲治石八鑴故
敢此控懇耳先祖湖叟公遺詩既蒙步惠之敎諸族顒俟累年
而尙靳投示其爲濊莬奚啻渴者之思水耶更乞亟賜落筆以
副輿望如何

與申進士丈 濂　辛亥

半月阻音炎候漸盛伏未諳靜養體履何如仁閭沴氣其無更
闖否仰慕且慮無任下情重器村中瘟患一向熾張闔室出寓
於鄰閭而屋狹暑蒸度日如歲伏悶曷喩婿君旣避痘討店彼
處亦客也於此留滞實爲便好而重違庭命如是趲歸殊極悵

缺肴渠資地之美未必非玉潤而質甚弱不能極意勸課其於
俯託之意左矣是爲愧悚然年富才敏若隨地隨力溫習不輟
則何憂乎學不進也竊計墨莊烟帷已有成法而愛念之至不
得不縷縷僭瀆下諒否

與鄭進士 儁　辛酉

訪桑梓展丘墓仍成宗族之會此叔世所未見者若非吾執事
高義其何能辦得耶艶尙欣感有不可量而承晤未多日遽爾
回旆瞻想行塵不任歔欷未認風雪寒程跋履無撓而稅轄後
亦無憊悴之患否遠地遡慮不能自已也族姪門運不淑春末
夏初連哭再從兄暨四從叔父痛怛之私無以自堪乃何道中
三月初拜　宗廟令　肅謝纔半月轉授茂長倅聞已到任所

可見一脈公道之未泯殊可喜耳留示感舊諸篇讀來能令人
油然起孝敬豈特以詞彩韻格論哉玆敢扳和錄呈而悲悴之
餘詩思全沒只供一粲之資耳但道中赴洛時盡以所收諸族
酬和之軸書託於姪使因玉山便付呈而仍囑謄成一冊子傳
之門内留作異日故事故姪已令子姪輩如戒謄傳題其首曰
暘谷宗會唱酬錄仁里諸族如有奉和者必須寄示並錄於 其間
以慰相思之情亦一事也貴處如欲謄成一冊則次序恐難定
故玆以行列年次定送視至爲幸

答鄭進士

暘溪拜辭悵黯不自堪旣而因道中告伏讀留示瓊篇撫玩吟
繹如續未盡之緒論卽已續貂兼著小序而不但無的便可呈

必欲并收宗中諸作合成一軸故自爾遷就夏末始付于吳山
姻家囑令遞致竹洞矣今於令姪孫南省之行伏承下札始知
尙未關聽此必滞在玉山早晏雖當得徹豈勝慨歎仍伏審霜
天靜中德體萬相仰慰區區無任下情族姪屛跡窮山無復當
世之念久矣皓首影纓實非所樂而有　除不赴恐被人指點
黽勉西來奄過數朔纔陪　陵幸又攝史官　禁旅巡檢之責
文陛記注之役俱非衰癃者所宜堪只欲解紱歸栖咬得滿
畦杞菊而遲徊未去耐此辛酸始知范少伯張季鷹亦非尋常
淺丈夫也愧歎何喩俯寄淸律詞彩爛然末句寓戒尤切砥手
沫口極令人感篆無已玆敢扳和錄呈而唉呀無暇信筆構成
何足穢高眼耶頃在騎曹適得一絶今謾并呈幸博一粲也貞

洞宗人鄭修撰後一甫卽霞谷丈從子也方直玉堂時與相從爲言執事文學之富德義之盛實爲南州高士渠頗艶尙欲爲慰薦於銓長而彼之能記念亦何可必也

答鄭進士 壬戌

兒子從高軒來袖致辱覆書繼之以清什別紙仍能說起居諸節頗詳且讀且聽怳若親奉警欬頓忘此身之落此海陬也第聞賢胤疽患累月作苦寔爲奉慮信後多日竊計惟憂已蘇頤養增福區區慰祝之至族姪身恙姑無別添家兒亦得穩泊是則良幸而癘火熾張惡報日至客裡危怖如坐針氈故鄕諸親亦多有犯染者千里遠慮不特爲步月閒思憂悶何喩先祖遺韻特蒙步示闡揚潛光極其纖備諷詠感歎豈但爲詞致清遠

而已耶謹當錄之家乘以爲垂後之資耳別紙辭意謹已奉悉但處亂世之道尤當愼樞機史裡春秋韜括勿綻露則彼悠悠者其於予何哉千萬戒謹如何道中聞已歸田此人此等事決非人人所可辦殊可歎尙士文自嵎舘來叩頗安詳可愛第急於還鄕挽之不得迨今耿悵書末勉戒之意敢不服膺但平生偏處多在寬裕恐無以讋伏悍俗耳惠詩數篇切欲和呈而朱墨倥偬中無以籌思當俟後便耳令孫曾聞其穎拔今見字畫精妙儘是奇才是奚翅箕家之文若耶殊以爲賀然養才之道必先養氣如舞勺舞象等節皆是動盪血脈之道幸令優游休息俾免欲速助長之害如何

答鄭進士

意外此族人遠叩袖致下札仍審雅體候和膝下之憂尙未全霽驚感之餘繼之以遡慮族姪自前月初暍病大作宿證並添全卻是著委頓枕席思歸之念如水滔滔而新到者求去無說此際營門貶題以約己可尙損體宜警爲目而置之中考此乃五月間洪州兼任時有溫陽出浴支供分定事而病未親進使公兄替報營門以不親報爲非決棍公兄罰己行矣而又登之貶目待士夫之道不其太薄乎旣遭此辱義難仍冒卽投辭狀以爲決歸之計而再控不許今又三呈若得速遞可以閒卧於林泉何幸如之鄕奴前月晦來到始聞五月去奴中途遘癘至仁閣被辱眷得以免死六月望日始到家而所持者無遺云竊料貽憂之不少矣今承來喩盖知救濟之勞措處之密至於此

極此非特敦族之意推及於白飯青芻而亦可見仁人愛物之德矣感歎何量道中聞已歸田而卽見洛中親舊書則尙未遽改新伯趙榮國今方下去想必督還云矣別紙敎意謹悉只當默會何敢煩播耶

答宋定夫 戊午

昨歲冬伏承貽翰辭意周至眠手奉讀怳接一塲清晤感暢何量第緣病憂汩汩尙未得討的便付謝儀是爲愧歎歲色忽改和氣潛噓伏惟承養學履多納新福區區仰賀無已弟兒子一疾三年未瘳中間危證疊出乍歇乍劇前後所服之藥湯過四百餘貼丸過十餘劑而源委旣深打疊未易材料之難繼姑不論衰年精力日覺消耗向來尋數之工廢閣久矣寧有一分進

益耶承喩之及不勝愧懍玉川丈綏招謫路吾黨之不幸已不可言而金學士意外之禍又何慘哉因此而上及仁山至撤廟食豈料黨錮之禍至於此極耶事已至此不須更論其得失而申疏旣發之後勢自緘默不得來喩所謂惟理之當無愧於心者正說得他心事矣諫院辭疏末語似欠識微之論亦甚的當但鄙意則恨不於初授臺職之日先以師門事引避也若爾則陞擢未可知而自無如許禍綱矣然莫非天也亦豈章子厚所爲哉令孫聞已納婦侍下喜慶孰有加於是哉爲之欣慰弟年迫六十始見男孫殆若種松待陰何可望及見其成立耶相望落落奉拜無便臨紙增悵

別紙

喩及人心道心先後之辨此乃名理肯綮處何敢以管窺膚識妄爲之說乎但旣承俯詢緘默不開口亦非資益求正之道玆敢畧陳鄙臆幸須裁敎焉蓋此十六言乃大聖人傳授心法至要至妙之旨則必不肯糊塗泛說學者所稱不分先後大綱說者恐不然長老所謂有先後之序者可見講究之精密而但其論先後之意必曰道心之微由於人心之危故以人心爲先云則亦不免墮落一偏之病何者大舜旣分言兩箇心而各論其體段情狀本來如此非謂彼此相因而或危或微也只緣人心危險易蕩而難制道心微妙易昧而難見故聖人敎人必先從危險難制處裁節防閑使微妙難見者擴充宣著其所以先人心後道心者以其用工之緩急言之也是以朱夫子解精一之義曰精以察之而不雜形氣之私一以守之而純乎義理之正誠以旣精然後可一故人心道心序不得不如此耳其後群聖賢敎人之法皆令於禁制私意上先用力如克己復禮閑邪存誠等語皆如此若就其本根所從來言之則道心發於理人心出於氣理爲體氣爲用理爲主氣爲客其輕重之序固自較然明白而大舜之必先人心者豈不以用工之所當先者言之耶若曰道心之微由於人心之危則朱夫子於中庸序何故只以兩或字並擧平說而至於二者雜於方寸不知所以治之然後始乃曰危者愈危微者愈微耶人心本自危道心本自微道心之微若由於人心之危更由於甚麽耶石子重以出入無時莫知其鄕兩句屬之於舍亾一邊朱子非之曰若爾則孔

子言心體者只說得心之病矣今若如長老之言則是大舜遺卻道心體段而只說得人心之害聖人立言命物之意恐不如此矣憂病煎迫中神思茫然如是胡亂說去其不見嗤於大方家乎殊可懼然伏望痛加鉗鎚幸甚幸甚

答宋定夫 丙寅

春初惠札及於積閡戀仰之中披函長讀辭意周悉有若承雅範奉緖論感戢忻暢殆不可量而僻居無便尙今稽謝想惟原恕否今年癘疫無處不熾未諳仁閭其得淸淨而靜候頤養何如區區慕戀未嘗少懈于中也外弟火邑園中僅以身免姪兒男妹俱染幾危乃蘇而聞韶女息棗女於痘繼以邅癘出沒鬼關殆月餘亾仲之子一鎭自數年前有重疾爲卜筮所動贅寓

於鶴城而近聞見添暑滯方事湯劑遠地驚憂何可勝喩竊味來書深有求道憤悱之意可見桑榆秉燭之工進進不已日有新得矣其爲艷歎奚但柏悅之私而川原稍闊世故多礙無由合席橫經共賞滿櫝明珠是爲慨歎今春立巖之期企望甚苦而春盡夏來竟寂跫音想爲瘟魔所阻耶瞻悵不可言今歲穡事稍稔巖中霜月亦淸凜可觀幸於秋末冬初一賜命駕如何下示貫隱之說子思旣曰道則此乃形而上者固無可疑而朱門學者猶欲分言之朱子乃曰形而下者甚廣其形而上者實行乎其間蓋言道行乎器之間也旣言道行乎器則道自道器自器之意尤覺章章明矣然而我東許李奇鄭諸公之論又卻紛紜李先生因禹景善之問反復辨證又於與趙士敬書曰若

以形而下者爲費則是分道爲二也此乃千古已結之公案後學固當遵奉玩繹貴鄕一長老有何意見而掇拾語類之斷簡不信退陶定論耶高明之力爭可謂先立赤幟矣仰賀無已振伯旣出陸而再入海是何世道之險巇至此極耶旋聞還配睎陽稍可慰意而地僻便阻無由得其音信殊可鬱邑道中一疏能言前輩所未發之事可謂奇矣似聞　朝家以此問議于大臣儒臣蓋欲爲釐正之擧矣若因此一洗其謬則何幸如之

答宋定夫 戊辰

春初兒子從高軒歸細道諸節仍致珍帖且讀且詢極慰懸思而其後歷夏秋而冬矣未諳靜養學履何如暮境瞻戀有非盛年時所可比也外弟年添病加志隨而退簡帙堆案無由遮眼是固爲懍然者而秋間纔聞河濱妹婿之訃未浹月苞山甥女又忽殉節雖其冤心苦恨自安一死骨肉慘毒之痛當何所底止也不忍言不忍言每想執事閉户多年潛心故紙其有得於研賾之餘者其必富且深矣而憂病亘裡擺脫不得一叩講席遷就至今此莫非好德之無誠慙歎何量適因兒子之行略草以候

答宋定夫 己巳

客冬從弟回獲承辱覆留置案上時時披玩猶足以開鬱抒結忽此意外宅相遠叩窮廬袖致貶牘仍審新元靜中學履增福旣感且賀無任鄙情弟衰病侵凌歲增月加眼隔昏霧對冊不能省古人深恨旨廢之不早而自顧其中心益旨矣雖欲見石

火電光底消息何可望乎加以家間病憂殆無虛月醫藥調治之道日擾人心腸憫惱何喩前書敎意謹悉此乃素所願敢不理屐隨後耶但中春念七有祀故三月則又是子婦產月若在二晦三初間則雖未能遠尋盤龜可以迎拜於玉山並轡向立巖耳

答宋定夫

選勝之行旣以二晦三初爲期而車音久寂意謂或有魔障矣三月廿日始承華牘自道洞來是朝子婦纔解娩矣無由追躡後塵仍以產病危惡服餌十餘日而猶未打疊未卽委伻於行軒以速玉山之會稍晩偵探則旆已返矣瞻悵愧悚何可勝喩伊後夏秋相壇未諳靜中體履何如棣室同堂亦皆休勝否悠

悠悠懸仰未嘗少弛于肚裡也外弟自春至今憂患不絕舍弟偶患怔證四朔悠悠今雖少降完復尚遠自身衰頹之苦猶是第二件事悶灼何喻曾聞高明積歲沈潛於退陶遺書至有抄節簡牘之工此乃塤篪兩先生曾有此意而未及者也苟能採要成帙則豈不有補於後學哉望須速為卒業使如弟蒙愚者亦受渠成之利如何其去取之法自有朱書節要今當倣而為之然至於義理肯綮心法嚴密處尤當緊著眼目十分精詳想不待鄙言而照管及此矣

與宋定夫 壬申

音書久斷瞻想方切謂外君拓來訪始聞季氏奄見次孫之夭驚悼慘惻不能自定伏惟慈情所鍾悲念何以堪遣惟願深自

寬抑以慰棣室之懷仍審高年氣力不甚衰謝可想期頤之壽在所當享仰慰且喜無任卑情外弟昨秋從弟逝去同堂之內寂然無人一朞已過奄成陳迹悼惜之情久益難堪加以賤齒遲暮精力日鑠向來尋數之業亦且放下已久自知不免為下愚之歸浩歎何喻曾知執事有節刪退書之意想已畢役否若能精揀成帙則其有裨益於後學大矣竊欲一進奉玩而衰朽轉甚無由動腳或於中間寺觀如桐華銀海等處辨得一會期則可以遂其願耶暮境相望徒勞夢想尺紙往復亦溴然無便每念古人千里命駕之義自不禁愧汗伯綏已作赴試之行若得第而歸則弟雖老病當扶曳而進共參榮奠惟是之祝爾

答宋定夫 甲戌

春裡鄙倅回後音信斷絕前月哀從來到丹湖而所居隔嶺歸後始知未得問高軒動靜方以為恨意外忽承下札驚喜欲倒如得千里外消息也仍審寢啖靜養起居增福區區仰慰之至弟年加病添精力日鑠頭烘膈滯之證乃是本來常候而今年春夏往復愈甚入冬後轉益苦劇多試湯劑姑無顯效雖欲繙閱故紙消遣殘景亦且無如之何自知素志頹墮終為這樣人而止矣十載退閒寄分樵牧無復當世之念而兩月之間再蒙誤恩昏倒枕席未克趨 肅其在分義惶懍不自安也退書節要遠荷寄示勤意良感而病昏弛遽姑未奉玩然一開篇目可見高明研精玩理之功更何敢贊一辭也然從容細讀後如有合商量處則當如教奉質耳

與趙處士 守謙 壬戌

昔在槐院從洛中知舊遊獲聞執事處林壑明經學蔚然為士友重望中心慕悅思欲一瞻懿範者不啻如渴者之求飲而自洛距高栖不邇且職次難以擅離躊躇遷就遽爾南還只此一段耿耿之念橫亘在肚裡近者遷此鄰境又當貴州兼任而迯未知蕙室之移卜治內尚不得奉尺書叩雲扃其為愧歎何可勝喻卽日炎威漸蒸未諳靜居學履何如瞻遡區區無任鄙情重器白首吏役誠有所難堪者而纔膺差遣亦不敢遽自擅棄黽勉對吏民逐日倥偬於簿牒間何足道哉竊念寒旅以後此道寢微其能用力於實學者蓋亦無多惟執事旣襲龍洲家學又能私淑於愚潭門下早謝場屋沈潛經籍孜孜焉不知老之

將至其必有所自樂於胸中而人不得與知者矣艷尚之情曷嘗須臾或解耶重器亦嘗早從父兄師友之側略聞古人緖餘往往或不無石火電光底消息而一隨科目奔走風埃中間又遭膝下慘慽悲疚成疾從前行墨之工亦一向廢閣今又沒頭朱墨役志催科冥然作不識痛痒之人雖欲學眞泉州滁師之術其何可得耶遠想高風不覺汗騂早晏當偸暇隙一造衡門穩承宏博之論顧此塵蹤其果有分於雲水淨界耶

與孫夏叔 戊辰

春入山中花鳥正佳每靜坐觀玩未嘗不馳想於鶴潭高棲也忽此賢姪奉德音來叩可見霜鍾暗相感也銘戢何量況伏審和風靜候萬重益庸欣慰不淺戚弟衰病轉深精迷眼昏故紙

堆案無由隨意尋行只是昔時這樣人何足向喩輓語句格圓好更無可議處但導養二字乃周頌贊武王之語恐似未穩易以閒養如何

與孫夏叔 癸酉

索居傾慕中伏蒙清旆遠臨仍又陪鳩杖陟巖亭品題滿壑雲物山水與有榮焉奚但爲固陋者幸耶旱餘甘澍因作陰曀未諳靜居頤養何如益庸遡戀之至重器前月念間與鳴臯令共入臨陂盖以圃隱續集修正事有宿約故也留一旬修草本數昨歸巢而家內赤脚忽痛證頗可疑方謀出寓之擧悶憊何喩頃示伽山兩詩謹已續貂而韻強詞拙不中格律玆敢錄呈幸賜一粲如何鄙構俚詠想已俯和未可寄示耶木瓜之投欲得瓊琚之報耳

答孫夏叔 甲戌

懸仰中忽伏承下札仍審秋晩鶴潭靜趣益淸感戢之餘慰喜難任權從氏未老逝去此實鄕閭之不幸豈但爲親戚之悲悼耶況執事暮境相依遽失一翼涼踽之痛想益倍至矣戚弟老朽病癃已作一棄物而意外忽蒙 誤恩進退俱難惶隕罔措今則日數已多 下諭不降必因 陵幸而變通遞改矣稍以是自安逸休公行蹟不待家狀曾已熟諳又有震伯勤囑援以情誼不敢靡部謹已奉留而自知謭劣不足以當此役是爲瞿然況執事又加以千萬不近似之稱何其不擇言之至此也在弟適足爲嘲笑之囮在執事亦不免浮誕之失豈不兩有害哉

一展之後不敢復請亦不敢出以示人耳若盛意所屬必在這樣人則弟非其人尤何敢泚筆也

答李振叔 守綱 癸丑

三月初因風便伏承去臘月下札仍審伊時服履萬珍欣賀良至第無的便尚稽謝儀是爲愧歎重器家運不幸商山曹氏妹以二月二十二日奄忽委逝客地驚踊肝腸摧裂吾兄妹七人存者只四人而此妹又忽至此豈料吾年未五十而同氣之戚荐酷若是耶況喪出疑染二穉之無事未可必慘怛憂慮之思殆無以自定而解官無法不得任意徑歸路遠便阻又未得詗探聲息南望泫然不覺心魂銷斷前月都政雖已出六而數載風埃蹤跡涼踽世味漸薄鄕思轉切擬待秋涼以爲謝歸故山

之計若路由竹嶺則可得委叩仙庄穩承雅論仍與光甫希顏諸益聯裾徜徉於葛臺廣瀨之間耳

與李振叔 庚午

令伯胤甥君之喪是何言是何言墮地失乳辛苦成長貧寠困窮無一可慰所望者只是壽命之長耳豈意今歲未中身而至於斯耶驚呼痛哭不知所以爲懷也伏惟七十衰境多年病悴遽見目前之慘悲慟沉痛必有倍萬難堪者矣後娶所生男女幾許而次兒其已委禽否孀婦孤兒無所依賴節節思想尤可摧心卽日至寒未諳服中調候何如悲疚之餘必有大煞添損爲之仰慮萬萬然此姪年近五十且多子女比之鄙家亾兒大有間矣切須強自寬抑敎養諸孫以終餘年至望至望重器夏

裡大病幾危至秋末始減而餘毒尚存十日九臥家弟自昨年夏得消渴證尚今沈綿湯藥並施少無顯効財力蕩盡治療無計這間憂煎何可勝喩亾姊氏幽宅尚未奉遷此乃渠在時苦心經營者而今也至此更誰爲之其長兒筋力智慮能幹父之蠱而成就其遺志耶執事在世時若未能指揮孫速爲返葬則未過百年必爲無主孤魂寧不惻然耶若定山卜期而來則自此當爲協力圖之耳

答張天輅 辛酉

小蒼頭歸裡謹承貺翰仍審勝旆回稅感慰良至而第行中不無些箇愆節寔爲驚念然歸自丹丘必得羽人難老之方邂逅一外感烏能敵金鼎眞氣耶弟門運不淑連遭小紅袒免之慽

衰境懷緒益覺悲涼兼拮据數朔尚未訖完朝晝間輒生計度之念每記程伯子澶州長梁之戒未嘗不瞿然耳兒子久留軒屏之側其得無大煞乖戾事否渠資地本不甚庸下而中間因憂病失學近又慽慽無悰況一向任他悠泛尚未解魚魯之辨此乃父兄之過愧歎何量今番訪眞之行必有哦詠文字幸望寄示破此愁寂之懷

與張天輅 丙寅

夏裡伻回始聞慘慽存出極令人驚悼而滾冗交掣尚未得奉一書仰慰愧歎何已卽日涼風未諳服中起居何如悠悠傾遡未嘗少弛于中也先副學公碑文潔指摯讀辭簡理備有非近來金石家所可及可見星翁蘊蓄之富允叶輿望而老兄千里

遠求之意終不孤矣在吾黨士友寧不爲之相慶耶但叙事中有歲月未分曉處兒子進拜時當指陳之矣

與張天輅 辛未

春初因孔谷便獲聞聲息稍慰懸想餘寒尚惻未諳兄起居何如滾冗交掣久未得發伻探候此豈通家情節耶愧歎無已弟病與年加精力瘠鑠白晝對人往往坐睡亦豈久視之象只當安命以竢之耳立巖重尋之行兄旣有約矣卽今暮春不遠山紅水綠正好玩賞何不一命小車共此芳躅耶況子婦屺望久切兒孫岐嶷可抱比頃年一枉當添一層懽娛矣過先墟叙慈情一擧而兩得兄須趣駕焉翹跂良至

與張天輅宜彥 大誼爾字大啓

聯轡叩門光動窮厓驚倒感戢有不可量而投轄無誠遽爾分袂別來悵惘如有所失未諳夜來僉行履何如昨患肩痛其無添苦耶區區仰慮無已弟病狀依然姑無加損而未得隨勝旆共芳躅益恨烟火凡骨無分於仙區風露也內延之行其果轉進耶歸路歷臨此地更敍未盡之懷如何如何千萬企仰

與張天輅 壬申

春到山中寒梅欲發思欲訪消息而不可得也仙源奴歸忽承淸翰仍審雅候多納新祉區區喜賀非尋常比也弟去月晦自山舍歸巢而衰悴中諸疾交作伏枕呻佇一晃居狀何足仰喩卿山之遊是平生宿願而病憊如許又失今春之約是果塵土之蹤無分於仙區耶然秋間若得無碍當一遂芳躅矣瓊韻

今始和呈而詞拙意淺不能闡幽居閒淡之趣是可愧也

與權孝章 贇

廿載阻閡無緣盍簪討聽雖因族姪輩來往之便時聞休咎而僻居不相報不能隨寒暄問起居自聞李氏兄失明之音驚倒慘怛尤不可量而尚未得奉一書相慰此豈修世誼不忘久要之道哉瞻想愧縮不覺汗下竟趾卽日春風僉服履何如弟亦傷於虎者以此益想季氏兄痛割之情而信爲之慘然也然死生脩短莫非命物者分劑過哀傷生無益於逝者幸須天倫之間以義理相寬譬勿使大損天和至祝至祝弟自遭慘慽已過十餘年而心腸摧盡衰病轉甚屛蟄窮山頓無一分善況憐歎奈何先荷塘先生文集曾伏聞修正已久竊想校讎亭當無復餘恨矣每欲一進奉玩而病劇路遠無由致身慨歎何量先祖湖叟公行狀想已編入於文集而第於其中有一兩句移乙處橫溪族兄已嘗書稟而蒙許者也未知文集中其果依改本寫入耶如或不然則依此後日改本校正如何

答崔吉甫 迪基 辛未

雪山氷壑春入梅梢思欲訪消息而不可得謂外從甥奉珍函遠叩披來感暢若接眞範況審餘寒雅候萬勝賢胤覲禮亦已穩成區區欣慰又何可量也弟年添病加一向摧頹陳編滿架無精力可以料理兼家季宿證二載沈綿乍歇乍劇完帖未易悶惱何喩敎意謹悉顧此譾劣既無名位可稱又無筆力可作金石風流何敢容易下手以病德門爲先之大事哉遺事卽欲

奉還而盛囑既勤此甥又固要姑且留之耳實紀校讎事其在慕義之誠何可辭也謹當伺隙紬繹粘標仰呈矣

答崔吉甫

伏承惠札仍審春寒起居萬重區區感慰並至弟病頹依昨更無足喩敎意謹悉玆就附標處略加刪正更爲照勘如何跋語之囑有非愚陋所敢當況既有權令序又有李丈跋又何疊床爲墓碣文字重違勤敎節略書呈仍題小跋幸須商量取舍焉貞夫人碣銘並構呈而恐荒陋不堪用耳

答崔吉甫

春序將晏懷仰政切不意華札額存仍審雅候萬安感荷之餘慰釋良至敎意謹悉項日附標只就其大煞欠穩處識之矣今

承盡改板刻復修草本則當求十分亭當不可草草涉獵過且來价累日留連似難故玆以還送幸於數日後更俾推去如何跋語非敢厭憚於染毫之勞只恐架疊無益兖辭不足重輕故尚未承副今又以師門遺草修正事約諸友會集于橫溪亦無暇隙可以構思如必俯督之不置稍寬一月如何

答崔吉甫 癸酉

阻想中忽承貶牘仍審肇炎兄雅候珍福感荷之餘慰豁良至弟昨冬所遭已極惶隕雖幸宥還添病實多方伏枕席僅延殘喘今又 除命忽降意外驚懼震越罔知攸措衿紳遠臨督以占定扁號自顧陋識雖不敢當其於景慕之誠亦不敢固讓謹書以副惟在僉議之取舍爾

答尹執義 鳳九 癸亥

昨歲西城未得望履而歸雖因郡家僅獲聞萬安之報每想高栖未嘗不首矯神馳忽此料外伏承貶牘始知巾車選勝歷住郡衙奉函胝手殆若親聽德音感鐫何量仍伏審行中學履冲福尤庸忻慰之至重器獐鄉添病歸後益痼仍以家間憂惱連疊鬧人方寸衰弊精力日漸憒劣尋行數墨之業自是平素茶飯而亦不得隨意課程如古人讀書節目寧復有專靜之効耶今奉來諭不勝愧懔既承近臨矣非不知顚倒馳走一瞻雅範之爲快而馬瘏僕病無由趲去竊想遠途遊歷之餘似當有旬月休息數四日後當扶曳進拜兼候梅閣耳

答金方伯 尚星 癸亥

病伏窮山無由一候於棠席之下遠想旌節第切慨悵料外伏承台慈俯垂問札兼有兩種之饋是何拔例之眷逐歲每加也拜受感銘無以爲謝伏惟窮陰台體動靜萬相仰慰區區無任下誠重器衰病侵尋精力日削案上故紙亦不得隨意鑽研依舊是這樣人矣何足仰喩惟伏祝 旬宣有相餞迓增慶

答趙慶州 明[illegible] 辛未

干旄南來雪山增重時挹聲塵益切傾嚮而閉蟄窮崖未得叩鈴閣望芝宇只一念耿耿而已不意珍帖遠存辭旨勤懇發函長讀悅接積歲眞範驚倒欣暢何可勝喩仍審神佑德政新休滋至區區艷賀尤非尋常比也弟承覲行在近千里氷程何以跋涉也爲之仰慮不已重器年添病加一向摧頹案上故紙亦

不能隨意遮眼寧有補塞桑榆之望耶只自瞿然于心爾仍念鄙家先壠在於治下往來松楸飽聞仁風絃誦之聲洋溢閭巷經界之澤優洽田畝九里河潤何以加於此哉仰念昔日先分益不禁柏悅之私而逢筆寒蹤無由一面奉賀寔爲愧歎惠來各種何其眷念至此也酒潤枯喉肉蘇疏畦楮以代樹葉施之者自是韓山斗高義而受之者愧非盧玉川耳

答趙方伯 載浩 壬申

邦運不幸 賢嬪宮奄忽薨逝草澤輿情猶且悲怛況伏惟戚聯義重友愛情深哀慟沈痛尤何以堪勝昔遊京師未遂一拜之願而今者軒馭南來俯垂尺素以問窮山樵牧之蹤仰荷謙德惶感不自安也仍伏審新元台體神相區區仰慰無任下誠

重器年添病加精力日損向來尋數之業亦且全然放下何足
向喩三種悳物何其眷念至此耶拜受謄之感歎無以爲謝伏
祝爲　國自愛節哀加護

答尹方伯東度　癸酉

逖仰高風尙未遂識荆之願旌節南來今已有年而病蟄窮山
無由一望冠履只自慨歎而已忽此意外伏承下書盥手開函
驚感難量仍伏審初炎台體動靜萬相仰慰區區無任下誠重
器陋識踈蹤再被　除命俱不得承膺悚縮省愆之中又蒙
誤恩惶隕震越力疾登途而撼頓澌憊證遂添劇實有生行死
歸之慮矣乍到昇山忽聞有變通遞差之　命回鞭返巢昏仆
枕席自此可以安意調息私幸曷喩下悳節麾何其俯念至此

也節屋蒸炎況襲棠下淸風感歎無以爲謝

答李方伯羲章　甲戌

講服盛名盖非日月而僻處東鄙尙未遂望履之願只自悵慕
而已不意貶翰左墜窮廬拜受擎讀感戢難量仍伏審旬宣有
相台體萬安仰慰區區無任下情重器年老病篤頹伏牀第無
復豪分精力可及於尋數之工浩歎奈何節箑之悳苟非俯念
之勤何以至此矮簷毒炎淸風生腋極令人感歎無已

答李方伯戊申　丙子

天佑　宗社春宮順經聖痘朝野抃喜曷有其極僻居遐陬老
病昏悴洛下知舊間吉凶休咎漠然無聞未嘗以一點墨相吊
慶自分爲一世之棄物矣不意執事俯垂華牘存問生死大君
子不忘久要之義出尋常萬萬盥手奉讀感戢難量仍伏審老
寒台體動靜萬相仰慰區區無任下情重器年踰七十積病彌
苦頹伏枕席以藥物爲糧向來行墨之工亦且罷休寧有山野
自在之況耶每念昔日辱交之眷竊不勝豔慕之情而千里落
落無由一叩隷人今聞左莅吾南益切傾嚮而椎牧之蹤加之
以疾病亦無望履之路南望棠陰第劇忡悵下悳四種何其俯
念至此也魚果以潤蔬腸燭以代松明紙以換樹葉無乃軫此
窮居者艱苦而有是貺歟僕僕感拜無以爲謝仍念凶荒荐臻
餓莩相連自旌節南來之後閭里之顒望方切伏望執事勿復
以散官輩爲念而普施德悳於一路生靈如何身伏畎畝而猶
有憂　國之念敢此仰暴想不以僭率爲罪否歲除不遠伏祝

茂納新慶速膺　寵擢以副　聖上虛竚之望

梅山先生文集卷之三

八二

梅山先生文集卷之四

書

答權一甫 萬 丙辰

前冬擬修師門遺草携道中諸益聚八公山招提忽得兄手札自無何來墜郎高旆駐鷲城時借風遞寄投者也發函長讀不啻若接英標聽雅論而第恨伻人未識桃源路不能討覆而歸耳信后歲飜未認南轅其即歸稅而訾候亦已勿藥否為之仰慮無已但兄行既與昌言偕去來間何不取途此地懽敘積別之顔而徒自戀戀為哉是則不能無介然於兄耳弟五十衰翁更添二筭蒼蒼者盡化而白矣杜門守寂更無他念而惟是鱧堂文字尚未編輯竊懼愈久而愈湮項果略為料理矣道中以騎郎西赴歲律且盡功纔半而罷休今方欲更携諸士友共為讎校而精力淺短卷帙浩大其何能擔夯了當耶粗完後欲一與吾兄暨振伯輩相對商量而坐於地遠合席未易是可恨也

答權一甫 庚申

再昨年冬因風遞獲承兄惠札辭語款勤所以慰此苦緒者甚悉胝手奉讀令人感鐫而悲酸病頹忽忽無人事且奔寓僻閭不得討便付謝昨冬賢季氏之南來也適因事赴玉山聞兄住轅商山而遠莫之會及還迤而歸季氏已回旆矣因循蹉過尚至今闕一字懶悚何量即日秋序已晏未諳兄靜候何如夏裡聞兄得拜騎省郎竊喜公道之猶不泯湥為之慰悅而旋知中路遞歸本曹多事在鄉者例遭此患然此亦吾儕運屯之致殊不勝慨嘆弟斬制已闋悲疚轉深百疾交作無一日寧帖時夏末又患面部風丹幾死乃生餘證彌留宛轉牀第只一息僅存耳心慌魄褫情憒若土偶人寧復有為朋舊仰喻者耶前書所喻謹已領悉益增悲感但未即奉報是為不敏矣亾子天資淳雅自幼不戲嬉無爭競誠孝又篤至父母有疾憂悒廢眠食順親志無纖毫違越見父有過擧輒諫止之接物必謙恭謹慎恐或貽累於親未嘗以鄙談惡言加人讀書窮日夜不輟十六七通小學四子二經旁涉史傳及文章家若而篇詞賦筆翰能做擧業秀才既病沉綿兩歲而枕席間猶取心經一部時時披玩質問其疑義蓋其志尚自成童時已自不近小若使天與之年庶將有成立之望而得年僭然纔二十矣私心痛割當何所涯

際也至於亾婦之殉節尤有所不忍言者當兒子之病也視兒子所食多寡以增減其食及兒病大劇絶食十數日遭變後什地氣窒灌藥水得甦因舅姑泣諭強呑一匙米汁而腸胃枯澁不化而直下如是二十日毁瘠骨立而盡其貞心苦節世豈復有是耶鄉人悲之即已報官請旌矣闡與泯何與於地中之人而今其一塊肉方抱撫在膝其父母之聲音顔色已不及省記矣其志行又湮沒無傳則異日渠雖長成何從而想得乎此子平日素愛誦吾兄之文又念其為父執尊慕之甚至幸望特惠數句語以悼之并及亾婦之烈於篇尾或別著一篇如何此意未嘗向人開口而今為吾兄所需如是縷縷腸摧喉塞益不能為懷也

答權一甫 甲子

各天相望闊盡許多歲月盡𥀬非可論而嗣音亦不得如意只自勞心忉忉不意華翰自聞韶來到滿紙申復恍若親聽英論驚倒感豁寧有涯際信后又經歲矣未諳兄靜養何如益庸懸遡弟歸自西湖衰病轉深今又添齒恰作六十老翁眼霧頭雪志氣昏憒雖欲尋理舊業爲桑榆補拾之計亦末如之何矣其烏能免夫退産之歸耶只自瞿然而已長沙考題能得其實柏悅之情兄我何異朧前遭其姑母喪欲以歲初奔哭而營門不給由未果云耳朴王汝文雅器識實爲吾儕翹楚而遽爾至此痛哉痛哉示意謹悉朋友之相誄古也不必待齎紙沿門纔已略草數句語送去而道中處亦及此意耳晞陽平信可慰而雷

水無期此豈獨章子厚所爲哉昌言兄深入不返云其有水石之樂耶索居鈍滯恐不如同堂之互相博約未知如何每擬一叩老兄與德門諸親舊穩討於靑巖亭上仍訪訥翁講說經傳奧旨轉入兩白山下訪先賢之蹟窮山水之勝以盪吾鄙吝之胷而疾病交作滾宂且垂十載經營迄莫之遂前頭若無大煞拘礙當早晏一著韈矣

答權一甫

前秋惠書無便稽謝今二月因從姪訥田之行始爲修付而其行甚忙未得轉造高軒留之訥田而歸及夫秀翁之回又承損牘盖鄙札未徹前所寄也仰認勤意益庸感嘆第伏審色憂踰時沿灔雅候亦欠冲適區區奉慮迥倍平昔然誠孝有格攝養得宜計已次第回泰矣以是仰祝弟今年恰滿六十筋力之衰固也而眼霧神灰不能披閱故紙索居窮厓又無朋友麗澤之益只是日退而已寧復有桑榆收拾之望哉思來殊覺懍惕今承來喩有悔心方萌之語何其自謙之過耶老兄以豪邁之才氣肆力於書冊者殆過四十年矣見識之該洽非不至矣而猶且不自滿假有此悔心可見其進進不已之意也若益復沉潛於窮理治心之書勉勵於收斂凝定之工向裏鞭辟劄脚實地則凡世間之得喪榮枯死生禍福皆不得入我之靈臺矣其德業之成就寧有限量耶年來諸親舊可倚仗者遽皆淪謝令人愴怛齋翁放還無期至於挈移家累杳然無會面之期痛咄不可言然此豈章子厚所爲哉只當付之於運氣而已奈何奈何

師門文集僅謄出一通而更無餘力可以辨數件士林間頗見沓非一而無以酬應可嘆道中意外罷歸於渠亦安矣家間小孫辛勤養育今至入學性敏可敎而淸弱頗甚不能刻期課程耳誄語當初所囑意實不偶而今則時移事過何必追念耶曾與鄭子成有竹溪探勝之約早晩遂此計則可得與老兄及諸名勝一番相會而老病窮寠撥出未易只一念耿耿而已

答李仲久守恒 癸酉

昔遊洛中曾荷先尊丈款遇之眷而地步敻闊尚未得與兄盍簪悠悠慨想未嘗少弛于中意外華翰忽墜窮厓發函長讀如對眞範感幸何量仍審隆寒雅候珍福益庸忻慰之至令胤寃捷詞科選入鑾坡至有陞遷之 恩吾嶺大有光矣羨但德門

之業耶仰賀無已弟年衰病加精力日耗案上故紙亦無由遮
眼寧復有桑榆收拾之望耶只自瞿然而已承宣家親事獲蒙
頷許此誠天緣宗族亦有喜焉但兄許書自蘆浦遲滯昨暮始
到禮使今乃發去耳

答李仲久 甲戌

前書仰覆足償願交之志而紙裡裁付未盡說心中事方以為
恨不意便回再賜貺翰寄意勤至可見不相外之厚眷僕僕拜
感無以為謝信后換歲伏惟德義神相茂納新休仰賀且遡無
任遠情弟今年恰滿七十精神筋力日覺耗鑠雖欲溫繹舊業
而不可得秪將不免為小人之歸耳懔惕何喻素聞兄見識博
雅每欲一造陶山與左右洎德門諸益共講老先生遺文問古

事質疑旨而疾病纏綿憂冗連疊尚未得遂計恐遂為終身之
恨爾心經朱書兩質疑本出於門人之所記其間或有誤記處
正如程門語錄之有遺恨而近世一時賢作心經釋疑取質疑
增損以為先生所財酌證正其錯認甚矣昔在 肅廟朝庚午
年間嶺儒議叫 闢辨誣而旋以停止此則兄必已聞之矣弟
曾在洛中得見朱子大全劄疑此亦一時賢所為也節要質疑
亦皆入錄而名之曰記疑指為師門手錄其中訛脫處遂加訾
議豈不慨惋哉德門及陶院中必有兩質疑謄藏處若得此善
本精加校正奉藏於院中則彼傳謄訛脫之書自歸於無所取
信矣如弟淺陋者何敢與議於此等事而尊慕先正之誠則實
有倍於他人者妄欲廣聚諸本精校謄出以成一草本奉質於
同志諸君子而僻居窮厓未能多得諸本且年老眼暗不能自
寫私家又難購得寫手無由遂此至願徒切慨嘆竊念老兄可
以擔夯此役幸須留意而亟成之如何

答李仲久

五月十二日伏承端陽日惠書細審伊時諸節感慰難量而歇
後便絕尚未修謝儀想蒙原諒矣即日毒熱未諳靜居學履何
如悠悠夢想無日不往來於清軒棐几之間也弟宿疾添滯當
暑益劇絕食負席作一尸居狀何足向喻朱書質疑事細讀來
書節節辨證皆有段落至於月川之說亦弟所得見者而援據
特詳劄疑中記疑之謬稱不辨自破矣豈不快哉為之贊嘆無
已但見劄疑所刻及嶺中數本多有詳略不同處訛脫又不少

或此無而彼有或此有而彼無若更修一本以詳者為主而其
下加圈曰一本作云云以有者為主而圈下云一本無訛脫處
則云一本某字作某字或云某字下脫某字如程書語錄朱門
語類之例則可以破當世之謬絕後學之疑而無人擔夯此事
者誠為慨然竊恐鋟梓者永傳謄飜者易泯使的確無疑之訓
反歸於訛脫爽實之地而莫之省也來喻以為月老知其然而
未之及蓋當時初本既無訛脫又無訾議之人故未及校證此
固事勢之適然耳豈可以前人之未及而一向拋却任其泯滅
耶至於會議參校則實難容易辦得須得一善本淨書奉藏於
院中如何鄙錄則並取諸說以為自家研賾之資隨漏隨補不
任修改豈敢輕掛人眼以取瞽者議丹青之譏耶來書中一通

藏院之教甚非愛人以德之意高明於此亦不免失言矣惟是
私心慨歎之念每耿耿不歇若得數年不死欲取數四本私自
勘校使子姪輩寫一本藏置巾衍以備老境省覽幸以高案一
本因便暫借如何當以鄙藏本考準一過後即為完璧耳

與鄭道中 壬子

即因邑漢來得見左右附最成牌子始知重制出於意外驚悼
之餘繼伏聞十五日橫溪襄事之報心摧膽裂若隕深淵但牌
子中既不明言書柬附之寺奴頭目戒沈先一日送去云而厥漢
尚不來千里杳杳不能的知其襄悲痛之中疑慮交生罔知所
以處之也今方送人于郡邸人家推尋其所謂戒沈者而推見
與否姑未可必遠地人事良可痛心六月望間因郡吏太望之

歸附一書矣其果得見否國良之發於永盖在閏月念前而在
彼時傳聞先生病患危重之報而來告故欲探證候加減而附
此書矣今見此牌安得不愕然驚魂而未得的報猶不敢斷以為
無疑此間心界難以形喻尊家重制亦未得的知殊庸慮菀信
后浹旬未認服履何如族從姑免別撓泮村沴氣亦熄而艱楚
之況去益難堪前月初移付博士斗米雖加轍涸自如今十六
日以事變副擬受 點出仕矣再昨忽聞禮安李甥婦之訃以
服制遞出姑未成服悲悴之中又承此報方寸摧盡無餘尚復
何言即欲受由下去而 敬徽殿禫祭在初三 祔廟在初十
其前不得呈由其後雖呈行資又乏當待九月初受由下去矣

別紙

戒沈推尋于京主人家而尚無來到之事適述初以拜表班列
曉出暮還聞見其家書封成丈與我書詳言前後諸節嗚呼痛
哉我先生果已易簀矣吾道之不幸胡至此極也昨歲既失我
塤叟先生今日篪叟先生又至於此哀此小子將安放乎自國
良來後每夜夢寐飄蕩於玉磵水石而每見蕭索不祥底景色
中心憂灼日夕難堪矣豈料凶音久滯至今日始得承聞耶如
我者仰蒙敎養之恩無異生成而薄宦絆人久違省侍寢疾之
日既不得嘗湯屬纊之後又不得躬斂只於旅次權設加麻之
儀終天痛恨寧有涯耶聞使臺郡家並致賻儀云初終諸具其
得免窘束之患耶訃音想必討便上送而尚今不來其果絕無
來便耶抑亦令不行於猾胥耶戒沈先發而尚不來殊可恠也

謝恩使今日發行而祔 太廟後頒赦陳賀云似當有廷試矣
七夕以保民濟民四字 御題策泮儒柳仲新為魁登第矣柳
掌令今六月叙用以順天副擬受 點今方上來謝 恩耳

答鄭道中 癸丑

洪李二君來得兩函書今又委价奉致長牘續認至寒仕履萬
重客地欣慰殆同一握歡叙不覺川原之稍濶也況以果苑檢
省事近當有縮地之便此則一舉而公私兩盡翹企何量族從
塊坐空館冷落如僧自是倘來分數何足為悶殿最後受由事
已蒙許於棠席並纔與否當於面對時商確耳

答鄭道中 甲寅

歸自達城珍帖在案盖到於鄙行纔發之後矣披閱未半知有

並總之意旋恨不得早相悉致此緯繣也即未諳雅候何如族
從一宿慈縣翼日拜棠席仍宿營下又翌朝歸路忽逢柳允卿
叙話數餉間而別至河縣日暮留宿昨始歸巢而湖南巡使來
報巡相罷職蓋以尤甚七邑稅米軍保米不爲稟 旨直請停
退事自 筵中特罷矣巡相未久當歸不可不送別且漕政廹
促勢難稽滯故方發關起馬以爲開旬間赴營之計耳左右去
就何以決之似聞本郵卒遠來乞還辭狀必不見施矣頃對金
巡相語及此事以爲胥失之云矣方治送舍季於商山念日當
赴留橫溪左右亦趁期來會如何餘在伊時吐盡

與鄭道中

頃於慈川附一紙想已登覽否近來湛樂更何如族從今日始

到館而長程撼頓之餘憊悴特甚益覺畎畝林壑是吾本分也
憫歎乃何辭狀之題到青郵得見而棠席纔接數語先問左右
去就仍以爲當初赴任之際以大臣奏請致勤 聖敎此與尋
常除拜有異罷黜一節彼此俱有嫌在我有承望大臣旨意之
嫌在渠有規避本職準任之嫌題辭必遞有嫌者此也罷黜決
不可爲只當速速還任云云揆以分義實涉未安幸須從速催
還如何

答鄭道中

頃在群山獲奉珍牘槩得伊時聲息而厥后便阻未即修覆想
或訝鬱矣暑候漸蒸未諳棣室湛樂何如尤庸戀仰之至族從
巡海上十數日爲瘴毒所傷病昏不自堪輿歸完山纔七八日

而再明又發洛行千里原隰安保其無顚躋耶憫事憫事似聞
青郵吏把馬東赴可想其黽勉之意殊以爲慰曾於棠席累
及其自畫之事而頓無領採態色豈可每事撕捱使殘郵滋弊
耶

答鄭道中

頃聞啓程時有衣詧度或慮其爲痞疾方庸馳灼今承惠帖果
連痛數次然已獲脫然竊計次第蘇完是爲慰幸族從積歲旅
食之餘得就閒地自此只當修吾初服優游山澤之間於愚分
足矣更何求哉橫溪禫事纔行於下丁從亦進參親知來會者
三十人金振伯亦欲來哭於祥時而以其第三弟病劇未果來
畢竟遭其喪營窆無暇備雞絮齎文委价謹於前一日夕展讀

於香卓下矣自今喪制已畢餘黴漸邈俯仰溪山觸目生悲已
矣已矣乃何乃何

答鄭道中 乙卯

杏壇分携餘悵尚在即承顒札仍審數日來起居萬勝慰感並
至第皀蓋明當西走自此相去漸遠池塘之夢亦不得到矣遡
戀何量族從姑無別撓而汨沒於課督蒙學書冊之工亦不得
隨意玩索閒居職事廢矣懼歎無已大全想已一番看過如已
卒業附還此便如何如或未畢則分送一半亦無妨蓋恐帙重
難負耳

與鄭道中 己未

昨冬至月之既望纔過親忌翌日欲委訪穩叙更向鳴山中路

忽聞　拿命來到華旆已酉瞻望悵歎而歸而信息久斷旣未知如何出場中心欝鬱慮未嘗須臾自弛歲翻後始知帶職放歸政後冲裕此雖始料所及豈勝欣慰即日春寒尚峭未審字撫起居何如傾遡良至族從甁積之痛逢新益切常若一寸釼剜却心腸宿疴漸次添加食減睡不成宛轉枕席如坐雲霧中只一息僅不絶耳尚復何喩竊聞以考績居中顚無久計云此則恐不然蓋其題目雖未知其何語而累月曠官例置中考決不可以是爲嫌且纔承還官之　命旋又引歸實是分義之所不敢出幸須姑且黽勉如何昔詹允兼遭祖母喪以其有鞠養之恩徑投解官文字州郡據法不許進退無據遂欲請祠稟於朱先生朱先生責之以太輕率誠以縣邑令長與臺諫事體自別

不得任意去就故也以此言之前年左右之久離官次未可謂之太穩當今豈可復作此計耶且爲人下官者於上司之令除大害義病民者外只當屈意奉行以韓魏公爲藩臣奉行朝廷指揮之語觀之則道理當如是矣未知如何

答鄭道中 辛酉

聲息久阻戀遡尤苦即承惠帖仍審至寒政候萬重閭室和孺傾感之餘欣慰倍常第伯氏聞已東還竊計離亭人異雁之歎益有所難堪矣族從頃者　榻前以史官罷職事先出即荷還入之　命退出後欲徑出而諸承宣皆以爲誤傳之出於注書通朝所共知大臣既已指的請罷兼史不可替當且與臺諫有異不必引嫌況當日　聖教已下既令還入尤不當徑出故仍爲供仕矣今十三日始遞兼役出就舍館而雪風獰虐飡冷堗如冰還不如禁直之溫煥且有外司直宿及卯仕之撓殆非病悴者所可堪悶惱何喩篪安先生請褒事元禮則方爲吏郎宅之則方爲執義匪久當還入玉署前此累及皆爲點頭而尚未一陳頃以史官傳諭左相說及此意亦蒙快諾而尚未聞有所陳達其將有待耶權台仲近除弼善忽有正言洪廷命以非人望論駁此輩亦不顧藉饋人他尚何說哉

與鄭道中 壬戌

曾修一札附之邸人便而久未見覆音其或浮沈否即因兒子來聞已解紱歸田其快適可想自我汨沒於朱墨者觀之奚啻壤蟲之於雲鵠耶竊計荊樹陰中琴書湛樂溪魚林鳥亦必欣

然而相慶矣遙切艷尚族從水土不佳宿疾似添瘴火熾張戒心常切雖欲拂衣歸去而亦不得任意還可笑歎頃者李上舍會嘉委來相訪爲左右詠留一絶別紙錄呈幸視至也春末錦營之行過宿靑陽招見舊吏仍成一絶以寓戀想之意今謾並寄亦可博一粲矣

即見丁騎郎士懼書四月廿二日　筵中靈城盛言茂長倅鄭某不易得之人才而若是沈滯可惜　聖教亦眷眷云矣

答鄭道中 戊辰

僻居窮峽未偵來往便且恐有修答之撓不得以尺牘奉煩於朱墨之地即承損翰仍審琴堂淸暇政候冲福旣慰且慰所以抒維鬱者深矣遞臺仍縣之　命曾已聞知專而不咸雖甚可

惜言責之不得言反不如州縣之稍可盡職亦不可謂之不幸也第聞有超擢之議若果爾門黨與有榮矣何足以久別爲慨耶然承有麥秋後辭歸之意其在自處之道可謂得當矣甚善甚善族從衰病轉劇精力日耗深懼素志之未究近閱朱書節要每一省過益覺趣味無窮非如向來蘧廬一宿但無與講討奧旨者只自悵悵然耳此谷小澤傍有靜僻處嘗欲置一書社以會友講學而力屈未能辦今春子姪輩貫人舊屋數間方爲構結而財需竭盡苟完無計只悔始料之不審也其池可泛小艇早晚若成當與同志者帶月游泳於其間而如左右騰鶱雲路恐不得共此樂矣李會嘉平安否一書附呈幸以數尾枯魚書於簡末傳送如何

答鄭道中 己巳

頃荷邑盖歷叩窮居獲承半餉之款區區感鐫深矣而病頓床第未得送別於南轅之日遠望江樹徒切悵恨從姪便裡忽奉令下札備審旌節美赴政候萬相爲之欣慰不淺曾聞貴府與彼館切邇彼奴締結行人輩伺候府伯動靜此皆自近密人而漏泄矣竊想令公處事嚴密其已慮及於此而私心過計聊以獻愚爾族從粗得遣免山間書社今纔苟完募得殘衲數人使之守護時時乘興杖屨逍遙小湖鏡明山鳥嚶嚶若得數三同志可以栖息其中論量故紙而令公既在宦途鄉閭儕友又無立脚硬脊盡力於此事者每遇合商量處無由講辨剖析朱夫子所謂離群索居易得鈍滯了人者政爲今日發也治下亦有文義卓然如區冊者否聞舊府伯以小學講勸課此雖奉行朝令而亦不易能如此今若因此而進之於四子諸經使窮鄉之人亦沾蟻述之化則豈非興學敎之一事耶曹芝翁知定州時大修勸課之事成就甚多至今餘韻尚存定之人才之盛甲於關西天賦之性豈有疆土內外之殊哉特以導迪之無其人故耳生員先祖誌文曾有奉囑其能留意否須於朱墨之暇速爲構示如何事蹟無可考若其九歲早孤自樹力學及敎誨諸子使之立揚之意不可不記耳春裡汝章來叩爲言元堂誌役當爲速圖回回青可得於萊府因書及之爲好云幸求得以送如何三歸亦當偕藏尊家累世丘壠亦必營此事吾派先壠亦望其波及諒此優得至幸至幸貴府亦有冊板可觀者否冊板

錄及容八紙數因來示及爲望如有可觀者則當自此齎紙印來矣　堯老舜攝自是　先朝遺法而在臣僚之情喜懼交至者誠如來喩矣　代理後新政必有可聞者而僻居無所聞殊菀貴府如有邸報因便轉送亦無妨耳海雲沒雲之勝曾所願賞況今又有好主人非不欲一策款段而病憂方深炎熱且迫難以動脚前頭若無所礙或可圖之否

與鄭道中

寒序漸深未諳令候動靜何如惟疾之憂近亦夬痊否仰溯且慮無任鄙情族從肩臂之痛去益作苦服藥調治略無降意悶且奈何似聞老先生龕輿自丹城來到河陽將以廿七奉還于故宅路由吾境在後學尊慕之誠似當齊出陪護而族從病頓

枕席無由起動只令兒子進去令公旣在歷路不遠處或可率諸族出護耶此實有色於吾鄉不但爲觀瞻之美而已如何如何

與鄭道中 庚午

日昨一書想已收覽竊計吉禮順成令體萬相南宮繞罷 召命又下北斗喉舌出納惟允此其責也平生所學可以自此而少試朋儕之喜幸當復如何但今沴氣四熾行中十分戒愼至望至望族從病憂依昨妖祲近逼出寓之擧亦尚遷就悶慮何喩當力疾奉餞於路左而似此騷擾有意未遂瞻望行塵不勝愧悵惟祝軒馭穩稅

答鄭道中

喉職不遠峽 除又下 寵命重沓聳人觀聽門黨喜悅有不可量亟欲奉一書以賀而寓居無便尚此遷就忽承惠翰無示郵報扺手開讀令人愧赧仍審令候連福何慰如之族從癘氣逼近至有赤脚染斃之患數日前出寓而家眷尚未盡出悶慮何喩山郡靜寂可以信意尋行古人所謂讀書松桂林者便在斯矣豈不有愈於五夏待漏耶竊欲奉餞於江橋而家無款段借乘未易難以如意是爲恨歎如或可辦則當一着鞭耳

與鄭道中 癸酉

卽未諳春寒令候何如戀遡良至族從衝冒氷雪七顚八倒初一始就理初八脫出十一日回轅行三十里止宿翌日聞有持憲 除命嶺友在泮者寄書來喩以府吏旣以在外現告且謁聖武科初試迫近必有變通之擧仍歸無妨云故間關泥路數昨還巢而撼頓之餘百疾交劇悶惱何喩此行專賴責羊裘之力得以支保歸時日暖至山北解藏而多有汗傷處其在無憾之意必不以爲咎而在我心則深切靦然草轎毛帳有毁裂處從當補綴以送耳

答鄭道中

歸自墳菴忽聞旆指橫溪可想棣憂之向蘇方以爲慰卽承惠札仍審令候萬勝深肅欣濯族從意外 除命實深惶悚當待召騈曳疾登途而此時踪地之難處不但殘骸行役之艱而已窘悶何喩題碑事已始刻役而物兒戲之未得妙筆是可恨也銘中疵處吾亦知之而變通無路曾見韓持國作明道墓誌

多有欠闕而卒用之柳西厓論老先生誌文以爲諸作中高峰之作稍少疵而許其埋壙此等文字之恰當自古難矣合於禮三字語甚直截依來敎隱括而餘則仍置矣冊子依呈而未得聚首商量殊甚慨然然 下諭若少遲則當一進一宿而歸耳李孟潤當爲吾嶺名流豈非儕友之幸歟鹿鳴之歌想已久矣入京後必有匏鴻之歎然如相遇敢不如敎

與鄭道中

五夜聯枕遽爾西轅眞所謂交臂相失也悵歎何量潦雨連作行旆其能無事返宅耶仰慮不已編摩之役又稍刪去今始畢得草本必與令公相對商量然後可書正本而各有祀故族從今方出去幸於旬日間更爲來會如何貴冊五卷附之院隷使

九〇

之節納㕓來時持來則可以傳謄矣

答鄭道中

臨皐院裡浹旬聯榻討論大賢遺書殆若訪濂溪故宅講圖說於光風霽月之亭足以少釋衰年愁寂之懷而歸卧窮峽離索益甚只南望傾戀而已此際珍帖忽墜辭意繁縟披閱朗讀怳如扳清袂聽雅論感暢何量仍審霜清令侯珍福益膺欣沃族從祖保病狀而兒也因事入北山馬瘏步歸前疾復作方擁衾呻痛壇祀不遠渠病如此深可悶慮眞像曾已印出編入而碑閣記謄來照勘則乃黃侯汝一所記其記云柳監司命錄遺集起碑閣故遂與院儒取舊本數件而各有詳略更加補入乃成完集鄙見嘗疑原集末端次第錯亂或非厓翁所定而今果知

其爲黃侯所補也孔孟心學對末端十餘字文法有些可疑今奉來喻始知老先生定本無末語其或有他本歟前頭似當有一番更聚釐正了完本伊時可以商量矣壬辰朴淵事鄙家只據其所謂海東野史者以記先蹟今承來喻始知節度使助防將兩 啓皆如此蓋野史因風聞記之其失實無足恠也野史則曰賊自永川稱封庫御史向新寧義興而第其詐稱之說出於何書若詐稱則必假著我國服色詐稱我國御史而必無是理此則野史之記只曰稱封庫御史云者乃爲記實矣未知如何公擇椅聲實門黨之慶喜幸無已邸報深荷寄示

與鄭道中 甲戌

春盡夏生未諳令侯何如桃華灼灼玉潤輝映鳴鴈聲裡喜氣可掬雖曰不賀烏得無賀耶宗族齊會禮也而如我者衰戚叢沓悲疚添病子姪輩亦以服制未得進叅殊可慨歎孟潤曾有繞來之意其果如計否幸問納徵之使示及如何其書有因此枉陋之語故欲知之耳惟祝嘉儀穩成

答鄭道中

納回得承辱覆仍審梅雨令道履冲適欣慰良至族從病頹如昨餘無足道喻及疑禮未有的證可據者豈可以淺識容易判斷耶來喻服問說可以爲命士以上異宮者各主私喪之證者誠爲明的嘗以支子婦題主事問于密翁則以爲非長婦則夫當主之題以亡室云矣但奔喪父在父爲主之說陳註只云父在而子有妻子喪則父主之統於尊也云云而家禮立喪主條

附溫公說曰奔喪父在父爲主註與賓客爲禮宜使尊者此蓋古註語而陳氏略之矣奔喪所謂主者與小記服問之主字不同觀其下文長者親者主之之說則蓋主其治喪拜賓之事而非主饋奠之事也此則通長婦庶婦而言之固無可疑而至於小記則乃曰虞卒哭夫若子主之祔則舅主之陳註云虞卒哭祭婦也祔於廟祭舅之母也尊卑異故所主不同蓋註說不論長庶而只言所祭之尊卑似謂於長婦亦用此禮也許眉翁嘗答婦喪練祥疑所主之問引此奔喪小記兩說而論之曰主喪拜賓其禮重子不得越父而爲主祭婦則舅尊而祭卑許親者主之祔則躋祔祖母故舅主之十一月之練十三月之祥所重在夫若子當如虞卒哭之禮云此說似然恐當遵行矣但服問

既曰君所主則未知所主者何事也此甚可疑其或題主則舅
主之而祭奠則夫若子主之耶夫若子主之則祝文措語甚難
虞卒哭則似當曰舅使子某昭告于亡婦而練祥則舅無爲婦
練祥之禮此爲難處矣小記大功者主人之喪有三年者必爲
之再祭蓋謂從父兄弟死而子幼無近親攝主練祥二祭也不
可援此而使舅主練祥家禮大祥陳禫服條附註或問子爲母
大祥及禫夫已除服其祭當如何朱子曰今禮几筵必三年而
除小祥大祥之祭皆夫主之但改其祝辭不必言爲子而祭蓋
宋制父在不降服非禮故令改其祝辭如忌祭而不言其爲子
行祥之意也忌祭則夫當主之故答之如此又不可援此而用
之於婦之練祥鄙意則爲妻練祥所重在夫夫主之無疑而亦

不可無祝以夫爲主稱亡室而祭之恐所不得已蓋祔祭曾祖
雖未改題祝稱曾祖以此推之題主雖稱亡婦夫之練祥也以
亡室爲祝亦無未安耶虞卒練祥在寢而祭故夫若子猶可自
主而伸其私情至於班祔入廟之後則時祭忌祭之祝舅當主之
矣俯問之及不敢自外略暴愚見未知高明以爲如何又有一
事與此相類者父爲長子服朞者既以亡子題主而其妻若子
有三年者則祥禫祝文未的其主者每擬考據於禮經而終未
得其說百爾籌度無以處得安以爲小記舅在夫主之說可以
爲旁證祝文亦以妻若子爲主而稱辟或稱考則猶勝於無祝
此亦無大害耶並爲商量回示爲幸此等事皆是大項節文若
不預講而倉卒應人則其能免汰哉之誚耶是可懼爾

答鄭道中

續承辱覆仍審令道履萬重蘇慰難量族從一向㥳瘁餘無足
喩前論疑禮只以小記註說如此胥翁亦只據註說而論之此
老想必有所見故引以爲據而但念舅主長婦子不得杖則以
夫祝告有損大體竊恐小記主之云者以舅老祭卑而使子攝
主故果有虞卒哭舅使子某之語以爲倣小記而存大體之地
至於練祥則是夫之禮而非舅之禮且殯於寢異於在廟故只
據胥翁所重在夫之語或料其以夫祝告蓋以宗子祔祭旁親
自隨其屬稱而祝告焉今此主面所題雖有尊者之統就殯宮
各伸私情無異於親族奠祝之各稱其屬故聽說如是非敢以
自是也只欲辨論而求正也今承來教亦認取鄙意許以符合

又以前後主祭之異稱爲未安欲令練祥禫仍稱舅使此實出
於統於尊之義也不易見得及此令人嘉尚今更思之則夫之
祥在於初朞是乃舅除服之日也舅當親臨主祭而除服不可
使子主之父之於子喪亦如此於此始知胥說之有礙而益覺
講辨之益不爲少也虞卒哭二朞尊者並主之或稱舅使父使
可也而至於十一月之練則所重在夫亡子之禫所重在妻若
子若以舅使父使而爲祝則與朱夫子不必言爲子祭之教不
相合未知何以則得當也當日或人之問並及大祥及禫而答
語不及禫鄭愚伏以爲只言二祥而不及禫無乃有微意耶云
而亦不言微意所在豈不以初朞則夫行祥事再朞則夫主忌
祭而禫則夫已行禫更無可主之義故不及禫耶抑以爲時王

之制自非古禮子不當行禫而諱之不敢言耶惜乎或人之不
能再問而決疑也今此夫爲妻之練則禮所當行舅之祝文雖
言爲子而祭亦無害耶舅旣主練則初朞祝末亦當言子行祥
事之意矣長子父在爲妻無禫而孫則當有禫若以父主長子
喪孫不得以杖即位之義推之亦當隨父而無禫耶若適婦夫
亡而有子則當禫長子亡而有妻若子者亦當禫若用舅主婦
練之例則於此兩禫尊者皆當主之而反復思量終未見其恰
當蓋二朞主祭或以除服或以忌祭而尊者告祝卑者仍以變
除自是應主之禮而事便理順矣至於夫之爲妻練孫之爲父
母禫乃卑者私服變除之節而尊者自主其祭爲卑者代祝無
乃非禮經嚴尊卑之本意耶偶閱雜記得一說曰主妾之喪則

自祔至於練祥皆使其子主之註女君死而妾攝女君此妾死
則君主其喪祔祭亦君自主此蓋同室之妾故君主其喪而士
爲有子之妾緦則練祥乃其子之事故使渠主之觀此則脊說
却自無疑然而舅與父之除服也不可不親臨而除之且以朱
夫子夫主二祥之意推之則虞卒哭二朞之祭尊者皆主之爲
宜而夫之練孫之禫則不援尊者各自祝告以伸私情恐似無
害矣嘗見金溪巖問父喪中祖死長子承重服喪次子不可無
禫而除服寒岡曰次子自祝行禫沙溪亦曰次子告辭行禫又
答一人曰設位哭除祥後若即依禮入廟則依沙溪後說設紙
榜行禫而或姑置別室禫後入廟亦似無妨矣此事必須十分
思量窮到盡處而後可以不悖於禮意幸須更加審度而終敎

之如何前去鄙書元無服盡主祭爲非之語而來敎多費辭說
以辨之恐或偶失照勘矣鄙意非爲服盡主祭爲不當也只以
爲妻練祥夫之私服所伸而非舅之所當與也若夫大功再祭
朋友虞祔之說是乃以幼子題主而攝行其祭也朋友雖情密
豈可主他人之祔而書名於祝耶此則不足以爲證矣來敎士
虞禮之說似只指祔祭而言此無續通解只有楊三山圖而載
經不載傳經又無此一節其或傳文語耶陳氏澔距勉齋之時
已二世矣續通解若以小記虞卒哭夫若子主之爲專指庶婦
則陳註必已明言之而如是泛說此固不可曉禮經殘缺箋註又
不詳何敢以淺見質言耶近地士友有續通解處誰家耶虞卒
練祥禫皆入於士虞禮一卷若借此一卷而考之則可以破惑

矣此書板本分藏於嶺完兩營續通解若在嶺營則須圖其印
出爲幸否則或出高社財力而爲之耶印置則疑禮通攷校讎
時必大有助耳圃隱續集昨秋罷歸後更不下手蓋以附錄中
有曰墓碣以行狀刻竪云而曾一展拜只有短碣未見其刻細
字欲知其虛實曾於一銓赴洛時使詣芹洞宗人謄來碣文則其
人答以通于墓下子孫謄送昌原轉致臨院而冬淺不來又因
允文之行貽書原倅囑其亟推委送而尚無皀白殊甚悵歎當
待其文之來更聚了當矣金君所言麗鑑三疏必是本傳行狀中
節略收錄者而已入於續集然當更問之矣雖欲入梓院中長
貳無可擔夯者是可悶也

答鄭道中

五月晦承辱覆長牋六月望間因昌原伻又奉小札續審觀書
玩養之樂而病頻枕席神昏氣懾且以姪兒瘟疾蒼黃焦灼無
暇修覆尚此遷就殊甚愧歎近來老炎猶酷未諳令道候何如
益膺懸仰之至族從向來膈痞之證重爲暑瀉所添近又久患
泄痢全却匙筯長臥不起殆無以支吾苦悶奈何疑禮諸說旣
無的證而妄以臆見率爾傅會其犯汰哉之罪已不少矣而來
喩例賜印可至喩以瀾漫同歸此雖過矣猶以更相啓發多所
資益爲愚陋之幸信乎講說之不可無也雜記主妾喪之說只
言練祥使其子主之而不及虞卒哭禫蓋庶子在父之室爲其
母無禫則君之主虞卒明矣來喩以此爲舅主適婦虞卒哭之
證此固然矣而若其練祥舅不主之意則據此愈明蓋同居攝

女君君旣主其虞卒哭則必以亾小室題其牌子而至於練祥
則使其子主之主面祝號之異稱槩可想矣盛意必以祝號之
異於主面爲非鄙書援據之說一倂麾卻至於寒岡長子承重
次子行禫之說則曰同稱顯考禮無所礙竊恐其未必然也沙
溪次子行禫之說乃謂長孫承重服將終遭母喪者不得行禫
其諸叔父告辭行禮者此則主面祝號自不同矣大抵禮經所
記必是常格外別件事然後表出而書之庶子旣主其妻喪則
其主虞卒哭在所不當言惟舅旣主喪而夫若子主虞卒者乃
是常格外表出之者故集註泛言而不言其專指庶婦此固不
可曉續通解若有專指庶婦之註疏則措說必不如是備要亦
必引附註疏而今不然此亦不可曉且禮經有註有疏註所以

釋經疏所以釋註而今立喪主條下家禮所引奔喪註說與備
要所引疏說大相緯繣此尤不可曉仍更細思之虞卒哭尊者
猶可自主而至於練祥禫則卑者爲己設也凡喪若無當練祥
者則自無練祥祭矣此非他人之所可代祝且練祥禫乃持服
者次第漸殺之節度而終始是一串事父子更迭主之有乖禮
意尊者只主虞卒哭至一周之日則尊者只於變除之際哭除
其服而先退或仍坐以哭使卑者自祝行祭似爲得當也眘翁
旣曰虞卒練祥夫若子主之而又曰祠堂之禮舅主之以其班
祔食則已爲主云云蓋祔食者時祭祝末所謂以其親祔食者
也推此則忌祭亦當舅爲主而告祝矣至於父爲長子朞者無
子有妻則此實難處來喩所謂終喪父主之者乃是不得已之 九四

論二朞父自主之而祝末略言爲婦練祥之意猶可而禫則妻
稱顯辟而祭之外更無可處之道矣然此皆鄙料僭說未有明
的可據之證未知高見以爲如何書末婦喪孫禫之節沙溪答
妻喪中遭父喪者之問曰父喪旣顆之後妻之二祥當行而禫
不得行然其子不可以其父之故久不除禫當禫期設位哭除
而已妄疑其夫旣壓父無禫則子亦依此哭除似或爲宜故果
以是奉質矣今承來喩自當有禫始覺鄙料之誤矣但祝文必
欲曰舅使則恐不優耳大功者所主之喪若無妻若子則當曰
故從兄或從弟而服盡撤靈祔主于宗家祠堂朋友則只當曰亾
友而行虞卒哭而已但祔則非朋友之所當主奈何詩伐木乃
燕朋友之詩而其詩曰以速諸父諸舅大功以下及異姓之親

亦不害爲朋友耶本章下小註先儒之論可考也麗鑑已囑允文推來龍仁兩冊子皆已收入於續集猶有若干未收入者而便遽未謄姑此留置當待秋清病間與高明更聚商量後還送于昌原矣原倅所送紙錢已招別庫子送納于院中耳

答鄭道中

昨得兩覆書細審令道體連福仰慰良至族從久病餘喘猶未完復而意外忽蒙徽垣　除命末擬受　批且有仍任之敎必是筵臣以路遠年老請遞而有此　敎也惶悚倍切而自量病勢無望登途欲待　下諭封疏於境上山寺若未　登徹於限前則必將就　拿窘悶不可言疑禮之辨來喩與鄙見無甚異可謂瀾漫同歸矣然適婦庶婦之別當攷經傳通解然後可以

決之爲長子朞者主祭之說旣無明據練祥則朱夫子妻喪除服後再朞主祭實出於主忌祭依此行之似無害而禫則朱子亦不言主禫此則無可據矣朋友虞祔之說本註指只有妻子而子幼者而來喩問及無妻子者之節故前書所答如此矣但鄙見以爲小功以下親及異姓之族亦當攝之故引詩語及本章小註以明之此實相符於盛意而鄙語朦朧未見照察是可愧也數日後當一進敍姑留不宣

與鄭道直 乙亥

王亭之役固擬約日並會而病未能動脚方以爲恨數昨獲承惠札知已往旆自憐癃悴之蹤未追芳踐慨歎何量近日寒意漸峭未諳令候起居何如區區懸遡之至族從月餘服藥別無

顯效弓臥牀簀作一尸居苦悶奈何亭役尚未覆瓦而冰凍如此是爲悶慮六偉文令公亦不肯泚筆雖違士友之望而亦不害於從簡之義也至於記文則似不可無而秀翁之來請也以樑賀記文中一事爲託難以並辭答以伺病間徐圖盖以樑賀急而記文緩故也今令公既不當樑賀則自可作記文豈宜責之於病昏衰颯之手耶幸須勿爲推諉速自構出如何鷹山權君昨自高軒而來方欲寫武夷圖一件而自家畫本不爲持來貴莊畫本暫借數日如何

答鄭道直 丙子

莅官未久投書餉味實出眷戀之意令人感歎第以無便稽謝爲恨昨忽聞鵲車歸稅田園未知緣何事而擅離輕遽也營門

想必不許辭狀督之甚急雖欲偃臥東岡恐亦終不能得矣冒雨衝泥之餘令候何如旋庸奉慮之至族從病痒依昔村癘亦漸熾盛是可悶也頃惠兩物何其念之勤也顧此樵牧閒蹤木石與處山冠野服自是常分腰紅鬢白之具無意營辦而令公以爲　恩命之下不可不依例奉行至以此華飾遠備以投苟非見愛之深何以至此謹當如戒服着矣然身與服不相稱其不爲林邑溪魚所嘲耶塤篪錄左右所刪甚當鄙意則愈欲加刪故以朱筆表之以待相對時勘定而但纔着數板頭烘膈滯不得任意着過似多費時月耳

答鄭道直

西轅之後每以火色棧路爲慮再昨忽承惠札始審穩泊邸舍

旅候珍相昨又見崔姪細悉息蓋踰嶺莅任在邇區區欣慰不淺族從日氣和暖病似少歇而離下氣稍尚未清淨悸心常若焚堂之燕閙且奈何職牒荷此推送知非浪說無德進階叨冒甚矣是爲惶愧但永謝臺閣任作田疇間老農夫於愚分幸矣亦豈非 聖恩耶龍塘朴君已死其孤纔祥未禫伶俜可哀幸到官後卽賜存問如何欲候行中起居玆遣兒子

答鄭道直 丁丑

中宮纔竇 慈殿繼陟 國運不幸胡至於此臣民號痛益復罔涯賤疾苦劇無由曳進哭班虧損分義又失相吊懔惕何喩卽未諳日間素旆歸宅服履何如區區傃仰無日或弛族從扶出溪舍望哭成服而瞤滯益甚粥飮且逆自知餘日不多命也

奈何唱酬錄數昨自橫溪始到盛跋亦來墨彩曜人文義周詳令人歎服旣有斤正之示敢不畧効管見跋尾可見追感之出於情而但有比較年甲之嫌只以陪遊亭上久被至訓而年紀老大殘裂無聞之意改之繼以辜負平日則似爲穩貼無疵未知如何重建記重違長貳之督曾已乘閒略草而累次修改未卽奉呈今因橫溪來便轉附望須塗改其未穩字語意未盡或遺漏處並標示如何

與朴王汝 成玉 癸丑

一別經年無由盍簪翹首南雲只勞神思卽問老炎侍餘起止何如重器等粗保旅狀而重器於春末哭仲妹權於客冬哭叔母呈告不得尙稽奔赴日月愈久摧痛轉深方欲以稍涼後下鄕而其能如計亦何可必耶而直昨入本院省記適値 內摘奸以闕直書 啓必將罷職矣平卿而直於來夏考政次當陞六而直兄旣罷臘月敍用後雖卽附職決難仕滿於夏政兄須急來陞實以爲來夏出六之地如何近聞時議雖過十年決無變通之望兄亦年紀漸多豈可當次不附有若高尙者然哉況項日 筵中以槐院闕直有所申飭旣已發身科第多費太倉之米而一向蹇慢不供職事決非義分之所敢安兄若欲終不上來則何不還納告身永辭月廩耶且上博以查對缺員稟告提學因泮人催促恐兄東岡之志終不得固矣呵呵平卿受由歸省晦間當還宋瑞得咸平淵淵附文兼金學諭塵重新除靑巖述初旬間當歸省南老依舊在太常考政當陞六朴訓導南

來叔並無事器弟亦纔遷禮郞耳

答鄭子成 丙子

春宮痘候承已平復此實 宗祀之慶臣民抃賀當復如何自聞出守丹山雖喜稍近無由盍簪亦不得因風寄書只自東望慨想不意皀蓋過境華札落案疾坼急讀殆若一場靑眼驚喜何量近來風寒忒甚遠途馳驅之餘令候動靜其無損傷否弟一向病廢長事湯劑若有些箇筋力可以動脚卽當馳詣舍舘少叙積懷而自量淺息難以扶曳翹首馳情不禁悵惘來春歷訪之示若果無礙則何幸如之秋末因科儒歸伏聞樂圃先生影幀進 御後手製畫像銘使題幀上實是曠世異渥聞之者孰不欽仰而詠歎哉許上舍詩及令公所和皆淸婉有味吟玩

不能釋手但兩詩俱不言　銘語製下之意却似遺漏題旨須
於盛作中以此意改末句如何且聞令意欲求和於京鄉知舊
故忘拙續貂敢以奉呈幸須視至

答鄭可升 癸亥

頃奉淸晤未得從容歸來悵戀方切卽此料外忽拜貶翰仍審
比日畨風靜履萬重慰慰且慰無任鄙情族從索居窮山鈍滯
轉甚宿痾近益添劇又不得披閱故紙本地茅塞久矣懔惕何
喩莊洞吉祭聞已卜日竊計感懷倍至矣詢及疑節此無先輩
提說處謏聞淺見其何敢剏起耶遞遷一節家禮所論甚爲疎
略此乃家禮是未成書故也丘氏儀節稍詳而亦不言改題之
事備要云當以主祭者所稱改題寒岡亦有繼世長房當改題

之語而家禮既不明言故嶺中禮法家無長房改題之規鄙家
亦不改題頃年因　贈職焚黃始乃改題而以長房名書旁註
其後則又無改題事矣然世數之不同旁題之仍舊俱爲未安
者誠如來喩依備要及寒岡說亦未爲不可未知如何移奉後
不可無慰安之祭而儀節備要皆不言之此實遺漏處蓋有事
則吉自是常行之規則移遷他房乃事之大者始雖告遷於吉
祭移奉之後豈可全然無事耶鄙家則諸子孫散在各村或因
日家拘忌吉祭之日未卽移安遷奉別室次長擇日移安而設
酒果祭告後奉主升轝奉安後又設祭告矣但今長房既在隔
牆聞吉祭畢後分定執事埋主則奉入于轝內姑安于堂中遷
主則次長率執事奉遷于其家設酒果祭告而告辭則年月日

之下只曰某以次長當爲奉祀今纔移安于祠宇謹以酒果敬
伸慰儀謹告云云爲宜耶旣蒙謬問不敢不竭其愚諒察裁處
幸甚

答鄭可升 癸酉

還巢以後宿疾添劇備臥山囱意象悄悄忽得意中人手帖起
坐朗讀不覺病從毛孔散也仍審來入院齋雅候萬勝益庸欣
慰本院乃吾宗所當尊慕之地高明姑未及篤老之年豈可泛
視退坐不爲瞻護耶況先生續集修正尚此遷就實爲吾黨之
羞今幸高明爲長承宣令適爾退休此正編摩此書之好機會
望須收議於齋中以爲定期約會之計如何族從前冬叅黃就
拿衝寒涉遠謂無生還之望而幸賴諸族祈祝之意列邑顧

助之力得以無事往返而所帶職名中路承聞病重資竭趑趄
無計竊自惶懼數昨朝紙來到已得順遞於愚分幸矣然未得
進一言以効一日之責者誠爲可恨正如來喩所云矣敎意謹
悉盎雖以子孫之情言之親盡遠祖歲一祭之既有朱子定論
春秋兩祭誠爲過矣但本院則以尊慕先生之意推之於啓賢
之功春秋常享之日畧設奠爲已有前輩定式正如中國人爲
朱子立啓賢祠也依前例只設脯醢湯炙酒果固無不可而統
制令置位田之意旣自勤至恐不可只依前例似當稍加豐腆
雖勿設羹飯米麪加設麪餠各一器而行三獻禮如何夫人旣
同穴祝文雖不擧論奠獻之際並設一盞酒何害於義子文集
中有門人下春亭等祭鳳陽夫人文江東士人守護岦山夫人

墓而設祭云以士林尊師之誠推而及之亦不害從厚之道也須與諸賢商確以定爲幸

答鄭可升 乙亥

牢蟄病席薾然無佳況忽承顧价惠札披來眞範在眼頓覺神思爽然仍審淸秋靜養冲適何慰如之族從夏裡積病尙今未蘇日服湯劑閉户伏枕悶苦何喩敎意謹悉但鄙意則此非後人新建只是仍舊貫以復之以後人文字置之楣間恐非本色未知如何況文集中有慕古軒上樑文而此亭則曾無此等語不如仍舊從簡之爲愈耳然不可以一人之偏見決之須與承宣令叟爲商確如以爲當作則左右或承宣令中速爲製送如何

答鄭可升 丁丑

邦國凶禍荐疊 兩宮繼陟於亟月之內臣民號痛曷有其涯承訃之日忽承惠札仍審葪住硼亭旅候萬勝欣慰良深而悲且僾沒未卽修謝是愧族從宿疾近益添劇無由曳進哭班扶出溪舍艱以成服而一慟之餘粥飮且逆苦悶何喩記文曾已乘間構出而累次修改今始奉呈幸須指示疵病處如何書末所敎初頭所草語頗未穩已爲刪削但工人逞能之事則綽略過了亦非記實之道重修增飾實出於後學尊慕之誠過侈無妨而旣曰倣舊制而不明其柱栱之非舊制則無乃有損於平日儉德耶歸之工人無害於監董之人叟爲商量回示幸甚修改完定然後可決其用舍覽後卽以鄙記及承宣前答書送于鳴皐待其回報之來還送于此處如何重建後用舊韻得一律以寓感懷玆以奉呈耳

答權子厚 辛未

停雲之想客地尤苦不意賢胤遠紆貽牘隨至且談且讀宛若親對典刑極令人感賜第審向睹從和無乃歷代史爲祟耶區區仰慮不已戚從病與年加精力漸鑠竊懼師門禮稿未得收拾與傍近諸友約會高社共爲謄傳而編秩浩大斷手未易無隨來學徒意外遘疾不無疑慮昨乃移泊溪舍此無久留之勢方擬姑撤復聚前頭卒業之遲速又未可知是爲悶慮耳年紀同衰一舍相阻夢中不識路之句可爲今日詠也德門諸君遠來相問勤意可感而報來拔歸未得穩叙還可悵黯

答權子厚 癸酉

一別三載戀思方苦不意淸翰遠投辭旨勤摯發函如對令人感暢矧審炎節靜履淸適益庸慰沃第承前冬遭夭慽溫裕者亦不免耶驚悼不已戚從亦疊値此變摧心添病 禁推之行又當獰寒扶曳生還餘毒未瘳前月冒炎赴 召初程病作行三日聞遞報而歸其幸何量繡衣別單正協鄕望可見公道之未泯早晩銓部必爲檢擬其在親懿之情喜幸當如何枉顧之示殊甚銘荷然恒靜者未易動亦何可望耶鎭姪之逝尙忍言哉其文雅識見誠不易得不但私家之柱石而纔滿四十遽爾至此痛惜之懷愈久而不能釋也

答崔熙之 癸酉

百里相望廿載阻闊此豈吾輩所宜有耶每一念之不覺於邑卽玆料外忽奉尺翰滿紙辭意縷縷怳若一場懽娛感豁何量仍審秋凉靜居學履萬勝何慰如之戚從殘骸危喘摧盡無餘曾傷於昨臘西行又添於今夏潦炎卻匙負席精神昏劣向來行望之業未免全然放下寧復有收拾桑榆之望耶秖自瞿然傷心而已秋間枉顧之示實深感歎若得如戒當聯節共進於槓溪以續西林舊遊耳龍山扁號重違士友勤囑果已犯手而更思之則似未穩當玆改其堂之東夾曰興仁改其西齋曰游藝未知盛意如何

答權大用 得銖 丁丑

卽承專人惠札始知令從氏又忽棄世德門荐禍令人驚悼仍審戚體服履安勝寔用仰慰重器積病沾濃中又添寒感咳嗽特甚倚壁度夜苦悶何喩敎意謹悉但如許大節豈愚陋者所可臆斷耶然勤意不可孤玆敢畧陳所聞爲人後者於本生親服制聖人只以伯叔父斷定故程叔子濮園議旣稱皇伯考今當以顯伯考題粉面至於旁題則沙溪雖曰旁尊不必書旁註朱子曰旁註施於所尊以下則不必書也以此觀之於本生父母似當書之今只曰從子某奉祀如何

答尹太守 東涵 甲戌

病伏深山謝絶人事尙未得一趨琴軒仰謝辱顧之眷罪悚在心有如食物不下意外忽伏承下書辭旨縷縷擎讀數四感豢無量仍伏審近日極寒政候動靜萬相仰慰區區無任下情重

踰八冬以後宿疾越添服藥四十餘劑少無減勢伏悶何喩下惠四種何其俯念至此耶曆以知年柏以補精魚肉以養氣並此則城主之待老民有勝於韓洛陽待盧生之道耳僕僕拜謝無以爲辭歲除隔宵伏祝撫字神佑蔓慶川至以副百里民望

答南軍威 泰普

項過琴軒獲瞻雅範繼之以登樓共賞平生願交之志自此遂矣歸來喜幸如有所得不意華幘遠墜窮山披來驚豁奚翅次面耶仍審梅雨政履萬安尤庸仰慰重器擴頓之餘病瘁特甚昏仆牀第全無蘇意悶歎奈何敎意謹悉但項對時旣辭以讓劣計已屬筆於他處矣何不俯諒而有此委价耶自知拙筆不足以摹勝槩闡美譽而重孤勤敎妄欲應副盛筭如欲廣收無語以備揀擇則四五日後更爲送人如何惠來四種何其遠念至此僕僕感歎無以爲謝

答金成天 聖鎔 庚申

念前因事入山中邐迤數四日而歸獲接珍札在案披玩驚喜如對隔歲眞範第審雅履頗欠節適爲之奉慮區區戚弟衰病侵尋忽忽若土偶人何足向道卜鄰之計非不切矣而左右牽掣自難勇決今姑權泊於舊時別業屋宇湫隘無以容家衆殊可悶也然洛水傍山常在夢寐間早晩豈無西渡日耶

與成述初 憲祖 癸酉

牽復之 命柏悅難量而僻在窮峽聞知最晩方擬送別遽已

啓程豈特江樹含情耶竊想累年調息之餘必損神觀爲之仰念不已弟赴　召初程已添宿疾纔行三日聞有遞報歸伏蓬華安意攝養其幸可言歷路想訪淸臺主翁經渗後筋力何如尋常戀想之情寤寐何忘而春初歸時緣借馬載衣衾未得歷叩前月西行半途歸來又未遂參候之計殊甚慨歎惟祝兄速得一麾以耀晝錦之榮略此修候附竹塢本宅使之因便寄送未知幾日可徹旅案也

答鄭汝章 㦃 丁丑

邦禍荐酷　慈殿繼陟臣民之痛曷有其涯意外忽承尊人患札仍審初炎調候無添分痛且歇深慰遡戀之情宗人宿疾尙爾方事湯劑而姑未見顯効炎熱中苦悶當復如何道元之逝

甚可憐惜況其季令侍疾治喪累日薰染前頭之慮何可盡言聞成服後出避而未知寓在何處耳前託書堂記纔已乘閒草出而第有合商量處方欲書叩此際便至良幸師傅公生年卒歲是何干支或云曾拜察訪云除授先後何居赴任與否亦何如溪之源亦幾里後若有便詳示爲望耳祥祭擇日之疑盛意固然但　因山前行此大祭自非禮意而　朝令旣如是勢當遵行矣禮內事用柔日祭祀之類卽內事也旣用或丁或亥少牢註說所云不得丁巳以配亥者乃主亥而言也非謂巳日當祭也且今關文以成服日計至廿七日爲公除故永邑成服在於今初六日來初三日爲公除云貴府成服在何日也以此計除後擇丁日行祭似當未知如何五服沿革圖曾荷一借之諾後便封送如何謄出後當卽完璧耳

答李欽夫 猷遠 辛未

洛下邂逅足償旣見之願而倏爾分攜奄過十餘星霜時一瞻想不禁糾菀不意昨年春忽承已巳九月惠書發函如對感暢難量而僻居窮峽絶未逢北去鴈迄今闕一字謝愧歎曷勝卽日春寒未謡兄雅候何如益庸懸仰之至弟年近七旬摧頹日甚故紙堆案無精力可以尋數況可望貼裡鞭辟以收拾於桑榆之景哉只自瞿然懍惕而已承有先墓改窆之儀伏想誠孝攸格壤樹已克襄矣爲之仰慰無已但蒙寄示先誌使此愚陋得以奉玩懿蹟誠爲感幸而至於輓語之託自知非其人矣顧何敢容易下手乎然慕仰兩先生遺風有素今又孝懇深且至

矣終不敢諉以無文謹將數句拙語玷汚來紙何足以副俯索之意耶況承受旣晩謄呈亦最後尤不勝悚恨存齋先生遺集聞已繡梓實是斯文之慶而限地遠無由一番盥薇是爲慨然耳

答李季白 宜翰 丙子

違英眄不知幾許年矣每翹首南望第勞神思不意珍翰自無何入手驚喜長讀詞彩耀人連城十朋之貺何以加此況審疫癘饑荒中雅履支保此誠今年所難得者欣慰良至而小阮竟不被十起之力神達難測胡至此歟戚從年暮頭雪疾病纏綿寄跡樵牧自分爲　昭代之棄物而　誤恩荐降器不稱人雖欲詣　闕一　肅而殘骸危喘貼席難起未得少伸義分惶霣

一〇〇

懍惕不敢以順遞爲幸爾竊覵來書推借太過有非愚陋所敢當者何其擬人於非倫也背汗顔騂不能再讀也但盛意似未免動心於榮悴間以左右高識何乃遽至此耶吾人事業德行爲上科名餘事也今若博觀古書硏究義理以做第一件事業則其視腰金結駟之輩皆是風斯下矣豈可以学中之天讓與別人哉玆敢以瞽說奉勉幸須千萬留意焉

答李景三台華問目 甲戌

先妣大祥乃今年正月初十日而以家內痘患不能設行將欲擇日退行而祝式中日月不居奄及大祥云者自非既經大祥後文字則何以爲之

祥祭既已卜日退行則祝文自依常例但前三日或一日因朝

上食告其有故退行之意如何告辭則曰本月初十日是再朞之日而痘患入室不得設祭將以今二十七日卜行祥事敢告

亡妻忌祀與先妣大祥同日而但罪人已爲亡妻闋制兒輩心制亦當闋除於正月初十日而拘痘未果則禮無忌祀退行之事心制之服何時除之先妣祥事擇日設行時亦行亡妻祀事無妨耶祥事後翌日行兒輩闋服之祭何如

賢閤祥禫已行神主祔廟雖値再朞乃是忌日則不可退行矣令胤心制實是無服之服只待禫月之盡復常服無所不佩可矣寧有變除之節乎但世俗出繼者因本生家兄弟禫祭哭而除之若以無端著吉爲未安則禫月後次月朔日設位哭除不害於從厚之道耶

大祥退行則禫祀亦間一月設行耶或云退行則無禫此乃禫月以事故不得行禫則無退行之事故耶

家禮禫祭條云自喪至此不計閏凡二十七月雖再朞後踰月而行祥事只當踰月卽禫以準二十七月之數況卜日行祥在再朞之月乎過時無禫之說指禫月行祥者而言耳

答金美仲 戊申

兇逆猝發擧國騷屑 天討一加卽日掃平 廟社之慶已不可勝言而神人之憤亦可以少洩矣謂外伻至獲奉手滋仍審重侍下學履冲福欣慰之情萬倍平日鄙人喪戚以後繼之以募義奔走之勞前患脹候轉益大段腹起如鼓呼吸不節方服藥餌兼灸中脘而當此暑溽內逼可悹悶撓何量仁鄉權戚文

忽被橫罹之厄士友無不喪膽今聞已蒙 恩宥我 聖上好生之德實千古所無豈不猗歟寄老特被 除命吾儕之幸有不可量數也出處一款想此老胷中已有成筭未知何以決之李先生雖未復爵此際非常之 恩不可不肅謝謝後仍以先誣上言辭職則其或有伸雪復爵之階耶欲修尺書仰伸賀儀兼陳鄙懷而病頓牀席便又怱遽未得遂意愧恨何喻橫溪族兄姑皆平安而爲錦水計者亦如此云耳李令事聞有釋放之勢云而窮峽未見邸報其結末姑未詳知耳

與宋伯綏稷錫 丙子

聲息頓絶悲戀方至忽見李甥從廬所來得奉答疏細審冬春來僉哀履支保遠慰良深此間積歲宿疾去益沈痼委頓枕席

長事湯劑無錢荒無前窮族濱死者頗多沴氣大熾奴僕隔離方痛而出寓無處堙户蹲坐只待命物者處分愁悶危怖之狀何可盡言輓語卽已構置而絕無遞便今始送呈但病昏中詩思全没不得鋪盡懿德慨恨何量退書節要病間時略已奉玩而尚未卒業姑且留置冀待病勢之減以畢窺斑之計耳

與宋伯綏

頃於意外忽荷僕馬來叩驚倒悲感之餘獲做一晝夜穩叙而歸期甚促別袂遽拂益令病懷悵黯未知陰雨脩程其得及時穩稅否日月不住祥祭奄迫竊想追慕罔逮之痛益復罔涯矣此間宿證去益沈劇用藥無効委頓枕席精力日鑠今方要問他醫試服新劑而其能有効未可必悶慮何言玆送姪兒謹致

薄奠而路遠日炎奠具甚略病深神迷文亦草率非所以盡情者悲愧何已所託文字病昏如此未得披閱狀草當待稍蘇而圖之耳但本草想必纖悉無遺以此求誌碣自可財度恐不必更製善狀如何惟祝祀事順成

答曺雲卿 龍燮 丙寅

時因紫陽族姪略聞倚廬動靜而痘患作梗未得奉一書以候方自悵戀匪意忽承哀札仍審炎節孝履支勝感戢之餘益庸慰釋重器哀病轉深眼瘄牙痛昏昏伏枕無復醒意加以村閭癘氣去益熾張閉門塞竇如坐針氈上甚可悶然曾知左右留意禮書頗有沈潛之力每欲一叩其所有而不可得也今於居憂讀禮之暇拈出疑文俯投愚昧欲與之講論可見其好之篤而求之至矣爲之艷歎無已玆敢略以鄙見註於逐條之下以爲求益之地何能免汰哉之誚耶幸一一照勘如有謬誤處却望回敎也

初喪易服時服深衣而世俗至成服始用之似是不及禮處耶依禮文行之如何

初終易服時所用深衣乃古人常時之着以白細布爲之成服時所用深衣乃承衰之中衣以極麤生麻布爲之二者制同而實不同

括髮條布頭𢄼卽總所以束髮者云束髮卽斂髮爲髻耶

小斂後袒括髮免髽則以頭𢄼束髮云者卽斂髮爲髻耳

小斂後衆主人布帶云云今俗成服時始加者似不必然否

古禮則小斂後袒括髮時主人絞帶衆主人布帶而家禮從簡略之故今俗皆於成服時始加帶然儀節小斂後補入具絰帶一段依古禮加絰帶恐無違俗之嫌矣

斬衰孝布不言縫合內外之制此殊可疑

孝布非古也乃後世從俗之制而儀節亦用之矣然此乃喪冠下所着與承衰之中衣無異雖斬衰不必縫向外耳

大祥後祔新主于祖父之廟祔于東邊云云東邊似指祖龕之東邊或云當祔于東壁下其果然否只奉一代則新主祔于何處耶

東邊乃指祖龕之東邊而私家廟狹難奉祔位於龕內從便奉祔于東壁勢所不免若是奉一代則有禰廟而無祖廟祔祭則

雖以昭穆行於宗家之廟而大祥後新主入廟時當祔於禰廟
東壁下矣
爲人後者其妻爲本生舅姑服大功有明文今俗從夫服朞
此不害於從厚之意耶
退溪先生答鄭汝仁問已有從厚服朞之語
爲人後者遭喪未葬之前値本生父母小祥服其服除之耶
不爾則以深衣方笠即之否
退溪先生答鄭汝仁問曰服所後斬衰者遭本生小祥則除服而暫服黲服行祭既而反喪服奇高峰以服黲爲疑先生不以爲然仍曰今之喪人或以麤布白衣居于廬中依此以處似不戾於權宜也葢朱子於喪三年卒哭後許以墨衰祭家廟則退

溪用黲之意實本於此固當依此行之而今來喻所疑乃在所後喪未葬之前則決不可服黲依後說用白麤布衣巾行之似好矣如或不得已而如來喻之云則深衣猶或可也而方笠不可著寧用孝巾爲愈耶但家禮自虞祭已有沐浴齊明之節且雜記曰將祭而昆弟死既殯而祭如同宮則雖臣妾葬而後祭今所後喪未葬前往參本生練祭恐似未安須於當日詣本生殯宮外設位哭再拜退出除服後以白衣巾入哭再拜待祭畢而退反喪服似爲恰當未知如何

答曺雲卿問目 丁卯

祥祭將迫奄遭妻喪葬前難以行祥何以爲之雜記曰父母之喪將祭而昆弟死既殯而祭如同宮則雖臣妾葬而後祭註將祭將行小祥大祥之祭也李惟泰引退溪先生喪祭禮問答而問於沙溪曰昆弟死於同宮或葬不得以時考妣練祥因此而廢似甚爲難但所重在此移鄰行祭無妨沙溪曰恐然二說不同何以爲準今欲移殯於無故諸弟家行祭未知何如妻葬若遷就未行則吉祭同參亦無未安否
殯宮若在宗家則依雜記說行祥於葬後爲當而當初設殯於支子家已失禮意今因衆婦之喪退行祥祭實爲未安移殯於支子家設行亦似失宜不如移殯於宗孫家行祥祔廟未知如何禫祭則雖朞喪未葬當參而至於吉祭則既有宗孫及無故支子己雖不參何妨

答曺雲卿問目

遭妻喪明日又遭父喪成服一事何先何後沙溪答姜碩期問曰若祖喪差先宗孫在父母喪被髮之時不可遽成祖父母之服而殺其哀待成服日先祖後父似爲得也以此推之則妻喪雖先出不敢成服於重服未成之前歟先後二字以喪之先後而處之如是耶以世序先後而處之如是耶
沙溪所謂先祖後父指世序也葢同日成服而先尊也非以喪之先出也妻喪雖先出待父喪成服訖始乃成服恐當
妻服退成於父喪成服之日則其子爲其母亦不得成服而隨父退行歟以沙溪所論祖喪差先則諸父諸兄孫不可拘於承重退日成服之語觀之則其子或不待其父而先爲成服耶抑壓於父而不得行歟

父旣未成服子不可先行恐當隨父同行

嫡子父没爲妻杖而妻死於父喪前一日則乃父生時也此固似不得杖而儀禮經傳通解䟽父卒三年之內而母亡仍服朞以此觀之若妻死於父喪三年之內則恐猶不得杖否

父喪前一日妻死不得杖之喩在所當然至於父喪三年內猶爲妻不杖云者亦推禮甚精

亡婦乃繼曾祖冢婦或謂推以事亡如存之意則兩殯皆不當用肉此有可據否神道異於生人未知何如

婦奠限葬前不用肉固當而舅奠則不可以冢婦故而不用肉也

答曺雲卿問目 戊辰

疑禮問解問父喪未葬遷改母墓與父同葬則葬雖先輕奠當先重而新葬之虞當行於家改葬之虞當就幕次行之勢有相妨何以爲之答曰據禮記及朱子說則父之虞祭葬日反哭後行之母之虞祭翌日行之云若母葬遷父則亦當依奠先重後輕之義母之虞祭以翌日行之否改葬之虞當於墓所幕次設虛位以行而若以翌日行之則亦當就墓所幕次耶於家而出主以行耶疑禮問解葬畢告廟則有哭泣之節當出主云出主一款新舊葬無異否主人有哭泣之哀賓當八拜拜虛位拜柩前孰爲宜歟

父喪遷母同葬則當依沙溪說翌日行母虞而就墓所幕次行之豈可在家行之耶若母葬遷父則平土後卽題新主封墓畢先行父虞仍奉新主反哭行初虞恐無不可蓋旣葬之後虞以安之甚急旣行父虞則母虞似不可退待翌日如何但封墓未畢父虞犯暮難以反哭則待翌日行初虞亦好而以家禮所舘行虞之意觀之似當於其日行於墓下舘次耳至於葬畢告廟之節若路遠或葬未畢役則雖過數日當待其還家而行之不然則翌曉行之爲好新舊葬吉凶有異不可相襲新葬之主豈有奉出之事乎只出改葬之主爲宜矣新舊葬皆設靈座主人哭泣親賓八拜皆當於此處行之舊葬靈座雖設虛位亦不可舍此而必拜於柩前也

答曺雲卿 庚午

病伏癃悴中忽承貺翰仍審夏秋來侍下啓居冲福積鬱之餘

感豁良多鄙人宿痾當暑越添閱月呻痛精力澌盡授簡調護近纔少降而飮啖尚艱蘇健未易自是桑榆殘景冉冉頹下何足恠耶示來疑目可見講究之精妄以瞽說逐條錄呈如有謬處幸更反復如何

家禮五服圖詳載兄弟之女及孫女曾孫女而獨不言己之孫女若曾玄孫女其服當依衆孫故歟

五服圖其中兩行承上層分排祖父母及父母而下以及於子若婦故未及錄女子孫之服而其左旁註云姑姊妹女子子在室並與男子同則適人而降一等不言可知旣言女子子則孫女亦包在其中備要稍詳

父母於子之爲人後者服不杖朞是不降也不降於出繼子

而降於出嫁女何耶
爲人後者以伯叔父母之禮事本生父母故降服不杖朞本生父母報服如服兄弟之子此與出嫁女降服者有異矣家禮圖男爲人後註所云本生父母亦爲之降服不杖朞者其謬誤明甚其或降字是報字之誤歟備要刪去降服二字善矣大抵家禮圖不出於朱子而出於後人故多有可疑處不可盡信
率養叔姪或兄弟而死無主者則當於己子殯而其撤在於何時疑禮問解殤殯葬後撤去云而既非殤者則撤於服盡之日似是而其間無練祥之節耶
嘗見禮記大功者主人之喪有三年者則爲之練祥朋友雖親虞祔而已云云本文不盡記而大意如此率養之族若有妻若

子當三年者則雖殯於我而當行練祥否則服盡當撤矣盖練祥者三年之禮既無三年者則朞及再朞只行忌祭而已寧復有練祥之節乎

與李近仲 行遠 己巳

卽因雲擧家便槩審殘炎省履萬重積想之餘欣慰叵量鄙人羸骸殘喘見困暑溽却食頹卧全無醒意加以舍季自夏初偶患疰證連試湯劑少無顯効分痛之憂何可形喩朱書刋補謹已傳謄玆始奉完幸須視至仍伏念先先生博學高識造詣精深廣引經史外書析義理明事證洞然無餘蘊所以嘉惠後學者至矣珍玩莊誦不啻若海上單方而第觀其書不無亥豕之訛既承左右校讎之教矣其古書可據者便卽塗改否則輒粘紙志疑幸更照檢如何且其間或有當書按字而不書處或有不當書按字而書處此乃傳寫之誤而或恐惹人脣舌若得與左右及李景文輩合席商量則可以修出一完本傳布於世而川原間阻聚首未易徒切慨歎前日付標未知其出於誰手而亦頗有可採者須與景文一番商議爲善第恐標紙歲久脫落終未得尋逐耳慕仰之誠老而彌切今於是書尤篤信而酷愛之敢以愚見率爾仰暴倘蒙俯諒否

答徐巨源 至淵

頃者遠叩窮廬賜以半日之款此意良已勤矣深居病蟄者安得不一倍感銘耶卽又拜承華札仍審靈風雅履萬勝既賀且慰無任鄙情僕一味癃瘁長伴枕席故紙堆案亦無計尋討憐

歎奈何竊覸左右文雅贍富撿身有法近又留意於聖賢書籍可見志尚之超卓非俗儒所可跂及艷歎何量幸須益自奮厲勉做大業如何近來多少英才率皆爲科業所奪無復有志於向上事者雖欲資切偲磨琢之益亦無奈何以此竊自期望於左右者實不淺焉其能蒙俯領否

答徐巨源 丙子

卽承惠札仍審祠宇火變出於意外驚駭痛惋不知所喩然奉出神座此實不幸中大幸爲之仰慰移安後當有慰安告祭之節而既已移安於宗家祠宇則更無可論矣檀弓三日哭及漢宣帝素服五日之說盖爲神主火而言今不當援以爲法矣但寒岡嘗論丘墓火之節曰以素服哭行慰安祭行素三日而止

今此所遭恐當依此禮行之矣然神座旣保不必哭移安後慰祭亦不可追行只當素服行素止於三日未知盛意如何

答李景五 國栽 問目 辛未

詢及疑禮謹已領悉顧此膚識淺見何敢容易判斷耶遠叩之意不可孤敢以所聞略註各條下幸更商量

祖喪未練又遭父喪大祥時變服及禫祭之節何以爲之

雖在父喪中祖服不可不除祥祭時服祖衰入哭後暫著禫冠禫服行祥祭如儀祭畢還著父衰如何禫祭則父喪中不可著吉冠服行禫祭故無禫除此乃先輩定論矣

卒哭後未行祔祭今於大祥後當行之而宗孫方遭父喪未葬其將闕之乎

大祥後當奉主入廟而祔祭未行則入廟未安禮支孫各居則宗孫就其家設紙榜行之祭畢焚之今宗家有喪未葬則喪主勢當代行於其家祝文曰孝玄孫某使從弟某謹以云云吉凶者曰從孫某使從弟某哀薦祔事于顯從祖考某官府君云云如何喪主服色則用祥祭時所著禫冠服爲宜矣祥日不撤几筵仍行夕上食厥明行祔祭卽爲入廟此乃寒岡之敎也

答李孟猷 弘禹 己巳

前年辱顧意甚勤摯而倏爾成別無由更際翹首東望第切忡戀忽此意外獲奉損牘始知春裡鳴皐之行有意歷枉而中路遘疾未免徑歸足見垂念之意繾綣如是而旋以會合之有數爲一歎耳仍審靜居玩頤動止冲適益庸欣慰鄙人年老病加精力日削窮山寂寞之中時以書籍遮眼而掩卷輒忘終不爲己有雖欲研精索奧貼裡鞭辟少收桑楡之工其可得乎只自浩歎而已仍念塤篪兩先生挂牌之日所以提誘啓發者專以性理書爲主如科擧之業雖不禁餘力旁治而不欲其玩物喪志此蓋程朱門下餘法也後生輩若識得此意則當專心爲己隨分應擧以自免於上蔡鸚鵡之譏而近來士風日下擧皆汩溺科臼不復致力於窮理撿身之方甚至泯然而忘之者滔滔也此豈師門平日辛勤化導之意耶不佞私自慨歎于中者久矣今讀來書乃以素志無成整駕將更爲喩惕然有回頭向上之志於此有以見向來得力於師門者爲不淺矣爲之艶賀不已但有一名未立之歎未知是名何名也若是善名也則是君

子疾沒世不稱之意不害爲反省自勵之道而若是利名也則是子張學干祿問達之事也不幾於外慕之未盡消耶以左右之淸詞麗翰奉庭命入擧場有年則取科第只是一口氣間而今乃累擧未中落魄困窮則愁惱隕穫固常情之所不免而以君子自修之道言之則只當付之於命而不當以區區得失介滯於胷中吾知左右之歎在此而不在彼也決矣惟願左右益自奮厲勉修德業無負師門期望之意如何至於書牘反復之喩雖非愚陋之所敢當亦可見不外之義敢不樂聞而傾倒耶辨論疑義互相開發自是古人事而目今吾嶺法門消敗能以此事相講磨者寥寥乎無聞况此僻居之蹤離索忒甚塊然獨坐無與開口談義理者每披書對案日覺鈍滯了人若蒙左右

時患德音有所論量則其所以警昏惰而發蒙部者爲如何哉
當眡手沫口而上下之矣

答李孟猷 庚午

沴祲熏天作一網羅東西奔竄靡有底止此際忽見貶翰因風
遞來墜驚起披讀細審靜居清適學味超勝此正今年好消息
何慰如之伊後又閱三朔未認近來休咎更何如益庸懸係鄙
人近纔撤寓還巢而門內喪慼稠存怛然無善況加以衰悴日
甚精力盡耗雖欲繙閱故紙眼霧不能着只塊然癡坐而已何
足向喩詢及疑目皆是儀文緊要處而能究覈至此可見思之
愼而辨之明矣顧此謏聞淺識何足以判別聚訟斷其公案而
重違問寡之盛意略註瞽說於各條下爲能免汰哉之譏耶只

欲自暴其愚以待藥石之來幸賜回敎一一勘破如何

家禮祔祭祝其告祖考妣曰孝子某適于某考某官府君而
退溪先生釋義曰其稱孝子者蓋以祭主於升祔先考而言
也然儀禮祔祝云孝孫某適于皇考丘氏儀節云孝孫某適于
顯曾祖考沙溪備要云孫子某適于顯曾祖考又嘗見寒岡
集有云西川君祔先妣祝書以孝曾孫孤子某適于顯曾祖
妣若此其不同何也儀禮是聖人所制而朱夫子必改孝孫
爲孝子者何意儀節備要又不從家禮者亦何故也西川之
旣書孝曾孫又書孤子者又似重複幸詳示顯據如何

家禮稱孝子者承上文宗子主之而言故泛稱孝子蓋篇首祠
堂章有事則告註只云孝子某昭告某親以爲例其下言高曾
祖前隨代異稱祔祭之稱孝子蒙此例也其下云適于某考則
可見其泛稱矣且宗子若祔子姪於考妣則亦有稱孝子處矣
儀禮之稱孝孫亦猶家禮之舉一世爲例非謂每世皆稱孝孫
也備要則附入於虞祝下已不是而又不言某孫此甚疎漏惟
儀節極詳備而孝字下脫曾字大抵儀禮家禮儀節備要皆一
套而讀者不能活着耳鄭西川問目在於退集者如此非寒集
也西川出後宗家服所後父斬衰而主生母祔祭故其說如此
若以宗孫自祔其父則當如儀節只稱孝曾孫於曾祖前稱孤
子於先考前矣

贈玄纁條但云主人奉置柩旁備要引開元禮云祝奉置柩
東初無玄纁各置之文而今俗或置玄於上置纁於下或置

玄於左置纁於右其論左右又有甲乙或以爲生人之左右
或以爲亡者之左右幸望示破

開元禮云奠於柩東退溪先生答李平叔問曰置棺左右若用
開禮則當上玄下纁若從退敎則當左玄右纁蓋周書武成篚
厥玄黃註象天地之德禮記有三玄二纁之說質殺亦上玄下
纁皆以玄爲重也左右卽柩之左右非指生人而言也

襲條詳言爲位序次而其後但言入就位至虞祭乃曰其位
皆北面以服爲列則家禮之意似謂皆與襲時爲位同耳然
其在襲斂時則尸牀在堂中而南首矣丈夫於尸牀之東南
上而西向婦女於尸牀之西南上而東向尊行則婦女於尸
牀之西北壁下南向丈夫於尸牀之東北壁下南向至於異

姓則婦女於尸牀幃外之西南北向丈夫於尸牀幃外之東南北向以此觀之環尸牀而東西南北皆有哭位此皆指堂上而言也況靈座又在尸牀之前則是堂上延袤極闊爲能容此然後可以依禮行之今士大夫堂室之制旣不如古不能如禮爲位固其宜也假使堂制甚闊不難於爲位襲斂時位於堂上固無非便而成服後似不當仍於堂上拜哭家禮之不言堂下爲位者何也今俗例於靈座前堂中設哭位而男東女西極似便宜然於禮無明文且男西面女東面於奠後再拜皆不向靈座殊無意義嘗與持禮家朋友論此亦不能破疑幸望詳及

來喩甚詳所疑誠然蓋家禮不詳言位次寒岡亦嘗以爲疑矣

士喪禮朝夕哭婦人卽位于堂東面南上丈夫卽位于門外西面北上外兄弟在其南南上主人入門哭直堂下東序西面兄弟皆卽位如外位蓋殯後則當北上栗谷沙溪旅軒之論皆如此但婦人仍舊南上是未可曉古人堂制闊大襲時位次如此及殯于堂則婦人在堂男子在堂下以其堂下有廂序也今人則堂甚狹且無廂序故於房內設殯及靈座男女皆位於堂上勢不得不爾矣至於男東女西之位則孔子相國昭子之葬而男子西向婦人東向著在禮記蓋古禮然也嘗見朱夫子論朝夕哭無拜曰生時子弟欲拜父母須俟父母起而衣服今恐未忍以神事之故亦不拜之云竊念朝夕奠有拜是象生時獻酒之禮東西分立是象生時侍側之意而至於題主則以神道事之故始北面歟

小斂條左衽不紐裹之以衾而未結以絞未掩其面至大斂乃結絞掩面而今俗例於小斂之日卽爲結絞雖持禮之家未見以爲非者未知此義何如

丘氏儀節曰儀禮無未結絞未掩面之說家禮蓋本書儀也若當暄熱之時依儀禮卒斂爲是云蓋家禮之意欲令伸孝子之至情而今俗治棺之際必待小斂準其長廣故急於卒斂雖非家禮之意然以復時帷堂小斂撤帷之意觀之古禮則蓋卒斂矣

禮凡喪父在父爲主然則父在母喪子不得爲主祥禫祝父當爲之今俗皆以子告母爲祝未知如何此若非禮則嫡子

死而嫡孫在者亦當以父在父爲主之義推之不以嫡孫爲祝否

夫爲妻父在爲母同是期之喪皆十一月而練十三月而祥十五月而禫題主虞卒練祥禫父皆主之豈可以子名告祝乎世俗之謬不可從也朔日殷奠父亦主之惟朝夕饋奠子皆執之而已至於嫡子之喪父爲斬衰三年者告祝父皆主之孫當隨祖而變除若父非斬衰者則期而當除其孫行三年者似當自主其練祥及禫以其名告祝未知如何喪服小記曰婦之喪虞卒哭則夫若子主之祔則舅主之以此推之恐當如此

杖期之正服惟妻服若降服則父在母喪也妻服雖是杖朞大夫之嫡子父在則不得杖以其壓於父也庶子則不壓於

父故雖父在而爲妻杖然與父同處亦不敢杖據此則父在母喪雖是降而杖朞若父在殯室則亦不當以杖即位未知如何

禮嫡孫遭父喪若祖入殯宮則孫不敢以杖即位以此推之來喩父在殯室子不敢以杖即位者甚得禮意殊可歎賞

靈座稱几筵几者指何言筵者指拜席歟若謂拜席則謂之祇奉者何也

檀弓以几筵註几所以依神筵坐神之席也

復衣卽爲覆尸而襲時去之蓋將以浴尸也備要云不以襲斂而不言置處又不言用處今人以復衣置諸魂帛牀下此亦有據耶葬後埋魂帛則復衣藏於何處或並魂帛同埋而

禮無明文或者以爲無可埋之理宜給哭奴著之遂援近世持禮宿老以爲證未知如何

沙溪答或人復衣納魂帛箱之問曰禮遺衣服必置於靈座今以復衣置靈座恐亦無妨但並魂帛埋之則不可云而旣不埋之則當何以處之古禮始死設重至虞以桑主易重將練又易之以栗而每易必埋之今復衣覆尸襲時去之是日設魂帛及葬造主而虞後埋魂帛此乃古者造主埋重之遺意也復衣雖非所以造魂帛者而世俗之納置魂帛箱亦自有意並魂帛埋之恐無不可沙溪之意蓋以爲復所以望反諸幽也望反也而復埋之有所不忍也而旣葬之後望絶反幽以神道事之則於是乎埋之似無害於盡愛之道矣至於與哭奴之說則大不然禮祭服弊則埋之祭服不可褻況復衣乎近世宿老未知其何人而竊恐或者所證塗聽而謬援也

答李孟猷 辛未

夏初覆札意甚周摯發函長讀無異一場面晤況審炎節雅履冲勝又何慰如之鄙人暑炎漸蒸疾病交侵精力澌削十日九臥乍閱書籍掩卷輒忘寧有一分進益耶只自愧惕而已師門禮稿與諸益校讎兩三月僅修原集九冊而別集三冊則日熱資竭留待秋凉但恨左右不與之同事耳別紙所詢皆是儀文肯綮顧此忍識何敢容易開喙耶然問寡至意不可孤且喜相長之益略註瞽說於各條下幸須商量而回敎也

賈氏曰雖外親無二統旣得爲所後母黨服又爲生母黨服

則是二統也據此則生母之黨果爲無服母之兄弟姊妹姑不論其於母之父母亦不爲服恐是太簡未知如何

雖外親無二統鄭氏說也沙溪愚伏皆以爲當降一等母之父母兄弟姊妹皆降服緦從兄弟則無服矣

今有爲人後者之所後父母又是爲人後者則爲其所後父之本生父母其服於禮無據或者以爲當依本生祖父母服大功此臆說也先輩必有正論有以開示如何

此雖先輩所不言禮旣云爲所後者親屬若子則父之本生父母當以本生祖父母視之更何疑乎況兩男各出不再降決無再降之理矣

葬禮先輕後重此乃爲父母之喪偕者有此節文今有父與

子之喪同出於一時亦以先輕後重論之愚則以爲非是未
知如何今於朝夕饋奠亦以爲先輕後重此義亦如何
先輕後重正謂父母偕喪非謂父子也然其葬似當先輕後重
至於饋奠則禮旣曰其奠也先重而後輕更有何疑乎
喪服疏云父卒三年之內而母死仍服母以期要父喪除而
母死得三年據此雖母喪恰在於父祥三數日前不可遽服
三年明矣所以然者蓋不忍死其親之意也然父喪旣除而
又服母以期決知其不安必有先賢之論幸望示破
疏說如此而杜元凱則以爲父已葬母卒則當服三年蓋卒哭
祔祭之後祭旣從吉又祔而神之則已以事死之禮事之矣杜
說似亦可從而但沙溪猶不敢決然從之只曰父喪將竟而値

母喪亦以父喪三年內而仍服期果合於情理乎云云此亦未
瑩若以疏說爲正則雖只有祥前一二日固當降服若以杜說
爲正則當以祔祭爲限而伸三年鄙意則以爲從杜說爲當
禮疏曰服從重故斬衰之喪未畢而遭母喪則仍服斬衰然
父喪中若祖母死則是承重之服又重也然則其可脫斬而
服齊耶愚則以爲父死而祖母死無論已葬未葬當爲祖母
服齊杖削若奠父葬父行父之練祥皆服斬杖竹卒事反祖
母服如何此固然矣而若祖母先死而父又死則未葬父之
前未可以遽承重論之愚以爲服父服及葬父然後受祖母
服自此以後仍服齊杖削其亦無害於禮耶
來喩云祖母先死而父又死則未葬父之前不可以承重論及

葬父後受祖母服此說得之續通解宋敏求議及宋朝服制令
已詳言之矣但來喩又云葬父後當常服齊衰削杖此則恐未
然蓋斬衰本重且祖母服將練或旣練則乃是漸殺之時豈可
舍重服而常服輕服乎只當常服斬衰而有事於祖母几筵之
時服齊衰卒事反服斬耳若父喪中遭祖母喪則有寒岡答任
卓爾語其言曰父喪旣葬後遭承重齊衰之服則未葬前服齊
衰旣葬後服斬衰有事於祖母几筵則服齊衰從事云云恐當
依此行之矣
宋敏求議子在父喪而亡嫡孫承重因其葬而再制斬衰喪
服疏父卒三年內母卒仍服期備要云三年之中人子不忍
死其親之意宜無異同而一則再制斬衰一則仍服期竊詳

兩書之意則蓋謂孫之於祖父是乃承重者也不可以父死
而一周除靈又不可無主於三年之祭此宋敏求所以議因
葬而制斬也若母則當父喪中固爲壓於父此所以服期而
已沙溪所謂無異同者乃不能深考爾未知如何
愚於此節每嘗疑之而未得其說今來喩辨析如此可謂察之
精矣然備要之云非不深考也蓋以先儒諸說各不同難以折
衷故也通典庾蔚之論長孫持重而亡次孫不得傳重議曰猶
父爲嫡居喪亡子不得傳重也(此語雖未知出自何處而意甚分曉)賀循曰父死
未殯而祖父死服祖以周旣殯而祖父死三年徐邈云周旣除
以素服臨祭依心喪以終三年據此則雖不代服猶攝事無闕
而但黃勉齋旣取宋敏求議及宋朝服制令入於通解退溪先

生所論亦與此相符固當依此代服矣至於父卒三年內母服則疏說杜議不同若以通典父死旣殯服祖三年之語推之杜說似可從此前段所以云云也

禮註括髮者以麻繩自項後而前交於額上却而遶於紒如著幓頭然若如此說則是先施紒而却用括髮矣小斂憑尸時孝子括髮而今俗以麻束髮於項後而散垂其餘至於大斂後乃施紒此必委巷之禮無足議者而嘗論於秉禮之家亦不能判其是非未知如何

朱子曰括髮是束髮爲髻蓋髻卽紒也雜記小斂環絰疏始死去冠至小斂加環絰喪服小記括髮以麻註斂訖括髮此蓋始死去冠將小斂去笄纚故至斂訖始括髮以爲飾也家禮不言

小斂時加環絰而只言斂畢憑尸後袒括髮免髽于別室蓋古禮無被髮故小斂時著素冠加環絰而至於括髮爲飾則必在斂訖之後家禮則有被髮之事故去環絰一節而又不言斂髮時是只欲於括髮免髽之時始斂髮作紒而括之以麻矣備要則欲依古禮小斂時攝髻加巾絰親尸未小斂而先斂已被之髮實爲大遽必欲一遵古禮則當去被髮之節恐非家禮酌古今之意也今俗束髮散餘至大斂者循習已久雖無害於喪過哀之義而準以古禮亦已過矣小斂後斂髮括麻加絰似得未知如何

家禮禫條無易服之文而備要依退溪先生說添入設次陳吉服一條所謂吉服非指玄冠黑帶耶世人或謂黑帶行祭未安當素帶過是月待次月黑帶可也此與退翁之說相反未知如何

退溪先生有兩說其答金敬夫曰從丘儀素服其答鄭寒岡曰設次陳吉服以雜記間傳諸說觀之後說是矣當用純吉之服行禫祭而祭訖還著微吉之服以至吉祭無所不佩矣沙溪云禫後著麤黑笠至吉祭著吉衣冠無妨

家禮進茶條但云分進考妣前參禮虞祭亦有點茶而無澆飯之文國俗之用漿水所以代茶而其取飯少許澆之漿中則似無可據家禮又無撤羹之文而今則撤羹又何據耶

退溪先生答鄭道可曰今人進湯水是古用茶之意來說是矣至於澆飯之節則乃古人常食之例也記玉藻飯飧註飧以飲

澆飯也禮食竟更作三飧以助飽雜記所謂孔子食於少施氏而祭且飧者是也蓋以水澆飯是生時常例故祭時亦象生時爲之矣撤羹進茶亦國俗生時之事故喪中上食及祭時亦因以成例歟儀節置茶匙筯傍觀此則可見其不撤羹然如許瑣節無害於義者只當循俗行之不必深究也

家禮祔位皆入於本龕之內據此論之本位應祔之孫雖至二三而其同於一龕無疑若然則必有窄狹之患且主人有亡妻旣祔祖妣又有兄弟之祔於祖考者雖曰東西異坐嫂叔一室決爲未安未知如何　可以容祔今祠堂之制

古者代各異廟故祔位雖多可以容祔今祠堂之制甚窄何可祔入於本龕只當祔置於本龕前南壁下而此亦狹窄難便不

若分祔於東西壁下祭時設位於階下耳嫂叔聯座固爲未安若隔板或隔帳則何嫌之有

答曺天應 龍錫

纔承辱覆又奉訊帖仍審向來色憂非細旋卽向安驚慮之餘繼之以慰賀鄕解聞已圻號而責縣奬郡俱在山外殊甚慨歎鄙人粗得遣免而鐀姪遠在鶴城宿疾復劇鍵姪賫槃南走而源委溪痾蘇歇恐未易十起之憂當復如何詢及改葬之節新舊葬合祔寒岡先生已行之前輩問答書多論此事俗說之矛盾何足疑乎但考位當占正脈妣位當祔傍穴不但堪輿家說爲然禮意固當如此來喩已得之矣始末諸節詳在家禮儀節喪禮備要可攷而見也今此所疑想在兩位合窆昔者師門曾行此禮草定改葬儀一卷頗詳備可觀尙在橫溪書舍幸借來遵行如何但今新舊合祔與此稍異新舊喪當各設靈座新喪有魂帛舊喪設紙榜先行題主奠然後乃行改葬虞爲當矣至於同槨之疑世多有之但記檀弓孔子曰衛人之祔也離之魯人之祔也合之善夫註離謂以一物隔二棺之間於一槨中也魯人則合幷兩棺置一槨中無別物隔之也蓋夫子旣善魯則同槨固無疑矣今人或有追後祔葬者不得不穿破舊壙灰隔外以祔之而今旣同日合葬則同槨似得善魯之意如何如何來喩有條列以示之語而節文多端難以勝記其中可疑處更爲條示則當罄鄙臆耳若夫一士人繼後之說誠爲難處何敢以謬識私見容易判斷乎然俯詢之意亦不可孤故不敢終默略此妄陳焉古人爲人後者本生家無後則歸本家奉祀我 朝國法亦然而許立後之家改立後今此人歸本家奉祀爲養家立後而其分養家之業輪行養家之祀以報養育之恩實爲不易之大經矣但念禮斜文字成置已久娶婦承家旣以養家爲主則一朝變革亦有事勢之極難便處若自奉養家之祀而爲生家立後辦給祭田使之奉祀則亦爲權宜之一道於斯二者惟在當人自擇之如何耳

答曺天應 丁卯

一舍相望猶未免隔歲違範停雲閒想每自耿結卽承惠牘乃審寒節承養啓居冲福旣感且慰暢豁多矣承有令嗣加布之儀此乃三代古禮而秦漢以後廢棄不行唐時孫昌胤發憤行之至見鄭京兆曳笏之怒則左右之欲擧此禮豈非好古信經之篤者乎可見薰沐於師門者爲不淺矣寫之嘉尙無已家間曾有冠禮笏記而兒子出舊庄未歸未得搜呈當竢後便耳

答曺天應問目 丙子

並有喪當爲母降服否殯宮同設何如

父喪未葬前遭母喪則當爲母降服杖期十一月而練十三月而祥無禫祭矣祥後卽撤几筵遷主于別室待父喪畢同爲入廟可也祥後若欲依橫渠說終三年上食則使子姪或婦女行於別室恐當然若以大義言之則撤几後不行上食只行朔奠可也殯宮當各設蓋以練祥之時有礙故也今旣不能然而同殯異几則母喪練祭時設幄於殯宮外出主行祭祭後還安祥祭時亦出主行事仍遷于別室如何

葬時當各服其服否發引下棺及奠獻之節當何先何後
曾子問曰葬當先輕後重奠則先重後輕喪服小記註葬母亦
服斬衰者從重也父未葬不敢變服也據此則雖先葬母不敢
釋斬衰况同日偕葬乎自初虞始當各服其服先行考虞改著
齊衰行母虞耳鄭愚伏曰雖同日而葬發引下棺皆當先輕後
重以此觀之則先奉輕喪載轝行遣奠還奉重喪載轝行遣奠
輕喪先發重喪在後下棺時亦然矣

答金昌彥道昌問目 丙辰

子在母喪而亾在小祥前則嫡孫承重者當於祖母小祥之
日始爲受服歟或於父葬卒哭之日而受服歟旣已承重則
非但有事時服其服而哭之出入平居亦服承重服歟

儀禮經傳通解宋敏求議曰因其葬而再制斬衰服三年宋服制令
云嫡孫承重在小祥前則於小祥受服所謂因其葬制斬衰者蓋父之
亾在於祖父葬前葬不可無喪主故因祖父之葬而制斬衰也今則承重
葬禮已過小祥不遠恐當依服制令之說受服於小祥時似爲得宜未
知如何退溪先生曰以代喪之意告于兩殯仍受而服之乃行奠似爲當
也以此推之則小祥前一日曉先以代喪之意告由受服後行祭似不可
已也禮重喪未除而遭輕喪者制其服而哭之旣畢反重服今亦當依
此行之而寒岡門人以祖母喪爲重喪欲常服齊衰寒岡先生以斬衰
重乎齊衰重乎之說責之據此則出入平居常服斬衰而祖母几筵出
入時服齊衰似當耶

梅山先生文集卷之四

梅山先生文集卷之五

書

答申天行龍起問目乙丑

祖考袞華後連値憂故尙未行祫祀今有祖考　褒贈之典
焚黃時當並擧諸位改題而一日並行節文多礙若先於所
贈之龕則事有所大未安者伏乞詳賜指敎
焚黃吉祭並擧之礙誠如所喩然亦不可分行於兩日葢吉祭
前一日告遷改題翼曉合祭自是常禮固當依此擧行而前一
日改題之時告遷焚黃不可合設似當兩次分祭矣告遷則只
以酒果脯醢告以改題焚黃則當設盛祭且先改所　贈之龕
雖似未安焚黃　君命也告遷私禮也其日曉請出所　贈之
位於廳事行焚黃祭而姑爲畱安於廳事卽詣祠堂告遷改題
後還安所　贈之位於故處如何

再答

下敎中只以酒果脯醢告遷改題爲敎而元不提及於祫祭
一事合祭盛祭也其可以酒果設行耶今若依下敎並祭於
一日則其間節文煩瀆且告辭難以措語知舊或勸以先行
焚黃稍後卜日告遷未知此意如何
前書還安所　贈之位於故處下當言翌日合祭後以次迭遷
於各龕而病昏中未及提說疏略可愧然上端旣曰吉祭前一
日又曰前一日改題則厥明合祭之意不言而可想矣昭穆迭
遷是何等大事而只設酒果於改題時不行大祭乎告遷云者
以其屬稱改題告以明日迭遷之意也兩祭各卜日之說非不
好矣而祖妣位雖當同爲改題於焚黃之時至於合櫝一節則
當待吉祭之日且旣以屬稱改題之後累日不還於正龕亦爲
未安恐不如吉祭前一日並行之爲便也告辭難便之示誠如
所喩吉祭卜日之後其朔日預以吉祭有故還就今始擧行祖
考某官舊書銜　府君新被　褒贈同日改題焚黃之意措辭以告
如何葢以時祭卜日後有告辭之禮也吉祭節次詳在喪禮備
要告祝之文當依此用之而此與禫後卽行有異似當略爲變
改耳焚黃告祝詳在儀節考據爲好而今此　贈秩出於　朝
家褒德之義異於子孫推恩不可全用儀節之文當別製祝文
而用之量處爲幸鄙家向來焚黃時亦別製用之耳

妻從夫職例也祖考　恩贈雖出於祖妣旣卒之後亦可以
恭人題主否竊聞金鄭隱公以正三品　贈秩之故其夫人
神主題以淑人未知橫溪改題之時亦依此例否
妻從夫職行贈同然鄙家先代　贈職時有　贈夫人敎旨但
堂下則行　贈俱無　敎旨今以　贈恭人改題何可疑乎朱
子告考妣祝文曰皇妣孺人贈碩人祝氏中朝之禮於夫人固
亦並書行贈封號而我東國俗皆先贈後行退溪先生及金沙
溪家皆從俗書之故鄙家亦自前從俗於妣位封號只書　贈
封不書行封葢以品之高下事之先後皆倒置故也未知德門
舊例何如若先行後　贈則無此礙當書曰孺人　贈恭人而
若先　贈後行則只當書　贈恭人而已科名雖異於爵秩旣

是 國恩且爲生時實稱當依行贈並書之例書成均生員四字如何如何

五代祖考代盡將祧而最長房非但貧窶之甚又無祠宇以安之初擬營建於墓下以奉香火矣事力不逮姑未克就今欲權安於別室而最長房旣不奉安於其家則不可主祭果有沙溪之說若以主祀者所稱改題則又有祭五代之僭反復思量終未得其宜幸乞詳賜指敎如何

祧主奉還于最長房自是常禮而今旣不能然則當立別廟於宗家之傍以奉香火至於別室權安則退溪先生答禹景善之問以爲終未必其當否可見其不許矣然事遽力屈難以建廟則姑此權安別室急營別廟如何改題一款沙溪以爲以長房

名改題其說固當而嶺中故家或有不改題者各遵先例恐亦無妨至於主祭則雖權安別室當以長房爲主不可以親盡宗孫爲主矣但合祭祝文有將還于某親某之房之語此語何以爲之十分詳思務得恰當千萬至望至望

答柳浩爾 灦 士潤 瀹 丙寅

積歲顧交之餘獲奉聯袵枉顧仍與之聯枕並榻叩先德談古蹟可見故家餘範藹然猶有存者驚感愛悅久益難忘其後因風便又承辱惠書益荷眷念之意而僻居無便迄今闕一字謝愧歎何量卽日秋序漸凉未諳僉起居何如尤切傾溸僕衰悴益甚比前年又加一層眼霧精灰不能窺故紙一斑自知不免爲退產之歸懍惕何喩每擬一訪仙庄捻香屛山祠穩襲先賢遺韻飽玩名區勝槩兼致候儀於山陰丈而病與年加尙爾遷就是果塵埃之跡無分於繫表淸遊耶前頭若不至大憨癃廢必不失此計庶可更承好晤耳

答李景文 象靖 甲戌

自製錦桑鄕益有喜幸之私續因往來人飽聞治理諸節昨冬先壟省掃之計蓋欲兼敍積懷於仁閣而適遭喪威未免中輟東望悵然尙今未弛不意顒价遡峽華翰入手披函三復如對廿載眞範感暢何量仍審窮陰政履萬勝益庸欣慰重器年滿七十疾病纏綿頭烘膈滯之證特爲滚痼多試湯劑若無顯效向來尋數之業亦一切廢卻寧有一分向進之望耶來書深造自得之喩恐非著題語也還令人瞿然汗騂同志中如左右者

早遊法門見識該博若得源源相聚於靜散地論討性理旨訣則其爲警發之益必不少矣而地步稍間會合無緣老喘如縷餘日無多此生此計安保其必遂耶只自相望慨想而已

與李伯容 憲默 庚午

泥龍久蟄一躍飛騰珥筆史臺登名木天大先生門庭自此尤有光矣士友相慶遠近攸同如我親戚之喜何可勝言耶卽聞榮席將開彩衣奉壽且有諸長老辱速之勤固當策款段隨賓友爲尊闈奉賀而適有肩臂之痛未得遂意良可悵恨 召試旣有日何不進參也辭疾不赴固不害於謙退之道而在分義恐有所不安者未知如何

答李伯容 壬申

阻想中忽被伯氏枉顧華牘繼至極令人感暢第審色憂添額
賢閤又經紅疸爲之奉慮不已柏府　除命恩寵非常親戚喜
幸何可勝言但去就之難誠如來喻況有侍湯之憂以此乞免
實合情理須諒處如何諸般曲折已與伯氏瀾漫論量耳戚火
色四圍兒孫方痛憂慮不自定自己病狀不暇說也

答李孟潤 世澤 甲戌

嗚皋伻回續奉惠札足見眷戀之至意披來欣豁奚翅次於面
耶歲色忽新遠惟省下動止多納福祐仰賀且遡僕年滿七旬
益覺精血消損自知餘日之無多雖復有向進之望耶良可浩
歎感覆之浮沈遠地傳書例多此患何足爲恨承有書冊披閱
之工此意甚善以左右英敏之才溫粹之資若能篤志劬書一

向將就則可以辦得大事業上承家學之傳幸須千萬加意以
副遠望親事竟至諧成良用喜幸伊時枉臨之示實出不彼之
眷倘得一番從容論討則庶可以少敘糾鬱何幸如之

與李孟潤

陰雨泥濘華旆遠枉對榻聯枕瀾漫說古今事老朽謏劣何以
得此於左右也索居鈍滯之中頓覺鄙吝消盡其爲喜幸不翅
封嘉樹而已炎候漸盛未諳省下學履何如益庸傾遡僕一向
摧頹逢暑益甚昏仆床褥不能自振無由披故紙數點墨只是
下瀨船樣子何足道哉如吾左右年富力強且染庭訓苟能著
意加工以至於積累該洽之境則其於明理進德繼述家學之
任何讓於別人哉惟願千萬努力以副朋舊之望

答李休文 光靖 乙亥

年前高旆近往之日未得曳病軀進敍蓋緣聞知之晚也方以
是爲慨即此意外忽承遠書垂問辭意繾綣發函如對足以滌
吝胷而抒糾懷感篆何量第推借太過指擬不倫有非愚陋所
敢當者竊恐賢者於此亦未免失言極令人愧縮仍審初暑學
履萬勝益庸欣釋鄙人年踰七十病魔交摯頹伏牀褥志氣昏
惰雖於幼少時早從父兄師友之側略聞俗學外自有安身立
命之地而誤落風埃纔有寒嘁疾病未能盡意研究於簡編之
中窺得半點影像及此衰耄眼暗神眩從前尋數之工亦且全
然放下自知不免爲下愚之歸耳每念古人窮廬悲歎之戒不
覺瞿然懍惕惟願賢者以盛年高才益懋進修無負茶山先生

期勉伯恭之意則豈非吾黨之幸耶烏川城主近來政候何如
僻處窮峽奉拜無緣第增忉怛

答洪尚倫問目 丁卯

仲父爲叔祖後前年遭所後母喪既練又遭本生父喪尚未
葬窆所後母祥期奄屆雖以所後爲重未葬前類洗著白笠
行祥祭於禮何如此若不可祥日只略設一獻而待葬後擇
日行之耶

詢及疑禮深荷問寡之盛意顧此尺識淺見何敢容易開喙耶
然遠辱不可孤謹稽所聞而復之幸商量取舍如何雜記曰三
年之喪則既顈其練祥皆行註前喪後喪皆是三年之服後喪
既受葛之後得爲前喪行練祥既顈者既虞受服之時以葛經

易腰之麻經而無葛則以纇代之也沙溪曰其餘喪初不舉論殯後當行練祥之意據此可知今尊仲父旣爲人後則於本生親自是期制恐不可以三年之喪爲準雖在葬前祥前一日略加澡洗著禫服行祥祭卒事反衰服似不可已矣然此乃臆斷烏能免汰哉之誚耶更須廣問於知禮處俾無誤事之悔爲幸禫祭則不可便變著吉服自當無禫吉祭則待心制畢後行之爲宜耶

答宋學濂 乙亥

五月旬間因再從歸始伏聞尊祖考簀節非細區區仰慮夙宵不弛而惟祝德義神佑必有回泰之慶矣本月初忽承訃書因風遞來到驚怛痛哭不能定情平日肝膈之契不但親懿之私

而年來衰病忒甚未遂合席講討之計遽作幽明之隔悠悠此痛未死何休即宜走一力致慰書而些少僮指染瘟未起尙此遷就方以是爲恨匪意承此委札遠告葬期發函愧汗不知所云輓語自是情厚者相紼之詞旣知日期即當專人構呈而今夏暑濕久在寓舍宿疾大添諸證迭作絶食服藥神思昏憒無由及期當待少蘇寫情委呈耳惟祝襄禮順成

答崔宗謙 丁巳

前書未覆後牘又到遠認至意感荷良深仍審始寒侍奉做味冲勝益膺欣釋此中鑑兒所苦近添泄喘別證閱月危劇蒼黃罔措自數昨稍似降歇而元氣澌敗向蘇未易悶慮何量聞方讀葩經苟能沈潛爛熟詠歎淫泆其所以興起人者自不少有補於詞章亦多望須讀過後再三熟讀使三百十一篇字字句句皆作自家胸中物如何幼少時不爲努力則老大之後雖追悔亦無及矣千萬勉旃勉旃

答崔宗謙 癸亥

方欲走人探問忽得專人問札仍審歲前已得還侍几筵氣力支保以當初所慮言之豈非天佑歟舍妹家亦姑延息云誠爲慰幸而大病之後尙未完復救護之道惟在節哀切須善爲寬譬使之加餐攝養至祝亦及疑禮皆是大節倉卒間未得博攷別紙略報終當更爲商量耳禮並有喪則同殯異几今當依此同殯而考位在西妣位在東几筵則以二椅二卓各設饋奠以帷隔其兩卓之間朝夕哭拜則通行焉蓋以考位前有外客入

來哭奠者故以帷隔之耳

答問目

宗謙罪逆深重禍延兩親喪母踰月又遭父喪其亦用父在母喪之禮猶不得爲母申三年歟通典庾氏問曰母喪已小祥而父亡至母十三月當伸服三年徐廣答曰賀循云父未殯而祖亡承嫡猶周此不忍變在故也自用父在服母之禮靈筵不得終三年也庾蔚之曰父亡未殯而祖亡奉祖嫡者不敢服祖重爲不忍變於父在也況父在之日母亡已久寧可以父亡而變之乎沙溪曰禮凡服皆以始制爲斷據此母先亡而三年之內父又卒則仍服母期不得伸三年明矣若從古禮爲母服期則是亡父主之也然則題主何以書之虞

祔若練祥禫誰爲主之而祝辭何以爲之事多非便决不可以亡父主祀未知別有明文耶禮雖如此揆諸情理終有所未安且以宋敏求議祖喪中父死承諵者爲祖服三年之語推看則母喪中父死者服三年申人子之情亦不害於朱夫子從厚之意耶

此是大節目先輩亦不敢輕議今何可容易論斷耶疏說旣以服期爲言且凡服皆以始制爲斷則仍服期明矣然至於題主虞祔則皆當以子主之豈可以亡父主之耶來喩引宋敏求所論祖喪中父死承重者服三年之語欲申三年之制此意亦好而但祖與於父父尊於母壓屈之義微似不同故有或伸或降之異耶不然則古人必有論之者而無一語現於禮書何也杜

元凱說無服期之意而此乃父已葬而母卒者與今日之事不同恐不可引以爲例矣然倉卒搜攷難以臆決且小祥尚遠從當更思以報耳

季父之喪以叔母之病未卽成服故近聞欲爲成服而外無主喪只有四歲兒雖不能持禮亦不可以無子看也喪大記子幼以衰抱之劉智曰嬰兒無知然其於父母之喪則以衰抱之人子情理事當如是依古禮行之如何且開元禮適子幼不能自杖人代執之問喪云當室童子雖穉少以衰抱之且有杖矣此謂適子也然則繼禰之長子亦可以杖之乎至於題主則依朱子答李繼善之書以兒名題奉祀而攝主告之之禮明矣然則祝文亦以兒名主之而攝主告之耶

繼禰之長子自爲適子豈可無杖乎題主及祝文皆當以兒名書之而攝主告之矣但謝慈以爲未八歲者服布深衣雖製衰不必依禮而從俗製之且備杖置于殯側至於抱衰之節臨時斟酌可也攝主當以近屬僉哀中一人爲之而旣在斬衰重制中賢從雖出繼服輕似當爲之矣

禮童子不杖此庶童子也雖不言女子女童子不杖亦明矣喪服小記女子子在室爲父母其主喪者不杖則女一人杖若男昆弟衰抱而不杖則是主喪者不杖也女子子杖無疑而且母在主喪則不可謂主喪者不杖也然則女子子亦不能杖乎

適子雖幼旣備衰杖則女子不必杖矣

期喪之服當別製而連遭三喪形勢不逮未得裁衣成服之日當於深衣上加絰帶而行之耶且禮雖云各服其服未葬前全廢重服似爲未安絞帶上用朞絰成服如何

禮重服中遭輕服者制其服而成服月朔服其服而哭之旣畢返重服則雖在未葬前暫釋衰服而服朞服成服後還著衰服可也而今旣未製則成服時或用布直領著朞喪絰帶爲宜耶至於深衣則乃是爲重喪設者不可兼著輕重服於一時矣

父未葬服斬祭母殯禮也然則朞喪朔望奠亦當服斬而行之耶服斬行期喪之奠於義未安其不可參之耶期之喪外外無主喪則亦不可晏然不與也何以處變耶

服斬衰行期奠於義未安誠如來喩而旣無主喪則亦不可不

參今俗在喪者或於親戚執友之喪以深衣絞帶臨哭如或終未備期服衣裳則寧從俗以深衣絞帶入參耶然終不如製期服之爲得當耳

宗子居父母之喪未練而又當期大功祔祭則著何服而祭歟沙溪曰祭時服所祔之服也抑或期大功所祔之服歟或云黑衰未知如何

宗子居喪當期功祔祭則當著期功衣裳蓋古人五服皆有衣裳沙溪所謂服所祔之服者是也所祔之服爲其所當祔之親而曾製於成服時之服也豈可用墨衰乎不製期服節節拘礙幸須辨備製用如何

復衣不埋禮也今俗並與魂帛而埋之恐或不當耶若從古

禮則似當與遺衣服藏于廟中而此與遺服亦不同置之何處用於生人其或不可乎

復衣禮無處置之文而今俗並魂帛埋之曾以此意奉質于葛老則亦以埋置外更無可處之道爲敎生人之用決不可藏於遺衣服中亦似未安幷魂帛埋之恐似合宜

殯而後置棺于堂中少西而南首乃禮也今人或殯外廳或殯上室故事多狹窄遷柩於堂中而或東首或西首終無定論何者爲得以喪禮圖觀之則蓋南首之南字乃指靈座之前而言也今之殯廳狹窄旣不能少西而南首則東西南北亦當以堂之前爲首其不悖於南首之意耶

祠堂位次皆以前爲南尸柩南首則靈座當設於柩南而人家堂室之制異於古時今俗多隨便設位

凡喪出於月晦則成服在於次月之初朞以上以年爲限者不計月也除服當在於死日大功以下以月爲限者不計日也除服亦當以成服之月計之耶沙溪曰皆以死日爲準恐或失宜未知如何

沙溪死日爲準之說固未爲不可而今則喪出於晦日以生與來日之說觀之計月者當以翼日計之矣

期之喪子幼而不能執喪則宗謙可以主喪而方服重喪則如之何沙溪曰雖服重似可主喪而拜賓之禮則不可此說如何拜賓者抑或受弔之節耶

拜賓者受弔時拜謝之謂也古禮父母之喪非長子則不拜賓

近世法家亦行是禮沙溪期喪不可拜賓之說是矣然期喪凡筵旣無主喪而或有來弔者則亦不可不迎入若未製衣裳則從俗以深衣迎入立哭似不可已也

與崔宗謙

前示疑禮其時來价立促倉卒臆報其能免汰哉之誚耶但第一條所論乃是大節不可容易判斷故只依古語率爾奉覆矣其後更思之則以始制爲斷終有所未安蓋喪服疏仍服期之說實出於不忍死其親之意而檀弓曰殷人朞而祔周人卒哭而祔孔子善殷疏曰期而神之人情也蓋旣葬而祔則是以神道待之也今殷禮已亾用周禮卒哭而祔則旣已神之矣是以葬前則凡事象生時虞祭則始用祭禮若於服母之節獨用象

生之道則恐非從厚之意哀示之欲申三年似亦未爲失宜也
但輕喪葬前則饋奠當設素虞祭始可用肉矣

答崔宗謙

卽接哀札始知葬期已卜良慰而但痘患猝發欲預爲發引成
殯於山下此則勢不得不爾然葬日尚遠祖奠遣奠不當預行
只以痘發移殯之意因朝奠或上食告由然後發引不必別設
殷奠至葬時前一日始設祖奠爲宜矣齊衰當申三年之說前
書中已盡之矣祝文孤哀之稱亦當並書而但妣位題主祭象
生時設素則祝文恐當始稱哀子至虞祭始稱孤哀未知如何
所詢疑節草草報去量處爲幸
並有喪者發引及葬時以何喪爲先耶沙溪云在道先父下

棺先母寒岡云發引時輕喪當爲先行未知何說爲得孔子
曰葬先輕而後重此只言下棺而不言在道耶
禮記孔子答曾子問曰父母之喪偕其葬也先輕而後重其虞
也先重而後輕葬言下棺也至於發引在道輕者恐當先行

與崔宗謙

方欲委伻之際仲哀來到仍悉哀履支保而舍妹之病尚今往
復遠地憂灼不能自定日月易邁從妹氏初朞奄迫想惟哀痛
益新服制一款何以處得春裏謬聞時初以降服爲答而第來
喻以題主及虞祔練祥祝文等節爲至難處必欲從厚而申三
年故更以從厚無妨之意追告矣近來細考禮書且得退溪先
生答寒岡書正與此事相符蓋寒岡以爲母喪中遭父喪者當
爲母期而除中心喪而退溪答之曰旣曰當期年而除中心喪
三年則期而服禫服黲色雖重服在身於變除之節自當各服
其服旣事反重服無乃可乎雖在母喪次常服恐宜服重服不
可輒去重而服黲也至於上食等有事於几筵時又當服黲蓋
旣不可以斬衰入又不可以他服故也云云以此觀之當降服
明矣且杜元凱所論乃父已葬而母卒者與此不相類當以徐
廣庾蔚之父在之時母亡已久之說爲準哀意雖欲守從厚之
意恐不可徑情而直行也但謬見妄許人以禮使十一月之練
已爲蹉過此則吾講禮不明之罪也愧懍何量然過三年而葬
者有次月練又次月祥之文今若遵古禮而降服則練月雖過
當以禮訟未決蹉過練期之意預告几筵速爲卜日設行練祭

而朞之日行祥祭依張橫渠說撤几筵還主於別室終三年上
食如何如是則於禮制情理兩盡而無憾矣祝文則子爲母與
夫爲妻無異亦有練祥禫之節當以子爲主而旣在重服中自
無禫矣練服當并練淺衣而家禮從簡只練冠與帶若倉卒難
備則依家禮爲好矣禫服退翁依家禮令用黲色而五禮儀用
白布衣白布帶依此爲宜而白笠似難用以白布巾代之如何
謏聞淺識攷禮不精恐致誤大事玆以奉告望須詳思酌處俾
免取譏於知禮之人千萬至幸

答崔宗謙問目

盧亨運問一間家廟一壁四龕狹窄難容寒岡先生答云曾
見中朝禮文高祖居中南向曾祖禰坐東西向祖坐西東向

然則今只祭考妣者當奉安於生東之禰龕無疑而世多直安於居中高祖之龕他日子孫祔廟時無遞遷之義祧主奉安之日又有難便未知如何

寒岡答語蓋爲奉四代者言也若支子始爲小宗則自當正南面之位異日子孫祔廟時卻稍還小西爲可耳

人家奉祀者或權安草堂有年而後始立家廟則移安時及奉安後當有告辭而若値節日則又如何措語也仲月則當仍行時祭告祝中添入新安之意耶

將移安時先告曰權奉有年今始立廟玆涓吉日將以移安敢告旣移安後祭告曰新廟旣成神道攸安玆焉移奉不勝感慕謹以酒果或淸酌脯醢敬伸奠儀雖節日亦依此告之若時祭

則節次自別當行於移安之後祝文下不當添入耳

與崔宗謙

前書所問疑禮可見講究之精密殊甚嘉尚而來价卽旋率爾奉報未免踈略可歎寒岡先生所引中朝禮文蓋爲祭四代者言也但家禮祠堂章云家貧地狹止立一間而東西壁下置兩櫃藏遺書祭器此亦四龕皆南向也是以其下云大宗世數未滿亦虛其西龕如小宗之制云而不復論一間祠位次今支子始爲小宗者若立三間設四龕或一間而四龕皆南向則依家禮居禰龕可也若一間至狹不能排四龕於一行則是與生而立齋死而爲祠者無以異矣豈可依奉四代者昭穆之儀而必[illegible][illegible]龕哉若必依此而居禰龕西向則與家禮禰位南向之意

有異況支子爲小宗之祖上無尊位而退居西向之配位恐似未安只須不設龕而設倚從俗奉安於居中南向之位恐無害義異日子祔東壁正中孫祔西壁正中及曾孫祔東子與孫並少遷于北如書院追享之儀則諸位雖或未盡遷改題禰爲祖是有迭遷意蓋古者天子諸侯太廟之制太祖居中不動新主入昭廟則兩昭迭遷而兩穆不動入穆廟則兩穆迭遷而兩昭不動今此私家一間廟四代皆當迭遷則固與太廟不同而特其兩昭兩穆迭有不動之時故姑援以爲證耳前書所謂祧主奉安者是謂以最長奉祀耶若奉祧主則當奉禰主於東偏奉祧主於其西而虛其中矣

答崔宗謙

季君奉舍妹來到袖傳珍墨仍審凉秋雅履佳勝欣慰亘量從舅得見舍妹於積歲阻戀之餘且喜且悲殆難爲懷而家間憂病相仍兒子方患臂疽委臥叫痛悶慮不可言所囑文字此非淺拙所可堪固不敢容易承當而欲爲奉玩姑留先狀耳梁山去簡自非難事而平生未嘗折簡於官衙簿牒中致煩酬答之擾故未能破戒矣然所請之事何待吾言之助想必見許矣

答崔宗謙

竊詳來喩必欲遵行古禮意則美矣而儀禮甚繁家禮不能盡從惟取簡約此所以酌古今之宜也今賢家旣無婦見舅姑之禮固當依士昏禮廟見之禮而但古者祖禰異廟故其禮如此今則四世共一廟朱子論儀禮此事曰古者非宗子但有禰廟

又曰如何只見禰而不見祖蓋其語意不以舅姑廟奠菜爲必可從也況禮旣曰婦見舅姑又曰廟見是舅姑雖存亦見祖廟明矣奠菜之儀不可並行於四世之廟又不可先出舅姑主奠菜於別處而後拜祖以上沙溪所謂並與朱子說參看者亦自有意鄙料則勿行奠菜之儀只依家禮廟見之節行之而告辭曰介玄孫某之婦某氏敢見如何家禮明日婦見舅姑後見于諸尊長如以不廟見先拜尊長爲嫌則翼曉廟見後始見于尊長爲好矣

答崔宗謙 庚午

閱月阻音戀想方至謂外忽奉委札仍審初寒棣況休勝欣慰良浚弟聞村閭沴氣更作是爲遠慮此中宿證近得少蘇而舍

役尙遠寒事漸緊悶憂不可言令宗兄亾音驚悼無已況其後事尙未牢定豈非德門諸丈之責耶議立宗孫自是堂堂大義豈有不美之慮乎詢及疑目方爲舍役所撓未暇考檢只以臆料率易塞責冗汰可愧大宗乃是繼始祖之宗大傳所云蓋指此也然今世士夫家罕有大宗惟宗室有之至於功臣名賢之不遷位雖與古之大宗有異便是中始祖諸族爲宗孫服緦實是重宗之意服之爲善矣喪服小記父母之喪偕先葬者不虞祔待後事疏葬母者不虞祔待葬父先虞父後虞母以此觀之先葬父母而虞卒則待祖父虞卒畢始行可矣父母葬及哭之夕只設殷奠單獻無祝一如葬前朔望之禮而三虞卒哭則祖父卒哭之明日始行初虞依例設行而祔祭則父卒哭明日先祔祖又明日祔父如何凝川李郎浚願一見若得來留於書舍則何幸如之

答金馹行 癸酉

喩及疑禮事已過矣不欲以臆見更爲開口而來意必欲熟講亦何可終默耶但此事有二說一則曰不當代服一則曰當爲代服杜氏通典父死未殯而祖亾則服祖以周攝事無闕周旣除以素服臨祭依心喪以終三年又論長孫亾次孫傳重事曰長孫旣已持重次孫不得傳重猶父爲嫡居喪而亾子不得傳重也鄭愚伏曰以此觀之則長孫不當追服小祥前以本服奉饋奠練後以素服行之亦不至闕事而但不知此語來歷出自何處爲可欠矣此則不代服之說也宋朝禮官宋敏求獻議曰

子在父喪而亾嫡孫當因其葬而再制斬衰服三年詔從之又宋朝服制令云嫡子亾在小祥前則嫡孫於小祥受服在小祥後則申心喪黃勉齋收入於經傳通解而退溪先生所論又與此相符金沙溪則又以亾在練後只伸心喪之說爲未恰當此則當代服之說也大抵在孝子不忍死親之義從古禮爲當而檀弓曰孔子善殷人旣練而祔註曰朞而神之人情朱子以爲殷禮旣亾其本末不可考今三虞卒哭皆用周禮此不得獨用殷禮今通典之言古禮雖如此經文殘缺無所尋考經傳通解殆若一王之制只當依此而已喪家所行葬時受服一節固已得矣而至於葬事則先葬斬衰喪而承重喪葬前一日受服營葬乃可以得禮之變何者曾子問曰並有喪葬先輕而後重其虞也先重

一二二

而後輕以尊卑言之則承重喪尊斬衰喪卑先卑後尊合於並
有喪先輕後重之義喪服小記曰父母之喪偕先葬者不虞祔
待後事疏葬母不卽虞祔待葬父後虞母準此則斬衰
喪葬後姑停虞祔只設一殷奠於反哭之日待承重喪葬後虞
祔畢始行斬衰喪虞祔可矣哀旣拘於日家從權行之此固事
勢所礙言之莫追而承問之及略暴愚見能免汰哉之譏耶

答族弟宗萬 重周 庚戌

一宵聯枕稍瀉阻懷而別後餘悵尙今未弛卽接胤君兼領手
墨披來欣喜奚異眞範耶仍審日來侍䕶啓處平適尤庸仰慰
從歸自新昉忽得感冒今始少醒末兒且患小疸證頗非細亦
不無憂念耳示意謹悉雖累朔罶誨亦何所憚而但旣無敎命

何敢代大匠斲耶呂東萊居母憂時朱先生送長子受之請學
今雖重服葬前與居憂有間若往請敎想必俯許之矣幸須命
送如何

答族弟允文 乙丑

頃者病臥昏昏中獲承書若詩其後又奉委札眷意良荷而僵
倒枕席未得修覆少間後亦無便闕然方以爲愧今於此姪來
又垂問字何其勤念之至此耶僕僕無以爲謝仍伏審萱堂僊
候尙遲完帖左右宿疾亦頻頻發作爲之仰憂且慮卽今秋氣
清凉自當次第蘇健以是仰祝三從今年忌會非常自春及夏
再患背疽入秋後又得㾺疾左部一邊自頭及腰升降迭痛食
不下咽寢不交睫如是數十餘日元氣大陷雖得藥力近纔少

歇而神眩脚戰扶杖乃起悶苦何言惠詩及小序典雅冲澹三
復誦詠令人氣爽神淸但推借太過有非愚陋所可堪者是爲
愧縮卽欲和呈而病累詩思全沒當竢後日耳水割風損皆是
乖常之變聞貴處各家被災偏酷良可寒心似聞左右有移泊
南河之計云然耶爲左右姑息慮則可矣而實非爲子孫久遠
之計不如此鄕中占取土歇處率諸從共作一村之爲牢固也
未知如何

與從弟景默 重言 舍季美翁 重黌 辛亥

前月十二日在堂后作一書附官便去矣想已得見否今初十
日得前月廿二日兩度書仍審闔門渾致平善景默家順産生
男慰喜不可言但吾家內患尙未完復且有脚痛別證遠外驚

慮之餘深悔此行之妄作也近來其加減何如吾初九日入
侍時以 還陵時服色一款論議不一故略有所陳達自 上
特命入 侍史官問議于在外大臣及儒臣承旨請督送禮曹
郞而未蒙 允許益謬以爲或習禮節故也十二日發行十三
日以後連遭大雨多涉漲水飽經艱險自江華至忠州凡歷十
三邑廿八日二更寫書 啓復 命三更始出除服而患泄甚
苦歸泊後少歇因而日記督促甚急晨夕操筆昨纔畢役矣六
月之雨雖亦已晩諸道遍洽而永慶等八邑不雨云數百里內
何其水旱之絶異耶京城則七月亦多雨其處亦未得七月雨
耶已移之秧其免焦枯而黍粟亦不全棄否吾一家雖樂歲猶
且呼飢況此慘凶將何以救死也雖數家合力備得牛馬以爲

實穀上道之地至妙至妙此外無他策矣鳳翼亦難久留於龜尾姑爲出來受學于宗兄及明彥從而鳳鳴亦不可放過君須勸敎無廢日課亦望雲慶男妹資活之道極難吾兩家當共爲救活同其生死矣申郞近或一來否若欲挈去女息則治送可也而吾家旣無資遣之勢則此亦難矣然彼家若稍勝則與其在此而飢死不若從簡治裝如舊行而送之也

與舍季美翁 甲寅

頃因濟郵便得見來書細審伊時諸節而其後又過數旬未知渾致平迪否遠慮不可言吾初一日出巡三倉十三日還營再明當發京行而炎程遠役良苦兒輩不廢日課否失時之學一刻放過甚悶須逐日嚴督至妙至妙卽聞京中一士之言則崔

相書云兒輩敎課之法隨才分量多少逐日爲課而必以百讀爲限最妙兒輩處以此定規之意言于明彥可也鳳鳴亦依此敎之爲好

與舍季美翁 辛未

聖卿歸時附一書其已得見耶卽問諸況何似吾頃以　筵話訛傳兩邊交爭至有領相請嚴之劄　上雖不從情勢難安必欲遞歸矣今初五日夜領左相入　侍時左相請罷訛傳注書吾亦不自安以此意陳告先出承旨曰兼春秋上番自引其不當引之嫌徑先出去請推考左相曰此亦嶺人可取之事　上曰勿推使注書召命入　侍不得已還入進伏諸論皆以爲罰自有歸處　上敎又如此不可遞歸云故姑爲仍留計耳兒輩

勸讀書勿浪遊之意嚴飭至可

答舍季美翁

大同色便中得見兩書仍審諸況均勝慰喜良深此中前月望前已遞春秋兼職出留舍館而內外司入直時或爲之且有每日卯酉之役然比前差閒耳勝戰碑事因伯敎書得見本邑及營門之題其遲速未可知而吾家先世事蹟當令允文諸人一番持入必以寒岡集中永陽之捷全由士子之語崔訒齋書崔壁南中校理日記及海東野史等語爭執而且以請得碑文於公共大手之意力請至妙大槩永陽之捷全由於永川義兵而權公旣爲左道都義將則碑面當書曰左道都義兵將花山君權公本郡義兵將　贈兵曹判書鄭公勝戰碑可也如是則權

公爲第一吾先祖爲第二於權公少無所損矣以此相議彼若從之則好矣若不從則當力爭於營門營門若欲右彼則當與鄕中相議定送一儒上疏稟定此意轉及於營門爲好耳

與族姪一珪 壬子

某痛哭言斯道不幸先府君老先生奄棄後生崩隕摧痛曷有其極六月初國良來說重經毒疾之後疸痢繼作證頗非輕遠地驚憂方寸如煎六月望閒因邑吏回便修付一書而伊後連叩郡邸人力探來便冀得勿藥之報矣豈料儒林極否門戶不祿遽承此凶問耶哀此小子其將安放東向痛哭五內如割遠惟孝心純至思慕號絶何以堪居況平日氣力康寧無他大段疾恙子弟門生俱未得念及於壽具而千萬夢外遽遭此變如

以存亡之餘各家亦立賻襚之道自難如意追念至此罔知所以爲懷也且聞國良言則家內不無疑染鄰比且有瘟患云慇關及哀侍其得無事支保耶初喪時雖急遽未遑成服後宜卽討便通訃於此而尙此未見今見道中付其泮人之紙始得承訃當初證候之何如治喪諸節之何樣及旣殯後多般曲折無由詳知悲愴慮鬱之懷不能自定某蒙荷敎養之恩旣深且厚而薄宦絆人閱歲違侍在牀之時旣不得嘗湯扶護易簀之後又不得手執含斂至於承訃亦在月半之後只於旅次僅行爲位之哭加麻之制終天痛恨寧有窮耶情當棄職奔哭於几筵而　國法擅離官者禁推必受由而後可去而今方有　敬徽殿禫祭及祔　太廟之禮不許給由過此後當乞由下去仍過

葬事耳此伻立促不能盡懷

答族姪一珪

卽接問札仍審日間色憂添欲區區驚慮不已從叔灸瘡纔完而其傍小腫又有肆毒之勢方事調治良苦良苦示意謹悉禮云所祭於死者無服則祭而朱子曰忌者喪之餘祭似無嫌故先儒於重服葬前只許忌祭則他祭之廢明矣大田宗家及私廟皆爲所祭之重服忌祭外朔參節祀葬前恐不當設諒此處之如何

答族姪一珪 戊辰

卽接委札仍審至寒哀履支勝慰釋良至此中腫處纔完而老眷宿病復作比前益欲撓慮不可言外家忌祀惟本孫嗣絶外本非當行之祭只當助祭需參祀事而已然路遠則亦無如之何矣哀家則異於他三年內似當依前設行而墨衰乃別依衰而染墨者猝難辨得且家無子弟者不得已而爲之如有子弟可代行者何可冒哀將事乎三年後則恐不當因循爲常例未知如何

答族姪一珪 辛未

意外伻至得接手墨仍悉調度稍蘇感慰並至此中北幕　除命出於去廿五今初二日邸人奉宮敎及宣川令書來到雖年少無病者二千里炎程決非所堪況如我老病之人其何可冒熱奔馳耶卽已書懇於宣令使之呈辭於吏曹期於速遞而若或過限不遞更加督促則誠爲難處安知暮境遭此危會耶禮

書今方披閱大題目多有遺漏訛誤處間間釐改塡補而未得逐條考準此後一番校正似不可緩耳

喩及閏月行忌先儒已論之本月若或有大段難行之端不得已廢祭則當設紙榜而權行不可故待閏月也若或以闕祭爲慊設祭於閏月當日則在主人追慕之情或爲少伸而自非講禮者之所當爲訓也如何

答族姪一珪 壬申

賢嬪喪事普哀何言聞訃後前銜及儒生卽爲擧哀於客舍外庭四日成服云而禮吏不書送儀注闕文今方督之而姑不來耳當入邑城成服而病苦方劇未能動脚昨已出溪舍擧哀明日成服爲計而兒子則今已入邑但其服制若依己酉舊例一

如 東宮喪則白笠素帶七日而除而 嬪則異於 東宮似
有減殺之節當待邑中關文謄送處之耳君輩雖未入城當於
公會會洞儒成服似好而必探其服色然後可以成服急走人
鳴皐探來後爲之可也禮書修正事憂患如許道路且未開稍
晩何妨 葬前宴會不可爲之未知昏禮定日之家當如何耳
成服之儀西向序立哭盡哀止哭再拜矣追見關文則不言
儒生服色只曰道臣守令成服時布裹紗帽布團領生麻三
甲帶而官家亦昧其節次急急送問于營下探來後成服而
儒生則黑笠白布帶云耳

答族姪一珪

頃嚮中獲接惠墨仍審動止萬勝慰濯良至而第菊尊病患非

細是爲奉慮此中幸粗遣免意外 除命極令人惶蹙而山野
閒蹤夢斷風塵久矣豈可翹皓髮曳長裾齒列於後輩叢中哉
已寫辭申寄與成君使曹吏呈出想必如戒雖不呈過三十日
不 肅則遞差自是京官之例與外官不同耳

答族姪一珪 癸酉

卽接委札仍審動止休勝欣慰良至從叔爲見寫碑事初九入
夏泉使伯敎寫其前面已始刻役姑無虧缺之患是則幸矣諸
少省多事吾欲仍留看檢矣再昨忽得邸報今月初二日政以
侍平首擬蒙 批惶悶不可言 下諭雖姑未來而初九日夏
享大祭以 親臨定奪初一日已行誓戒兩司必已出仕
諭音念前當到今方戒行以待雖欲進參於禮書校讎之役少

留數日亦且無如之何極可慨歎然嗚令獨閱一過如有編次
失宜處標於紙頭其間合商量者則糊紙論列以待合集時似
無妨但念諸條散在於本草各卷尋出校準似未易只以新帙
讀之明白無遺漏處則綽略過了若其艱險不成文理處則出
本草詳準爲好耳嗚令前欲作書道此意而忙撓未果念間若
未承 下諭則當一進叩耳禮書十二冊文集一冊並呈耳

答再從姪一鎭 辛酉

千里傾念中忽得哀札仍審氣力支保遠慰良深但尙州從所
苦雖得少降尙遲完復寔爲奉慮醫藥之具自非窮家所易辦
將何以措處耶益可憂悶叔數昨當 陵幸時禁喧之役幸得
無事而勞憊底甚食飮全卻悶悶葬事聞已卜期凡百何以經

紀遠在職次無由擅離竟失臨穴之訣其爲痛恨何可勝喩禀
及疑禮別紙奉報幸諒處焉直中多事燈下潦草

別紙

祠土地啓舊墓若同日則以不震不驚之祝告舊墓然後略啓
莎草半邊以待開金日盡破爲好若然則更無告祭矣若日者
以爲開金日當破舊墓則斬破土之日只以考位將爲合葬之
意作辭告之而勿用不震驚之祝至於啓墓時始以此祝告祭
爲好耳先壠掃事在新葬卒哭前則徑行墓祀似甚急遽而亦
不可全然無事使服輕者略設單獻無祝似不可已也但三年
之內不可合設當各設兩位待吉祭合櫝後始可合設墓祀耳

與外甥申龍慶 乙卯

信后浹旬未認侍下啓居何如京行何以決之道中以禮郞赴洛中路聞遞而歸以京中痘報寄書來曰玉潤匆送會試此乃見愛之深也君年纔弱冠耳萬里前程政自悠遠苟有科數差遲何妨況明年又必有增廣云蓋以有　春宮册封之議耳豈可上違重闈之命而犯此危險之路耶重侍之下若或貽憂則其不孝莫大於此科名是何物也千萬深思仰順庭闈之志且聽老夫之戒勇斷停行擕書籍來留數四月讀得數十萬言以爲明年應擧之需至望至望老夫累年在京閱歷世故於此等事亦多有身親經驗過者若使鳳翼爲未疫而得此癖則決不送矣吾之愛君豈下於鳳翼哉人雖或赴數各異焉決不可效人而忘身也

與申甥 丙辰

不意凶變尊祖考進士府君奄忽違世承訃驚怛不能已已想惟孝心純至哀痛摧裂何可勝任變出倉卒襲殮諸節何以盡情遠地奉慮難以容喩況惡疫大熾中君冒危奔入女息解娩纔過四日有此禍變豈料賢門危會至於此極耶心寒膽墜㦖然不能自定君既有慈夫人在何不奉承慈訓而徑情直入耶退溪先生嘗論以癘遭親喪者出避一節曰比如人與至親同遭水火之急固當不避焚溺以相拯救及不免焚溺而一有偶脫者斂殯既畢乃反自投於水火則其所處得失何如耶云云雖喪主尚如此況在衆孫乎切須成服後卽爲出避無貽營闈之憂至望至望卽欲進哭几筵兼慰倚廬仍爲挈君出寓而此處兒病近來添苦且有身恙未得遂意瞻望煎熬方寸斷盡而已

答申甥 己未

阻聲換時方擬伻問而拘忌未果料外人至得接惠墨仍審初炎侍下友履乍愆旋差既驚且慰無以定情此必㬌燮爲之祟千萬戒愼無使更發至善至善此中悲號不死再經冤日燬爛餘腸便作灰燼寧復有一分世況而頹景無多孩孫藐然若不早卜基奠居則深恐先廟之不守頃者氷洞之行實出於萬不獲已也不爾則似此病悴漢豈可作閒漫行耶初欲轉叩寓廬而到彼適犯痘邨未得冒往迨今悵恨沙品邨東有一丘可居曾聞一善崔訒齋盛稱之以爲大地在吾凡眼亦頗異之方擬招術士以定圭臬而深冗交掣尚未之果耳先梅堂先生遺稿如有編梓之擧甚盛事也豈不欣聳師友錄中吾先祖亦載焉每欲奉玩而不可得今承並刊之意益切愴慕示索行蹟當謄呈而此便甚遽只撮大槩別紙寫去若有行狀抄錄之事則後便當書呈耳

與申甥 丙寅

便歸浹旬庚暑益烈未諳承養湛樂何如眷集諸況亦何居戀思愈菀此中衰病侵尋當暑益添頹頓枕席作一僵屍兼旱魃肆虐禾稼盡焦荐歉之餘人心恟懼而田賦官糴督徵如火閭里景象愁慘不忍言山居者亦安得晏然耶卯酉之炊何以措處貧者士之常而稍有衣食之資然後能不陷於不義處此之

道惟在崇節儉務農桑而已千萬加意俾免丈夫不能自食之患如何伊川率家累八十餘口能免飢凍故門人稱其才大朱夫子亦嘗責知舊之家業本饒而浪用致貧匱者此固爲士者之所當省念處也

與申甥 丁卯

昨朝始得七夕日抵兒書細審慈闈衍候彌旬女息亦患背疽遠地驚慮不能自定信后多日色憂其已向減而腫證亦得膿破耶値此炎蒸治腫極艱又當窮節救護之道想難如意尤可悶念老物自前月久失食味仍經毒感憊憫轉甚昏倒枕席全無一分蘓意加以新稻未登麤麥不適口平生每以胡康侯不言貧自勉而到頭未免破戒是可愧耳光陽旅櫬聞已船載而

歸不覺潸然淚下其博識懿行寧可復得於斯世而十載楓林寃恍未白此何天道也慟哉慟哉

答申甥 戊辰

方擬走伻之際來价忽到得書開緘細認承養湛樂循常欣慰不可量老物近得新凉略有蘓意而兒子脚腫作苦餘外憂冗多端殊覺惱悶亢旱方酷西成缺望此何景也漆室之憂亦自非細豈但爲百口慮耶道中陞擢可見公道之未泯不獨以門黨之榮爲幸耳兩系兒所讀幾何朱先生送畱少子於蔡季通所始令作小詩兒輩述作之法不可不早使省覺也焚黃韻構和已久而韻强詞拙難以示人不敢終隱今始錄去適足以涴汚醎蹟耳何足觀哉

答申甥 辛未

即承委札仍審春寒省履佳勝開釋良多此中衰病轉深多臥少起理也奈何孫兒突爾成人又畢親禮喜幸之情難以限量而加布時陰雨連日兒子欲往未果歲初究故連擊一伻還就有若相忘者然甚可慨歎切須勸學飭行勿令頻往甥館雖往只留一兩日而回至可至可論語有在色之戒王吉疏有早昏之禁此不可不謹也賓旣字之不必更論而如欲改定穩字當取古經來歷修道之敬爲上敬敷五敬次之長則修字上加行第字少則敷字上加之爲好而未知君家所當避之字故不敢質言耳

與申甥 壬申

信后浹旬未諳省下動止何如戀遡良至女息旣有約期故玆以津遣而雨意未晴山路泥滑所借蹄躈皆不健駿恐有中路顚踣之患以是爲慮昌孫未得久畱遽爾思歸極可悵缺但其文墨尚遠此非才駑也乃不勤學之致豈非父兄之過耶幸更加意勸課顯兒頗明敏若及時課督亦可以大成就亦須嚴誨勿放過至善秋間若無大段疾病欲一叩新居此計若成可得與伯氏共賞山川勝槩耳

寄長子一鑑 甲寅

近來汝輩無恙否汝輩年將戴冠學未辭蒙若以他家兒比之不持龍豬之懸殊此吾日夜憂歎食不甘寢不寧者也汝輩何不念父兄之心而徒事遊戲若三四歲嬰兒也不從父兄之命

是爲不孝不孝之罪莫容於天地間其可不畏乎汝輩一遵前日之命逐日勤讀速畢所讀之書必須百讀然後更讀他篇亦如之後集亦夜夜連誦鳴兒亦令夜誦古詩書讀通鑑而并以百讀爲限至可至可五月晦間吾當下去汝輩所讀書若不融熟則必以榎楚爲事各別勤念逐日勤讀可也

答季子一鑽 辛酉

卽見前月十四日書知渾室安寧慰慰吾尙未免曹司廿八日陵幸時自當禁喧　上敎至嚴心益惶怖幸賴本曹堂上及諸承旨並力同禁畢竟無事此實大幸人皆來賀矣但子夜陪出往返四十里地且行　三陵展拜禮至二更末始　還宮馳馬如霍食飮全廢歸後泄瀉大作今始少愈而四日一出長在

禁中是悶窮山寂寞中正好做工夫詩傳未讀之卷隨暇勤讀而先看諺解且看註解猶或未曉則問於明彦安仲可也蘭亭帖逐日習之亦可今此來書麤穙不成字此後必楷正書之極可

答季子一鑽 壬戌

伯敬來得書知安報幸幸吾則姑未遞兼春秋伯敬旣來明間欲爲遞出耳時政是非非汝所知況傳聞之說多是虛妄耶此後只說家中安否勿及此等事至可至可靜居家中逐日讀書無負父兄之望乃爲孝道何必往山堂然後可讀耶前讀詩傳熟讀二百餘遍後讀後集曾讀之篇可也

寄季子一鑽

守白去時付兩度書其果得見耶近來家中無事耶遠慮無已此中姑安而癘火大熾使喚胥隷連有痛出者悶慮何言端午過後率善奉上來而鍵姪欲來則同來可也炎程千里之行不可不各別謹愼到仁同一宿後卽發而晨出暮行當午則止道路勿禁馬勿與行人相詰値水勿輕涉逢橋必步過凡遇危險處及官行亦必下馬而行至可至可且癘氣無處不熾必詳問其有無而入接可也若纔經者則必曰無事切須詳探其安淨處入宿亦可行中凡事千萬愼之毋貽老父之憂也明史持來而汝所看書冊并爲持來焉

答外孫申昌敎弘敎 辛未

奴來得書知汝重侍休宜甚可喜也吾衰病轉深無可言者伯

也旣成人季也年漸長不可不及時勉業愼勿浪遊日夜勤讀無墜爾家聲至可至可

答鶴城士林 己未

頃荷李斯文枉訪袖致辱札仍審春寒僉起居萬重仰慰且慰無任鄙情某憒憒無善況何足向喩敬意謹悉但此譾劣不敢擔夯如許文字而盛囑旣勤且有豔慕之誠敢此構拙仰呈伏望商量取舍之如何惟祝縟禮穩成

與鳴山宗中 乙亥

卽惟秋淸僉候萬勝卽見與海宗中通文及書則以其地水灾歲歉欲減壇祀祭品有此委伻玆以轉送幸須齊會修答以送如何彼議之從否惟在僉議之如何非一人所可獨斷而鄙意

則此乃四十年已行之規雖以 邦禁不敢用牛牲蜜果其餘則無所增損豈可以一處之言輕易變革哉況四年一辦前儲必存不可以一歲之歉遽生减品之議矣然僉會中亦各有意見商量回報爲善

梅山先生文集卷之五

梅山先生文集卷之六

雜著

義契約文

立約契以義名則約亦以義定矣如其非義非所以約吾契也何者祭祀以時報本之至情吉凶相助睦族之大節而其或財力綿薄節文繁穰則雖善奉先如韓魏公厚遇族如花樹家者或不能稱其意如其情此固窶家之通患而子路傷哉之歎不得不於此時發也必須預其儲而備其急並其力而分其用然後窘乏之際庶可盡情倉卒之間自得如儀是以司馬公有制財用之法李學士有聚一庫之規古人區畫之方如是其密矣其非後世之柯則耶惟吾鄭亦嶺中故家也詩書燀赫圭組隆

雖至今數十世相傳吾高祖柏巖公以忠孝殉身吾曾祖縣監公以淸白傳家其所以奉先處族者皆極盡無餘憾陰享神佑委祉後人至我祖而雁序聯三至我父而同堂倍之至我輩身而再從昆弟又倍之積善之餘於斯可驗而顧其世世儉約不復圖生産所食者舊德已所守者先業已至於隨俗汨汨爲子孫贏金計則已懶矣以是人益繁而産益匱奉先而鼎俎之數或減遇族而婚喪之助或闕非誠薄於先而情淺於族也誠以一貧字坐之也吾諸父嘗病焉久矣一日聚諸子姪命之曰祭與助必盡皆我志也而顧不能焉者非他無也汝曹兄弟今十四若各出若干穀殖之以累年其數不貲其於補祭祀助吉凶庶不憂矣昔范文正嘗置義田宅名之以義契不亦可乎諸子

姪皆齊聲而應曰敢不唯命遂退而相聚議以逐歲收穀取殖餘備用議旣定取一冊子錄昆弟名以序題其上曰仙源義契案且爲刱始節目附其末若夫擧行規例則當竢頭緖稍備一依呂東萊宗法條目而稟諸父斟酌矣嗚呼此契之設豈徒然哉非爲饒羨計也非爲貨殖法也只爲祭祀之未需者需於斯吉凶之未助者助於斯使蘋藻無愆式之患婚葬無過時之歎契之爲契如斯而已其他又何望耶允若玆俎豆馨香門闌和洽上焉而奉先之禮盡下焉而敦族之道修吾人義理之所當先者寧傾有加於是耶吾契之以義名眞可謂著實題目也凡我諸昆季皆能恰然同聲確然同志不財其財而義其財不穀其穀而義其穀聚之以義散之以義施之也以義而均用之也

以義而節則其於契之名庶矣其或較其多寡計其大小動煩舌於錙銖之間隔肺肝於毫芒之末則是利而已矣非吾所謂義也吾昆季皆篤厚者吾知其必無是也較然而畢竟若不幸有之則吾寧無契不忍見此態盍相與戒之哉且夫人家事變不可以一例定或有非祭祀而係於爲先非吉凶而關於睦族者則當隨時察勢酌宜捐資此又義中之一義也尤不可不知也抑又有一說焉今吾之契以本宗而不混外姓專昵親而不並疎支誠以爲祭設故也非但爲吾祭也實以合吾族也合族之道有本焉豈但爲吉凶相助而已耶必也居處相聚出入相隨疾病相扶持患難相奔走憂樂焉共之死生焉同之一門無異議衆族無二心然後方可謂盡合族之道而實吾輩立契之

第一義也如或不此之爲而只將若干財斛分斗量而均之曰義如是足矣云爾則是爽盜跖之仁義無異焉其於君子義隔幾千里也吾輩至親耳尚可免矣下數葉而至吾子吾孫則視吾輩稍疎雍睦之風必不有今日矣然自吾高王父視之則均是一人之身也其視衆孫固無彼此苟能以先祖之心爲心而族人之有吉凶禍福也欣戚之如在己則先祖之靈亦將冥冥然喜之曰余有後矣其或反是而疎於當親薄於所厚恝然越視不爲之矜恤則將何顏入於祖廟亦何得受祖宗之陰佑而享其福乎又況古人有九世同居者以此推之此意尤無窮矣設契之初旣以言相約又爲文以志之凡我昆季諸子念之哉敬之哉如其有不好之心生試看我契名辛卯十月之盟重器

謹識

中月而禫說 壬寅

司馬溫公曰士虞禮中月而禫鄭註中猶間也自喪至此凡二十七月按魯人有朝祥而暮歌者子路笑之夫子曰踰月則其善也孔子旣祥五日彈琴而不成聲十日而成笙歌檀弓曰祥而縞又曰禫徙月樂三年問曰三年之喪二十五月而畢然則所謂中月而禫者蓋禫祭在祥月之中也歷代多從鄭說今律敕三年之喪皆二十七月而除不可違也朱子曰二十五月祥後便禫當如王肅之說於是月禫徙月樂之說爲順而今從鄭說雖是禮宜從厚然未爲當

鄭註訓中爲間謂當二十七月而除其說必有所據而王肅以爲祥月之中司馬公又引檀弓三年問諸說以爲證而疑鄭說之誤愚意則恐不然何者喪服小記曰中一以上而祔必以其昭穆所謂中一者謂間一世也以此觀之中月之爲間一月已自明甚雜記曰期之喪十一月而練十三月而祥十五月而禫期喪輕矣而變除猶有漸祥後三月而禫況於斬衰之重而可以祥後便禫乎鄭註之說尤覺瞭然無疑矣惟是檀弓三年問諸說如彼此固不可曉竊詳孔子旣祥五日彈琴之說若非記者之誤必是傳習之訛也禮有禫徙月樂之文則以夫子之聖必不執樂於未徙月之內假令祥在月末祥後數日便禫禫後明日便改月恐無五日內便卽彈琴之理況上文有公孟獻子

禫縣而不樂夫子稱之曰加人一等若禫後一兩日便卽彈琴豈復以獻子爲善乎愚意則旣祥之祥字必是禫字蓋因其下有子旣祥而誤也承上文獻子之禫而言夫子之禫亦可見其以類相從矣雖以旣禫言之若準徙月之制則猶是禫在月末豈可云旣祥五日而彈琴乎其誤記較然矣魯人之朝祥暮歌也子路笑之夫子曰爾責於人終無已夫蓋深責其不當笑而笑也愚意則朝祥之祥字亦是禫字蓋祥日而歌則子路之笑宜矣夫子似不必如是深責而若以禫日歌爲笑則其笑也過矣夫子之責不亦宜乎繼之曰踰月則其善也正與禫徙月樂之語相符朝祥之爲朝禫亦可驗矣至於是月禫徙月樂之說則禮記出於漢儒之雜聚古語文理多不接續愚恐祥而縞三

一三二

字自爲一節是月禫徙月樂兩句又自爲一節本不相連續下一節只言禫月不樂之義而古人文法多如此如子於是日哭則不歌是也不然則其上或有脫誤也三年之喪二十五月而畢者出於三年問而其上有曰斬衰苴杖爲至痛飾其下有曰送死有已益三年問之作必是當時有以三年爲久如宰我問者故答者只擧其除斬衰斷苴杖撤几筵之限以爲二十五月而畢耳況其下又擧鳥獸喪羣之證若駟過隙之喩而終之以孔子責宰我之語蓋以姑擧服衰之不久以曉其迷惑也是以張子曰三年之喪二十五月而畢情不可已也又兩月而禫橫渠之意亦有見於此歟馮氏論三年禫期禫之不同曰期之喪父在爲母有所屈三年所以爲極至於二十五月者其禮不可過以三年之愛而斷於期者其情猶可伸云云此語又不通夫期之喪十五月而禫者不但父在爲母並指夫爲妻而言其曰以三年之愛而斷於期者自不成說矣小記曰三年而后葬者必再祭其祭之間不同時而除喪註此月練祭次月祥祭夫過三年之後練祥宜乎急也而猶必不同時焉則祥月便禫決非漸殺之道又禫月吉祭猶未配必踰月而後配則禫祭之不當行於祥月尤卻了然矣鄭康成去古未遠必有所傳受而王肅徒爲檀弓三年問諸說所誤釋爲其月之中其不能精擇甚矣歷代之多從鄭說非特鄭說爲然漢文帝以日易月之制亦爲二十七日則文帝以上之制爲二十七月明矣家禮旣從律敕用鄭說而輯註有禮雖從厚未爲當之語此必初年未定之

論而後人率爾採附當以家禮爲正且如祥之日鼓素琴之祥字必是禫字檀弓旣曰是月禫徙月樂則祥日鼓琴萬無是理也

祥後始飮酒食肉說

間傳曰禫而始飮醴酒始食乾肉喪大記曰祥而飮酒食肉禮記之說何其太相矛盾歟先王制禮必一定不得易如法文三尺其於父母之喪尤加嚴謹以立隄防飮酒食肉之節豈可以或祥或禫參錯言之哉間傳之說旣詳細明白此實不易之定制也愚以爲喪大記之祥字乃禫字之誤也家禮之錄此一條於祥後者蓋以溫公始用大記說作書儀而朱子初年因書儀作家禮未得再修者也但溫公論居喪飮食之節一從間傳可見其後來定論而朱子取之入於小學此乃晩年編正之書也丘儀之用間傳說移附於禫後者豈非遡朱子之遺意而得禮之正者乎古禮從祥至吉祭凡六變服禫祭訖猶未忘哀反著黑經白緯之纖至於飮食豈可祥後便從吉乎大記祥字其誤明甚第恨前輩未有明辨而證正之耳

對近思錄策 丁未會試

問近思錄一書裒集四賢之格言啓牖萬世之蒙學其有關於吾道顧不大歟留之精舍而共與編輯者誰歟參以舊聞而纂成集解者誰歟其言廣大宏博而名以近思者何意歟首載陰陽變化而驟示初學者何義歟十四篇先後次第其可歷指而六百條精義要旨亦可詳言歟自有全書而有此抄錄旣分綱領而不立篇名

者何也異端之斥宜在格致之中戒謹之道亦係存養之功而別爲編錄者何歟修治大要模楷於曾傳之綱條聖賢傳道沿襲於鄒書之末篇其有詳略之可論歟濂溪無極二字是大易所無而取之者何歟伊川易傳諸說與本義不同而錄之者何歟明道定性之書所講論者何說橫渠訂頑之篇所發明者何理而必收入於篇中歟司馬君實無不可對人言者康節先生明於先天之學而何不記其言語歟或稱以一經或列於四子其義可得聞歟大抵此書體用兼該本末備具大而性命之原小而事物之理內而修己外而治人無不洞貫而畢舉則信乎六藝之扃鐍斯文之準的也苟使後學沈

潛反覆優柔厭飫一循科級上達不已則雖無明師良友之益庶幾由是入道卓然有立而由士俗儒率多尋數於行墨之間鮮能玩索於義理之奧買櫝還珠者滔滔皆是沿流溯源者寥寥無聞此豈朱夫子纂輯之本意耶今欲使讀是書者字求其訓句擬其旨妙悟溪契反躬力踐以至於由近及遠博約兩至使周程張朱之學大明於斯世其道何由諸生必有玩是篇而志是學者其各以平日之所得者悉著于篇

對懿哉若執事問也夫代繩以還載籍極博凡厥溢千字而汗萬牛者殆不可以更僕數而若言其根柢於斯文領要乎吾道者則於易可以明陰陽於書可以道政事於詩可以正性情於禮可以盡節文歟仁博義在乎論語遏欲存理在乎孟子大規模詳節目莫如大學盡精微極高明莫如中庸揭一統嚴生殺之大權莫如春秋則承　綸音策多士與之講辨乎道者宜不出於此等數件書而必以此近思錄一書爲問者何耶噫聖賢爲學之道必由近而及遠自卑而升高其先後本末之序自有一定不易之法而有不可凌節躐等者故天地間許多物事無非爲學者所當理會處而其或舍近而趨遠厭卑而喜高不就自家身心上根本地著實用力游意騁思於宏濶廣蕩之域則幾何不墮落空虛而以免夫游騎出太遠之患耶今夫近思錄一書首言性情之妙而溯及其大原次論修省之要而推至於治人向裏鞭辟而全無走作意思切己研究而不及閒漫說話

實爲求道者最初下手處則是書也其非初學之第一門路耶是以六經非不博也而其旨也至簡必由四子而後六經之旨可得以鉤索也四子非不明也而其言也至微必由是書而後四子之言可得以膏漬也朱夫子所以辛勤編輯嘉惠後學者其功爲如何哉許魯齋所稱義理精微薛敬軒所謂入道要的者眞可謂著實題目矣世之學者苟能信如神明愛如父母浸潛乎的源咀嚼乎眞腴則於四子也六經也安得不凍解冰釋而怡然浹洽於中哉愚然後執事設問之意庶可較然覩矣雖然朱夫子答門人書近思錄若看得通透自當推類旁通又嘗以程叔子看文字易心見理之說載之於第三篇致知之條則凡欲讀是書而求是書之要旨者其不可只從皮殼上邊來讚

去而以取夫說鈴之誚者明矣此又非後學之 當戒者乎抑
愚因此而竊有感焉昔我 宣祖大王嗣位之初日與諸臣講
論是書仍命刊布中外而是書之教大明於世亦粤我 肅考
大王每於講筵亦必以是書爲重而嘗作愼獨齋詩曰仰瞻扁
額俯而思切近工夫莫若斯又於 聖上在潛邸之日嘗以養
性二字命名小軒而特以存養之意作詩勉之其他發明學問
之語孰非是書中涵泳出來而皆所以爲斯世倡率則今日之
士宜其仰體我 先王遺意惕然用力於是書而試觀當世何
其寥寥耶令執事問及之噫執事之其欲承 先王之遺意而
贊襄我 后以鼓舞一世如葉平巖之進表于宋理宗者耶愚
請以講究於平昔者爲執事陳之竊謂近思錄者周程張四君

子之書而於學者最要何者四君子之道得聖門不傳之緒而
其學切近而不遠其言純粹而無雜皆可以爲學者法程而微
辭散出乎諸書末學難得其要領故朱先生採其格言合爲一
書輯其切己之訓而于以敎詔乎萬世裒其著實之語而于以
開牖乎羣蒙則近思錄之有關於吾道者其不大歟是以辭以
類聚篇以序分採錄有法而規模之大已著綱領有要而節目
之詳尤盡關於大體者無不載切於日用者無不收體用兼備
本末殫擧而爲學之階級以之明焉入道之門戶以之闢焉則
後學之欲爲近思者舍是書奚以哉雖然徒讀其書而不明其
理則文字之耳不辭況可以玩而味之乎徒誦其言而不正其
心則句讀之且不曉況可以體而行之乎然則讀近思之書而

求近思之學者要不出明理正心四箇字而已請白之命駕東
歸來聚墳菴而講論全書與閱次輯之意者其非呂東萊與私
淑朱門飽飫遺編而疏釋微旨著爲集解之書者其非葉仲圭
歟噫朱先生平生樂取人言如四書集註之作也或因門人僚
友輩請質而刪改者無筭則寒泉同事之意蓋亦此類而第其
編次之時欲入數段說科擧壞人心術處而伯恭不肯畢竟慨
歎之言乃發於答時子雲書則當時取舍之意蓋可見矣而至
於葉氏之註解沈潛三紀始克成編而本之以朱子舊註參之
以升堂記聞則其所以發揮闡明者夫孰非朱子之餘意耶四
賢遺書廣大閎博若江河之無津則近思之名似乎失實首篇
所載論說頭腦析陰陽之變化則驟語初學似乎過高噫許多

文集雖甚浩大所採者只其近思之語則名篇之意可見於朱
夫子小序而本原梗槩列之篇端特使之知其名義有所嚮望
則弁卷之旨吾聞於呂先生遺說矣篇列十四先後之次序有
別條餘六百義理之精要太多噫求端而後可以用力用力而後
可以處己治人而辨異端觀聖賢之法乃爲成德之事故以是終
焉則先後之序瞭然可觀而昔人有問於楊龜山曰論語二十篇
何者爲要切龜山曰皆要切朱子於江隱君答書中稱其爲名言
則愚於是書亦必曰六百二十二條皆要旨也四家之全書各存
而抄節之功反勞一書之綱領既別而諸篇之名不立噫葉書浩
穰路脈難尋而如程門之外書語錄多有記錄之誤橫渠之正蒙
理窟或有過高之失則抄收而類粹者所以指南乎迷塗矣編紀

已定序說斯作而如用力綱中有致知存養之別處已篇裒有
克己家道之殊雖未嘗別立篇名若小學之立敎明倫豈可謂
之有綱而無目耶燭邪之事正是窮格中工夫則下異端一節
宜附於其篇而反乃別錄戒謹之名乃是存養時氣像則論警
戒一款當屬於是卷而抑又各編噫聖遠言堙邪說並作雖以
宋孝宗之賢君汪應辰之詰輔未免駸駸於老佛而反以吾儒
之學爲常談死法以至子靜之擡着努眼同父之拾鐵爲銀俱
未免於蒲塞權數之歸則別立一篇闢之廓如者乃所以衛斯
道也而中庸之言戒謹者就不覩不聞上說則是靜時存養之
工也是書之編戒謹者就修己治人上說則是動時警省之事
也其名雖同而其實相懸執事胡以是爲疑耶無亦故試愚生

耶修己治人之法槩褎於曾傳而是書也爲之型範聖賢道統
之傳絶筆於鄒書而是書也爲之準則噫四先生之學乃孔氏
曾氏之學則其言之相符若出一串固其宜也而編錄之所以
取則也盡心末章同揆於論語之堯曰則是書之襲鄒書亦奚
異鄒書之襲魯論耶無極二字大易之所不載而冠之卷首易
傳諸說本義之所不同而採之特夥噫以其總腦而謂之太極
以其無形而謂之無極則無極即太極也有何矛盾之患而全
言義理者程傳也兼說象占者本義也順理則吉悖理則凶者
乃易之時義則朱子本義只是因程傳而推演之耳倘所謂不
同而同者非耶梟比一撤外累有閒而定性之書以作學堂西
牖箴戒有言而訂頑之名乃立噫性無內外隨處皆定則發而

中節動亦定也靜而無失靜亦定也講論之旨大槩如此而朱
夫子以是篇爲明道二十三歲作則其睿質之妙聞道之早亦
豈多讓於顏子資地耶至於西銘之言發明仁體極言理一分
殊之意恰得中庸之理則擴前聖之未發與孟子性善養氣之
論同功者誠如程叔子之言矣篤學力行辭必出於誠慤則涑
水之言宜若可收而無一句見收駕風鞭霆學已傳於先天則
樂窩之文宜若可採而無一篇見採噫君實八九分人也質欠
清明見理未透如潛虛圖之類未免蹈襲揚雄而於孟子亞聖
地位反有所疑則其言之未粹可以驗矣而堯夫一倍之法只
是象數中學術耳如經世書之論不出乎元會運世之數而其
豪資逸氣難免於偏伯手段則是書之見漏亦何足怪乎體用

相涵理本六籍則稱之以宋之一經鄒魯妙訣契合千載則贊
之以列於四子噫出入典謨羽翼彖象儼然有正大規範則殆
非文中子續經之類而明孔顏之道闡思孟之旨精切簡當盛
水不漏有非秦漢以下諸子之所可到則先儒贊美之辭亦可
謂見得親切矣大抵是書之於爲學也豈不要且切哉四賢之
言萃於一秩萬理之妙該於一書體用兼備而無闕本末相須
而有序大焉而性命之原頭瞭然分曉小焉而事物之精粗燦
然明著以之於內而修身之方外而治人之道無不條貫而縷
析則先輩所稱六藝之閫奧四書之階梯者信乎不我欺也朱
夫子殫精力費筆硏喫緊爲後學地者爲如何哉後之志學之
士苟能沈潛格言探索妙旨沛乎若江河之潤洽然若膏澤之

漸循科級而不差違天道而不已則雖窮鄉晩進新學小生無賢師彊輔之益而庶幾哉由是書而得其門路玩是書而見其標準卓然有大致樹立之力而今日之曲士拘儒乃反有大不然者何也噫尋行數墨世多闒儒之役文出口入耳人無潮學之玩義買櫝還珠之習一轍相尋沿流溯源之奚漠然無聞則朱先生辛苦撰述之意果安在哉嗚乎書不能自弊而弊之者人則是豈書之罪哉書之言必有其理而理固在我之理也書之文必本於心而心亦在我之心也明在我之理然後可以燭在書之理矣正在我之心然後可以觀在書之心矣然則讀書之法要在乎明理正心而讀近思之書者其可以不明理不正心而能有得於近思之旨乎必須先著窮格之工透得夢覺關

上又加誠正之力過得人鬼路頭由是而該廣我之知識由是而涵養我之性情臨書而字求其訓開卷而句索其旨不得乎前則不敢求其後未通乎此則不敢志乎彼有如猛將用兵直是鏖戰一陣又似酷吏用法直是推勘到底則其文字之奧旨義之妙始可以躍如而觀得渙然而通解矣以之而體之於心行之於身夫何有硬憂扞格之患哉苟或理未至於融貫心未得乎純正中無定主奔在册子諷詠一餉出入四寸則雖使磨厲於通書正蒙之語胼手於遺書易傳之文亦何能窺覘一斑義理體行半寸工程以髣髴於四君子遺訓哉何以明其然也四君子之爲學也輒皆盡力於明理正心之工故能體得乎六經四書之旨而近思錄所抹之語能與之契合焉朱夫子之爲學也又嘗竭精於明善誠心之方故能灼見乎四君子之言而編之爲近思之錄後朱子而欲讀是書者不以明理正心爲先而將何處下手乎愚顧世之學者不患是書之難曉而惟患吾理之未明不憂是書之難體而惟憂吾心之未正貫通乎衆物精粗澄澈乎自家方寸則庶可以燭照幽隱之旨而由內達外體得切要之功而從卑登高無負於四君子近思之敎而濂洛之學煥然復明於世矣執事者所需愚恐不外是矣篇末矣請以餘意贅之噫明理正心雖是爲學者近思之方而不有在上者倡而導之則其何以作新一世乎唐堯有精一執中之學故匡直輔翼之化行焉周文有緝熙敬止之學故多士思皇之美興焉玆豈非後世之柯則耶我 聖上誠能法唐堯之精一踵

周文之緝熙以爲表率之地則凡厥在下之士夫孰不鼓舞興起於是學而家誦周張户說伊洛哉故大學之敎必本於人主之躬行心得愚以爲近思之敎亦若是也未知執事以爲如何噫謹對

永川義陣答安東義陣文 戊申四月

本月初二日夜以倡義討賊之意發文遍告于貴府及列邑矣四日午時忽伏承僉君子倡發之文自新寧來到可見殉 國家憤兇逆之心不期而相符矣況其辭語之間忠義奮發凜然有秋霜烈日之氣苟非諸先正詩禮之澤濡染有自僉君子講磨之力充養有素則其何能臨死生判輕重快若一劒兩段耶讀之未半足令多士激厲而列城增氣也第緣鄙鄉遐僻 綸

音聞帖未卽奉審故事機緩急茫然不知以致發文最後謀事亦疎寧不騂顏耶今聞兇逆一種又出江右豈意吾嶺亦有滔天巨猾耶三百年禮義之邦一朝汚衊嶺表山川混帶隴西之羞則雖婦孺輿儓莫不痛心而疾首凡在章甫之列者孰不欲寢其皮而食其肉上以解 國家之憂下以雪嶺南之耻哉數昨發文之日急於擧事未暇廣詢草草聯名矣今則擧鄕齊集一辭合議以爲同聲勦討之擧而竊想貴府旣駐按撫之節且有號召之鎭凡百區畫之際必有亭當規模伏望一一示及使一軍無二法如何此後亦當源源往復以講操練諸節而至於行軍之日期會之地亦須商量預通千萬幸甚

昏禮納徵書 庚申

伏以合二姓而交歡特荷附願之眷以儷皮而爲禮爰擧定祥之文猥託高門自慚寒族（或云未嫁已成秦誼采鳳）竊念僕之第幾子某職在承祀年及戴冠（或云加布年届受室禮遲）恭承賢閤第幾小娘子閫範克修家訓有素（或云婉容旣立端柔德且成）輒忘非偶之慮妄擬同氣之求纔緣契家（或云託良媒）敢有請於先導豈意謙德遽賜命於允從茲有遵先之儀敬遣納徵之使趁旭朝而鳴鴈萬福攸源分卺杯而共牢百年偕老若而薄幣具在別牋伏惟尊慈特賜鑑念

結城倅下各面文 壬戌

敦倫正俗之道專在於鄕里之糾察而自夫鄕約之廢墜無復振作之方雖簪纓世族之家自非天資之卓異學識之該洽鮮能遵守繩墨況乎蚩氓愚夫何以知善之可爲惡之不當爲哉本縣雖僻處海隅名家巨族蔚然相望實爲湖中勝鄕中間華除之變雖出於意外是何異於鸞鳳羣之一梟耶當職際此復邑之餘猥膺分憂之責欲以宣敎化厚風俗爲政而目今里尹輩秩卑識昧難與議此事玆敢奉煩於各面尊位此非以簿書期會相瀆擾也實出於朱夫子增損呂約之餘意顧須僉尊位不以我鄙夷與之同事則豈不爲當職之榮耶若干條件列錄于後依此擧行千萬幸甚

節目十條

一本里中勸課糾察之事尊位主管依節目擧行小事自決大事禀報事

一孝悌是百行之源當先奬勉里中篤孝順悌之人抄錄牒報而士夫家則此是常茶飯擇其奇異出常者以報如家貧忠養居喪嚴苦病中斷指之類常漢中孝順能養者亦甚可尚孝子孝婦詳探以報貞女之卓異者並爲報聞事

一中路及常漢或有不順父母不和兄弟斬齊不服居喪嫁娶者婦之詬辱家長者夫之放出正妻者一一抄報事

一士夫家後進當以守禮法尚文學爲先如有悖慢不遵禮法頹惰不事文學者尊位招致面責而猶且不改則抄報事

一士子之勤學攻苦者自不暇於農圃其或年晩失學性鈍難成者服田食力可也而近來士族家驕惰成習消日於博奕游嬉之場而反以畎畝爲恥全不致意以至於覆敗家業此豈曾子耕野淵明躬稼之餘意耶如此之人各別戒飭事

一以姪凌叔者以弟凌兄者宗族隣里不和者以少凌長者士族則施罰警責而不服者報官中路常漢則分輕重決笞而不服者報官以孽凌嫡者以賤凌貴者飲酒相鬪者狎戲女人者亦從輕重決笞而不服者報官事

一庶人著道袍唐鞋者一切禁斷不從令者決笞而不服者報官事

一士族恃豪勢侵暴殘氓者面任收斂民間者官吏凌侮士族殘害小民者搜聞報官事

一隣里相恤自是道理婚姻喪事或以財相助或以力相役若有水火盜賊亦須極力相救其或恝視不相恤者士族則施罰中路常漢則決笞事

一葬襄之節尤是人家大事若不預爲立約則倉卒之際難以自盡各其洞內通上下共爲設契以爲一日取土一日成墳之地而或八十家或七十家合爲一契里大則分爲二契里小則合附近隣里修案立約告官踏印使之永久遵行事

李鼎實大有字辭

黑猪之歲大呂之月李氏子冠名曰鼎實親朋字之爰字孔嘉字以大有其義維何盍觀夫鼎法象之器虛腹受實以烹飪只黍稷於是魚肉於是于以養人于以享帝若語其量君子人歟剛健中正乃其實兮實德旣備大用斯闡懷德者鮮孰云能實火風六爻維二有焉以陽處中德優才全守正遠邪得君行道實而終吉斯鼎之實我取厥象鼎在于躬立志必剛制事必中弘毅自守外誘焉加平蕩不頗百爲無差人耶鼎耶實於斯有旣有於己其施也厚出而需世乃鹽乃梅有實之效不亦大哉抑所以有必本之學聖謨洋洋布在方策枵然大腹磊落載之何患不充實弸而肥鼎而無實突惟三足人而無實蠢爾七鑿實乎實乎盍亦勉旃爾主爾鼎雅質妙年況爾家學有若文元玉弦光耀服享聖廡亦越雪川再命而傴世守其器迄于迺父爾若不奮爾鼎其虛曷不孜孜取而有諸有而且有可至於大謂余不信視此易卦

爲從父兄弟妻服緦說 丁卯

家禮五服圖從父兄弟妻無服蓋以成服緦條下無此說故也但儀節緦條有曰爲從父兄弟之妻爲夫之從父兄弟圖亦曰

從父兄弟妻緦夫從父兄弟緦而不言從娣姒之緦此甚可疑蓋古禮嫂叔本無服後賢定爲小功與娣姒同服而於從嫂叔未及言故家禮因此闕漏其或儀節有所祖述添補家禮之闕歟抑只遵皇明之制而補之歟我 國亦從明制世多有遵行者夫嫂叔旣與娣姒同服則推而及之於從嫂叔又與從娣姒同服自得漸殺之義以此遵行恐無不可至於爲夫從父兄弟妻一句家禮所載而儀節闕焉此必偶致遺漏當以家禮爲正矣或曰 國制於舅妻緦此亦可從否曰朱子曰姑姊妹夫舅妻之無服推不得此則固然矣但舅於甥婦緦而甥於舅妻無服似有歉於情且甥婦自甥而推之外孫婦自外孫而推之則舅妻亦當自舅而推之似異於姑夫姊妹夫之難推而同謂之

推不得此不可曉開元禮及 國制有服緦之文故今俗多從之雖未知其必合禮意而亦不害於禮疑從厚之義姑幷識之以待後攷

父喪改葬母以凶服告廟辨 庚午

金沙溪答宋敬甫問曰父喪中改葬母者告廟時只設酒果於本龕主人當自告以凶服入廟於祔祭可見矣葬畢告廟則有哭泣之節當出主於寢此說恐未安語類曰改葬須告廟而告墓方啓墓以葬葬畢奠而歸又告廟哭而後畢事祭告時出主於寢此言無故時改葬者亦當出主而告也居父憂者豈可以衰經入廟祭告乎退溪先生嘗答金伯榮問曰喪冠絞帶不可入廟令子弟出主以素服奠告又令子弟返主此深得語類之意

沙翁其或偶失照勘歟祔祭在卒哭後古禮有沐浴櫛髮之事故家禮雖令入廟酌獻而啓櫝出主祭畢納主皆使祝爲之虞卒哭祥禫亦然與時祭忌祭主人親斂櫝奉主之儀有異凶服不可交神之意於此可見而家禮墨縗入廟之說亦指葬後而言非可以施於葬前者也今父喪未葬髮未櫛面深墨異於祔祭沐櫛之時則豈可入廟自告乎只奉禰廟者無故時改葬則主人詣祠堂自告可也而若父喪改葬母母喪改葬父則當依退溪說出主以告矣家禮祔祭設位廳事而出主時亦無告辭依此而使祝不告出主於寢然後喪主祭告似當始欲必告則依儀節詣他所跪告之例使祝口告曰敢請神主出就正寢其或可耶祭告之祝雖以主人名主之而焚香降神酌獻等事使

祝爲之主人只行拜禮於香卓之南如題主奠之儀方爲穩當矣其曰只設酒果於本龕者尤不可曉丘儀告祠堂條只曰出所當遷葬之主沙翁之說蓋出於此而丘說本自疎略何者士昏禮曰舅姑旣沒則婦入三月乃奠菜朱子論之曰古者非宗子只有禰廟故其禮如此今祖禰共廟如何只見禰而不見祖以此觀之改葬祭告之時獨奠本龕非便遍奠四龕亦無意義此語類所以必令出主也沙溪說何其太拘泥哉其意蓋以爲廟內隮祔只祭祖一位今此祭告只奠本龕無妨矣而竊嘗謂古者代各異廟故行祔事於祖廟之內書儀泛用古禮而家禮因之繼而有設位廳事之語蓋不欲其必行於廟內也豈可舍語類之訓而以祔祭爲證哉

正寢說 辛未

今人皆以內堂爲正寢出主行祀必就內堂此說非是儀禮適寢圖燕寢在後正寢在前家禮所謂前堂者此之謂也內則曰妻將生子居側室生子三月妻以子見於父父咳而名之妻遂適寢註側室者燕寢之旁室也妻遂適寢者復夫之燕寢也慶源輔氏曰當產而避燕寢居側室蓋燕寢是夫婦同處之室今之內堂是已正寢是受私朝聽事之處今之外堂是已退溪先生已明言正寢是今之待賓客處而世俗襲謬已久莫之能辨可歎若卿大夫以上則燕寢後又有夫人之寢蓋位高則室亦備今則與古異士大夫家只當以內室爲燕寢外堂爲正寢耳

庶孼服制說 丙子

檀弓縣子曰古者不降上下各以其親踈云周禮以貴降賤以適降庶而殷世以上雖貴不降賤以此觀之周有降庶之禮而惟禮記大夫降其庶子一句外更無所論雜記陳氏註大夫降旁親於緦麻兄弟無服然則周之降庶之制只次次降一等歟退溪先生答鄭子中曰家禮儀禮經傳大明律等書皆無其文豈以適庶之分雖嚴骨肉之恩無異故其制服無所差別歟此蓋殷禮不降之意也擧國皆從之復何疑哉但今 國法有良妾子賤妾子受職高下之別所謂賤妾子乃是賤良者而猶有差等若是公私賤未贖者則並服本服而不降未知其必當次次降一等似為合禮姑志所疑以俟知禮者講定耳

太極圖說熊氏註辨 註在性理羣書

太極圖下朱子解之曰陰陽一太極精粗本末無彼此也熊氏註云太極為精陰陽為粗太極為本陰陽為末頃年金振伯嘗擧此以書問于鹿叟先生曰此說栗谷沙溪葛庵非之愚伏玄石不以為非何說為是鹿叟答之曰旣曰陰陽一太極而繼以精粗本末無彼此則如熊說看語脈順然未見古人有以理氣分精粗處如所謂衆物之表裏精粗及物有本末等語皆是就事物上說了而理在其中蓋纔說精粗便是形而下者然只為理有精粗故氣有精粗理有本末故事有本末此所以太極陰陽渾淪無彼此處第未知所以非之者語意云何不以為非者有何證據云云孤陋末學未能折衷常自疑晦于心者久矣及讀朱子答呂伯恭書有曰道體渾然無所不具精粗本末賓主內外有不可毫髮差者於是始覺鹿先生之說深得圖說解之意痛快無疑而猶未知三賢所以非之之語其意如何旣而見鄭守夢所著近思釋疑則沙溪曰熊氏註恐誤栗谷嘗云精粗本末以氣言者也一理通於無精無粗無本末彼此之間後讀朱子書有曰不論氣之精粗而莫不有是理栗谷之說實出於此熊說不可從栗沙之所以非之者大體則是矣而其曰一理通於無精無粗無本末彼此之間者乃與朱子之意相反朱子所謂莫不有是理者蓋言理自有精粗而栗谷則以為理通於無精粗之間沙溪所謂實出於朱子者未見其必當也必若鹿先生所論然後始乃完備無罅耳至於愚玄之不以為非者未知有何援證而如是云云耶朱子答呂伯恭第六書曰聖賢之

言初無理事精粗之別愚玄其或有見乎此歟但精粗云者精深粗淺之謂也蓋謂聖賢之言周悉明備不以理為奧而深言之不以事為顯而淺言之皆極論詳說無或深或淺之別也非謂以理事分屬精粗也精與粗懸有差別若如熊氏說則太極偏於精陰陽偏於粗豈可謂無彼此哉形而上下自無先後之可論亦不可以本末分言而本與末又不相同尤不可以無彼此言之不以為非之意有不可曉矣或曰精是氣也不可著理字上此則大不然夫精字有二義有精微精密之義有精神精爽之義或有言於理處或有言於氣處易曰潔淨精微之謂易朱子答伯恭書曰見得箇精明純粹底無對之道此則以理言也易曰男女構精圖說曰二五之精此則以氣言也所就而言

者各有所指其不可偏主一義而不得相通也明矣

策問

問治心之要在於心經一書其裒輯格言嘉惠後學之意可謂勤矣首之以精一之訓終之以尊德性銘其義可得詳言歟牧野督戰之戒衛武自警之詩果有合於聖人之心法歟文言大象之辭賛易而不言心顏淵仲弓之問論仁而不及心何爲而取之歟中庸只言喜怒哀樂之發何以見人心道心之别而大學只取誠正而不取格致何以知惟精惟一之分歟樂記以禮樂治心所治者何道孟子以山木喩心所喩者何意歟濂溪養心說之寡欲有異於孟子之寡欲而伊川動箴之誠於思有乖於夫子之不及思者何歟賛語之發明政經之相配俱可謂有

補於是經歟心學圖之弁卷果有求端之功而附註之添入亦無架屋之失歟純夫女之識心瑞巖僧之喚醒亦有得於心學歟大抵治心之法散在經籍古聖賢千言萬語無非爲後學喫緊開示處而其最切於操存提撕之方者莫如此一經眞所謂指南之車燭幽之鑑也苟能潛玩其言而體得於身則古聖人心得之傳何憂乎不得哉我朝　列聖相承以是書講之於經席名賢輩出以是書敎之於閭巷宜乎家誦經訓人知心學蔚然有濟濟皇皇之美而奈之何近年以來士趨愈下學術漸訛喚鐵爲銀不知義利之卞入耳出口全昧存省之方啖蔗味腴之效蔑乎無聞買櫝還珠之患滔滔皆是先輩辛勤撰輯之意顧安在哉是果辭旨微奥人不得與知而然歟抑亦講究之不得其道而然歟如欲使爲士者句挨其旨字究其訓反躬體驗深得心學之要毋負於是經之訓則其道何由諸生必有所玩繹而自得者其各悉陳無隱

序

朱子書節要集解序

昔我退陶老先生酷好朱夫子全書沈潛浹洽深得不傳之秘嘗以爲簡牘之訓纖密該貫尤有切於學者刪繁採要輯成二十篇其於至理扃鐍正學門路如懸鏡照幽揭燭開昏實爲四子六經之階梯其喫緊爲人地豈在心經近思錄之下哉顧其微辭妙旨多隱奥難明引喩援證或出於雜書方言有不可倉卒理會者當時及門諸公函丈請業各自質問退而書其所聞

以傳於世此所謂講錄者也然而記錄之際或未得先生意以致先後倒置煩簡不均及其飜謄流布訛脫轉甚且於經史來歷或有遺漏未盡收者玆非千古遺恨歟　重器以末學淺識早受是書溫習紬繹蓋亦有年矣每以此錄置諸案右廣取諸本略加校讎仍又搜稽羣籍掇聚其所未備錄爲一冊子以供私覽矣旣而遊漢中得宋尤庵劄疑至福州得李密菴刊補二公蓋已先我而爲之矣於是益覺鄙錄爲芻狗遂盡棄之乃聚三書逐段通編而先以講錄爲主兼載文集中答人語及心經質疑論及此書者旁採劄刊二解補其闕略又如愚伏集埴蕿錄有答問若干條其他諸儒賢亦或有一兩語解釋者命爲收入其間若有數書所未及則輒敢僭附鄙錄至於文義之不可强

通者事證之未得尋考者則亦皆志疑以俟後辛勤裒稡歷數年始訖凡五冊既成試以是解而讀之則朱夫子出處進退之大節論辨往復之微旨傳記之證字句之釋皆歷歷有段落可以次第尋究其於讀是書庶不無少補矣然老病摧頹精力已耗參伍取舍之際未保其必無舛誤豈敢煩人耳目爲門外鋪攤飯計哉只欲自便考閱以備暮境玩蹟之資爾抑愚於此竊有所慨然者講錄之書或稱質疑且於其中有曰或問云云先生答曰云云者非一則其出於門人所記較然無疑而劄疑乃目之以記疑喚作師門手錄遽加訾議未知何所聞而錯認至此耶或恐後人之襲謬因並書以識之云著雍執徐三月下澣後學烏川鄭重器謹書

家禮輯要序

昔我元聖制禮立敎三百三千優優乎極其大譬如日星高揭有目皆覩而一經秦火蕩然無遺雖漢晉諸儒掇拾於煨燼之餘所存者特十之一耳禮敎之晦殆千有五百年而莫之闡明焉紫陽朱夫子惟是之盡然參古今酌情文著爲家禮一書規模節目井井明備雖聖人復作亦無以加矣而惜其初年爲童行所竊未得再修以嘉惠後人此雖爲千古之恨然顧其大綱已擧其間瑣節又有晩來定論令於祔註中可班班考也然而委巷之士倉卒間未易尋考瓊山氏作儀節發揮之我東申金兩家又述喪祭禮備要俾盡其愼終追遠之道其用力勤矣裨世敎亦至矣但丘儀紕繆處尙多備要割通禮移合祭禮已失家禮本旨喪禮雖頗詳密必欲盡用古禮有違於夫子臨歿時搖首之意其他錯說了誤人者亦或有之於冠昏二禮卻又全然抛置我先君子洎塤篪兩先生並治禮學嘗竊病是焉欲一釐正而竟未果篪先生草冠昏儀若干條蓋將補備要之缺而未得脫稾至於備要則又未及梳沐豈非後學之不幸歟重器矇騃無聞何敢與議於儀度之間而幸於過庭登門之際得聞緖餘及此衰暮日覺荒墜謹取先君子洎兩先生所編禮書俯讀仰思略窺影響敢就家禮全書一依舊目而序次之還置祠堂章於卷首用備要註脚而補其闕略繼之以深衣制度居家雜儀稍加裁節冠昏禮則用篪先生遺儀而間有未備處輒敢以古禮及先賢說益之喪禮則全用備要而刪其繁正其誤於

祭禮亦依備要略爲修潤工既訖名之曰家禮輯要凡三冊夫然後篇章得其序而無割裂之弊儀文盡其節而無闕漏之失吾夫子謹名分崇愛敬略浮文敦本實之意至是而可復見矣然是役也非敢誇多衒奇竊附於纂述之末耳秖欲掇取舊聞追述遺志一以備暮境遺忘之患一以資私家急卒之用同志之士盍相與辨證而針砭之哉抑愚於此又有所深懼者備要乃前輩已成之書而今以咫識管見妄加雌黃知其必不免於僭猥之譏矣然其書好處自好吾所尊信誤處自誤人所難掩世之揩大眼秉公心者其或不以爲罪否況又其書以家禮爲綱而未免有得半失半之恨抑或當時姑先難後易而未得畢其業歟若以此意就質於當時則二老亦必莞爾而點頭矣雖

然學於今日得蒙渠成之利二老之功又曷可少之哉姑書編輯之意以俟夫習禮者之評隲云爾歲壬申八月下澣後學烏川鄭重器謹序

記

賢皐書堂記

自家塾黨庠之法廢而書堂之制作焉蓋以爲藏修講習之所云我東之慕效建置者久矣而吾嶺最多有之賢皐書堂卽其一也堂在新寧縣東二十里漢川之坊坊內衿紳家只曺金兩姓而曺之族最蕃衍一日相與議曰吾坊不可無書舍盍相與營之僉曰諾遂相地於賢皐之岸其地背巽面乾負川流而對山藪頗幽奥閴寂於是又出金穀若干貿材瓦建舍左右有房

中爲堂凡五間始於丙辰八月落於丁巳四月父老飮讌於斯子弟誦讀於斯未嘗一日曠焉將以設庖廩置田隷爲養士計也其上樑也鄭員外榷歌六偉以相之其後本縣宰姜君鳳來過而賞之爲作四韻詩述其事堂成之數年曺君龍錫訪我於梅山之下歛容言曰吾鄕有縣學矣又有李先生書院矣非無游藝之所而近來士論歧裂學規頹敗揖讓之地作一鬪鬩之場吾輩決不可與之浮沈欲與一坊同志謝迹校院游衍講討於茲堂之中此堂之所以作也願執事爲一言以記之余曰然夫 國家之置縣學本爲明倫而設而旣在城市閙又爲官長所制法令所拘故山林有志之士或不屑於出入退陶老先生惟是之慮與周愼齋創開書院使之講道於幽閒寂寞之濱其爲學者地者非不至矣而世道漸下士習漸壞誠有如子之所云則書院亦已弊矣今仁里諸君蓄與流俗浮沈建此書舍於里中欲與同志者游衍講討其志儘美矣其義儘高矣然彼校院之所以弊者厥亦有由焉徒以處校院者有士之名而無士之實故也今之處是堂者若不反彼之爲則雖無鬪鬩之鬧與彼之汚濁亦何以甚相遠哉夫士之爲士非特冠章甫衣縫掖而已以其能讀書而懋學也苟能以小學家禮爲先進之四子五經逐句而究義誦言而知味本乎彝倫而修其孝悌忠信推以餘力而習乎文詞筆翰則窮而不遇可作鄕里之善士出而有用可爲朝著之英傑夫然後方不負爲士之實而稱其名矣諸君曷不於斯焉慥慥乎又况老先生遺祠密邇於牛鳴地黃

錦翁絃歌之化又不過百許年近世塤篪兩先生設敎於橫溪之上諸君又多有及門而親炙之者其中質美而志大者又能近沿橫溪遠泝錦水上泝退洛之眞源則烏得不奮發興起而卒成大儒乎願諸君勉之哉曺君應之曰執事言確矣遂書以歸之乙丑季春日梅山散人鄭重器記

烈婦河氏旌閭閣記 壬申

雞林府皇南里有粉牓朱楔嶷然高起而輝暎者蓋烈婦河孺人閭云孺人貫晉陽而生於昌寧士人龍徵之女領議政晉山府院君崙之裔也自幼貞靜有淑德稍長喜觀圖史多識古婦女烈孝之蹟年十四丁母憂能執喪如禮父旣鰥而兄病家又貧養與祭必竭力供辦丁未冬父病劇定昏于月城孫君喜天

卽吏曹判書景節公諱仲暾之後也至戊申正月父竟不起哭擗幾隕躬襲歛必誠旣葬夫家將迎歸見姑孺人請爲父終制以伸私情夫家憐而許之是歲十二月夫病猝革孺人聞卽著黃東馳未及門凶問至孺人擗踊叫天絶而甦者數矣時孺人有娠已六朔姑曹氏泣諭曰死者已慘矣若不護遺腹而絶其嗣則豈不重可慘乎爾其節抑焉孺人乃强進溢米明年四月觧娩得男過數月兒漸孩笑孺人作糜汁飼兒而兒能嚥之孺人微哂曰汝今不死矣及將葬卜期在九月一日孺人心竊以同穴自矢前葬期六日候姑氏及侍婢乍出潛入房中吸鹺鹵一椀而姑氏驚走救之則已無及矣先是姑氏恐或自裁要送防守勗以全命育兒語甚悽切孺人佯應之起而治葬需姑氏

慮稍弛防守不如初孺人得乘間自盡至是始覺其向日微哂喜兒能食庶可遂同穴計是以哂之也是日卽己酉八月廿五其齒纔二十八聞者莫不垂涕其家遂改卜日同窆于先兆葬畢鄕人艶其義具申于月城尹報方伯轉聞于　朝越十年丁巳十二月特　命旌別之題其閭曰烈婦士人孫熹天妻河氏之閭於此見東都尙節之風非他邑所及不其韙歟夫婦人之於夫也遇水火寇賊隨夫倂命固也不爾則但守貞已不必死今孺人宜如東海婦高行女忍死守身養姑乳兒畢夫喪奉夫祭以盡吾自靖之道而不此之圖必汲汲焉促命者何哉是其心必以爲吾夫婦合巹纔一歲不以時于歸夫之未病也旣不能主其饋旣病也又不能嘗其藥無一事盡情於生時吾寧同死同瘞奉巾櫛友琴瑟於九泉之下足矣只此一箇念炳炳弸結於中惟溘然速死之是快而不暇恤姑與兒耳自崩天至營壙凡九閱月而成此志則所以判別熊魚者已爛熟無餘是豈倉卒慷慨中所辦哉今以經傳所載考之其能守素志不渝者如衛共姜曹令女之倫至矣未聞有以身殉夫同日合祔如河孺人爲者何其奇哉又何其烈哉　朝家表閭已十五年所庇屋子爲風雨所漂今里中諸士友與其嗣友覺協謀新其屋而瓦覆之將以某月某日揭牓遣其嗣請記顧末嗣卽遺腹兒而今已娶婦生子矣此非孺人之烈行姱節有以格神明而佑之歟不佞恧積命奇長子早夭其婦絶食捐生以從之今讀孺人行錄自不禁嗚咽涕泣不忍拒其請略書所感而歸之嗚呼悲

哉

詠歸亭記

詠歸臺在赤羅治西七八里乃柳西厓先生遊賞處而本縣宰南矦叔壽始亭之云羅之境素稱山水鄕而惟南溪最勝松峴山一支自西而東厓麓陂陁巖壁陡斷其上稍寬平可坐傍有劈鑿痕而未詳其何代誰人是卽詠歸臺也前頫十里長野遼廓敞豁綠疇黃隴交錯於其間有大川名曰歎逝者坼野西奔觸臺趾渟滀而爲滚潭瀅澈如明鏡有時魚躍于淵鷺眠于沙皆閒閒自在又有層峯列峀縹緲拱揖於雲外累累如衆髻蹲出登臺四顧灑然有出塵之想眞可謂物外靈區矣柳先生以先墓在邇置精舍棲息每於讀書之暇輒嘯詠於是臺命之名

而發之詩以寓其悠然自得之樂今於遺集可考也及先生歿本縣章甫慕先生之風設院而俎豆之欲作亭於是臺而力屈久未就識者恨之今南侯製錦于是邑慈詳豈弟克敷德政勸農桑以養民列書舍以課士頗有古循吏風又以暇日尋南溪拜遺祠遂與諸生登是臺也徘徊慨想之不置旣而喟而曰此地荒豈特多士羞亦知縣者之責也於是捐月廩鳩材瓦構數間小亭於臺上仍舊號而扁其顏使院中諸生得以游衍於斯而泝先生餘趣噫點也之志先生得之而先生之志南侯其知之乎自建院至于今百餘年間典是邑者凡幾許人哉其能景先哲闡美跡者寥寥乎無聞而今始遇南侯矣苟非崇賢好德之誠蓄於中者其可能乎昔朱夫子在南康修劉西㵎父子墓

立亭以表之張南軒爲州郡亦必增飾學舍南侯其亦得古人心矣今夏初不佞承　召至屛山見遞而歸入縣境聞媍孺頌侯德駐馬叩衙仍與登眺喜樓娛賞移晷樓亦侯所建也侯方召工治亭材道古事頗詳因以亭記見託不佞辭蕪拙不敢後十數日侯又使人來曰亭將落矣敢申前請不佞艷侯美政且慕柳先生遺韻不得已略書顚末以塞其需其不爲遊觀者解頤否南侯名泰普叔壽其字也昭陽作噩彛賓之月旣望烏川鄭重器記

澄心亭記

余嘗過赤羅縣縣東孝嶺部竹里川上有亭歸然者曰澄心亭故上舍李公所棲息者也中廢而今復焉李公在萬曆間以文行見稱於世卽松塢公之子而太學士五峯相公之再從孫也自少濡染家訓習詩書礪廉義嘗赴南省見五峯主試入場不納券實庭命也至光海丁巳始中司馬而纔圻號忽聞有西宮之議卽奮然不應牓而歸五峯擧酒賀曰松翁其有子矣自是棄擧業隱居眞城峽中旣而還竹里舊居構小亭於溪曲崖頭遙挹峯巒俯臨碧潭扁其楣曰澄心蓋以水色天光輝映軒窓足以洗滌其塵念也日處其中繙繹書史惟以訓迪村秀爲事多有所成就又或投釣竿泛月艇嘯詠以自適人勸之仕則輒掉頭曰老於斯吾樂也何庸仕爲泊然無榮進意遠近慕其高大夫士東南行者無不造是亭致禮李晩沙景義亦嘗以繡衣來訪題詩壁上仍語人曰此翁軒軒有逸士風此乃公言也豈

阿其親懿者哉公之歿已百餘年而亭亦老而頹矣其諸孫方經紀材費謀所以重建者適南侯泰普宰是縣下車纔數年惟興學是急置書堂於各部以養士至孝嶺部則曰是部衿紳皆李公後而竹里某丘又是李公遺墟於斯焉建書舍則其於復古亭奬後進不亦兩得矣乎遂助工役而糾督焉諸孫輩並欣然董事始於辛未秋至今年夏而工告訖通堂室凡十間亭面揭澄心舊號門扉牖以竹里書舍皆南侯意也高人往躅閱數世幾乎湮沒而今棟宇突兀溪山改照將使行旅者望而指之曰李隱君名亭云爾則豈不偉歟南侯可謂樂成人之美矣公之玄孫台揆不以余鄙卑遠託亭記遣族孫光珪敦迫不已余於此役自知非其人而艷芳韻不敢終辭略書其巳鼻於其末

也奉祝曰登斯亭也孜孜焉無怠無荒開新知濯舊染無忝我亭名無負賢太守美意癸酉六月日烏川鄭重器記

玉磵亭重建記

玉磵亭在横溪盈科潭上卽我埴菴兩先生講道之所也水石之勝風光之美已盡於兩先生所著小記律詩及十景之詠今不贅亭之築始於丙申臨溪架巖結茆屋二間爲堂室制甚樸郡守申侯義集來訪悶其狹給材添四間兩先生晝夜聯牀湛樂於斯切磨於斯訓後生於斯德益進而道益尊人莫不望是亭而欽仰之庚戌埴先生易簀菴先生持服在服舍翼年守者失火延爇北夾撲而救之壬子菴先生又屬纊翼年又失火正堂灰盡只餘三五礎矣及門諸生旣抱樑摧之痛又失牆慕之處益爲之隕心喪氣奚但溪山之慘然無色耶遠近大夫士之登遺墟者亦皆歔欷感慨輒以重建事督吾輩吾輩何嘗一日忘而顧力屈莫之遂以至二十年遷就尋常愧惕于中癸酉夏承宣令公與諸友會書社校遺集不佞亦往共之遂與之語曰出社穀擧亭役是多士至願不可不亟從況今社任得人時亦不可失也承宣曰諾議遂定是時鄭君梯及鄭一銓一珩爲長貳皆竭誠經紀歷二年始鳩材瓦郡守尹侯東涵適又來臨斬木捐廩以助之乃卜吉日就舊墟始事卽乙亥秋也間架位置皆倣舊制而脩其樑稍加寬廣上覆瓦備風雨飄搖前繚小檻以防跌墜開版戶於西北隅代前砌舊路其於修飾之道所不得已也至於附柱栱隆棟脊則近人衒能而過於侈非舊制也

事亘資竭累作累輟長貳諸君迭相來往糾督至今年五月而功始訖其用力勤且至矣諸君屬不佞曰此事不可不示後子其記之不佞始辭以病篤不可堪而自念殘喘老不死得見其突兀玆非幸歟遂力疾略書其顚末以志喜嗟乎斯亭興廢豈偶然哉荐灾而値數年喪道之運再構而得二倅尚賢之力一廢一興其亦有數存乎亭之未建也草樹蕪沒臺壇冷落過之者視作蒐畾之一荒丘而不知爲講道之場矣亭之旣建也軒牕依舊丈席如在水色山影之中怳然若奉謦欬而聞絃誦矣衿紳之瞻慕感發自有所不能已者而雖婦孺廝養之微亦莫不懽然相賀豈不以好德之性同得於天而無間於智愚貴賤耶後之君子苟能協心勤護隨缺隨補壽斯亭於百歲之後則實亦爲斯文之幸矣吾黨諸君勉之哉丁丑三月下浣門人鄭重器謹記

霞溪書舍記

昔我旅軒張文康先生講道于洛江之東涯江左右及門者甚衆而惟東都故徵士鄭公名最顯霞溪書舍卽其隱居處也溪之源始自道德山西麓流出于紫玉三聖兩峽間者幾十里而水稍肥爲是溪焉溪東大磐廣坦如小場稍下而有三層臺聳於溪心溪西翠屛環抱正與層臺相對溪水觸石琮琤鳴南注爲平灘遂落而爲小瀑瀑底潑潭澄泓如方鏡潭瀑東西石壁分開爲洞門南有五層臺臺下又有潑科上下數里間多泉石可觀處徵士公愛此溪之勝就溪東平灘之上倚巖築石構書

舍三間以爲讀書頤性之所葢在萬曆末年間矣是舍也東負紫玉西挹三聖右控大磐層臺左俯懸瀑澄潭管領滿壑風光又結三間屋子於書舍之北使緇徒守之雜植嘉樹於前階築墻於東南蒔花於內種竹於外綠陰四擁淸風滿室溪之西岸喬木參天夕照穿漏光動水面皆可樂而玩之也徵士公日處其中謝絶外事明牕淨几長對黃卷味俗人之所不味風和日暖則扶杖而出徜徉於雲林烟水之間哦詠忘歸其所以自喩適志者爲如何哉　朝廷聞其賢屢以官徵而猶不起末乃乍就旋退搢紳韋布之過是境者莫不造是舍而致禮焉徵士公旣歿世世守護我　景廟癸卯公之來孫燁重修書舍新其小檻己酉改作僧屋更無虧缺肯構之誠可謂不墜家聲矣不佞

以同宗後生竊慕徵士公餘馥猥嘗校讎遺集又嘗一訪書舍見其溪堂淨潔巖壑幽邃烟霞隱暎塵土不起於是乎始覺當日充養之力未必非林泉靜居中攸得也可不敬歎燁等以書舍記屬不佞而病昧衰孏歷十年久未就今年春燁遣其弟煜致書申前請不佞不敢孤孝懇遂力疾把毫略記六百餘言以歸之後之登此舍者必思碩人芳躅而勿以別區勝景等閒看過則庶有興起之端矣丁丑五月下澣族孫鄭重器記

跋

題永陽尹氏族譜後 甲子

昔程夫子有言曰管攝天下人心須是明譜系收世族自譜牒廢人不知來處無百年之家吾嘗疑乎是今以尹氏譜觀之信然矣夫尹氏乃永之著族而竹齋公卽我　成廟朝名臣也惟時寒蠧兩先生講明道學屹然爲海東朱張而世無有知者惟竹齋公獨能知其賢先薦蠧翁於　朝是何異於伯玉之知孔子太中之知濂溪而不幸譜牒中失世系甚略衿紳之慕公義者竊爲之慨然久矣昨歲竹翁後孫天覺以承文正字遊洛中力求古蹟更得始祖以下九世之系顯秩崇班珠貫繡錯赫赫乎麗氏巨室矣竹翁之毓粹鍾英擅大名於當世者豈可謂無所自乎竹翁之後又有松坡公隱居林下敦行孝友師南冥友芝山以講磨其學亦可見其源淸而流潔矣今正字君妙年登第前路甚遠其諸族又漸蕃衍苟能上追來處感慕興起在家而盡孝修睦以遵松老之遺範立朝而厲節輸忠以承竹翁之

餘烈則世之人必將嘖嘖而稱之曰永之尹乃五百年故家也豈不誠炳靈矣哉正字君之極揆搜補世系葢出於誠孝之格神明之佑而修葺全譜將欲壽之以剞劂者眞得程夫子遺旨矣正字君並取竹松逸稿若干篇附之譜末自爲序而識其事又以重器忝在外裔之列督令校讎仍要一語以尾之重器旣嘉正字君反始之誠又慕外先代家猷之盛略書所感而歸之

題改葬備要後 庚午

改葬非正禮而古聖賢亦爲之葢出於人情之不獲已者也禮之變事之難孰有大於是者而經傳所載只有喪服記一句朱黃通解亦闕此一節其現於語類者僅不過數行語孝子慈孫之欲盡禮於改葬者將何所準的也惟幸瓊山氏儀節上泝喪

服記次取語類之訓撰成一篇以傳於世首末綱領非不明且備也而顧其文字簡約節目疎略每條只曰如始葬儀至於告廟啓墓改斂設饋奠等事與始葬大相異而皆不詳言其曲拍中金備要稍加修飾而猶未見纖密倉卒悲遑之際其何能曲搜旁推而以自盡於大事乎我墳菴兩先生嘗營改葬之禮而惟是之懼遂就丘書補以家禮始葬儀且攷古今要語逐條分屬夫然後零文瑣節包括無遺草次開卷瞭然在目使愼終攀緬者得以必誠必信而無憾其有補於禮敎爲如何哉及門諸生旣修遺集又欲繕寫是書而以當初草本未經再修屬余校讎余不敢辭盥手莊讀略勘其訛脫將以奉藏於高山書舍後之人必有尊閣而受用者矣

題潛窩崔貞武公墓碣後 辛未

公曾孫迪基得吳台銘將碣之惠文多屬余改構余感然曰貞武公一腔子都是義生淸白死忠烈磊磊亙宇宙銘不足重輕況誌在壙神道碑揭祠實記書又鋟梓廣布碣雖無奚待耶旻毋知然必碣也延陵篆足矣何代斲爲迪基謂官級 襃典不可闕固要刪吳文辭不獲遂盥手筆削焉

題佔畢齋文集後

余嘗讀佔畢先生文集愛其詩若文皆贍富淳實無詞章家浮夸嬌艶之態退陶李先生所稱典雅近道者良以此也但其出處大節頗有後人之疑而李先生嘗答門人曰佔畢事誠有如南冥所云然亦甚有扶植處作院立祠不可不爾愚於李先生之敎始亦不能曉會矣旣而讀彝尊錄見江湖先生乙亥 禪受後卽棄官還鄉其後諭其二子曰汝輩則不可不應擧蓋痛世禍之及而有是命也且見是集有和陶淵明述酒詩幷小序以明陶公之志觀乎此則畢翁此作非徒明陶公之志乃所以自明其志也及其對 光廟之問則曰成三問當世之亂臣後世之忠臣又曰脫有緩急臣當爲成三問矣此乃當日廷臣所不敢言者而能言之此其所以爲扶植處歟至於吊義帝之作未知其有何意而以此禍酷泉壤戮盡門徒百歲之下尙令人嗚咽涕泣也抑又有一事可疑者集中有庚子辛丑間唱酬諸詩此乃畢翁居母憂廬墓時也哀慕皇慨之中宜不暇及於哦詠而猶且爲之其或當時習俗如此而畢翁亦不免隨俗歟禮

未葬讀喪禮旣葬讀祭禮喪復常讀樂章語類或問三年喪中做祭文祭親舊否朱子曰古人全不弔祭今不奈何胡籍溪云只散句做不押韻又按先輩集中梅聖俞在喪時作詩敘哀意時人譏之黃魯直丁母憂絶不作詩若使畢翁知此義必不做此事此蓋中華文字未及流布於東方而畢翁未之見歟且其贈妓諸作似不免陶靖節閒情之累其或爲年少時所作亦未可知也今觀其編次多倒錯竊恐禍亂之餘遺文散逸如寒蠶諸稿而晩後掇拾未的其歲月以致先後失次亦或有訛傳而冒錄者歟惜乎繡梓之時未能就正於具眼者而率爾刊布也後之重刊者倘能細考而釐正其訛誤則豈不爲斯文之幸歟姑書所疑而識之

題潛窩崔貞武公實紀後

右實紀一書卽我貞武公平生首末也灑灑氷蘗之操凜凜松柏之節昭載於諸名公贊述語固不得更容一喙而顧公樹立之卓非倉卒慷慨中所辦抑有所素養者存蓋公方寸裏無絲毫利底意思只是一箇義而已莅官清白三十年如一日此其爲他日殉節之本乎苟不能臨財而忘利則其何能臨難而忘身哉愚嘗論夷齊事曰孤竹子餓死大節已基於讓國之日今於此實紀亦云也此書久未刊布於世識者恨之頃年公之玄孫慶老出宰北邑竭誠捐俸付之剞劂氏權令序李文跋已言之矣但其遺文若雜錄尙有闕漏未盡收者公之曾孫由基等病若是方謀添入補刻果能爾淸芬壯烈自此該括無遺將與

太史公靑雲之傳而並傳於宇宙間矣豈不偉哉迪基等要重器識其事督之甚勤重器於此役自知非其人而竊念吾先祖栢巖公亦嘗殉義於戰陣每讀公實紀未嘗不欽想涕泣今不敢固讓敬書所感而歸之重光協洽姑洗之月下澣烏川鄭重器謹識

題孫魯岑遺稿後 丙子

魯岑遺稿者故處士孫公之所著述也孫公以愚齋景節公嫡孫世承文學之業又生於李先生故里習聞詩禮遺風自幼時誦經訓知儒行旣壯寓居立巖山中靜居耽書籍雖屈首擧場而亦不以得失介意博考諸大賢文集尤熟於張旅翁遺書其於性理之源象數之蘊無不極意研究其中之所自得豈騷人墨客之所易窺哉是以持己接人之道必以質直寬厚爲主未嘗爲崖異之行而自不離於規繩之內人之登其門聽其言者孰不以君子人歸之哉遺文皆散落不收見存者只若而篇而其命意下語平實雅淡多從儒家書流出無一毫世俗雕鏤態眞可謂有德者之言也昔我先君子於公爲表再從兄弟年輩雖迥志尙相契每源源來往講討經義重器於是時執灑掃於前而尊仰之者夙矣公之棄杖屨今忽四十餘年而公之胤是梲甫攜遺稿叩窮廬託以掃塵之役仍令爲一語弁卷重器固讓不能獲乃敢校其訛脫釐其編次略記所感於平日者附之卷尾以寓景慕之忱焉魯岑卽旅翁所命小魯岑者而公居是岑之趾故鄕人稱公以魯岑文公亦嘗自道曰魯岑老人云

上樑文

尙忠祠上樑文 丁巳

樹大勞於邦家久稽表忠之典闡靈宮於井里將修揭虔之儀多士齊聲四方動色竊惟知中樞院事李公跡屈刀筆才蘊干城護太守於風濤夙效劉平之死長格頑夷於忠信竟致藏武之返鄕英聲上徹於 宸聰華秩特推於朝籍浮槎奉使身幾悴於反旆仗鉞佐戎威更張於熏穴迨兇醜猾夏之變能奏執訊之功荷天子在笥之恩仍降格庚之諭越佗歸命於漢室可見陸賈之善辭晉文受賜於周王允賴狐偃之妙策肆致上功之褒賞乃有崇爵之超陞事播華夷奚但一時之盛譽光留竹帛永垂千古之芳名矧玆桑梓之故邦偏惹羶薌之剩馥風聲

一五〇

所及詎無艷慕之心義烈如斯尚闕崇報之禮情相感於曠世鄉議始諧事有待於今時祀典將擧睠彼和江南岸實邇林陵舊墟某水某丘尚記釣遊之處爲雷爲雨應有陟降之靈爰拓榛蕪之場方興棟宇之制工匠効力爭期不日而成士民輸誠莫非聞風而起簷楹有覺喜廟貌之維新江山倍輝感物色之如故將見縟儀之亟就庶幾精靈之有依存焉能致身雖非學中人吾必云矣歿而可祭祀所謂鄉先生其在斯歟峻宇崢嶸屹如對敵氣像祚座肅穆澟若衛國衷腸不特前烈之闡揚儘爲後進之觀感香火不輟覺聲臭之猶存型範在玆庌風化之有裨玆騰燕賀助擧虹樑拋樑東天外三山碧海通染齒部中有雪窖鯨波震盪吹長風拋樑西月輪斜隱亂峯低長安遙望

是何處戀 闕丹忱耳不迷拋樑南千丈佛光浮翠嵐馬島琉球入指顧飄飄玉節駕驂驂拋樑北古城隱暎清江色沔流萬折解朝宗若效當年事大悃拋樑上列宿銀河羅漢將靈爽化爲節度精吐芒流彩遙相盪拋樑下玉纓金帶閉原野冥冥脩夜孰從遊博望終童袖互把伏願上樑之後神鬼訶門蛟龍遁壑薦苾芬於百世祀事孔明勖忠義於羣生民彝復敘

熱經齋上樑文 辛未

竝大瀛而有州方嘆陋俗之舊闢精舍而貯士輩見太守之賢文風啓端荒裔動色竊惟蓬萊之重鎭實爲嶺海之窮陲接馬島之烟波鱗介相比通日域之舟楫烽火屢驚肆 朝家置戍己之藩而民謠以金革爲袵距 神京一千里外棫樸之化未沾閱 昭代二百年來蓮桂之選久絶雖有鄉黌之設法文多拘至於述齋之興規橅未廣譽髦漠其斷望詞翰寂而無傳幸我趙使君來臨殆類宋清獻高致經帷補 袞幾殫論思之誠海邦分符克敦儒雅之治貪泉覺爽挹吳隱之冰操脚春流和煖宋璟之乳撫旣庶旣富學緩敎育之方以禮以文宜先振作之道第念游藝之有所譬如居肆而肄工商周黨序之規古矣難復安定湖學之制今也可追捐月廩而經營衆材咸備集鄉儒而咨諏僉議允諧爰占安樂之舊坊特構職修之新舍齋堂顯敞備章掖之羣居庫廚羅鋪蓄甕醯之諸具置水田數百餘畝自不患於無資授經書四十八篇俾專精於成誦掌會計之瑣節有司存焉主課誨之宏謨老師臨止士多聞風而起工可

不日而成矢棘翬飛喜輪奐之兼美山明水麗覺居養之並稱揖讓濟濟焉有儀斯見污習之盪洗絃誦洋洋乎盈耳將期俊才之蔚興汴京學究之科何難接武橫渠訂頑之訓最宜服膺不但有光於鄉閭抑亦裨治於 邦國武城一境沐言游之休風蘆阜千秋承晦翁之餘軌惟彼輿儓之賤尚知欽嘆矧我韋布之徒孰不懽忭玆唱善頌助擧脩樑兒郎偉拋樑東雞唱扶桑曉旭紅靜坐明牕讀聖訓子當爲孝臣當忠兒郎偉拋樑西一髮甑岑翠黛低泉谷遺祠高突兀磊磊壯節常山齊兒郎偉拋樑南奇峯縹緲暎朝嵐百川混混進無舍流到滄溟天共涵兒郎偉拋樑北輪山矗矗處戴宸極君看列宿共環圍遐邇寧殊戀 主福兒郎偉拋樑上天無私覆廓虛曠煌煌奎壁照華炅

豈獨玆鄕光不放兒郎偉抛樑下虹貫芸編究大厦夙夜伊吾口不停也應太乙藜光瀉伏願上樑之後神鬼訶揮土木鞏固螢囊攻苦巷萃通經之儒金榜題名世出需時之傑

梅山先生文集卷之六

梅山先生文集

卷之一 ~ 卷之六